Wicca-Enzyklopädie

6 Bücher in 1

Das Starter Kit für Kräuter-, Kerzen-, Mond- und Kristallmagie. Meistern Sie die alte Kunst der Herstellung von Ritualen und Zaubern und erwecken Sie die spirituelle Magie in Ihnen

Lisa Moon

Rechtliche Hinweise & Haftungsausschluss

Die in diesem Buch und seinem Inhalt enthaltenen Informationen sind nicht dazu bestimmt, irgendeine Form von medizinischem oder professionellem Rat zu ersetzen; und soll nicht die Notwendigkeit für unabhängige medizinische, finanzielle, rechtliche oder andere professionelle Beratung oder Dienstleistungen ersetzen, falls diese erforderlich sind. Der Inhalt und die Informationen in diesem Buch wurden nur zu Bildungs- und Unterhaltungszwecken bereitgestellt.

Der Inhalt und die Informationen in diesem Buch wurden aus Quellen zusammengestellt, die als zuverlässig erachtet werden, und sind nach bestem Wissen und Gewissen des Autors zutreffend. Allerdings kann der Autor ihre Richtigkeit und Gültigkeit nicht garantieren und kann für Fehler und / oder Auslassungen nicht haftbar gemacht werden. Des Weiteren werden regelmäßig Änderungen an diesem Buch vorgenommen. Falls erforderlich, müssen Sie einen Spezialisten konsultieren, bevor Sie irgendwelche der in diesem Buch vorgeschlagenen Rezepte, Techniken, oder Informationen anwenden (einschließlich aber nicht beschränkt auf Ihren Arzt, Anwalt, Finanzberater oder einen anderen professionellen Berater).

Bei Nutzung der Inhalte und Informationen in diesem Buch erklären Sie sich einverstanden, den Autor von jeglichen Schäden, Kosten und Aufwendungen, einschließlich etwaiger Rechtskosten, die möglicherweise aus der Anwendung der in diesem Buch enthaltenen Informationen resultieren, schadlos zu halten. Dieser Haftungsausschluss gilt für alle Verluste, Schäden oder Verletzungen, die durch die unmittelbare oder mittelbare Benutzung und Anwendung von Ratschlägen oder Informationen des Buches, ob für Vertragsverletzung, unerlaubter Handlung, Fahrlässigkeit, Personenschäden, kriminellem Vorsatz oder aus sonstigen Gründen, verursacht wurden.

Sie erklären sich damit einverstanden, sämtliche Risiken der Nutzung der in diesem Buch enthaltenen Informationen zu akzeptieren.

Beim Weiterlesen dieses Buches erklären Sie sich damit einverstanden, dass Sie, wenn nötig, einen Spezialisten (einschließlich aber nicht beschränkt auf Ihren Arzt, Anwalt, Finanzberater oder einen anderen Berater) konsultieren, bevor Sie irgendwelche der in diesem Buch vorgeschlagenen Rezepte, Techniken, oder Informationen anwenden.

Inhaltsverzeichnis

Buch 1

Wicca für Anfänger

Ein Leitfaden über Glauben, Geschichte, Rituale, Magie und Zaubersprüche der Wicca, um Hexerei auszuüben

Lisa Moon

Einführung

Herzlich willkommen! Dieses Buch zeichnet ein deutliches Bild von einer magischen und geheimnisvollen Reise in die Welt von Wicca, einer uralten Praxis der Verbindung mit den göttlichen Energien der Elemente und der Geisterwelt, die auf die ersten Begegnungen der Menschen mit Naturgeistern, Kräuterheilmitteln, Magie und mehr zurückgeht.

Heidentum ist ein weit gefasster Begriff, der erdgebundene Glaubensrichtungen umfasst, und Wicca, eine Form des Heidentums, ist eine Tradition der Hexerei. Im Wesentlichen ist Wicca als heidnische Hexerei bekannt und wurde als der am schnellsten wachsende Glaube in der modernen Welt außerhalb des Islam bezeichnet. Wicca glaubt an den Pantheismus oder daran, dass Gott allgegenwärtig ist und dass Gott dasselbe ist wie das Universum. Es sollte auch klar sein, dass Wicca nicht Satanismus oder Dämonenanbetung ist, wie andere gerne glauben möchten.

Die Geschichte von Wicca ist ein kompliziertes Thema. Es besteht kaum ein Zweifel daran, dass viele der Rituale und Praktiken der modernen Heiden und Wicca heute ihre Wurzeln mit den alten Praktiken der europäischen und keltischen Stämme teilen, das Problem ist nur, dass der größte Teil dieser Geschichte nie auf Papier gebracht wurde. Mundüberlieferung war damals alltäglicher, mit Ausnahme einiger nordischer Gelehrter und christlicher Mönche, die einen Großteil der europäischen Geschichte in ihren handgeschriebenen Büchern bewahrten.

Es ist ironisch, dass so viel Geschichte von christlichen Mönchen für künftige Generationen gerettet wurde, da es die Ausbreitung des Christentums über die römisch-katholische Kirche selbst war, die die matriarchalischen, heidnischen Gesellschaften in den Untergrund und ins Versteck trieb. Dennoch gibt es nicht annähernd genug Informationen über das vorchristliche Großbritannien und Irland, um festzuhalten, dass "neue" Religionen wie die Wicca feste, unbestreitbare Verbindungen zu den "alten" Wegen haben. Es handelt sich um den Glauben und um die frühe Arbeit von Autoren und Wissenschaftlern in den USA und im Ausland.

Charles Leland schrieb 1899 das Buch "Aradia oder das Evangelium der Hexen", das sich vor allem auf die Göttin Diana konzentrierte.

Gerald Gardner schrieb in den 1940er und 1950er Jahren mehrere Bücher über Hexerei, da er selbst Mitglied eines Hexenzirkels war. Er benutzte oft den Ausdruck "Alte Religion", um Wicca und Hexerei zu beschreiben.

Gardner, auch bekannt als Scire, wird als der "Vater von Wicca" anerkannt. Er war früher ein Beamter, bis er das Okkulte entdeckte. Wicca verbreitete sich in ganz Großbritannien, als Gardner einige Priesterinnen einweihte, die dann neue Mitglieder einweihten.

Margaret Murray hat mehrere Bücher verfasst, die "die brennenden Zeiten" der europäischen Geschichte beschreiben, als der Hexerei beschuldigte Männer und Frauen bei lebendigem Leib auf dem Scheiterhaufen verbrannt wurden. Auch wenn ihre Theorien nicht 100 %ig beweisbar sind, haben ihre Gedanken und Theorien, zusammen mit denen von Aleister, Leland und Gardner, dazu beigetragen, das Fundament für die neoheidnische Religion Wicca zu schaffen.

Überleben in einer Agrargesellschaft

Es macht Sinn, dass die moderne Wicca, ein Glaube, der die natürliche Welt und den Platz der Menschheit darin ehrt, aus den realen Nöten und dem Überleben der Menschen in den Agrarkulturen Europas abgeleitet ist. Ohne eine gute Ernte stand den Menschen im kalten Griff des Winters ein sicherer Tod bevor. Der Wechsel der Jahreszeiten veranschaulichte diesen früheren Heiden, wie die Dunkelheit das Licht besiegte, nur um dann vom Licht besiegt zu werden, als sich das Jahresrad wieder dem Sommer zuwandte.

Im Laufe der Geschichte hat die Menschheit immer wieder versucht, äußere Kräfte zu kontrollieren, die das tägliche Leben beeinflussen würden. Hier hat auch die Kunst der Zauberei und Magie ihren Ursprung. In Wicca gibt es die Philosophie, dass der Mensch mit der Natur und nicht gegen sie arbeiten sollte - also spiegelt die Zauberkunst von Wicca diese Denkweise wider.

Eine schwierige Geschichte - Die brennenden Zeiten

Die "brennenden Zeiten", die von der Autorin Margaret Murray zur weltweiten Diskussion gebracht und heute von Wissenschaftlern untersucht werden, sollen etwa zwischen dem Jahr 1000 und den 1700er Jahren stattgefunden haben. Die "brennenden Zeiten" traten während des finsteren Mittelalters auf, als Hexen der Ketzerei beschuldigt und auf dem Scheiterhaufen verbrannt wurden. Aus diesem Grund verurteilen einige Heiden und Hexer das Christentum hart, aber in Wirklichkeit verfolgten das Römische Reich und die Ausbreitung des Katholizismus viele Völker, auch Christen anderen Glaubens. Es war eine schwierige Zeit, alles andere als katholisch zu sein.

Heute gibt es Autoaufkleber mit der Aufschrift "Nie wieder die brennenden Zeiten!". Die Wicca-Anhänger kämpfen für ihr Recht, ihre Religion auszuüben. Es gibt ein Gefühl der Rebellion, der absoluten, hartnäckigen Individualität, dass unter den Praktizierenden und Anhängern des Wicca-Glaubens verbreitet ist und aus dem wir alle heute eine Lehre ziehen können - egal, wie sehr unsere Unterdrücker versuchen, uns zu kontrollieren, unser Leben gehört uns allen. Daher die Wicca-Philosophie, die auch "Wicca-Rede" genannt wird: Tu, was du willst, dass es niemandem schadet.

Die Meinungen der Wicca-Anhänger sind unterschiedlich

Es gehört zum Reiz heidnischer Glaubensrichtungen, Wicca eingeschlossen, dass man die persönliche Freiheit hat, seinen eigenen Weg zu gehen. Einige Wiccans sind monotheistisch, da sie an eine einzige, universelle Kraft glauben - die Götter, die sie verehren, sind einfach kleinere Aspekte dieser großen Kraft. Andere sind Dualisten und verehren den Gott und die Göttin, die männlichen und die weiblichen Energien der Welt gleichermaßen. Andere wiederum betrachten sich als Polytheisten, die ein breites Spektrum von Gottheiten aus verschiedenen Weltkulturen verehren.

Wiederum betrachten sich andere Wiccans als Agnostiker und sehen die verschiedenen Gottheiten, den Gott und die Göttin, eher als Symbole und nicht als tatsächliche, lebende Wesen.

Aufgrund der Natur der modernen Gesellschaft - die Loslösung von der natürlichen Welt, der Drang, mehr zu konsumieren, die vollständige und absolute Entfernung von dem, was uns zu lebenden, atmenden Wesen macht - haben viele Menschen nach etwas gesucht, das uralt ist. Wir sehnen uns nach der Weisheit unserer Vorfahren, müde davon, mit seichten, kommerziell konstruierten Ratschlägen gefüttert zu werden, die weder den Jubel des Geistes anerkennen noch feiern, was die Menschheit so besonders macht. Wir werden beschämt, drangsaliert, geschmeichelt und dahingetrieben, uns anzupassen, zu konsumieren und zu gehorchen.

Wie andere heidnische Glaubensrichtungen bietet Wicca eine natürlichere Sichtweise. Sie erlaubt uns, wir selbst zu sein und nicht in Schande über unsere natürlichen menschlichen Äußerungen zu leben. Sie gibt uns auch Richtlinien für ein gutes und liebevolles Leben. Aus all diesen Gründen fühlen sich viele Menschen zu ihr hingezogen und finden einen Anschein dieser alten Weisheit innerhalb ihrer Parameter und in ihren Praktiken.

Wicca bittet Sie, auf die Wahrheit in Ihnen zu hören und auch die Wahrheiten, die Ihnen gesagt werden, in Frage zu stellen. Wenn die ganze, natürliche Welt Ihnen gehört, in der Sie die Wahrheit finden können, können die Antworten viel klarer werden. Diese neugeborene Religion aus der Mitte des 20. Jahrhunderts ist zwar von den alten Traditionen geprägt, hat aber gleichzeitig den mutigen und bahnbrechenden Geist der Moderne.

Wicca-Gottheitskonzepte werden typischerweise als mehrere Teile eines Ganzen gesehen. Dieses Gefühl der Einheit ist der Schlüssel, um unsere Beziehung zur Erde als eine Beziehung der Einheit und nicht der Trennung oder Minderwertigkeit zu sehen. Für die Menschen ist es schwierig, die Komplexität der göttlichen Kräfte zu erfassen, deshalb erleben wir sie natürlich durch eine menschliche Linse. Ein gutes Beispiel dafür ist die Vorstellung, dass das Göttliche männliche oder weibliche Qualitäten hat. Während diese Kräfte in unserer Gesellschaft oft als gegensätzliche Kräfte angesehen werden, wirken sie doch im göttlichen Sinne zusammen, um all das zu schaffen, was bekannt ist.

Wicca versteht, dass viele verschiedene Menschen auf viele verschiedene Arten an das Göttliche herangehen. Verschiedene Namen und Überzeugungen werden verwendet, um sich diesen Kräften zu nähern, und Wicca akzeptiert dies. Wicca sieht in dieser Vielfalt von Wegen nützliche Möglichkeiten, sich dem Göttlichen zu nähern, die aber letztlich zur gleichen Sache führen, zur letztendlichen und göttlichen Einheit.

Die unendliche Einheit

Diese Einheit ist das reinste und allwissende Göttliche. Sie hat weder Anfang noch Ende und gilt als die gesamte Existenz durchdringend. Sie manifestiert sich in unserem menschlichen und begrenzten Bewusstsein durch Geister, Wunder und vor allem in der Schönheit der Natur selbst. Diese unendliche Quelle der Göttlichkeit ist so groß und mächtig, dass das menschliche Gehirn ihre unglaubliche Macht mit seinem Sinn für irdische Wahrnehmung nicht wirklich erfassen kann. Um diesem Konzept auch nur nahe zu kommen, muss der Mensch mit der Natur kommunizieren, Traumwelten erforschen und nach innen schauen, um die reineren Manifestationen des Einsseins zu finden. Selbst dann können wir die tatsächliche Macht und Anwesenheit dieser allumfassenden Kraft nicht begreifen. Wir sind in unseren Wahrnehmungen darauf beschränkt, in diese Kraft einzutauchen, aber wir sind auch von Natur aus mit ihrer Energie erfüllt.

Soweit wir es beurteilen können, ist diese höchste Kraft die Quelle all dessen, was wir wissen, und findet sich in allen Aspekten des Lebens. Wenn wir dies erkennen, können wir unser Ego ablegen und diese Kraft durchleben, anstatt zu versuchen, sie einzudämmen. Wir sind nicht die Schöpfer unseres Lebens, indem wir einfach nur die göttliche Kraft zum Ausdruck bringen. Am besten ist es, wenn wir dort Anerkennung zollen, wo Anerkennung angebracht ist. Unsere Ideen und Stärken sprudeln nicht einfach aus unserem Gehirn heraus, sondern wir sind Katalysatoren für schöpferische Kräfte. Was wir wählen, zuzuhören oder danach zu handeln, ist wirklich das, was uns zu Individuen macht oder uns voneinander unterscheidet.

Betrachten Sie das Unendliche als die Quelle des gesamten Universums, denn es ist von nichts getrennt und doch nicht wissbar. Diese Kraft wird manchmal als die Sternengöttin oder der Hauptbeweger bezeichnet; von hier an werden wir für unsere Absichten und Zwecke in diesem Buch das Wort "Einheit" verwenden, um uns auf diese Quelle zu beziehen. Von dieser Quelle aus können wir einen Schritt näher an die irdischen Wahrnehmungen herankommen und verschiedene Kräfte ausgliedern, die geringer sind als eine unerkennbare unendliche Quelle. Wicca glaubt, dass dies sowohl eine männliche als auch eine weibliche Energie ist.

Männliche und weibliche Polarität

Die Vorstellung von einer Göttin und einem Gott oder von männlichen und weiblichen Kräften findet sich in vielen Religionen und spirituellen Praktiken. Dieses Konzept entspringt unserem menschlichen Wunsch, zu kategorisieren und zu definieren. Wir sehen dieses Konzept als Yin und Yang in der östlichen Philosophie. Diese Kräfte sind leichter zu unterscheiden, als sich der allumfassenden Einheit zu nähern. Diese Kräfte sind in der Natur leicht in Form von Geschlecht oder bestimmten Eigenschaften zu erkennen, die Muster bilden und sich an einen Standard in der gesamten natürlichen Welt, wie wir sie kennen, halten.

Diese Kräfte wirken und reagieren aufeinander und gebären alles, was auf unserer physischen Ebene bekannt ist. Diese Wechselwirkung ist uns als Geschlecht und Geburt gut bekannt; die Ausbreitung der geistigen Geburt ist sehr ähnlich. Diese Kräfte inspirieren die Menschheit, teilen Geheimnisse mit uns und lehren uns alles, was wir wissen. Der Versuch, diese Kräfte beim Namen zu nennen, soll es nur leichter machen, sie zu verstehen und mit anderen zu teilen, aber insgesamt sind es Kräfte, die sich auf ihre Polaritäten stützen, um die Welt, wie wir sie kennen, zu erschaffen und zu offenbaren.

Diese gegensätzlichen Kräfte sind ständig dabei, die Welt, wie wir sie kennen, zu erschaffen und auszudrücken. Die Zyklen der Jahreszeiten, die Geburt von Tieren, das Nachwachsen von Pflanzen und sogar jeder Atemzug, den wir machen, ist eine irdische Manifestation dieser Energien, die tanzen, Liebe machen und sich selbst ausdrücken. Wir können sie benennen, wie wir wollen, aber sie in männliche und weibliche Kategorien einzuteilen, ist für unseren Verstand sehr leicht zu verstehen. Während das Geschlecht und die sexuellen Vorlieben viel komplizierter und fließender sind, wenn wir über das tatsächliche Geschlecht sprechen, sind diese Begriffe geeignet, um die wirkenden energetischen Kräfte zu betrachten. Wir sollten sie nicht als männliche und weibliche Menschen betrachten, das ist symbolisch, wir sollten die Begriffe einfach verwenden, um sie leicht assoziieren und übersetzen zu können.

In Wicca sind diese Kräfte also keine tatsächlichen männlichen oder weiblichen Wesenheiten, sondern nur die Art und Weise, wie wir sie kategorisieren und filtern, damit unser Verstand sie begreifen und diskutieren kann. Während es andere Geister oder Götter oder Göttinnen gibt, die den Menschen hier auf der Erde ähnlich sind, sind die männlichen und weiblichen Kräfte keine irdischen Wesen, sondern die Energien, die allen irdischen Wesen, Tieren und Pflanzen, gleichermaßen innewohnen.

Kapitel 1:
Die Geschichte von Wicca

Wicca ist sicherlich von einigen heidnischen Überzeugungen und Praktiken beeinflusst, aber ein Großteil seiner Struktur und seiner Ideen stammt aus Schriften über Magie aus der viktorianischen Ära. In den späten 1800er und frühen 1900er Jahren wurden viele "Geheimgesellschaften" gegründet, die sich eines universellen Wissens und hierarchischer Strukturen rühmen können, die dazu dienten, die Hingabe der Eingeweihten an bestimmte Praktiken zu beweisen. Viele dieser Gruppen schöpften ihre Erkenntnisse sowohl aus ägyptischen als auch aus nordeuropäischen Kulturen und der jüdischen Kabbala. Auch hermetische Ideen waren in diesen Gruppen vorhanden, wobei das hermetische Idiom "wie oben, so unten" als eine Art Slogan verwendet wurde. Wicca wurde von diesen Gruppen indirekt und direkt stark beeinflusst.

Gelehrte vermuten, dass Wicca in England irgendwann zwischen 1920 und 1930 entwickelt wurde. Gerald Gardner wird als der Erfinder dieser Version von Wicca angesehen, obwohl es Formen davon gab, die vor Gardners Wicca entstanden. Gardner wurde stark durch die Schriften des bekannten Magiers Aleister Crowley und anderer Zeremonialmagier der viktorianischen Ära beeinflusst. Crowley entwickelte selbst eine Religion, die als Thelema bekannt ist. Andere bemerkenswerte Gesellschaften während dieser Ära sind die Freimaurer, Golden Dawn und theosophistische Bewegungen. Wicca schöpft aus diesen Gruppen sowohl die Struktur als auch die Praxis, während sie gleichzeitig die Volksmagie der europäischen Tradition vermischt.

In Wicca gibt es keine feste Führungspersönlichkeit, aber die allgemeinen Strukturen und Philosophien wurden von Gardner mit Unterstützung von Doreen Valiente in den 1950er Jahren in Büchern, die öffentlich veröffentlicht wurden und der breiteren Bevölkerung zur Verfügung standen, öffentlich vorgestellt. Diese Bücher enthielten die allgemeinen Ideen der Wicca, während viele tiefere Lehren den mündlichen Unterweisungen innerhalb der Versammlungen und Rituale der Religion vorbehalten waren. Wie bei jeder Religion wurden diese Kernlehren in verschiedene Sekten und Linien mit geringen Abweichungen in Bezug auf Überzeugungen und Praktiken unterteilt. Diese Traditionen haben ihre eigenen respektierten Führer und Philosophien; dies führt zu vielen Debatten darüber, was eigentlich Wicca definiert.

Wir sehen, dass die Wicca viele ihrer Ideen und Praktiken von vielen anderen Religionen übernimmt. Diese Grundgedanken sind Teil der Vorstellung, dass es in Europa einen vorchristlichen Hexenkult gab, der auch heute noch existiert. Viele Wicca glauben, dass sie diese Tradition mit ähnlichen Praktiken wie diese Hexen fortsetzen, die nicht mit Satan im Bunde waren, wie die Verfolgungen behaupteten, sondern mit der Natur und den Geistern darin in Verbindung standen. Diese Abstammung steht zur Debatte, und viele glauben, dass ihre wahre Natur geheim gehalten wird, während andere glauben, dass die Praktiken, die innerhalb der Wicca offen ausgeübt werden, die tatsächliche Abstammung sind, die aufrechterhalten wird. Ungeachtet der Wahrheit der Abstammungslinie kann Wicca dafür verantwortlich gemacht werden, dass Hexerei und Hexenästhetik für immer in der Populärkultur verwurzelt sind, ob man sie nun ernst nimmt oder nicht.

Es ist schwer zu sagen, ob die ersten Wicca-Anhänger tatsächlich die überlebenden Mitglieder einer älteren Abstammungslinie waren, ob nun Blut oder Geist, und doch bietet Wicca eine starke Bewegung, aus der man schöpfen kann. Gardner warb von ganzem Herzen für die Idee, dass Wicca eine echte Abstammungslinie von in Europa überlebenden Kulten sei, und seine Bücher "Witchcraft Today" (Hexerei heute) und "The Meaning of Witchcraft" (Die Bedeutung der Hexerei) enthalten beide seine Leidenschaft und seinen Eifer für diese Idee. Viele Gelehrte sehen heute eher die Parallelen zwischen der Freimaurerei und den Praktiken des Golden Dawn als die Praktiken der Hexenprozesse und vor allem nicht das alte Heidentum, das sich in Praxis und Lebensstil als extremer erwiesen hat.

Gardner behauptet weiter, er sei in den 1930er Jahren in einen Hexenzirkel in Hampshire eingeweiht worden, aber diese Behauptung ist unbegründet. Gardner gründete schließlich in den 1940er Jahren seinen eigenen Hexenzirkel, basierend auf der angeblichen Lehre, die er im Hexenzirkel von Hampshire gelernt hatte. In den 1950er Jahren erlebte Wicca sein erstes Wiederaufleben als Volksreligion. Das war etwa zu der Zeit, als viele Gesetze gegen Hexerei aufgehoben wurden. In dieser Zeit taten viele mächtige Führer Hexerei als unwirklich und Aberglaube ab. Nun konnte Gardner seine Lehren veröffentlichen, ohne Angst vor gesellschaftlichem Spott oder rechtmäßiger Verfolgung haben zu müssen.

Während seines Lebens nannte Gardner seine Religion eigentlich nie Wicca. Der Begriff kam von ihm und bezog sich auf Praktizierende der Kunst der "Wicca". Er nannte die Praktiken üblicherweise Hexerei oder alte Religion. Nach seinem Tod 1964 wurde Wicca zum normalisierten Begriff für eine allgemeine Bezeichnung der Praxis, während die Anhänger der spezifischen Struktur Gardners als Gardnerianismus bezeichnet wurden.

Während der 1960er Jahre und um die Zeit von Gardners Tod herum nahm die Praxis weiterhin rasch zu. Die 60er Jahre waren für die westliche Welt eine Zeit extremer sozialer Veränderungen; bald fanden diese Ideen ihren Weg zu den Jugendlichen dieses Jahrzehnts, die aufgeschlossener waren als ihre Eltern und offen nach neuen Ideen suchten, die zu ihrer radikalen Denkweise und Hippie-Ästhetik passten. Gardners Wicca wird bald in seiner Struktur verändert und umbenannt, insbesondere in Alexandrian Wicca, die mit Gardners Lehren identisch ist, jedoch mit einem stärkeren Fokus auf zeremonielle magische Praktiken, die in der viktorianischen Ära so populär waren. Als sich die Wicca in verschiedene Traditionen verzweigte, fand sie ihren Weg nach Übersee nach Amerika und Australien.

Als die 1970er Jahre begannen, wurde Wicca ein günstigerer Begriff im Vergleich zur Hexerei, er schien freundlicher und einladender als die popkulturelle Idee von Hexen und "dunkler Magie". Mit dem neuen Jahrzehnt wird Wicca mit eher politischen Ideen wie Umweltschutz und Praktiken aus Indien wie Yoga und Meditation verschmolzen, obwohl diese indischen Philosophien in Theosophie bzw. Crowleys Schriften zu finden sind.

Wir sehen, dass Dutzende von verschiedenen Zweigen der Wicca für jede kleinste Änderung der Praxis und der sozialpolitischen Ideale gegründet werden; in den 70er Jahren fanden sich viele Gruppen, die die Grundstruktur von Gardner nutzen und sie sich zu eigen machen wollten, zum Guten oder zum Schlechten. Diese verschiedenen Zweige sind gekommen und gegangen, aber alle konzentrieren sich hauptsächlich auf den Kerngedanken der Naturmagie, vermischt mit dem, was der Anführer einer bestimmten Gruppe zu propagieren wünschte.

Mit dieser breiteren Akzeptanz der Hexerei sehen wir, dass Bücher und Materialien der Öffentlichkeit angeboten werden, die wirksame Methoden enthalten, mit denen eine Einzelperson Hexerei ohne die Hilfe einer Geheimgesellschaft oder eines Hexenzirkels ausüben kann. Viele prangerten diese Bücher mit der Behauptung an, man könne nur durch eine Abstammungslinie oder einen Hexenzirkel initiiert werden, was nicht stimmt. Dies ist jedoch ein populärer Standpunkt von Führern verschiedener Gruppen, die hoffen, mehr Anhänger zu gewinnen. Man kann mit Sicherheit sagen, dass jeder sich selbst initiieren kann, aber bedenken Sie, dass dies gefährlich sein kann, ebenso wie das Folgen eines falschen Gurus. Wählen Sie, was für Sie am besten funktioniert; es gibt keinen einzigen wahren Weg.

In den späten 70er Jahren und während der gesamten 1980er Jahre blieb die Selbsteinweihung beliebt, aber auch Hexensabbate und Strukturgruppen blieben beliebt. Wir sehen viel Segregation und unterschiedliche Meinungen, die zu Argumenten und Feinden führen, aber selbst bei den populärsten Religionen sehen wir dieses Verhalten. Als die 80er Jahre zu Ende gingen, sehen wir, dass die Populärkultur Hexenthemen willkommen heißt. Filme und Fernsehen beginnen, Hexerei in vielen Formen zu verwenden. Die Rolle der Hexe, die einst dem Antagonisten vorbehalten war, erhält ein neues Gesicht und wird in vielen Serien, wie z. B. "Charmed", als Protagonistin gesehen. Die böse Hexe wird immer noch in Serien wie "Akte X" und verschiedenen Krimiserien propagiert, die oft eine Hexerei oder satanische Handlung zeigen.

Zu Beginn des Internetzeitalters sehen wir eine physische Verbindung von Gruppen aus der ganzen Welt, die Ideen austauschen und natürlich darüber streiten, ob sie richtig oder falsch liegen. Dies führt dazu, dass viele Gruppen hoffen, einen Sinn für Magie aufrechtzuerhalten, aber unter dem Namen von "New Age". Dieser Trend ließ die Begriffe "Magie" und "Hexe" fallen und ersetzte sie durch freundlichere Worte wie "Lichtarbeit" oder "Geistheilung" usw.

Das führte zu einer großen Spaltung, da viele puristische Hexenpraktizierende zu einer dunkleren Ästhetik und einer "echten" Kunst übergingen und dagegen tendierten viele New-Age-Gurus zu einer vageren und einfacheren Praxis, die nicht so viele Menschen abschrecken würde. Sicherlich haben diese Philosophien viele Betrügereien und unglückselige Praktiken hervorgebracht, aber in beiden Sphären sehen wir auch mächtige und wohlmeinende Menschen.

Heute sehen wir Hexerei in voller Stärke. Eine Art magische Wiederbelebung ist im Gange, Hexensabbate und Selbsteingeweihte stehen in voller Blüte und scheuen sich nicht, sie in sozialen Medien zu zeigen. Ob zur Selbstdarstellung oder auf der Suche nach Verbindung mit der Natur - wir sehen, wie diese Praktiken die Populärkultur durchdringen. Berühmtheiten, die offen Präsidenten verfluchen, Remakes von Hexenshows aus den 90er Jahren und der satanische Tempel stehen jede Woche in den Schlagzeilen. Wicca selbst scheint sich um das Rampenlicht keine Sorgen zu machen und bleibt eine bescheidene und ständige Praxis mit vielen Zweigen.

Kapitel 2:
Eine Einführung in den Gott und die Göttin und ihre vielfältigen Aspekte

Verehren die Wicca-Anhänger die Natur?
Wicca umfasst die Existenz von 2 Hauptgottheiten, die allgemein die Göttin und den Gott genannt werden, die aber auch unzählige andere Namen tragen können. Sie sind nach den Wicca-Anhängern die ursprünglichen Gottheiten, die weiblichen und männlichen Naturkräfte, die das Leben möglich machen. In gewissem Sinne kann Wicca als eine duotheistische Religion bezeichnet werden, obwohl sie komplexer ist, da wahrscheinlich auch viele andere Gottheiten aus vielen alten Kulturen ins Spiel treten.

Einige Wiccans glauben, dass die Göttin und der Gott die höchsten Gottheiten sind und alle anderen Götter und Göttinnen geringere Formen von Gottheiten sind. Andere vertreten die Auffassung, dass die Göttin aus allen Göttinnen besteht und dass jede Göttin ein besonderer Aspekt der weiblichen Kraftquelle ist, die kollektiv als Göttin bezeichnet wird. Ebenso sind alle Götter individuelle Aspekte des Gottes.

Einige Traditionen nennen diese beiden Gottheiten "der Herr und die Dame", obwohl dieses Wortpaar im Hinblick auf seine historische Konnotation eher eine hierarchische als eine gleichberechtigte Beziehung impliziert - die Wicca-Anhänger glauben, dass Gott und Göttin völlig gleich sind, auch wenn Sie sich persönlich dem einen mehr als dem anderen verbunden fühlen.

Z. B. mögen einige eklektische Wicca in ihrer spirituellen Ausrichtung auf das Göttliche den männlichen Aspekt der Gottheit gegenüber dem weiblichen Aspekt bevorzugen, während andere, insbesondere Anhänger der Dianischen Wicca, dem Weiblichen weitaus mehr Aufmerksamkeit schenken. Wie auch immer, in ihrer grundlegendsten Form ist die Beziehung zwischen Gleichen, da sowohl weibliche als auch männliche Energien das Leben auf der Erde ausmachen. In der natürlichen Welt kann das eine nicht ohne das andere existieren.

Darstellungen der Göttin und des Gottes in Wicca neigen dazu, die Hauptfunktionen der Lebensschöpfung zu symbolisieren, die die Herrschaft der weiblichen und männlichen Kräfte sind. Der Gott wird mit der Sonne in Verbindung gebracht und auch sehr oft als der Gehörnte Gott bezeichnet und dargestellt. Die Göttin, die mit dem Mond in Verbindung gebracht wird, besteht eigentlich aus 3 Aspekten - die Jungfrau, die Mutter und die weise Alte -, die durch die Zyklen des Mondes dargestellt werden. Sie wird oft einfach die 3-fache Göttin genannt.

In Wicca werden im Allgemeinen 2 Hauptgottheiten angebetet, der Gott und die Göttin. Sie werden als 2 Hälften eines ganzen Wesens betrachtet, eine Darstellung der Dualität des Universums, des Männlichen und des Weiblichen. Überall auf der Welt gibt es viele Namen für Götter und Göttinnen, die sich auf die Aspekte konzentrieren, über die sie eine Domäne haben.

Nicht jeder Wicca oder Heide betet sowohl Gott als auch Göttin an, und es ist ihr Recht, das zu tun, was sie wollen. Einige beten ausschließlich die Göttin an, andere den Gott. Einige widmen ihre Aufmerksamkeit einer bestimmten Gottheit, je nach ihrem Hintergrund oder ihrer Erziehung, ihren kulturellen Erfahrungen oder einfach nur einem Aufruf dieser Gottheit an ihre Intuition.

Andere verehren viele Gottheiten. Es liegt an Ihnen, sich Zeit zu nehmen, sich selbst zuzuhören und zu entscheiden, wen und wie Sie verehren werden, wenn Sie sich überhaupt für die Verehrung entscheiden. Das ist die Freiheit, die Wicca bietet.

Die 3-fache Göttin

Man geht davon aus, dass die Göttin selbst aus 3 Hauptaspekten besteht: die Jungfrau, die Mutter und die weise Alte. Dies wird mit der Tatsache synkretisiert, dass das göttliche Weibliche die Fähigkeit der Menschheit widerspiegelt, Leben zu erschaffen, und dass das Leben als solches oft von bestimmten Meilensteinen geprägt ist: Kindheit, Erwachsenwerden, Mutterschaft, Erreichen der Reife und die Weisheit des Alters.

Unabhängig von den Aspekten der Fruchtbarkeit, der Geburt und der Zeugung haben die 3-fache Göttin und ihre 3 Formen Bedeutungen und Botschaften für alle, ob jung oder alt, unabhängig vom Geschlecht.

Ein beliebtes Symbol für die Wicca-Anhänger, das oft in Schmuckstücken verwendet wird, ist das Symbol für die 3-fache Göttin: ein Vollmond, der von einer abnehmenden und zunehmenden Sichel eingefasst ist.

Die Jungfrau-Göttin

Die Jungfrau wird durch die Zeit des Neumonds und des zunehmenden Mondes symbolisiert. Sie repräsentiert die Kraft der Jugend, aber auch Schönheit, Hoffnung, die Kraft des Glaubens und der Überzeugung und die Fähigkeit, die hellen Seiten der Dinge zu sehen. Sie ist die tapfere Jägerin, wie sie von Artemis erwartet wird, die schöne Nymphe der Aphrodite, die Liebhaberin des Lebens und der Aufregung, wie sie in Oshun zu sehen ist. Die Jungfrau repräsentiert nicht nur die sexuelle Jungfräulichkeit - das ist mehr ein menschliches Konstrukt -, sondern die Jungfrau repräsentiert das Individuum, das frei ist, auf der Suche nach Wissen, Abenteuer und Erfahrung durch die Welt zu wandern.

Einige Jungfrau-Göttinnen sind: (Artemis und Oshun), Parvati, Rhiannon, Diana, Brigid, Kore, Freya, Nimue und Persephone. Die Farben der Jungfrau sind weiß, rosa und blassblau.

Die Jungfrau ist neugierig, wagemutig und wird oft aufgesucht, wenn es etwas gibt, dass Sie ignorieren wollen und dass Ihre Aufmerksamkeit braucht, wie z. B. eine Gelegenheit oder eine Entscheidung, die positive Ergebnisse bringen soll. Wann immer Sie bei Ihren Bemühungen einen Helfer brauchen, können Sie die Jungfrau dazu auffordern, an Ihrer Seite zu arbeiten. Sie ist voller Enthusiasmus und unaufhaltsamer Energie.

Die Jungfrau antwortet nur sich selbst. Sie ist eine Beschützerin von Männern, Frauen und Kindern gleichermaßen. Die Jungfrau kann Ihnen auch erscheinen, wenn Sie eine Schildjungfrau brauchen, wenn die Kräfte der Welt einfach überwältigend sind und Sie das Gefühl haben, sich an niemanden wenden zu können.

Die Jungfrau ist auch gut darin, uns erkennen zu lassen, wenn es Zeit ist, anzuhalten und die einfachen Freuden des Lebens zu genießen. Sie möchte, dass wir barfuß über das Gras laufen, den fließenden Fluss bestaunen, im Mondlicht tanzen und mit der Morgendämmerung aufwachen.

Die Jungfrau ist auch die Beschützerin der Tiere. Sie repräsentiert zwar den Jäger, aber sie duldet kein sinnloses Töten. Stattdessen ist sie eher eine Holzfällerin und eine Naturkennerin. Alle weißen Blumen sind ihr heilig, und auch Eule und Bär sind der Jungfrau heilig.

Die Sabbate von Imbolc und Ostara sind der Jungfrau heilig. Zu Yul werden alle 3 Aspekte der Göttin gefeiert.

Die Mutter-Göttin

Der Mutteraspekt der Göttin ist der am meisten verehrte Aspekt. Hier sehen wir die Göttin als Geberin und Erhalterin des Lebens, die uns mit Fülle, Nahrung, mütterlicher Heilung und Empathie sowie mit strenger Führung versorgt, wenn wir sie brauchen. Einige

Muttergöttinnen sind süß, geduldig und gütig, andere sind auch liebevoll, aber fester und weisen uns den richtigen Weg, um unser höchstes Glück zu gewährleisten.

In diesem Aspekt wird die Göttin zur Quelle des Lebens und zur Versorgerin. Sie ist in ihrer höchsten physischen Kraft, repräsentiert durch den Höhepunkt des Sommers und die beladenen Obstbäume und durch hohe, wehende Getreidekulturen. Die Mutter-Göttin bringt Gleichgewicht und ein Gefühl der Zufriedenheit in uns - das Leben ist reichlich vorhanden, wir sind des Glücks würdig, und alles ist gut.

Die Farbe Rot wird mit der Mutter-Göttin assoziiert, da sie offensichtlich das Blut des Menstruationszyklus und des Mutterleibs ausdrückt. Sie gibt uns ihr Lebensblut, damit wir unsere eigenen Blutlinien weiterführen können. Blau ist eine weitere Farbe, die mit der Mutter-Göttin assoziiert wird, wie auch mit Yemaya, einer geliebten Göttin des Ozeans, die in Nigeria, Amerika und der Karibik verehrt wird. Die von der Mutter-Göttin geliebten Tiere sind schwangere Tiere, die Taube und die Hirsche.

Während die Jungfrau-Göttin eher eine Inspiratorin, Gefährtin und Abenteuerpartnerin ist, ist die Mutter-Göttin hier, um uns im Leben zu leiten und uns oft bei schwierigen Entscheidungen zu helfen. Genau wie eine Mutter will sie das Beste für uns und versucht, uns in wunderbarer, liebevoller Güte den Weg zu weisen. Wenn wir das Gefühl haben, dass wir nicht mehr weitergehen können, nähert sich die Mutter-Göttin, lässt uns gegen ihren Sternenmantel weinen und lindert unsere Schmerzen und Leiden, während sie uns dazu inspiriert, mehr Kraft und Mut zu schöpfen.

Sie wird mit Ihnen zusammenarbeiten, um die Fallstricke der Sucht und des Exzesses zu vermeiden. Sie werden in ihrem Licht klar erkennen, welche Veränderungen Sie in Ihrem Leben vornehmen müssen, um Glück, Harmonie und Frieden in Ihre Tage und Nächte zu bringen.

Die Mutter-Göttin ist bei Vollmond am mächtigsten. Führen Sie Magie für Fülle, Selbstliebe, Heilung und persönliche Stärke aus, wenn Sie die Mutter-Göttin anrufen. Bitten Sie sie um ihre Hilfe bei Heirat, Geburt und Fruchtbarkeit, bei Lebensgefährten, bei der Pflege Ihrer Tiere und Ihres Gartens, bei wichtigen Lebensentscheidungen und um Hilfe bei der Erweckung Ihrer natürlichen Spiritualität.

Die Sabbate von Beltane, Litha und Lammas sind für die Göttin in ihrem mütterlichen Aspekt heilig.

Einige Mutter-Göttinnen sind: Bast, Ceres, Kornmutter, Frigg, Hathor, Isis, Macha und Venus.

Die weise Alte

Die weise Alte wird von Hexerei- und Wicca-Praktizierenden oft übersehen, aber sie ist diejenige, auf die wir am meisten hören sollten, wenn es um Magie geht. Die weise Alte repräsentiert die weise Frau, die schamanische Heilerin und die Hexe. Sie hat ein erfülltes Leben gelebt und verfügt über eine Menge Informationen, die wir mit ihr teilen können und die uns helfen, in Situationen einen "Vorsprung" zu erlangen und die Vorteile zu nutzen, die uns die Weisheit bietet. Sie ist eine Überlebende und kennt sowohl Liebe als auch Schmerz. Sie ist eine Heilerin mit dem höchsten Expertengrad. Sie kennt jedes Kraut, jede Blume, jeden Baum und jedes Tier auf der Erde und kann auch Ihnen helfen, sich dieses Wissen anzueignen. Die weise Alte ist eine Zauberin und bringt uns die Gabe der magischen Künste.

Die weise Alte ist der Aspekt, der in der Geschichte der heidnischen Glaubensrichtungen am meisten karikiert wurde. Sie wurde Böse Hexe, Alte Hexe und die Dunkle Göttin genannt. Die weise Alte steht am Scheideweg zwischen den Lebenden und den Toten. Sie versteht, dass der Tod nichts ist, wovor man Angst haben muss, und dass er nur ein Anfang und kein Ende ist. Sie lüftet den Schleier für uns und lädt uns ein, einen Blick zu werfen, und gibt uns Mut, während wir ihre dünne, schrumpelige Hand halten. Mit der weisen alten Frau an unserer Seite können wir das Leben ganz anders betrachten, ein wenig entschleunigen und Dinge, die wir vielleicht einmal für selbstverständlich gehalten haben, tief verstehen.

Die Farbe der weisen Alten ist schwarz, was die Tatsache repräsentiert, dass Schwarz das gesamte Spektrum des Regenbogens absorbiert. Ihre Dunkelheit ist sowohl kreativ als auch destruktiv - kreativ insofern, als aus dem Nichts etwas kommt, aus dem

Mutterleib Leben entsteht, aus der Dunkelheit des Weltraums neue Sterne geboren werden - und destruktiv insofern, als mit der Zeit alle Dinge enden müssen, damit sie wiedergeboren, wiederverwertet, umgewidmet und wiedergeboren werden können.

Die weise Alte regiert über Mabon und Samhain.

Einige Göttinnen der Weisheit sind: Hecate, Baba Yaga, Kali, Lilith, die Morrigan, Mutter Hulle und Nepthys.

Der Wicca-Gott

Der Wicca-Gott ist der Gegensatz zur Göttin und repräsentiert die Männlichkeit und die männlichen Aspekte des Universums. Auch er durchläuft verschiedene Lebensphasen, wird als Säugling in Yul geboren, läuft als Jugendlicher durch Imbolc und Ostara frei herum, bis er seine Lebensgefährtin, die Göttin, in Beltane trifft. Der Gott kann viele Rollen in unserem Leben übernehmen: er kann Lehrer und Meister für unseren Lehrling sein, er kann ein liebevoller, vernarrter Vater sein, er kann ein Hüter von Geheimnissen sein, der uns zu tieferer Erleuchtung führt, er kann ein Trinkpartner sein. Die Rollen des Gottes als Vater, Bruder, Jäger, Schriftgelehrter, Schmied, Hauptmann, Führer, Wächter, Waffenmeister, Anhänger des Friedens und Myriade. Er existiert in jedem von uns und versucht, unser größtes Potential freizusetzen.

Der Eichenkönig

Der Eichenkönig - im Gegensatz zum Stechpalmenkönig - stammt aus alten britischen Völkern. Anstatt die Eichen- und Stechpalmenkönige als 2 getrennte Einheiten zu betrachten, sind sie in Wirklichkeit 2 Aspekte desselben Gottes, der Schatten und das Licht, die Sonne und die Dunkelheit, der Sommer und der Winter. Der Eichenkönig steht für Überfluss. Er sorgt dafür, dass die Ernte und die Jagd erfolgreich sein werden, und er ist der Extrovertierte, der es liebt, wenn Feste gefeiert werden und Gemeinschaften zusammenkommen, um an seinem endlosen Essen und Trinken teilzuhaben. Er ist der Bauer mit Schmutz unter den Fingernägeln; er ist der Jäger, der sich nimmt, was er braucht, um sein Dorf zu versorgen. Der Eichenkönig ist eine Kraft der gelenkten Energie. Er ist wie der Pfeil, der vom Bogen des Bogenschützens abgeschossen wird.

Der Eichenkönig steht für Expansion und Wachstum. Sein Reichtum kommt von harter Arbeit, der Kraft des Willens und der Persönlichkeit, die Initiative zu ergreifen und seine Ziele zu verfolgen. Er ist aufrichtig und ehrlich, offen und direkt. Es gibt keine Arglist bei ihm. Wie die Sonne scheint er hell und zeigt der ganzen Welt offen seine Absichten. Der Eichenkönig ist frech und kühn und fürchtet sich nicht vor Widrigkeiten.

Zu den Göttern, die den Eichenkönig repräsentieren, gehören: Pan, Janus, Jupiter und Frey.

Der Stechpalmenkönig

Der Stechpalmenkönig repräsentiert die dunklere oder abnehmende Hälfte des Jahres; der Stechpalmenkönig wird im Hochsommer geboren und reift heran, um schließlich zum Yul-Fest zu verblassen, wenn der Eichenkönig wiedergeboren wird. Der Stechpalmenkönig erlangt seine Reife um Samhain und steht den Totenzeremonien vor. Er ist eine düstere, weise Version des Gottes, der keine Angst vor der Dunkelheit und den Geheimnissen hat, die darin liegen.

Der Stechpalmenkönig repräsentiert viele Dinge, einschließlich der natürlichen Zyklen von Tod und Verfall. Er ist die Ernte und das Sterben des Sommers, die satten Farben des Herbstes und das Knistern eines warmen Feuers, der lange, kalte Schlaf des Winters und das Aufreißen des Schleiers, der die geistige Welt von der materiellen Welt trennt. Sein Wissen ist uralt und geheim; wie der Mond führt er diejenigen an, die sich vor Mitternachtsprozessionen und Gaben der Dämmerung nicht scheuen.

Wenn es nichts als Expansion gäbe, würde die Welt überrannt werden. Die Version des Gottes, die der Stechpalmenkönig darstellt, bringt Gleichgewicht ins Leben. Die sterbenden Pflanzen versorgen die Erde mit Nährstoffen und werfen ihre Samen in den sich abkühlenden Boden, sodass, wenn das Jahresrad den Frühling in unser Leben zurückbringt, neue Feldfrüchte, Blumen und Setzlinge sprießen und uns mit Hoffnung und innerer Verheißung beleben werden. Der Stechpalmenkönig entschuldigt sich nicht dafür, wer er ist: Er ist notwendig und unerbittlich.

Der Eichenkönig und der Stechpalmenkönig gelten beide als "Opfergötter", die das Auf und Ab der Natur im Laufe des Jahresrades darstellen.

Die Schlüsselwörter des Stechpalmenkönigs sind: Rückzug, Verfall, Freilassung, Ruhe.

Die Farben des Stechpalmenkönigs sind: Schwarz, Silber, Karminrot und Braun.

Zu den Legenden des Stechpalmenkönigs gehören: Der Weihnachtsmann, König Artus' Gegner Mordred, der grüne Ritter, der Getreidekönig und die Kleie.

Zu den Speisen und Getränken, die dem Stechpalmenkönig angeboten werden, gehören: gewürzter Apfelwein oder Wein, dunkles Ale, Honigwein, Preiselbeersaft und dunkler Traubensaft, gebratenes Fleisch und Gerichte aus Kürbissen.

Zu den Göttern, die den Stechpalmenkönig repräsentieren, gehören: Anubis, Thoth, Vater Winter, Loki, Ogun und Saturn.

Lugh

Lugh ist ein heroischer Aspekt des Gottes, den die Kelten anbeteten. Sein Name wird in dem alternativen Namen für Lammas-Lughnasadh angerufen. Sein zeremonieller Tod markiert den Beginn der offiziellen Ernte und auch das "Sterben des Lichts", da sein Name "Leuchtender" bedeutet und er in diesem Aspekt die Sonne und den kommenden Winter darstellt.

Lugh kann hilfreich sein, wenn er angerufen wird, um Hindernisse zu überwinden, denn er ist ein Kriegsgott von unglaublicher Stärke und Ehrgefühl. Zu seinen Symbolen gehören der Speer und das Schwert oder jede Waffe, die ihrem Träger eine große Reichweite gewährt. Der Rabe, der Wolf, das Pferd und der Zaunkönig sind ihm heilig, und die Zaunkönige singen oft auf einem Ast in einem Wintergarten, wenn jemand im Haus zusätzlichen Mut benötigt. Die Opfer für Lugh können Whisky, Weizenbrot, Brombeeren, Goldmünzen und dunklen Wein einschließen.

Der Grüne Mann

Der Grüne Mann ist der Aspekt des Gottes, der sich am meisten um die Flora und Fauna der Erde kümmert. Er durchstreift die Wälder und Felder, die Regenwälder und den Feldzug, die Savanne und die Tundra gleichermaßen, um über jede Pflanze und jedes Tier zu wachen, dass die Göttin zur Welt bringt. Er ist der Bogenschütze und der Führer, der der Tierhaltung, dem Holzhandwerk und der Hauswirtschaft vorsteht. Er ist der Holzfäller und der verstohlene Förster, der kühne Bogenschütze und der gerissene Fährtensucher. Er wird sowohl durch den Wolf als auch durch den Fuchs repräsentiert.

Am aktivsten ist der Grüne Mann im Sommer, wenn die Welt voll und das Leben wimmelnd ist. Er kommt zu uns, wenn wir eine Verjüngung brauchen oder, wenn wir mit der Natur in Kontakt kommen wollen. Der Gott Cernunnos repräsentiert den Grünen Mann genau wie Herne.

Der Sonnengott

Der Sonnengott ist einer der wichtigeren Aspekte in der Wicca-Mythologie. Er bringt Leben auf die Erde - ohne die Sonne wäre Leben unmöglich und würde einfach nicht existieren. Selbst die kleinste, blinde Albino-Kreatur, die in einer unterirdischen Höhle lebt und nie Licht sieht, ist für ihre Existenz von der Sonne abhängig; auch das Plankton und die Mikroben, die durch die unterirdischen Wasserwege treiben, beginnen in den Ozeanen, belebt durch die Sonne.

Das Jahresrad feiert jedes Jahr die Rückkehr des Sonnengottes von seinen Reisen. Einige Sonnengötter sind: Ra, Ogun und Apollo.

Kapitel 3: Die Wicca-Feiertage

Das Jahresrad

Viele Menschen im Westen betrachten Zeit als ein lineares Konstrukt. Ein Monat reiht sich an den nächsten, ein Jahr an das nächste, und so weiter und so fort vom Anfang der Zeit bis zum Ende. Dies ist jedoch nicht die Art und Weise, wie unsere Vorfahren mit der Zeit interagiert haben. Vor der Erfindung des Gregorianischen Kalenders oder anderer linearer Kalender hatten unsere Vorfahren ein eher zyklisches Verständnis des Zeitablaufs. Sie verstanden den Fluss von einer Jahreszeit zur nächsten. Die Wicca-Anhänger nennen dieses zyklische Verständnis "das Jahresrad". Die Wicca verstehen, dass die Zeit kein linearer Marsch von Tagen ist, sondern ein Drehen von kleinen und großen Zyklen, die zu- und abnehmen und wieder zurückkehren. Der Frühling wird wiederkommen, so wie der dunkle Mond wieder voll sein wird. In diesem Kapitel wird die zyklische Zeitperspektive untersucht, die dem Wicca-Weltverständnis zugrunde liegt; im nächsten Kapitel wird ein tiefer Einblick in jeden der 8 Wicca-Feiertage gegeben. Wenn Sie lernen, den Fluss und die Rhythmen der Jahreszeiten zu verstehen, können Sie die Magie der natürlichen Welt besser nutzen.

Frühling

In der westlichen Gesellschaft bezieht sich der Begriff "Frühling" auf ein ganz bestimmtes Datum: den 21. März. Dieses Kalenderdatum wird von der Frühlings-Tagundnachtgleiche bzw. Frühlings-Äquinoktium abgeleitet. Heutzutage schenken nicht mehr viele Menschen diesem Datum allzu viel Aufmerksamkeit, da sie den Bezug zum Wechsel der Jahreszeiten verloren haben. Die meisten Menschen werden bemerken, dass die Tage wärmer werden und der Schnee sich zurückzieht, aber nur wenige werden die feineren Veränderungen bemerken, die diese Zeit ankündigen.

Die frühen Knospen beginnen zu schwellen und erscheinen an den Bäumen. Die Pflanzen schütteln den Winterschlaf ab und beginnen, Energie in neues Wachstum zu bringen. Bald erscheinen nicht nur neue Blätter, sondern auch Blüten. Die Pollen werden bald anfangen, die Allergien oder diejenigen mit empfindlicher Nase zu reizen. Die frühen Blüten beginnen zu blühen. Zuerst schieben die Schneeglöckchen ihre weißen Köpfe über den Boden; sie sind die frühesten. Dann beginnen die Narzissen aufzustehen; und schließlich, wenn die Tulpen zu blühen beginnen, weiß man, dass der Frühling wirklich in vollem Gange ist. Auch die Insekten beginnen zu erwachen; obwohl Mücken normalerweise nicht mit viel Freude empfangen werden, sind die Bienen ein willkommener Anblick, wenn sie von Blüte zu Blüte huschen.

Diese Zeit im Jahresrad kann mit dem jüngsten Teil des menschlichen Lebenszyklus, der Kindheit, gleichgesetzt werden. Das junge Jahr ist repräsentativ für den jungen Menschen. Beide schwirren buchstäblich und metaphorisch mit scheinbar unendlich viel Energie umher. Es herrscht eine kindliche Unschuld und Neugierde, wenn man jede neue Knospe, jede neue Blume erforscht und jeden Stein umdreht, um die neu erwachten Würmer darunter zappeln zu sehen. Der Frühling ist frisch und ungestört von den Sorgen und Drangsalen des kommenden Jahres. Die Kinder sind noch immer unschuldig und von der Welt in Ehrfurcht ergriffen und haben ihre Unschuld noch nicht durch die harten Erfahrungen der Welt verloren.

Die ersten Bewegungen der Tierwelt sind zweifellos die der Vögel. Jeder bemerkt, wenn die lauten Gänse anfangen, nach Norden zu fliegen. Es ist ein glückliches Zeichen, wenn das Rotkehlchen im Hof nach Würmern pickt. Sowohl die Vögel als auch die Rotkehlchen sind damit beschäftigt, Nester zu bauen und Eier zu legen; und im Falle der Gänse verteidigen sie wütend das oben erwähnte Nest gegen alle unberechenbaren Wanderer. Auch andere Tiere bringen ihre Jungen zur Welt. Kaninchen, Füchse, Rehe, Kojoten - all diese Tiere bringen mit dem Beginn der Frühjahrszeit neues Leben in die Welt. So wie die Pflanzenwelt ihre Nachkommen mit Blumen ausbreitet, so breitet sich auch die Tierwelt aus und bringt die nächste Generation zur Welt.

Für unsere Vorfahren war dies die Zeit, in der sie planten, welche Feldfrüchte sie für das Jahr pflanzen würden, und dann die Samen in die Erde streuten. Der physische Akt des Pflügens des Bodens war eine Knochenarbeit, aber er war notwendig, um sicherzustellen, dass sie später in diesem Jahr genügend Nahrung haben würden. Jeden Samen zu nehmen und ihn bewusst in den Boden zu legen, war nicht nur eine niedere Aufgabe, sondern ein metaphorischer Akt der Magie, bei dem unsere Vorfahren mit der Natur und den Möglichkeiten der Natur kommunizierten. Der Frühling ist eine ausgezeichnete Zeit für Sie, um über die Dinge zu meditieren, die Sie in diesem Jahr erreichen oder manifestieren möchten; welche metaphorischen "Samen" wollen Sie für Ihr Leben pflanzen?

Der Frühling ist eine ausgezeichnete Zeit, um Wohlstand, Fruchtbarkeit und Wachstum zu zaubern. Es ist einfach, die Wachstumsenergie, die durch die natürliche Welt strömt, anzuzapfen und sie auf Ihre Magie anzuwenden. Wenn Sie versuchen, ein neues Unternehmen zu starten, eine Familie zu gründen oder ein neues Wohlstandsniveau in Ihrem Leben zu erreichen, ist der Frühling eine ausgezeichnete Zeit. Sie können die reichlich vorhandene Wachstumsenergie um Sie herum anzapfen, um Magie und Rituale zur Erreichung Ihrer Ziele durchzuführen.

Kapitel 4: Kernelemente des Wicca-Rituals

Im Wicca und in vielen anderen neo-heidnischen spirituellen Traditionen sind die Elemente - d. h. die "klassischen Elemente" Erde, Luft, Feuer und Wasser sowie das 5. Element Geist - die grundlegenden Bausteine des Universums, die in allem auf der Welt zu finden sind und für den ewigen Kreislauf von Zerstörung und Neuschöpfung verantwortlich sind, der das Herzstück der Existenz ist.

Die Elemente sind die eigentlichen Kräfte der Natur, und deshalb sind sie heilig und werden von den Wicca-Anhängern verehrt. Sie sind in Rituale und Magie eingebunden und letztlich in das tägliche Bewusstsein derjenigen, die mit den natürlichen Rhythmen von Leben, Tod und Wiedergeburt leben und arbeiten. Jeder Aspekt der materiellen Existenz ist in Erde, Luft, Feuer und Wasser gebunden, während Geist, das 5. Element, in jedem der anderen 4 Elemente gegenwärtig ist.

EINE ZEITLOSE PHILOSOPHIE

Das Konzept der elementaren Zustände der Materie begleitet uns mindestens seit der Zeit der alten Griechen, als das, was wir heute die 4 "klassischen" Elemente - Erde, Luft, Feuer und Wasser - nennen, von den großen Philosophen diskutiert wurde. Von diesen 4 Elementen wurde gesagt, dass sie die gesamte Materie ausmachen - nichts Physisches existierte, das nicht aus einem oder mehreren von ihnen zusammengesetzt war. Dieses elementare Paradigma prägte die medizinische Praxis der griechischen Gesellschaft sowie ihre spirituellen Traditionen und beeinflusste schließlich die Entdeckung der chemischen Elemente.

Aber die Griechen waren kaum die Einzigen, die die Vorstellung von allen Dingen, die sich aus einer Reihe von Naturphänomenen ergeben, begriffen. Dieses Konzept findet sich in der einen oder anderen Form auch im alten Ägypten und Babylonien sowie im Hinduismus, Buddhismus und in den Religionen Chinas und Japans. Die östlichen Traditionen unterscheiden sich leicht in ihrer Anerkennung der Elemente. Z. B. bezeichnet die chinesische Astrologie die erdgebundenen Substanzen Holz und Metall als eigenständige Elemente, während die altindische Philosophie das ursprüngliche griechische System widerspiegelt, aber Akasha - oder "Raum" - als 5. Element hinzufügt.

Dieser Begriff, "Akasha", wurde später von westlichen Okkultisten entlehnt und wird in einigen Wicca-Traditionen als Bezeichnung für "Geist" verwendet. Andere Traditionen verwenden den Begriff "Äther", den Aristoteles dem ursprünglichen griechischen System hinzufügte und der eine ähnliche Bedeutung hatte.

Klassische Elemente in Ritual und Magie - Elementare Magie

Die Elemente werden als unterschiedliche spirituelle Energien verstanden und sind ein integraler Bestandteil des Wicca-Rituals. Normalerweise werden sie zu Beginn des Rituals angerufen, um an der jeweiligen Feier und an allen magischen Arbeiten teilzunehmen. Jedes der 4 klassischen Elemente ist mit einer der 4 Himmelsrichtungen - Norden, Osten, Süden und Westen - verbunden und wird jeweils vom rituellen Zelebranten angerufen, der sich jeder Richtung zuwendet, um den Geist des Elements anzusprechen und ihn in den Kreis einzuladen. In vielen Wicca-Traditionen ist dies unter dem Begriff "Calling the Quarters" bekannt; andere bezeichnen es einfach als Beschwörung der Elemente. Diese elementaren Energien werden dann am Ende des Rituals, bevor der Kreis geschlossen wird, entlassen.

Jedes Element wird auch durch ein oder mehrere rituelle Werkzeuge auf dem Wicca-Altar dargestellt. Z. B. symbolisiert das Pentagramm die Erde, eine bestimmte Kerze das Feuer, ein leerer oder gefüllter Kelch das Wasser und Luft kann durch einen Zauberstab symbolisiert werden. Je nachdem, wie ausgefeilt die eigene Praxis ist, kann es andere Werkzeuge geben, die die Elemente weiter repräsentieren, aber für eine effektive, ausgewogene Energie sollte mindestens eine Darstellung für jedes Element vorhanden sein.

Darüber hinaus hat jedes Kraut, jeder Kristall und jede Farbe spezifische elementare Assoziationen. Das gilt auch für andere natürliche Objekte, z. B. kann man Wasser mit einer Meeresmuschel, Luft mit einer Feder, Erde mit einem Stein und Feuer mit einer Prise schwelender Kräuter darstellen. Wenn diese Entsprechungen bewusst anerkannt werden und die Hilfe des/der formell angeforderten Elements/Elemente in Anspruch genommen wird, kann eine mächtige Zauberei entstehen.

Weitere elementare Einflüsse

Viele Wicca-Anhänger beziehen andere okkulte Traditionen in ihre Praxis ein, wie z. B. die westliche Astrologie und das Tarot, die ebenfalls die klassischen Elemente als "Organisationsrahmen" für das Wissen nutzen. Jedes Tierkreiszeichen ist mit einem Element verbunden, wodurch 4 Trios von Zeichen entstehen, die sich auf dieser Elementarstufe aufeinander beziehen. Wenn man diese energetischen Assoziationen versteht, kann man tiefere Interpretationen darüber anstellen, wie Menschen mit verschiedenen Sternzeichen miteinander interagieren. Z. B. neigen Feuer- und Wasserzeichen nicht dazu, ideale romantische Beziehungen zu bilden.

Ebenso ist jede der 4 Farben in einem Tarot-Kartendeck mit einem der klassischen Elemente verbunden, deren Wesen ein subtiler Aspekt der Bedeutung der Karte ist. Die Farbe der Pentagramme z. B. wird mit der Erde assoziiert, und die Karten in dieser Farbe beziehen sich auf Reichtum und Wohlstand.

Verbindung mit den Elementen der Wicca

Die erfolgreiche Arbeit mit den Elementen bei Ritualen und in der Magie setzt die Bereitschaft voraus, mehr über sie zu lernen, aber Sie müssen auch ein intuitives Gespür für Ihre individuelle Beziehung zur Essenz der einzelnen Elementar-Energien entwickeln. Lesen Sie mehr über Erde, Luft, Feuer, Wasser und Geist hier und in anderen Quellen, aber suchen Sie auch Ihre eigene direkte Verbindung mit ihnen, indem Sie in der Natur und durch Magie mit ihnen interagieren.

Wahrscheinlich haben Sie bereits ein Element, mit dem Sie mehr Resonanz haben als mit den anderen. Beginnen Sie, diese Verbindung zu erforschen, und sehen Sie, wohin sie Sie führt. Beginnen Sie dann mit den Elementen zu arbeiten, die weniger persönliche Resonanz haben. Wenn Sie auf Ihrem spirituellen Weg immer mehr Fortschritte machen, werden Sie feststellen, dass Ihr Verständnis der Elemente immer mehr ins Gleichgewicht kommt.

1. DAS ELEMENT ERDE

Die Erde ist die Grundlage unseres Lebens, da sie sowohl unser Zuhause als auch unsere Nahrungsquelle ist. Das Element Erde ist allgegenwärtig und höchst vielseitig, es manifestiert sich sowohl als Boden als auch als Samen und wird in den ewigen Rhythmen von Wachstum, Ernte, Verfall und Regeneration bezeugt.

Die Erde wird durch die vielfältigen topographischen Merkmale repräsentiert, die überall auf dem Planeten zu finden sind, darunter Wälder, Felder, Höhlen, Felsen, Täler und Gärten. Dieses "klassische" Element wird mit Überfluss, Wohlstand und Stärke assoziiert.

Die Erde ist nicht nur die Quelle und die Bewahrerin des pflanzlichen und tierischen Lebens, sondern sie hat auch den Lehm und die Mineralien geliefert, mit denen die Menschen Werkzeuge hergestellt haben, sowie die Bäume und Steine, aus denen wir unsere Häuser und andere Strukturen gebaut haben. Gleichwohl hat die Energie der Erde eine zerstörerische Seite, die man als Erdbeben, Lawinen oder Schlammlawinen erleben kann.

Das Element Erde kann sich mit Wasser verbinden, es absorbieren oder von ihm ausgehöhlt werden, abhängig von der Menge jedes Elements, und dasselbe kann im Wesentlichen von seiner Beziehung zu Feuer und Luft gesagt werden. Insgesamt ist die Erde die "Ausgleichendste" der Wicca-Elemente, ihre Kraft hält uns ruhig und zentriert inmitten der chaotischen Irrungen und Wirrungen des Lebens.

Verbindung mit dem Element Erde

Wandern ist eine ideale Möglichkeit, all das zu erleben und zu schätzen, was die Erde zu bieten hat, egal ob im Wald, auf einem Berg oder in der Wüste. Wenn Sie jedoch keinen einfachen Zugang zu einem Naturschutzgebiet haben, ist ein netter Spaziergang durch einen nahegelegenen Park eine gute Idee.

Sie können auch einfach Zeit in Ihrem Hof oder Garten verbringen - eine der einfachsten Möglichkeiten, die heilenden, ausgleichenden Energien der Erde zu erfahren, ist tatsächlich nach draußen zu gehen und barfuß auf dem Boden zu stehen. Alternativ können Sie sich auf den Rasen legen oder Ihre Hände flach an den Stamm eines Baumes legen. Achten Sie darauf, wie sich Ihre eigene Energie subtil an einen leichteren und stilleren Ort verlagert, wenn Sie sich physisch mit der Erde verbinden.

Wenn Sie ein Wohnungsbewohner ohne privaten Außenraum sind, können Sie das Element der Erdenergien trotzdem erleben, indem Sie eine Topfpflanze pflegen - indem Sie die Erde und die Blätter sanft berühren und ihre Anwesenheit schätzen. Kochen ist eine weitere Gelegenheit für diese Verbindung. Wenn Sie z. B. das nächste Mal eine Mahlzeit mit Wurzelgemüse zubereiten, halten Sie zuerst die rohen, nicht abgespülten Kartoffeln oder Karotten in den Händen, atmen Sie ihren erdigen Duft ein und bedanken Sie sich für die großzügige Fülle der Erde.

Spirituelle und magische Assoziationen des Elements Erde
Gottheit: Göttin
Energie: weiblich, empfänglich
Richtung: Norden
Werkzeuge: Pentagramm, Schale mit Salz
Farben: grün, gelb, braun, schwarz
Jahreszeit: Winter
Sternzeichen: Stier, Jungfrau, Steinbock
Magische Verwendungen: Salz, ein Symbol der Erde, wird oft verwendet, um den Kreis vor dem Ritual zu ziehen. Erdboden kann zu bestimmten magischen Amuletten hinzugefügt oder zur Reinigung von Kristallen und anderen Werkzeugen verwendet werden. Viele Zaubersprüche erfordern das Vergraben bestimmter Gegenstände in der Erde.

2. DAS ELEMENT WASSER

Wasser wird oft als das wesentlichste der Elemente zur Erhaltung des Lebens angesehen. Der Mensch kann natürlich nicht ohne es leben, und dasselbe gilt für Tiere und Pflanzen. Bevor es Straßen gab, war Wasser für den Menschen das effizienteste Verkehrsmittel, und es beherbergt immer noch ein Viertel der auf der Erde vorkommenden Artenvielfalt. In Verbindung mit dem Mond, psychischen Fähigkeiten, Träumen und dem Reich der Emotionen ist das Wasserelement ein Gestaltwandler, der sich leicht durch die Welt bewegt, indem er den Weg des geringsten Widerstandes geht.

Es kann als Feststoff in Form von Eis oder als Gas in winzigen Partikeln in der Luft existieren. Nach Regen nimmt es die Form von Pfützen an, um dann im Sonnenschein wieder zu verschwinden. Wasser wird durch Seen, Bäche, Flüsse, Ozeane und Regen repräsentiert und ist in seinen reinigenden, läuternden, heilenden und nährenden Eigenschaften vorteilhaft.

Dennoch kann es lebensbedrohlich sein, wenn es sich als stürmische See, reißende Fluten und sogar schwere Regenfälle manifestiert. Das Element Wasser ist mächtig, wenn es mit den anderen klassischen Elementen interagiert, da es Feuer löschen, die Erde überfluten und sich mit Luft verbinden kann, um Metalle zu korrodieren und aufzulösen. Im Allgemeinen ist Wasser jedoch eines der beruhigendsten Elemente, wenn es um den menschlichen Geist geht.

Verbindung mit dem Element Wasser

Eine der schönsten Möglichkeiten, Ihre energetische Verbindung mit dem Element Wasser zu verstärken, ist schwimmen zu gehen. Natürliche Gewässer - Seen, Flüsse, Teiche, das Meer - sind ideal, aber Schwimmbäder funktionieren auch gut. Nehmen Sie sich einen Moment Zeit, um festzustellen, wie Sie sich vor, während und nach Ihrer Zeit im Wasser fühlen, und Sie werden ein gutes Gefühl für die Kraft dieses Elements bekommen. Wenn Schwimmen nicht in Frage kommt, nehmen Sie ein erfrischendes Bad oder eine Dusche und achten Sie darauf, wie sich das Wasser auf Ihrer Haut anfühlt.

Legen Sie Wert darauf, dass Wasser, dass Sie trinken, zu schätzen und für seine lebenserhaltenden Eigenschaften zu danken. Machen Sie einen Spaziergang im Regen oder hören Sie einfach dem Geräusch des Wassers zu, das aus Ihrem Fenster fällt. Sie können auch Aufnahmen von Meereswellen, sprudelnden Bächen oder Gewittern abspielen, um die Essenz des Wassers in Ihrem Leben zum Fließen zu bringen. Schließlich stärkt ein rituelles Bad vor dem Feiern von Sabbaten und Esbats oder vor magischer Arbeit immer Ihre persönliche Kraft.

<u>Spirituelle und magische Assoziationen des Elements Wasser</u>
Gottheit: Göttin
Energie: empfänglich, weiblich
Richtung: West
Werkzeuge: Kelch, Kessel
Farben: blau, grün, Indigo, schwarz
Jahreszeit: Herbst
Sternzeichen: Fische, Krebs, Skorpion
Magische Verwendungen: In einer schwarzen Schale kann Wasser zum Wahrsagen verwendet werden. Wasser ist eine Grundzutat für die meisten magischen Tees und Tränke und wird in verschiedenen Formen der Verzauberung verwendet.

3. DAS ELEMENT FEUER

Feuer ist vielleicht das faszinierendste der Wicca-Elemente, und doch ist es das einzige, das nicht berührt werden kann, ohne dem Körper zu schaden. Obwohl es für das menschliche Überleben technisch nicht notwendig ist - wir haben in unserer langen Geschichte eine kurze Zeit lang ohne Feuer gelebt - ist das Feuerelement zweifellos ein wesentlicher Bestandteil einer gesunden und bequemen Existenz. Seit über 10.000 Jahren ermöglicht es uns das Feuer, nahrhaftes Essen zu kochen, nach Sonnenuntergang zu arbeiten und zu spielen und uns in kälteren Klimata zu wärmen.

Verkörpert durch die Sonne und ihr Licht sowie durch die Sterne, Wüsten und Vulkane, ist das Feuer das Element der Transformation und wird mit Erleuchtung, Gesundheit, Kraft und Kreativität assoziiert. Immer in Bewegung, selbst wenn es in einem Punkt verwurzelt ist, ist es das aktivste und lebendigste der klassischen Elemente. Als Beitrag zur natürlichen Ordnung der Erde hält das Feuer die Wälder durch Zyklen von Verbrennung und Regeneration gesund.

Dieselbe Macht ist natürlich auch gefährlich und tödlich, wenn sie unkontrolliert ausgeübt wird, deswegen genießt dieses Element so viel Respekt bei denen, die versuchen, es zu nutzen. Feuer kann durch jedes der anderen Elemente gelöscht werden, aber es ist auch das einzige Element, das eine andere Substanz zu sich nehmen muss, um seine Existenz zu erhalten.

Verbindung mit dem Element Feuer

Die meisten würden zustimmen, dass die angenehmste Art und Weise, das Element Feuer zu genießen, in der freien Natur bei einem fröhlichen Lagerfeuer ist, entweder allein oder mit Freunden und Familie. Viele Hexenzirkel verrichten ihre rituelle Arbeit nach Möglichkeit im Freien um ein Feuer herum. Dem Knistern des Anmachholzes beim Abbrennen zuzuhören und zu beobachten, wie die Glut Funken in die Luft abgibt, kann einen ruhigen, meditativen Zustand herbeiführen.

Das Gleiche gilt für den Blick auf eine Kerzenflamme, wenn Sie eine Verbindung mit dem Feuerelement in einem kleineren Maß suchen. Darüber hinaus können Flammen und Rauch von einer beliebigen Feuerquelle für Visionen und Zeichen "gelesen" werden, basierend auf den Bewegungen und Formen, die sie erzeugen, und einige Traditionen verwenden die Asche von Ritualfeuern für Weissagungen. Ein tatsächliches Feuer ist jedoch nicht unbedingt notwendig, um mit diesem Element zu kommunizieren.

Zeit unter der Sonne zu verbringen, ist eine andere Art der Verbindung, denn obwohl die Sonne technisch aus Gas gebildet wird, kann ihre Wärme durchaus feurig sein. Sie können das Element Feuer auch symbolisch ehren, indem Sie sich an energischen Übungen oder rituellen Tänzen beteiligen, die die Wärme Ihres Körpers erhöhen und Ihr inneres Feuer schüren.

Spirituelle und magische Assoziationen des Elements Feuer
Gottheit: Gott
Energie: männlich, projektiv
Richtung: Süden
Werkzeuge: Zauberstab oder Athame, je nach Tradition; Kerzen
Farben: rot, gold, karminrot, orange, weiß
Jahreszeit: Sommer
Sternzeichen: Widder, Löwe, Schütze
Magische Verwendungen: Kerzen werden sowohl als Zusatz zur Magie verwendet, um die Atmosphäre für Zauberei zu verbessern, als auch als Hauptfokus von Kerzenzaubern. Feuer wird auch bei Feuerzaubersprüchen verwendet.

4. DAS ELEMENT LUFT

Absolut entscheidend für unsere Existenz von Minute zu Minute, ist die Luft, das allgegenwärtige Element, das überall um uns herum ist, aber unmöglich zu sehen ist. Tatsächlich ist sie nur durch die Interaktionen sichtbar, die sie mit den anderen Elementen hat: Erde, Wasser und Feuer. Das Element Luft wird durch den Himmel, den Wind, die Vögel und die Berggipfel repräsentiert und ist mit dem Verstand, dem Intellekt, der Kommunikation und der Weissagung verbunden.

Wie das Wasser ist auch die Luft ein Element der Bewegung. Sie ist nicht fest mit dem Boden verbunden, sondern kann sich aufrichten und um den Globus reisen. Die Energien der Luft können schnelle Veränderungen verursachen, wie z. B. Windrichtungsverschiebungen und Temperaturschwankungen. Luft ist lebensnotwendig, weil sie Sauerstoff enthält, aber auch, weil sie Samen über den Boden streut, sodass sich neue Pflanzen in der Erde festsetzen können.

Die zerstörerischen Eigenschaften der Luft äußern sich in Form von Stürmen - insbesondere Tornados - sowie in gefährlich kalten oder heißen Temperaturen. Wenn genügend Energie vorhanden ist, kann Luft Wasser bewegen und Feuer auslöschen. Luft kann sowohl die Erde bewegen - in Form von wehendem Boden - als auch von ihr behindert werden, z. B. wenn der Wind durch den Schutz einer Höhle blockiert wird. In Form einer sanften Brise kann Luft jedoch als das sanfte, beruhigende Flüstern des Gottes und der Göttin erlebt werden.

Verbindung mit dem Element Luft

Offensichtlich stehen wir buchstäblich in ständiger Interaktion mit der Luft, da wir ständig atmen. Aber es ist wichtig, sich des eigenen Atems bewusst zu sein, wenn es darum geht, wirklich mit diesem "klassischen" Element in Beziehung zu treten. Viele verschiedene Atemübungen, wie man sie z. B. in Yoga- und Meditationspraktiken findet, können Ihnen helfen, Ihre spirituelle Verbindung mit der Luft zu verbessern. Das gilt auch für einen Spaziergang im lebhaften Wind, bei dem Sie merken, wie sich die Luft über Ihre Haut bewegt.

Verbringen Sie, wann immer Sie können, Zeit an der frischen Luft. Genießen Sie jede kühle Brise, die Ihnen an einem heißen Tag begegnet. Beobachten Sie die Bewegungen der Wolken und Bäume, wie sie sich im Wind wiegen. Wenn Sie sich nach einer tieferen Verbindung mit der Luft sehnen, aber nicht nach draußen gelangen können, schalten Sie einen Ventilator ein und setzen Sie sich direkt davor und bedanken Sie sich für ihre kühle, erfrischende Essenz.

Spirituelle und magische Assoziationen des Elements Luft
Gottheit: Gott
Energie: männlich, projektiv
Richtung: Osten
Werkzeuge: Zauberstab oder Athame, je nach Tradition; Weihrauch, Glocke
Farben: gelb, weiß, silberfarben
Jahreszeit: Frühling
Sternzeichen: Zwillinge, Waage, Wassermann

Magische Verwendungen: Luft ist am Verbrennen von Weihrauch und an Verschmierungsritualen beteiligt. Auch Atemübungen, rituelle Bewegungen und Tanz nutzen die Energie der Luft. Die Richtung des Windes kann genutzt werden, um bestimmte Arten der Zauberarbeit zu verstärken.

5. DAS ELEMENT GEIST - DAS 5. ELEMENT (AKASHA)

Während die 4 "klassischen" Elemente - Erde, Luft, Feuer und Wasser - zusammen die physische Welt bilden, gibt es ein 5. Element, das oft als Geist bezeichnet wird und in allen 4 Elementen existiert. Das Geist-Element ist immateriell, jedoch in allen Dingen vorhanden und existiert nicht getrennt von allem anderen. Es ist unsichtbar, aber wesentlich für die Verbindung und das Gleichgewicht zwischen allen anderen Elementen.

Geist ist das, was im Ritual durch die Anrufung des Gottes und der Göttin sowie der Elemente hervorgerufen wird. Er wohnt in uns als Lebewesen, sowohl, wenn wir uns dieser Tatsache bewusst sind, als auch wenn wir es nicht sind. Aber wenn wir uns des Geistes bewusst sind und wenn wir klare und zielgerichtete Absichten haben, können wir diesen Kern, diese fundamentale Energie nutzen, um den gewünschten Wandel durch Zauberei zu manifestieren.

Eine universelle Energie

Der Geist unterscheidet sich von den anderen 4 Elementen dadurch, dass er, da er Teil von allem ist, keine spezifischen rituellen oder magischen Entsprechungen hat (zumindest in den meisten Traditionen). Eine Ausnahme ist die Farbe - er kann durch die Farbe Weiß dargestellt werden, da Weiß aus allen Farben zusammengesetzt ist. Geist hat kein Geschlecht, keinen Energietyp, keine Jahreszeit und keine Himmelsrichtung. Er ist mit dem gesamten Jahresrad und allen magischen Werkzeugen verbunden.

Geist ist in Wirklichkeit das Element der göttlichen Intelligenz, dass keine besonderen Symbole benötigt, um erkannt zu werden. Bei der Erörterung der Wicca-Elemente wird jedoch oft das Pentagramm erwähnt, da der Stern 5 Punkte hat - einen für jedes Element - und von einem Kreis umgeben ist, der die Art und Weise symbolisieren kann, in der der Geist die gesamte Schöpfung zusammenhält.

Das Element Geist: Das Unbenennbare benennen

Im antiken Griechenland, wo das westliche Konzept der Elemente seinen Ursprung hat, wurde es Aristoteles und anderen klar, dass in der klassischen Menge der physikalischen Substanzen - Erde, Luft, Feuer und Wasser - etwas fehlte. Schließlich waren die Griechen keine strengen Materialisten - sie erkannten eine göttliche Gegenwart und verehrten viele einzelne Gottheiten, denn sie wussten, dass es im Universum mehr gab, als man auf den ersten Blick sieht. Das Wort "Äther" wurde auf das angewendet, was die griechischen Philosophen als die "obere Luft" oder die Luft, die die Götter in der Himmelssphäre einatmeten, betrachteten. Er war ursprünglich als Teil des Elements Luft betrachtet worden, aber später wurde klar, dass diese Energie ein eigenständiges Element war. Heute verwenden viele Wicca-Traditionen das Wort "Äther" als Bezeichnung für das 5. Element.

Andere jedoch bezeichnen das Geist-Element als Akasha, ein Sanskrit-Wort, das grob mit "Raum" oder "Atmosphäre" übersetzt wird. Das ist nicht in unserem modernen Sinn von "Weltraum" gemeint, sondern vielmehr eine Abwesenheit von physischer Form, eine Energie, die in allen Dingen vorhanden ist, aber selbst nicht physisch ist. Akasha wird als das "ursprüngliche" Element angesehen, aus dem die gesamte Schöpfung hervorgegangen ist. Dieses östliche Konzept ist nicht genau identisch mit dem westlichen Konzept von "Geist", aber die Ähnlichkeiten reichten aus, damit spätere spirituelle und religiöse Traditionen "Akasha" in ihre Terminologien aufnahmen.

Welcher Begriff auch immer verwendet wird, das Element Geist - das 5. Element - ist schwer zu fassen, auch wenn es in uns und überall um uns herum ist. In der geschäftigen, lauten modernen Welt, in der wir leben, kann es besonders schwierig sein, es in unserem Bewusstsein zu behalten. Deshalb sind Meditation, Gebet und Rituale unter spirituell Suchenden aller Art geschätzte Praktiken. Wenn wir ruhig und still werden, wenn wir zum Altar kommen und unsere heiligen Rituale beobachten, können wir leichter wieder in Kontakt mit diesem allumfassenden Element kommen - einer Energie, die so ungreifbar und geheimnisvoll ist, dass es kein Wunder ist, dass sie so viele verschiedene Namen hat.

Kapitel 5: Die Grundlagen der Magie

Für Wicca-Anhänger ist eine magische Praxis der Schlüssel zur persönlichen Entwicklung und zur Gewinnung von Einblicken in die unsichtbare Welt. Magische Praktiken können aus vielen Routinen und Ritualen bestehen, zielen aber insgesamt darauf ab, das eigene Leben zu verbessern und Beziehungen zur spirituellen Welt wiederaufzubauen. Doch was genau ist Magie und wie funktioniert sie?

Magie lässt sich nicht einfach definieren. Fürs Protokoll: Wir sprechen hier nicht von Illusionen oder Kartentricks, dies würde als Bühnenmagie bezeichnet. Magie wird oft von Bühnenmagie unterschieden, indem die Schreibweise auf Englisch in "Magic" geändert wird. Das ist hier nicht nötig, und für unsere Absichten und Zwecke werden wir in diesem Buch die eigentliche Naturmagie besprechen.

Um Magie vage zu definieren, kann man sagen, dass sie alles ist, was Sie tun, um die Chancen zu erhöhen, Ihr gewünschtes Leben zu bekommen. Viele Menschen glauben, dass alle Aspekte des Lebens magisch sind. Ob Astrologie, Tarot, Beschwörung von Geistern, Anrufung des Teufels, Beten, Essen, Sex und sogar körperliche Betätigung, sie können bis zu einem gewissen Grad als magische Handlungen angesehen werden. In diesem Buch werden wir uns auf magische Praktiken konzentrieren, die sich auf Wicca beziehen. Wir konzentrieren uns auf magische Praktiken, die darauf abzielen, unsere Beziehung zur Natur wiederherzustellen und uns als Menschen zu stärken.

Magie ist in allen Religionen und spirituellen Ansichten eingebaut, ob die Anhänger das wissen oder nicht. Wir sehen dies recht gut im Christentum; die Religion duldet keine Magie, aber sie baut auf magischen Techniken und Praktiken auf. Diese Praktiken können allein oder in Gruppen durchgeführt werden, z. B. von den Mitgliedern Ihres Hexenzirkels. So oder so kann eine magische Praxis viele Dinge sein; Sie entscheiden, was Sie aus Ihrer Praxis machen wollen, und wenn sie dazu beiträgt, Ihre Ziele zu erreichen, dann haben Sie Magie gefunden, unabhängig davon, was andere sagen.

Viele Menschen wollen darüber diskutieren, was eine richtige magische Praxis ist, aber das ist Zeitverschwendung. Lassen Sie sich von niemandem sagen, dass Ihre Praxis falsch oder richtig ist; es ist Ihre Praxis und Sie machen sie mächtig. Wie können Sie also eine magische Wicca-Praxis entwickeln?

Es gibt einen moralischen Standard, wenn man sich der Magie nähert. Sie wollen Magie nicht aus egoistischen oder bösen Gründen praktizieren; die Wicca-Regel besagt, wenn sie niemandem schadet, dann können Sie tun, was Sie wollen. Daran müssen Sie während Ihres ganzen magischen Lebens denken. Es kann intensive Auswirkungen geben, wenn Sie sich inmitten böser magischer Praktiken oder selbstgefälliger Praktiken befinden. Obwohl die Magie zu Recht mit Spott und Skepsis behaftet ist, gibt es keinen Zweifel daran, dass sich diese Praktiken lohnen.

Unsere Vorfahren nutzten diese Techniken, um die unsichtbare Welt zu erforschen, obwohl sie dies nicht als Magie bezeichneten. Diese Praktiken wurden weithin als Wissenschaften oder Künste akzeptiert, die in der Lage waren, den Einzelnen zu ermächtigen und sich mit der Natur zu verbinden. Auch heute noch verwendet die Mehrheit der Bevölkerung magische Techniken, um ihr Leben zu verbessern. Die moderne Welt verwendet Magie in ihren Religionen, unabhängig davon, was die Institutionen sagen: technisch handelt es sich um Magie.

Auch indigene Kulturen benutzen Magie; viele von ihnen nutzen Schamanismus und andere Praktiken, um Zugang zu anderen Reichen zu erhalten. Da nur 5 Prozent der Gesamtbevölkerung nicht an Geister, Götter und andere Dimensionen glauben, können wir mit Sicherheit davon ausgehen, dass unsere Realität magisch ist, ob sie nun "Magie" genannt wird oder nicht.

Ein Großteil der traditionellen magischen Praktiken der Wicca stammt aus der zeremoniellen Magie der viktorianischen Ära, die in verschiedenen Geheimbünden zu finden ist. Der Golden Dawn, die Freimaurerei und Thelema haben alle die Wicca auf verschiedene Weisen beeinflusst. In der heutigen Zeit steht die magische Praxis den Menschen offener zur Verfügung, denn es ist viel einfacher, eine magische Praxis an die eigenen Bedürfnisse anzupassen, und es ist weniger wahrscheinlich, dass sie von einem "Guru" oder einem Zirkelführer mit einem Hintergedanken verfälscht wird. Werfen wir einen Blick auf verschiedene magische Techniken und wie sie zu Wicca passen.

Es gibt viele Stufen magischer Fähigkeiten; in diesem Buch konzentrieren wir uns auf magische Techniken für Anfänger.

Astrologie

Der Himmel leitet die Menschheit seit jeher, soweit wir das beurteilen können, und es gibt einen unglaublichen magischen Strom, der mit astrologischen Praktiken zu tun hat. Es wird angenommen, dass die Planeten ihre eigenen Einflüsse auf das Geschehen auf der Erde haben. Die hermetische Redewendung "wie oben, so unten" war ein allgemeiner Slogan für viktorianische magische Gruppen und auch für ältere magische Gruppen. Natürlich ist es eine gute Idee, sich mit diesen Energien vertraut zu machen und sie zu nutzen, um das Leben auf der Erde erfolgreicher zu führen.

Astrologie ist eine komplizierte Praxis, kann aber religiös oder als einfaches Mittel für eine Zeit- und Kalenderkontrolle eingesetzt werden. Jeder Planet übt bestimmte Wirkungen auf die irdischen Ereignisse. Den Überblick über diese Planeten und ihre Auswirkungen auf die Menschen zu behalten, ist der Schlüssel zur Beherrschung der Magie auf der Erde.

Vielleicht wollen Sie für einen Liebeszauber Venus anrufen, oder Sie brauchen Jupiter, damit er Ihnen bei den Finanzen hilft. Unabhängig davon, was Ihnen vorschwebt, Astrologie eignet sich hervorragend für Anfänger, die ihre Rituale richtig planen und die Energie des Himmels nutzen möchten, um ihr Leben zu verbessern. Eine der einfachsten und effektivsten Anwendungen der Astrologie ist die Zeiteinteilung.

Diese Techniken werden eingesetzt, um bestimmte Ereignisse so zu planen und zu timen, dass sie mit den Positionen des Planeten synchronisiert sind, um eine günstige planetarische Energie für das Ereignis zu gewährleisten und so die Erfolgsaussichten zu verbessern. Kalender und viele andere Zeitaspekte sind bereits auf himmlische Ereignisse ausgerichtet, daher ist es nur natürlich, dass wir aus diesen Techniken Vorteile ziehen und die planetarische Zeitplanung zu unserem Vorteil nutzen.

Zur Bestimmung der planetarischen Zeitmessung würden Sie die Positionen der Planeten mit Hilfe einer App oder einer Online-Ressource erfahren. Abhängig von der Art Ihrer Begebenheit würden Sie sicherstellen, dass sich der mit dem Ereignis verbundene Planet in einer günstigen Position befindet, um den Erfolg der Begebenheit zu gewährleisten. Im Folgenden finden Sie einige Planetenzuordnungen und Verhaltensweisen, die Ihnen bei dieser Übung helfen sollen.

Werkzeuge

In der traditionellen zeremoniellen Magie gibt es symbolische Werkzeuge, die zur Darstellung verschiedener Aspekte des Lebens verwendet werden. Diese Werkzeuge ähneln den Figuren des Tarots, die typischerweise ein Pentagramm, ein Schwert, einen Zauberstab und einen Kelch oder Becher umfassen. Diese Werkzeuge zielen darauf ab, magische Energien zu lenken und bestimmte Riten symbolisch durchzuführen.

In der traditionellen Gardnerian-Wicca musste jemand, der vor kurzem eingeweiht worden war, einen Satz ritueller Werkzeuge schaffen und gravieren, dann musste der Eingeweihte die Werkzeuge und ihre Verwendung benennen.

Auch magische Werkzeuge werden üblicherweise geweiht. Bei der traditionellen Wicca muss man die Weihe innerhalb eines magischen Kreises vollziehen, der mit Salz und Weihrauchrauch bestreut wird. Schauen wir uns diese Werkzeuge genauer an.

Das Pentagramm

Dieses Werkzeug wird bei der Weihe häufig benutzt; es wird in die Mitte eines magischen Kreises gelegt, damit während der Weihe Werkzeuge daraufgelegt werden können. Dadurch werden die Gegenstände gesegnet und die magische Energie konzentriert.

Die Pentagramme sind kreisförmig und tragen das Bild eines 5-zackigen Sterns. Es können auch andere Symbole für die Weihe verwendet werden, aber der 5-zackige Stern ist das beliebteste und wirksamste.

Schwert

Ritualmesser und -schwerter werden mit dem Element Feuer in Verbindung gebracht. Diese Werkzeuge werden verwendet, um magische Kreise zu ziehen und magische Energie zu lenken. Das Ritualschwert hat typischerweise einen schwarzen Griff und kann mit schützenden Worten oder anderen sinnvollen Sprüchen versehen sein.

Während das Schwert generell mit Gewalt und Waffen assoziiert wird, wird es in Wicca nicht zum Verletzen oder Blutabnehmen verwendet. Viele Traditionen verlangen die Zerstörung jeder Klinge, die Blut vergossen hat, auch unabsichtlich.

Zauberstab

Dieses Werkzeug ist repräsentativ für das Element Luft. Einige Traditionen verlangen, dass der Zauberstab aus speziellem Holz hergestellt wird, während andere Traditionen weniger Wert auf das Material legen. Für bestimmte Rituale oder zur allgemeinen Energiekonzentration können Steine und Kristalle an den Stab angebracht werden.

Es gibt viele Diskussionen über irgendeine Norm, wenn es um die Verwendung von Zauberstäben geht. Viele Traditionen bestätigen, dass der Zauberstab verwendet wird, um Geister zu beschwören, die vielleicht nicht auf ein Schwert reagieren.

Kelch

Auch als Becher oder Pokal bekannt, stellen diese Werkzeuge das Element Wasser dar. Der Kelch wird oft nicht als Werkzeug, sondern als symbolische Darstellung der Göttin selbst betrachtet. Dieses Werkzeug wird häufig verwendet, um einen Mutterleib zu symbolisieren, der oft mit Rotwein gefüllt ist, der die Menstruation symbolisiert.

Es gibt viele andere Werkzeuge, die in Wicca benutzt werden, aber diese 4 Hauptwerkzeuge sind die wichtigsten für das magische Wirken. Sie werden häufig mit den 4 Elementen und auch mit den 4 Farben des Tarots in Verbindung gebracht.

Kerzenmagie

Kerzenmagie kann mit Astrologie oder Elementarmagie verwandt sein, steht aber in manchen Fällen auch für sich allein. Kerzen einer bestimmten Farbe können bestimmten Planeten oder Elementen zugeordnet werden. Man kann auch Gebete oder Siegel in Kerzen einritzen und sie für magische Handlungen verwenden. Diese Art der Magie kann bis in die Altsteinzeit zurückverfolgt werden und ist eine einfache und mächtige Magie.

Wie bei jeder Art von Magie sind viele Variablen bei der Ausführung am Werk. Wenn Sie Kerzenmagie praktizieren, benötigen Sie Ihren rituellen Raum oder einen Ort, der ungestört bleibt. Sie brauchen einen besonderen Platz zum Stellen der Kerzen, wenn Sie also einen Altar haben, machen Sie ihn sauber und gebrauchsfertig. Viele Menschen verwenden auch Räucherstäbchen für ihre Kerzenmagie.

Jede Art von Kerze wird funktionieren, solange sie vorher gereinigt wird. Je natürlicher die Kerze ist, desto besser passt sie zu Ihrem Vorhaben, vermeiden Sie chemische Duftkerzen oder Kerzensonderformen. Achten Sie darauf, jede Kerze mit einer Weihe oder einem Reinigungsritual zu reinigen. Salben Sie die Kerze mit einem passenden Öl für die Zauberarbeit. Diese Weihe kann einfach mit dem folgenden Satz durchgeführt werden:

> "Im Namen des Gehörnten und der ewigen Göttin reinige und weihe ich diese Kerze. Ich werde diese Kerze nur im Dienste des Guten verwenden. So möge es sein."

Dieser Spruch kann nach Ihren Wünschen geändert werden. Seien Sie kreativ und machen Sie ihn für sich persönlich. Nach der Weihe können Sie der Kerze Ihre Absicht richten. Wenn Sie die Kerze einritzen möchten, benutzen Sie Ihr Schwert oder Ihr magisches Messer. Wenn Sie etwas anziehen wollen, schreiben Sie von oben nach Mitte und von unten nach Mitte. Wenn Sie etwas oder jemanden entfernen wollen, dann schreiben Sie von der Mitte nach oben und unten.

Auch für Kerzen gibt es Farbkorrespondenzen. Sie können sich gut auf die Farbe von Steinen oder auf die mit der Astrologie verbundenen Farben beziehen. Sie sind wie folgt:

Weiß: Mit der Göttin, Reinheit, Unschuld und Frieden verbunden.

Rot: Mit Feuer, Romantik, Selbstlosigkeit und Zuneigung verbunden.

Grün: Mit Erde, Geld, Pflanzen und persönlichen Leistungen verbunden.

Violett: Mit Königtum, geistiger Macht und Geheimnissen verbunden.

Schwarz: Mit Erde, Bindung und Schutz verbunden.

Blau: Mit Entspannung, Wasser, Weisheit und Inspiration verbunden.

Gelb: Mit Luft, Energie, Sonne, Gedächtnis und geistiger Klarheit verbunden.

Orange: Mit Legalität, Gerechtigkeit, materiellem Besitz und Geschäften verbunden.

Goldfarben: Mit Gott, Männlichkeit, Reichtum und Erfolg verbunden.

Silberfarben: Mit der Göttin, der Intuition, den Träumen und der Weiblichkeit verbunden.

Elementarmagie

Die magische Beschwörung der Elemente kann eine großartige Möglichkeit sein, mit den Kräften der Natur zu interagieren. Viele glauben, dass die Elemente Wesen sind, die den Geistern ähneln. Jedes Element hat seine verehrte Kreatur: Feuer/Salamander, Luft/Feen, Erde/Gnome, Wasser/Sylphiden.

Man geht davon aus, dass diese Elementarwesen ihr entsprechendes Element regieren. Wenn Sie also die Hilfe von Wasser-Elementarwesen benötigen, können Sie sie beschwören und sie um Rat oder Hilfe bitten. Diese Praktiken sind nicht für Anfänger und sollten innerhalb des Schutzes eines magischen Kreises durchgeführt werden.

Magische Kreise

Magische Kreise finden sich in der Grimoire-Magie und werden oft mit der Beschwörung von Dämonen oder Elementargeistern in Verbindung gebracht. Magische Kreise wirken als Schutzbarriere, wenn ein Zauberer mit unsichtbaren Kräften in Verbindung steht. Sie helfen dabei, die Geister oder Dämonen davon abzuhalten, dem Magier Schaden zuzufügen.

Zeremonielle Magie

Dieser Zweig der Magie unterscheidet sich nicht so sehr von anderer Magie, außer dass er sich weniger auf natürliche Magie oder Hexerei konzentriert. Dieser Zauberstil wird in der Regel nach einer vorgegebenen Struktur ausgeübt, die normalerweise von einer Geheimgesellschaft oder anderen Gruppen, die Magie praktizieren, festgelegt wird. Es wird großer Wert auf magische Werkzeuge und Kleidung gelegt. Die meisten zeremoniellen Praktiken erfordern intensive Rituale und Umgebungen, die sorgfältig so gestaltet sind, dass sie die Magie verstärken. Das ist weit entfernt von der mit Wäldern verbundenen Naturmagie der Wicca und Hexerei. Zeremonielle Magie kann echt wirksam sein, aber für unsere Zwecke in diesem Buch brauchen wir es nicht weiter zu vertiefen.

Sex

Im Wesentlichen ist Sex Magie. Aber es gibt andere Techniken, die wir mit Sex kombinieren können, um eine kraftvolle magische Praxis zu schaffen. Sex regt alle Sinne an und kann einen tranceähnlichen Zustand herbeiführen. Diese Bewusstseinszustände verschwimmen bereits die Grenzen zwischen der Realität und anderen Bereichen, aber es gibt noch viele andere Dinge, die wir tun können, um diese Erfahrung zu verbessern.

Der rituelle Gebrauch des Sex ist im Wicca-Kult als der Große Ritus bekannt. In anderen magischen Gruppen kann Sex verwendet werden, um Zaubersprüchen oder Ritualen Macht zu verleihen. Viele glauben, dass man Göttern oder anderen Wesen Sex als eine Opfergabe darbringen kann, indem man sie an der sexuellen Tat teilhaben lässt. Es wird empfohlen, den Raum während des Sex jedes Mal zu reinigen und zu schützen, um einen unerwünschten Angriff von anderen Entitäten zu vermeiden, während Sie abgelenkt sind.

Häufig wird der sexuelle Akt symbolisch verwendet, um den Tanz des Gottes und der Göttin darzustellen. Dieser Tanz ist wiederum repräsentativ für die Natur selbst, die jedes Jahr im Wechsel der Jahreszeiten stirbt und wiedergeboren wird. Die Vorstellung, dass ein Individuum seine Initiation durch einen sexuellen Akt vollziehen muss, ist sehr umstritten. Viele finden, dass die Verwendung von Dolch und Kelch als sexuelle Symbolisierung gut funktionieren kann. Diese Kontroversen passen nicht gut zu einer Gesellschaft mit großem Raubtierverhalten. Für Sex-Magie brauchen wir einen einwilligenden Partner, der sich dieser Praxis voll bewusst ist. Für unsere Zwecke in diesem Buch sagen wir nur, dass einvernehmlicher Sex immer magisch ist.

Fasten

Das Fasten oder die Einschränkung der Kalorienaufnahme kann als ein Mittel angesehen werden, um Geistern oder Göttern etwas zu opfern. Diese Praxis schärft auch Ihr Bewusstsein und Ihre Sinne. Während des Fastens können Sie Nachrichten besser empfangen und werden weniger von irdischen Dingen abgelenkt. Die Praxis eignet sich auch hervorragend, um Ihre Disziplin und Hingabe zu üben.

Obwohl das Fasten eine Praxis ist, die sich durch die gesamte Menschheitsgeschichte zieht, wird es in der heutigen Zeit immer noch sehr kontrovers diskutiert. Viele sehen im Fasten die Gefahr, dass man selbst verhungert, aber wissenschaftliche Studien haben gezeigt, dass eine Fastenroutine in vielerlei Hinsicht vorteilhaft sein kann.

In der Zauberei kann das Fasten als ein Opfer angesehen werden, denn man verzichtet auf etwas Wertvolles. Sie können ankündigen, dass Sie im Namen eines bestimmten Gottes oder einer bestimmten Göttin fasten werden, das ist ein mächtiges Bemühen, das normalerweise nicht für Anfänger reserviert ist. Für das Fasten kann man mit Sicherheit sagen, dass man sich intensiv über die Ernährung informieren sollte. Das Ausschneiden bestimmter Nahrungsmittel, ähnlich wie in der Fastenzeit, kann eine gute Möglichkeit sein, das Terrain zu sondieren. Insgesamt ist das Fasten eine individuelle Entscheidung und für einen magischen Erfolg sicherlich nicht erforderlich.

Musik

Musik ist Magie. Der Sinn für Klang wurde in der gesamten Menschheitsgeschichte benutzt, um Trance zu erzeugen und unsere Wahrnehmung zu schärfen. Die Kraft der Musik ist kein Geheimnis, und wenn sie für Feste und zur Kommunikation mit der Natur gebraucht wird, gibt es keine andere Kraft, die dem Einfluss der Musik auch nur annähernd nahekommt. Wenn Sie ein Musiker sind, können Sie Musik für den Gott oder die Göttin komponieren, um ihnen Ihre Hingabe und Demut zu zeigen, und das ist ein bedeutender Schritt, um ihre Gunst zu gewinnen.

Musik eignet sich auch hervorragend, um Trance zu erzeugen und den Geist für Meditation oder rituelle Praktiken zu klären. Der Klang ist geheimnisvoll, und die Wissenschaft hat gezeigt, dass er uns auf wohltuende Weise beeinflusst, aber für die Magie ist Musik immer noch für Mantra- oder Trance-induzierende Techniken reserviert.

Die Magie innerhalb der Wicca-Sphäre ist vielen alten heidnischen Traditionen und anderen Systemen, die sich auf Naturmagie konzentrieren, sehr ähnlich. Während Gerald Gardner Einfluss und Inspiration aus den zeremoniellen Magiesystemen der viktorianischen Ära bezog, legt Wicca im Vergleich zu diesen Systemen mehr Wert auf die Zusammenarbeit mit der Natur und der Erde. Die hierarchische Struktur und die Initiationsstufen werden von zeremoniellen Gruppen übernommen, aber die Magie scheint mehr von Hexerei und nordeuropäischen magischen Systemen beeinflusst zu sein.

Gesellschaften wie der Golden Dawn und bestimmte Freimaurer-Organisationen verfügen über eine große Vielfalt an rituellen Praktiken, von denen viele aus ägyptischen magischen Systemen und der Kabbala stammen. Diese Vermischung der Kulturen ist im frühen 20. Jahrhundert üblich, und wie wir jetzt sehen, noch mehr im 21. Jahrhundert. Dieser Zusammenprall von Praktiken und Techniken wird immer von einem ähnlichen moralischen Kompass begleitet, nämlich anderen keinen ungerechten Schaden zufügen und selbstlos praktizieren.

Während Gardner also den Status einer Geheimgesellschaft im Auge hatte, hat sich die Wicca-Religion mehr auf die natürlichen Aspekte von Gardners Vision konzentriert und ist zu einem Katalysator für Hexerei und die Stärkung der Frauen geworden. Die Popularisierung von diesen Konzepten und neoheidnischen Ideen hat viele fähige Zauberer berührt, die heute florieren, auch wenn sie sich nicht mehr als Wicca identifizieren. Viele finden ihre magische Orientierung durch Wicca, indem sie eine ausgewogene Mischung aus Kultur und Praxis finden, die oft ein Sprungbrett für talentierte Zauberer und Hexen ist.

Viele Menschen bewegen sich von Gruppe zu Gruppe auf der Suche nach Akzeptanz in der magischen Gemeinschaft. Diese Gemeinschaften sind unterstützend und nutzbringend, aber viele haben vielleicht das Gefühl, dass sie ihre Praxis für sich behalten wollen. Einige leben vielleicht sogar in Gegenden, in denen die Wicca-Gemeinschaften nicht anwesend sind, was ein größeres Hindernis darstellt, wenn sie versuchen, ihren Weg zu finden und ihre Praxis zu entwickeln. Und viele andere gehen beide Wege, sind aktive Mitglieder in einem Hexenzirkel und praktizieren auf eigene Faust. Das kann gleichzeitig geschehen oder zwischen beiden Wegen hin und her springen. Welchen Weg Sie auch immer wählen, können Sie immer noch zu Ihren eigenen Bedingungen üben. In diesem Buch sollen Methoden vorgestellt werden, wie man sich dem Wicca-Kult nähert und wie man übt. Nehmen Sie diese Weisheit und benutzen Sie sie, wie Sie wollen.

Kapitel 6: Praktischer Überblick über Hexenzirkel, Wicca-Kreise und alleinige Praxis

Wann braucht man einen neuen Hexenzirkel?

Wenn es um die Entscheidung geht, ob man eine Gemeinschaft auswählen soll, der man beitreten möchte, oder ob man Wicca allein praktizieren möchte, denken Sie daran, dass niemand Sie zu beiden Praktiken drängen sollte. Wenn eine Gruppe Sie dazu drängt, sich ihr anzuschließen, ist sie wahrscheinlich nicht die richtige Gruppe für Sie. Mit der Freiheit kommt manchmal Machtmissbrauch, und leider nutzen einige Zauberer und Heiden diese Macht, um den Willen anderer zu beugen, obwohl es gegen den Gott und die Göttin verstößt.

Ein Hexenzirkel ist normalerweise eine kleinere Gruppe von Menschen, die gelernt haben, dass sie gut zusammenarbeiten. Er besteht in der Regel aus nicht weniger als 3, aber nicht mehr als 13 Mitgliedern. Sie können sich 1-mal pro Woche, 1-mal im Monat oder nur an den Sabbaten treffen. In der Regel entscheiden sie gemeinsam, worauf sie sich konzentrieren wollen, und treffen dann die Entscheidung. Ein Hexenzirkel könnte wachsen, entweder indem die Mitglieder vertrauenswürdige Freunde einladen oder zu Familien werden. Wenn ein Hexenzirkel beträchtlich groß wird, kann er sich immer noch als Hexenzirkel bezeichnen, doch wird er heute eher als eine Wicca-Gemeinschaft betrachtet. Solche Gemeinschaften können wunderbare Quellen der Vernetzung, des Wissens und des Trostes für neue Wicca-Anhänger sein, die auf ihrer Reise in die Zauberei Rat suchen.

Einige Wiccans entscheiden sich nie dafür, einer Gemeinschaft oder einem Hexenzirkel beizutreten, und das ist völlig akzeptabel. Es gibt viele Online-Gemeinschaften, in denen ein einzelner Wiccaner seine Erfahrungen teilt, neues Wissen erlangt und ein Gemeinschaftsgefühl entwickelt, ohne jemals die Privatsphäre seines eigenen Heims verlassen zu müssen.

Dort, wo es errichtet wird (nur in den USA gibt es echte Kultgebäude), stehen die Altäre, die innerhalb des Kreises aufgestellt werden müssen.

Wie Sie Ihre eigenen Wicca-Zaubersprüche erschaffen können

Das Erschaffen Ihrer eigenen Wicca-Zaubersprüche ist tatsächlich einfacher als man glaubt. Während die meisten Hexen und Zauberwirker gewöhnlich alte, von anderen Menschen erschaffene Zaubersprüche verwenden, gibt es Zeiten, in denen sie angepasste und spezifische Zaubersprüche verwenden möchten. In diesem Fall steht das Schreiben individueller Zaubersprüche unmittelbar bevor.

Im Folgenden finden Sie eine einfache Formel zur Gestaltung Ihrer eigenen Zaubersprüche:

1. Identifizierung des Hauptziels des Zauberspruchs

Bevor Sie mit dem Schreiben eines Zauberspruchs beginnen, ist es wichtig, dass Sie mit der Festlegung der wichtigsten Absichten/Endziele starten. Jeder einzelne Zauberspruch dient dazu, ein bestimmtes Ziel zu erreichen, und Sie müssen in der Lage sein, genau zu erkennen, was Sie erreichen wollen. Zaubersprüche werden für die verschiedensten Zwecke verwendet. Zu diesen Zwecken kann der Wunsch gehören, Liebe, Erfolg, Arbeit oder gute Gesundheit zu finden. Das Hauptziel beim Zaubern ist es, genau das anzuziehen, was Sie sich für Ihr Leben wünschen. Was auch immer das Hauptziel ist, achten Sie darauf, Spezifität zu erreichen. Beispiele für absichtliche Ziele sind die Folgenden:

- Ich werde die ausgeschriebene Stelle erhalten.
- Ich werde auf die nächste Stufe befördert.
- Ich werde meinen Seelenverwandten finden.
- Ich werde von Arthritis geheilt.

In einigen Fällen möchten Sie vielleicht einen Zauberspruch schreiben, der an eine andere Person gerichtet ist. Es kann sein, dass Sie der anderen Person Glück wünschen oder sie für etwas bestrafen möchten. Was auch immer Ihr Ziel ist, Sie müssen daran denken, dass Karma real ist und dass das, was Sie auf andere ziehen, jederzeit zu Ihnen zurückkommen kann. Aus diesem Grund gehört es zu den Grundprinzipien der Wicca-Praxis, dass Sie darauf achten müssen, dass Ihre Aktivitäten anderen keinen Schaden zufügen.

2. Bestimmung und Zusammenstellung der benötigten Materialien

Bei Zaubersprüchen gibt es verschiedene Materialien, die für spezifische Sprüche benötigt werden. Sie müssen herausfinden, welche Materialien Sie verwenden müssen, um Ihre Zaubersprüche erfolgreich aufzusagen. Gemäß Wicca liegt die größere Magie oft in den Symbolen, deshalb ist es unerlässlich, einige der grundlegenden Symbole, die zu Ihrem Zauber gehören, zu lernen und sie zu verwenden. Vor allem die Tatsache, dass die Wicca-Tradition uralt ist, bedeutet nicht, dass die Verwendung aktueller Gegenstände verboten ist. Die Räder von Autos, Sonnenbrillen und sogar Schachbretter können verwendet werden, solange Sie sich darüber im Klaren sind, was sie symbolisieren sollen.

Bei der Bestimmung der Materialien, die Sie verwenden werden, müssen Sie immer bedenken, dass Zaubersprüche 2 Hauptzwecke erfüllen: entweder etwas in Ihr Leben zu ziehen oder etwas zu verbannen. Ersteres ist in der Regel positiv, während letzteres als Schutz gegen Aspekte wie Krankheiten und Zaubersprüche anderer Menschen dient. Die Materialien, die verwendet werden, um die beiden Ziele zu erreichen, sind sehr unterschiedlich, daher die Notwendigkeit der Klarheit. Derzeit gibt es sehr viele Bücher und Publikationen, die Ihnen bei der Auswahl der Materialien und Inhaltsstoffe helfen; es ist ideal, wenn Sie sich für diejenigen entscheiden, die für Sie am passendsten sind.

Zu den üblichen Materialien, die Sie verwenden können, gehören u. a. die Folgenden:

- Zauberbeutel: Zauberbeutel werden oft mit Erfolg in Verbindung gebracht, insbesondere wenn es um Geld geht. Da ein Beutel idealerweise dazu dient, etwas zu transportieren, symbolisiert er, dass alles Positive, das man anzieht, intakt bleibt. Wenn Sie also Liebe anziehen, bleibt diese in Ihrem Leben erhalten, und damit auch der finanzielle und materielle Wohlstand. Wann immer Sie sich für die Verwendung von Zauberbeuteln entscheiden, müssen Sie daran denken, dass sie häufig aufgeladen oder gewechselt werden müssen, um sicherzustellen, dass die Kraft auf einem Allzeithoch bleibt. Mit Erfolg verbundene Runen sind ein Muss, wenn man diesen Zauber zieht, und man muss sich der verschiedenen Jahreszeiten bewusst sein. Z. B. wirken die Erfolgs- und Wohlstandszauber am besten während des Vollmonds, der also die beste Zeit für den Zauber ist. Vor allem erfordert das Ziehen von Wohlstandszaubern ein sehr hohes Maß an Personalisierung. Daher müssen Sie auch etwas einbeziehen, das für Sie persönlich ist, wie z. B. Haarsträhnen (extreme Menschen sind auch dafür bekannt, dass sie ihrem Körper Blut entziehen).

- Brände: Brände kommen auch immer bei Zaubersprüchen vor und sie reichen von großen Waldbränden bis hin zu kleinen kontrollierten Bränden, wie etwa bei der Verwendung von Kerzen. Der wichtigste bestimmende Faktor ist nach wie vor die Absicht. Wenn Sie z. B. etwas anziehen wollen, dann kann ein Kerzenfeuer ausreichen. Andererseits erfordert das Bannen von etwas sehr große Brände, um sicherzustellen, dass der auszuschaltende Faktor vollständig verbraucht wird. In den meisten Fällen sind Brände als Methode zum Verbannen am weitesten verbreitet, und Sie können sie dazu nutzen, buchstäblich alles in jedem Aspekt Ihres Lebens loszuwerden - Krankheiten, Schulden, schlechte Gewohnheiten und rückläufige Tendenzen. Die Brände als Methode zum Verbannen dienen dazu sicherzustellen, dass die Person nach der Beseitigung solcher Dinge die bestmögliche Version ihrer selbst bleibt. Zaubersprüche, die mit Bränden zu tun haben, sagt man am besten bei abnehmendem Mond, und man muss ein sehr großes Feuer machen, indem man Papiere einwirft, auf denen die Dinge geschrieben stehen, die man beseitigen will. Mit ihnen verbrennen auch Ihre Probleme.

3. Über den Zeitpunkt entscheiden

Wie bereits erwähnt, sind die meisten Zaubersprüche sehr zeitspezifisch, obwohl es einige wenige gibt, die es nicht sind. In den meisten Fällen hängt der Zeitpunkt der Zaubersprüche stark von den Mondphasen ab, da einige Zaubersprüche während des Vollmondes und andere bei wechselnden Mondphasen aufgesagt werden. In den meisten Fällen werden Zaubersprüche, die Ihnen Positivität und vorteilhafte Schlussfolgerungen bringen sollen, während des Vollmonds oder bei zunehmendem Mond durchgeführt. Zerstörungszauber oder allgemein negative Zaubersprüche, die erforderlich sind, um einige der rückläufigen Aspekte aus Ihrem Leben zu verbannen, werden während der abnehmenden Phase durchgeführt. Insofern die spezifischen Details wirklich nicht so wichtig sind, wie sie scheinen, lohnt es sich zu verstehen, dass die Energien während der einzelnen Phasen unterschiedlich sind, was es unbedingt erforderlich macht, dass Sie die Perioden so gut wie möglich befolgen. Es ist erwähnenswert, dass Sie Ihr eigenes „Buch der Schatten" auf der Grundlage Ihrer individuellen Erfahrungen mit Zaubersprüchen schreiben können, und der wichtigste Aspekt, den Sie beachten müssen, ist, dass Sie sich bei dem, was Sie tun, immens sicher sein müssen.

4. Die Worte herausfinden

Damit Zaubersprüche funktionieren, müssen bestimmte Beschwörungen und Gesänge verwendet werden. Wie die Wiccans sagen, Worte haben Macht. Es gibt keine Worte, die im Zauberspruch aufgesagt werden, die nichtig sind. Deshalb müssen Sie sich sehr klar darüber sein, was Sie sagen wollen, bevor Sie tatsächlich in die Phase des Ziehens eintreten. Derzeit kann jedermann Zugang zu den Hunderten von Wicca-Zaubern haben, die sowohl online als auch in Publikationen zu finden sind, und Sie können den spezifischen Wicca-Zauber, den Sie verwenden möchten, identifizieren. Einige Zaubersprüche sind dazu gedacht, die Götter um Hilfe zu rufen, während andere Zaubersprüche in poetischen Schlussfolgerungen verwendet werden. Alle funktionieren jedoch gleich, und das Einzige, was Sie tun müssen, ist sicherzustellen, dass Sie mit den Zaubersprüchen das von Ihnen gewünschte Ereignis beschwören.

5. Schließlich, wenn alles an seinem Platz ist, tun Sie es einfach

Zaubersprüche erfordern viel Vertrauen und den Glauben daran, dass das, was Sie heraufbeschwören, geschehen wird. Sie dürfen keine Zweifel in Ihrem Verstand oder Herzen haben, da dies die volle Verbindung mit den Energien und den Göttern behindern kann. Insbesondere gilt das Aufsagen von Zaubersprüchen mit den eigenen Worten und Gesängen als wirksamer als die Verwendung von Zaubersprüchen anderer Menschen. Wann immer Sie Ihren eigenen Zauberspruch und Ihre eigenen Worte verwenden, ist die Energieverbindung viel größer als die Verwendung der Kreativität anderer Menschen. Persönliche Zaubersprüche tragen Ihre eigene Handschrift und schaffen eine einzigartige energetische Verbindung; Sie müssen nur völlig davon überzeugt sein.

Technik der Zaubersprüche

Die Techniken, um Zaubersprüche zu verwenden, ähneln mehr oder weniger den Methoden, mit denen Sie Ihre eigenen Zaubersprüche gestalten können. In der Regel gibt es 5 Haupttechniken, in die Sie eingeweiht sein müssen, die dazu beitragen, dass die Verzauberung erfolgreich ist. Während die Mittel, mit denen man Zaubersprüche gestaltet und aufsagt, drastisch variieren, bleiben die zugrundeliegenden Prinzipien immer die gleichen. Die Techniken können mit einem Gebäude verglichen werden. In der Regel gibt es sehr spezifische architektonische Faktoren, die beim Bau eines Gebäudes ins Spiel kommen, und sie müssen befolgt werden, unabhängig davon, wie klein oder groß die Konstruktion ist. Z. B. muss jedes Gebäude ein Fundament haben, und es gibt keine Erklärung auf der Welt, die das Fehlen eines richtigen Fundaments beim Bau eines Hauses erklären kann. Das gleiche gilt für Zaubersprüche. Ähnliche Techniken gelten unabhängig von der Art des Zauberspruchs und von der Erfahrung, die der Hexer/die Hexe hat.

1. Vorbereitung

Das ist eine der grundlegenden Techniken zur Durchführung der Zaubersprüche, und sie umfasst alles, was im 1. Abschnitt besprochen wurde. Dieser Schritt umfasst die Identifizierung der konkreten Absicht, ohne vage zu sein, die Bestimmung des richtigen Zeitpunkts und das Sammeln aller Materialien und Hilfsmittel, die für den Zauberspruch von Nutzen sein können. Zur Vorbereitung gehört auch, dass man seinen Raum durch Reinigung, Säuberung und Läuterung vorbereitet, und dazu gehört auch, dass man sich durch leichte Mahlzeiten und ein klärendes Bad vorbereitet.

2. Vorbereitung des Geistes

Die materielle und physische Vorbereitung mag zwar wichtig sein, aber der seelische Zustand ist nach wie vor der wichtigste Aspekt der Vorbereitung. Die Stimmung ist eine grundlegende Sache, die darüber entscheiden kann, ob die Zaubersprüche erfolgreich sein werden oder nicht. Eine der wichtigsten Weisen, wie Sie sich effektiv auf die richtige Stimmung vorbereiten können, besteht darin, sicherzustellen, dass Sie in den Tagen und Wochen vor dem Zauberspruch positive Gedanken behalten. Positivität hilft bei der Ausrichtung wohlhabender Energie, und das ist es, was Sie brauchen, um erfolgreich zu sein. Das Schlimmste, was man tun kann, ist in der Regel, immer wieder darüber nachzudenken, warum der Zauberspruch nicht funktionieren würde, und letztendlich zieht man dadurch begrenzende Energie an.

Die Wicca-Anhänger behaupten, dass es von großem Nutzen ist, den Alpha-Zustand zu erreichen. Der Alpha-Zustand gilt als ein meditativer Zustand, in dem Sie entspannt sind und sich dessen bewusst sind, was Sie umgibt. Er lässt sich am besten dadurch auslösen, indem man das Unterbewusstsein öffnet und behält, selbst wenn man im Bewusstsein ist. Das Unterbewusstsein ist der Zustand, den wir normalerweise nachts erreichen, wenn das Bewusstsein ausgeschalten ist. Lebensnotwendige Aspekte des Körpers, wie die Atmung, finden aufgrund des Unterbewusstseins statt, und das ist für jeden Menschen unerlässlich. Der Alpha-Zustand ist besonders vorteilhaft während des Zaubervorgangs, da er dafür sorgt, dass man nicht von weltlichen Aspekten abgelenkt wird. Vielmehr sorgt der Trance-Modus dafür, dass Ihre ganze Energie auf die erfolgreiche Umsetzung des Zaubers gerichtet ist.

3. Die Absicht bestimmen

Sobald die Absicht feststeht, müssen sowohl eine psychologische als auch eine metaphysische Einstellung entwickelt werden. Die Verbindung der beiden stellt sicher, dass Sie in der besten Lage sind, einen Zauber auszuüben. Zu den empfohlenen Aktivitäten gehören unter anderem die Folgenden:

- Ihre Absicht laut aussprechen und wiederholen: Die ständige Äußerung einer Tatsache erhöht die Chancen, dass sie Wirklichkeit wird, da oft dadurch eine Verbindung zwischen der Absicht und dem persönlichen Selbst forciert wird.

- So viel sensorische Stimulation wie möglich haben: Die sensorische Stimulation wird in der Regel durch eine Reihe von Methoden verbessert, einschließlich der Auswahl von Bildern, Gerüchen, Klängen und Gegenständen. Es wird empfohlen, die sensorischen und visuellen Gegenstände zu verwenden, die Sie am meisten anspornen, da sie die Erfüllung des Ziels ermöglichen, das Sie erreichen möchten. Wenn z. B. ein bestimmtes Ding wie ein Stück Satinstoff für Sie Reichtum bedeutet, können Sie es während des Zauberspruchs verwenden. Außerdem ist es wichtig, die Farben zu kennen, die mit bestimmten lebenswichtigen Elementen assoziiert werden, wie z. B. die Farbe Blau und ihre Beziehung zur Heilung.

- Kreative Visualisierung: Es wurde festgestellt, dass die Kommunikation und die Manifestation der damit verbundenen Absicht umso effektiver ist, je mehr Details man sich vorstellen kann.

- Die Verwendung von Symbolen: Symbole bestätigen nicht nur, was gewünscht wird, sondern regen auch das Unterbewusstsein an, aussagekräftige Folgerungen bezüglich des Geschehens zu ziehen. Z. B. erzeugt die Verwendung der Rune Fehu automatisch eine Bestätigung in Ihrem Gehirn, dass Sie tatsächlich auf der Suche nach Karriere und Erfolg sind. Andere Personen möchten vielleicht neuere Visualisierungselemente, wie z. B. ein Eurozeichen, verwenden, um sich auf Reichtum und Wohlstand zu berufen. Hier geht es darum, dass es kein einzelnes festgelegtes Symbol gibt, das Sie verwenden müssen. Sie müssen bestimmen, welches Symbol für Sie persönlich am besten zu gebrauchen ist.

- Die Verwendung von Gegenständen: Dies ist besonders wichtig bei den verschiedenen Formen der sympathischen Magie, auch als nachahmende Magie bekannt. Insofern es verschiedene Werkzeuge gibt, die zur Darstellung bestimmter Aspekte verwendet werden, müssen Sie darauf achten, dass Sie etwas verwenden, weil Sie sich auf das bestimmte Element beziehen und weil sich Ihr Unterbewusstsein mit ihm identifiziert, und nicht nur, weil dieses Element universell ist. Je mehr Sie sich mit den verwendeten Materialien verbinden, desto besser wird das Ergebnis sein.

Arten von Zaubersprüchen

Zauber für den Wohlstand

Bevor wir das Prinzip des Wohlstandszaubers analysieren, werden wir zunächst zeigen, wie er tatsächlich funktioniert. Wann immer Sie einen Wohlstands-Zauberspruch singen, bedeutet das nicht, dass Sie am nächsten Tag mit einem dicken Bankkonto und einem plötzlichen blühenden Pflanzenwachstum in Ihrem Haus aufwachen werden. Vielmehr hilft Ihnen der Zauberspruch dabei, sich in Ihrem Leben besser auf die Erreichung der Ziele zu konzentrieren, die Sie sich gesetzt haben. Die Zaubersprüche wirken, indem sie eine Veränderung in Ihrer Denkweise auslösen, Ihr Selbstvertrauen und den Glauben daran stärken, dass es nichts gibt, was Sie sich wünschen, das außerhalb Ihrer Reichweite liegt. Wenn Sie die Grundlagen des Gesetzes der Anziehung kennen, erkennen Sie, dass der wichtigste Aspekt in allen diesen Wünschen und Zielen die Rekonstruktion des Unterbewusstseins ist. Wenn die Zaubersprüche aufgesagt werden, gibt es eine unsichtbare Veränderung im Unterbewusstsein, die es erleichtert, positive Energie anzuziehen, die bei der Auslösung aller Veränderungen helfen wird. Daher verbinden die Wicca-Anhänger das Konzept der Beschwichtigung der Götter durch Symbole und spezifische Werkzeuge mit dem Eindringen des Glaubens in das Unterbewusstsein. Das Ergebnis ist, dass sie in der Regel das erreichen, worauf sie sich berufen.

Der Wohlstandszauber wird am besten sonntags oder donnerstags in der Zeit wirksam, wenn der Mond in seiner zunehmenden Phase ist. Es gibt eine Reihe von dafür geeigneten Hilfsmitteln und Techniken, die Sie je nach Verfügbarkeit und Zugang auswählen können. Sie sollten bedenken, dass es verschiedene Methoden gibt, um Zauber auszuüben, und welche Sie verwenden, hängt von Ihren Vorlieben ab. Einige dieser Methoden werden im Folgenden beschrieben:

Methode 1

Sie werden brauchen:

- Kessel, in dessen Innerem Holzkohle brennt
- Kräuter wie Basilikum, Salbei und Kamille
- Wasser
- 1 Teller, auf dem Salz oder Erde liegt
- Ein Athame oder einen Zauberstab

Wenn Sie alle diese Voraussetzungen erfüllt haben, sollten Sie an einem Ort Ihrer Wahl einen Kreis ziehen. Idealerweise sollte dieser Ort ruhig und entspannt sein, entweder draußen im Hof oder im Wald, oder dieser Ort kann drinnen in einem großen leeren Raum liegen. Alle verwendeten Gegenstände müssen sich innerhalb des Kreises befinden, damit sie die von Ihnen gewünschte Wohlstandsenergie anziehen können.

Sie müssen Ihren Geist durch Meditation und Atemübungen vorbereiten, um sicherzustellen, dass Sie mit dem Energiebedarf im Einklang sind. Wenn Sie sicher sind, dass Sie sich in der richtigen Stimmung befinden, laden Sie die Götter mit Ihren eigenen Worten in den Kreis ein. Manche Menschen beschließen, die Namen zu singen, während andere sie nur im Kopf aufsagen. Sie können tun, was immer nötig ist, um sie herbeizurufen.

Nachdem Sie die Götter angerufen haben, sollten Sie nun die Kräuter ins Feuer werfen und darauf achten, die Art von Wohlstand zu visualisieren, die Sie anstreben. Manche Menschen streben vielleicht finanzielle Freiheit an, während andere nur daran interessiert sind, ihre Schulden bezahlen zu können. Was auch immer Sie erreichen wollen, vergewissern Sie sich, dass Sie es visualisieren. Während die Kräuter weiterbrennen, sollten Sie ein paar Tropfen Wasser, Salz oder Sand auf das Feuer streuen und das Athame oder den Zauberstab bewegen, während Sie die folgenden Worte sagen:

> "Durch die Kräfte von Luft, Feuer, Wasser und Erde,
> gebe ich diesen Zauber frei.
> Ich bitte um göttliche Führung und bitte um Hilfe an diesem Tag.
> Mit keinem Schaden für keinen.
> Dieser Zauberspruch wird ausgeführt."

Wiederholen Sie die Worte so oft Sie wollen, und verbringen Sie ein wenig Zeit damit, zu meditieren und den Rauch zu visualisieren, der aufsteigt und sich mit der Wohlstandsenergie verbindet, die jetzt in Ihnen ist. Die Meditation kann so lange fortgesetzt werden, wie Sie wünschen, und wenn Sie zufrieden sind, sollten Sie den Göttern danken, während sie sich darauf vorbereiten, Ihnen bei der Erfüllung Ihrer Wünsche zu helfen. Sie können warten, bis die Holzkohle verbrannt ist, oder sie mit dem Wasser löschen. Danach lösen Sie den Kreis auf und zentrieren Sie sich. Der Zauber ist nun fertig.

Methode 2

Dieser Wohlstandszauber ist sehr spezifisch, und Sie können ihn nur 1 Minute nach Mitternacht am 30. April (1. Mai), 31. Juli (1. August), 31. Oktober (1. November) oder 31. Januar (1. Februar) durchführen. Dieser Zeitplan ist sehr wichtig, und Sie müssen sich daranhalten. Zur Vorbereitung benötigen Sie die folgenden Gegenstände:

- 16 Kerzen (1 goldene, 1 grüne und ß weiße)
- Kiefernöl, zum Salben der Kerzen
- Salz

Der 1. Schritt ist alle Kerzen mit dem Kiefernöl zu salben. Danach folgen Sie den folgenden Anweisungen:

1. Die goldene Kerze wird in die Mitte gestellt.
2. Die 6 grünen Kerzen werden strategisch rund um die goldene Kerze gestellt.
3. Die 9 weißen Kerzen werden strategisch rund um die grünen Kerzen gestellt.

Sie sollten diese Kerzen rechtzeitig vor Mitternacht vorbereiten. Um genau 1 Minute nach Mitternacht verwenden Sie das Salz, um einen Kreis um die äußersten Kerzen zu zeichnen. Dann zünden Sie erst die goldene Kerze, dann die grünen und zuletzt die weißen Kerzen an; dabei sollten Sie sich im Uhrzeigersinn bewegen. Wenn Sie fertig sind, müssen Sie den Altar umkreisen, während Sie die folgenden Worte singen:

> "Jupiter im Orbit um die Sonne, lass, dass ich Geld bekomme."

Wiederholen Sie die Worte 3-mal, setzen Sie sich dann hin und meditieren Sie, während Sie Ihre Geldbedürfnisse visualisieren. Sie können so lange in Meditation sitzen, wie Sie wollen, und dann die Kerzen strategisch in der umgekehrten Reihenfolge ausblasen, wie Sie sie angezündet haben.

Methode 3

Diese letzte Methode wird als sehr nützlich betrachtet, wenn man Zaubersprüche aufsagt, die eine schnelle Manifestation der Ergebnisse erfordern. Z. B. sollten Sie diesen Zauber verwenden, wenn Sie dringend Geld brauchen, solange er ehrlich ist und nicht aus Gier ausgeübt wird. Der Geldzauber wird am besten an einem Freitag durchgeführt, wenn entweder zunehmender oder Vollmond ist. Die benötigten Gegenstände sind die Folgenden:

- 1 grüne Kerze
- Öl, das hilft, Geld anzuziehen
- Grüne Edelsteine
- 1 glänzende Geldmünze
- Grundstück, um das Wachs zu vergraben

Nachdem Sie alle diese Voraussetzungen geschaffen haben, wird das Verfahren einfacher. Der 1. Schritt besteht darin, die Kerze anzuzünden und sie in die Mitte des Altars zu stellen. Dann sollten Sie eine neue glänzende Geldmünze vor die Kerze legen und die Kerze mit grünen Edelsteinen umgeben. Wenn Sie damit fertig sind, singen Sie den folgenden Satz 3-mal und ersetzen Sie "100 Euro" durch den Betrag, den Sie benötigen:

> "Geld komm zu mir.
> 100 Euro brauche ich.
> Mit Schaden für keinen und Hilfe für viele,
> multipliziere jetzt diese glänzende Geldmünze."

Wenn Sie mit dem Singen fertig sind, müssen Sie die Kerze anzünden und tief in sie hineinschauen. Sie müssen sicherstellen, dass Sie das gewünschte Geld stark visualisieren und es auch wirklich spüren. Das nennt man die Verbindung mit der Energie, und es hilft sicherzustellen, dass Ihnen das, worum Sie bitten, auch wirklich gewährt wird. Sie sollten sich das Gefühl vorstellen, das Sie haben werden, wenn Sie das Geld erhalten, und das Gefühl von Glück und Dankbarkeit verinnerlichen. Visualisieren Sie diese Gefühle so weit wie möglich; Sie müssen verstehen, dass das der wichtigste Teil des Zauberspruchs ist. Sobald die Kerze völlig abgebrannt ist, nehmen Sie das Wachs und vergraben es auf Ihrem Grundstück. Der Geldmünze muss immer bei Ihnen sein, wohin Sie auch gehen, denn das hilft dabei, die Geldenergie zu Ihnen zu lenken.

Es ist bekannt, dass die Zaubersprüche besser funktionieren, wenn man sie aus echter Not anstatt aus Gier anwendet. Z. B., wenn man nicht in der Lage ist, wichtige Rechnungen zu bezahlen, ist das ein echtes Bedürfnis, und der Zauber wirkt in diesem Fall besser, als wenn man Geld verlangt, um ein Luxusauto zu kaufen. Außerdem müssen Sie die Tatsache betonen, dass anderen kein Schaden zugefügt wird, wenn Sie den Zauberspruch aufsagen. Das ist sehr wichtig, denn es entspricht dem Wicca-Gedanken, dass die Praxis nur von Nutzen sein sollte.

Zauber für den Erfolg

Erfolg ist ein sehr weit gefasster Begriff, da er für jeden Menschen eine besondere Bedeutung hat. Für einige ist Erfolg mit Geld und finanziellem Wohlstand verbunden, während er für andere Menschen mit Beziehungen, Freundschaften und anderen derartigen Aspekten zu tun hat. Für den Fall, dass sich Ihr Verständnis von Erfolg auf den monetären Wert bezieht, dann gelten die oben genannten Wohlstandszaubersprüche. Wenn Sie aber Erfolg tatsächlich so interpretieren, dass er sich mit dauerhaften Freundschaften und tiefen Beziehungen auszeichnet, dann können Sie die folgenden Zaubersprüche ausprobieren:

1. Zauberspruch für erfolgreiche Freundschaftsbünde

Einige Menschen sind Naturtalente, wenn es darum geht, Freunde zu finden und zu behalten, aber andere müssen daran arbeiten und benötigen mehr Konzentration. Wenn Sie es brauchen, erfolgreich Freundschaften zu schließen, dann ist das der richtige Zauber für Sie. Zu den Grundvoraussetzungen gehören die folgenden Gegenstände:

- 1 Postkarte
- 1 Stift, der goldfarben schreibt
- Kräuter wie z. B. Lorbeerblätter
- 1 dünnes, vorzugsweise goldfarbenes Band

Dieser Zauber für den Erfolg in der Freundschaft sollte vorzugsweise an einem bestimmten Wochentag, nämlich Sonntag oder Mittwoch, durchgeführt werden. Er kann auch erfolgreich an den Tagen angewendet werden, an denen Neumond oder Vollmond ist. Um den Zauber auszusprechen, sollten Sie die Postkarte nehmen und einen Appell an eine andere Gruppe von Freunden schreiben, damit sie kommen und Teil Ihres Lebens werden. Der Wicca-Zauber spricht sich dafür aus, das Wort "erwünscht" zu schreiben und es vor allem zu unterstreichen. Sie können dann die Eigenschaften der Freunde schreiben, die Sie haben möchten. Beispiele für diese Eigenschaften können Spaß und Kontaktfreudigkeit, Introvertiertheit und Kreativität oder die Liebe für das Lernen sein.

Sie können grundsätzlich alles aufschreiben, was Sie möchten. Das ist Ihre Chance, die Energie für die Art von Freunden auszusenden, mit denen das Universum Sie verbinden soll. Die Tatsache, dass der Stift goldfarben schreibt, zeigt, dass die Verbindung mit dem Universum schneller erfolgen wird. Nachdem Sie alle Voraussetzungen aufgeschrieben haben, sollen Sie die Postkarte aufrollen und mit Klebeband sichern. Dann binden Sie das Goldband darum und befestigen es für mindestens 24 Stunden an Ihrem Schlafzimmerfenster. Diese Zeitplanung ist wichtig, da sie es ermöglicht, dass die innere Botschaft ins Universum hinausgeht. Nach und nach werden Sie die Erfahrung machen, dass neue Freunde in Ihr Leben treten.

Schutzzauber

Schutz ist zweifellos einer der Hauptgründe dafür, dass Menschen Zaubersprüche aussprechen. Wann immer Sie den Zauber anwenden, kann das Ziel darin bestehen, die einzelne Person, die Familie, den Haushalt, die Beziehung oder allgemein alles zu schützen, an dem Sie möglicherweise sehr gebunden sind. Schutzzauber gibt es seit Menschengedenken und gehören zu den am häufigsten geübten Arten von Zaubersprüchen. Es gibt 2 Möglichkeiten, wie man Schutzzauber ausüben kann.

Erstens gibt es Zaubersprüche, die gemacht werden können, wobei die Elemente und Werkzeuge systematisch um die zu schützende Substanz herum angeordnet werden. Diese funktionieren, solange die Symbole und Werkzeuge an Ort und Stelle bleiben. Die anderen funktionieren wie der Rest der Zaubersprüche; man singt Worte, und der Zauberspruch folgt. Die Schutzzauber sind ein wenig anders, da sie mit verschiedenen Materialien aufgesagt werden können. Die Materialien sind die Folgenden:

Zwiebelzöpfe

Der Zwiebelzopf ist eine sehr beliebte Schutzmethode. Seine Absicht ist es immer, die Menschen zu schützen, die in der Umgebung des Gebietes leben, in dem er aufgehängt wird. Deshalb können die Zwiebelzöpfe im Gehöft, am Arbeitsplatz und in Autos angebracht werden, um die Menschen vor jeder Form von Schaden zu schützen, der ihnen möglicherweise über den Weg läuft. Zwiebelzöpfe zu flechten ist eigentlich sehr einfach und entspannend, und es gilt als eine der magischsten Arten, einen Abend zu verbringen.

Zuerst muss man ein Bündel Zwiebeln erhalten, an denen die grünen Spitzen noch befestigt sind. Dann beginnt man damit, die Schnüre in der Mitte zu falten und an den Enden Knoten zu knüpfen. Dadurch soll eine Schlaufe entstehen. Dann kann man die beiden freien Teile des Zwirns und den Zwiebelstiel verwenden, um einen Zopf zu flechten. Wiederholen Sie den Vorgang, bis Sie die von Ihnen gewünschte Länge und Konsistenz erreicht haben. Während Sie den Zopf anfertigen, ist es unerlässlich, sich auf Ihre Absicht zu konzentrieren. Es muss einen Grund dafür geben, warum Sie sich für die Herstellung des Zopfes entschieden haben, sei es, weil Sie sich in Bezug auf Ihre Familie bedroht fühlen oder weil Sie sie generell beschützen wollen. Es ist hilfreich, einige Beschwörungsformeln aufzusagen, während Sie mit dem Flechtprozess fortfahren.

Offensichtlich kann man einen Schutzzauber für eine andere Person rezitieren, ohne es ihr überhaupt zu sagen. Es ist z. B. bekannt, dass Frauen den Schutzzauber für ihre Söhne ausüben, wenn diese an einen weit entfernten Ort fahren oder sich an Aktivitäten wie dem Eintritt in die Armee beteiligen. Durch die Zaubersprüche wird den Personen, deren Namen genannt wurden, positive Energie zugeführt, und sie werden sicher bewahrt. Einige Zauberer tragen die Zwiebelzöpfe als Teil ihrer täglichen Kleidung um den Hals, und sie können von ihren Kindern verlangen, dass sie das Gleiche tun. Welche Methode auch immer angewendet wird, ist der Zweck immer derselbe.

Schutzöle

Schutzöle sind ebenfalls weit verbreitet und werden aufgrund ihrer einfachen Anwendung bevorzugt. Die grundlegende magische Kombination, die hilft, psychische und rückschreitende magische Angriffe abzuwehren, besteht aus einer Mischung aus Lavendel und Beifuß. Zur Herstellung des Schutzöls benötigen Sie die folgenden Hauptzutaten:

- 1/8 Tasse Basisöl Ihrer Wahl
- 1 Tropfen Beifuß
- 1 Tropfen Ysop
- 3 Tropfen Lavendel
- 4 Tropfen Patchouli

Nachdem Sie alle Zutaten zusammengesetzt haben, ist es jetzt sehr einfach, das Schutzöl herzustellen, da Sie nur noch mischen müssen, während Sie Ihre Absicht visualisieren. Sie sollten auch danach streben, in einen meditativen Zustand zu gelangen, der Ihnen hilft, das Aroma aufzunehmen und sich grundsätzlich mit der Energie der Öle zu verbinden. Das Öl soll heilig und magisch sein, und Sie müssen es auch so behandeln. Sie können es dann jeden Tag verwenden, indem Sie es auf Ihre Handflächen, Ihren Kopf oder Ihren ganzen Körper reiben. Sie können das Öl auch in einer kleinen Flasche mit sich tragen und es wird denselben Schutzzweck erfüllen.

Zauber zur Heilung

Eine gute Gesundheit ist etwas, das jeder anstrebt. Ohne sie kann man nicht einmal etwas genießen, was die Welt zu bieten hat. Eine gute Gesundheit ist auch der Schlüssel zu einem sehr langen und erfolgreichen Leben. Es gibt eine Reihe von Zaubersprüchen, die zur Förderung von Gesundheit und Heilung angewendet werden. Es ist jedoch erwähnenswert, dass die Wiccans zunächst eine Reihe von Aktivitäten durchführen, bevor sie das Ritual vollziehen, falls jemand Heilung benötigt. Zuerst muss man versuchen, die Gründe zu verstehen, warum die Krankheit aufgetreten ist und was genau die Ursache der Situation ist.

Gewöhnlich glauben Hexen, dass die Ursache von Gesundheitsproblemen und Gesundheitsbeschwerden der Mangel an einer bestimmten Art von Energie in unserem Leben ist. Dieser Energiemangel kann entweder durch eine Stresssituation oder durch zu viele als ungesund betrachtete Aktivitäten hervorgerufen werden. Deshalb wird bei der Entdeckung des "Warum" der Krankheit auch das "Wie" untersucht, damit die kranke Person weiß, wie sie das Auftreten der Krankheit in Zukunft verhindern kann. Stresssituationen werden in der Regel durch negative Emotionen hervorgerufen, und das ist eines der schwierigsten Elemente, die loszuwerden sind. Bevor Sie den Zauberspruch zur Förderung von Gesundheit und Heilung überhaupt anwenden, müssen Sie auch sicherstellen, dass Ihre Emotionen in Ordnung sind und dass Sie die Situation, die Ihnen so schlechte Energie gebracht hat, beseitigt haben.

Zauberspruch 1: Heilen

Das Ziel dieses ersten Zaubers ist es, alle Krankheiten im Körper loszuwerden. Er ist sehr nützlich, wenn alle anderen Behandlungsmethoden versagt haben. Um diesen Zauber auszuüben, benötigt man 13 Eier und etwas Salz. In einer typischen Wicca-Situation werden die Eier als ein Zeichen des Lebens und der Regeneration angesehen. Der Zauber wird am besten bei Vollmond ausgeübt, da dies die Periode ist, die mit guter Gesundheit verbunden ist.

Als erstes müssen Sie mit dem Salz einen großen Kreis machen. Die kranke Person sollte in dem Kreis liegen, am besten im Freien, wo das Mondlicht auf sie scheint. Man sagt, dass der Heilungsprozess umso schneller vonstattengeht, je mehr der Mensch dem Mondlicht ausgesetzt ist. Die kranke Person muss sich wohl fühlen und sollte mental darauf vorbereitet sein, all den Stress und die hemmenden Gedanken in ihrem Gehirn loszulassen. Ohne eine Einstellungsänderung besteht nur eine sehr geringe Chance, dass sie die positive und heilende Energie anziehen kann.

Da die kranke Person dort liegt, sollen Sie die Eier nacheinander auf ihren Körper rollen lassen. Die Eier sollen auf beiden Seiten des Körpers rollen, was bedeutet, dass die kranke Person nackt sein soll. Wenn die Eier auf den Körper der kranken Person gerollt werden, dann sollte sie den folgenden Gesang/das folgende Mantra ununterbrochen sagen und glauben, dass die Heilung tatsächlich kommen wird:

> "Ich bin Freude und Gesundheit, ich bin Macht.
> Jeden Tag bin ich näher und näher dran, gesund zu sein.
> So wie der Mond abnimmt, nimmt auch diese Krankheit ab.
> Ich bin Freude und Gesundheit, ich bin Kraft."

Die Eier sollten so gerollt werden, dass keine Stelle ausgelassen wird, sodass eine vollständige Heilung über den gesamten Körper gefördert wird. Dieser Prozess erfolgt Ei-nach-Ei, und er endet, wenn alle 13 Eier auf den Körper des Kranken gerollt sind. Da die Eier dafür bekannt sind, Krankheiten wegzunehmen, stellt die Verwendung von 13 von ihnen sicher, dass keine schlechte Energie auf dem Körper der Person zurückbleibt und dass eine vollständige Heilung erreicht wird.

Abnehmender Mond

Die abnehmende Mondphase ist normalerweise der Zeitraum, in dem der Mond wieder dunkler wird und sich vom Vollmond zurück zum Neumond verschiebt. Das symbolisiert eine Phase der Vollendung, und die Zaubersprüche, die in dieser Zeit am besten funktionieren, sind die Verbannungszauber. Das bedeutet vor allem nicht, dass Sie jemanden ganz aus Ihrem Leben verbannen müssen, sondern dass Sie ihn fernhalten oder Schnüre mit ihm durchtrennen müssen. Diese Phase eignet sich hervorragend für Menschen, die vielleicht Gefühle haben, die sie loswerden möchten, wie z. B. die Liebe zu einer Person, die nicht auf Gegenseitigkeit beruht. Das Bannen geschieht in der Regel zur Verbesserung des eigenen Lebens und nicht, um einer anderen Person Leid zuzufügen.

Um einen allgemeinen Verbannungszauber durchzuführen, können Sie Ihre Ängste und Unsicherheiten auf ein Blatt Papier schreiben und es aufmerksam anschauen. Das sind die Taten/Menschen, die Sie nicht länger in Ihrem Leben behalten wollen; vielleicht haben Sie beschlossen, dass es wirklich die beste Option ist, sie gehen zu lassen. Sie sollten sich für den gesamten Vorgang engagieren. Verbrennen Sie das Papier und pusten Sie seinen Inhalt weg. Das zieht bestimmt Freisetzungsenergie an, und Sie werden sich zweifellos von all dem befreien, was Sie auf das Blatt geschrieben haben.

Kapitel 7: Schritt-für-Schritt-Beispiele von Ritualen für Anfänger

Magie praktizieren ist einfach. Alles, was Sie brauchen, sind ein paar Werkzeuge, einen Ort, um einen Altar aufzustellen, und klare Absichten. Die folgende Schritt-für-Schritt-Anleitung wird Ihnen dabei helfen, sich für die grundlegendste Form von Ritualen, Zaubersprüchen und Meditationen zu öffnen. Sie müssen sich nicht an diese Regeln halten, um sie zu vollziehen; Sie können sie als Grundlage verwenden, um Ihre eigenen mächtigen Rituale und Zaubersprüche zu entwickeln.

Viel von Wicca ist Intuition und Verbindung zu Ihrem höheren Selbst und Ihrer eigenen göttlichen Weisheit und Autorität. Lassen Sie sich leiten, wenn Sie die besten Wege finden, die richtige Kraft, Energie und Absicht anzurufen, um mehr Fülle und Wohlstand in Ihr Leben zu bringen.

Wenn Sie anfangen, suchen Sie in Ihrem Haus nach einigen dieser Werkzeuge. Sie müssen nicht sofort in den Laden eilen und einen Haufen neue Gegenstände kaufen, um Ihren Altar zu bauen oder Ihre Zaubersprüche vorzubereiten. Viel von dem, was Sie benutzen werden, können Sie in Ihrem Haus finden, bis etwas Besseres oder Absichtsvolleres auftaucht.

Ihre Werkzeugkiste

Für die Grundausstattung einer Hexe sind nur einige wenige Dinge erforderlich, die Sie in der untenstehenden Liste finden. Es gibt noch weitere Dinge, die Sie optional in Betracht ziehen können, während Sie damit anfangen, bis Sie in der Lage sind, Ihre persönliche Werkzeugkiste mit magischen Elementen und Gegenständen zusammenzustellen.

- Kerze(n)/Kerzenhalter
- Streichhölzer/Feuerzeug
- Salz
- Steine/Kristalle (fakultativ)
- Räucherstäbchen oder Wischstäbchen (vorzugsweise Salbei oder Beifuß)
- Sauberes Wasser in einer Glas- oder Holzschüssel (kein Plastik)

Diese sehr grundlegenden Werkzeuge sind alles, was Sie wirklich brauchen, um anzufangen. Je mehr Sie herumprobieren und Fortschritte machen, desto mehr können Sie Ihrem Ritual oder Zauberspruch, den Sie vollziehen, Dinge hinzufügen, die Bedeutung haben. Manche Zauberer behalten gerne Figuren ihrer bevorzugten Gottheiten, damit sie anwesend sind oder auf den von Ihnen geschaffenen Altar gestellt werden können. Sie können auch weitere Kräuter in das Ritual einbringen, wenn Sie es für angebracht halten, aber letztendlich brauchen Sie nur mit den Gegenständen aus der obigen Liste zu beginnen.

Sie brauchen keinen Altar, um diese Werkzeuge zu benutzen. Sie können Ihre Werkzeugkiste sogar in die freie Natur oder dorthin mitnehmen, wo Sie Magie treiben wollen.

Die Kerze bringt Feuer in Ihre Zeremonie, welches eines der Elemente ist, die Sie in Ihren Kreis rufen müssen. Die Streichhölzer und das Feuerzeug sollen sowohl die Kerze(n) als auch den Weihrauch anzünden. Salz ist ein starkes Schutzmittel. Manche Menschen ziehen ihre Kreise, indem sie einen Salzkreis um ihren Körper und ihre Werkzeuge machen, aber Sie können es auch einfach in einer Schachtel oder Dose mit sich tragen, um es als Darstellung der Erdenergie und auch als Symbol des Schutzes bei sich zu haben.

Die Steine und Kristalle sind zwar fakultativ, können sich aber als nützlich erweisen und sind sehr hilfreich, um die Energie zu vergrößern und zu intensivieren. Welches Ritual oder welchen Zauber Sie auch immer vollziehen, die von Ihnen gewählten Steine und Kristalle können dazu beitragen, diese Erfahrung zu verstärken und ihr mehr Energie zu verleihen. Alle Steine und Kristalle haben ihre eigenen, einzigartigen Eigenschaften, und deshalb könnte es schon sehr wichtig sein, die Steine und Kristalle zu finden, die am stärksten mit Ihnen resonieren.

Das Räucherstäbchen/Wischstäbchen wird verwendet, um die Energie um Sie herum zu reinigen und die Aura des Raumes und Ihre eigene Aura zu säubern. Sie können es vor, während und nach Ihrem Ritual verwenden, damit Sie sich ausgeglichen und auf Ihre Zaubersprüche eingestimmt fühlen.

Kerzen

Kerzen spielen bei jedem Ritual eine wichtige Rolle. Wir alle haben das Licht von Kerzen benutzt, seit wir gelernt haben, wie man ein dauerhaftes suggestives Licht erschaffen kann, und die Kerze ist ein großartiges Symbol des Lebens in der Wicca-Praxis.

Der Akt des Anzündens einer Kerze ist eine kraftvolle energetische Schwingung der Absicht und öffnet eine Tür, durch die Sie sich tiefer mit der mächtigen Magie verbinden können, die Sie treiben wollen. Die Verwendung von Kerzen bei all Ihren Ritualen und Zaubern ist eine gute Möglichkeit, diese Energie und diesen Fokus nach vorne zu bringen.

Manchmal möchten Sie vielleicht eine Kerze in einem Behälter haben, damit Sie ihr Licht über Nacht oder bis sie abbrennt haben können. Die heilige Flamme Ihres Zauberwirkens weiter brennen zu lassen, ist eine Möglichkeit, energisch zu erklären, dass Ihre Absichten bis zum Anzünden der nächsten Kerze lebendig bleiben werden.

Sie sollen auch Kerzen finden, die aufgrund ihrer Farben mit Ihren Zaubersprüchen korrelieren könnten. Hier ist eine Liste dessen, was jede Kerzenfarbe in einem Zauberspruch, an dem Sie arbeiten, darstellen könnte:

Weiß: Reinheit, Einheit, Frieden, Reinigung, Unschuld, Gleichgewicht, Heilung, Magie mit kleinen Kindern, Spiritualität, Aura-Ausgleich

Gelb: Erfolg, Glück, Freude, Vergnügen, Konzentration, Lernen, Sonne/Sonnenmagie, Selbstvertrauen, Reisen, Gedächtnis, Vorstellungskraft, Flexibilität, Luftelement

Orange: Gelegenheit, Kreativität, Freude, Investitionen, Rechtsfragen, Gerechtigkeit, Selbstdarstellung, Überwindung von Abhängigkeiten, Erfolg im Geschäft, Ehrgeiz, Vitalität, Spaß

Rosafarben: Weibliche Energie, Mitgefühl, Liebe, Romantik, häusliches Glück, Partnerschaften, Freundschaften, Schutz der Kinder, Erziehung, Selbstverbesserung

Rot: Vitalität, Leidenschaft, Mut, Potenz, Fruchtbarkeit, Überleben, Feuerelement, Unabhängigkeit, Konflikt, Wettstreit, Krieg, Gefahr

Violett: Kontakt mit Geistern, Unabhängigkeit, Weisheit, Einfluss, Abbruch von Gewohnheiten, Glücksabwechslung, Verbannung böser Energie oder dunkler Kräfte, spirituelle Kraft

Blau: Fokus, Vergebung, Kommunikation, Wahrheit, Treue, Glück, Astralprojektion, Wasserelement, Aufrichtigkeit, Geduld, häusliche Harmonie, Aufhebung schlechter/niedriger Schwingungen

Grün: Körperliche und emotionale Heilung, Glück, Wachstum, Akzeptanz, Heirat, Wohlstand, Überfluss, Beseitigung/Entgegenwirkung von Eifersucht oder Gier, Baum- und Pflanzenmagie

Braun: Erdmagie und Erdelement, Stabilität, materielle Güter oder Reichtum, Konstruktion, Immobilien-/Hausmagie, Haussegen, Tier- und Haustiermagie

Schwarz: Schutz, Sicherheit, Abwehr von schwarzer Magie, Umkehrung von Verhexungen, Verteidigung, Verbannung negativer Schwingungen, Erdverbindung, Weisheit, Hellsehen, Stolz

Silberfarben: Übersinnliches Bewusstsein, luzide Träume und Traumzustände, Meditation, Kommunikation, weibliche Energien, Sieg, Stabilität, Mondmagie, Glück beim Spielen.

Goldfarben: Männliche Energien, Wohlstand, Überfluss, Sonne/Sonnenenergie, positive Schwingungen, Wahrsagerei, großes Vermögen, Anziehungskraft, Luxus, Gesundheit, Gerechtigkeit

Sie müssen keine bunten Kerzen verwenden, um Zauber oder Rituale zu vollziehen. Jede Art von Kerze funktioniert und Sie können sie auf die Art und Weise verwenden, die Ihnen am sichersten und besten erscheint. Die Verwendung der farbigen Kerzen wird Ihrer Zauberkunst zusätzliche Energie und Absicht verleihen. Farbmagie und Kerzenmagie sind beides sehr starke und kraftvolle Energien, und wenn sie zusammen kombiniert werden, ergeben sie eine große Lichtkraft und eine Ausrichtung auf Ihre Absichten in Ihrer Praxis.

Steine und Kristalle

Steine und Kristalle haben, wie Sie in der obigen Liste der Werkzeuge kurz lesen konnten, jeweils einzigartige Eigenschaften und Merkmale. Einige von ihnen sind gut zum Schutz und zur Erdverbindung geeignet, während andere am besten dazu geeignet sind, die Verbindung mit dem Geist zu verstärken und das 3. Auge zu öffnen.

Es ist sehr empfehlenswert, mit einer Vielfalt von Steinen und Kristallen zu arbeiten, da sie alle sehr unterschiedliche Schwingungen und Bedeutungen haben. Es gibt hunderte und tausende von verschiedenen Steinen, daher wird es Ihnen vielleicht Spaß machen, die Welt der Steine zu erforschen, um den für Ihre persönlichen Bedürfnisse am besten geeigneten Stein zu finden.

Versuchen Sie ein Experiment, um die richtigen Steine und Kristalle zu finden: Finden Sie ein lokales Geschäft in Ihrer Nähe, das auf den Verkauf von Steinen und Kristallen spezialisiert ist. Benutzen Sie im Geschäft Ihre dominante magische Hand (es muss nicht unbedingt die Hand sein, mit der Sie schreiben) und schweben Sie über die Steine, von denen Sie sich angezogen fühlen. Lassen Sie sich von Ihrer Intuition leiten. Wenn Sie sich zu einem Stein "hingezogen" fühlen, heben Sie ihn auf und spüren Sie, was Sie dabei empfinden. Wenn Sie durch Ihre Handfläche eine starke Energie spüren können, dann resoniert dieser Stein oder Kristall mit Ihrer Schwingung und das heißt, es wird gut für Sie sein, mit ihm zu arbeiten.

Alles in Ihrer Werkzeugkiste ist für Sie ein Mittel, um mehr Verbindung zu den größeren Energien und Geistern der Welt um Sie herum zu gewinnen. Wenn Sie mit diesen Werkzeugen arbeiten, versuchen Sie, sich auf ihre Verwendung energetisch einzustimmen. Manchmal resonieren Sie vielleicht mehr mit dem Feuerelement und wünschen sich mehr Kerzenlicht in Ihrer Praxis; ein anderes Mal haben Sie vielleicht das Bedürfnis, erdigere Gegenstände aus der Natur zu verwenden oder sich für Ihre Rituale in den Wald zu begeben.

Alle diese Elemente spielen eine wichtige Rolle in Ihrer Tätigkeit, und daher ist die Entwicklung von Beziehungen zu diesen Werkzeugen von entscheidender Bedeutung. Die Arbeit, die Sie mit der Energie der Natur leisten, bringt eine tiefere und engere Verbindung zu Ihnen selbst und all den Energien, die hier sind, um Ihnen zu helfen und Sie auf Ihrem spirituellen Weg zu führen. Arbeiten Sie daran, die Werkzeugkiste zu bauen, die Ihnen ähnlich ist, und genießen Sie es, Ihre Rituale mit Ihren heiligen und magischen Elementen zu praktizieren.

Ihren Altar aufstellen

Ein Altar ist ein Raum der Verehrung für etwas. Er kann alles sein, was Sie sich wünschen, und die Gestaltung Ihres Altars ist der künstlerische Ausdruck Ihrer Magie und Ihrer Praxis. Wir alle brauchen einen Ort in unseren Häusern, der unsere wichtigsten Wünsche und Leidenschaften sowie unsere Gedanken und Erwartungen widerspiegelt. Ein Altar ist eine perfekte Möglichkeit, eine physische Manifestation Ihrer spirituellen Reise zu schaffen.

Es gibt keine Regeln für die Aufstellung Ihres Altars, und oft wird er sich mit Ihnen verändern, wenn Sie wachsen und sich entwickeln. Er nimmt das Leben, das Sie leben, auf, wenn Sie je nach den Absichten und Praktiken, die Sie ausüben, Dinge zu ihm hinzufügen oder von ihm abziehen.

Altäre spiegeln wider, was Sie sind und wofür Sie beten. Während Sie also Ihren eigenen Altar einrichten, sollten Sie sich darüber im Klaren sein, wie er das zeigt, worauf Sie sich zu jeder Zeit ausrichten wollen. Es muss ein Ort sein, der einen Fluss und eine Energie der Harmonie und des Gleichgewichts hat. Es kann notwendig sein, dass Sie sich täglich oder häufig um Ihren Altar kümmern, um seine Energie und Fähigkeit, Fülle in Ihr Leben zu bringen, intakt zu halten.

Ihr Altar sollte sich an einem Ort in Ihrem Haus befinden, wo er nicht leicht von anderen gestört werden kann und von Ihnen leicht gesehen werden kann, sodass Sie ihn immer lebendig vor Augen haben. Viele Menschen stellen Altäre dort auf, wo jeder sie sehen kann, und das ist völlig in Ordnung; sie müssen nicht versteckt sein; sie brauchen nur Platz, um ungestört von allen außer Ihnen zu existieren.

Der Altar Ihrer Wahl kann in einem Bücherregal, in einem Schrank, auf Ihrer Kommode, an der Wand hängend usw. stehen. Es liegt an Ihnen, den richtigen Ort für Ihren Altar zu wählen. Wenn Sie den richtigen Ort gefunden haben, können Sie die Gegenstände erwerben, die Sie für seine Einrichtung und Dekoration benötigen.

Oftmals legt man ein Tuch auf die Oberfläche des Altars. Es könnte etwas Kleines sein, wie ein Schal oder ein Stofftaschentuch, oder es könnte etwas Bedeutungsvolleres sein, wie ein Stück aus Spitze von Ihrer Großmutter. Sie müssen überhaupt kein Tuch verwenden, aber wenn Sie sich dafür entscheiden, achten Sie darauf, dass es etwas ist, das die Gesamtenergie Ihres Altars widerspiegelt.

Als Nächstes können Sie damit beginnen, Gegenstände einzubringen, die Ihnen helfen, sich auf Ihren spirituellen Weg und Ihr spirituelles Ziel auszurichten. Viele Menschen stellen Skulpturen oder Figuren ihrer Lieblingsgötter und -göttinnen auf, andere verwenden vielleicht Gemälde, Bilder oder Fotografien als Hommage an eine bestimmte Gottheit. Alles ist möglich, und alles hängt davon ab, was Ihnen gefällt und worauf Sie sich konzentrieren wollen.

Ein anderer möglicher Ansatz besteht darin, einfach die Gegenstände aus Ihrer Werkzeugkiste zu verwenden. Sie können diese Gegenstände auf den Altar legen und diesen Raum Ihren heiligen Ritualen widmen, sodass Ihre Werkzeuge immer auf dem Altar ruhen. Im Wesentlichen geht es darum, einen Altar für Ihre magischen Werkzeuge zu bauen. Wenn Sie diese Gegenstände auf einem Altar ausstellen, werden Sie sich daran erinnern, wie wichtig es ist, diese Magie zu benutzen, und Sie werden Ihre Wicca-Praxis weiterhin ehren können. Wenn Sie Ihre Energien öffnen, um mit Ihren Werkzeugen zu arbeiten, können Sie damit beginnen, Kerzen auf Ihrem Altar anzuzünden, etwas Weihrauch zu verbrennen oder den Altar zu verschmieren und auf diese Weise Ihre Rituale zu beginnen.

Ihr Altar ist im Grunde eine Darstellung Ihres inneren magischen Selbst. Er ist ein Spiegelbild Ihrer Macht und Ihrer Neugierde, Fragen über das große Unbekannte zu stellen und die Energie aller Dinge in dieser Welt zu verehren. Bringen Sie zu Ihrem Altar alles, was zu diesem Zeitpunkt Ihres Lebens in Resonanz ist. Vielleicht beschließen Sie, ihn mit frischen Schnittblumen zu schmücken und sie verwelken und trocknen zu lassen, um die Idee von Leben und Tod zu veranschaulichen.

Vielleicht möchten Sie auch Gegenstände von Ihren Naturwanderungen sammeln, um den Altar der Mutter Erde zu widmen. Es kann auch ein Ort sein, der sich mit jedem Wicca-Feiertag verändert und der Ihren Altar zu einer Hingabe an die Jahreszeiten und Rhythmen der Erde macht.

Scheuen Sie sich nicht, Ihren Altar zu verändern. Er kann mit Ihnen wandeln und er muss so gepflegt werden, wie Sie sich selbst pflegen. Behandeln Sie ihn wie ein Lebewesen und als Ausdruck Ihrer selbst. Welches Wasser Sie auch immer auf Ihrem Altar aufbewahren, wenn überhaupt, es muss sauber und rein sein; lassen Sie es nicht schmutzig und stagnierend werden, denn das wäre ein Zeichen davon, dass Sie Ihren Altar und Ihre spirituelle Praxis vernachlässigen.

Pflegen Sie ihn und lassen Sie zu, dass er zu einem sich ständig wandelnden Teil Ihres Lebens wird, der eine tiefere spirituelle Reflexion Ihrer Reise hervorruft.

Ihren Kreis ziehen

Sie müssen Ihren Altar nicht unbedingt benutzen, um Ihren Kreis zu ziehen. Sie können im Wald sein, wenn Sie den Kreis ziehen müssen, und werden weit von Ihrem Altar entfernt sein. Es kann auch sein, dass Sie Ihren Altar nur dazu benutzen, Ihre magischen Werkzeuge aufzubewahren, ohne ihn in Ihre Zauberkünste einbeziehen zu müssen; Sie können jedoch feststellen, dass Sie sich in Ihren Praktiken stabiler fühlen, wenn Sie sich zunächst mit der Energie Ihres Altars verbinden, bevor Sie Ihren Kreis ziehen. Es liegt wirklich an Ihnen, wie Sie mit Ihrer eigenen Energie und Ihren eigenen magischen Werkzeugen arbeiten wollen.

Warum ziehen Sie einen Kreis und was bedeutet das überhaupt? Wenn Sie die Energien um sich herum anrufen und Ihre eigene Energie mit der spirituellen Ebene verbinden, brauchen Sie ein Öffnen und ein Schließen von Absicht und Schutz. Es ist eine hilfreiche Möglichkeit für Sie, Klarheit und Fokus zu haben, während Sie Rituale vollziehen und Zaubersprüche aufsagen, aber es dient auch dazu, Ihre Energie und Ihre Bindung an Ihr spirituelles Selbst absichtlich zu zentrieren. Die Verzauberung ist fast wie eine Meditation, die Sie in Ihre Arbeit hineinzieht.

Das Ziehen eines Kreises in Ihrer Vorbereitung bedeutet auch, dass Sie sich auf die 4 Richtungen und die 4 Elemente ausrichten. Jeder Weg, den Sie gehen, und jedes lebensnotwendige Element wird durch Ihren Kreis dargestellt, um Sie mit Ihrem vollen Ziel und Potential zu verbinden. Es ist eine bedeutungsvolle Anerkennung Ihrer Reise, wenn Sie einen Kreis ziehen, und es zeigt, was Ihnen auf Ihrem Weg zum Erfolg verhilft: die Richtungen und die Elemente.

Denken Sie daran, einen Raum zu schaffen, in dem Sie sich gesund und ausgeglichen fühlen, während Sie praktizieren. Am besten tun Sie das nicht dort, wo andere Menschen Sie unterbrechen oder stören könnten. Die folgenden Schritte werden Ihnen helfen, Ihren Kreis der Absicht und des Schutzes zu ziehen.

1. Wenn Sie in der Nähe Ihres Altars ausüben und ihn in Ihr Ritual mit einbeziehen möchten, können Sie damit beginnen, die Kerzen und die Räucherstäbchen auf dem Altar anzuzünden, um die Energie des Altars und Ihres Körpers zu reinigen.

2. Sagen Sie mit Blick nach Norden die folgenden Worte: "Ich rufe die Energie des Nordens an. Willkommen in diesem Kreis des Lichts. Und so ist es."

3. Sagen Sie mit Blick nach Osten die folgenden Worte: "Ich rufe die Energie des Ostens an. Willkommen in diesem Kreis des Lichts. Und so ist es."

4. Sagen Sie mit Blick nach Süden die folgenden Worte: "Ich rufe die Energie des Südens an. Willkommen in diesem Kreis des Lichts. Und so ist es."

5. Sagen Sie mit Blick nach Westen die folgenden Worte: "Ich rufe die Energie des Westens an. Willkommen in diesem Kreis des Lichts. Und so ist es."

HINWEIS: Sie haben die kreative Freiheit, den Wortlaut dieser Phrasen zu ändern. Sie sind eine vereinfachte Version dessen, was Sie sagen können, um den Aufruf der 4 Richtungen in Ihrem Kreis anzukündigen, und Sie werden vielleicht feststellen, dass Sie, wenn Sie voranschreiten und sich in Ihrer Praxis kreativer fühlen, einige Informationen dazu hinzufügen möchten, wie Sie die Richtungen aufrufen.

6. Nachdem Sie die Richtungen aufgerufen haben, können Sie nun die Elemente dorthin einladen, wo Sie gerade sitzen. Sie können Ihre Elemente auf dem Altar stehen lassen, oder Sie können sie auf dem Tisch, an dem Sie sitzen, oder auf dem Boden, wenn Sie dort sitzen, aufstellen. Sie können spezifische Werkzeuge und Gegenstände für dieses Teil verwenden, und wenn Sie können, legen Sie das entsprechende Element in die Richtungsposition, an der es ausgerichtet ist. Z. B. legen Sie für Ihr Erdelement Ihre Schale mit Salz oder Erde nach Norden.

7. Bringen Sie Ihr Erdelement in die Position des Nordens (wo immer Sie sitzen) und sagen Sie die folgenden Worte: "Ich rufe die Energie der Erde an, wenn ich meinen Kreis des Schutzes und der Kraft ziehe. Willkommen in diesem Kreis des Lichts. Und so ist es."

8. Wiederholen Sie Schritt 7 wie bei den Anweisungen in den Schritten 2-5 und legen Sie für jedes Element ein Objekt oder eine Darstellung an. Osten ist Luft, Süden ist Feuer, Westen ist Wasser. Sie können ein Räucherstäbchen oder ein Wischstäbchen für die Luft verwenden oder Sie können Vogelfedern in dieser Position positionieren. Eine Kerze funktioniert für die Position des Südens und des Feuers, und eine Schale mit sauberem, klarem Wasser funktioniert für den Westen.

9. Alternativen für diese Gegenstände wären Kristalle oder Steine, die mit den gerichteten Energien in Resonanz treten würden; ein Stein oder Kristall für jede Richtung, der die Elemente darstellt.

10. Der letzte Schritt beim Ziehen des Kreises kann eine persönliche Erklärung sein, wie die Folgende: "Ich erwache zu den Energien der 4 Richtungen und der 4 Elemente und ziehe diesen Kreis aus Schutz und Licht mit ihrer Hilfe und Führung, während ich mit ihren Energien wirke. So möge es sein."

HINWEIS: Die Ausdrücke "So möge es sein." und "Und so ist es." sagen genau dasselbe. Es ist die Energie der Aussage "Und so ist es wirklich.". Es am Ende eines absichtlichen Satzes zu sagen, ist eine sehr kraftvolle energetische Aufgabe für die Magie, die Sie ausüben. Beide funktionieren gut und können austauschbar verwendet werden.

Sie sind nun auf dem Weg, sich eingehender mit dem Ritual und dem Zauber zu befassen, die Sie wählen. Machen Sie sich damit vertraut, wie Sie Ihren Kreis ziehen möchten, und wiederholen Sie ihn jedes Mal auf die gleiche Weise. Einen Macht- und Schutzkreis zu ziehen, ist ein Ritual an sich, und Ihre persönliche Kreisbildung sollte für Sie einzigartig sein. Bauen Sie Ihre eigene Version des Kreis-Ziehens aus den obigen Schritten und viel Spaß dabei.

Zaubersprüche, Rituale, Absichten

Der nächste Schritt im Prozess eines typischen Zauberspruchs oder Rituals ist die eigentliche Zauber- oder Ritualarbeit, die Sie auf Ihre Absichten ausrichtet. Denken Sie daran: Es ist wichtig, klare Absichten zu haben, bevor Sie weitergehen. Bevor Sie also Ihren Kreis ziehen, fragen Sie sich: Was ist meine magische Absicht heute?

Sobald Sie Klarheit darüber haben, was Sie erreichen oder worauf Sie sich konzentrieren wollen, können Sie Ihr Ritual oder Ihren Zauberspruch nach Ihren persönlichen Vorstellungen vollziehen, oder Sie können bereits vorhandene Zaubersprüche und Zauberkünste, die sich natürlich und gut anfühlen, für das verwenden, was Sie erreichen wollen. Es gibt im Internet, in Büchern und überall auf der Welt zahlreiche Zaubersprüche, die Ihnen dabei helfen können, den besten Weg für Ihre Gestaltung zu finden.

Vieles von dem, was Sie in diesem Schritt tun werden, besteht darin, Ihre Absichten klar zu beschreiben und zu erklären, um die Lebensenergie darum herum zu erschaffen. Dazu können Kräuter und andere Dinge gehören, die Ihre Absicht unterstützen. Wenn Sie einen Feiertag oder einen bestimmten Gott oder eine bestimmte Göttin feiern, werden Sie mit diesen Gegenständen und Energien gezielt arbeiten, um Ihr Ritual oder Ihren Zauber zu verbessern.

Worte sind wichtig, und es kann sein, dass Sie die Worte, die Sie mitteilen möchten, im Voraus aufschreiben müssen, bevor Sie einen Kreis geöffnet haben. Die Vorbereitung auf Ihr Ritual oder Ihren Zauberspruch ist genauso wichtig wie die Durchführung. Bevor Sie Ihren Kreis öffnen, schreiben Sie die passenden Worte für Ihren Zauberspruch auf ein Blatt Papier. Sammeln Sie die Kräuter, die Sie in Ihren Kreis einschließen möchten, oder die Reliquien und Gegenstände, die für Sie von Bedeutung sein werden.

Es gibt so viele einzigartige Möglichkeiten, Ihre eigene mächtige Magie zu nutzen und sie den Energien all dessen, was Sie umgibt, bekannt zu machen. Die folgenden Schritte sind einfache Ideen und Hinweise, wie Sie mit der Gestaltung Ihres Rituals und Zaubers beginnen können. Denken Sie daran, dass das Ausüben von Wicca eine kreative und künstlerische Erfahrung ist und dass es wirklich keinen falschen Weg gibt, dies zu tun. Die folgenden Schritte können Ihnen helfen, einen Zauber und/oder ein Ritual zu entwickeln.

1. Legen Sie Ihre Absicht fest. Schreiben Sie sie auf Papier, auf Blätter, auf Steine oder Holzstücke zum Verbrennen, auf alles was magisch ist.

2. Sammeln Sie Ihre Zutaten. Vielleicht arbeiten Sie mit pflanzlichen Heilmitteln, die Ihre Absicht unterstützen. Machen Sie daraus einen Strauß zum Trocknen auf Ihrem Altar. Sammeln Sie die Steine, Kristalle und alle anderen Erdelemente, die geeignet erscheinen, und legen Sie sie dorthin, wo sie sich am besten anfühlen. Vielleicht möchten Sie heiliges Wasser von einem Wasserfall oder einem Fluss sammeln, der sich für Sie magisch anfühlt.

3. Nachdem Sie Ihren Schutz- und Machtkreis gezogen haben, können Sie nun Ihr Ritual mit Ihren Gegenständen und Absichten beginnen. Ihre schriftlichen Absichten als Erklärung zu verwenden, ist eine wunderbare Möglichkeit, sich für die Energie des von Ihnen angestrebten Zieles zu öffnen. Schreiben Sie sie nicht nur auf das Papier oder die Blätter; lesen Sie sie laut vor, sodass Sie fühlen können, wie die Worte mit Klang aus Ihrem Mund kommen und lassen Sie die Worte in Ihrem Kreis los.

4. Benutzen Sie Ihre Kerzen, Räucherstäbchen und Kristalle oder andere rituelle Gegenstände, um Absichten festzulegen und auch Erklärungen abzugeben. Z. B., wenn Sie Feuermagie anwenden, haben Sie vielleicht eine bestimmte Anzahl farbiger Kerzen gewählt, die der Energie entsprechen, die Sie aufrufen wollen. Wenn Sie jede Kerze anzünden, können Sie sagen: "Wenn ich diese Kerze anzünde, begrüße ich die Kraft des Feuers, um mein Ritual zu segnen, und rufe die Leidenschaft des Feuerlichts an, damit sie mich auf meinem Weg unterstützt."

HINWEIS: Alles, was Sie tun, trägt Energie und Absicht in sich, also selbst wenn Sie eine Kerze anzünden, geben Sie laut Erklärungen über das, was Sie tun, ab, damit die Energie in Ihrem Ritual klar ist.

5. Verwenden Sie dasselbe Konzept aus Schritt 4 mit Ihren anderen Ritual- oder Zauberelementen. Z. B., wenn Sie heiliges Flusswasser zu Ihrem Ritual hinzufügen möchten, können Sie, wenn Sie es in einen Kelch oder eine Schale gießen, so etwas sagen wie: "Wenn dieses Wasser in diesen Kelch fließt, lasst es durch mich hindurchfließen mit der Absicht und Energie, meinen Zweck zu erfüllen. Und so ist es."

6. Nachdem Sie alle Zutaten für Ihren Zauberspruch aufgenommen haben, können Sie Ihre Worte der Absicht und Verzauberung rezitieren oder laut sprechen. Nehmen wir an, Sie verwenden einen Wohlstands-Zauber. Alles, was Sie sagen müssen, ist: "Hier an diesem Tag rufe ich die Lebensenergie des Wohlstands herbei. Die Kerze wird Tag und Nacht brennen, um mich mit dem Glück, das ich suche, in Einklang zu bringen. In diesem Kelch wird Wasser fließen, bis der Wohlstand zu mir kommt. Rauch werde ich jeden Tag und jede Nacht verbrennen, um das Geschenk des Überflusses willkommen zu heißen. Salz werde ich auf diese Münzen schütteln, um mehr von dem zu gewinnen, was ich suche. Wohlstand. Und so ist es."

HINWEIS: Das ist nur ein Beispiel, um damit herumzuspielen, und im nächsten Kapitel finden Sie weitere Rezepte für Zaubersprüche und Rituale, die Sie für eine Vielzahl von Absichten befolgen können.

Alle Zaubersprüche und Rituale, die Sie ausführen, werden Spaß machen, einzigartig und spezifisch für die Ursache des Rituals sein, das Sie vollziehen. Sobald Sie ein grundlegendes Gefühl dafür haben, wie Sie einen Kreis öffnen und Ihre Absichten in Ihrer magischen Praxis zum Ausdruck bringen können, werden Sie die Freiheit finden, mehr von den Möglichkeiten zu erforschen, Ihre eigenen Zaubersprüche und Rituale zu finden und zu kreieren.

Auch wenn Sie im Internet oder in anderen Büchern beliebte Zaubersprüche finden, können Sie diese Zaubersprüche jederzeit erweitern oder ändern, damit sie Ihren Bedürfnissen entsprechen. Es wird Ihnen nicht schaden, wenn Sie einige Änderungen an bereits bestehenden Zaubersprüchen vornehmen. Wicca ist eine kreative Praxis, und alles, was sie braucht, ist Ihre Hingabe an das Licht Ihrer Wahrheit und Ihres inneren Wissens, wenn Sie den Weg des Wicca-Kults gehen.

Ihren Kreis schließen

Ihren Kreis zu schließen ist so einfach wie ihn zu öffnen. Alles, was Sie tun müssen, ist, den Elementen und den Richtungen Respekt und Dankbarkeit zu widmen. Vielleicht möchten Sie sich noch einmal jeder Richtung zuwenden, um sie darum zu bitten, Sie auf Ihrem Weg zu trösten, während Sie Ihren Zauber wirken lassen.

Sie können sich auch mit den Elementen, die Sie in Ihrem Raum haben, verbinden und sie vorsichtig in ihren Altarraum zurückbringen, um einen Abschluss mit ihnen zu schaffen. Hier sind ein paar Schritte, die Ihnen helfen, Ihren Kreis zu schließen, so wie Sie ihn geöffnet haben:

1. Danken Sie jedem Element, indem Sie es direkt ansprechen. Beispiel: "Danke an die Erde, die mich begründet (streuen Sie Salz oder Erde in Ihre Hände und reiben Sie sie aneinander und lassen Sie das Salz/die Erde auf natürliche Weise abfallen). Danke an die Luft, die mich auf meiner Reise vorwärts bläst (löschen Sie den Rauchstab aus). Danke an das Feuer, das meinen Weg erleuchtet (Kerze ausblasen). Danke an das Wasser, das reinigt und läutert (Finger in Wasser tauchen und auf den Altar oder auf das eigene Gesicht schnippen)."

2. Stehen Sie auf oder richten Sie Ihre Energie in jede der 4 Richtungen aus, um ihnen für ihre Anwesenheit zu danken, ähnlich wie Sie es mit den Elementen in Schritt 1 gemacht haben. Alles, was Sie tun müssen, ist, Dankbarkeit zu zeigen und sich durch jede Richtung zu bewegen und den Kreis so zu schließen, wie Sie ihn am Anfang geöffnet haben.

3. Alternative: Sie können die Schritte 1 und 2 kombinieren und den Kreis schließen, indem Sie jeder Richtung und dem entsprechenden Element gleichzeitig danken.

4. Ein letzter Dank kann der Großen Mutter und dem Vater oder den Göttern/Göttinnen ausgesprochen werden, die Sie für Ihr Ritual angerufen haben.

5. Die letzten Worte: "Und so ist es." oder "So möge es sein."

Ihre wahre Macht akzeptieren

Wicca ist eine schöne, lustige und magische Möglichkeit, sich mit Ihrer wahren Kraft und der Energie allen Lebens um Sie herum zu verbinden. Sie hat eine Art, Sie zu bitten, präsent zu sein und Ihr ganzes Wesen mit einer achtsamen Wertschätzung der Natur und all ihrer Energien zu identifizieren.

Eine der tiefgreifendsten Lehren der Wicca und anderer heidnischer Praktiken ist, dass es ein Weg für Sie ist, sich selbst und Ihre innere Kraft kreativ zu erforschen, während Sie sich verwandeln und wachsen. Am besten nähern Sie sich Ritualen und Zaubersprüchen, indem Sie darauf vertrauen, dass Ihr eigenes inneres Wissen darüber, wie der Zauber gehen sollte und welche Wege er sich entfalten kann, vorhanden ist.

Sie werden eine breite Auswahl an Variationen für eine bestimmte Absicht oder einen Zauberspruch finden, denn es gibt keine falsche Art auszuüben. Solange Sie die Wicca-Rede aufrechterhalten, ist im Wesentlichen alles möglich. Wenn Sie weiterhin mit Ihrer eigenen Zauberkunst und Ihren eigenen Ritualen arbeiten, denken Sie daran, Ihre Macht über alles andere zu ehren. Die Hingabe an die Mutter Erde und alle anderen Götter und Göttinnen ist ebenso wichtig wie die Hingabe an Ihre eigenen magischen Kräfte und Wahrheiten.

Viel Spaß beim Erfinden Ihrer eigenen Zaubersprüche und Erstellen Ihres eigenen Grimoire. Ein Grimoire ist einfach ein Buch mit Zaubersprüchen und Beschwörungen, dass Sie jederzeit erstellen können, wie Sie es für richtig halten. Jeder Zauberspruch, den Sie verwenden, kann Schritt für Schritt in Ihr eigenes Zauberbuch geschrieben werden, dass für Sie und die Traditionen oder Glaubensvorstellungen, denen Sie folgen möchten, spezifisch ist. Die Arbeit an Ihrem eigenen Grimoire ist eine besondere Art und Weise, sich Ihrem Weg der Magie zu widmen, und ein Verweis auf Ihr eigenes Buch der Zauberkunst kann Ihnen in Zukunft helfen, wenn Sie Zaubersprüche wiederholen oder verbessern wollen, die Sie bereits geschaffen und ausgeführt haben.

Es ist sehr traditionell, dass eine Hexe oder ein Hexer ihr/sein eigenes Grimoire anfertigt. Während Sie sich also für Ihre Wicca-Erfahrung öffnen, sollten Sie sich ein Notizbuch besorgen und ein Tagebuch mit Ihren Rezepten und Zauberformeln anfertigen, damit Sie sich später darauf beziehen und sie verwenden können. Es ist eine hilfreiche Möglichkeit, auf Ihre eigene Magie und wahre Kraft zu vertrauen.

Im nächsten Kapitel finden Sie einige grundlegende Zaubersprüche, die Ihnen dabei helfen sollen, mit der Wicca-Praxis anzufangen. Denken Sie daran, dass Sie kreativ werden und mit diesen Zaubersprüchen herumspielen können, damit sie besser auf Ihre Absichten und Zwecke abstimmen können. Und so ist es.

Kapitel 8: Tabelle der Entsprechungen

Tabelle der Entsprechungen: Farben

Farbe	Eigenheiten	Magische Eigenschaften
Weiß	Mit der Göttin, Reinheit, Unschuld und Frieden verbunden	Reinigung, Klarheit, Ordnung, spirituelles Wachstum und Verständnis
Rot	Mit Feuer, Romantik, Selbstlosigkeit und Zuneigung verbunden	Liebe, Willenskraft, körperliche Energie und Gesundheit
Grün	Mit Erde, Geld, Pflanzen und persönlichen Leistungen verbunden	Fruchtbarkeit, Glück, Beschäftigung, Wohlstand und Gesundheit
Violett	Mit Königtum, Spiritualität, Hingabe, Macht und Geheimnissen verbunden	Weissagung, Förderung, Ausgleich der Senilität und Pflege
Schwarz	Mit Erdverbindung, Stabilität, Würde, Kraft, Bindung und Schutz verbunden	Die negativen Energien transformieren und erleuchten, bannen und freisetzen
Gelb	Mit Luft, Energie, Sonne, Gedächtnis und geistiger Klarheit verbunden. Vorstellungskraft, Wissen	Weissagung, Kommunikation, Vertrauen und Studium

Orange	Mit Legalität, Gerechtigkeit, Anziehungskraft, Vitalität, Stimulation, materiellem Besitz und Geschäften verbunden	Ermutigung und Macht, Anpassungsfähigkeit an plötzliche Veränderungen
Gold	Mit Gott, Männlichkeit, Reichtum und Erfolg verbunden	Reichtum, Statussymbol und auch Überfluss
Silber	Mit der Göttin, der Intuition, den Träumen und der Weiblichkeit verbunden	Maß für Wohlstand, Stabilität
Rosa	Mit Freundschaft und reiner, unschuldiger Liebe verbunden. Wenn Sie in jemanden verknallt sind, schicken Sie die rosa Blumen.	Anziehung, Freundschaft
Dunkelblau	In Bezug auf oder im Zusammenhang mit Flüssigkeit, Einsicht, Emotionen, Depressionen und emotionaler Verwundbarkeit	Meditation, Selbstbeherrschung, Klarheit der Ziele, spirituelle Heilung

Tabelle der Entsprechungen: Kristalle

Kristalle	**Farbe(n)**	**Magische Verwendungen**
Amethyst	Violett	Räumt heiligen Raum, schärft den geistigen Fokus und die Intuitionen
Karneol	Rot / Orange	Wehrt negative Energien ab und weckt auch Mut
Citrin	Gelb	Fördert das Selbstvertrauen, nützlich bei der Erneuerung von Träumen
Blutstein (Heliotrop)	Grün mit roten Flecken.	Fördert die körperliche Heilung, die Fruchtbarkeit und auch den Überfluss
Hämatit	Silber oder Grau	Stärkt Willenskraft und Vertrauen, hilft bei der Lösung von Problemen
Quarzkristall	Weiß	Klarheit fördert Heilung, spirituelle Entwicklung
Tigerauge	Braun / Gold mit schwarzen Bändern	Schutz und Energie
Mondstein	Blassblau / Weiß	Wird in Güte-Ritualen verwendet, gut für Intuitionen und Weisheit

Lapislazuli	Blau / Indigoblau	Hilft bei verändertem Bewusstsein, Meditation und Weissagung
Rosenquarz	Rosa	Fördert Liebe und Freundschaft und fördert auch die emotionale Heilung

Tabelle der Entsprechungen: Kräuter und Öle

Kräuter	**Magische Verwendungen**
Basilikum	Fördert Liebesschwingungen, Schutz und wehrt Negativitäten ab
Öle	**Magische Verwendungen**
Bergamotte	Fördert Energie, Erfolg und Wohlstand
Zimt	Erhöht die psychischen Verbindungen und fördert Erfolg, Glück und Heilung
Jasmin	Es stärkt die Intuitionen und Inspirationen und fördert auch Sensualität und Liebe
Sandelholz	Klärt Negativität und fördert einen ausgeglichenen Energiefluss
Gewürznelke	Fördert den Mut, reinigt die Aura und verbannt auch negative Energien
Lavendel	Beseitigt Ängste, reinigt und heilt
Eukalyptus	Heilung und Reinigung

Schlussfolgerung

Im Gegensatz zu den meisten anderen westlichen Religionen ist die Wicca stark dezentralisiert, es gibt keinen offiziellen heiligen Text, kein zentrales Regierungsorgan, und das bedeutet, dass es keine einzige Möglichkeit gibt, die Religion auszuüben.

In dieser Hinsicht ist es sehr schwierig, einen wirklich umfassenden Leitfaden für Anfänger zu diesem Thema zu erstellen, einfach weil verschiedene Wicca-Anhänger die vielen Facetten der Religion unterschiedlich - in manchen Fällen sehr unterschiedlich - interpretieren.

In diesem Leitfaden habe ich Bestimmungen über eine faire und ausgewogene Perspektive gegeben, und es ist wohl offensichtlich, dass ich auf meiner Ebene der Wicca-Praxis einigen Abschnitten dieses großartigen Buches mehr Gewicht gegeben habe. Generell habe ich versucht, die "populärste" Vorgehensweise an jedes Thema einzubeziehen, da dies die Informationen leichter verständlich machen sollte und es wahrscheinlicher ist, dass Sie Wicca-Anhänger mit den gleichen Überzeugungen begegnen - das könnte es für Sie einfacher machen, einen lokalen Hexenzirkel mit einer Reihe von Überzeugungen zu finden, die wirklich mit Ihnen übereinstimmen.

Eines der besten Dinge an Wicca ist, dass Ihre Interpretationen, Ansichten und Überzeugungen sehr flexibel sind. Wenn Sie gerade erst anfangen, werden Sie ermutigt, so viel wie möglich zu lesen und zu lernen, und so werden Ihre anfänglichen Überzeugungen zwangsläufig durch die Leitfäden, die Sie lesen, geprägt.

Im Laufe der Zeit, wenn Sie anfangen, Wicca in Ihrem täglichen Leben anzunehmen, werden Sie vielleicht bestimmte Epiphanien haben, die Ihren Ansatz zur Ausübung dieser Religion neu gestalten. Was Sie am 1. Tag glauben, könnte sich sehr von Ihren Überzeugungen am Tag 100 unterscheiden, was eine Welt abseits Ihrer Ansichten am Tag 1000 sein könnte. Es kann eine lebenslange Reise sein, und selbst nach Jahrzehnten werden Sie immer noch neue Dinge lernen. Das ist einer der vielen Vorteile, wenn Sie Ihr eigenes Buch der Schatten führen - Sie können buchstäblich verfolgen, wie sich Ihre Wicca-Reise im Laufe der Zeit entwickelt hat.

Denken Sie daran: Niemand kann Ihnen sagen, wie Sie Wicca praktizieren sollen, und die Religion kann Ihnen alles bedeuten, was Sie wollen. Obwohl ich die Informationen in diesem Leitfaden als "korrekt" dargestellt habe, will ich keinesfalls behaupten, dass dies die einzige Möglichkeit ist, Wicca auszuüben. Wenn Sie andere Leitfäden lesen, könnte es widersprüchliche Informationen geben. Und wenn Sie einen anderen Leitfaden zu diesem Thema lesen, werden Sie wahrscheinlich auf noch mehr widersprüchliche Informationen stoßen.

So ist eben Wicca. Selbst wenn Sie auf unterschiedliche Meinungen stoßen - sogar auf solche, die völlig gegensätzlich zu dem sind, was Sie in diesem Leitfaden gelesen haben - bedeutet das nicht, dass ein Leitfaden richtig und ein anderer falsch ist: Es bedeutet nur, dass die vielen verschiedenen Autoren verschiedene Aspekte der Religion unterschiedlich interpretiert haben.

Ich lasse Sie nun mit diesem Gedanken allein, denn es ist jetzt Zeit für Sie, Ihre eigene Reise zu beginnen und die Ihnen präsentierten Informationen auf Ihre eigene Art und Weise zu interpretieren. Ich habe am Ende dieses Leitfadens eine Reihe von Tabellen der Entsprechungen beigefügt, die Sie irgendwann einmal hilfreich finden werden.

Ich hoffe wirklich, dass es Ihnen gefallen hat, von mir über Wicca zu lernen, denn dieses Thema liegt mir sehr am Herzen und ich halte es an meiner Brust fest. Es bedeutet mir viel, auf Ihrem Weg zu Wicca fortzufahren, aber wenn Sie sich dagegen entscheiden, hoffe ich, dass ich Sie über das Glaubenssystem der wunderbaren Menschen, die sich für die Ausübung von Wicca entscheiden, aufgeklärt habe.

Buch 2

Wicca-Zauber

Ein Buch mit Wicca-Zaubersprüchen für Hexen und andere Praktizierende von Magie und Hexerei

Einführung

Das Potential in der Welt der Magie ist unermesslich. Die Anzahl der existierenden Zaubersprüche ist buchstäblich unzählbar, Tausende können es sein, für jeden einzelnen Kurs oder Zweck, den man sich vorstellen kann.

Auf diesen Seiten werden Sie auf Zaubersprüche und andere Dinge stoßen, die, wenn sie mit der richtigen Absicht und konzentriert in die Praxis umgesetzt werden, positive und gute Erfahrungen in Ihrem Leben - und damit auch im Leben derer, die Ihnen etwas bedeuten - bewirken können und werden.

Diese Zaubersprüche decken ein breites Spektrum an magischen Zielen ab. Die meisten sind in 3 Kategorien eingeteilt: Liebe und Beziehungen, Wohlstand und Reichtum, Gesundheit und nicht zu vergessen Wohlbefinden, da dies die 3 wichtigsten Lebensbereiche sind, für die die Menschen am häufigsten magische Hilfe suchen.

Sie sind jedoch nicht die einzigen Elemente der menschlichen Erfahrung, und deshalb finden Sie hier eine Auswahl anderer Zaubersprüche, die Ihnen einen kleinen Einblick in die Möglichkeiten geben, Ihre eigene magische Praxis zu erweitern.

Darüber hinaus deckt dieses Buch eine Vielzahl von magischen Ansätzen und Techniken ab, von Kerzenmagie über Wahrsagerei bis hin zu Amuletten und anderen handgemachten Kreationen.

Wenn Sie bereits über eine gewisse Erfahrung in der Magie verfügen, wissen Sie wahrscheinlich aus erster Hand, dass Sie Zutaten, die schwer zu beschaffen sind, in der Regel durch andere ersetzen können. Wenn Sie neu sind, ist es oft hilfreich, Zaubersprüche so buchstabengetreu wie möglich zu befolgen, bis Sie eine stärkere Verbindung zu Ihrer Intuition kultivieren, um zu improvisieren, aber wenn Ihre innere Weisheit Sie leitet, etwas anders zu machen, sollten Sie unbedingt darauf hören.

So flexibel die Magie auch sein mag, so gibt es doch einige wichtige Schritte und Überlegungen, die zu einer erfolgreichen Zauberei gehören.

Bitte beachten Sie zuallererst, dass die Anleitungen für jeden dieser Zaubersprüche davon ausgehen, dass Sie Ihre Zutaten für den von Ihnen verfolgten magischen Zweck bereits aufgeladen haben.

Die Methoden zum Aufladen variieren je nach Art des Objekts, mit dem Sie arbeiten, aber wenn Sie sich nicht sicher sind, wie Sie vorgehen sollen, können Sie eine Standardmethode anwenden, die für fast alles funktioniert: Legen Sie das Objekt auf ein bereits aufgeladenes Pentagramm, vorzugsweise in direktem Sonnen- oder Mondlicht, und sprechen Sie Worte der Absicht, die sich auf die Zauberei beziehen, die Sie durchführen werden. Je nach Ihrer Praxis können Sie die Göttin und den Gott, die Elemente oder andere spirituelle Energien anrufen, mit denen Sie arbeiten.

Wenn Sie neu im Bereich der Magie sind, sollten Sie verschiedene Methoden zum Aufladen verschiedener Werkzeuge erforschen und ausprobieren, bis Sie die für Sie am besten geeignete gefunden haben.

Denken Sie immer daran, dass unabhängig von der Art oder Qualität Ihrer Zutaten, wie gut Sie sie aufladen oder wie gut Sie die Zauberanweisungen buchstabengetreu befolgen, Ihr Geisteszustand der wichtigste Faktor für eine erfolgreiche Zauberei ist.

Die erfolgreichste Magie wird von einem ruhigen Ort aus und mit sehr konzentrierten, fokussierten Absichten ausgeführt. Tun Sie also immer alles, was Sie tun müssen, um sich zu erden, sei es durch Meditation, Visualisierung, Atemtechniken, ein rituelles Circle-Casting oder all das.

Eine Möglichkeit, um sicherzustellen, dass Ihr energetischer Fokus mit einem Zauber übereinstimmt, besteht darin, das gesprochene Element mit Ihren eigenen Worten umzuschreiben. Natürlich sind die Worte, die in diesen Sprüchen enthalten sind, bereits kraftvoll und effektiv, aber wenn Sie geneigt sind, kreativ mit der Sprache umzugehen, sind Sie eingeladen, Ihre eigenen Worte zu verwenden.

Einige Hexen sind der Meinung, dass sich Zaubersprüche reimen sollten, und es spricht definitiv etwas für die Kraft, die Reime der Magie verleihen können. Andere finden jedoch, dass ein zu "gesungener" Zauberspruch sie davon ablenkt, die Worte mit Authentizität und Konzentration zu sprechen.

Sie werden feststellen, dass einige Zaubersprüche in diesem Buch Reime verwenden, andere dagegen nicht. Probieren Sie einige von ihnen aus und sehen Sie, wie Sie innerlich auf die Worte reagieren. Auch hier können Sie sie nach Belieben abändern oder komplett neu schreiben.

Ein paar weitere praktische Tipps sind hier erwähnenswert. Arbeiten Sie immer an einem Ort, an dem Sie wissen, dass Sie von anderen Menschen ungestört sein werden. Schalten Sie Ihr Telefon aus und tun Sie Ihr Bestes, um eine Atmosphäre zu schaffen, die der Magie förderlich ist - ob das nun Musik, Weihrauch, Kerzen usw. bedeutet.

Apropos Kerzen: Seien Sie immer vorsichtig und lassen Sie eine brennende Kerze nie unbeaufsichtigt. Wenn Sie eine Kerze mit Öl einschmieren, wischen Sie sich das überschüssige Öl von den Fingerspitzen, bevor Sie das Streichholz oder Feuerzeug anzünden - Sie wollen doch nicht Haut und Öl mit Feuer vermischen.

Wenn es um Zaubersprüche geht, die Kräuter enthalten, denken Sie daran, dass die angegebenen Mengen allgemeine Vorschläge sind - es ist nicht nötig, genaue Teelöffel oder Esslöffel abzumessen, es sei denn, Sie finden, dass dies dem Zauber mehr Energie und Konzentration verleiht. Andernfalls reicht eine grobe Schätzung der angegebenen Menge aus. Wie immer gilt: Verlassen Sie sich auf Ihr Bauchgefühl.

Und schließlich, egal wie viel oder wie wenig Erfahrung Sie mit Zauberei haben, denken Sie daran, dass es immer mehr Raum zum Lernen und Wachsen gibt. Genießen Sie es, diese magischen Angebote auszuprobieren, und lassen Sie sich am besten von ihnen inspirieren, Ihre eigenen Zaubersprüche zu entwickeln. Und vergessen Sie niemals, Ihre Ergebnisse mit Dankbarkeit und Liebe zu würdigen.

Bitte genießen Sie es.

Kapitel 1: Praktische Einführung in wiccanische Zaubersprüche

Zu Beginn eines jeden Zaubers gibt es manchmal einige Praktiken, die für Sie zunächst ungewohnt sein könnten. Wenn Sie Magie und Energie kanalisieren, können bestimmte Handlungen, wie z. B. Meditation, helfen, Ihr Denken und Ihr Zauberhandwerk zu lenken. Da wir im Laufe des Leitfadens mehrmals auf diese Art von vorbereitenden Handlungen Bezug nehmen werden, kann es hilfreich sein, genau durchzugehen, was gemeint ist, damit Sie sich im Klaren darüber sind, was erforderlich ist, bevor Sie mit der Praxis beginnen. Zunächst werden wir uns mit der Meditation befassen.

Die Kraft der Meditation ist eine uralte Kunstform, die in Kulturen auf der ganzen Welt zu finden ist, und sollte Sie nicht überraschen. Sie wird von allen praktiziert, von Buddhisten über Hexen bis hin zu Atheisten. Viele Menschen empfinden die Praxis der Meditation als entspannend und stärkend. Im Zusammenhang mit Wicca ermöglicht Meditation Ihnen die Reflexion, Energien zu lenken und klare mentale Bilder aufzubauen, um Ihre magischen Fähigkeiten in vollem Umfang auszuüben.

Um zu beginnen, müssen Sie einen ruhigen Ort finden und es sich bequem machen. Sie können fast überall meditieren, aber Sie müssen sich entspannt fühlen, während Sie üben. Das bedeutet, dass es oft am besten ist, zu sitzen oder zu knien, da dies Ihre Gliedmaßen weniger belastet. Zu Beginn müssen Sie sich einfach nur entspannen.

Schließen Sie die Augen und hören Sie auf Ihren Atem. Anstatt sich auf alle äußeren Ereignisse um Sie herum zu konzentrieren, nehmen Sie sich einen Moment Zeit und achten Sie nur auf die Bewegung der Luft, die in Ihren Körper ein- und ausströmt. Atmen Sie durch die Nase ein und durch den Mund aus. Versuchen Sie nicht, den Atem für eine bestimmte Zeit anzuhalten, sondern finden Sie einfach einen angenehmen Rhythmus und lassen Sie sich auf den Prozess des Ein- und Ausatmens ein, indem Sie wahrnehmen, wie sich die Luft durch Ihren Körper bewegt.

Sobald Ihnen Ihre Atmung vertraut ist, beginnen Sie, Ihren Körper zu entspannen. Spüren Sie, wie das Gewicht Ihre Beine, Ihre Arme, Ihre Brust und schließlich Ihren Kopf verlässt. Konzentrieren Sie sich weiterhin auf die Atmung und achten Sie darauf, dass keine Gedanken von außen eindringen. Wenn dies geschieht, geraten Sie nicht in Panik oder machen sich Sorgen. Erinnern Sie sich einfach an Ihre Atmung und richten Sie sich neu aus. Halten Sie dies so lange, wie es Ihnen angenehm ist.

Nach einer Weile werden Sie eine Periode der Leichtigkeit und Unbeschwertheit bemerken. Ein Gefühl von Wärme und Frieden überflutet den Übenden. Der Stress, die Sorgen und die Geräusche des modernen Lebens beginnen abzuebben, und es bleibt nur noch der Atem, der durch die Nase ein- und durch den Mund ausströmt. Nachdem genügend Zeit vergangen ist, können Sie sich langsam aus diesem Zustand zurückziehen.

Wer mehr und mehr Zeit mit Meditieren verbringt, wird die Vorteile immer deutlicher erkennen. Sie ist nicht nur entspannend, sondern kann auch helfen, über persönliche Probleme und die Probleme anderer nachzudenken, den Lärm des Alltags auszublenden und sich auf das zu konzentrieren, was wirklich wichtig ist. Auch wenn es nicht wie ein traditioneller Hexenzauber aussieht, ist diese Selbstreflexion ein wichtiger Aspekt des Okkulten.

Wenn Sie die Kunst der Mediation beherrschen, können Sie zu den nächsten Praktiken übergehen, die wir während des Zauberns anwenden werden. Eine davon ist das Aufstellen von Kerzen auf bestimmte Weise. Während des gesamten Leitfadens werden Sie immer wieder aufgefordert, Ihre Kerzen entlang der sogenannten Himmelsrichtungen aufzustellen. Einfach ausgedrückt bedeutet dies, dass Sie eine Kerze auf jede Himmelsrichtung stellen und dabei ein Kreuz oder ein Quadrat bilden. Das bedeutet, dass Sie jeweils eine Kerze im Norden, Süden, Osten und Westen aufstellen. Bei manchen Zaubersprüchen müssen diese Kerzen in einer bestimmten Reihenfolge angezündet werden, aber das wird im jeweiligen Zauberspruch angegeben. Wenn Sie die Kerzen in der richtigen Reihenfolge aufgestellt haben, können Sie mit dem Zauberspruch fortfahren.

Eine weitere Praxis, die denjenigen, die diese Kunst noch nicht praktiziert haben, seltsam oder ungewohnt erscheinen mag, ist die Idee der Selbstzentrierung. Sich zu zentrieren bedeutet, den Geist neu auszurichten und sich auf die anstehende Aufgabe zu konzentrieren. Ähnlich wie bei der Meditation und der modernen Praxis der Achtsamkeit geht es darum, irrelevante und unverbundene Gedanken zu verdrängen und sich ganz dem Zauber zu widmen, den man gerade auszuführen versucht.

Das kann einfacher sein als Meditation. Um den Prozess zu vervollständigen, kann es hilfreich sein, ein bestimmtes Objekt oder einen Gegenstand zu haben, auf das oder den Sie sich konzentrieren möchten und von dem Sie wünschen, dass es Ihre Gedanken beschäftigt. Auf Kosten von allem anderen sollten Sie sich auf diesen Gegenstand konzentrieren. Wenn Sie das Gefühl haben, dass andere Gedanken in Ihren Geist eindringen, dann lassen Sie sie einfach abdriften und befreien Sie sie wieder in den Äther. Es geht nicht darum, Ihren Geist zu säubern, sondern vielmehr darum, die Gedanken ins Nichts aufzulösen, damit Sie sich frei auf die anstehende Aufgabe konzentrieren können.

Nun, da Sie ein gutes Verständnis für die Fähigkeiten und Praktiken haben, die erforderlich sind, um mit dem Wirken von Zaubern zu beginnen, werden wir zu unseren ersten Einträgen übergehen. Wenn Sie sich zu irgendeinem Zeitpunkt unsicher sind, wie genau Sie eine dieser Praktiken durchführen sollen, können Sie jederzeit auf dieses Kapitel zurückgreifen.

Wie man einen Wicca-Altar aufstellt

Der Altar ist der heilige Arbeitsbereich, das Zentrum der magischen Arbeit und der Feier der Sabbate und Esbats. In einer Gemeinschaft kann es sich um einen im Wald gedeckten Tisch handeln, auf dem Dutzende von Kerzen brennen und jedes Mitglied des Hexenzirkels oder der Gemeinschaft Opfergaben darbringt, die mit der der Jahreszeit und dem Datum entsprechenden Dekoration geschmückt sind. Im Haus einer einsamen Hexe wird ein Altar Darstellungen des Gottes und der Göttin enthalten, vielleicht auch einen Platz für die Ahnenverehrung sowie einen Platz für magische Werkzeuge wie Athame, Glocke, Doline, Kelch, Pentagramm, Zauberstab und Kessel. Ein Altar muss keinem bestimmten Design entsprechen - es ist der Gemeinschaft oder dem Einzelnen völlig freigestellt, wie sie ihn schmücken wollen. Der traditionelle Aufbau sieht jedoch folgendermaßen aus:

Auf der linken Seite des Altars werden Bilder der Göttin sowie mit ihr verbundene Werkzeuge aufgestellt und auf der rechten Seite Gegenstände und Bilder des Gottes. Die Gegenstände, die die 4 Elemente repräsentieren (die Hexe selbst repräsentiert oft den Geist), werden wie folgt platziert: Erde am Kopf des Altars, Luft auf der rechten Seite, Feuer an der Basis des Altars, Wasser auf der linken Seite, vorausgesetzt, der Altar ist nach Norden ausgerichtet.

Es gibt keine "richtige" Art und Weise, einen Altar aufzustellen, und viele Wiccans nutzen ein Möbelstück als Altarraum, vor allem, wenn sie nicht allein leben oder nicht möchten, dass geladene Gäste ihren magischen Arbeitsbereich sehen. Ein Altar kann so kunstvoll oder schlicht sein, wie der Praktizierende es wünscht. Viele Wiccans schmücken ihren Altar gerne mit Gegenständen, die mit der Mondphase, der Jahreszeit oder dem nächsten Sabbat in Verbindung stehen, während andere ihn mit einem aktuellen Ziel vor Augen dekorieren. Ein Altar muss nicht ausgefallen sein, aber er sollte die Werte und Interessen der Hexe repräsentieren sowie ihre Spiritualität und Fantasie anregen.

Ihr erster Altar

Der wichtigste Teil dieses Kapitels besteht darin, zu verdeutlichen, dass Sie selbst die Quelle der Magie sind. Eine erfahrene Hexe weiß, dass sie mit nichts anderem als ihren Händen, aufrichtigen Worten und guten Absichten einen Zauber mitten im Nirgendwo vollbringen kann. Wenn also Ihr Budget anfangs nur wenig Neues zulässt, lassen Sie sich nicht davon abhalten, Ihren wiccanischen Weg weiterzuverfolgen.

Ihr Altar kann alles sein, was Sie an einem Ort aufstellen, an dem Sie Ihre Privatsphäre haben. Ein hölzerner Schemel kann ein wunderbarer tragbarer Altar sein, ebenso wie ein kleines Bücherregal. Ein einfacher Beistelltisch, der in der Mitte des Zimmers aufgestellt werden kann, eignet sich ebenfalls gut.

Wenn Sie nicht wissen, wen Sie auf Ihrem neuen Altar verehren sollen, machen Sie sich keine Sorgen. Eine einfache Darstellung des Gottes und der Göttin ist ein guter Anfang. Denken Sie daran, dass es sich um Zwillingsaspekte des Universums handelt - Yin und Yang, Dunkelheit und Licht. Wenn Sie sich eine schöne, weibliche Frau in fließenden Gewändern und wallendem Haar als Göttin vorstellen, dann suchen Sie sich eine Statuette oder ein Bild einer solchen Frau und stellen Sie es auf eine Seite Ihres Altars. Wenn Sie es vorziehen, sich auf die Symbolik des Weiblichen zu konzentrieren, suchen Sie etwas Rundes oder das

Unendlichkeitssymbol, das Sie dort platzieren. Vielleicht ist es eine kleine Vase mit frischen Schnittblumen oder eine Schale mit reicher Erde.

Für die Götterseite des Altars treffen Sie ähnliche Entscheidungen. Wenn Sie sich zu einer menschenähnlichen, heldenhaften Personifikation hingezogen fühlen, dann holen Sie dieses Bild, um es dort aufzustellen. Wenn Sie ein schöner, polierter Stein, ein Haifischzahn oder ein Stück Holz von einer mächtigen Eiche anspricht, dann verwenden Sie es stattdessen.

Eine andere Möglichkeit ist, 2 Kerzen zu verwenden, um den Gott und die Göttin darzustellen. Gute Farben für den Gott sind Grün, Braun oder Gold. Die Farben der Göttin können rot, rosa, lavendel, blau oder silberfarben sein. Manche Menschen empfinden die Verwendung von Kerzen als sehr lebendig, fast so, als ob während der Zeit, in der die Kerzen brennen, die lebendige Gegenwart des Gottes und der Göttin bei Ihnen ist, während Sie Ihr Ritual durchführen.

Die Göttin sollte auf der Seite platziert werden, die Sie für die beste halten, genau wie der Gott. Denken Sie an die Eigenschaften beider Gottheiten und verbinden Sie sie mit dem, was die rechte und linke Seite in diesem Moment und für Ihre magische Arbeit repräsentiert. Die linke Seite steht für Intuition, das Empfangen von Segnungen, die Kräfte des Mondes und Frieden. Die rechte Seite steht für Aktion, Logik, Kommunikation und Verständnis. Wenn Ihr Altarraum quadratisch oder rechteckig ist, werden die Gottheiten jeweils in der äußersten rechten und linken Ecke platziert.

In der Mitte des Gottes und der Göttin platzieren Sie einen Brennpunkt. Das kann eine weiße Kerze, ein Spiegel, Ihre Kristallkugel oder etwas Anderes sein, das Sie sehen möchten, während Sie Ihren Körper entspannen und Ihre Energie sammeln, bevor Sie Ihre Arbeit machen.

Wenn Sie sich dafür entscheiden, jedes der Elemente auf Ihrem Altar zu repräsentieren, verschieben Sie den Gott, die Göttin und Ihren Fokuspunkt ein wenig nach innen und platzieren Sie Ihren Gegenstand für Erde oben, Ihren Gegenstand für Luft auf der rechten Seite, Ihren Gegenstand für Feuer unten (Sie können ihn auf die Seite direkt unter Luft verschieben, wenn er Räucherstäbchen oder eine brennende Flamme hat, damit Sie nicht darüber greifen oder den Rauch einatmen müssen) und Ihren Gegenstand für Wasser auf der linken Seite. Wenn Sie feststellen können, wo in Ihrem Raum Norden ist, drehen Sie Ihren Altar so, dass Ihr Norden mit dem magnetischen Norden übereinstimmt. Hier können Ihre magischen Werkzeuge ins Spiel kommen: Athame und Zauberstab für den Osten oder Süden, Kelch für den Westen und Kessel, Kristallkugel oder Spiegel für den Norden.

Wenn Sie an einem Zauber arbeiten, sollten Sie alle Zutaten griffbereit haben, ebenso wie etwas zum Schreiben, Streichhölzer, falls nötig, und Ihr Buch der Schatten. Ein Glas Wasser ist auch eine gute Idee, um sich hydriert zu halten.

Ein Hinweis zu Streichhölzern: Diese werden beim Anzünden von Kerzen gegenüber Feuerzeugen bevorzugt, da das heilige Licht nicht auf Metall treffen sollte. Das heißt, wenn Sie nur ein Feuerzeug zur Verfügung haben, machen Sie sich nicht zu viele Gedanken darüber.

Altartücher

Viele Wiccans haben gerne ein spezielles Tuch, das sie über den Altar drapieren, bevor sie die Gegenstände draufstellen, vor allem, wenn die verwendeten Möbel einen doppelten Zweck haben.

Wie man einen magischen Kreis wirft

Sie müssen sich nicht für eine bestimmte Art von Ort entscheiden, um einen Kreis zu werfen. Der wichtigste Aspekt sollte Ihre Sicherheit sein - sorgen Sie dafür, dass Sie sich sicher und wohl fühlen. Die beste Zeit zum Werfen ist in den frühen Morgenstunden oder gegen Mitternacht. Vergewissern Sie sich, dass es sich um einen privaten Ort handelt und dass der Bereich jederzeit zur Verfügung steht, wenn Sie ihn brauchen. Sie dürfen keine Unterbrechungen dulden, denn es könnte schiefgehen, wenn Sie bei der Durchführung Ihrer Rituale unterbrochen werden.

Sie können den Ort reinigen, indem Sie spirituell meditieren und negative Energie ausstoßen. Reinigungsmittel wie Hamamelis sind ebenfalls eine gute Idee. Geben Sie ein paar Tropfen der Lösung (Reinigungsmittel) in jede Ecke des Raumes und auch um den Kreis herum.

Sie können die Grenzen Ihres Kreises festlegen, indem Sie Salzwasser in einem Kreis ausstreuen, eine Schnur auslegen, natürliche Elemente wie Felsen verwenden oder mit Kreide einen Kreis auf den Boden zeichnen.

Alle Elemente, die Sie verwenden müssen, sollten sich innerhalb des Kreises befinden, denn Sie wollen die Verbindung mit den Göttern und Göttinnen nicht unterbrechen, bevor Ihr Ritual abgeschlossen ist. Denken Sie daran: Es gibt keine "Pausentaste".

Wenn Sie das Ambiente gestalten wollen und es Ihnen hilft, sollten Sie Kristalle, schwarze Kerzen, Glocken, Salz- und Wasserschalen sowie Totems dabeihaben. Sie können auch einen Altar aufstellen, um alles zu ordnen. Stellen Sie eine kleine Fläche auf, die eher wie eine rechteckige Box aussieht, und legen Sie eine schwarze Tischdecke darüber. Denken Sie daran, dass der Altar immer nach Norden ausgerichtet sein sollte (denn Sie sollten immer nach Norden schauen, wenn Sie Rituale durchführen).

Stellen Sie eine Kerze oder ein Totem in jede der Himmelsrichtungen. Wenn Sie Totems wählen, bedenken Sie:

- Ein Totem, das die Erde im Norden repräsentiert (Vorschläge sind: Salz, Steine, grüne Kerzen, frisch gepflückte Blumen)
- Ein Totem, das die Luft im Osten repräsentiert (Vorschläge: Weihrauch, gelbe Kerzen, Windspiele)
- Ein Totem, das das Feuer im Süden repräsentiert (Vorschläge sind: rote Kerzen, Streichhölzer, rote Steine)
- Ein Totem, das das Wasser im Westen repräsentiert (Vorschläge: blaue Kerzen, blaue Steine, ein Gefäß mit Regen-, Meer- oder Flusswasser)

Wie funktioniert ein Zauberspruch oder ein Ritual normalerweise?

Nachdem Sie einen Kreis gebildet haben, sollten Sie ihn reinigen (eine Anleitung dazu finden Sie im vorherigen Abschnitt) und dann den Kreis segnen. Abhängig von Ihrem Hexenzirkel oder Ihrer Gruppe haben Sie vielleicht eine sehr formelle Art, Ihren Kreis zu segnen. Wenn Sie noch keine gefunden haben, tun Sie das, was sich für Sie natürlich anfühlt und was Ihnen leichtfällt. Ein Vorschlag ist, um den Kreis herumzugehen und die Kerzen in jeder Himmelsrichtung anzuzünden. Wenn Sie die Kerze oder das Totem erreichen, sagen Sie: "Segen über alle Geschöpfe und die Geister der [hier Richtung einfügen]."

Nennen Sie dann den Zweck des Kreises. Je nach Ihren wiccanischen Prinzipien können Sie verschiedene Beschwörungen oder Worte verwenden. Ein solcher Vorschlag (aus Sacred-Texts) ist: "Ich beschwöre dich, oh Ring der Erhabenheit, dass du der beste Versammlungsort des Friedens, der Liebe und auch der Freude und der endgültigen Wahrheit bist; eine Rüstung gegen jedes Übel und jede Existenz von Bosheit; eine Grenze zwischen der Menschheit und allen Reichen aller Mächtigen Kräfte; eine Barrikade und ein Schild, dass die Macht der Kontrolle, die wir in dir erheben wollen und werden, bewahren und halten soll. Deshalb segne ich dich und heilige dich."

Nachdem Sie Ihr Ziel genannt haben, rufen Sie die Gottheiten an, mit denen Sie arbeiten wollen, und laden Sie sie ein. Je nachdem, mit welchen Zaubern oder Ritualen Sie arbeiten, können Sie sie zu den Objekten rufen, die sie repräsentieren.

Meditieren Sie eine Weile, um Ihr Bewusstsein und Ihre Gedanken zu verändern. Fahren Sie dann mit dem Rest Ihres Rituals oder Zaubers fort.

Wenn Sie fertig sind, schließen Sie Ihren Kreis, indem Sie den Gottheiten, die Sie angerufen haben, Respekt zollen. Danken Sie ihnen und den Elementen, bevor Sie einen der Gegenstände bewegen. Machen Sie die Beschwörung des Kreises rückgängig, indem Sie ihn in umgekehrter Reihenfolge beschwören.

Nachdem wir nun darüber gesprochen haben, wie man einen Kreis wirkt, wollen wir nun einige grundlegende Zaubersprüche besprechen, die in diesem Schutzkreis gewirkt werden können.

Wo Wiccans ihre Magie ausüben

Der 1. Schritt, um die Kunst des Wahrsagens ausüben zu können, besteht darin, sicherzustellen, dass man die richtigen Werkzeuge zur Verfügung hat. Für die mächtigsten Hexen sind die Werkzeuge fast nebensächlich, und die Zukunft kann in allem gesehen werden, von Teeblättern bis zu fallengelassenen Stöcken. Es ist jedoch unglaublich anstrengend, sich diese Fähigkeiten anzueignen, weshalb die meisten Menschen mit etwas Einfacherem beginnen.

Ein Hellseher-Spiegel ist etwas, das Sie zu Hause machen können. Er kann Ihnen helfen, in die Zukunft zu schauen, um besser zu verstehen, wie Sie die kommende Welt angehen sollen. Es ist zwar unwahrscheinlich, dass Sie Lotterieergebnisse sehen werden, aber er kann Ihnen helfen, den Schwall von Energien zu erkennen, der die Zukunft umgibt. Um einen Hellseher-Spiegel für sich selbst zu bauen, benötigen Sie

- einen Spiegel oder einen ähnlich glänzenden Gegenstand, der Ihnen eine reflektierende Oberfläche bietet
- Beifuß-Tee (wird hergestellt, indem man Beifuß in ein verschlossenes Gefäß mit kochendem Wasser gibt und tagelang ziehen lässt).

Da der Beifuß-Tee so lange ziehen kann, ist es besser, diesen Zauber lange im Voraus zu planen, um sicher zu sein, dass Sie alles zur Hand haben. Wenn Sie sich Sorgen über die Herstellung des Aufgusses machen, haben wir im Anhang am Ende des Buches ein einfaches Rezept für einen Beifuß-Aufguss beigefügt. Wenn der Zaubertrank fertig ist, zerdrücken Sie die Blätter und gießen Sie das Wasser weg - und schon kann es losgehen.

Der wichtigste Teil dieses Prozesses ist die Weihe des Spiegels. Dabei wird ein normaler Haushaltsgegenstand mit magischen Eigenschaften ausgestattet und den richtigen Energien mitgeteilt, wohin sie fließen sollen. Wenn Sie möchten, können Sie eine ausgewählte Gottheit anrufen, die Ihnen bei dieser Aufgabe hilft, oder Sie können sich auf die Kraft der Natur selbst verlassen. Solange Sie sich mit der Kraft, die Sie anrufen, verbunden fühlen, sollte Ihr Spiegel funktionieren.

Sobald Sie bereit sind, füllen Sie einen Behälter mit dem von Ihnen hergestellten Aufguss und legen Sie den Spiegel flach auf einen Tisch. Nehmen Sie sich einen Moment Zeit, um sich zu zentrieren, und richten Sie Ihre Gedanken und Energien auf den Spiegel. Wenn Sie bereit sind, nehmen Sie eine Handvoll des Aufgusses und beginnen Sie, ihn auf der Oberfläche des Spiegels zu verteilen, indem Sie die Substanz benutzen, um Ihre Hand über die glänzende Oberfläche zu führen. Achten Sie darauf, dass Sie jeden Zentimeter des Spiegels bedecken. Stellen Sie sich dabei vor, wie die Energien durch Ihre Hand fließen. Stellen Sie sich vor, wie der Spiegel erwacht und die Kraft entdeckt, die er nicht besitzt.

Während Sie den Aufguss verteilen, beginnen Sie Folgendes zu singen: "Wunderschöne Prophezeiung von magischem Wert, schönes Wesen des psychischen Lichts, die wahrhaftigsten Antworten werden und sollen Sie hervorbringen, du sollst und wirst mein Augenlicht sein, mein Auge, er ist bereit. Also zeig es."

Nachdem man die Worte gesagt hat und der Spiegel vollständig bedeckt ist, ist man fast fertig. Jetzt muss der Spiegel nur noch trocknen und die Magie sich auf dem Objekt festsetzen.

Mit diesem mächtigen neuen Werkzeug stehen Ihnen eine Reihe von Zaubersprüchen zur Verfügung. Für die meisten Hexen sind die mächtigeren Zaubersprüche die kompliziertesten. Für Anfänger mit einem klaren Interesse an der Wahrsagerei kann der Spiegel jedoch zum Üben und Verfeinern der Wahrsagekünste verwendet werden.

Am Anfang - und das gilt für fast alle Anfänger - wird der Spiegel wie ein fremdes Objekt erscheinen. Für jede Hexe wird der Prozess des Lernens, wie sie ihren speziellen Hellseher-Spiegel benutzt, jedoch einzigartig sein. Für den Anfang und um herauszufinden, wie Sie mit Ihrem Spiegel arbeiten werden, hängen Sie ihn an einer Wand in einem Raum auf, den Sie sehr oft betreten. Ein Flur ist eine ausgezeichnete Wahl, da Sie wahrscheinlich auf dem Weg zum Verlassen des Hauses an dem Spiegel vorbeikommen werden. Wenn Sie auf dem Weg nach draußen daran vorbeigehen, halten Sie fünf Sekunden lang vor dem Spiegel inne. Schließen Sie die Augen und konzentrieren Sie Ihre Energie. Wenn Sie sie wieder öffnen, sollten Sie feststellen können, wie sich Ihr Bild im Spiegelbild leicht verändert.

Notieren Sie diese Veränderungen und notieren Sie die Ereignisse, die dann in Ihrem Leben eintreten. Im Laufe der Zeit werden Sie ein Verständnis für die Veränderungen und die von ihnen vorhergesagten Wirkungen entwickeln. Wie bereits erwähnt, erfordert das Wahrsagen viel Übung, aber die Herstellung und Verwendung eines Hellseher-Spiegels auf diese Weise kann zu einer strahlenden Zukunft mit mächtiger Magie führen.

Rituelle Raumreinigung

Bevor Sie ein Ritual an Ihrem Ritualort beginnen, sollten Sie ihn reinigen. Wenn Sie einen Innenraum nutzen, reinigen Sie ihn gründlich. Wenn Sie einen Außenraum benutzen, entfernen Sie alle Steine oder Stöcke, auf die Sie treten könnten, und räumen Sie den Raum so gut wie möglich auf. Nehmen Sie dann Ihren Ritualbesen und säubern Sie den Raum von astralem Müll und psychischem Unrat.

Wie man wiccanische Zaubersprüche und Charms anwendet

Benötigte Ausrüstung

Eine der ersten Fragen, die Sie sich vielleicht stellen, betrifft die Ausrüstung. Bevor wir uns mit den verschiedenen Zaubern befassen, werden wir kurz darauf eingehen, welche Ausrüstung Sie in diesem Leitfaden benötigen und welche nicht. Für einen Anfänger kann es verlockend sein, viel Geld in teure okkulte Gegenstände zu investieren. Doch wie bei vielen anderen Praktiken kann es tatsächlich hilfreich sein, die eigenen Fähigkeiten mit minderwertiger Ausrüstung zu üben. Auf diese Weise entwickeln Sie ein Verständnis für Wicca, ohne sich auf die beste Ausrüstung verlassen zu müssen. Daher empfehlen wir Anfängern, einfach eine Einstiegsausrüstung zu kaufen. Auch wenn Sie feststellen werden, dass Ihr Zauberhandwerk anfangs schwieriger ist, bedeutet das Erlernen des Umgangs mit diesen Gegenständen, dass Sie ein besseres Grundverständnis haben, wenn es an der Zeit ist, aufzurüsten. Was brauchen Sie also, um dieses Buch durchzuarbeiten?

Kerzen

Einer der häufigsten Gegenstände, die in diesem Leitfaden vorkommen, ist eine Kerze. Flammen und die Fähigkeit, Licht in die Dunkelheit zu bringen, sind Ideen, die seit langem eine große Macht über die Menschheit haben, und die Fähigkeit, diese Phänomene einzufangen und einzudämmen, ist eine mächtige Prämisse. Daher wird eine Kerze oft in den verschiedenen Zaubersprüchen vorkommen, die Sie ausführen werden. Es werden auch mehrere Kerzenfarben benötigt, daher kann es hilfreich sein, in großen Mengen zu kaufen. Auch wenn Sie vielleicht versucht sind, sich für Duftkerzen zu entscheiden, können diese kontraproduktiv sein. Eine hochwertige, unparfümierte Kerze in verschiedenen Farben kann genau das bieten, was Sie für die Zwecke dieses Leitfadens benötigen.

Weihrauch

Ähnlich wie eine Kerze Licht und Wärme spendet, kann Weihrauch Duft und Aura verbreiten. Im Laufe dieses Leitfadens wird es immer wieder vorkommen, dass Sie Weihrauch verbrennen müssen. Es gibt verschiedene Möglichkeiten, dies zu tun, daher ist es am besten, wenn Sie einfach die Methode anwenden, die Ihnen am vertrautesten ist. Oft ist nicht die Art und Weise, wie das Räucherwerk verbrannt wird, sondern der Vorgang des Verbrennens selbst wichtig. Das bedeutet, dass Sie eine Vielzahl von Optionen haben können. Darüber hinaus hängen die verschiedenen Aromen und Marken von Weihrauch oft von den persönlichen Vorlieben der praktizierenden Hexe ab, sodass es hilfreich sein kann, die Arten zu finden, mit denen man sich am wohlsten fühlt, um die bestmögliche Aura zu erzeugen.

Tarot-Karten

Tarot-Karten sind ein mächtiges und mystisches Instrument, das zugleich vertraut und sehr seltsam ist. Sie werden zum Wahrsagen und für magische Zwecke verwendet. Auch wenn sie wie ein Standarddeck aussehen, müssen Sie wahrscheinlich speziell angefertigte Tarot-Versionen verwenden, die die richtigen Karten enthalten. Vergewissern Sie sich dies beim Kauf.

Opferschale

Auch wenn es sich dabei um einen der magischeren Gegenstände handelt, ist eine Opferschale einfach ein bewährter Ort, an dem Sie Ihre Zutaten an einem bestimmten Ort opfern können. Manchmal sind die Schalen feuerfest und für brennbare Materialien geeignet. Wenn Sie sie für solche Zwecke verwenden, sollten Sie sich vorher vergewissern, dass sie tatsächlich feuerfest sind.

Athame

Eine Art Ritualmesser, das von vielen Hexen verwendet wird. Es gibt sie in allen Formen und Größen. Viele Menschen haben ein spezielles Messer für verschiedene Arten von Zaubern. Sie sind zwar nicht immer scharf, aber viele Hexen finden, dass ihre Magie besser fließt, wenn ihre magischen Messer richtig geschliffen sind. Sie sollten nicht für allgemeine Haushaltsarbeiten verwendet werden.

Öle

In diesem Leitfaden werden Sie gelegentlich Hinweise und Aufforderungen zur Verwendung von Aromaölen finden. Es gibt eine riesige Auswahl an diesen Ölen, und ähnlich wie bei Weihrauch können bestimmte Arten oft mit bestimmten Zaubern und Arten von Magie und Energie verbunden sein. Wenn Sie ein Öl für sich selbst oder für eine andere Person verwenden sollen, müssen Sie sicher sein, dass Sie das richtige Öl auswählen. Da es Hunderte von Ölen gibt, kann es sich lohnen, sich Zeit für die richtige Auswahl zu nehmen, denn die aromatischen Eigenschaften bieten unterschiedliche Verwendungsmöglichkeiten.

Verschiedene Haushaltsgegenstände

An bestimmten Stellen und während bestimmter Zaubersprüche müssen Sie möglicherweise Gegenstände verwenden, die Sie normalerweise zu Hause finden. Das kann alles sein, von einer Topfpflanze über Meersalz bis hin zu einem Stück Schnur oder auch nur einem Glas Wasser. In diesen Fällen kann es möglich sein, normale, nicht-magische Gegenstände zu verwenden. Selbst Gegenstände, die einfach nur im Haus herumliegen, haben ihre eigenen persönlichen und privaten Energien, die durch die Wicca-Praxis einem besseren Zweck zugeführt werden können. Als praktische und natürliche Magie hat Wicca eine lange Geschichte der Einbeziehung des Alltäglichen und seiner Verwandlung in etwas Magisches. Seien Sie also nicht überrascht, wenn selbst der alltäglichste Gegenstand magisch wird, wenn er auf die richtige Weise verwendet wird.

Werkzeuge, die Sie für magische und Wicca-Zauber benötigen

Wicca umfasst einen reichen Brauch natürlicher und auch übernatürlicher Antworten auf die Probleme, mit denen die Menschen konfrontiert sind. Für diejenigen, die daran interessiert sind, in die Welt der Wicca einzutreten, soll dieser Leitfaden ein Rüstzeug an einführenden Zaubersprüchen bereitstellen, die von Anfängern verwendet werden können.

Mit einer so langen Geschichte der Forschung und Praxis hat Wicca das Potential, Ihnen Fähigkeiten zu verleihen, die Sie sich vielleicht nie hätten vorstellen können. Diejenigen, die ihr Leben dieser Kunst gewidmet haben, haben ein Verständnis entwickelt, das es ihnen ermöglicht, die lange Geschichte einer der beliebtesten Magieformen der Welt zu erforschen und andere darüber zu unterrichten. Für diejenigen, die neu in der Welt der Wicca sind, bietet das Kennenlernen dieser Art von Zaubersprüchen eine wunderbare Plattform, auf der sie ihr Wissen verfeinern und kultivieren können.

Wie immer bei der Zauberkunst kann die inhärent unbeständige Natur dieser Rituale zu gemischten Ergebnissen bei denjenigen führen, die neu im Wicca sind. Für den Anfänger kann es eine schwierige Reise sein, zu üben und ein Verständnis dafür zu entwickeln, was einen guten Zauber ausmacht und was eine gute Praxis ist. Angesichts der anfänglich gemischten Ergebnisse und der steilen Lernkurve wäre es unaufrichtig zu behaupten, dass die Perfektionierung der Wicca-Kunst so einfach ist wie das Ablesen der Worte in einem Buch. Vielmehr werden diejenigen, die sich dem Erlernen der besten Praktiken widmen, und diejenigen, die sich bemühen, ihr Wissen zu erweitern, unweigerlich die besten Ergebnisse erzielen.

Aber für diejenigen, die neu in der Welt der Wicca sind, ist dieser Leitfaden voll von Wissen, das sich in den letzten Jahrtausenden angesammelt hat, um Ihnen einen guten Startpunkt zu bieten. Aus diesem Grund haben wir einen Leitfaden zusammengestellt, der sowohl für Anfänger in der Welt der Magie als auch für diejenigen, die keine Zeit haben, archaisches altes Englisch zu lernen, leicht verständlich ist. Sie haben vielleicht erwartet, dass die Zaubersprüche, Verhexungen und verschiedenen Elemente in einer älteren Sprache verfasst sind. Dies ist ein weit verbreiteter Irrtum. Für die moderne Hexe stehen die genauen Worte nicht im Mittelpunkt, wenn es darum geht, die geistige Welt anzurufen und zu beeinflussen. Viel wichtiger ist das Gefühl, das die Worte hervorrufen. Durch die Bereitstellung der aktualisierten Sprache dieser einführenden Zaubersprüche hoffen wir, dass diejenigen, die neu im Wicca sind, in der Lage sein werden, ein gutes Verständnis für die Grundlagen der Magie zu bekommen, ohne sich dem Erlernen der verdrehten und komplizierten Natur der mittelalterlichen Hexerei widmen zu müssen.

Dieser Leitfaden enthält nicht nur Zaubersprüche, sondern auch eine kurze Einführung in die Ausrüstung und die besten Praktiken, die Sie benötigen, um die besten Ergebnisse mit Ihren Wicca-Beschwörungen zu erzielen. Dies sollte Ihnen einen guten Überblick über die Gegenstände geben, die der typische Wicca-Benutzer benötigt, sowie über die beste Art und Weise, wie Sie mit den Zaubersprüchen umgehen, die Sie vielleicht versuchen möchten. Für diejenigen, die ein Verständnis für die Geschichte der Wicca und der Hexerei im Allgemeinen erlangen wollen, bieten wir auch ein anderes Buch an, das für Sie von gleichem Interesse sein könnte; von hier aus werden wir uns den verschiedenen Kategorien von Zaubern zuwenden. Bei diesen gibt es keine bestimmte Reihenfolge oder Schwierigkeitsskala. Stattdessen können Sie sich die Zaubersprüche aussuchen, die Sie am liebsten ausprobieren möchten. Enthusiasmus und die Bereitschaft, Ergebnisse zu sehen, sind die Voraussetzungen für diejenigen, die das Beste aus Wicca herausholen wollen.

Bevor wir beginnen, möchten wir Sie noch vor der Realität der Magie warnen. Obwohl sie ein mächtiges Werkzeug ist, sind Wicca und Hexerei niemals einfach. Anstatt einfach nur sofortige Ergebnisse zu sehen, wird dieser Leitfaden für diejenigen am lohnendsten sein, die bereit sind, an ihren magischen Fähigkeiten zu arbeiten. Lassen Sie sich niemals von ausbleibenden Ergebnissen entmutigen. Verfeinern, vervollkommnen und genießen Sie einfach die Ergebnisse einer der am besten praktizierten magischen Künste der Welt.

Wiccan-Werkzeuge werden sowohl als symbolische Gegenstände als auch als Mittel zur Lenkung psychischer Energie verwendet. Sie werden in der modernen Hexerei verwendet, weil die Vertreter der Wicca-Bewegung in den 40er bis 70er Jahren Einflüsse wie den Schlüssel Salomons und die ländliche Volksmagie der britischen Inseln und Europas nutzten.

Sie sind für die magische Arbeit oder Rituale nicht unbedingt erforderlich, und einige Wiccans ziehen es vor, immer mit einem bestimmten Werkzeug zu arbeiten, während andere Wiccans überhaupt keins verwenden. Ein Vorteil der Verwendung traditioneller Werkzeuge ist, dass sie uns helfen können, uns in der Vergangenheit zu verankern und mit den Hexen verbunden zu fühlen, die vor uns gegangen sind und die alten Methoden der Magieherstellung verwendet haben. Letztendlich ist es jedem selbst überlassen, was er für seinen heiligen, magischen Altarraum verwenden und erwerben möchte.

Ein Hinweis: Magische Werkzeuge können sehr teuer sein. Wenn Sie mit der Magie anfangen, sollten Sie sich nicht unter Druck setzen lassen, alle "richtigen" Werkzeuge zu besitzen. Magie kann auch mit einfachen Zutaten oder sogar ganz ohne Zutaten betrieben werden, wenn es darauf ankommt.

Wenn Sie sich entscheiden, Ihre Sammlung magischer Werkzeuge zu beginnen, gibt es viele Online-Quellen für heidnisches magisches Zubehör. Wenn Sie Zugang zu einem Laden haben, sollten Sie die Gelegenheit nutzen, ihn zu besuchen, wo Sie die Energie jedes Werkzeugs in Ihren Händen spüren können, um besser zu entscheiden, ob es das richtige für Sie ist.

Wenn Sie ein Gerät kaufen (oder eines geschenkt bekommen), müssen Sie es unbedingt vor dem Gebrauch reinigen. Sie können Folgendes tun:

- Räuchern oder die Verwendung eines Räucherbündels mit Kräutern wie Salbei, Rosmarin oder Palo-Santo-Holz, um das Werkzeug in schwungvollen Bewegungen gegen den Uhrzeigersinn zu reinigen (bei den Heiden heißt das Widdershins)
- Baden in Weihwasser (gesammeltes Wasser, wie Regen- oder Flusswasser, und eine Prise koscheres oder rosa Salz)
- Besprühung mit Florida-Wasser

Sie können Ihr Werkzeug auch weihen, indem Sie es mit einem süßen Räucherstäbchen in der Sonne (im Uhrzeigersinn) drehen und/oder es in das Licht des Vollmonds tauchen lassen.

Bewahren Sie Ihre Werkzeuge in der Regel außerhalb der Reichweite der Öffentlichkeit auf und halten Sie andere davon ab, sie anzufassen, damit sie nur von Ihrer persönlichen Energie durchdrungen werden können.

Das Pentagramm

Ein Pentagramm ist kein Symbol des Teufels, im Gegensatz zu dem, was manche glauben. Es ist eine Scheibe oder ein Kreis aus Metall, Ton oder sogar Glas, der mit dem Symbol des 5-zackigen Sterns oder Pentagramms beschriftet ist. Wiccans verwenden das Pentagramm in seiner "nach rechts gerichteten" Form, die mehrere Dinge symbolisiert. Es steht für die 5 Elemente: Luft, Wasser, Feuer, Erde und Geist (der uns Menschen ausmacht und die Magie erst möglich macht). Er steht auch für einen Menschen, der in seiner Kraft steht.

Ein umgedrehtes Pentagramm ist kein böses Symbol; es symbolisiert einfach die natürliche Welt. Denken Sie an ein gehörntes Tier wie einen Hirsch oder eine Ziege. Die christliche Kirche hat vor langer Zeit gehörnte und behufte Tiere mit sehr unheidnischen Figuren wie Satan und dem Teufel in Verbindung gebracht, aber diese Ansichten werden von Wiccans nicht unterstützt. Die natürliche Welt, die Pflanzen und Tiere, die in ihr leben, werden als unsere Aufgabe angesehen, sie zu schützen und zu verteidigen. Wir haben eine Verantwortung für sie. Der "Gehörnte Gott", auch bekannt als "Vater Herne" oder der "Grüne Mann", ist ursprünglich eine britische Gottheit und wird von Heiden und Wiccans gleichermaßen verehrt.

Das Pentagramm wird in der Wicca-Bewegung häufig verwendet, um heilige Gegenstände zu verzieren, z. B. die Griffe von Athames, Bücher der Schatten, zeremonielle Gewänder, Becher und buchstäblich alles, was sich der Handwerker vorstellen kann. Seit 2007 wird es in den USA auf militärischen Grabsteinen für gefallene Wicca-Soldaten eingraviert. Es ist auch das beliebteste Schmuckstück vieler Heiden und Wiccans. Das Pentagramm und das Pentagramm stehen für das Gleichgewicht, die Elemente sowie für einen stillen Stolz auf den eigenen Glauben.

Wenn Sie ein Pentagramm kaufen möchten, werden Sie feststellen, dass einige von ihnen mit zusätzlichen Runen oder Symbolen beschriftet sind. Vergewissern Sie sich vor dem Kauf, dass Sie wissen, was jedes dieser Symbole bedeutet, damit es mit Ihren persönlichen Ansichten und Interessen übereinstimmt.

Das Pentagramm ist auch das Tarot-Zeichen der kleinen Arkana, dass die Erde, den Reichtum, den Überfluss und die Kreativität repräsentiert. Es kann zu jedem Überfluss- oder Geldglückszauber hinzugefügt werden, um diesem Zauber einen Schub an erdiger Energie zu geben.

Wenn Sie sich dazu entschließen, ein Pentagramm in der Öffentlichkeit zu tragen, bedenken Sie, dass viele Nicht-Wicca das Symbol nicht verstehen und falsche Assoziationen damit verbinden könnten. Erklären Sie ihnen die Wahrheit, oder wenn Sie es vorziehen, halten Sie das Pentagramm aus der Öffentlichkeit heraus, bis Sie in der Gesellschaft von Menschen sind, denen Sie vertrauen und sich wohlfühlen.

Das Athame

Es handelt sich um ein traditionelles Werkzeug, das gewöhnlich bei heidnischen und wiccanischen Ritualen verwendet wird. Die Athame ist ein zweischneidiger Dolch, der normalerweise stumpf gehalten wird und zum rituellen "Schneiden" von Energie verwendet wird. Z. B. bei Gruppenzeremonien, nachdem der Kreis geschlossen wurde, muss manchmal jemand den Kreis verlassen (das kann einem auch zu Hause passieren, wenn man eine der Zutaten für einen Zauber in der Küche vergisst). Die Methode, um diese Person aus dem Kreis zu entlassen, ohne den Kreis vollständig zu öffnen und neu zu zaubern, besteht darin, symbolisch eine Tür für sie "aufzuschneiden" und dann die Tür hinter ihr zu schließen. Zu diesem Zweck wird das Athame verwendet.

Sie wird auch bei Sabbat-Zeremonien verwendet, um die Vereinigung von Gott und Göttin darzustellen, indem die Athame sanft in den Becher getaucht wird, um die Symbolik zu unterstreichen. Traditionell haben Athames schwarze Henkel.

Welches Element die Athame repräsentiert, hängt davon ab, welche heidnische Tradition Sie fragen. Einige Gruppen verbinden die Athame, wie alle anderen Klingen, mit dem Element der Luft, das für einen scharfen Intellekt und die Fähigkeit steht, die Verwirrung mit der Kraft der Kommunikation zu durchschneiden. Andere Gruppen verbinden die Athame mit dem Element des Feuers, da Klingen im Feuer geschmiedet werden und somit die Transformation symbolisieren. Welchem Element Sie Ihr Athame zuordnen, ist ganz Ihnen überlassen. Das Athame ist im Tarot mit der kleinen Arkana der Schwerter verbunden.

Praktisch oder magisch?

Auch das bleibt Ihnen überlassen. Im weiteren Verlauf des Kapitels werden wir die Bolene besprechen, ein scharfes Messer, das zum Schneiden von Schnüren, zum Ernten von Kräutern und für alle anderen Dinge verwendet wird, die während einer magischen Zeremonie oder eines Zaubers geschnitten werden müssen. Manche Wiccans ziehen es vor, ihre Werkzeuge auf ein Minimum zu beschränken und kaufen einfach eine schärfere Athame, die sie sowohl für praktische als auch für magische Zwecke verwenden.

Eine andere Sichtweise kommt von "Küchenhexen" oder Leuten, die meinen, dass ihr heiliger Raum am besten in der Küche repräsentiert wird, wo sie essbare Tränke, Gebräue und Lebensmittel für magische und spirituelle Zwecke zusammenbrauen. Das ist ein gültiges Konzept, und ein solcher Wicca kann sich dafür entscheiden, seine Athame in diesem Raum zu verwenden, da sie ihn als ihren magischsten Teil des Hauses betrachten. Denken Sie daran, dass einer der schönsten Aspekte des heidnischen Glaubens die Freiheit und Individualität ist, die er seinen Anhängern gewährt.

Die heute in Online-Shops, Geschäften oder bei Kunsthandwerkern erhältlichen Athames unterscheiden sich stark im Material. Einige sind recht ausgefallen, mit Edelsteinen besetzt oder sogar aus massivem Kristall gefertigt. Andere sind bescheiden und schlicht. Dieses Werkzeug können Sie auf jeden Fall so auswählen, dass es am besten zu Ihrer Persönlichkeit passt, also lassen Sie sich Zeit bei der Auswahl, wenn Sie sich für einen Athame entscheiden. Sobald Sie Ihre Athame gekauft haben, können Sie sie benutzen, um Ihren Kreis zu ziehen, indem Sie in jede Richtung zeigen, und Sie können mit ihr Energie lenken, um einen Gegenstand in einem Zauber aufzuladen.

Der Zauberstab

Es gibt nur wenige Gegenstände, die für Hexen, Heiden und Wiccans so typisch sind wie der Zauberstab. Er wurde in der gesamten Menschheitsgeschichte in Volks- und Märchengeschichten beschrieben. Er ist die magische Erweiterung der Macht einer Hexe und wird verwendet, um diese Macht für ein bestimmtes Ergebnis zu lenken. Der Zauberstab wird mit dem Element Feuer assoziiert, ebenso wie die Farbe der Stäbe in der kleinen Arkana des Tarot, obwohl manche ihn als Symbol der Luft sehen. Welches Element Sie persönlich damit assoziieren, bleibt Ihnen überlassen.

Ein Zauberstab sollte in der Regel so lang wie Ihr Unterarm sein (sonst wird er zu einer Daube!). Traditionell werden Zauberstäbe aus Holz geschnitzt, und es wird sehr darauf geachtet, dass das Holz eines Baumes wegen seiner magischen Eigenschaften ausgewählt wird. Hier sind einige beliebte Bäume, die man bei der Auswahl eines Zauberstabs berücksichtigen sollte:

- Birke: Weibliche Energie, Heilung emotionaler Traumata, Zaubersprüche zur Erneuerung.
- Eiche: Heilig für den Gott, gut für Wahrsagerei, erhöht die magische Kraft.
- Ältester: Intuition, verbunden mit weiblicher Energie, Segen, Verbindung zum Feenreich.
- -asch: Von den Feen geliebt, verbunden mit der Gerechtigkeit und dem Reich der Träume.
- Erle: Stärkt die Verbindung zur Geisterwelt, erhöht die Heilungsfähigkeit; männliche Energie, Schutz.
- Eibe: Verbunden mit den Zyklen von Tod und Wiedergeburt, Allerheiligen und Samhain, langes Leben, übersinnliche Visionen.
- Akazie: Ein schützendes Holz, das die psychischen Fähigkeiten verbessern kann.
- Apfel: Gut für Geldmagie und Reichtum, Liebe und Romantik.

Andere Stäbe sind aus Metall gefertigt und mit Kristallen besetzt, während andere aus Kristallen selbst geschnitzt werden können. Ein Stück Bambus eignet sich wunderbar für einen selbstgemachten Zauberstab, da er hohl ist. Er kann mit Kräutern oder einem geschriebenen Zauberspruch gefüllt und mit etwas Klebstoff mit einem Kristall oder Edelstein verschlossen werden.

Einen Zauberstab bei einem Waldspaziergang zu finden, ist oft die erste Erfahrung jeder Hexe. Wählen Sie einen heruntergefallenen Ast und nehmen Sie sich Zeit, Ihren Zauberstab zu schnitzen und ihn mit Ihrer eigenen magischen Energie zu erfüllen.

Der Kessel

Der Kessel ist ein topf- oder kesselartiges Gefäß, das häufig für Zaubersprüche, Rituale und Hellsehen verwendet wird. In der Regel wird er auch mit offenem Feuer verwendet. Der Kessel ist in der Geschichte und in der Folklore ein noch größeres Symbol als der Zauberstab, obwohl die meisten von uns nie das Glück haben werden, einen Kessel in voller Größe zu erwerben. Heutzutage werden in Geschäften für heidnischen Bedarf winzige Kessel verkauft, die gerade groß genug sind, um sie in der Hand zu halten, eine Kerze hineinzustellen oder sie für Wahrsagerei wie Wasserschauen zu verwenden.

Aufgrund seiner Assoziationen mit Transformation und dem Mutterleib ist der Kessel für die Göttin heilig. In der Regel wird er dem Element Wasser zugeordnet, aber manche sehen ihn auch mit dem Feuer verbunden. Der Kessel wird für die moderne magische Arbeit nicht unbedingt als unentbehrlich angesehen, aber er kann sich als äußerst nützlich erweisen; er ist ein feuersicherer Ort, an dem man Gegenstände wie Kerzen, Weihrauch, Kräuter und Papierstücke verbrennen kann, auf die man Siegel oder Zaubersprüche geschrieben hat. Wenn Sie ihn mit Wasser füllen, wird er zu einem kraftvollen Symbol für Fülle und kreatives Potential. Wenn Sie den Vollmond auf der Wasseroberfläche betrachten, können Sie ihn für Weissagungen nutzen. Außerdem ist ein Kessel einfach ein rundum zufriedenstellender Gegenstand, den man haben und mit dem man arbeiten kann. Sie können allerdings etwas teuer sein, was man vor dem Kauf berücksichtigen sollte.

Wenn Sie einen Kessel als symbolisches Werkzeug für einen Zauber oder ein Ritual haben möchten, sich aber keinen leisten können, ist eine Schale ein guter Ersatz.

Der Pokal

Dieses Werkzeug, das auch Kelch oder Becher genannt wird, ist mit der kleinen Arkana der Kelche im Tarot verbunden. Wie die Farbe der Kelche wird auch das magische Werkzeug Kelch mit Fruchtbarkeit, Kreativität, Emotionen und Überfluss in Verbindung gebracht. Er ist der Hauptargankarte der Kaiserin sehr ähnlich - der Kelch steht für das, was im Leben Freude macht. Er wird auch mit der Fruchtbarkeit und Sinnlichkeit der Göttin sowie mit dem göttlichen Weiblichen in Verbindung gebracht.

Das traditionellste Material für den Becher ist Silber, das mit dem Mond und der Weiblichkeit der Göttin in Verbindung gebracht wird. Der Becher kann jedoch aus jedem Material bestehen, das dem Handwerker vorschwebt, und es gibt Becher aus Holz, Keramik, Stein und Mineralien. Ein Becher kann phantasievoll und formell oder schlicht und einfach sein.

Beim Kauf eines Bechers ist es wichtig, darauf zu achten, ob das verwendete Material lebensmittelecht ist - einer der häufigsten Verwendungszwecke eines Bechers ist das gemeinsame Trinken während einer Gemeinschaftsfeier am Schabbat. Auch wenn Sie ihn nur für persönliche Rituale verwenden, sollten Sie darauf achten, dass er sicher zum Trinken ist.

Ein attraktiv aussehender Wasser- oder Weinkelch aus einem Secondhand-Laden eignet sich gut als Becher und hat den zusätzlichen Vorteil, dass ein ausrangierter Gegenstand wiederverwendet und recycelt wird. Plastik wird für magische Rituale jedoch nicht empfohlen, da es nicht umweltfreundlich ist.

Sobald eine Tasse zu einem magischen Werkzeug wird, sollten Sie sie als solches aufbewahren und sie nicht für alltägliche Mahlzeiten verwenden.

Die Boline

Die Boline ist das praktische Messer unter den magischen Wicca-Werkzeugen. Sie wird zum Schneiden von Pflanzen, rituellem Essen, zum Einritzen von Buchstaben in Kerzen und hölzernen Gegenständen sowie von Schnüren bei der Durchführung von Schnurzaubern oder Zeremonien wie der Trennung der Wege (die wiccanische Version einer Scheidung) verwendet. Einige Wiccans ziehen es vor, sowohl die Boline als auch die Athame zu haben, andere ziehen es vor, nur eine zu haben. Die Wahl liegt bei Ihnen. Wenn Sie vorhaben, Ihre Boline gelegentlich zum Schneiden von Lebensmitteln zu verwenden, stellen Sie sicher, dass sie lebensmittelecht ist. Traditionell haben Bolinen weiße Griffe (im Gegensatz zu Athamen), aber jedes Messer kann als Boline verwendet werden. Abgesehen von der Küchenhexerei ist es immer noch am besten, wenn Sie Ihre Boline getrennt von Ihren alltäglichen Haushaltswerkzeugen aufbewahren. Sie dient zwar einem praktischen Zweck, aber dieser Zweck ist dennoch magischer Natur.

Der Besen

Der Besen ist ein weiteres ikonisches Symbol der Hexerei. Traditionell wurde er aus Birke oder Esche gefertigt, aber heute kann er aus jedem beliebigen Holz hergestellt werden, auch aus Maisstängeln oder Palmblättern. Der Besen wird seit jeher mit Hexen in Verbindung gebracht, und viele glaubten, dass Hexen auf ihren Besen fliegen können - diese Legende war wahrscheinlich eine Fehlinterpretation der frühen Heiden, die Astralprojektion oder Meditation nutzten, um einen höheren Bewusstseinszustand zu erreichen.

Der Besen ist kein Werkzeug, das bei Ritualen oder Zeremonien am Altar verwendet wird. Er wird jedoch verwendet, um einen Raum auf magische Weise zu "reinigen" und kann während des Rituals der spirituellen Reinigung eines Hauses oder Zimmers eingesetzt werden. Er "fegt" die negative Energie heraus, sodass die positive Energie einen Raum füllen kann.

Außerdem entscheiden sich Wiccans, die "handfasting" machen oder innerhalb des wiccanischen Glaubens heiraten, oft für das Ritual des "Besenspringens".

Als Faustregel für Besen gilt: Ein praktischer Haushaltsbesen kann als Besen verwendet werden, aber ein Besen sollte niemals als Haushaltsbesen benutzt werden. Erlauben Sie Ihrem Besen, nur für die spirituelle Reinigung verwendet zu werden, damit sich seine heiligen Energien nicht mit dem normalen, alltäglichen Schmutz vermischen.

Die Daube

Die Daube ist ein Stock, den eine Hexe bei ihren Wanderungen in der Nähe ihres Hauses, in den Wäldern oder auf den Feldern findet. Es ist ein gegabelter Stock und dient dazu, die Hexe mit den Naturgeistern der Gegend zu verbinden. Hexen sammeln oft eine Daube oder einen Stab, wenn sie in ein neues Haus ziehen, als Erinnerung an das Haus, das sie zurückgelassen haben.

Ein praktischer Verwendungszweck einer Daube ist die Aufbewahrung einer Tasche mit Gegenständen während einer Gemeinschaftszeremonie oder eines Rituals im Freien: An einen Baum gelehnt oder in den Boden gerammt, ist sie ein praktischer Ort, um ein Kleidungsstück oder ein Paket aufzuhängen.

Die Glocke

Glocken werden auf der ganzen Welt und in vielen verschiedenen Religionen verwendet. Die Magie des Klangs und der Tonschwingungen wurde im Laufe der Menschheitsgeschichte immer wieder erforscht und praktiziert. Das Läuten einer Glocke hat die unmittelbare Wirkung, den Geist zu beruhigen oder den Beginn eines Rituals, einer Magie oder eines Gebets anzukündigen.

Die Glocke kann an vielen verschiedenen Stellen im Ritual eingesetzt werden. Sie kann verwendet werden, bevor ein Zauber begonnen wird, um einen heiligen Raum gleichzeitig zu reinigen und zu heiligen. Sie kann verwendet werden, um die Geister oder Gottheiten näher in den Kreis zu rufen. Er kann auch verwendet werden, um den Zauber zu besiegeln und zu signalisieren, dass er sich von selbst in das Universum entlädt.

Es gibt einige Wiccans, die die Glocke mit dem Element Luft in Verbindung bringen, da der Schall durch die Luft fließt; andere wiederum verbinden sie mit dem Element Wasser. Der Schall bewegt sich auch durch das Wasser und die Schallwellen sehen den Wellen des Ozeans sehr ähnlich, wenn man sie untersucht.

Die Glocke ist ein wunderbares Instrument, um einen bestimmten Punkt eines Rituals zu signalisieren: einen Kreis zu bilden, die Energie des Mondes in einen Kreis zu ziehen, einen Kreis zu öffnen, eine Gemeinschaft aufzufordern, sich vor einem Ritual zu erheben. Sie ist ein schönes Instrument, das einer Zeremonie die Schönheit der Klangmagie verleihen kann.

Instandhaltung und Pflege Ihrer magischen Werkzeuge

Genauso wie Ihr Haus gelegentlich energetisch aufgeräumt werden muss, müssen das auch Ihre magischen Werkzeuge. Entscheiden Sie nach eigenem Ermessen, welche Reinigungsmethode Sie bevorzugen, und je nachdem, woraus Ihr Werkzeug besteht: mit Salzwasser oder Florida-Wasser (erhältlich im Internet oder in örtlichen Wurzelwerk- und Hoodoo-Läden, dieses leichte Kölnisch Wasser ist Oshun heilig), mit Räucherungen wie Salbei, Palo Santo oder Rosmarin, mit dem fließenden Wasser eines frischen Baches oder Flusses oder mit der Erde selbst. Achten Sie auf die Feiertage und die Mondzyklen, um herauszufinden, wie oft Sie Ihre Ausrüstung reinigen müssen. Der Wicca-Kalender folgt dem natürlichen Zyklus der Jahreszeiten und der Erde, sodass er ein guter Leitfaden für die Selbstpflege und die Pflege Ihrer Werkzeuge ist.

Kapitel 2: Zaubersprüche zum Schutz

Für die meisten von uns ist der Januar eine große Herausforderung, denn er ist einer der kältesten Monate in unserem Kalender, und wir finden uns drinnen wieder. Zu dieser Zeit gruppieren sich unsere Vorfahren neu und überlegen, wie sie die kalte Jahreszeit überstehen können.

Der Januar ist auch bekannt als der Monat der Wölfe oder der Wolfsmond, dieser Monat Januar ist der beste Monat für die spirituellen Kräfte der Wölfe. Natürlich sind Wölfe dafür bekannt, dass sie beschützend und territorial sind. Den Wolf in Ihr Haus einzuladen ist also der Schlüssel, um unsere Häuser und vor allem das, was uns lieb ist, wie unser Eigentum, zu schützen.

Allerdings muss man nicht unbedingt bis zum Januar warten, um den Zauber durchzuführen.

Der Januar-Mond gilt als ideal für den Zauberspruch, vor allem, wenn der Mond im Krebs steht.

Sie werden benötigen:

- 1 Esslöffel Myrrhe
- 1 Esslöffel Patchouli
- 6 getrocknete Lorbeerblätter
- Bild eines Wolfes
- 2 weiße Kerzen
- Weihrauchfass
- Selbstentzündliche Holzkohle
- Rohes Fleisch (in eine Schüssel geben)
- Meditationsmusik (optional)

Folgendes ist zu beachten: Wenn Sie an Ihrem Wissen zweifeln, Räucherstäbchen zu verbrennen, wäre es ideal für Sie, ein Myrrhe-Stäbchen zu verbrennen.

Altaraufstellung

Stellen Sie ein Bild oder ein Abbild eines Wolfes vor sich hin und platzieren Sie 2 weiße Kerzen auf beiden Seiten des Bildes. Nehmen Sie dann den Weihrauch und legen Sie rohes Fleisch hinein.

Heiligen und reinigen Sie Ihre Kräuter, um den Meditationsprozess zu unterstützen, bringen Sie Ihre Visionen mit und wenn Sie mit dem ganzen Prozess nicht vertraut sind, wäre es besser, wenn Sie sich zuerst darüber informieren.

Jetzt geben Sie die Myrrhe in Ihren Mörser, zermahlen Sie sie und zerstoßen Sie sie, um sie zu entölen (im Uhrzeigersinn). Jetzt sollte das Patchouli fertig sein, fügen Sie das lose Patchouli hinzu und zerdrücken Sie es mit dem Stößel, damit es sich gut mit der Myrrhe vermischt. Geben Sie nun die Lorbeerblätter hinzu und zerreiben Sie sie zusammen mit den anderen Kräutern zu Pulver.

Stellen Sie eine Schale mit Kräutern in die Nähe Ihres Räuchergefäßes, zünden Sie Ihre Holzkohle an, dann können Sie beginnen.

Wie man den Zauberspruch spricht

Wenn es darum geht, den Zauberspruch zu sprechen, können Sie einfach zu Ihrem Zauberspruch übergehen oder Sie können sich dafür entscheiden, Ihre Rituale und Riten durchzuführen, solange Sie es innerhalb eines Rituals durchführen, können Sie einfach weitermachen und wie folgt vorgehen.

Nachdem Sie die Räucherkohle und die Kerzen angezündet haben, sollten Sie das Licht an der Decke/Oberlichter dimmen.

Nehmen Sie etwas von dem Weihrauch und streuen Sie ihn auf die Holzkohle.

Setzen Sie sich dann hin, entspannen Sie Ihren Körper und konzentrieren Sie sich auf Ihren Atem.

Halten Sie Blickkontakt mit dem Wolfsbild, seien Sie ruhig, konzentriert und lassen Sie sich ganz darauf ein, erinnern Sie sich an die 2 Kerzen? Denken Sie an die 2 weißen Kerzen, die auf beiden Seiten des Bildes stehen, als das Tor zur geistigen Welt.

Jetzt ist es an der Zeit, zu meditieren. Legen Sie die Musik, wenn Sie es wünschen.

Meditation

Stellen Sie sich vor, dass Sie mit einer brennenden Fackel (sie sollte hell leuchten) durch einen Waldweg gehen. Denken Sie daran, dass Sie, solange Sie diese Fackel tragen, geschützt sind und somit alle bösen Geister abwehren.

Der Wald fühlt sich lebendig an, und es ist fast schon selbstverständlich, dass Sie einen Blick auf unscheinbare Menschen erhaschen werden. In der Dunkelheit sollten Sie in der Ferne die Geräusche des Wolfes hören, wie er jagt und umherstreift. Diesmal sollte die Mondsichel genau über Ihnen am Himmel hängen.

Schließlich, tief in der Meditation, sind Sie im Reinen, während Sie noch im Wald sind. Jetzt ist es an der Zeit, die Geister des Wolfes anzurufen, der Ihr Wächter sein soll (Wächterwolf).

Der Wolfsgeist wird kommen, sprechen Sie mit ihm und schildern Sie ihm Ihr Problem oder Ihre Situation. Lassen Sie den Wolfsgeist wissen, dass Sie ihn in Ihr Territorium einladen, im Austausch für Ihren Schutz, und dass er jederzeit gehen kann, wenn er will oder sich danach fühlt.

Sollte der Wolfsgeist nicht einverstanden sein, seien Sie dankbar, dass er aufgetaucht ist und verabschieden Sie sich, warten Sie auf einen anderen Geist.

Irgendwann wird ein Geist zustimmen, und wenn er das tut, bringen Sie ihm das rohe Fleisch in der Schale mit Respekt dar.

Nehmen Sie schließlich Ihre brennende Fackel und folgen Sie Ihrem Weg aus dem Wald. Es kann sein, dass der Wolf beschließt, mit Ihnen zu gehen, oder dass er sogar in einiger Entfernung hinter Ihnen herläuft. Sie können die Persönlichkeit des Wolfes, dem Sie begegnen, nicht einschätzen.

Kehren Sie in den gegenwärtigen Moment zurück.

Kapitel 3: Zaubersprüche für Liebe und Beziehung

Von allen Gründen, aus denen sich Menschen der Magie zuwenden, ist die Liebe wohl der häufigste Grund. Seit der Antike versuchen die hoffnungsvollen Liebenden immer wieder Zaubersprüche und Aufgüsse aller Art, um zu Ergebnissen zu kommen, die ihnen ihre einzig wahre Liebe bringen.

Dieser Abschnitt enthält natürlich Zaubersprüche, um die romantische Liebe in Ihr Leben zu ziehen, aber er enthält auch Funktionen, die näher an Freundschaft und Beziehungen einer Familie sind, die ähnlich wichtige Quellen der Liebe in einer ausgeglichenen Lebensweise sind. Es gibt auch einen Zauber, der darauf abzielt, Ihre wichtigste Beziehung zu stärken und zu festigen - die zwischen Ihnen und Ihrer spirituellen Quelle.

Wie bereits in der Einleitung erwähnt, arbeitet dieses Zauberbuch nur mit positiver Magie. Das bedeutet, dass Sie in diesem Abschnitt keine Zaubersprüche finden werden, die jemanden dazu bringen, sich Ihnen gegenüber auf eine Weise zu verhalten oder zu fühlen, die seinem freien Willen widersprechen könnte. Solche Sprüche gehen fast garantiert nach hinten los, und selbst wenn sie eine Zeit lang funktionieren, werden Sie immer wissen, dass Sie die betreffende Person manipuliert haben, was einer echten Beziehung nicht zuträglich ist.

Also verpflichten Sie sich stattdessen, Ihre magische Energie zum höchsten Wohl aller Beteiligten zu lenken, was auch immer Ihre Situation sein mag. Auf diese Weise werden Sie Verbindungen von viel höherer Qualität anziehen und sich infolgedessen besser mit sich selbst und Ihrem Leben fühlen.

Neuer Freundschaftszauber

Wenn Sie gerade an einen neuen Ort gezogen sind und niemanden in der Umgebung kennen oder Ihr soziales Leben einfach eine Überholung braucht, bringt dieser Schnellzauber neue Leute in Ihr Leben, mit denen Sie Freundschaften schließen können, wenn Sie das möchten.

Das geht am besten bei zunehmendem Mond, aber wenn Sie eine bevorstehende soziale Begegnung haben, in die Sie etwas magische Energie stecken möchten, sollten Sie auf keinen Fall damit warten, nur, weil der Mond abnimmt.

Sie benötigen:

- 1 kleiner Rosenquarz, klarer Quarz, Karneol oder Lapislazuli
- 1 gelbe Votivkerze
- ätherisches Lavendelöl

Anweisungen:

Salben Sie die Kerze mit dem Öl.

Legen Sie den Stein in Ihre dominante Hand, Handfläche nach oben, und legen Sie die andere Handfläche darüber.

Falten Sie die Hände, schließen Sie die Augen und stellen Sie sich vor, dass Sie von positiven Menschen umgeben sind, mit denen Sie Spaß haben und die Sie beruhigen.

Meditation

Wenn Sie dieses Gefühl erfasst haben, atmen Sie tief ein, atmen Sie aus und öffnen Sie die Augen.

Stellen Sie den Stein vor die Kerze und zünden Sie den Docht an, während Sie die folgenden Worte sprechen:

"Lasst uns einander begegnen.

Lasst uns einander begegnen und uns begrüßen.

Lasst uns Freundschaft aufbauen.

Lasst uns einander Wegbegleiter sein und Zuneigung und Liebe füreinander entwickeln.

Dann soll es so sein."

Tragen Sie den Stein immer bei sich, wenn Sie das Haus verlassen, und lassen Sie ihn dort liegen, wo Sie ihn sehen können, wenn Sie zu Hause sind.

Grundlagen des Freundschaftszaubers

Sie benötigen:

- Gelbe Tüte / Beutel
- Ananasblätter
- Getrocknete Orangenschalen
- Getrocknete Zitronenschalen

Geben Sie alle Zutaten in die Tüte oder den Beutel und legen Sie sie unter Ihr Kopfkissen, in Ihre Handtasche oder an einen sicheren Ort, um Freundschaften zu schließen und zu stärken.

Leuchtfeuer der Liebe Jar-Zauber.

Liebeselixier

Sie benötigen:

- Lemon
- Honig
- Quellwasser
- Kardamom
- Zimt
- Rosen
- Lavendel

Lassen Sie die Kräuter und Blüten zunächst in einer Vollmondnacht gründlich trocknen. Geben Sie je eine Prise der getrockneten Blüten und Kräuter in eine Schüssel und vermischen Sie sie. Geben Sie das frische Wasser hinzu und rühren Sie alles im Uhrzeigersinn um. Kardamom und Zimt unterrühren. Dann den Honig und die Zitrone einrühren. Sagen Sie während des Umrührens 7-mal laut den Namen der Person, die Sie anziehen möchten. Füllen Sie den Trank in eine Glasflasche und stellen Sie sie an einen dunklen Ort. Wie Sie sehen können, sind die Mengenangaben für diesen Trank nicht genau. Verwenden Sie die Menge, die Sie für richtig halten. Sie können es in eine Tasse Tee oder ins Badewasser mischen.

Es ist sehr wichtig zu wissen, dass Liebe durch das Vorhandensein einer leichten oder starken romantischen Anziehung hervorgerufen wird. Im Folgenden finden Sie eine Anleitung, wie Sie die Anziehungskraft, die zur Liebe führt, erzeugen können. Dies ist ein einfaches und unterhaltsames Ritual, um die Atmosphäre in und um Ihr Zuhause zu verbessern, oder in jedem anderen Raum, in dem Sie die Romantik fördern möchten.

Das Rosenöl gibt einen guten magischen Schub. Es ist zwar kein Muss, aber es wäre schön, wenn Sie es dabeihätten.

Vermeiden Sie die Verwendung von Lavendel, Salbei oder Zedernholz, vor allem sind sie groß in anderen Zweck verwendet und nicht in dieser Situation geeignet, weil sie die schönen romantischen Schwingungen, die mit Lavendel kommt, verdünnen könnte.

Sie benötigen:

- 1 rote Kerze
- Etwas getrockneter Lavendel oder ein Lavendel-Räucherstäbchen
- Rosenöl (dieses Öl ist essentiell), auch dies ist optional
- Eine Feder (fakultativ)

Anweisungen:

Salben Sie die Kerze mit 1 oder 2 Tropfen Rosenöl, falls Sie es verwenden. Wischen Sie das überschüssige Öl von Ihren Fingern ab und zünden Sie die Kerze dann an.

Zünden Sie den getrockneten Lavendelzweig oder das Räucherstäbchen an der roten Kerzenflamme an, während Sie die folgenden (oder ähnliche) Worte sagen:

> "Wir teilen ein gemeinsames Licht, ein Blitzlicht in der Nacht.
>
> Der Funke, der deine Gegenwart zu mir bringt.
>
> Zu haben, zu lieben.
>
> Ich habe dich, um dich zu lieben und mit dir alt zu werden.
>
> Und so soll es sein."

Beginnen Sie an einem Punkt im nördlichen Teil des Raumes und bewegen Sie sich im Uhrzeigersinn, wobei Sie den Lavendelrauch mit der Feder (falls Sie sie benutzen) oder Ihrer Hand auffächern, sodass er sich so weit wie möglich im Raum verteilt. Wenn Sie mögen, können Sie die obigen Machtworte als Chant wiederholen, während Sie gehen.

Lassen Sie den Lavendel in einer möglichst feuerfesten Schale von selbst ausbrennen - andernfalls können Sie ihn vorsichtig in einer Topfpflanze oder einer Schale mit Sand löschen.

Als kulinarisches Gewürz hat Koriander einen warmen, duftenden, leicht nussigen Geschmack. Aber nicht jeder weiß, dass Koriander eigentlich der Samen des als Koriander bekannten Krauts ist.

Interessanterweise schmecken der Samen und das Blatt nicht gleich. Diese duale Natur spiegelt sich in den magischen Anwendungen des Korianders wider, die sowohl die Liebe anziehen als auch vor unerwünschten Energien schützen sollen.

Der Samen wird in Liebeszaubern, aphrodisierenden Tränken und zum Schaffen von Frieden zwischen streitenden Menschen sowie für Exorzismus und den Schutz des Hauses verwendet. Und da er in den meisten Lebensmittelgeschäften im Gewürzregal zu finden ist, ist er ein großartiges Kraut für Küchenhexen, die gerade erst anfangen, damit zu arbeiten.

Dieser Zauber nutzt sowohl die anziehenden als auch die schützenden Eigenschaften des Korianders für einen ausgewogenen Ansatz, um neue potentielle Partner in Ihr Leben zu holen.

Das ist besonders gut für diejenigen, die scheinbar keine Probleme haben, Bewunderer anzuziehen, aber viele Probleme in den Beziehungen, die sich entwickeln. Mit der Energie des Korianders werden Menschen, die letztlich nicht gut für Sie sind, nicht in Ihr Bewusstsein gelangen, während Menschen, die eine positive, gesunde, kompatible Übereinstimmung darstellen, einen freien Weg zu Ihnen haben werden.

Wenn Sie der Mischung Rosenquarz hinzufügen, wird die positive Schwingung des Zaubers verstärkt. Achten Sie darauf, dass Sie ganze Samen und kein Korianderpulver nehmen, da Sie das Kraut mit Ihnen tragen werden.

Sie benötigen:

- 13 ganze Koriandersamen
- 1 kleiner Rosenquarz
- 1 kleiner Beutel mit Kordelzug oder ein Stück Stoff
- 1 rotes oder rosa Band
- 1 Arbeitskerze (für Atmosphäre - optional)

Anweisungen:

Zünden Sie die Kerze an.

Ordnen Sie die Koriandersamen kreisförmig um den Rosenquarz an.

Schließen Sie die Augen und stellen Sie sich das Gefühl vor, in völligem Frieden mit einem Partner zu leben, der Sie genau so liebt, wie Sie sind.

Wenn Sie dieses Gefühl im Griff haben, öffnen Sie die Augen, konzentrieren Sie sich auf den Rosenquarz und sagen Sie die folgenden (oder ähnliche) Worte:

"Ich ziehe reichlich Gesundheit und ausgeglichene Liebe zu mir."

Sammeln Sie nun die Koriandersamen und legen Sie sie einzeln in den Beutel oder das Tuch (am besten fangen Sie mit dem Samen am südlichsten Punkt des Kreises an und gehen im Uhrzeigersinn vor).

Fügen Sie den Rosenquarz hinzu, schließen Sie den Beutel oder das Tuch und befestigen Sie es mit dem Band.

Nehmen Sie den Charme mit, wenn Sie die Liebe wagen wollen - vor allem, wenn Sie in die Öffentlichkeit gehen.

Potenzieller Beziehungszauber

Für Singles kann das Kennenlernen eines neuen potentiellen Liebespartners aufregend, aber auch verwirrend sein.

Auch wenn es zwischen Ihnen und dieser Person "klick" zu machen scheint, bewegen Sie sich immer noch in einer Atmosphäre, in der es viel mehr unbekannte Informationen gibt als bekannte. Es ist schwer zu vermeiden, dass Sie sich fragen, ob es so klappt, wie Sie es sich erhoffen, und es kann leicht passieren, dass Sie selbst die kleinsten Details überanalysieren.

Vielleicht fragen Sie sich, ob die Person "zu gut ist, um wahr zu sein", oder Sie machen sich Sorgen, dass Sie sich zu schnell auf etwas einlassen könnten. Oder Sie versuchen einfach, sich eine potentiell großartige Beziehung auszureden, weil Sie dafür Ihre Komfortzone verlassen müssen. Vielleicht ist es auch ein bisschen von allem.

Das Problem ist natürlich, dass übermäßiges Nachdenken Ihre Fähigkeit, die Situation klar zu sehen, beeinträchtigt und eher zu mehr als zu weniger Verwirrung führen kann. Dieser Zauber kann Ihnen helfen, ein Gefühl dafür zu bekommen, ob Ihr neuer Interessent genug romantisches Potential hat, um es wert zu sein, weitere mentale Energie darauf zu verwenden.

Vielleicht erhalten Sie ein einfaches, definitives Ja oder Nein, vielleicht aber auch mehr Informationen, die Ihnen helfen, Ihre eigene Entscheidung zu treffen, oder ein Signal, dass Sie im Moment einfach offen und losgelöst von einem bestimmten Ergebnis bleiben müssen. Wie auch immer Ihre "Vorhersage" ausfällt, dieser Zauber wird die Energie von einem Ort des Feststeckens zu einem Ort der Lösung bringen, indem er Ihnen hilft, sich selbst aus dem Weg zu gehen.

Jeder der 3 unten aufgeführten Kristalle eignet sich gut für diesen Zauber, aber wenn Sie zufällig alle haben und einen davon auswählen möchten, sind hier einige feinere energetische Punkte, die Sie in Ihrer speziellen Situation berücksichtigen sollten:

- Malachit eignet sich besonders gut, wenn Ihre derzeitige Verwirrung oder Sorge vor allem auf eine frühere Beziehungserfahrung zurückzuführen ist.
- Quarz ist ein guter Allzweck-Intuitionsverstärker und hilft, innere Unruhe zu beseitigen.
- Amethyst hilft, Illusionen zu zerstreuen und "zwanghaftes Denken" in Schach zu halten.

Sie benötigen:

- 1 kleiner bis mittelgroßer Amethyst-, Malachit- oder Quarzkristall
- Kleiner Papierstreifen (so groß, dass er gefaltet unter den Kristall passt)
- 1 Arbeitskerze (für die Atmosphäre - optional)

Anweisungen:

Zünden Sie die Kerze an.

Verbringen Sie einige Zeit damit, sich zu erden und zu zentrieren. Lassen Sie alle aktuellen Gedanken an die Person vorerst los.

Schreiben Sie den Namen der Person auf ein Stück Papier und bitten Sie darum, dass alle Illusionen, die Sie über die Person haben, beseitigt werden (stellen Sie keine spezifischen Fragen, sonst wird Ihre geistige Energie den Zauber verwirren).

Sie können die folgenden (oder ähnliche) Worte sagen:

"Die unermessliche Intelligenz des Universums,

bitte zünde den Weg an, den ich zu sehen bestimmt bin,

mit Respekt/Rücksicht auf (Name der Person) und mich".

Falten Sie das Papier so oft, dass es ungefähr unter den Kristall passt, und legen Sie es mit dem Kristall nach oben auf den Altar.

Wenn Sie zu Bett gehen, legen Sie den Kristall (und das Papier) unter Ihr Kopfkissen. Wahrscheinlich werden Sie in Ihren Träumen weitere Informationen erhalten, aber machen Sie sich keine Sorgen, wenn dies nicht geschieht - die Informationen werden Sie innerhalb der nächsten 48 Stunden im Wachleben erhalten.

Der Sexzauber

Dieser Zauber sollte verwendet werden, wenn Sie Ihr Sexualleben ein wenig beleben wollen. Er sollte bei Vollmond oder zunehmendem Mond durchgeführt werden und am besten im Freien (weil der Wein auf den Boden gegossen werden muss). Wenn Sie es nicht draußen machen können, schlage ich vor, etwas Erde in einem Behälter zu sammeln, damit Sie es drinnen machen können.

Für diesen Zauber brauchen Sie:

- Rosenblätter einer roten Rose
- Granatkristall
- Rotwein im Kelch

Um diesen Zauber durchzuführen, stellen Sie sich in die Mitte. Bilden Sie Ihren Ritualkreis mit allen Zutaten, die Sie gerade zur Hand haben. Während Sie die Rosenblätter in Ihren Händen zusammenlegen, sprechen Sie folgende Beschwörungsformel:

"Venus, die Göttin der Begierde und der Leidenschaft, bitte segne meinen rituellen Kreis mit deiner Manifestation."

Spüren Sie sie, wenn sie Ihren Kreis mit ihrer Energie erfüllt, die sowohl leidenschaftlich als auch sinnlich ist. Sobald Sie sie spüren, legen Sie die Blütenblätter der Rose auf den Boden, auf dem Sie stehen (oder über den Boden im Gefäß, wenn Sie dies in einem Raum machen). Legen Sie den Granatkristall über die Rosenblütenblätter.

Blicken Sie auf den Kristall und denken Sie an eine oder mehrere Ihrer sexuellen Lieblingsfantasien. Versuchen Sie, sich so viele Details wie möglich vorzustellen. Nehmen Sie sich die Zeit, sich wirklich in diese Fantasie zu vertiefen.

Nehmen Sie den Rotwein, halten Sie ihn hoch und sagen Sie dies:

"Oh Venus, bitte bring mir die sexuellen Erfahrungen, die ich mir wünsche."

Sprechen Sie ihr dann aus dem Herzen heraus zu. Und bitten Sie nicht um bestimmte Personen. Der Zauber ist eigentlich kein Zauber, der dazu gedacht ist, Menschen zu beeinflussen. Er ist für den Sexualakt und das Gefühl der Intimität gedacht.

Danach gießen Sie den Wein sanft über eben diesen Granat und warten Sie, bis er als Opfergabe an die jeweilige Göttin in den Boden sinkt. Danken Sie der Göttin dafür, dass sie Ihren Ritualkreis gesegnet hat, verabschieden Sie sie und schließen Sie dann den Kreis.

Zauberspruch für die Anziehung gesunder Beziehungen

Das Gesetz der Anziehung lehrt uns, dass "Gleiches Gleiches anzieht", und dass das, woran wir denken, bestimmt, was wir in unsere Erfahrung bringen. Das gilt für alle Bereiche des Lebens, wird aber oft am deutlichsten, wenn es um Beziehungen geht. Wenn Sie immer mit den falschen Leuten ausgehen oder sich mit Freundschaften umgeben, die Sie nicht erfüllen, müssen Sie Ihre energetische Schwingung verändern, um diesen Trend umzukehren.

Das ist jedoch leichter gesagt als getan, wenn Sie nicht viel Erfahrung mit positiven, gesunden Beziehungen haben. Egal, ob Sie einen romantischen Partner, einen neuen Freund oder beides suchen, dieser Zauber hilft Ihnen, sich für die Führung des Universums zu öffnen, damit Sie lernen, den Unterschied zwischen Menschen zu erkennen, die Ihre Anwesenheit wirklich schätzen, und solchen, die unfähig sind, Sie gut zu behandeln.

Sie benötigen:

- 2 kleine Rosenquarz-Kristalle
- 1 weiße oder rosa Kerze
- 2 Stück Schreibpapier
- Feuerfeste Schale

Anweisungen:

Zünden Sie die Kerze an und legen Sie einen Rosenquarz auf jede Seite der Kerze. Nehmen Sie sich ein paar Augenblicke Zeit, um Ihren Geist zu beruhigen.

Schreiben Sie auf das 1. Blatt Papier die Eigenschaften von Freundschaften und/oder romantischen Beziehungen, die für Sie in Ihrem Leben ungesund waren. Nennen Sie keine Namen und konzentrieren Sie sich nicht auf bestimmte Personen, sondern versuchen Sie, die Handlungen, die Sie verletzt haben, und/oder die Gefühle, die aus diesen Begegnungen resultieren, zu formulieren. Gehen Sie nicht zu sehr auf einen einzelnen Vorfall oder eine einzelne Person ein und gehen Sie nicht mehr ins Detail als nötig - es geht nicht darum, die negativen Erfahrungen zu verstärken, sondern einfach zu erkennen und anzuerkennen, wovon Sie sich in Ihrem Leben befreien möchten.

Wenn Sie fertig sind, zerreißen Sie das Papier in mehrere Stücke und zünden Sie sie einzeln an der Kerzenflamme an, wobei Sie darauf achten, sich nicht die Finger zu verbrennen.

Legen Sie sie in die feuerfeste Schale und lassen Sie sie ausbrennen.

Schreiben Sie nun auf das 2. Blatt Papier, was Sie sich für Ihre zukünftige(n) Beziehung(en) wünschen. Geben Sie an, wie Sie sich fühlen möchten, wie Sie behandelt werden möchten usw. Wenn Sie sich nicht sicher sind, wie gesunde Beziehungen tatsächlich aussehen, können Sie auch Fragen aufschreiben. Lassen Sie das Universum wissen, was Sie an Hilfe brauchen, um diese Muster in Ihrem Leben zu verändern.

Wenn Sie fertig sind, falten Sie das Papier 4-mal und legen Sie es vor die Kerze.

Legen Sie die beiden Kristalle auf das Papier und sagen Sie die folgenden (oder ähnliche) Worte:

> "Wenn ich mich selbst wertschätze, ziehe ich andere an, die das Gleiche tun. So soll es sein."

Lassen Sie die Kerze von selbst ausbrennen.

Vergraben Sie die Asche des verbrannten Papiers oder streuen Sie sie über die Erde.

Bewahren Sie das gefaltete Papier in Ihrem Tagebuch, im Buch der Schatten oder an einem anderen Ort auf, an dem Sie es in den kommenden Wochen und Monaten, wenn neue Menschen in Ihr Leben treten, als "Checkliste" heranziehen können.

Wenn Sie möchten, können Sie die Kristalle in Ihrer Handtasche mitnehmen, wenn Sie unterwegs sind.

Kapitel 4: Zaubersprüche für persönliche Verbesserung und Wachstum

Jade fördert das Gleichgewicht

Bei dem Stein, den wir gemeinhin als Jade bezeichnen, handelt es sich eigentlich um 2 verschiedene Mineralien, die sehr ähnliche Eigenschaften haben. Nephrit und Jadeit sind mit ihren grünen Farbtönen physisch vergleichbar und werden häufig als ein einziger Stein ineinander verschlungen (diese beiden Mineralien haben auch ähnliche spirituelle Eigenschaften, sodass sie in der Magie austauschbar verwendet werden können). Jade wurde in vielen verschiedenen Kulturen für die Herstellung einer Vielzahl von Gegenständen verwendet, von Axtköpfen über Räuchergefäße bis hin zu Schmuck.

Jade ist einer der am meisten verehrten magischen Steine; seine Kräfte wurden von vielen Kulturen von der Antike bis in die heutige Zeit verehrt. Die Händler der Antike hielten den Stein in ihrer rechten Handfläche und verließen sich auf seine Kräfte, um bei geschäftlichen Transaktionen die bestmögliche Entscheidung zu treffen. In China glaubt man seit langem, dass Jade die Kraft aller 5 chinesischen Tugenden der Menschheit in sich birgt: Wohlwollen, Rechtschaffenheit, Anstand, Weisheit und Treue. Überall in China findet man in Jadesteinen eingemeißelte Symbole für alle 5 Tugenden.

Auch die Azteken und Mayas schnitzten Bilder ihrer Gottheiten aus Jade und nutzten sie wegen ihrer medizinischen Eigenschaften. Jade ist in der ganzen Welt als Stein bekannt, der mit den Nieren und der Blase in Verbindung steht, und hat viele Namen, darunter Milzstein, Piedra de Hijada, Stein der Lende, Yu-Stein und Stein der Flanke. Heute tragen die Menschen Jade bei sich, um das Immunsystem in Zeiten von Stress zu unterstützen.

Jade ist auf den Planeten Neptun und das Element Wasser ausgerichtet. Ihre stärkenden Kräfte sorgen für beruhigende Schwingungen, die den Träger in ein Schutzschild aus Energien hüllen. Jade fördert das Gleichgewicht, die Weisheit und den Frieden und ist besonders in unruhigen Zeiten im Leben nützlich. Dieser Stein kann helfen, alte emotionale Muster zu klären, um Klarheit in eine verwirrende Situation zu bringen. Zu den magischen Anwendungen von Jade gehören Schutz, Fülle, neue Liebe, Traumarbeit und Gartenarbeit. Die folgenden Zaubersprüche verwenden Jade, um Gleichgewicht und Wohlstand zu fördern, schnelle Entscheidungen zu treffen und Schuldgefühle zu lösen.

Zauberspruch für das Gleichgewicht

Wenn wir das Wort "Stress" hören, verbinden wir damit im Allgemeinen negative Assoziationen. Das liegt vor allem an den Ungleichgewichten des modernen Lebens, in dem Geschäftigkeit und Lärm den Tag beherrschen und die Bedeutung der Verbindung mit der Erde und der spirituellen Ebene in Vergessenheit geraten ist. In Maßen hat Stress jedoch auch positive Eigenschaften, denn er hilft uns zu erkennen, wenn wir überlastet sind, aus dem Gleichgewicht geraten oder sogar in Gefahr sind.

Das chinesische Symbol von Yin und Yang steht für den Ausgleich von Gegensätzen und für die Verbundenheit aller Dinge miteinander. Dieses visuelle Symbol des Hellen im Dunklen und der Dunkelheit im Hellen zeigt uns, dass das Universum aus scheinbar gegensätzlichen und doch komplementären Qualitäten besteht, wie z. B. Kraft und Geduld, Festigkeit und Sanftheit, Stress und Leichtigkeit.

Dieser Zauber hilft Ihnen, Ihr inneres Gleichgewicht wiederherzustellen, und ist nützlich, wenn Sie sich übermäßig gestresst, reizbar oder ängstlich fühlen.

Sie benötigen:

- 2 Jadestücke
- Yin-Yang-Symbol (gezeichnet oder gedruckt)

Anweisungen:

Legen Sie das Yin-Yang-Symbol vor sich auf den Altar oder Tisch.

Legen Sie ein Jadestück auf jede Seite des Bildes.

Verbringen Sie einige Zeit damit, Ihren Geist zu beruhigen, während Sie sich sanft auf das Symbol konzentrieren.

Heben Sie mit der linken Hand die Jade rechts vom Symbol auf und halten Sie sie fest. Mit der rechten Hand nehmen Sie die Jade auf der linken Seite und halten sie ebenso fest.

Halten Sie eine geschlossene Handfläche über den weißen Kreis innerhalb der schwarzen Hälfte des Yin und Yang, die andere über den schwarzen Kreis innerhalb der anderen weißen Hälfte.

Atmen Sie in dieser Position 3-mal tief ein und stellen Sie sich vor, dass die Kraft des Yin und Yang in Verbindung mit den Energien der Jade jede Unruhe in Ihrem Leben ausgleicht. Betrachten Sie alle Aspekte Ihres Lebens, die mehr Gleichgewicht brauchen, und bitten Sie das Universum, Ihnen zu helfen, das Gleichgewicht in diesen Bereichen wiederherzustellen.

Wenn Sie mit Ihrer Betrachtung fertig sind, legen Sie die Steine direkt auf das Yin-Yang-Symbol.

Lassen Sie sie auf Ihrem Altar oder an einem anderen sichtbaren Ort liegen, bis Sie das Gefühl haben, dass Ihr Gleichgewicht wiederhergestellt ist.

Beruhigungszauber für Ängste

Von Zeit zu Zeit erlebt jeder Mensch eine Phase unspezifischer Ängste, die er allein durch positives Denken nicht ganz abschütteln kann.

Die aromatherapeutischen Eigenschaften von Lavendel und die beruhigende Wirkung von Kamillentee sind schon für sich genommen nützliche Angstbekämpfer, aber die Verwendung von Salbei und Steinen verleihen diesem Zauber zusätzliche Kraft, um die ängstliche Energie wirklich aus Ihrem System zu entfernen.

Schwarze Kristalle wie Jet, Turmalin und Obsidian sind besonders nützlich, um unerwünschte Energie abzuleiten, aber verwenden Sie jeden Stein, der Sie beruhigt, wenn Sie ihn festhalten, auch wenn es nur ein "gewöhnlicher" Stein ist, den Sie in der Natur finden.

Sie benötigen:

- Salbei zum Vernebeln (Bündel oder loses Blatt)
- Lavendel-Räucherstäbchen oder ätherisches Öl in einem Diffusor
- Kamillentee
- 1 Beruhigungs-/Erdungsstein

Anweisungen:

Zünden Sie das Räucherwerk an oder erwärmen Sie das Öl im Diffusor, dann brühen Sie den Tee auf.

Während der Tee zieht, können Sie Ihr Energiefeld mit dem Salbei sanft von unerwünschter Energie befreien (achten Sie darauf, ein Fenster offen zu lassen - zumindest einen Spalt -, damit die Energie irgendwo hingehen kann).

Trinken Sie dann den Tee und halten Sie dabei den Stein fest. Stellen Sie sich vor, dass alle ängstliche Energie aus Ihrem Körper durch Ihre Hände in den Stein gezogen wird.

Wenn Sie sich bereit fühlen, vergraben Sie den Stein draußen. Die Erde wird die unerwünschte Energie neutralisieren und sie wird nicht zu Ihnen zurückkehren.

Kapitel 5: Zaubersprüche zum Brechen von Flüchen

Bindung und Unterlassung von Schaden

Positive und ethisch vertretbare Magie konzentriert sich darauf, den freien Willen anderer zu respektieren, und versucht nicht, das Verhalten oder die Umstände anderer Personen als des Zaubernden aktiv zu manipulieren.

Das bedeutet jedoch nicht, dass man sich nicht mit magischen Mitteln vor den bösen Absichten anderer schützen kann. Dazu können passiv-aggressive Kollegen gehören, die versuchen, Ihren Erfolg zu sabotieren, oder Ex-Partner, die noch lange nach der Trennung versuchen, Sie in ein Drama zu verwickeln.

Natürlich ist es am besten, wenn man versucht, Konflikte durch einen ehrlichen Dialog zu lösen, aber wenn das nicht möglich ist, kann ein wenig magische Intervention Abhilfe schaffen.

Die Verwendung von Schnüren und Knoten hat in der Magie eine lange Tradition. Die Energie Ihrer Intention wird im Knoten konzentriert und je nach Zauberspruch entweder versiegelt oder später wieder freigegeben.

Bei der Bindungsarbeit "fängt" der Knoten jede negative Energie ein, die die Person in Bezug auf Sie haben könnte. Durch das Vergraben der Schnur in der Erde wird die Energie neutralisiert, sodass Sie mit der Heilung von jeglicher Negativität beginnen können, der Sie durch Ihre Interaktionen mit dieser Person begegnet sind.

Jede Art von Schnur, Kordel oder Band ist geeignet, solange Sie feste Knoten darin machen können. Wenn die Schnur zu dick oder glitschig ist, um einen Knoten zu halten, ist der Zauber nicht so effektiv.

Sie benötigen:

- 1 schwarze oder weiße Arbeitskerze
- Eine 20-30 cm lange Schnur

Anweisungen:

Zünden Sie die Kerze an und legen Sie die Schnur flach vor sich aus.

Verbringen Sie einige Augenblicke damit, sich vorzustellen, dass Sie von weißem Licht umgeben sind. Verweilen Sie nicht bei Ihren Problemen mit dieser Person, sondern konzentrieren Sie sich darauf, sich zentriert und in Frieden zu fühlen.

Wenn Sie bereit sind, machen Sie einen Knoten in die Schnur, ein Drittel von links, und sagen Sie dabei:

"Ich binde alles Negative, das von [Name der Person] auf mich gerichtet ist."

Dann machen Sie einen 2. Knoten nach 2 Dritteln des Weges und sagen damit, dass Sie jeden weiteren Konflikt zwischen Ihnen und dieser Person verbinden.

Zum Schluss knüpfen Sie den 3. Knoten, der etwa ein Drittel des Weges von rechts nach innen sein sollte, und sagen Sie:

"Ich versiegle diese Arbeit mit meiner höchsten persönlichen Kraft, für das größte Gut."

(*Anmerkung: Stellen Sie sich nicht vor, dass dieser Person etwas zustößt, auch wenn es sich für Sie so anfühlt, als ob "karmische Gerechtigkeit" walten würde. Konzentrieren Sie sich einfach darauf, ihr die Fähigkeit zu nehmen, Ihnen Schaden zuzufügen - physisch, psychisch oder anderweitig.)

Wenn Sie die Schnur vergraben, stellen Sie sich vor, wie sie sich in der Erde auflöst. Wenn Sie die Schnur nicht in der Erde vergraben können, verwenden Sie stattdessen eine Schale mit Salz und entsorgen Sie das Salz in einem Mülleimer im Freien.

Zauber zum Lösen negativer Anhaftungen

Wenn Sie in Ihrem Leben immer noch mit negativen und schädlichen Energien konfrontiert sind, kann sich das negativ auf Ihre Gesundheit auswirken. In solchen Situationen kann die wirksamste Lösung manchmal darin bestehen, die Energien einfach zu bitten, zu gehen. Die Kraft der Wicca hilft Ihnen nicht nur, diese Energien zu erkennen, sondern verleiht Ihnen auch die Macht, sie aus Ihrem Leben zu vertreiben. Wenn Sie sich in einer solchen Situation befinden, dann lesen Sie weiter, um zu erfahren, wie Sie am besten mit diesen Problemen umgehen.

Für diese Übung brauchen Sie nur einen ruhigen Raum und eine rote Kerze. Schalten Sie alle Lichter aus und stellen Sie die Kerze direkt vor sich hin. Während sie brennt, beginnen Sie zu meditieren. Während Sie normalerweise Ihre Augen schließen, sollten Sie sie stattdessen offenlassen und sich direkt auf die brennende Flamme konzentrieren. Während Sie die brennende Kerze betrachten, konzentrieren Sie sich auf die Kraft und die Stärke des Feuers als allgemeine Kraft. Dies ist die Art von Kraft, die Ihnen die Fähigkeit verleihen wird, die Negativität zu vertreiben.

Sobald Sie sich auf die Idee des Feuers festgelegt haben, müssen Sie die folgenden Worte laut in den Raum sagen:

"Jeder Antrieb, der mir nicht mehr dient,

bitte geht jetzt.

Erkenne dich für deine Manifestation an.

Jetzt bringe ich dich nach Hause."

Jetzt kommt es darauf an, wie Sie die Worte aussprechen. Sie müssen Ihre Stimme mit Überzeugung füllen, sich auf die Kraft des Feuers vor Ihnen konzentrieren und diese Kraft in den Tonfall verwandeln, mit dem Sie die Negativität vertreiben werden.

Wiederholen Sie die Worte und tragen Sie sie in den ganzen Raum hinaus. Es kann helfen, sich vorzustellen, wie die Negativität von Ihrem Körper entfernt wird, wie eine Schlange, die sich häutet. So wird der Heilungsprozess real und hilft Ihnen, die richtige Energie zu finden, mit der Sie sich heilen und die unerwünschten Energien vertreiben können.

Während Sie fortfahren, sollten Sie spüren, wie Sie immer leichter werden. Sobald sich dieses Gefühl einstellt, können Sie die Kerze löschen und Ihre alltäglichen Aktivitäten wiederaufnehmen, während Sie zu heilen beginnen.

Negativität aus dem Haus verbannen (Zauber)

Dieser Zauber ist für Mitbewohner oder Familienmitglieder, die sich häufig streiten, schlecht gelaunt sind oder andere Disharmonien im Haus haben.

Wenn es zwischenmenschliche Konflikte gibt, die die Negativität verursachen, müssen diese natürlich durch einen ehrlichen und respektvollen Dialog gelöst werden. Es kann sein, dass dies nach der gemeinsamen Arbeit an diesem Zauber leichter möglich ist, oder dass Sie zuerst die Probleme besprechen und dann den Zauber anwenden müssen.

Unabhängig von der Situation ist es wichtig, dass jedes Mitglied der Gruppe voll und ganz bereit ist, sich an der Arbeit zu beteiligen. Wenn jemand nur widerwillig mitmacht, wird seine Energie wahrscheinlich die Wirkung des Zaubers schwächen.

Sie benötigen:

- 1 getrocknetes Lorbeerblatt pro Person
- 1 kleiner Zettel pro Person
- Ein 15 cm langer rosafarbener Faden pro Person
- Kleiner Beutel mit Kordelzug
- Rosafarbener Marker
- Arbeitskerze (fakultativ)

Anweisungen:

Beginnen Sie damit, dass sich alle Mitglieder des Haushalts in einem kleinen Kreis versammeln.

Zünden Sie die Kerze an, falls vorhanden.

Zählen Sie gemeinsam 3 tiefe Atemzüge, um sich zu entspannen und die Energie der Gruppe zu bündeln.

Der Marker wird von Person zu Person weitergereicht und jeder schreibt damit seinen Namen auf seinen Zettel.

Nachdem alle Namen aufgeschrieben sind, rollt jede Person ihren Zettel mit dem Lorbeerblatt vorsichtig zusammen und bindet ihn mit einem rosa Faden zusammen.

Dies geschieht jeweils für eine Person, während der Rest der Gruppe sich vorstellt, dass sich die Person im Haus sicher und wohl fühlt.

Wenn jeder sein Papier und sein Blatt gerollt und verknotet hat, soll jeder sein Blatt in den Beutel mit der Kordel legen.

Ziehen Sie den Beutel zu, wenn alle Blätter drin sind.

Geben Sie den Beutel wieder an jede Person im Kreis weiter.

Jede Person soll es zwischen den Handflächen halten und sagen:

> "Ich werde in diesem Haus von Licht und Liebe gehalten."

Dabei sollte sich jede Person ein rosafarbenes Leuchten um den Kreis herum vorstellen und sich dabei auf Sicherheit und Liebe konzentrieren.

Wenn jeder die Tasche in der Hand gehalten und gesprochen hat, hängen Sie sie in der Nähe eines Eingangs zu Ihrem Haus auf, wo alle an diese besondere Gruppenarbeit erinnert werden.

Kapitel 6: Zaubersprüche für Gesundheit und Heilung

Ähnlich wie bei den Schutzzaubern gibt es eine große Anzahl von Zaubersprüchen, die sich auf die Heilung und Verbesserung des menschlichen Körpers konzentrieren. Als mächtiger Träger von Hexerei und Magie wird die Bedeutung einer guten Gesundheit in der Wicca-Kultur oft unterschätzt, sodass die Fähigkeit, sich zu reinigen und zu heilen, von entscheidender Bedeutung ist. Wie bei vielen medizinischen Fragen ist die unten beschriebene Hexenkunst jedoch nicht dazu gedacht, den Rat eines Arztes zu ersetzen, sondern ihn lediglich zu ergänzen. Sie sollten immer auf den Rat von Medizinern hören.

Wichtiger Hinweis: Diese Heilzauber sind nicht als Ersatz für eine medizinische Behandlung gedacht, sondern als ergänzendes Ritual, um Gesundheit und Wohlbefinden zu fördern.

Weiße Magie - wird eher bei Heil- und Schutzzaubern eingesetzt. Es wird angenommen, dass sie uns vor dunklen und negativen Energien schützt. Sie heilt die schlechten Auswirkungen dieser negativen Energien und schützt uns vor jeglichen Leiden. Hier ist eine der Zaubersprüche und Rituale, die gut für Heilung und Schutz sind.

Schnelles Genesungs-Heilbad

Jeder weiß, dass ein heißes Bad oder eine heiße Dusche allein schon eine ganze Reihe von Beschwerden lindern kann, von einem Engegefühl in der Brust über Schmerzen bis hin zu Darmbeschwerden. Und es wird immer mehr bekannt, dass die Zugabe von ätherischen Ölen zum Wasser die heilende Wirkung erheblich verstärken kann.

Aber was passiert, wenn Sie auch eine magische Absicht in Ihre Bemühungen einbeziehen? Wenn Sie sich das nächste Mal nicht wohl fühlen, probieren Sie diesen Zauber aus und Sie werden über die Ergebnisse erstaunt sein.

Wie in der Einleitung des Abschnitts erwähnt, ist dieser Zauber nicht dazu gedacht, eine notwendige medizinische Behandlung zu ersetzen. Wenn Sie also wirklich krank sind, sollten Sie auf jeden Fall Ihren Arzt aufsuchen. Aber wenn Sie mit einer Erkältung, Grippe oder einem anderen leichten Leiden zu kämpfen haben, für das Sie normalerweise keinen Arzt aufsuchen würden, ist dieses Heilbad eine ausgezeichnete Alternative zu rezeptfreien "Medikamenten", die die Ursache Ihrer Beschwerden eher verschleiern als heilen.

Die physikalischen Eigenschaften von Rosmarin, Wacholder und Sandelholz - allesamt Bestandteile der unterstützenden Heilölmischung - wirken gemeinsam gegen Infektionen und Entzündungen sowie zur Schmerzlinderung. Zu den magischen Eigenschaften dieser Öle gehören natürlich auch die Heilung, der Schutz und die Langlebigkeit.

Wenn Sie nicht in der Lage sind, Ihre eigene Charge der Supportive-Healing-Mischung herzustellen, suchen Sie nach handelsüblichen Mischungen, die diese 3 ätherischen Öle enthalten (Vielleicht finden Sie sie auch in einer Mineralbadmischung. Wenn Sie diesen Weg wählen, lassen Sie das Meersalz weg.).

Sie benötigen:

- 5-7 Tropfen unterstützendes Heilöl
- 2-3 Esslöffel Meersalz
- 1 weiße Kerze
- Zusätzliche Kerzen für die Atmosphäre (optional)

Anweisungen:

Wenn Sie zusätzliche Kerzen verwenden, zünden Sie diese zuerst an.

Lassen Sie das Bad einlaufen, bis die Wanne zu einem Viertel gefüllt ist, und geben Sie das Salz hinein. Während Sie es über das Wasser streuen, sagen Sie die folgenden (oder ähnliche) Worte:

Das Salz der Erde entfernt diese unerwünschte Energie aus meinem Körper.

Wenn die Wanne zur Hälfte gefüllt ist, fügen Sie das Öl hinzu und sagen Sie folgende (oder ähnliche) Worte:

> "Die heilenden Eigenschaften dieser heiligen Öle bringen mich wieder in mein rechtmäßiges Gleichgewicht."

Während Sie die weiße Kerze anzünden, sagen Sie:

> "So soll es sein."

Schalten Sie das künstliche Licht im Bad aus und steigen Sie in die Wanne. Bleiben Sie mindestens 20 Minuten in der Wanne und atmen Sie mit geschlossenen Augen tief durch.

Konzentrieren Sie sich auf die Düfte der heilenden Öle und das Gefühl des Wassers auf Ihrer Haut. Wenn Ihre Gedanken zu einem Thema abschweifen, das Sie beunruhigt, lassen Sie den Gedanken einfach los und kehren Sie zu den positiven Empfindungen des Bades zurück.

Wenn Sie können, bleiben Sie in der Wanne, während Sie das Wasser ablassen, um die Reinigungsschwingung des Rituals zu verstärken.

Kümmern Sie sich nach dem Bad weiterhin gut um sich selbst - trinken Sie viel und ruhen Sie sich so gut wie möglich aus. Seien Sie sich bewusst, dass Sie Ihre Genesungszeit durch eine magische Aktion beschleunigt haben.

Gewichtsabnahme-Zauber

Um den Widerstand gegen ein Ziel zu überwinden, mit dem Sie zu kämpfen haben - Gewicht zu verlieren, einen neuen Job zu finden, eine ungesunde Angewohnheit aufzugeben usw. - versuchen Sie es mit Zichorien-Wurzel (auch Wegwarte genannt).

Die Wegwarte wird verwendet, um Hindernisse aller Art zu beseitigen. Traditionell wurde sie unter anderem zur Beseitigung von Flüchen und zum Öffnen von Schlössern verwendet, für die es keinen Schlüssel gab. In der Antike sagte man ihr nach, dass sie unsichtbar mache, was wahrscheinlich nicht wörtlich gemeint war, sondern die Wirkung beschreibt, dass sie unverwundbar gegenüber negativer Energie jeglicher Art wird.

Das Tragen der Wurzel in Form dieses einfachen Amuletts kann Ihnen helfen, Ihre aktuellen Hindernisse zu überwinden.

Die Zichorien-Wurzel ist normalerweise in verschiedenen Formen erhältlich. Für diesen Zauber sollten Sie die pulverisierte Wurzel vermeiden und stattdessen die rohe, geschnittene Wurzel oder das Granulat verwenden.

Sie benötigen:

- 1 Esslöffel Zichorien-Wurzel
- Kessel oder Schale
- Kleines (4x4 cm) Quadrat aus Stoff

Anweisungen:

Legen Sie die Zichorie in Ihren Kessel oder Ihre Schüssel und mischen Sie sie mit den Fingern, um die Wurzel mit Ihrer persönlichen Energie zu durchdringen (waschen Sie sich unbedingt die Hände, bevor Sie mit diesem Zauber beginnen).

Sagen Sie dabei die folgenden (oder ähnliche) Worte:

> "Ich bin unsichtbar für die Energie der Blockade.
>
> Ich finde leicht den Weg des geringsten Widerstands, um mein Ziel zu erreichen.
>
> Wenn das funktioniert, ist es geschafft."

Legen Sie das Tuch flach aus und legen Sie die Zichorie in die Mitte.

Binden Sie die Ecken zusammen, um ein sicheres Bündel zu erhalten.

Sie können es in Ihrer Tasche oder Ihrem Portemonnaie mit sich führen oder es an einer Schnur um den Hals tragen.

Wenn Sie Ihr Ziel erreicht haben, danken Sie den Mächten, die da sind, und vergraben Sie Ihr Bündel oder binden Sie es los und verstreuen Sie die Zichorien auf der Erde.

Eine Sucht überwinden

Sie benötigen:

- 1 Ei
- 1 braune Kerze
- Tibetischer heilender Weihrauch
- Heilöl
- Ein kleiner, dünner Pinsel
- Eine kleine Schale oder ein Kerzenhalter
- Schaufel
- Eine braune Papiertüte
- Einen Bleistift

Anweisungen:

Bei dunklem oder abnehmendem Mond bereiten Sie Ihren Körper zunächst durch Baden oder Duschen vor. Bilden Sie Ihren Kreis und salben Sie die Kerze mit Heilöl. Zünden Sie die Kerze und die tibetische Heilungsräucherung an. Erheben Sie Ihre Hände zum Himmel und bitten Sie die Götter und Göttinnen, Ihren heiligen Kreis mit ihrer heilenden Energie zu beschenken. Stellen Sie sich vor, wie sich der Kreis mit göttlicher Energie füllt, und öffnen Sie Ihre Augen, wenn die Energie am hellsten leuchtet.

Schreiben Sie auf die Papiertüte die Gewohnheit, die Sie loswerden wollen; seien Sie konkret und detailliert. Nehmen Sie dann das Ei und sagen Sie:

> "Kleines Ei, ein Fahrzeug ist,
>
> um die Gewohnheit zu beseitigen, die mich ärgert,
>
> damit ich diese Gewohnheit loswerden kann,
>
> beim Auf- und Untergang der brennenden Sonne."

Nehmen Sie nun das Ei und reiben Sie es langsam und sanft an sich (achten Sie darauf, dass es nicht zerbricht), beginnend mit Ihrem Kopf, über Ihr Gesicht und Ihren Nacken, Ihre Schultern und Arme, Ihre Brust, Rippen und Ihren Bauch, Ihren unteren Rücken und Ihr Gesäß, jedes Bein und jeden Knöchel, bis hinunter zu Ihren Füßen und über Ihre Zehen. Legen Sie das Ei vorsichtig in die braune Papiertüte und falten Sie die Tüte so, dass sie ein kleines Paket bildet. Bewegen Sie dieses Päckchen vorsichtig und langsam, breitschultrig (gegen den Uhrzeigersinn), über die Kerze, wobei Sie darauf achten müssen, nicht so nahe heranzukommen, dass die Tüte zu brennen beginnt. Sprechen Sie die Zauberworte.

Öffnen Sie den Kreis und lassen Sie die Kerze und den Weihrauch abbrennen, während Sie mit dem Paket und einer Schaufel nach draußen gehen. Graben Sie ein kleines Loch, vergraben Sie das Ei in der Papiertüte und vergessen Sie es. Innerhalb von 24 Stunden sollte sich die schlechte Angewohnheit auflösen, bis sie für immer verschwunden ist.

Kapitel 7:
Zaubersprüche für Wohlstand

Viele Menschen möchten nicht nur die Liebe finden, sondern auch ihre neu gefundenen magischen Fähigkeiten nutzen, um gute finanzielle Ergebnisse herbeizuzaubern. Es gibt zwar einzelne Zaubersprüche, die sich auf die Aussicht auf Glück im Allgemeinen konzentrieren, aber die Elemente des Wicca, die sich auf die finanziellen Vorteile konzentrieren, die man erlangen kann, sind so etwas wie eine eigene Kategorie. Aufgrund des Interesses und der Praxis solcher Zaubersprüche haben wir hier einige als eigene Kategorie aufgenommen. Diese Anfängerzauber sind jedoch weit davon entfernt, einfach nur einen Lottogewinn herbeizuzaubern, sondern sie sind eher in der Lage, ein allgemeines Gefühl des finanziellen Glücks im Laufe Ihres Lebens zu fördern. Lesen Sie weiter, um zu erfahren, wie Sie mit den magischen Fähigkeiten der Wicca die bestmögliche finanzielle Basis für Ihr Leben schaffen können.

Erfolgreicher Business-Zauber

Ganz gleich, ob Sie gerade ein Unternehmen gründen oder den Erfolg eines bestehenden Unternehmens steigern wollen, eine einfache Topfpflanze kann Wunder bewirken. Außerdem ist sie ein äußerst diskretes Stück kontinuierlicher Magie - Ihre Kunden werden nicht ahnen, dass Ihr "Glücksbringer" etwas anderes als eine Pflanze ist.

Bambus und Aloe sind 2 beliebte Pflanzen, die mit Glück in Verbindung gebracht werden, und beide lassen sich leicht in Innenräumen anbauen. Wenn Ihr Unternehmen über einen Garten verfügt, sind Lavendel und Basilikum ausgezeichnete Wohlstandspflanzen. Wählen Sie eine oder mehrere Pflanzen aus, die Sie persönlich ansprechen und die Sie für Ihren Standort als die richtige Wahl empfinden.

Sie benötigen:

- 1 oder mehr Ton- oder Keramiktöpfe mit ausreichender Drainage
- 1 oder mehr Setzlinge von Pflanzen Ihrer Wahl
- 1 Euro-Münze für jede Pflanze
- Blumenerde*
- Wasser*

* Der ideale Bodentyp sowie die Menge an Wasser und Sonnenlicht variieren je nach Pflanzenart. Die besten Ergebnisse erzielen Sie, wenn Sie die für die jeweilige(n) Pflanze(n) empfohlenen Anweisungen befolgen.

Anweisungen:

Gießen Sie eine dünne Schicht Erde auf den Boden des Topfes.

Legen Sie die Euro-Münze auf den Boden, drücken Sie sie leicht mit den Fingern an und sagen Sie die folgenden (oder ähnliche) Worte:

> "Mein Unternehmen ist von Grund auf solide in diesem reichen und fruchtbaren Boden."

Füllen Sie den Topf mit ausreichend Erde, um die Pflanze einzutopfen, und schaffen Sie einen Platz für den Wurzelballen, in den er sich einnisten kann.

Nachdem Sie die Wurzel des Setzlings vorsichtig in der Erde befestigt und ausreichend Erde um ihn herum angehäuft haben, gießen Sie sie gründlich und sagen dabei die folgenden (oder ähnliche) Worte:

"Mein Unternehmen ist sicher verwurzelt in Wachstum und Glück."

Stellen Sie den Topf an seinen Platz in Ihrem Geschäft. Legen Sie Ihre Handflächen auf beide Seiten des Topfes und sagen Sie die folgenden (oder ähnliche) Worte:

"Mein Geschäft bereichert mein Leben und das Leben der anderen.

Mein Geschäft läuft gut und ist schön."

Wenn Sie sich regelmäßig um Ihre Pflanze(n) kümmern, denken Sie an Ihre Zauberarbeit und danken Sie der Pflanze im Stillen dafür, dass sie zum wachsenden Erfolg Ihres Unternehmens beiträgt.

Kapitel 8: Andere Zaubersprüche

Tipps vor der Anwendung eines Zaubers

Ein weißmagischer Zauber kann unschuldig sein und darf weder dem Zaubernden noch dem Gegenstand des Zaubers schaden. Ein falsch gewählter Zauber kann jedoch von anderen komischen Elementen (z. B. Feen und Dämonen) gegen ihn oder die Menschen in seiner Umgebung verwendet werden. Bevor der Zauberer einen weißmagischen Zauber ausspricht, sollte er daher die folgenden Tipps beachten:

Er sollte einen Schutzzauber oder einen mächtigen weißmagischen Zauber sprechen, wenn er allein oder nur mit dem Gegenstand des Zaubers ist. Das Wirken eines mächtigen weißmagischen Zaubers, wie z. B. eines Fluchentfernungszaubers oder eines Schutzzaubers, zieht die bösen Elemente an. Diese bösen Elemente werden versuchen, den weißmagischen Zauber zu verderben und ihn zu vereiteln. Da der Zauberer oder das Subjekt des Zaubers normalerweise geschützt ist, können die bösen Elemente ihre Macht gegen die anderen Menschen im Raum oder im Haus richten.

Verstehen Sie die Bedeutung der Zaubersprüche. Wenn der Zaubernde einen Spruch oder von erfahrenen Magiern verfasste Zaubersprüche verwendet, sollte er die Bedeutung der Worte überprüfen. Der Zauberspruch, der für ihn aufgesetzt wurde, enthält möglicherweise nicht seine Absicht. Es wird daher empfohlen, dass er seinen Zauberspruch oder Chant aufschreibt. Außerdem sollte er bei der Erstellung der Zaubersprüche darauf achten, dass die Bedeutung des Spruchs prägnant und leicht zu verstehen ist.

Führen Sie immer ein Reinigungsritual oder eine Meditation durch. Dies ist notwendig, bevor Sie ein Ritual durchführen oder einen Zauber sprechen. Eine Reinheitsmeditation macht es den Göttern und Göttinnen leichter, Sie mit ihren heiligen Kräften zu beschützen.

Reinigen Sie Ihren Körper nach einem Ritual oder Zauber. Obwohl die weiße Magie sauber ist, wird dem Zaubernden empfohlen, seinen Körper nach einem Ritual oder Zauber zu reinigen, um die negativen Energien loszuwerden, die sich während des Rituals an ihn geklammert haben. Eine einfache Dusche oder ein Spaziergang durch einen Räucherstäbchen-Rauch reicht aus, um den Körper zu reinigen.

Wenn das Ritual oder der Zauber außerhalb des Hauses durchgeführt wird, sollte man beim nach Hause kommen die entgegengesetzte Richtung einschlagen. Wenn der Zauber außerhalb des Hauses durchgeführt wurde, z. B. im Garten oder im Park, sollte der Zaubernde nicht denselben Weg nehmen, wenn er nach Hause kommt. Erreicht er beispielsweise sein Ziel von Osten kommend, sollte er auf dem Heimweg den Weg nach Westen nehmen, um zu vermeiden, dass er auf böse Elemente trifft, die ihm gefolgt sein könnten.

Andere Zauber für Reichtum und Wohlstand

Zauberspruch für die Navigation bei plötzlichen Veränderungen

Veränderungen sind oft erschreckend und unangenehm. Dies gilt unabhängig davon, ob es sich um eine positive oder negative, erwartete oder unerwartete Veränderung handelt. Bei unerwarteten Veränderungen kommt es jedoch häufig vor, dass man durch die damit verbundene Störung aus dem Gleichgewicht gebracht wird. Doch jede Veränderung bringt neue Möglichkeiten zur Verbesserung der Umstände mit sich, ganz gleich, wie kontraintuitiv das zu diesem Zeitpunkt erscheinen mag.

Dieser Zauber kann Ihnen helfen, durch die unruhigen Gewässer unerwarteter Veränderungen zu navigieren, indem er Ihre Sichtweise auf die Situation verändert und Ihre Energie wieder ins Gleichgewicht bringt, wodurch Sie unerwarteten Segen empfangen könne.

Sie benötigen:

- 1 orangefarbene Stumpenkerze
- Ätherisches Öl Orange oder Bergamotte
- Ölbrenner oder Diffusor
- Zettel oder Briefpapier

Anweisungen:

Erhitzen Sie das Öl im Brenner oder Diffusor und atmen Sie dann einige Augenblicke tief durch, um Ihren Geist zu beruhigen.

Wenn Sie sich geerdet und zentriert fühlen, zünden Sie die Säulenkerze an und beginnen Sie, frei über die Situation zu schreiben.

Beginnen Sie damit, die Veränderung zu benennen, die eingetreten ist, und schreiben Sie dann auf, was Ihnen an der früheren Situation gefallen hat.

Verbringen Sie einige Zeit damit, sich vorzustellen, welche positiven Entwicklungen jetzt, wo diese Veränderung eingetreten ist, möglich sind. Sie müssen nicht wissen, wie diese Entwicklungen zustande kommen könnten - öffnen Sie einfach Ihren Geist für das Potential, das diese plötzliche Veränderung möglich gemacht hat.

Wenn Sie z. B. gerade einen Arbeitsplatz verloren haben, stellen Sie sich vor, welche neuen und besseren Möglichkeiten sich Ihnen bieten könnten. Wenn Sie Reisepläne hatten, die sich zerschlagen haben, stellen Sie sich vor, was Sie mit der frei gewordenen Zeit und dem frei gewordenen Geld machen können.

Seien Sie beim freien Schreiben kreativ und intuitiv, nicht logisch oder analytisch. Schreiben Sie insgesamt mindestens 15 Minuten. Stellen Sie sich während des Schreibens vor, dass die Kerze ein helles orangefarbenes Licht auf Sie wirft und Sie mit ihrem Energiefeld umgibt.

Wenn Sie fertig sind, falten Sie die Seiten, die Sie geschrieben haben, zusammen und legen Sie sie neben die Kerze. Sagen Sie dabei die folgenden (oder ähnliche) Worte:

"Der Wind des Wandels ist der Atem des Lebens.

Ich bin geerdet, zentriert und bereit für neue Segnungen.

So soll es sein."

Stellen Sie die Kerze an einen besonderen Ort in Ihrem Zuhause und wissen Sie, dass Sie sie immer dann anzünden können, wenn Sie in dieser Zeit des Wandels zusätzliche Unterstützung brauchen.

Wenn einige Zeit vergangen ist und Sie sich an die Veränderung gewöhnt haben, können Sie Ihr freies Schreiben noch einmal überprüfen, um zu sehen, wie Sie sich seit der Arbeit an dem Zauber verändert haben.

Einfacher Geldzauber

Reichtum kann in vielen verschiedenen Formen in unser Leben treten, aber es kann Spaß machen, Zauber zu wirken, die sich speziell auf physisches Geld konzentrieren. Achten Sie darauf, auf welch interessante Weise sich Münzen und Scheine in den Wochen nach der Anwendung dieses Zaubers plötzlich manifestieren.

Das Öl zur Anziehung von Reichtum ist die wichtigste Zutat, denn es verbindet Sie physisch und psychisch mit den beiden anderen beteiligten Gegenständen - der Kerze und dem Geld. Betrachten Sie es als das magische Signal, das mehr physisches Geld in Ihre Erfahrung ruft.

Und wenn Sie Ihre eigene handgemachte Ölmischung nach dem Rezept von Magical Oils verwenden, ist sie sogar noch wirkungsvoller (wenn Sie jedoch eine vergleichbare gekaufte Mischung haben, können Sie diesen Zauber auch damit anwenden).

Was den Geldschein betrifft, so ist es ideal, einen möglichst großen Wert zu verwenden, da dies die Anforderungen an das, was Sie einfordern, energetisch erhöht. Lassen Sie sich aber nicht entmutigen, wenn Sie nur einen kleineren Geldschein entbehren können. Sie können den Zauber jederzeit mit einem größeren Geldschein wiederholen.

Was die Kerze angeht, so ist Gold manchmal schwer zu bekommen, also können Sie notfalls auch eine grüne Kerze verwenden. In diesem Fall sollten Sie den Zauber jedoch ergänzen, indem Sie einige goldfarbene Gegenstände um Ihren Altar oder Arbeitsbereich herum arrangieren, z. B. Pyrit oder andere goldfarbene Kristalle, Schmuckstücke oder Goldmünzen.

Sie benötigen:

- 1 goldene (oder grüne) Votivkerze
- Reichtum-Attraktion-Öl
- Ein 5-, 10- oder 20-Euro-Schein (oder höher, je nachdem, wie wohl Sie sich fühlen, Bargeld bei sich zu tragen)
- 1 grünes oder goldenes Band

Anweisungen:

Salben Sie zunächst Ihre Schläfen, das 3. Auge und die Pulspunkte mit dem Öl. Dann salben Sie die Kerze, indem Sie an der Basis beginnen und sich zur Spitze hocharbeiten.

Salben Sie den Geldschein an jeder Ecke auf beiden Seiten. Dann falten Sie den Geldschein in eine Dreiecksform und binden ihn mit dem Band zusammen.

Zünden Sie die Kerze an und kippen Sie sie über die Mitte des gefalteten Geldscheins, sodass ein wenig Wachs auf das Band tropft.

Stellen Sie die Kerze in den Halter, und wenn das Wachs auf dem Geldschein etwas getrocknet ist, nehmen Sie den Geldschein vorsichtig zwischen Ihre Handflächen.

Sagen Sie die folgenden (oder ähnliche) Worte 3-mal:

"Essenz der Fülle, ich rufe dich in mein Leben in Form einer soliden Währung."

Lassen Sie die Kerze von selbst ausbrennen. Tragen Sie den magisch aufgeladenen Geldschein mindestens 1 Monat lang in Ihrer Brieftasche mit sich.

Zauberspruch für berufliche Leistungen

Es gibt verschiedene Formen von Erfolgen in jedem beruflichen Umfeld: einen Job zu bekommen, eine Gehaltserhöhung zu bekommen, ein eigenes kleines Unternehmen zu gründen oder sogar die Zahlen in Ihrem aktuellen Unternehmen zu steigern. Dieser Zauber kann für jede dieser Errungenschaften verwendet werden.

Sie benötigen:

- Ein Foto von Ihnen selbst
- 1 weiße Kerze und 4 grüne Kerzen
- 10 Lorbeerblätter
- Weihrauch aus Bernstein
- 2 grüne Fluoritsteine
- Geld (jede Art, jede Stückelung)
- Schale für Opfergaben

Anweisungen:

Wenn Sie diesen Zauber durchführen, sollten Sie weiß gekleidet sein und Ihre Hände gereinigt haben, indem Sie sie gewaschen und ein wenig von Ihrem bevorzugten ätherischen Öl aufgetragen haben (natürlich mit einem Trägeröl gemischt). Stellen Sie die grünen Kerzen in jede der Himmelsrichtungen Ihres Kreises. Die weiße Kerze sollte in der Mitte des Kreises, in Ihrer Gegenwart, aufgestellt werden. Legen Sie den Weihrauch links neben die Kerze. Auf der rechten Seite sollten die Lorbeerblätter, Fluoritsteine und die Währung in einer Opferschale liegen. Ihr Foto sollte vor der Kerze platziert werden.

Zentrieren Sie sich, ziehen Sie Ihren Kreis (zünden Sie jede Kerze an, wenn Sie sie entdecken) und zünden Sie die weiße Kerze zuletzt an. Nehmen Sie die weiße Kerze und benutzen Sie sie, um Ihren Weihrauch anzuzünden. Geben Sie dann ein paar Tropfen Wachs auf Ihr Bild. Stellen Sie die weiße Kerze wieder auf und nehmen Sie die Opferschale in beide Hände. Konzentrieren Sie sich auf Ihr Foto und singen Sie folgende Beschwörungsformel 3-mal:

"Erfolg für mich, Wohlstand für mich, so soll es sein."

Meditieren Sie einen Moment lang und stellen Sie sich dann vor, dass Sie finanziell völlig frei sind. Stellen Sie sich die Art von Erfolg vor, die Sie sich erhoffen. Seien Sie glücklich und ruhig in diesem Moment. Wenn Sie fertig sind, löschen Sie die Kerzen (die weiße sollte die letzte sein) und schließen Sie Ihren Kreis. Lassen Sie den Weihrauch natürlich ausbrennen.

Vorstellungsgespräch Erfolgszauber

Helfen Sie, die Angst vor einem wichtigen Vorstellungsgespräch abzubauen und erhöhen Sie Ihre Erfolgschancen. Dieser Zauber ist ideal bei zunehmendem Vollmond, aber lassen Sie sich davon nicht abhalten, wenn das Gespräch zwischen Voll- und Neumond stattfindet.

Sie benötigen:

- 1 orangefarbene oder goldene Kerze
- Weihrauch (Weihrauch, Flieder oder Zimt)
- Kugelschreiber/Bleistift und ein Blatt Papier
- 1 kleines Stück Lapislazuli, Citrin oder Tigerauge

Anweisungen:

Zünden Sie den Weihrauch an und ölen Sie die Kerze mit dem Anmerkungsöl.

Verbringen Sie einige Augenblicke damit, sich vorzustellen, wie Sie sich bei dem Vorstellungsgespräch ruhig und selbstbewusst fühlen.

Notieren Sie auf dem Papier 3 Gründe, warum Sie der beste Kandidat für die Stelle sind.

Falten Sie das Papier zu einem Dreieck, das nicht größer als ein paar Zentimeter ist, und legen Sie es vor die Kerze.

Zünden Sie die Kerze an und sagen Sie die folgenden (oder ähnliche) Worte:

"Am perfekten Ort und zur perfekten Zeit,

wenn ich diese Kerze anzünde, ist das meine Aufgabe."

Führen Sie den Kristall schnell durch die Kerzenflamme und legen Sie ihn dann auf das Papier.

Lassen Sie die Kerze sicher von selbst ausbrennen.

Bringen Sie das gefaltete Papier und den Kristall zu dem Gespräch mit.

Wenn Sie die Stelle bekommen haben, zerreißen Sie das Papier in kleine Stücke und recyceln es. Bedanken Sie sich bei Ihren Vorgesetzten, aber gratulieren Sie sich auch selbst zu einem guten Vorstellungsgespräch.

Motivation Beschwörung

Manchmal brauchen wir nur ein klein wenig Motivation, um wirklich erfolgreich zu sein. Wenn ich merke, dass mir die Motivation fehlt, ich müde bin oder einfach nur Lust auf etwas Anderes habe, erschaffe ich gerne Motivationsbeschwörungen, die mir helfen, mich zu konzentrieren und meine Produktivität zu steigern. Ich bin sicher, dass es Ihnen allen so geht.

"Mögen diese Worte meinen Geist ermutigen,

mögen diese Worte mein Interesse wecken.

Ich rufe zu diesem Zeitpunkt eine höhere Macht an,

um die Motivation in meinem Herzen zu wecken."

Wenn Sie für die Beschwörung spezifischere Worte benötigen, verwenden Sie die Sätze, die Ihren Bedürfnissen am besten entsprechen.

Das Verbrennen von Bergamotte-Räucherstäbchen fördert auch den positiven Fluss von Geld, Wohlstand, Gleichgewicht, Kraft und Motivation.

Ermächtigung Badezauber

Rituelle Bäder werden oft zu Reinigungs-, Beruhigungs- und Heilungszwecken verwendet, aber Sie können auch Badezauber einsetzen, um eher männliche Energien wie Selbstvertrauen und Ehrgeiz zu fördern.

Wenn Sie vor einer Herausforderung oder einer Situation stehen, in der Sie sich unwohl fühlen, versuchen Sie diesen schwingungsverändernden Zauber, der die dualen Energien der Orange - Frieden und Stärke - nutzt, um negative Gefühle zu vertreiben und Ihnen zu helfen, Ihre persönliche Kraft zu nutzen. Dies ist ein großartiger Zauber für die Nacht vor einer Prüfung, einem schwierigen Gespräch mit einem Kollegen oder Arbeitgeber oder jeder anderen Situation, in der Sie klar und gelassen sein müssen.

Sie benötigen:

- 1 orangefarbene Kerze
- Weitere Kerzen für die Atmosphäre (optional)
- 1-2 Esslöffel getrocknete Orangenschalen
- 3-7 Tropfen ätherisches Orangenöl

Anweisungen:

Lassen Sie ein warmes Bad einlaufen, um das Ritual zu beginnen.

Wenn die Wanne voll ist, fügen Sie das ätherische Orangenöl hinzu und streuen Sie die getrockneten Orangenschalen über das Wasser. Zünden Sie die Orangenkerze und alle anderen Stimmungskerzen an und schalten Sie das künstliche Licht aus.

Steigen Sie sanft in das Bad, atmen Sie tief ein und lassen Sie sich vom Duft des Orangenöls einhüllen. Atmen Sie ein paar Mal tief ein und konzentrieren Sie sich dabei nur auf das Ein- und Ausatmen. Achten Sie auf die Veränderung Ihrer persönlichen Energie, während Sie sich weiter entspannen.

Stellen Sie sich nun die Situation oder Herausforderung vor, für die Sie gestärkt werden möchten. Stellen Sie sich vor, wie Sie auf eine Weise sprechen und handeln, mit der Sie vollkommen zufrieden sind. Rufen Sie die Gefühle auf, die Sie in dieser Situation haben möchten, wenn sie vorüber ist.

Wenn Sie das Gefühl fest im Griff haben, atmen Sie tief ein und stellen Sie sich vor, wie orangefarbenes Licht Ihren ganzen Körper durchdringt. Beim Ausatmen lassen Sie Ihre Vision und alle weiteren Gedanken zu diesem Thema los.

Nehmen Sie sich etwas Zeit, um den Rest Ihres Bades zu genießen, und wenn Sie fertig sind, steigen Sie aus der Wanne, trocknen Sie sich ab und löschen Sie vorsichtig die Kerze(n).

Zaubersprüche für Haus und Garten

Haussegen

Sie benötigen:

- 1 Einmachglas
- Gesammeltes Wasser wie Regenwasser oder Wasser aus einem Fluss
- Amethyst, weißer Quarz, Jade und Sonnenstein
- Verbene
- Beinwell
- Rosmarin
- Luzerne
- Wacholderbeeren
- Alle Wildblumen, die auf dem Grundstück wachsen, wie z. B. Löwenzahn
- Honig
- Etwas Erde von außerhalb des Grundstücks oder der nächstgelegene Park
- 1 Münze jedes Nennwerts
- Salbei, Palo Santo, Rosmarin oder Weihwasser (gesammeltes Wasser und Salz)
- Süßer Weihrauch
- 1 gelbe oder grüne Kerze

Anweisungen:

Führen Sie diesen Zauber bei Neu-, Voll- oder zunehmendem Mond aus. Besonders kraftvoll, wenn er bei Blaumond (dem 2. Vollmond in 1 Monat) durchgeführt wird. Umkreisen Sie das gesamte Haus. Wenn es sich um ein Haus handelt, können Sie außen um das Haus herumgehen oder von Raum zu Raum nach Norden, Osten, Süden und dann nach Westen gehen.

Als Nächstes werden die Räume mit Salbei, Palo Santo, Rosmarin oder Weihwasser von jeglicher Negativität befreit. Das Weihwasser sollte in jeden Raum gestreut werden, wobei man im Schneidersitz durch jeden Raum geht. Alle anderen Zutaten sollten angezündet werden, sodass sie rauchen, und indem man sie hält, macht man im Schneidersitz Handbewegungen mit dem Rauch in jedem Raum.

Wenn Sie mit der Reinigung des Hauses fertig sind, öffnen Sie die Fenster und Türen und achten Sie dabei auf kleine Kinder und Haustiere.

Schließen Sie nach ein paar Minuten die Fenster und Türen und gehen Sie mit dem süßen Weihrauch durch das Haus, wobei Sie mit sonnengleichen Handbewegungen jeden Raum segnen.

Kehren Sie schließlich zu Ihrem Altar zurück und beginnen Sie mit dem Zusammenbau des Gefäßes. Fügen Sie die Zutaten hinzu: zuerst die Erde und die Steine, dann die Münzen, den Honig (heben Sie einen kleinen Teil des Honigs auf, um die Kerze zu salben), die Kräuter, die Wildblumen und zuletzt das Wasser. Verschließen Sie das Gefäß.

Schmelzen Sie den Boden der Kerze, um sie auf dem Deckel des Einmachglases zu befestigen. Salben Sie die Kerze mit dem restlichen Honig und zünden Sie sie dann an.

Sagen Sie Folgendes:

> "Segne dieses Haus, dieses gemütliche Haus,
>
> ein Ort des Friedens, zurück nach Hause zu kommen,
>
> das Glück wachsen lassen und diese Räume segnen,
>
> das Glück fließen lassen, oft und bald,
>
> Frieden in diesem Haus, und die darin wohnen,
>
> wo Liebe und Licht, strömen herein,
>
> bei Tag und bei Nacht, durch dick und dünn,
>
> dieses Haus ist gesegnet, und alles darin."

Lassen Sie die Kerze abbrennen, und öffnen Sie den Kreis. Zünden Sie eine weitere Kerze auf dem Glas an, wann immer Sie es reaktivieren möchten, bei Voll- oder Neumond, und rezitieren Sie die Worte.

<u>Hausreinigungsritual</u>

Sie benötigen:

- Einen Haushaltsbesen oder Zauberbesen
- Florida-Wasser oder Weihwasser
- Koscheres Salz und Pfeffer

Anweisungen:

Öffnen Sie bei dunklem oder zunehmendem Mond und nachdem Sie alle Haustiere und Kleinkinder gesichert haben, die Außentüren Ihres Hauses. Besprühen Sie den Boden vor Ihnen leicht mit Florida-Wasser oder Weihwasser und kehren Sie es in Richtung der Türen, beginnend in der Mitte des Hauses. Sie können das Wasser auch in eine Sprühflasche geben, um die Böden leicht zu besprühen, vor allem, wenn es Teppichböden gibt. Machen Sie das in jedem Zimmer, bis Sie in den Räumen sind, die nach draußen führen, und kehren Sie weiter, bis Sie die Türschwellen erreichen. Streuen Sie eine kleine Menge Salz und Pfeffer auf die Schwellen und fegen Sie dann das Wasser, das Salz und den Pfeffer nach draußen, um all die negative Energie mitzunehmen, die sich dort angesammelt hat.

Achten Sie darauf, dass Sie die Salz- und Pfeffermischung gründlich ausfegen, damit sie nicht wieder ins Haus getragen wird und die Haustiere sie nicht an ihren Pfoten tragen. Eine andere Möglichkeit besteht darin, kleine Stoffpakete mit der Salz-Pfeffer-Mischung zu nähen und diese auf die Türschwellen zu legen, um die negative Energie feierlich aufzufangen und aus dem Haus zu fegen.

<u>Garten-Segensspruch</u>

Sie benötigen:

- Weiße Quarzflocken

Anweisungen:

Führen Sie diesen Zauber bei Neu-, Voll- oder zunehmendem Mond durch. Die beste Zeit für diesen Zauber ist morgens oder abends, wenn der Garten im Schatten liegt und Sie normalerweise Ihre Pflanzen gießen. Stellen Sie einen Krug mit Wasser auf Ihren Altar und zünden Sie eine weiße Kerze an. Bilden Sie einen Kreis und rufen Sie die Energien der Sonne und des Mondes herab, und bitten Sie sie, das Wasser mit ihrem heilenden Licht zu füllen. Öffnen Sie den Kreis und tragen Sie den Krug in den Garten hinaus, wobei Sie eine Tasche mit Quarzflocken mitnehmen. Gießen Sie Ihre Pflanzen, wie Sie es tun würden, dann nehmen Sie jedes Plättchen und stecken Sie es ein paar Zentimeter tief in die Erde zwischen Ihre Pflanzen und gießen Sie das gesegnete Wasser darüber, während Sie arbeiten. Wenn Sie fertig sind, sprechen Sie folgende Worte:

"Mit dem Segen des Mondes und der Sonne,

mein Garten wächst, einer nach dem anderen."

Ein Zauberspruch für Glücksspiele

Es ist bekannt, dass viele Glücksspieler und Spieler Glücksbringer einsetzen, um ihr Mojo zu steigern. Traditionell wird geglaubt, dass das Waschen der Hände in mit Kamille versetztem Wasser den Spielern Glück bringt.

Egal, ob Sie einen Ausflug ins Casino planen oder einfach nur ein Pokerspiel mit Freunden spielen wollen, probieren Sie diesen Zauber aus. Achten Sie nur darauf, dass Sie die Würfel nicht in einem Spiel benutzen, denn Sie wollen nicht, dass Ihr Glücksbringer die Energie anderer Leute absorbiert.

Behalten Sie sie stattdessen in Ihrer Tasche, während Sie spielen. Und stellen Sie sicher, dass Sie zumindest einen kleinen Teil Ihres Gewinns mit jemandem teilen, denn das erhöht Ihr Glück bei der nächsten Gelegenheit.

Sie benötigen:

- 1 Kamillentee-Beutel
- Warmes Wasser
- Schale mittlerer Größe
- Handtuch
- Würfelpaar

Anweisungen:

Legen Sie vor dem Ritual ein Paar Würfel mit der Oberseite nach oben auf Ihren Altar, die die Summe von 7 ergeben (1 und 6, 2 und 5 oder 3 und 4).

Brühen Sie eine Tasse reinen Kamillentee auf und lassen Sie ihn abkühlen.

Gießen Sie den Kamillentee vorsichtig in eine mittelgroße Schale, während Sie sich vorstellen, dass ein weißes oder silbernes Licht um Ihren Körper fließt.

Wenn das Wasser in der Schüssel kalt genug ist, legen Sie Ihre Hände hinein und reiben Sie sie kräftig aneinander.

Stellen Sie sich selbst in der Situation vor, in der Sie Glück haben wollen. Stellen Sie sich vor, wie Sie sich amüsieren und lächeln, während Sie Ihren Gewinn in Empfang nehmen.

Wenn Sie die reichhaltige Energie des Zaubers verstärken wollen, stellen Sie sich vor, wie Sie einen Teil des Gewinns mit anderen teilen - sei es, indem Sie eine Runde Drinks spendieren, ein großzügiges Trinkgeld in einem Restaurant geben oder etwas für wohltätige Zwecke spenden.

Wenn Sie mit der Visualisierung fertig sind, trocknen Sie Ihre Hände auf dem Handtuch ab und nehmen Sie sofort den Würfel in die Hand.

Halten Sie sie zwischen Ihren Handflächen und sagen Sie die folgenden (oder ähnliche) Worte:

"Glückssiebener, Glückswürfel,

Gewinnen fühlt sich immer so schön an.

Glückssieben, Glückspaar,

Wenn ich gewinne, teile ich auch.

So möge es sein."

Stecken Sie die Würfel in Ihre Tasche oder Ihr Portemonnaie und nehmen Sie sie mit zu Ihrer Glücksspiel-Veranstaltung.

Ruhiger-Schlaf-Beutel für schwierige Zeiten

In Zeiten höchster Belastung ist ein guter Schlaf wichtiger denn je. Aber natürlich sind das oft die Zeiten, in denen Schlaf schwer zu bekommen ist. Die erholsamen, beruhigenden Eigenschaften der Kamille und ihre Fähigkeit, negative Energie zu vertreiben, machen sie zu einem ausgezeichneten Kraut, auf das man sich verlassen kann, wenn es schwierig wird.

Sie benötigen:

- 3 Esslöffel getrocknete Kamillenblüten
- Kleiner hellblauer Beutel mit Kordelzug oder Stoffquadrat
- Ätherisches Kamillen-Öl (optional)

Anweisungen:

Wenn Sie keinen hellblauen Kordelbeutel finden, können Sie aus einem beliebigen hellblauen Stoff ein eigenes Säckchen nähen. Versuchen Sie, einen leichten, atmungsaktiven Stoff zu verwenden, damit der Duft der Kamille optimal zur Geltung kommt. Das ätherische Öl ist optional, aber wenn Sie es haben oder kaufen können, wird es die Wirksamkeit dieses Zaubers enorm steigern.

Es ist ideal, diesen Zauber so kurz vor dem Schlafengehen wie möglich zu machen - wenn möglich sogar im Bett. Aber lassen Sie sich auf jeden Fall nicht von zeitlichen Erwägungen davon abhalten, diesen sehr nützlichen Zauberspruch zu basteln.

Bereiten Sie sich wie gewohnt auf den Schlaf vor und atmen Sie dann einige Augenblicke lang tief ein und aus, bis sich Ihr Geist etwas beruhigt hat.

Füllen Sie die getrockneten Kamillenblüten und -knospen in den Kordelbeutel.

Wenn Sie es verwenden, geben Sie 3 Tropfen ätherisches Kamillen-Öl in das Säckchen.

Atmen Sie sanft ein und lassen Sie den erdigen, süßen Duft der Kamille auf sich wirken, um sich weiter zu entspannen.

Drücken Sie den Beutel zwischen Ihren Händen und rollen Sie ihn vorsichtig, um mehr Kamillenduft freizusetzen.

Sagen Sie die folgenden (oder ähnliche) Wörter 3-mal:

"Friedlicher Schlaf, der Stress ist weg, sanfte Ruhe bis zum Morgengrauen."

Legen Sie das Säckchen neben Ihr Kopfkissen und legen Sie sich hin.

Entspannen Sie Ihre Beine, Arme, Schultern, Hände, Nacken und Kiefer.

Stellen Sie sich vor, dass Sie von einem hellblauen Nebel umhüllt werden, der Sie stützt und einhüllt, während Sie in einen tiefen Entspannungszustand sinken und dann in einen friedlichen Schlaf gleiten.

Zauberspruch zur Befreiung von Schmerz und unausgesprochenen Emotionen

Manchmal sind wir in bestimmten Situationen nicht in der Lage, unsere Emotionen auszudrücken, oder wir finden nicht die richtigen Worte, um unsere Gefühle auszudrücken. Unsere Emotionen auf diese Weise zu unterdrücken, kann ein guter kurzfristiger Abwehrmechanismus sein, aber letztendlich wird es eitern und zu einer Quelle von unbeachteter Negativität werden.

Das Loslassen dieser schmerzhaften Emotionen ermöglicht es Ihnen, Trauer oder Traumata zu verarbeiten, emotionale Wunden zu heilen und Ihren Herz-Raum zu reinigen, sodass Sie offen sind, Liebe und Mitgefühl vom Universum und von anderen in Ihrem Leben zu empfangen. Dieses Ritual kann für die Heilung bestimmter emotionaler Wunden aus der Vergangenheit oder einfach für die Beseitigung allgemeiner emotionaler Unordnung in Ihrem persönlichen Energiefeld verwendet werden.

Sie benötigen:

- 1 Rosenquarz-Kristall
- 1 rosafarbene Zauberkerze
- Ätherisches Lavendel-Öl (optional)

Anweisungen:

Zünden Sie die Kerze an und verbringen Sie ein paar Augenblicke damit, Ihren Geist zur Ruhe zu bringen.

Halten Sie den Rosenquarz in Ihrer linken Hand (die linke Hand lässt die Energie direkt zu Ihrem Herzzentrum fließen). Um die Intensität des Zaubers zu erhöhen, können Sie den Rosenquarz über Ihr Herz halten.

Lassen Sie Ihre Gedanken 3 Minuten lang ganz natürlich fließen und bitten Sie darum, dass alles, was losgelassen werden muss, in Ihr Bewusstsein kommt.

Halten Sie sich nicht an einem bestimmten Gedanken fest, sondern fühlen Sie ihn, akzeptieren Sie ihn und lassen Sie ihn durch sich hindurchgehen. Geben Sie dem Kristall die Erlaubnis, Sie zu heilen und zu beruhigen, indem er Liebe und Verständnis in Ihrem Körper ausstrahlt.

Atmen Sie beim Einatmen die beruhigende Essenz des Rosenquarzes ein und lassen Sie beim Ausatmen jegliche festgefahrene Energie aus vergangenen Schmerzen und Traumata los.

Salben Sie den Rosenquarz mit 1 oder 2 Tropfen Lavendel-Öl, falls verwendet.

Dann vergraben Sie ihn in der Erde, um ihn von den Energien der alten Emotionen zu reinigen.

Lassen Sie ihn dort eine ganze Nacht lang liegen.

Sie können den Stein so oft wie nötig wiederverwenden.

Grundlegende pflanzliche Zaubersprüche und Rituale

Sobald Sie sich sicher fühlen, dass Sie einen heiligen Raum für Ihr Ritual schaffen können, können Sie damit beginnen, Zaubersprüche zu wirken und Rituale mit Kräutern durchzuführen. Um Ihnen den Einstieg zu erleichtern, habe ich weiter hinten über 100 verschiedene grundlegende Zaubersprüche aufgeführt, die Sie mit 25 verschiedenen Wicca-Kräutern verwenden können.

Diese Zaubersprüche werden Ihnen auf viele verschiedene Arten helfen und es lohnt sich, ihre Anwendung zu lernen. Damit Sie das meiste aus jedem Zauber herausholen können, sollten Sie immer nur einen Zauber auf einmal wirken und sich zwischen den einzelnen Zaubern bewusst Zeit lassen, damit Sie Zeit haben, mit der Energie zu arbeiten und zu erhalten, was Sie sich wünschen. Der Versuch, zu viele Zauber auf einmal auszuführen oder von einem zum nächsten zu hetzen, kann chaotische Energien in Ihrem Feld verursachen, was es für jeden Zauber schwieriger macht, tatsächlich zu wirken.

Bevor Sie mit der Anwendung dieser Zaubersprüche beginnen, sollten Sie in Kapitel 12 nachlesen, wo Sie diese Kräuter sicher und in ausreichender Qualität erhalten können, damit sie Ihnen wirklich helfen, das Beste aus Ihren magischen Praktiken herauszuholen.

Eichel

Eicheln sind dafür bekannt, dass sie einem Glück und Weisheit bringen. Sie bringen auch Schutz und persönliche Kraft mit sich. Die Arbeit mit der Eichel ist eine großartige Möglichkeit, mehr von diesen Qualitäten in Ihr Leben zu ziehen.

Eichel-Amulett

Eicheln werden oft als einfache Amulette verwendet, um Glück und Fülle, aber auch Schutz und persönliche Kraft herbeizurufen. Für diesen einfachen Zauber brauchen Sie nur ein scharfes Auge und einen starken Willen.

Im Spätsommer oder Frühherbst beginnen die Eicheln auf den Boden zu fallen. Heben Sie die erste auf, die Sie finden, halten Sie sie in der Hand und sagen Sie:

> "Mit dieser ersten Eichel, die ich sehe, bringe ich dir Glück, Fülle und Schutz, so soll es sein."

Dann stecken Sie die Eichel in Ihre Tasche. Tragen Sie dieses Amulett den ganzen Herbst über als Schutz und Glücksbringer bei sich.

Eichel-Haus-Schutzzauber

Eicheln sind dafür bekannt, dass sie den Menschen, die sie besitzen, Schutz bieten können. Dieser einfache Schutzzauber für Ihr Zuhause ermöglicht es Ihnen, Eicheln zu verwenden, um Ihr Zuhause vor unerwünschten Geistern und eindringenden Energien zu schützen.

Für diesen Zauber brauchen Sie genügend Eicheln, um mindestens eine in jedes Fenster Ihres Hauses zu legen. Außerdem müssen Sie ein paar Salze und Räucherstäbchen sammeln.

Beginnen Sie dieses Ritual, indem Sie sich auf ein Schutzritual für Ihr Zuhause vorbereiten. Beginnen Sie damit, Ihr ganzes Haus zu reinigen, wobei Sie darauf achten, jeden Raum in Ihrem Haus zu säubern. Sie sollen absolut sichergehen, dass Ihr Haus gereinigt ist, bevor Sie mit Ihrem Zauber beginnen. Wenn Sie damit fertig sind, beginnen Sie im nördlichen Teil Ihres Hauses und streuen Sie eine kleine Menge Salz auf jede Fensterbank, gefolgt von einer Eichel auf der Fensterbank. Sie können auch an den Türen, die nach außen führen, Salz streuen, obwohl eine Eichel an diesen Türen nicht notwendig ist. Während Sie die Fenster und Türen salzen und Ihre Eicheln herumliegen lässt, sprechen Sie Folgendes:

> "Eichelgeist, beschütze dich, damit es uns gut geht und wir gut leben können."

Eichel-Liebeszauber

Man sagt, dass Eicheln Jugendlichkeit und leidenschaftliche Liebe fördern, weshalb sie ein großartiges Element für diesen Liebeszauber sind, der zum Schutz oder zur Verstärkung der Liebe in einer bereits bestehenden Beziehung verwendet werden kann.

Für diesen Zauber brauchen Sie ein Bild von Ihnen und Ihrem Geliebten, eine getrocknete Eichel, 2 rote Kerzen und ein Stück rote Schnur.

Um dieses Ritual zu beginnen, bereiten Sie Ihren Raum vor und stellen Sie dann Ihren Altar auf. Wenn Sie Ihren Altar aufstellen, platzieren Sie die Bilder von Ihnen und Ihrem Geliebten nebeneinander, mit einer Kerze neben jedem Bild. Lassen Sie zwischen den Fotos etwas Platz für die Eichel. Wenn Sie bereit sind, zünden Sie die Kerzen an und rufen Sie den Gott und die Göttin an. Während Sie dann die Bilder von Ihnen und Ihrem Geliebten betrachten, legen Sie die Eichel zwischen Ihre Fotos. Nehmen Sie die rote Schnur und machen Sie 3 Knoten, während Sie sagen:

> "Mit einem beschwöre ich die Kraft der Liebe, mit 2 die Kraft der Langlebigkeit, mit 3
> binde ich die Liebe zwischen meinem Geliebten und mir. So möge es sein."

Reinigendes Eichen- und Eichelbad

Wenn der Neumond auf Sie fällt, ist dieses Bad eine großartige Möglichkeit, Ihre Energien zu reinigen und Ihre Weisheit zu läutern, während es Ihnen auch hilft, sich mit Ihrer persönlichen Kraft und Ihrem Schutz zu verbinden.

Zur Vorbereitung dieses Bades benötigen Sie eine mit warmem Wasser gefüllte Wanne, Eichenblätter, Eichenmoos-Öl und eine Eichel.

Wenn Sie bereit sind, bereiten Sie Ihren Raum für Ihr Ritual vor, indem Sie Ihr Badewanne mit warmem Wasser füllen. Dann geben Sie die Eichenblätter und ein paar Tropfen Eichenmoos-Öl in die Badewanne. Wenn Sie bereit sind, können Sie in die Wanne steigen und die Eichel in der Hand halten, während Sie sagen:

> "Samen und Blatt der Zaubereiche,
>
> in Verzauberung werde ich eintauchen,
>
> Seele und Geist zu läutern,
>
> bis mein Körper geheiligt ist."

Bleiben Sie in der Badewanne, bis das Wasser kalt ist und Sie aussteigen können.

Eichel-Wohlstandszauber

So wie Eicheln in der Tasche Schutz und Weisheit bieten, können sie auch in der Brieftasche Glück bringen. Wenn die Zeit der Eicheln anbricht, gehen Sie unter eine Eiche und finden Sie eine perfekte Eichel. Das ist alles, was Sie für diesen Zauber brauchen.

Sobald Sie die Eichel haben, sprechen Sie in der Vollmondnacht Folgendes:

> "Mit dieser Eichel in meiner Hand,
>
> in der Nacht, in der der Vollmond gezogen ist,
>
> ich fülle sie mit Wohlstand,
>
> um meine Familie und mich zu segnen."

Legen Sie die Eichel in Ihre Brieftasche oder Ihr Portemonnaie, wo Sie Ihr Geld aufbewahren. Oder, wenn Sie ein Händler sind, legen Sie sie in Ihre Kasse, wo Sie Ihr Geld aufbewahren. Das bringt Ihnen viel Glück für Ihren Reichtum.

Erle

Die Erle ist als magischer Baum bekannt, der mit Musik, Poesie und Weissagung in Verbindung gebracht wird. Es ist auch ein Baum, der regelmäßig mit Lehre und Entscheidungsfindung in Verbindung gebracht wird. Wenn Menschen im Sterben liegen oder bereits gestorben sind, wird die Erle traditionell verwendet, um ihre Seelen beim Übergang auf die andere Seite zu schützen.

Zugang zu den Feenreichen mit Erle

Erle ist bekannt für ihre Wahrsager-Qualitäten und soll den Menschen helfen, die Feen zu sehen. Wenn Sie mit den Feen arbeiten wollen, ist die Erle ein großartiges Werkzeug für Sie, da sie hilft, die Feengeister zu Ihnen zu ziehen, damit Sie sie sehen können.

Für diesen Zauber sollten Sie einen Zauberstab aus Erle haben, mit dem Sie zu arbeiten beginnen. Dieser Zauberstab wird Ihnen helfen, einen sicheren Raum für die Feen zu schaffen, damit sie sich mit Ihnen verbinden können. Sie werden auch Honig als Opfergabe für die Feen brauchen. Sie sollten diesen Zauber auf einer Wiese oder irgendwo im Freien in der Nähe eines Gewässers durchführen, wo Sie in die Natur eintauchen können, am besten am Vorabend des Vollmondes.

Um diesen Zauber zu beginnen, bereiten Sie zunächst Ihren heiligen Kreis vor und rufen Sie den Gott und die Göttin Ihrer Wahl an. Legen Sie dann Ihr Honigopfer auf den Altar. Sie können auch ein Mandala aus Blättern und Blumen oder eine andere Form der Opfergabe für Ihre Feen erschaffen, das bleibt ganz Ihnen überlassen.

Sobald die Opfergaben platziert sind und Sie bereit sind, rezitieren Sie das Folgende:

"Feen weit und Feen jenseits,

ich bringe dich zu diesem heiligen Teich,

sich mir hier zu zeigen,

und teile diesen Raum, damit ich ihn sehen kann."

Stellen Sie sich Ihren Ängsten mit Erle

Erle ist dafür bekannt, dass sie den Menschen hilft, sich ihren Ängsten zu stellen und sich mutig mit ihren Schattenseiten auseinanderzusetzen. Wenn Sie versuchen, etwas in Ihrem Leben zu vermeiden, und Sie sich dabei ertappen, dass Sie Dingen ausweichen, mit denen Sie sich auseinandersetzen müssen, ist Erle ein großartiges Werkzeug, mit dem Sie arbeiten können.

Für diesen Zauber brauchen Sie ein kleines Stück Erle. Idealerweise eines, das zu einer Art Amulett geformt wurde, das an einer Halskette getragen werden kann. Am besten wäre es, wenn Sie dieses Stück selbst schnitzen würden, damit es bereits mit Ihrer Energie durchdrungen ist. Dann brauchen Sie ein langes Stück Schnur und 4 weiße Kerzen.

Wenn Sie bereit sind, können Sie einen Kreis bilden. Stellen Sie eine Kerze in jedes Viertel des Kreises und rufen Sie die Elemente in Ihren Kreis, während Sie jede Kerze anzünden. Dann setzen Sie sich mit Ihrem Erlen-Amulett und Ihrer Schnur in die Mitte des Kreises. Binden Sie die Kordel um das Amulett, dann binden Sie die Kordel an sich selbst, um eine Halskette zu formen, die Sie tragen können.

Wenn Sie fertig sind, sagen Sie Folgendes, während Sie die Halskette anlegen:

"Wenn ich dies um deinen Hals lege,

meine Ängste und mich selbst in Schach halten,

das, was ich fürchte, will ich dir zeigen,

und das Gefühl der Sicherheit in der Nähe behalten."

Verbessern Sie Ihre Kreationen mit Erle

Erle kann Ihnen helfen, kreativ zu sein, denn sie bringt die Energie der Kreativität in jeden, der mit ihr arbeitet. Wann immer Sie können, können Sie Werkzeuge verwenden, die mit Erlen-Griffen oder Erlen-Teilen hergestellt wurden, um Ihre Kreationen mit Erlen-Energie zu versorgen. Ansonsten können Sie diesen Zauber verwenden, um Ihre Kreativität zu steigern und Ihre Kreationen noch wertvoller, attraktiver und produktiver zu machen, wenn Sie fertig sind.

Für diesen Zauber benötigen Sie ein kleines Stück Erle und einen Stift mit schwarzer Tinte. Außerdem sollten Sie eine einzelne orangefarbene Kerze auf Ihrem Altar aufstellen, um die Energie der Kreativität anzurufen.

Wenn Sie bereit sind, ziehen Sie Ihren Kreis, rufen Sie den Gott und die Göttin an und zünden Sie Ihre Kerze an. Wenn Sie fertig sind, legen Sie die Erlen-Scheibe neben die Kerze und nehmen Sie Ihren Stift. Dann schreiben Sie Ihre Unterschrift auf das Stück Erle, so als würden Sie ein Gemälde oder ein Kunstwerk, das Sie geschaffen haben, signieren. Sagen Sie dabei Folgendes:

"Dies ist die Signatur eines großen Handwerkers,

verleihe allem, was ich schaffe, deinen Zauber."

Erlen-Angst-Zauber

Erle ist auch dafür bekannt, dass sie ein starkes Kraut ist, das Gefühle von Angst und Überforderung in Schach hält. Wenn Sie eine schwere Zeit mit einer Periode der Angst haben, kann Erle Ihnen helfen, Ihre Ängste wegzuhalten, sodass Sie mehr Vertrauen und solide fühlen können.

Für diesen Zauber brauchen Sie ein Stück Erle, Obsidian und ein Stück Schnur. Außerdem brauchen Sie 4 weiße Kerzen, um die Elemente zu beschwören.

Wenn Sie bereit sind, ziehen Sie Ihren Kreis und bereiten Sie Ihren magischen Raum vor. Zünden Sie dann Ihre 4 Kerzen im Norden, Osten, Süden und Westen an, um die Elemente zu beschwören. Wenn Sie das getan haben, legen Sie in der Mitte Ihres Altars die Erle und den Obsidian übereinander und wickeln Sie sie dann mit Bindfaden zusammen. Sagen Sie dabei Folgendes:

"Alder nimmt mir die Angst,

Obsidian entfernt negative Energie,

erlaube meinen Gefühlen Frieden

um in perfekter Synergie zu arbeiten."

Wenn Sie fertig sind, legen Sie den Talisman auf Ihren Nachttisch, neben dem Sie schlafen, und er wird alle Emotionen oder Energien absorbieren, die Ihnen im Schlaf Sorgen oder Ängste bereiten.

Herbstlaub-Zauber

Fans der Naturmagie werden es lieben, mit den leuchtenden Farben der roten, orangen und gelben Blätter auf dem Höhepunkt des Herbstes zu arbeiten. Dieser Zauber zelebriert die stärksten Energien der Jahreszeit - die Explosion der Farben dient als "großes Finale" der Show, die die Bäume seit Frühlingsbeginn veranstalten.

Wie beim Frühlingsblütenzauber verleiht der jahreszeitliche Aspekt diesem Zauber seine Kraft - Sie arbeiten mit den magischen Rhythmen der natürlichen Welt.

Diesmal liegt der Schwerpunkt darauf, die Fülle hervorzubringen, die Sie während der Wachstumsperiode manifestiert haben, und all die Segnungen und glücklichen Überraschungen in Ihr Leben zu rufen, die in den vergangenen Monaten hinter den Kulissen herangereift sind.

Wie bei den meisten Füllezaubern gilt auch hier, dass Sie einen zusätzlichen Schub an harmonischer Energie erhalten, wenn Sie ihn während des zunehmenden Mondes oder des Vollmonds anwenden, aber es ist auch jederzeit im Herbst möglich.

Ein entscheidendes Detail für diesen Zauber ist, dass die Blätter vom Boden gepflückt werden müssen. Genauso wenig wie Sie Gemüse aus Ihrem Garten vorzeitig ernten würden, sollten Sie die Blätter von den Bäumen pflücken, bevor sie von selbst abfallen.

Wählen Sie die frischesten, hellsten und makellosesten Blätter aus, die Sie finden können, und versuchen Sie, mehrere verschiedene Farben zu bekommen, um einen maximalen Effekt zu erzielen (wenn Sie in einer Gegend leben, in der Eichen wachsen, sollten Sie mindestens ein Blatt von diesem heiligen Baum auswählen).

Wenn Sie die Blätter über Nacht zwischen 2 große, schwere Bücher pressen, damit sie flach auf Ihrem Altar oder Ihrer Arbeitsfläche liegen, erhalten Sie einen wirklich beeindruckenden Anblick.

Sie benötigen:

- 7 gepresste Blätter
- Orangefarbene, braune oder gelbe Kerze

Anweisungen:

Ordnen Sie die Blätter kreisförmig an, sodass die Stiele nach innen zeigen, und stellen Sie die Kerze in die Mitte.

Nehmen Sie sich ein paar Augenblicke Zeit, um über die Freuden des Herbstes zu meditieren - die kühle, frische Luft, den Geruch von schwelenden Lagerfeuern, das Knirschen der Blätter unter den Füßen und die Verlängerung der gemütlichen Abende.

Wenn Sie sich zentriert und auf die Jahreszeit eingestimmt fühlen, atmen Sie tief ein und zünden Sie die Kerze an, während Sie die folgenden (oder ähnliche) Worte sagen:

> "Wenn die Wärme der Sonne schwindet und die Nächte länger werden,
>
> die Energien des Herbstes sammle und konzentriere ich hier.
>
> Während meine eigene Weisheit und meine Fähigkeiten wachsen,
>
> lass die Gaben dieser Jahreszeit in meinem Leben deutlich werden."

Lassen Sie die Kerze, wenn möglich, von selbst ausbrennen. Wenn Sie mögen, können Sie die Blätter noch einige Tage lang Ihren Raum schmücken lassen, bis sie verblassen und sich kräuseln, und sie dann zurück in die Erde streuen.

Salbei

Dieses robuste Mitglied der Minz-Familie, das wegen seiner magischen Kräfte von den mittelalterlichen Europäern bis zu den amerikanischen Ureinwohnern geschätzt wird, hat im Sommer violette, stachelige Blüten, aber die Blätter sind für Ihre magischen Zwecke am hilfreichsten. Ihr Duft kann Sie in einen ruhigen, meditativen und magischen Zustand versetzen, wie jeder bestätigen kann, der dieses Kraut schon einmal in der Küche verwendet hat.

Die alten Römer glaubten, dass Salbei das Gehirn und auch das Gedächtnis anregt, und verwendeten Salbei bevorzugt zur Reinigung ihrer Zähne. Im Mittelalter wurde er zur Behandlung von Fieber und anderen Krankheiten wie Lebererkrankungen und Epilepsie eingesetzt. In Ländern wie England wird er seit langem in Form von Tee als Allround-Gesundheitstonikum verwendet, das besonders bei Halsschmerzen und Husten hilft.

In der chinesischen Medizin wird Salbeitee bei Verdauungsschwäche und Unausgeglichenheit des Nervensystems eingesetzt. Salbei hat auch antibakterielle Eigenschaften, die erst kürzlich in wissenschaftlichen Studien über das Wischen "entdeckt" wurden

- eine Praxis, die von den amerikanischen Ureinwohnern seit Jahrtausenden praktiziert wird und bei der festgestellt wurde, dass Salbei Bakterien in der Luft buchstäblich auslöscht.

Magisch wird Salbei mit der Komponente der Luft und dem Planeten Jupiter in Verbindung gebracht. Normalerweise wird er vor allem in der Magie verwendet, um unerwünschte Energien von Menschen, Gegenständen und Orten zu entfernen, Weisheit zu erlangen und den Verlust von geliebten Menschen zu heilen. Das Wort "Salbei" leitet sich vom lateinischen Wort "salveo" ab, was "heilen" oder mit anderen Worten "salben" bedeutet, was auf ein altes Verständnis der Verbindung zwischen diesem Kraut und den Wunden der Trauer hinweisen könnte.

Salbei ist auch ein hilfreicher Bestandteil von Schutzzaubern und Zaubern für Langlebigkeit sowie zur Klärung des Geistes und zur Öffnung des 3. Auges. Manche verwenden Salbei auch in Zaubersprüchen für Fruchtbarkeit und Glück. In diesem Kapitel erfahren Sie, wie Sie Salbei zur Reinigung Ihrer rituellen Werkzeuge, zur Verarbeitung von Trauer und zum Anzapfen Ihrer inneren Weisheit verwenden können.

Salbeitee-Langlebigkeitszauber

Für Hexen, die sich eher im Crone-Alter als im Jungfrauenalter befinden, gewinnt der Gedanke an ein langes Leben an Bedeutung. Aber unabhängig von Ihrem Alter oder Geschlecht bekräftigt dieser Spruch Ihre Absicht, ein langes, gesundes und glückliches Leben zu führen.

Auf der körperlichen Ebene ist Salbei bei einer Reihe von Gesundheitsproblemen sehr hilfreich, insbesondere im Zusammenhang mit Stress und Angstzuständen. Die beruhigende Wirkung eines Teerituals reduziert bereits den Stresspegel, sodass die Hinzufügung der physischen und magischen Energien des Salbeis die Absicht hier wirklich intensiviert. Die unten aufgeführten Kristalle werden auch mit Langlebigkeit in Verbindung gebracht und verleihen dem Zauber eine dauerhafte physische Komponente.

Sie benötigen:

- 1 Teelöffel getrocknete Salbeiblätter
- Teesieb (optional)
- Weiße Kerze
- 1 Stück Amethyst, Granat, Citrin oder Karneol
- Zettel oder Briefpapier

Anweisungen:

Zünden Sie die Kerze an und brühen Sie den Tee auf.

Während es dampft, machen Sie eine Liste mit Dingen, die Sie in ferner Zukunft erleben möchten. Das hängt von Ihrem jetzigen Alter ab, könnte aber auch bedeuten, dass Sie in den Ruhestand gehen, verreisen, Großeltern werden oder irgendetwas anderes, das Sie sich in weiter Ferne vorstellen.

Wenn der Tee fertig ist, nippen Sie langsam daran und wählen Sie einen der Punkte auf Ihrer Liste.

Schreiben Sie eine Beschreibung dieses Ereignisses oder Umstands in der Gegenwart - beschreiben Sie Ihre Reisen, Ihre Enkelkinder oder was auch immer Sie sich genauer vorstellen möchten. Schreiben Sie so, als würde es gerade jetzt passieren.

Wenn Sie mit dem Schreiben fertig sind, falten Sie das Papier 3-mal und legen Sie es unter den Kerzenständer (achten Sie darauf, dass die schwindende Kerze das Papier nicht entzündet).

Nehmen Sie den Kristall und tauchen Sie ihn ganz schnell in den Rest Ihres Tees.

Stellen Sie es zum Trocknen vor die Kerze.

Bewahren Sie den Kristall an einem Ort auf, an dem Sie ihn oft sehen und sich an Ihre Affirmation für ein langes Leben erinnern.

Salbeiblatt-Weisheitszauber

Manchmal gibt es Themen oder Dilemmas, die mit Logik, Problemlösung oder sogar Wahrsagerei nicht zu erhellen sind. Bei den wirklich großen Fragen des Lebens können die magischen Eigenschaften des Salbeis helfen, festgefahrene Energien loszulassen, die durch das "Durchdrehen" eines Problems verursacht wurden, und den 6. Sinn so weit zu öffnen, dass man Führung aus der Geisterwelt erhält.

Dieser Zauber wird am besten nachts, kurz vor dem Schlafengehen, angewendet. Oft genug werden Ihnen die Hinweise, die Sie suchen, in Ihren Träumen erscheinen.

Sie benötigen:

- 7-10 Salbeiblätter
- Blaue oder schwarze Kerze
- Zettel oder Briefpapier (fakultativ)
- Arbeitskerze für Atmosphäre (optional)

Anweisungen:

Zünden Sie die Arbeitskerze an, falls vorhanden.

Verbringen Sie einige Zeit in stiller Meditation.

Wenn Sie eine starke energetische Aufladung der Situation spüren (Angst, emotionale Aufregung usw.), sollten Sie vielleicht etwas frei darüber schreiben, um den Kopf frei zu bekommen.

Legen Sie nun die Salbeiblätter kreisförmig um die Kerze, wobei Sie mindestens ein Blatt zurückhalten. Reiben Sie dieses auf Ihre Handgelenke und Schläfen.

Beginnen Sie, laut mit dem Universum über Ihre Situation zu sprechen. Erklären Sie, als ob Sie mit einem Freund sprechen.

Wenn Sie bereit sind, formulieren Sie die klarste Frage, die Sie zu der Situation stellen können, und stellen Sie sie direkt.

Zünden Sie dann die Kerze an und sagen Sie die folgenden (oder ähnliche) Worte:

"Ich übergebe meine Frage an die weise Crone-Energie des Universums."

Geben Sie der Kerze Zeit, von selbst zu brennen.

Lassen Sie die Salbeiblätter über Nacht an dieser Stelle liegen und vergraben Sie sie am nächsten Tag in der Erde.

Wenn Sie die Antworten noch nicht gefunden haben, werden Sie sie in den nächsten Tagen finden.

Zauberspruch zur Lösung von Rechtsproblemen

Wenn Sie sich in rechtlichen Schwierigkeiten befinden, sei es ein unbezahltes Knöllchen oder etwas Ernsteres, ist es wichtig, ruhig zu bleiben. Die Fähigkeit des Amethysts, Konflikte zu lösen und konfrontative Energien zu unterdrücken, kann Ihnen helfen, Ihre rechtlichen Angelegenheiten auf friedliche Weise zu lösen.

Um sich auf diese Arbeit vorzubereiten, können Sie den Badezauber weiter vorn ("Badezauber für Geduld und Flexibilität") ausprobieren, bevor Sie beginnen.

Sie benötigen:

- 1 kleine Amethyst-Kristallspitze
- Weiße Kerze
- 2 kleine Musselin- oder andere Stoffquadrate
- Nadel
- Blauer Faden
- Orangefarbenes Garn

Anweisungen:

Zünden Sie die Kerze an und nehmen Sie sich einige Augenblicke Zeit, um Ihren Geist zur Ruhe zu bringen.

Legen Sie den Amethysten auf eines der kleinen Stoffquadrate und legen Sie das andere Quadrat darauf.

Nähen Sie, beginnend mit dem orangefarbenen Faden, die Stoffquadrate so zusammen, dass sie den Amethysten umschließen. Während Sie nähen, denken Sie so objektiv wie möglich über die Umstände nach, die Ihr Rechtsproblem umgeben.

Führen Sie die Nadel mit dem blauen Faden wieder ein und nähen Sie erneut um die Ränder des Stoffes herum, wobei Sie Ihre Energie diesmal auf klare Kommunikation, Wahrheit und die friedliche Beilegung Ihres Streits konzentrieren.

Legen Sie den Anhänger vor die brennende Kerze und sagen Sie die folgenden (oder ähnliche) Worte:

"Die Kräfte der Wahrheit und der Versöhnung,

nun diese magische Schöpfung einfließen lassen."

Lassen Sie die Kerze von selbst ausbrennen.

Stecken Sie den beiliegenden Amethyst in Ihre Tasche oder Handtasche, wenn Sie einen Richter, einen Beamten oder einen Anwalt treffen, um Ihre Absicht zu fokussieren und eine wahrheitsgemäße und positive Kommunikation zu erreichen.

Thymian

Pentagramm-Selbstvertrauen-Zauber

Man kann wohl mit Fug und Recht behaupten, dass Hexen schon ein ziemlich selbstbewusster Haufen sind, wenn man bedenkt, wie viel Mut es erfordert, einen so unkonventionellen Lebensweg einzuschlagen. Nichtsdestotrotz haben wir alle unsere Momente des Selbstzweifels, besonders wenn wir vor neuen Herausforderungen stehen.

Dieser Zauber dient als nette Erinnerung an Ihre Talente, Fähigkeiten und andere positive Eigenschaften, die Sie zu Ihrer Verfügung haben, solange Sie sich daran erinnern, wer Sie sind. Probieren Sie diesen Spruch aus, wenn Sie das nächste Mal Zweifel an Ihren Fähigkeiten haben, ein bestimmtes Ziel zu erreichen.

Sie werden mit den Thymianzweigen ein Pentagramm (fünfzackiger Stern) bilden. Vielleicht möchten Sie ein Bild eines Pentagramms zeichnen oder ausdrucken, um Ihnen bei der Platzierung des Thymians während des Zaubers zu helfen.

Obwohl Rot- und Orangetöne traditionell mit Selbstvertrauen assoziiert werden, sollten Sie hier Ihrer Intuition vertrauen und die Farbe wählen, die Sie am meisten anspricht.

Sie benötigen:

- 5 Thymianzweige
- Kerze
- Pentagramm-Bild (optional)

Anweisungen:

Zünden Sie die Kerze an und verbringen Sie ein paar Augenblicke damit, Ihren Geist zur Ruhe zu bringen.

Halten Sie den 1. Zweig und denken Sie an etwas, das Sie gut können. Sagen Sie laut:

"Ich bin gut in __________."

Legen Sie den Zweig auf den Altar vor die Kerze, sodass genug Platz bleibt, um den Stern zu vervollständigen.

Denken Sie mit dem 2. Zweig an eine Zeit, in der Sie jemand anderen Freundlichkeit gezeigt haben. Sagen Sie laut:

"Ich habe __________ Freundlichkeit gezeigt."

Legen Sie den Zweig auf den Altar, um das Pentagramm zu bilden.

Denken Sie beim 3. Zweig an ein Ereignis, bei dem Sie eine Herausforderung überwunden haben. Sagen Sie laut:

"Ich habe gezeigt, dass ich __________ überwinden kann."

Setzen Sie den Zweig ein, um den Stern fortzusetzen.

Mit dem 4. Zweig denken Sie an eine Eigenschaft, auf die Sie wirklich stolz sind. Sagen Sie laut:

"Ich bin stolz auf meine __________."

Setzen Sie den Zweig ein, um den Stern fortzusetzen.

Denken Sie bei dem letzten Zweig an etwas, von dem Sie sich gerade herausgefordert fühlen. Sage laut:

"Ich weiß, dass ich __________ überwinden kann."

Legen Sie den Zweig auf den Altar, um den Stern zu vervollständigen.

Atmen Sie ein paar Mal tief durch und lassen Sie sich von der Energie des Selbstvertrauens erfüllen.

Lassen Sie die Kerze von selbst ausbrennen.

Die Thymian-Zweige mit den Fingerspitzen zerbröseln und über die Erde streuen.

Muskatnuss

Muskatnuss hat eine lange Tradition in der Medizin und wird unter anderem gegen Furunkel, Neuralgien, Rheuma und Fieberbläschen eingesetzt. Muskatnuss regt den Appetit an und hilft bei der Verdauung.

Wichtige Anmerkung: Muskatnuss sollte mit Vorsicht verwendet werden, da die Einnahme großer Mengen Halluzinationen hervorrufen kann; schwangere Frauen sollten Muskatnuss überhaupt nicht als Arzneimittel verwenden.

Muskatnuss ist ein männliches Kraut, das mit der Komponente Luft (und manchmal Feuer) und auch mit dem Planeten Jupiter in Verbindung gebracht wird. Es ist eine starke Zutat für jede Art von Magie, aber besonders für Zaubersprüche, die mit Glück und positiven Gefühlen im Allgemeinen zu tun haben. Es ist bekannt, dass Hexen Anleihen bei anderen magischen Traditionen nehmen, z. B. beim nordamerikanischen Hoodoo, wo die Muskatnuss wegen ihrer glücksbringenden Wirkung bei Glücksspielen geschätzt wird.

In vielen Wicca-Traditionen wird Muskatnuss häufig verbrannt, um Glück zu bringen, nicht nur bei Glücksspielen, sondern auch vor Gericht. Darüber hinaus hilft Muskatnuss bei der Wahrsagerei, verbessert die Wahrnehmung und hilft zu sehen, was sich unter der Oberfläche einer bestimmten Situation befindet.

Muskatnuss ist natürlich auch ein Kraut, in dem sich Küche und Magie treffen. Traditionelle westliche Feiertage verwenden Muskatnuss stark in der Küche, und ihre warme, einladende, aromatische Präsenz sorgt nicht nur für köstliche Speisen, sondern verleiht auch Herd und Heim ein gemütliches, liebevolles Gefühl. Diese Eigenschaft kann durch Magie nutzbar gemacht werden, mit oder ohne kulinarische Unterstützung, wie Sie in einem der folgenden Zaubersprüche sehen werden. Andere magische Ziele, die in diesem Kapitel angesprochen werden, sind das Lösen von Streitigkeiten, angenehme Reisen und allgemeines Glück.

Kräuter- und Blütenzauber zur Klärung eines Streits

In jeder Beziehung kommt es oft zum Streit, wenn die Kommunikation versagt. Selbst mit den besten Absichten können wir manchmal aufhören, unsere Bedürfnisse mitzuteilen oder auf die Bedürfnisse des anderen zu hören. Die daraus resultierenden Missverständnisse können zu Spannungen und zunehmenden Streitigkeiten führen. Muskatnuss hilft dabei, unsere Wahrnehmung zu verbessern - unsere Fähigkeit zu verstehen, was unter der Oberfläche einer schwierigen Situation vor sich geht.

Dieses Ritual hilft, Ehrlichkeit in eine Beziehung zu bringen, negative Gefühle loszulassen und Kraft für eine gesunde Kommunikation zwischen 2 Menschen zu geben. Die gelbe Kerze symbolisiert die Kraft der Luft, den buchstäblichen Fluss des Gesprächs. Die Rosenblätter sind ein Symbol der Liebe und erinnern daran, dass mit Liebe und Sorgfalt Streitigkeiten gelöst und die Harmonie in einer Beziehung wiederhergestellt werden können. Dieser Zauber ist in jeder Beziehung nützlich, sei es ein romantischer Partner, ein Familienmitglied oder ein Freund.

Sie benötigen:

- Gelbe Kerze
- Olivenöl
- Spitze getrocknete Minze
- Eine Prise getrocknete Muskatnuss
- Getrocknete gelbe Rosenblütenblätter
- Mörser und Stößel oder kleine Schüssel
- Ein Foto oder ein anderes Symbol der Person

Anweisungen:

Beginnen Sie damit, ein weißes Licht zu visualisieren, das in Ihrem Inneren beginnt und langsam nach außen strahlt, bis Sie von einem schützenden weißen Licht umhüllt sind.

Mischen Sie die Kräuter und Blütenblätter im Mörser oder in der Schale und stellen Sie sich dabei vor, dass Ihre persönliche Kraft in die Zutaten fließt.

Reibe die Kerze mit einem Küchen-Öl ein und wälze sie dann in der Kräuter- und Blütenmischung.

Stellen Sie das Foto oder Symbol auf Ihren Altar. Zünden Sie die Kerze an, während Sie die folgenden (oder ähnliche) Worte singen:

"Luft, unser Atem fließt frei, lasst uns ehrlich sprechen."

Setzen Sie den Spruch 6-mal fort, während Sie sich auf das Foto der anderen Person konzentrieren.

Setzen Sie sich nach dem Gesang ruhig hin und erlauben Sie Ihrem Körper, die negativen Emotionen, die diese Person umgeben, loszulassen, damit Sie bei Ihrer nächsten Begegnung offen und ehrlich mit ihr kommunizieren können.

Lassen Sie die Kerze ausbrennen. Sagen Sie dann die folgenden (oder ähnliche) Worte:

> "Wenn wir uns das nächste Mal treffen, sollten wir offen und ehrlich miteinander sprechen. So möge es sein."

Rosmarin

Rosmarin ist ein immergrüner Strauch, der im Mittelmeerraum beheimatet ist. Er gilt als sehr duftendes und starkes Mitglied der tropischen Minz-Familie. Wenn die Bedingungen (Klima) ausreichend feucht sind, bringt Rosmarin in 2 Jahreszeiten, nämlich im Frühling und im Sommer, sehr zarte indigoblaue Blüten hervor. Der Name dieses stark würzigen Krauts leitet sich von dem einheimischen lateinischen Wort "rosmarinus" ab, was "die Tautropfen des Meeres" bedeutet.

Im alten Ägypten war Rosmarin ein heiliges Kraut, das bei der Einbalsamierung verwendet und in den Tempeln als Weihrauch verbrannt wurde. Die Griechen betrachteten Rosmarin als heilig für die Göttin Aphrodite, und man kann ihn auf vielen Bildern aus der Antike neben ihr sehen. Sie verwendeten Rosmarin auch zum Schutz vor Albträumen und Rosmarinholz zur Herstellung von Musikinstrumenten.

Im Mittelalter trugen die Menschen Rosmarin um den Hals, um die "bösen Geister" abzuwehren, die die Pest brachten, und in Frankreich wurde Rosmarin in Krankenzimmern verbrannt, um die Luft zu reinigen. Rosmarinzweige wurden auch zu Kränzen geflochten, die Bräute bei Hochzeiten trugen, und diese Zweige waren im gesamten mittelalterlichen Europa ein beliebtes und geschätztes Geschenk für Hochzeitsgäste.

Rosmarin hat viele magische Verwendungsmöglichkeiten. Er wird nach wie vor vor allem wegen seiner reinigenden Eigenschaften verwendet - nicht nur, um negative Energien abzuwehren, sondern auch, um aktiv Positives anzuziehen. In einigen Traditionen wird angenommen, dass er in der Lage ist, Elfen und Feen zu beschwören. Da Rosmarin sowohl mit der Sonne als auch mit dem Mond und dem Element Feuer assoziiert wird, wird er auch verwendet, um die Treue in Beziehungen zu fördern und Eifersucht zu vertreiben.

Er fördert das Gedächtnis - sowohl im Gehirn als auch im Herzen - und eine der stärksten Verwendungen dieses Krauts ist die, sich "unvergesslich" zu machen. Rosmarin wird auch für die Traumarbeit und die Rückerinnerung an vergangene Leben sowie zur Erhaltung der jugendlichen Vitalität verwendet.

In diesem Abschnitt finden Sie Zaubersprüche, die die Langlebigkeit einer Beziehung, den Erfolg bei Schulprüfungen und die Reinigung von Körper und Geist fördern.

Nagende Gedanken loslassen

Der Verstand ist ein natürlicher Problemlöser. Wenn es ums Überleben geht, ist das eine gute Sache - wir finden heraus, wie wir essen, wo wir uns verstecken und wie wir uns vor Gefahren schützen können. Es gibt jedoch viele Situationen im Leben, aus denen wir uns nicht einfach herausdenken können. Und wenn wir unser zwanghaftes Denken nicht im Zaum halten, können wir ein Problem auch einfach dadurch aufrechterhalten, dass wir uns weiterhin darauf konzentrieren.

Dieser Badezauber ist perfekt, um sich von hartnäckigen Gedanken über eine Situation zu befreien, die man im Moment nicht wirklich lösen kann. Ganz gleich, ob es sich um die Notwendigkeit handelt, einen neuen Job zu finden, einen zwischenmenschlichen Konflikt oder einfach nur um Bedauern über etwas, das in der Vergangenheit passiert ist - die reinigende Kraft des Rosmarins kann Ihnen helfen, Ihre unerwünschte Anhaftung an die Situation loszuwerden und Ihnen einen neutralen Raum zu verschaffen, der Ihnen höchstwahrscheinlich dabei helfen wird, eine Lösung für die Zukunft zu finden.

Das Lavendelöl trägt seine eigenen reinigenden und beruhigenden Schwingungen bei, während das Zitronenöl die energetischen Vorteile dieses Bades durch eine helle Note ergänzt. Die reinigenden Kräfte des Meersalzes erhöhen den Entschlackungsfaktor natürlich noch weiter.

Wenn Sie noch keine Erfahrung mit ätherischen Ölen haben, halten Sie sich am besten an nur 3 Tropfen von jedem Öl, bis Sie ein besseres Gefühl dafür bekommen, wie stark die einzelnen Öle sind und wie viel Sie vertragen können.

Sie benötigen:

- 3-5 Tropfen ätherisches Rosmarinöl
- 3-5 Tropfen ätherisches Lavendelöl
- 3-5 Tropfen ätherisches Zitronenöl
- ¼ Tasse Meersalz

- Weiße Kerze

Anweisungen:

Lassen Sie ein warmes Bad einlaufen, um das Ritual zu beginnen. Geben Sie das Salz und die Öle in Ihr Bad und schwenken Sie das Wasser sanft. Zünden Sie die weiße Kerze an und schalten Sie jegliches künstliche Licht aus.

Steigen Sie sanft in das Bad, atmen Sie tief ein und lassen Sie sich vom Duft der Öle einhüllen. Atmen Sie ein paar Mal tief ein und konzentrieren Sie sich dabei nur auf das Ein- und Ausatmen.

Wenn Sie das Gefühl haben, dass Ihr Geist zur Ruhe gekommen ist, lassen Sie zu, dass die Situation, über die Sie sich den Kopf zerbrochen haben, in den Vordergrund rückt, und sagen Sie die folgenden (oder ähnliche) Worte:

"Ich gebe diese Situation frei,

in tadelloser Liebe und einwandfreiem Vertrauen.

Ich vertraue darauf, dass die Welt eine Lösung findet,

in dem Wissen, dass alles gut gehen wird, wie es sein muss."

Entspannen Sie sich mindestens 15-20 Minuten im Bad.

Wenn Sie bereit sind, lassen Sie das Bad ab, aber bleiben Sie in der Wanne, damit das Wasser alle verbleibende Energie aus der Situation ziehen kann, die vielleicht versucht, bei Ihnen zu bleiben.

Wenn Sie sich in den nächsten Tagen wieder Sorgen um die Situation machen, wiederholen Sie die obigen Worte für sich selbst.

Sie können auch den Verschluss Ihres Rosmarinöls öffnen und das Aroma sanft einatmen, um Ihren Geist zu befreien.

Rosmarin-Räucherstäbchen zur persönlichen Reinigung

Die reinigenden Eigenschaften von Rosmarin wirken sowohl auf der physischen als auch auf der energetischen Ebene. Dieser Zauber wirkt wie ein psychischer Hausputz, der es Ihrem Körper und Ihrem Geist ermöglicht, jegliche Ansammlung von unerwünschter Energie loszulassen, die Sie im Laufe Ihres arbeitsreichen Tages aufgenommen haben.

Wenn während der Reinigung unerwünschte Gedanken in Ihren Geist kommen, nehmen Sie sie zur Kenntnis und erlauben Sie ihnen, zu vergehen und weg zu schweben. Halten Sie nicht an irgendwelchen Gedanken fest, weder an positiven noch an negativen. Erlauben Sie den Gedanken einfach, in Ihren Geist einzutreten und ihn wieder zu verlassen.

Wie bei Kerzen ist es wichtig, beim Löschen von Räucherkräutern ehrfürchtig zu sein. Verwenden Sie kein Wasser und zerschlagen Sie nicht das schwelende Ende des Räucherstäbchens, um es zu löschen. Lassen Sie stattdessen die Erde die Hitze sanft absorbieren, bis die Glut erloschen ist.

Sie benötigen:

- 1 Rosmarin-Räucherstäbchen
- Weiße Kerze
- Erde von einer Topfpflanze (optional)

Anweisungen:

Stellen Sie die Kerze in die Mitte Ihres Tisches oder Altars und zünden Sie sie an. Nehmen Sie sich ein paar Augenblicke Zeit, um Ihren Geist zu beruhigen, indem Sie tief einatmen.

Zünden Sie das Räucherstäbchen an der Kerze an.

Stellen Sie sich aufrecht und mit leicht gespreizten Füßen hin.

Beginnen Sie mit dem Räucherstäbchen an Ihrem Kopf und wirbeln Sie den Rosmarin langsam herum, um Ihre Energie zu reinigen. Bewegen Sie das Räucherstäbchen sanft und langsam im Uhrzeigersinn um Ihren gesamten Körper und geben Sie ihn bei Bedarf von Hand zu Hand weiter.

Es kann sein, dass Sie das Bedürfnis haben, für einige Körperteile mehr Zeit aufzuwenden als für andere. Verbringen Sie so viel Zeit damit, das Räucherstäbchen zu schwenken, wie Sie brauchen, um diesen Bereich zu reinigen. Nehmen Sie sich die Zeit, die Sie brauchen, um die vollständige Befreiung von unerwünschter Energie zu spüren.

Beenden Sie die Reinigung am Scheitelpunkt Ihres Kopfes. Atmen Sie noch 3-mal tief und mit klarem Geist ein, um sich vollständig zu reinigen.

Nehmen Sie das Räucherstäbchen mit nach draußen und löschen Sie es vorsichtig in der Erde (oder in der Erde einer Topfpflanze) ab.

Wiederholen Sie dieses Ritual jedes Mal, wenn Sie Ihre eigene Energie reinigen und klären wollen.

Vertrauenszauber für Prüflinge

Dieser Zauber ist ideal für Studenten, die vor Zwischen- oder Abschlussprüfungen stehen, kann aber auch in jeder anderen Situation eingesetzt werden, in der das Erinnerungsvermögen ein entscheidender Faktor ist. Die Kraft von Rosmarin, das Gedächtnis zu verbessern, wird mit der Energie der Farbe Orange kombiniert, die mit Vertrauen assoziiert wird.

Sie werden eine schöne visuelle Erinnerung an Ihre Fähigkeit schaffen, den Stoff, den Sie studieren, zu beherrschen, die Informationen bei Bedarf abzurufen und Ihre magische Energie mit der natürlichen Welt in Einklang zu bringen, um Ihren Geist und Ihr Leben zu verbessern.

Der beste Ort für dieses Ritual ist in Ihrem Zuhause, wo Sie normalerweise lernen oder üben, z. B. in einem bestimmten Raum oder an Ihrem Schreibtisch.

Sie benötigen:

- 3 Zweige frischer Rosmarin
- Kleine Vase gefüllt mit gereinigtem Wasser
- Orangefarbene Kerze

Anweisungen:

Verbringen Sie ein paar Augenblicke damit, Ihren Geist zur Ruhe zu bringen. Wenn Sie bereit sind, zu beginnen, zünden Sie die orangefarbene Kerze an.

Halten Sie die Vase in Ihren Händen und senden Sie Ihre persönliche Kraft in das Wasser, um es für eine optimale Wirkung des Zaubers zu energetisieren.

Konzentrieren Sie sich einige Augenblicke lang auf das Licht der Flamme, während Sie sich vorstellen, wie Sie die Prüfung beginnen.

Stellen Sie einen Rosmarinzweig in die Vase. Stellen Sie sich nun vor, dass Sie sich selbstbewusst und erfolgreich fühlen, während Sie die Prüfung ablegen.

Stellen Sie den 2. Zweig frischen Rosmarin in die Vase. Stellen Sie sich zum Schluss vor, wie Sie den Test abschließen und sich über Ihre Ergebnisse freuen.

Stellen Sie die Vase mit Rosmarin auf Ihren Schreibtisch oder in Ihr Arbeitszimmer.

Wiederholen Sie den Spruch bei jedem neuen Test oder wenn Sie spüren, dass die Energie des Wassers und des Rosmarins nachlässt.

7-Tage-Glücksverstärker-Zauber

Seit der Antike haben die verschiedenen Kulturen unterschiedliche Vorstellungen von "Glück" gehabt. Viele glaubten, dass die Stellung der Sterne und Planeten über das Glück entscheidet, während andere Kreaturen wie Feen und Kobolde anflehten, ihnen Glück zu bringen. Aber was auch immer die Vorzüge dieser Traditionen sein mögen, es hat sich immer wieder gezeigt, dass eine positive Einstellung zum Leben und ein hoffnungsvoller Geist die direktesten Auswirkungen auf unser "Glück" im Leben haben.

Dieser lustige Zauber macht sich die traditionelle Farbe des Glücks zunutze und hilft Ihnen dabei, eine bewusstere Praxis des positiven Denkens in Ihrem täglichen Leben zu entwickeln.

Sie benötigen:

- 7 grüne Votivkerzen
- 7 kleine Zettel
- Grüner Bleistift, Kugelschreiber oder Marker
- Kleine Schale

Anweisungen:

Zur Vorbereitung auf diesen Zauber schreiben Sie 7 positive Affirmationen, eine auf jeden Zettel. Sie können die unten aufgeführten Beispiele verwenden oder Ihre eigenen schreiben.

Falten Sie jeden Zettel, nachdem Sie die Affirmation geschrieben haben, und legen Sie sie alle in die Schale.

Stellen Sie die 7 Kerzen in einer Reihe auf Ihren Tisch oder Altar.

Am 1. Morgen des Zaubers, gleich nach dem Aufwachen, zünden Sie eine einzelne grüne Kerze an. Wirbeln Sie die Zettel in der Schale herum und wählen Sie einen zufällig aus. Lesen Sie die Affirmation laut vor und stecken Sie das eine Ende des Zettels vorsichtig unter die brennende Kerze. Nach ein paar Augenblicken oder wenn es Zeit ist, das Haus zu verlassen, löschen Sie die Kerze vorsichtig.

Am 2. Morgen zünden Sie die 1. Kerze und eine weitere Kerze an, sodass Sie 2 grüne Kerzen haben. Lesen Sie die Affirmation vom 1. Morgen noch einmal vor und wählen Sie dann eine neue Affirmation aus der Schale, die Sie heute laut vorlesen möchten. Stecken Sie die neue Affirmation unter die neue Kerze und lassen Sie beide Kerzen für einige Augenblicke brennen oder bis es Zeit ist, das Haus zu verlassen.

Wiederholen Sie diesen Vorgang für volle 7 Tage. Sie werden angenehm überrascht sein, wie viel "Glück" Sie anzapfen, wenn Sie Ihre positiven Schwingungen im Laufe der Woche erhöhen.

Beispiele für positive Affirmationen:

- Es ist kein Zufall, dass ich hier auf dieser Erde bin.
- Jeden Tag gibt es unzählige Dinge, die für mich funktionieren.
- Ich bin ein ausgezeichneter Manifestator meiner Träume.
- Unerwartete Wunder geschehen jeden Tag.
- Ich habe das Glück, die Magie entdeckt zu haben.
- Ich genieße dieses Experiment namens "Leben" sehr.
- Ich bin weit offen für die besten Möglichkeiten.

Blau

Als Farbe des Himmels an einem sonnigen Tag, die sich auch in Gewässern widerspiegelt, ist Blau eine friedliche Farbe mit beruhigenden Eigenschaften, ähnlich wie der Blick auf das Meer oder einen ruhig fließenden Fluss. Dementsprechend wird sie oft auf magische Weise verwendet, um Frieden, Ruhe, Gelassenheit und Geduld herbeizuführen und uns zu helfen, mit den unerwarteten Wendungen des Lebens "mit dem Strom zu schwimmen".

Blau ist nützlich bei Schlafproblemen, einschließlich Schlaflosigkeit und beunruhigenden Träumen, und zur Lösung von Ängsten in Geist und Körper. Als wahrhaft heilende Farbe kann Blau in der Magie eingesetzt werden, um schwierige Emotionen zu untersuchen und aufzulösen und um Gefühle der Stabilität zu fördern.

Blau ist die Farbe des Hals-Chakras, das für tiefe Kommunikation und die Fähigkeit, uns selbst und anderen gegenüber ehrlich zu sein, zuständig ist. Schwierige Gespräche können durch Zauberei mit dieser Farbe erleichtert werden, da Blau uns hilft, unsere inneren Wahrheiten zu entdecken und auszusprechen und bisher verborgene Wahrheiten über scheinbar komplexe Situationen zu verstehen.

Ihre Fähigkeit, festgefahrene Emotionen zu lösen, macht sie zu einer großartigen Farbe für Zaubersprüche im Zusammenhang mit Gewichtsabnahme. Sie wird auch in der Zauberarbeit zum Schutz vor Disharmonie und negativen Schwingungen verwendet, besonders im Zusammenhang mit dem Zuhause, und um Weisheit, Vertrauen, Gerechtigkeit und Glück zu fördern. Blau kann bei der Stärkung von Beziehungen aller Art helfen, indem es Loyalität, Aufrichtigkeit, Glauben, Hingabe, Zuverlässigkeit und Vertrauen fördert.

Blau wird auch mit spirituellen Angelegenheiten in Verbindung gebracht und wird bei Arbeiten im Zusammenhang mit übersinnlichen Fähigkeiten, Astralprojektion, prophetischen Träumen und Meditation verwendet. Wenn Sie Ihre Verbindung zur spirituellen Welt verbessern wollen, sollten Sie mit den blauen Energien arbeiten. Die Elementarassoziation von Blau ist natürlich Wasser, und seine Himmelsrichtung ist Westen. In der Astrologie wird sie mit dem Mond, den Planeten Jupiter, Neptun und Merkur sowie den Zeichen Jungfrau, Steinbock, Wassermann und Fische in Verbindung gebracht.

Im Folgenden finden Sie Zaubersprüche, die Ihr Zuhause vor negativen Energien schützen und die Harmonie zwischen seinen Bewohnern fördern, Ihre Geduld steigern und Sie zu Ihrem eigenen emotionalen Führer und Heiler machen.

Blauer Perimeter-Hausschutzzauber

Die Schwingungen des Wohlbefindens, die von der Farbe Blau ausgehen, machen sie zu einer idealen Farbe für einen Schutzzauber gegen negative Energie - ganz gleich, ob die Negativität in Form Ihrer eigenen Gedanken, anderer nicht-physischer Energien im Haus oder anderer Menschen auftritt.

Die subtile energetische Anpassung, die dieser Zauber bewirkt, kann Ihnen helfen, Ihr Zuhause in ein wahres Heiligtum zu verwandeln, in dem sich die positivsten und heilendsten Aspekte von Ihnen selbst und anderen entfalten können.

Dieser Zauber erfordert besondere Vorsicht, da Sie brennende Kerzen vorübergehend unbeaufsichtigt lassen, während Sie sich von Raum zu Raum bewegen. Treffen Sie vorher alle notwendigen Vorkehrungen für Haustiere und Kinder.

Die besten Ergebnisse erzielt man, wenn man aufräumt, fegt, abstaubt und/oder was auch immer nötig ist, um ein Gefühl der Ruhe und Ordnung im Haus zu schaffen. Vielleicht möchten Sie auch die Energie durch Räuchern mit Kräutern oder eine andere Methode zur Reinigung des Raums reinigen.

Sie benötigen:

- Blaue Teelichter oder Votivgläser (genug für jede Tür und jedes Fenster in Ihrem Haus)
- Kleine Tasche oder Korb zum Tragen der Kerzen

Anweisungen:

Legen Sie alle Kerzen in den Beutel oder Korb und halten Sie ihn in den Armen.

Konzentrieren Sie sich darauf, die Energie des Schutzes zu nutzen und sie auf alle Kerzen zu konzentrieren.

Wenn Sie bereit sind, stellen Sie eine blaue Kerze auf den Boden in der Mitte der Tür, beginnend mit dem Haupteingang. Zünden Sie die Kerze an und stellen Sie sich eine blaue Wand aus lebendigem Licht vor, die diesen Bereich Ihres Hauses vor unerwünschten Energien und Besuchern abschirmt.

Gehen Sie im Uhrzeigersinn um Ihr Haus herum und wiederholen Sie diese Schritte an jedem Fenster und jeder zusätzlichen Tür - also an jedem potentiellen Eingang zu Ihrem Haus (wenn Sie einen funktionierenden Schornstein haben, platzieren Sie auch einen an der Feuerstelle).

Wenn Sie wieder am Eingang angekommen sind, atmen Sie tief ein und stellen Sie sich vor, dass Ihr ganzes Haus von schützendem blauen Licht umgeben ist, und sagen Sie die folgenden (oder ähnliche) Worte:

> "Alle Energie innerhalb dieser Mauern ist positiv, friedlich und zum Wohle aller. Und so ist es auch."

Lassen Sie alle Kerzen mindestens 3 Minuten lang gleichzeitig brennen und genießen Sie das Gefühl der Geborgenheit und des Friedens, das Ihren Lebensraum durchdringt.

Um das Ritual abzuschließen, beginnen Sie wieder am Vordereingang und löschen Sie die Kerze sanft. Arbeiten Sie wieder im Uhrzeigersinn durch das Haus und löschen Sie jede Flamme aus.

Sie können diese Kerzen für eine stimmungsvolle Atmosphäre wiederverwenden oder immer dann, wenn Sie ein Gefühl der Beruhigung in Ihrer Wohnung heraufbeschwören möchten.

Harmoniezauber bei häuslichen Konflikten

Der oben beschriebene Schutzzauber für das eigene Heim ist hervorragend geeignet, um eine gesunde und positive Energie in Ihrem Heim aufrechtzuerhalten. Allerdings können zwischenmenschliche Konflikte unter Mitbewohnern oder Familienmitgliedern immer noch aufflammen und sogar im Laufe der Zeit andauern. Schließlich lernen wir durch unsere Beziehungen, die zwangsläufig auch mal ihre dornigen Seiten haben.

Dieser Zauber kann dieses Lernen und die Lösung des Konflikts erleichtern, indem er einen heiligen Raum und Zeit für einen ehrlichen und heilenden Dialog bietet.

Dieser Zauber ist besonders wirkungsvoll, weil Blau die Farbe des Friedens ist und weil er außerdem voraussetzt, dass beide Parteien bereit sind, eine Meinungsverschiedenheit durchzuarbeiten und zu lösen (beachte Sie, dass er die Bereitschaft der anderen beteiligten Person zur körperlichen Mitarbeit voraussetzt).

Sie benötigen:

- 1 blaue Stumpenkerze
- 2 Stück blaues oder weißes Garn, lang genug, um die Kerze zu umwickeln

Anweisungen:

Sie sollten sich gegenübersitzen und die Kerze zwischen sich stellen, entweder an einem Tisch oder auf einem erhöhten Podest, sodass die Kerze nach dem Anzünden sicher gehandhabt werden kann.

Nehmen Sie sich einen Moment Zeit, um zu atmen und sich zu zentrieren, indem Sie sich ein weißes Licht vorstellen, das Sie beide umgibt. Bitten Sie die andere Person, dasselbe zu tun, sodass Sie beide mit heilenden Absichten in das Ritual gehen.

Zünden Sie die Kerze an und beginnen Sie ein ehrliches Gespräch darüber, wie die Harmonie im Haus wiederhergestellt werden kann. Seien Sie offen, aber respektvoll zueinander. Üben Sie während des gesamten Gesprächs die Verwendung von "Ich-Aussagen" (z. B. "Ich fühle mich _____, wenn du _____").

Es ist wichtig, eine Haltung der Schuldzuweisung oder des Richtig und Falsch zu vermeiden; laden Sie die Person vielmehr ein, mit Ihnen zusammenzuarbeiten, um den Streit zu lösen. Dies kann einige Zeit in Anspruch nehmen, also geben Sie der Person den Raum und die Zeit, die sie braucht, um wirklich reinen Tisch zu machen und eine Lösung zu finden.

Wenn Sie sich davon überzeugt haben, dass der andere Ihnen zugehört hat und der Frieden wiederhergestellt ist, sollte jeder sein Stück Garn sorgfältig um die Kerze binden, um zu zeigen, dass er sich verpflichtet, die Harmonie im Haus zu bewahren.

Sie können die Kerze danach jederzeit sanft löschen und an jedem weiteren Abend wieder anzünden, bis die Kerze verbraucht ist.

Zauberspruch für mehr Geduld

Ganz gleich, ob Sie Frustrationen bei der Arbeit, zu Hause, in einer Beziehung oder einfach mit sich selbst erleben, die heilenden Eigenschaften der Farbe Blau können Ihnen dabei helfen, Ihre aufgestaute Negativität loszulassen und Geduld in auslösenden Situationen aufzubringen.

Bei diesem Zauber geht es darum, Ihre stressbedingten Reaktionen auf die Situation, in der Sie Hilfe brauchen, zu erforschen und einen Talisman zu erschaffen, der Ihnen hilft, zukünftige Auslöser mit mehr Anmut und Leichtigkeit zu überwinden.

Sie benötigen:

- 1 blaue Bannkerze
- Ätherisches Lavendel-, Vetiver-, Palmarosa- und/oder Bergamotte-Öl (optional)
- Zettel oder Briefpapier
- 1 blauer Adventurin, blauer Topas, blauer Opal oder ein anderer blauer Mineralstein

Anweisungen:

Nehmen Sie sich einen Moment Zeit, um sich zu entspannen und den Stress des Tages abzubauen. Atmen Sie tief durch und richten Sie Ihre Aufmerksamkeit von der Welt um Sie herum auf die Welt in Ihnen.

Salben Sie die Kerze mit dem Öl, falls Sie es verwenden. Zünden Sie die Kerze an und stellen Sie den Stein davor.

Schreiben Sie frei über die Beziehung, die berufliche Situation, das Familienproblem usw., das Sie dazu veranlasst hat, diesen Zauber zu wirken.

Beginnen Sie damit, die Situation zu identifizieren, und schreiben Sie dann auf, wie Sie sich dabei fühlen.

Wenn Sie sich beim Schreiben darüber aufregen, versuchen Sie, über Ihre unmittelbare Reaktion hinaus auf das zu schauen, was sich hinter dem Problem verbergen könnte. Gibt es Erinnerungen aus Ihrer Vergangenheit, die hochkommen wollen? Gibt es Ängste, die durch die aktuelle Situation aktiviert werden?

Schreiben Sie, was Ihnen in den Sinn kommt, und schreiben Sie mindestens 20-30 Minuten lang.

Wenn Sie sich klarer und ruhiger fühlen, nehmen Sie den blauen Stein und halten Sie ihn zwischen Ihren Handflächen. Stellen Sie sich vor, dass blaues Licht aus dem Inneren des Steins ausstrahlt und Ihren gesamten Körper umgibt.

Halten Sie diese Vision ein paar Augenblicke lang fest, und wenn Sie bereit sind, sagen Sie die folgenden (oder ähnliche) Worte:

> "Geduld und Frieden,
>
> Leichtigkeit und Fluss,
>
> diese alten Auslöser lasse ich jetzt los.
>
> So soll es sein."

Stellen Sie den Stein wieder vor die Kerze und lassen Sie die Kerze von selbst ausbrennen.

Tragen Sie den Stein in Ihrer Tasche oder Handtasche bei sich und halten Sie ihn fest, wenn Sie einen Auslöser erleben, der Ihre Geduld bedroht.

Zauberspruch für spirituelle Verbindung

Obwohl wir bei anderen Menschen normalerweise an "Beziehung" denken, haben wir auch eine Beziehung zu unserer "höheren Macht" - oder wie auch immer Ihr persönlicher Begriff für die Kraft lautet, die durch Sie wirkt, wenn Sie Magie wirken. Dieser Zauber konzentriert sich auf die Stärkung dieser Beziehung, die letztlich die Grundlage für alle menschlichen Beziehungen ist.

Auch wenn es in der heutigen Welt immer seltener vorkommt, ist es in vielen Haushalten seit langem üblich, einen Ersatzschlüssel außerhalb des Hauses aufzubewahren, sei es unter der Fußmatte, in einer Topfpflanze oder an einem anderen versteckten Ort. Dies dient sowohl als Reserve für den Fall, dass ein Schlüssel verloren geht, als auch als Möglichkeit, Verwandten oder Freunden Zugang zu gewähren, wenn der Hausbesitzer nicht zu Hause ist.

Dieser Zauber greift auf die Energien der Weisheit und des Vertrauens zurück, die diesem Brauch innewohnen, um die wohlwollenden Kräfte zu ehren, die in den unsichtbaren Bereichen für Sie arbeiten.

Indem Sie einen Schlüssel segnen und draußen in der Nähe Ihres Hauses vergraben (oder ggf. in einer Topfpflanze im Haus), signalisieren Sie Ihrer höheren Macht - sei es eine Gottheit, ein Schutzgeist oder einfach die wohlwollende Energie des Universums -, dass Sie ihre Anwesenheit und ihren Beistand in Ihrem Haus und in Ihrem Leben willkommen heißen, egal wo Sie sich gerade befinden.

Es ist auch eine Möglichkeit, sich selbst daran zu erinnern, dass man, wenn man vorübergehend die Verbindung zu seinem spirituellen Zentrum verliert, immer in der Lage sein wird, den Weg zurückzufinden.

Je nachdem, ob die Kriminalität in Ihrer Nachbarschaft ein Thema ist, können Sie einen echten Ersatzschlüssel für Ihr Haus verwenden, aber jeder Metallschlüssel ist für diesen Zauber geeignet.

Manche Leute verwenden einen goldenen Schlüssel für den Gott und/oder einen silbernen Schlüssel für die Göttin (2 Schlüssel sind völlig in Ordnung).

Sie benötigen:

- 1 Schlüssel
- 1 weiße Kerze

Anweisungen:

Halten Sie den Schlüssel in den Händen und meditieren Sie einige Minuten lang in aller Stille. Konzentrieren Sie sich auf das Gefühl, wirklich mit Ihrem wahren Selbst und Ihrer höheren Macht verbunden zu sein.

Wenn Sie sich bereit fühlen, zünden Sie die Kerze an und sprechen dann die folgenden Worte:

> "[Name der Gottheit/des Geistes/der höheren Macht], du bist jetzt und immer in meinem
> Haus und in meinem Herzen willkommen. Dieser Schlüssel soll dir und mir von heute
> an den Zugang zu meinem höchsten Selbst ermöglichen."

Führen Sie den Schlüssel 3-mal sehr schnell durch die Kerzenflamme (um Ihre Finger zu schützen, lassen Sie ihm keine Zeit, heiß zu werden).

Vergraben Sie ihn dann mindestens 15 cm tief in der Erde vor Ihrem Haus oder in der Erde einer großen Topfpflanze.

Schlussfolgerung

Herzlichen Glückwunsch, dass Sie es bis zur letzten Seite von Wicca-Zauber geschafft haben. Ich hoffe und glaube, dass das Buch informativ war und Ihnen die richtigen Werkzeuge gezeigt hat, die Sie brauchen, um Ihre Ziele zu erreichen, was immer sie auch sein mögen. In diesem Buch erfahren Sie etwas über den Ursprung und die Geschichte des Wicca, seinen Glauben und seine Praktiken, einige der Werkzeuge, die von Wiccans verwendet werden, die Elemente und das Rad des Jahres, und wie man Zaubersprüche ausführt. Zu den Zaubersprüchen, die in diesem Buch enthalten sind, gehören solche, die Glück in Reichtum, Geld, Liebe, sowie Schutz des Hauses und sichere Reisen anziehen.

Der nächste Schritt besteht darin, zu erforschen, was Sie von der Magie erwarten. Wollen Sie Ihr Leben umkrempeln? Wenn ja, wie? Beginnen Sie mit kleinen Details und schauen Sie, ob ein Bereich Ihres Lebens mehr Aufmerksamkeit braucht als der Rest. Sobald Sie sich entschieden haben, auf welchen Aspekt Sie sich bei Ihrem ersten Zauber konzentrieren möchten, schauen Sie nach den Mondphasen, den Zeiten des Sonnenauf- und -untergangs an Ihrem Wohnort und den Wochentagen, an denen der Zauber am besten durchgeführt werden kann. Finden Sie heraus, welche Zutaten benötigt werden, und fangen Sie an, sie zu sammeln. Nehmen Sie sich Zeit und genießen Sie den Prozess der Vorbereitung Ihres ersten Zauberspruches.

Wenn Sie bereit sind, zu zaubern, denken Sie daran, sich zu entspannen und Spaß dabei zu haben. Ein Fehler ist kein Beinbruch - was auch immer Sie tun, tun Sie es mit guter, starker Absicht, und Sie werden die Ergebnisse besser sehen, als Sie es sich vorgestellt haben.

Die können sich stattdessen auch einen Zauberspruch aus diesem Buch aussuchen und ihn einfach ausprobieren. Das ist auch in Ordnung. Die Neugier an der Magie führt zu wundersamen Dingen. Lernen hält uns lebendig und erfüllt uns mit der Energie der Götter und Göttinnen. Also, probieren Sie es aus, erforschen Sie, seien Sie mutig - und seien Sie sich bewusst, dass jeder Zauber in diesem Buch mit dem Gedanken an die neue Hexe geschrieben wurde.

Wenn Sie es langsam angehen und Ihren Altar nach und nach aufbauen, Ihre Werkzeuge sammeln und kaufen, einen magischen Kräutergarten anlegen und warten wollen, bis die Zeit reif ist, um in die Welt der Wicca-Magie einzutauchen, ist das auch in Ordnung. Es gibt keinen falschen Weg, sich selbst in Wicca zu ehren. Wählen Sie den Weg, der für Sie richtig ist.

Wenn Sie dieses Buch in irgendeiner Weise nützlich fanden, freuen wir uns über eine Rezension auf Amazon.

Buch 3

Wicca-Kerzenmagie

Ein Wicca-Leitfaden für Kerzenmagie, Schatten und Rituale für Wiccans, Hexen und andere Praktizierende der Hexerei

Einführung

Wicca ist ein eklektischer Glaube, bei dem es um Götter, Göttinnen und Naturverehrung geht. Ein bekannter Wicca-Autor namens Gary Cantrell sagt, dass Wicca in erster Linie auf "Harmonie mit der Natur und allen Aspekten der Götter- und Göttinnen-Theologie" basiert. Die Wicca-Praxis beinhaltet die Beherrschung der Natur durch verschiedene Riten, um Prestige, Macht, Bewunderung oder andere Dinge zu erlangen, die sie sich wünschen. Sie verwendet in ihren Ritualen Symbole und hält sich an ihre eigene Chronologie in Bezug auf Wicca-Feiern.

Seine Ursprünge liegen in der antiken, agrarischen, keltischen Gemeinschaft. Sie wird als neuheidnisch wahrgenommen. Im Wicca gibt es keine hierarchische Klerusstruktur. Was es gibt, sind Priesterinnen oder Priester, was einer Führungsposition innerhalb von Hexenzirkeln gleichkommt. Die verschiedenen Wicca-Traditionen haben unterschiedliche Voraussetzungen für die Erlangung von Führungspositionen. Die bekannten Varianten des Wicca-Glaubens sind Alexandrian, 1734, Dianic, Celtic, Eclectic, Dicordian, Georgian und Gardenian. Wicca ist auch in den Streitkräften verschiedener Länder als eigene Religion anerkannt.

Eine der Standardarbeitsweisen des Wicca-Glaubens ist die Lehre von Karma und Verkörperung. Der Zweck der Reinkarnation besteht darin, dass das reinkarnierte Individuum durch die zahlreichen Leben, die es führen wird, Lektionen lernt. Dieser Prozess der Wiedergeburt wiederholt sich in mehreren Lebensspannen, bis der Geist veredelt ist. Diese Veredelung ist gekennzeichnet durch eine Verschmelzung des Geistes mit dem Schöpfer. Die Geister werden an denjenigen zurückgegeben, den der Wicca-Zirkel als Göttin oder Gott betrachtet. Karma, das das Gesetz von Ursache und Wirkung beherrscht, belohnt oder bestraft nicht. Karma wird von vielen als ein allumfassendes Gesetz betrachtet, das auf jede Art von Ursache entsprechend reagiert, bis die Dissonanz beseitigt ist.

Wicca erhebt nicht den Anspruch, der einzige Weg zu sein, sondern erklärt, dass alle auf dem Glauben basierenden Religionen für die Menschen, die sie anwenden, legitim sind. Sie begrüßt die Wahrheit, dass alle Formen des Lebens wertvoll sind, einschließlich der Tiere, Pflanzen und Menschen.

In der Regel weigern sich die Wiccans, die Existenz des Teufels anzuerkennen (sie beten Luzifer/Satan nicht an). Sie praktizieren keinen Gruppensex und keine vulgären sexuellen Handlungen in ihren Ritualen (obwohl einige Wicca-Praktiken Nacktheit und Sex beinhalten, der nicht für die Öffentlichkeit bestimmt ist), keinen Sex mit Tieren und keine Blutopfer. Im Wicca ist es verboten, Zaubersprüche zu sprechen, um Menschen zu schaden. Sie argumentieren, dass es keine absolute Moral gibt, erkennen die Göttlichkeit der Natur an und streben eine symbiotische Beziehung zur Natur an.

Wiccans halten sich an 2 Hauptregeln. Eine dieser Regeln ist das Wicca-Credo, das besagt, dass man alles tun kann, was man will, solange man dabei niemandem schadet. Die 2. Regel besagt, dass jede Art von Tat, ob gut oder schlecht, die man vollbringt, 3-fach auf einen zurückkommt. Das ist so ziemlich selbsterklärend.

Nach wiccanischem Glauben hat eine allumfassende Lebenskraft, die als "Das Alles" oder "Das Eine" bezeichnet wird, die weiblichen und männlichen Lebensaspekte in dieser Welt hervorgebracht. Der Heilige, die Göttin oder der Gott kann, je nachdem, mit wem man spricht, verschiedene Namen haben. Verweise auf mehrere Gottheiten aus anderen Glaubensrichtungen: Buddhismus, Sumerisch, Ägyptisch, Christlich, Griechisch, Hinduismus, usw. können auch gemacht werden. Wicca legt keinen großen Wert darauf, der Gottesvorstellung eines Wicca-Namen zu geben.

Ein Wicca kann auch der Ansicht sein, dass seine Gottheit sich ihrer selbst bewusst ist, während ein anderer Wicca dies nicht ist. Alles hängt von der Wahrnehmung eines Wicca ab, was am besten funktioniert. Der wiccanische Glaube basiert ausschließlich auf der Selbstgestaltung. Wicca erkennt die Tatsache an, dass Gott einer unterschiedlichen Gruppe von Individuen auf verschiedene Weise besondere Züge verleihen kann. Daher können Wiccans unterschiedliche Vorstellungen von Gott haben.

Wicca ist verlockend für Menschen, die sich nicht nach absoluten Wahrheiten sehnen oder diese begrüßen. Eine Person hat die Freiheit, ihren individuellen "Weg" im Wicca zu finden. Anders ausgedrückt: Sie haben die Freiheit, einen Glauben zu finden, der ihren Wünschen am besten entspricht.

Es sollte klar sein, dass Wicca ein Glaube der individuellen Präferenz ist. Das bedeutet im Grunde, dass es Ihnen freisteht, eine Religion zu schaffen, zu formulieren und zu entwickeln, die Ihren persönlichen Wünschen und Leidenschaften entspricht. Außerdem können Sie im Wicca versuchen, Ihre Umgebung und andere Männer und Frauen durch Zaubersprüche und Beschwörungen zu manipulieren. Diese Mischung aus der Festlegung eines Glaubens, der Ihren persönlichen Vorlieben entspricht, und dem Versuch, andere zu beeinflussen, ist für viele Menschen sehr attraktiv.

Kapitel 1: Die Bedeutung des Feuers in der Wicca-Religion

Bei der Kerzenmagie steht, wie bei jeder Form der Magie, die eigentliche Zauberei im Mittelpunkt. Aber auch das, was nach dem Sammeln der Zutaten, dem Aussprechen der Absichten und dem Anzünden der Kerze geschieht, ist wichtig.

Es wird dringend empfohlen, dass Sie Ihr magisches Ritual mit der gleichen Konzentration und Absicht abschließen, die Sie bei der Durchführung der Arbeit hatten. Hetzen Sie nicht gleich los, um zu telefonieren oder das Geschirr abzuwaschen. Nicht nur, dass Sie sich durch den abrupten Wechsel von einem energetischen Zustand in einen anderen wahrscheinlich nicht ganz wohl fühlen werden, auch die magische Absicht wird vielleicht nicht richtig "verabschiedet", um ihre Wirkung zu entfalten. Verbringen Sie stattdessen einige Zeit mit stiller Reflexion und sprechen Sie mit Ihrer Kerze. Gönnen Sie sich Zeit, um aus dem veränderten Bewusstseinszustand, den die magische Arbeit hervorgerufen hat, in den Alltag zurückzukehren. Erkennen Sie die veränderte Energie in dem Raum an, in dem der Zauber ausgesprochen wurde, und danken Sie der Geisterwelt für ihre Anwesenheit.

Je mehr Erfahrung Sie mit dieser Form der Magie sammeln, desto mehr werden Sie die einzigartigen Qualitäten jeder einzelnen Kerze zu schätzen wissen.

Keine 2 Kerzen brennen exakt gleich, was Sie leicht feststellen können, wenn Sie 2 scheinbar identische Kerzen gleichzeitig anzünden. Sie tropfen unterschiedlich schnell und die Flammen bewegen sich auf unterschiedliche Weise. Einige können knistern und zischen, während sie abbrennen, während andere ganz leise sein können. Hier ist es angebracht, sich an das Gesetz der Schwingung zu erinnern, denn Sie werden Zeuge der allgegenwärtigen Bewegung des Feuers in einer einzigen Flamme.

Flammen eignen sich hervorragend für die Wahrsager-Kommunikation, ebenso wie der Rauch, den sie erzeugen, wenn sie sich in Richtung Himmel drehen und winden. Wenn Sie in die Flamme blicken, halten Sie Ausschau nach bestimmten Formen, die aus dem Docht aufzusteigen scheinen. Neigt sich die Flamme zu Ihnen hin? Von Ihnen weg? Achten Sie darauf, wie sie sich verjüngt, wenn sie sich nach oben streckt, und wie sie sich ausdehnt, wenn sie zurückfällt.

Denken Sie jedoch daran, dass verschiedene Kerzenarten unterschiedlich brennen. Es ist daher hilfreich, sich mit der Art und Weise vertraut zu machen, wie eine bestimmte Art von Kerzen brennt, bevor Sie aufgrund des Brennverhaltens einer einzelnen Kerze voreilige Schlüsse ziehen.

Wenn Sie bereit sind, das Ritual abzuschließen, sollten Sie sicherstellen, dass die Kerze an einem sicheren Ort steht und vollständig abbrennt. Je nach Größe der Kerze können Sie sie vorsichtig in ein Waschbecken oder eine große Keramikschüssel stellen. Wenn Sie einen Kessel haben, ist dies ein idealer Ort, um die Kerze abzustellen. Achten Sie darauf, dass nichts in der Nähe ist, was Feuer fangen könnte, falls die Kerze umgestoßen wird. Da Sie oft nachts mit Kerzen zaubern, ist es ratsam, kleinere, kürzere Kerzen zu verwenden, die nicht mehrere Stunden brauchen, bis sie ganz heruntergebrannt sind. Die vorher erwähnten Zauberkerzen sind aus diesem Grund sehr praktisch.

Nicht jede Kerze muss von selbst ausbrennen. Während dies für die meisten Zauberkerzen sehr empfehlenswert ist, werden andere Kerzen, die in Ritualen verwendet werden - sei es für die Atmosphäre oder zur Darstellung von Gottheiten oder Elementen - wahrscheinlich mehrmals verwendet, bevor sie ganz abgebrannt sind.

Zum Löschen dieser Kerzen ist ein Kerzenlöscher ideal, aber sicher nicht notwendig. Manche Wiccans schwenken ihre Hände zügig über der Flamme hin und her, bis sie erlischt, wobei man aufpassen muss, sich nicht zu verbrennen. In den verschiedenen Traditionen wird darüber diskutiert, ob das Ausblasen einer Kerze überhaupt erlaubt ist. Einige halten dies für respektlos gegenüber dem Geist des Feuers, während andere glauben, dass es in Ordnung ist, die Kerze so sanft wie möglich auszublasen, wenn man dem Feuer respektvoll dafür dankt, dass es seine Kraft für die eigene Arbeit zur Verfügung stellt. Und was auch immer es wert ist, sowohl das Winken als auch das Ausblasen erzeugen einige großartige wirbelnde Bilder im entstehenden Rauch.

Wie bei allem, was mit Magie zu tun hat, sollten Sie auf Ihre innere Stimme hören, wenn Sie entscheiden, wie Sie Ihre Kerzen auslöschen. Die Anweisungen eines anderen zu befolgen, wenn Sie nicht mit ihnen einverstanden sind, wird wahrscheinlich nicht zu erfolgreichen Ergebnissen führen.

Für manche Menschen ist es einfach keine Option, eine Kerze von selbst ausbrennen zu lassen, sei es aus Zeitgründen, wegen kleiner Kinder, die sich überall einmischen, wegen Haustieren oder aus anderen Gründen. Die Sorge um mögliche Verletzungen oder Brandschäden mindert wahrscheinlich die Wirksamkeit des Zaubers, ebenso wie die Sorge, den Zauber durch das Löschen der Kerze zu "ruinieren".

Glücklicherweise gibt es einen alternativen Ansatz für die Arbeit mit Kerzenzaubern, bei dem die Kerze nicht nur einmal vollständig abgebrannt werden muss, sondern eine Reihe von Anzündungen über mehrere Tage hinweg erforderlich ist. Bei dieser Methode wird die Absicht, die beim ersten Anzünden der Kerze festgelegt wurde, in jeder Nacht des Zaubers wiederholt, wodurch die Gesamtkraft der Botschaft, die in das Universum gesendet wird, verstärkt wird.

Je nach Ziel kann sich diese Methode als besser erweisen als ein Zauber, der nur eine Nacht dauert, und einige der Zauber im folgenden Abschnitt werden diese Methode anwenden.

Wenn Sie sich mit der Zauberei vertraut gemacht haben, können Sie die Zaubersprüche an Ihre Bedürfnisse anpassen, indem Sie einen Zauberspruch für eine Nacht in einen längeren umwandeln oder andersherum. Je mehr Sie Ihre magische Arbeit personalisieren, desto mächtiger wird sie wahrscheinlich sein.

Eine wirklich lustige und interessante Art, die magische Arbeit nach einem Zauber zu verbessern, ist das "Lesen" von geschmolzenem Wachs, das zurückbleibt.

Diese Form der Wahrsagerei, die auch als Keromantie bekannt ist, fällt vielen Anfängern nicht leicht, aber wenn Sie bereits Erfahrung mit dem Wahrsagen im Wasser oder mit einer Kristallkugel haben, sollten Sie in der Lage sein, diese Fähigkeiten an die Formen und Muster anzupassen, die das geschmolzene Kerzenwachs hinterlässt.

Während einige Kerzen ziemlich sauber abbrennen, sodass nur wenige oder gar keine Wachströpfchen zurückbleiben, schmelzen andere überall und bieten so die Möglichkeit, Botschaften aus der Geisterwelt zu empfangen, die die Situation betreffen, für die Sie gezaubert haben. Manche Menschen verwenden zu diesem Zweck absichtlich Votivkerzen auf Tellern und nicht in Kerzenhaltern. Viele Spitzkerzen neigen dazu, reichlich zu tropfen, sodass man auch mit ihnen gut arbeiten kann, wenn man mit der Keromantie experimentieren will und sich nicht an der Unordnung stört.

Halten Sie Ihre Eindrücke in einem Tagebuch oder Buch der Schatten fest und kehren Sie zu ihnen zurück, wenn Sie mehr über die Situation wissen, um zu sehen, ob Sie mehr oder weniger richtiglagen. Auf diese Weise können Sie Ihr eigenes symbolisches System der Keromantie entwickeln und diese Form der Weissagung immer besser beherrschen, je mehr Sie mit der Kerzenmagie arbeiten.

Bevor Sie mit der Magie experimentieren, ist es wichtig, die Auswirkungen und den Prozess dieser altehrwürdigen Naturkräfte zu kennen.

Hier kommt der alte Ratschlag "sei vorsichtig, was du dir wünschst" ins Spiel, denn jede Arbeit, die mit Absicht getan wird, wird irgendeine Art von Wirkung haben und kann oft unvorhersehbar sein. Deshalb ist es wichtig, dass Sie bei der Formulierung Ihrer Absicht angeben, dass die Arbeit "zum Wohle aller und zum Schaden von niemandem" getan werden soll. Sie müssen nicht genau diese Formulierung verwenden, aber es geht darum, dem Universum mitzuteilen, dass Sie nicht wollen, dass sich Ihre Absicht in der materiellen Welt manifestiert und irgendwelche negativen Auswirkungen hat.

Um ein **sehr extremes** Beispiel zu verwenden: Nehmen wir an, Sie arbeiten auf magische Weise für einen neuen Job. Ein paar Tage später bricht sich ein Koch in einem nahegelegenen Restaurant den Knöchel und kann 3 Monate lang nicht zur Arbeit kommen, also wird eine Stelle frei und Sie werden an seiner Stelle eingestellt.

Nun kann man argumentieren, dass dieser Koch zu diesem Zeitpunkt seine eigenen karmischen Lektionen zu lernen hatte und dass die Verletzung und der daraus resultierende Arbeitsplatzverlust Teil seines eigenen "Seelenplans" für persönliches Wachstum in diesem Leben sind. Sie hatten sicherlich nicht die Absicht, jemanden zu verletzen, als Sie Ihren Job-Beschaffungszauber durchgeführt haben.

Dennoch könnte es hier einen Zusammenhang geben, denn der Koch hätte seine karmische Lektion auch auf andere Weise abarbeiten können, ohne dabei seinen Job zu verlieren.

Auch dies ist ein extremes Beispiel, aber es zeigt, wie unbeabsichtigte Folgen aus magischer Arbeit entstehen können, wenn wir nicht vorsichtig sind. Wenn Sie immer daran denken, bei Ihrer Zauberei "zum Wohle aller und zum Schaden von niemandem" zu verwenden, können Sie sicher sein, dass Sie nicht versehentlich anderen Schwierigkeiten bereiten.

Als vielbeschäftigte Menschen in einer modernen Kultur, in der Bequemlichkeit und Schnelligkeit oft wichtiger sind als alles andere, kann man leicht den Fehler machen, zu entscheiden, dass unsere Zauber nicht funktioniert haben, wenn wir nicht sofort Ergebnisse sehen. Es ist wichtig zu erkennen, dass Magie ihren eigenen Prozess und ihr eigenes Timing hat, das mit unseren Wünschen übereinstimmen kann oder auch nicht.

Wenn ein Zauberspruch nicht zu wirken scheint, kann das viele Gründe haben.

Es ist möglich, dass es einfach keine Möglichkeit gibt, das, was Sie sich wünschen, zu diesem Zeitpunkt auf eine Weise zu manifestieren, die für alle gut ist und niemandem schadet. Manchmal arbeiten wir mit Zaubern für Dinge, für die wir selbst noch nicht bereit sind, wie z. B. Liebesbeziehungen oder ein neues Zuhause.

Es kann unterschiedlich lange dauern, bis ein Zauber seine Wirkung entfaltet - manchmal ist der Zauber von der Person, die ihn ausgesprochen hat, schon längst vergessen, wenn er sich manifestiert. Sie können auch unbeabsichtigt die Kraft Ihrer Magie "aufheben", indem Sie sich mit Zweifeln darüber beschäftigen, ob der Zauberspruch funktioniert hat oder nicht. Wenn Sie anfangen zu zweifeln, senden Sie dem Universum eine Botschaft, die besagt: "Vergiss den Zauberspruch, ich habe es nicht so gemeint.".

Es ist also immer wichtig, das Vertrauen in das richtige Timing zu bewahren, wenn es um Magie geht.

Wenn Sie jedoch nach 3 Wochen, in denen nichts passiert ist, das Gefühl haben, dass Ihre Magie nicht funktioniert hat, sollten Sie es vielleicht mit mehr Selbstvertrauen und besserer Konzentration noch einmal versuchen. Oder Sie könnten einen anderen Zauber versuchen. Fühlen Sie sich nicht als Versager, wenn Ihr 1. Versuch (oder sogar der 2. und 3.) nicht klappt. Neben der richtigen Absicht und dem richtigen Timing erfordert Magie auch Übung. Im nächsten Abschnitt dieses Leitfadens finden Sie eine Fülle von Ideen, die Sie ausprobieren können, wenn Sie mit der Kunst der Kerzenmagie beginnen.

Kapitel 2:
Kristall in Kerzenzaubern

Wie bei den Kräutern gibt es auch bei den Kristallen und Edelsteinen Entsprechungen für magische Zaubersprüche, die für verschiedene Zwecke bestimmt sind.

Achat Blue Lace: Wird verwendet, um Gleichgewicht, Gelassenheit und Entzündungen anzuziehen; wird zur Behandlung von Entzündungen und Fieber verwendet.

Achat Dendritisch: Wird verwendet, um Ruhe, Ausgeglichenheit und Energie anzuziehen; wird zur Erholung verwendet.

Achatbaum: Wird für Management und Organisation verwendet; zur Behandlung von Brust- und Magen-Beschwerden.

Almandin: Wird verwendet, um Zuneigung, Inspiration und Toleranz zu erwecken; wird zur Behandlung von Augen- und Herz-Krankheiten verwendet.

Bernstein: Wird verwendet, um Stress abzubauen, hilft bei der Karriere und erhebt eine Person; verwendet, um Depressionen und Störungen im Zusammenhang mit der Brust zu behandeln.

Amethyst: Wird verwendet, um Ruhe und Gelassenheit anzuziehen; hilft, gut zu schlafen; inspiriert Glück; reduziert elektrische Energien; baut Stress ab; sorgt für positive Gefühle; wird verwendet, um Akne und Abhängigkeiten zu behandeln.

Aquamarin: Wird verwendet, um Liebe, Wachstum und Einsicht anzuziehen; beruhigt die Nerven; fördert die Wahrheit; bringt Frieden.

Beryll: Wird verwendet, um Ruhe, Entschlossenheit und Stabilität anzuziehen; wird verwendet, um Nervenstörungen zu behandeln; fördert körperliche Stärke; sehr effizient für Liebeszauber.

Blutstein: Wird verwendet, um Güte, Reichtum, Mäßigung, Mut und Vertrauen anzuziehen; fördert eine bessere Blutzirkulation.

Blaue Koralle: Wird zur Verbesserung des Gleichgewichts verwendet; wehrt Negativität und Sorgen ab.

Bowenit: Zur Verbesserung der Intelligenz; zur Behandlung von Verspannungen und Störungen im Kopfbereich.

Calcit: Wird verwendet, um Ruhe, Komfort, Gleichgewicht und Inspiration anzuziehen; wird zur Behandlung von Blasenstörungen verwendet.

Katzenauge: Wird verwendet, um Sicherheit und innere Vision anzuziehen; wird zur Behandlung von Kopfschmerzen verwendet.

Coelestin (Coelestine): Wird verwendet, um Entspannung, Ruhe und Meditation herbeizuführen; wird verwendet, um Stress und nervenbedingte Krankheiten zu behandeln; lindert Ängste.

Charoite: Wird verwendet, um Inspiration und Durchsetzungsvermögen anzuziehen; wird zur Behandlung von Krämpfen verwendet.

Chiastolith: Dient der Anziehungsstabilität; wird zur Behandlung von Rheuma eingesetzt.

Citrin: Wird zur Aufmunterung verwendet; verbessert übersinnliche Fähigkeiten, Träume und Intuition; wird zur Behandlung von Angstzuständen und Diabetes verwendet.

Covellit: Zur Förderung einer besseren Kommunikation; zur Behandlung von Krankheiten im Zusammenhang mit Mund, Ohren und Nase.

Danburit: Für mehr Selbstvertrauen, soziale Anmut und Würde; zur Behandlung von Muskelkrankheiten.

Diamant: Wird verwendet, um Wohlstand, Fülle, Stärke, gute Gesundheit und Mut anzuziehen.

Dioptase: Zur Förderung besserer Partnerschaften und effektiver Meditation; wird zur Behandlung von Stress und Kopfschmerzen eingesetzt.

Dumortierit: Wird verwendet, um Gelassenheit anzuziehen und Geduld zu fördern; wird zur Behandlung von Übelkeit und Hautkrankheiten verwendet.

Eudialyte: Zur Verbesserung von Management- und Bewältigungsfähigkeiten; zur Behandlung von Störungen im Zusammenhang mit den Geschlechtsorganen.

Fluorit: Wird zur Förderung von Meditation, Erdung und spirituellem Bewusstsein verwendet; zur Behandlung von Entzündungen und knochenbezogenen Störungen.

Granat: Wird für mehr Charme, Kreativität und Charisma verwendet; wird verwendet, um Liebe anzuziehen; wird verwendet, um Schlaflosigkeit, Infektionen und Anämie (Blutarmut) zu behandeln.

Geode: Wird für bessere psychische Fähigkeiten, Wachstum und inspirierte Träume verwendet; wird verwendet, um Fruchtbarkeit anzuziehen.

Goldstein: Wird verwendet, um Optimismus anzuziehen; wird zur Behandlung von Spannungen und Magenbeschwerden verwendet.

Granit: Für mehr Stabilität, Gleichgewicht und Entschlossenheit; zur Behandlung von Hautkrankheiten.

Graphit: Zur Verbesserung des Durchsetzungsvermögens; zur Behandlung von Hörproblemen und Wirbelsäulenkrankheiten.

Hämatit: Wird verwendet, um Gelassenheit und Ruhe anzuziehen; wird zur Behandlung von Stress und Müdigkeit verwendet.

Hickoryit: Für mehr Fantasie und Kreativität; vertreibt Negativität und Langeweile.

Howlite: Dient der Verbesserung von Wettbewerb und Widerstandsfähigkeit; behandelt knochenbezogene Störungen.

Iolith: Dient der besseren Kontrolle und dem Management; wird zur Behandlung von Sucht- und Brust-Erkrankungen eingesetzt.

Jade: Fördert Wohlwollen, Langlebigkeit und Vorsehung; beruhigt den Geist; wird verwendet, um Freundschaft zu gewinnen; wird verwendet, um Störungen im Zusammenhang mit der Blase und den Nieren zu behandeln.

Jet: Wird verwendet, um Negativität abzuwehren; fördert das Einfühlungsvermögen; wird zur Behandlung von Migräne eingesetzt.

Krokoit: Wird zur Förderung der Wirkung verwendet; zur Behandlung von Störungen der Geschlechtsorgane.

Kunzit: Zur Förderung von Kommunikation, Gleichgewicht und Stabilität; zur Behandlung von Herz- und Haut-Krankheiten.

Kyanit: Wird zur Förderung von Wohlstand, Geld, Kraft und Energie verwendet.

Labradorit: Wird verwendet, um eine bessere Ausstrahlung und Beziehungen anzuziehen; legt Hemmungen ab; bringt verborgene Qualitäten zum Vorschein; wird zur Behandlung von Störungen im Zusammenhang mit den Füßen verwendet.

Lapislazuli: Wird verwendet, um Spiritualität, Schutz, Wahrheit, Mystik, Weisheit, Integrität, Reichtum, Kreativität und Fülle zu fördern und zu unterstützen; wird zur Behandlung von Krankheiten im Zusammenhang mit dem Herzen, den Augen und den Knochen verwendet.

Larvikite: Wird verwendet, um Anpassungsfähigkeit, Intellekt, Leistung und Lernen anzuziehen; wird zur Behandlung von Störungen im Zusammenhang mit dem Gehirn verwendet.

Lepidolith: Wird verwendet, um Frieden und Gleichgewicht anzuziehen; wird verwendet, um Pessimismus zu verwerfen; wird verwendet, um Störungen im Zusammenhang mit den Nerven zu behandeln.

Lodestone: Dient der Förderung von Teamarbeit und Kommunikation; dient der Verbesserung der Durchblutung.

Magnetit: Wird zur Förderung des Lernens und zur Anziehung von Gelassenheit verwendet; wird zur Behandlung von Herzkrankheiten eingesetzt.

Malachit: Zur Förderung von Optimismus und geschäftlichem Wohlstand; für wirksamere Zaubersprüche und Pflanzenwachstum; zur Behandlung von Asthma und Rheumatismus.

Marmor: Zur Förderung des Mitgefühls und der Erneuerung; zur Behandlung von Fieber.

Meteorit: Wird für die Anziehung von Kommunikation, Intuition und Wohlwollen verwendet.

Mondstein: Wird verwendet, um Liebende anzuziehen und sicher zu reisen; verbessert Hingabe und Schönheit; wird verwendet, um Schwellungen oder Entzündungen zu behandeln.

Moosachat: Wird verwendet, um die Selbstwahrnehmung anzuziehen; verbessert die Meditation; wird zur Behandlung von Krankheiten im Zusammenhang mit der Lunge verwendet.

Muskovit: Zieht Energie an und fördert die Inspiration; wird zur Behandlung von Sprachfehlern und Muskelkrankheiten verwendet

Onyx: Wird zur Förderung des Seelenfriedens, der spirituellen Ausrichtung, der Ruhe und der Harmonie verwendet; wird als Schutzamulett verwendet; wird zur Behandlung von Störungen und Krankheiten im Zusammenhang mit dem Herzen, dem Magen und den Ohren verwendet.

Opal: Wird verwendet, um Glück, Fülle, Macht und Wohlstand anzuziehen; wird zur Behandlung von Krankheiten im Zusammenhang mit der Brust verwendet.

Perle: Wird verwendet, um Gewissheit zu erlangen und die Kreativität zu steigern; wird zur Behandlung von Spannungen und Kopfschmerzen verwendet.

Peridot: Zur Verbesserung von Karriere und Intuition und zum Anziehen von Reichtum und Wohlstand; zur Verbesserung des Stoffwechsels.

Pietersit: Zur Förderung von Objektivität und Organisation; zur Verbesserung von Schlaf und Atmung.

Purpurit: Wird zur Förderung von Führungsqualitäten und zur Anziehung von Wohlstand verwendet; wird zur Behandlung von Wunden eingesetzt.

Pyrite: Zur Förderung von Bewusstsein und Wahrheit; zur besseren Genesung von Krankheiten.

Quarz: Zur Reinigung von Geist, Körper und Seele; für allgemeine Heilzwecke verwendet.

Rosenquarz: Wird verwendet, um Freude, Frieden, Glück und Harmonie anzuziehen; wird verwendet, um Liebeszauber zu verstärken; wird verwendet, um Kopfschmerzen und Migräne zu behandeln.

Quarzschnee: Zur Förderung von Gelassenheit und Entspannung; zur Behandlung von Nervenstörungen und Stress.

Rhodochrosit: Zur Förderung von Liebe, Stabilität, Gleichgewicht, Freundschaft und Gelassenheit; zur Beseitigung von Unsicherheiten; zur Behandlung von Augenproblemen.

Rhodolith: Wird für die Anziehung von Stabilität verwendet; zur Behandlung von Drüsenerkrankungen.

Saphir: Wird verwendet, um Macht, Liebe, Inspiration, Schutz und Partnerschaft anzuziehen; wird zur Heilung von Depressionen verwendet.

Sardonyx: Zur Förderung der Vergebung; zur Behandlung von Erkrankungen des Halses und der Ohren.

Smaragd: Wird verwendet, um Wohlstand, einen besseren Intellekt und verbesserte psychische Fähigkeiten anzuziehen; wird verwendet, um die Wahrheit zu ermutigen, sich durchzusetzen; wird verwendet, um Infektionen, Spannungen, Schilddrüsenerkrankungen und Kopfschmerzen zu behandeln.

Tigerauge: Zur Verbesserung von Integrität und Einsicht; zur Verbesserung der Fähigkeiten, unangenehme Ereignisse zu überwinden; zur Behandlung von Asthma.

Topas: Hilft bei der Lösung von Rechtsfragen; wird zur Behandlung von Infektionen im Zusammenhang mit der Verdauung verwendet.

Türkis: Wird verwendet, um Freundschaften auszurichten, Häuser zu schützen und Ruhe und Behaglichkeit anzuziehen; wird in der Chakra-Heilung verwendet, insbesondere für Erholung und Atmung.

Uvarovite: Wird verwendet, um Vitalität und Freude anzuziehen; wird zur Verbesserung der Stimme verwendet.

Verdite: Zur Förderung von Partnerschaft und Freundschaft; zur Verbesserung des Nervensystems.

Violan: Zur Verbesserung von Einsicht und Vitalität.

Williamsit: Zur Förderung von Wahrheit und Frieden; zur Behandlung von Entzündungen in Brust und Lunge.

Wulfenit: Zur Förderung von Harmonie und Gleichgewicht in Beziehungen; zur Verbesserung des Verdauungssystems.

Zink: Zur Förderung der Loyalität und zum Anziehen von Freude; zur Verbesserung der Knochen und Muskeln am Rücken.

Zinnober: Zur Förderung der Unabhängigkeit; zur Behandlung von Appetit- und Herzbeschwerden.

Zirkon: Zur Verbesserung von Ruhe und Schlaf und zur Förderung der Klarheit; zur Behandlung von PMS.

Kapitel 3:
Praktische Tipps für die Auswahl von Kerzen nach magischen Gesichtspunkten

Größe: Die Größe der zu verwendenden Kerzen spielt keine Rolle, wenn Sie einen Kerzenzauber oder ein Ritual durchführen wollen. Meistens eignet sich eine kurze Votivkerze am besten für die Kerzenmagie.

Farbe: In der Kerzenmagie haben die Farben der Kerzen verschiedene Bedeutungen und Zwecke. Zu den farblichen Entsprechungen in der Kerzenmagie gehören die Folgenden:

Rosa: Steht für süße Liebe und Freundschaft.

Gold: Steht für geschäftliche Unternehmungen, finanziellen Gewinn und solare Verbindungen.

Orange: Steht für Ermutigung und Anziehung.

Grün: Steht für Fruchtbarkeit, Reichtum und finanziellen Gewinn.

Gelb: Steht für Schutz und Überzeugung.

Dunkelblau: Steht für Verletzlichkeit und Depression.

Hellblau: Steht für Verständnis, Gesundheit und Geduld.

Braun: Steht für Arbeiten, die mit Natur und Tieren zu tun haben.

Lila: Steht für Macht und Ehrgeiz.

Schwarz: Steht für Verbannung und Negativität.

Silber: Steht für Intuition, Reflexion und Mondverbindungen.

Weiß: Steht für Wahrheit und Reinheit.

Für einige magische Traditionen kann eine weiße Kerze ein Ersatz sein, wenn andere Farben nicht verfügbar sind.

Kapitel 4: Anweisungen zum Reinigen, Aufladen, Salben und Beschriften von Kerzen

Nachdem Sie eine Kerze ausgewählt haben, sollten Sie sie vor dem Anzünden einölen. Das Einölen oder Bekleiden einer Kerze ist eine Methode, um eine magische oder psychische Verbindung zwischen Ihnen und der Kerze herzustellen. Bevor Sie die Kerze anzünden, laden Ihre Energie und Ihre persönlichen Schwingungen die Kerze auf. Darüber hinaus können Sie vor dem Anzünden der Kerze Ihre Absicht in das Wachs übertragen.

Beim Anrichten einer Kerze verwenden Hexen natürliche Öle. Im Allgemeinen wird Traubenkernöl verwendet, weil es keinen Geruch hat. Einige verwenden spezielle magische Öle für Kerzen, die man in metaphysischen Geschäften kaufen kann.

Das Öl wird von der Spitze der Kerze zur Mitte hin eingerieben. Danach reiben Sie das Öl von der Basis der Kerze zur Mitte hin aufwärts bis zu der Stelle, an der Sie die erste Ölschicht entfernt haben. Wenn Sie lieber Kräuter verwenden möchten, können Sie Ihre geölte Kerze in der Menge der Kräuter wälzen, bis sie vollständig bedeckt ist.

Die einfachste Methode, Kerzenmagie zu betreiben, erfordert ein Stück farbiges Papier, das der Absicht deiner Kerze entspricht. Nachdem Sie sich für Ihr Ziel entschieden haben, schreiben Sie es auf das farbige Papier. Wenn Sie z. B. finanziell erfolgreich sein wollen, können Sie schreiben: "Ich werde wohlhabend und reich werden.". Andere Traditionen schreiben ihre Absichten in Henochisch, Thebanisch oder einem anderen magischen Alphabet.

Da Sie mit Geld arbeiten, sollte Ihr Papier und Ihre Kerze grün oder gold sein. Während Sie Ihre Absicht oder Ihr Ziel aufschreiben, müssen Sie sich außerdem vorstellen, dass Sie reich oder finanziell erfolgreich sind. Visualisieren Sie die Möglichkeiten, die Sie tun können, um Ihre Absicht zu manifestieren.

Wenn Sie mit dem Schreiben Ihres Ziels oder Ihrer Absicht fertig sind, falten Sie Ihr Papier. Achten Sie darauf, dass Sie sich vom Beginn bis zum Ende des Kerzenzaubers auf Ihre Absicht konzentrieren. Sie können dabei eine kurze Beschwörungsformel sagen. Sie muss nicht magisch oder ausgefallen klingen. Sie können Folgendes sagen: "Komm zu mir, zusätzliches Geld; ich könnte heute etwas Bargeld einnehmen. Komm zu mir, zusätzliches Geld; wie ich will, so muss es sein.".

Legen Sie dann das gefaltete Papier in die Flamme der Kerze und beginnen Sie mit einer Ecke, um das Feuer zu entzünden. Halten Sie das Papier so lange wie möglich fest und legen Sie es in eine Schüssel, damit der Rest des Papiers von selbst verbrennt. Die Kerze sollte ebenfalls vollständig ausgebrannt sein. Entsorgen Sie die Kerze, wenn sie vollständig ausgebrannt ist. Achten Sie darauf, dass Sie sie nicht für einen anderen Zauber oder ein Ritual verwenden. Vergraben Sie die gebrauchte Kerze möglichst im Freien oder werfen Sie sie einfach dorthin, wo Sie sie nicht mehr sehen können.

Gebet für Kerzenmagie

Dieses Gebet soll bei der Ausübung von Kerzenmagie wirksam sein. Alles was Sie brauchen, ist eine Kerze mit der entsprechenden Farbe für Ihre Absicht. Um zu beginnen, besetzen Sie Ihren Schutzraum und versetzen Sie sich in einen meditativen Zustand. Auch hier müssen Sie sich vorstellen, dass Ihre Absicht bereits in Erfüllung gegangen ist. Zünden Sie dann die Kerze an. Während sie brennt, ruft ihre Energie bereits Ihre Absicht oder Ihr Ziel zu Ihnen.

Der Zustand Ihrer Kerze und seine Bedeutung

Einige Hexen und Wiccans glauben, dass die Art und Weise, wie die Kerze brennt, Aufschluss darüber gibt, wie schnell sich eine Absicht oder ein Ziel erfüllen kann.

Wenn Ihre Kerze beispielsweise schwarzen Rauch abgibt, sobald sie angezündet wird, beseitigt sie negative Energie von Ihrem Vorhaben und hilft Ihnen, es schnell zu verwirklichen.

Wenn Ihre Kerze weißen Rauch ausstößt, stehen die Chancen gut, dass Ihre Absicht in Erfüllung geht; allerdings könnte es einige Schwierigkeiten oder Verzögerungen geben, bevor Sie sie erreichen.

Wenn die Flamme Ihrer Kerze schwach ist, arbeitet sie doppelt so hart daran, einen Kampf oder ein Hindernis zu beseitigen, um Ihre Absicht zu erreichen oder zu verwirklichen. Es kann jedoch einige Zeit dauern, bis Ihre Absicht in Erfüllung geht, da es Widerstände gegen Sie gibt. Sie müssen also geduldig sein.

Wenn es knistert, während Ihre Kerze brennt, wirkt der Geist gegen einen Kampf oder Widerstand gegen Sie.

Wenn der Rauch Ihrer Kerze in Ihre Richtung weht, wird Ihr Kerzenzaubergebet erkannt und schnell erhört. Wenn der Rauch in die entgegengesetzte Richtung weht, müssen Sie ausdauernd sein, damit Ihre Absicht in Erfüllung geht.

Wenn der Rauch Ihrer Kerze nach rechts weht, wird Ihre Absicht in Erfüllung gehen. Sie müssen jedoch Ihren Verstand einsetzen. Wenn der Rauch nach links weht, neigen Sie dazu, sich emotional auf Ihr Vorhaben einzulassen, was Sie möglicherweise daran hindert, es zu verwirklichen. Die Kerze warnt Sie vor einer solchen Verwicklung.

Kapitel 5:
Farbkorrespondenzen für die Kerzenmagie

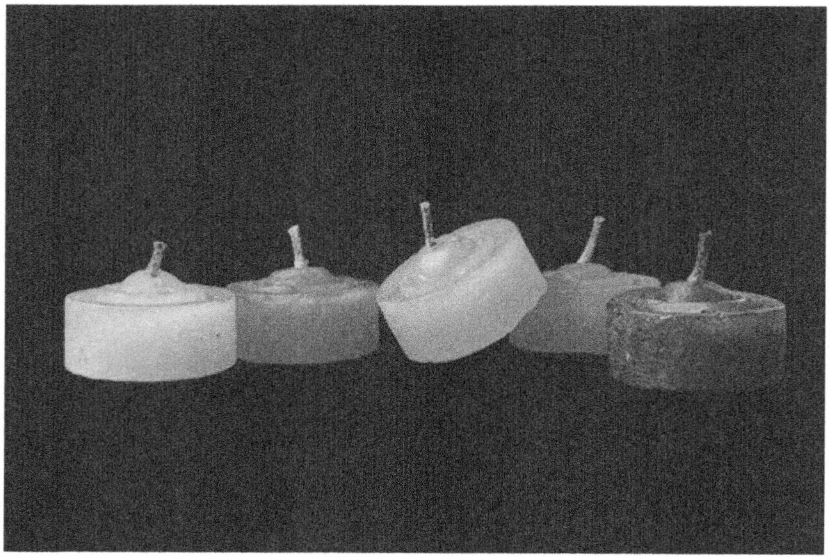

Rot

Wir alle kennen Rot als die erste Farbe des Regenbogens, aber es ist auch eine der stärksten Farben, die in der Magie verwendet werden. Sie ist keineswegs eine "neutrale" Farbe, sondern kann je nach Kontext starke Eindrücke hervorrufen, sowohl positive als auch negative.

Einerseits sind rote Rosen ein Symbol für Liebe und Leidenschaft und werden im Allgemeinen von denjenigen, die sie schenken und empfangen, als angenehm empfunden. Andererseits beschreibt die Redewendung "rot sehen" Gefühle von Ärger und Wut. Rot ist, gelinde gesagt, keine subtile Farbe.

Auf der grundlegendsten physischen Ebene hat Rot mit dem Überleben zu tun. Es ist die Farbe des Blutes und eines gesunden menschlichen Herzens. Rot wird auch mit dem Wurzel-Chakra assoziiert, das mit Fragen des Instinkts, der Sicherheit, des Überlebens und der Grenzen zu tun hat. Daher wird Rot mit Vitalität und Stärke, guter Gesundheit und dem Willen assoziiert, das zu tun, was zum Überleben und Gedeihen notwendig ist.

Diese Farbe eignet sich für Magie im Zusammenhang mit körperlicher Heilung und der Steigerung der körperlichen Energie, aber auch für Motivation, Willenskraft, Ehrgeiz und Entschlossenheit. Alles, was zur grundlegenden Sicherheit beiträgt, wie Geschäftsabschlüsse, Karriereziele oder der Erwerb eines Hauses, kann von den magischen Energien der Farbe Rot profitieren. Rot kann auch bei Themen helfen, die Mut, schnelles Handeln, Führung und Stärke erfordern. Es stärkt das Selbstvertrauen und das Selbstwertgefühl und kann dazu beitragen, die persönliche Ausstrahlung zu erhöhen, sodass man in einer Gruppe hervorsticht.

Die sehr männliche Energie von Rot kann für Arbeiten genutzt werden, die mit Lust und männlicher sexueller Potenz zu tun haben, sowie für Angelegenheiten, die Konflikte oder Wettbewerb beinhalten. Doch diese Farbe wird auch mit den Energien der Freude, der Geburt, des Feierns und der Erneuerung in Verbindung gebracht. Und natürlich ist Rot die Farbe der Leidenschaft schlechthin - sei es in Bezug auf Romantik, Sex, ein Lieblingshobby oder eine Lieblingsbeschäftigung, ein soziales Anliegen oder etwas anderes, für das Sie sich leidenschaftlich einsetzen.

Rote Kerzen können Zaubern im Allgemeinen eine "belebende" Kraft verleihen, sind aber besonders wirkungsvoll bei Zaubern im Zusammenhang mit den oben genannten Themen. Rot ist die Farbe des Feuers und kann in Ritualen verwendet werden, um dieses Element darzustellen. Astrologisch gesehen wird Rot mit den Zeichen Widder und Skorpion und dem Planeten Mars in Verbindung gebracht. Seine Kardinalrichtung ist Süden.

Die Zaubersprüche in diesem Kapitel sollen Ihnen helfen, einen leidenschaftlichen Liebhaber in Ihr Leben zu holen, Ihre körperliche Energie zu steigern, Ihre Gesundheit zu verbessern und Ihre Willenskraft zu stärken, um eine schwierige Aufgabe zu bewältigen.

Leidenschaftlicher Beziehungszauber

Wenn Sie bereit für einen neuen Liebhaber sind, sollten Sie nicht einfach einen allgemeinen "Liebeszauber" aussprechen, ohne sich zu überlegen, was Sie wirklich von einer Beziehung erwarten. Andernfalls könnte Ihre mächtige Magie Ihnen noch mehr von denselben Leuten bringen, von denen Sie sich bereits getrennt hast.

Nehmen Sie sich also etwas Zeit, um klar zu definieren, wonach Sie suchen. Sie sollten eine Liste der Qualitäten erstellen, die Sie sich von einem Liebhaber wünschen, da Sie während des Zaubers über diese Qualitäten schreiben und sprechen werden.

Natürlich muss eine wirklich gesunde, leidenschaftliche Beziehung das Selbstwertgefühl und die Selbstachtung beider Partner mit einbeziehen, also werden Sie sich in diesem Zauber auch auf sich selbst konzentrieren. Verbringen Sie einige Zeit damit, Ihnen selbst die positiven Eigenschaften zu bestätigen, die Sie in eine neue Beziehung einbringen können, damit Sie sie klar vor Augen haben, wenn Sie mit der Arbeit beginnen.

Sie benötigen:

- 1 rote Bannkerze
- Ätherisches Zimt-, Jasmin- oder Rosenöl
- Kristallspitze, Athame oder anderes rituelles Schnitzwerkzeug
- Weißes Papier
- Roter Bleistift oder Marker
- Schere
- Wachspapier

Anweisungen:

Schnitzen Sie eine Herzform oder ein anderes Symbol der Liebe in die Kerze und salben Sie sie mit dem Öl. Zünden Sie nun die Kerze an und lassen Sie das Wachs schmelzen.

Schneiden Sie in der Zwischenzeit 2 etwa handtellergroße Herzformen aus dem Papier aus.

Nehmen Sie eines der Herzen und schreiben Sie mit dem roten Stift oder Marker die wichtigsten Eigenschaften auf, die Sie in einem Liebespartner suchen. Auf das andere Herz schreiben Sie eine Liste von Eigenschaften, die Sie einem anderen anbieten können.

Halten Sie die Herzen einen Moment lang in Ihren Händen, während Sie sich darauf konzentrieren, neue Liebe in Ihr Leben zu bringen.

Legen Sie nun die Herzen so auf ein Blatt Wachspapier, dass sie sich überlappen. Sprechen Sie laut und zählen Sie abwechselnd die Eigenschaften auf, die auf jedem Herz stehen.

Während Sie jedes Herz aufzählen, tropfen Sie ein paar Tropfen Wachs auf die Herzen, um sie zu versiegeln. Wenn Sie mit dem Sprechen fertig sind und die Herzen versiegelt sind, sagen Sie die folgenden (oder ähnliche) Worte: "Leidenschaftliche Herzen, leidenschaftliche Gedanken, leidenschaftliche Seelen, wir verflechten uns jetzt. So soll es sein.".

Stellen Sie die Herzen auf Ihren Altar oder an einen besonderen Ort in Ihrer Wohnung. Lassen Sie die Kerze von selbst ausbrennen.

Sonnenlicht-Ritual für körperliche Energie

Dieser Zauber basiert auf der Verbindung der Farbe Rot mit der Sonne und dem Element des Feuers. Die Sonne ist die Quelle von praktisch aller Energie auf unserem Planeten. Das macht sie zur naheliegendsten Quelle, mit der Sie arbeiten können, wenn Sie Ihre physische Energie steigern musst.

Wenn Sie dieses Ritual durchführen, sollten Sie wissen, dass Tausende von Menschen auf der ganzen Welt und im Laufe der Menschheitsgeschichte mit Ihnen sind. Kulturen auf der ganzen Welt, von den Azteken über die Hindus und die alten Ägypter bis hin zu vielen Kulturen der amerikanischen Ureinwohner, verehren die Sonne in irgendeiner Form. Es ist eine zeitlose Tradition, die hier mit einem modernen Ansatz angeboten wird.

Idealerweise wird dieses Ritual draußen im direkten Sonnenlicht auf ebenem Boden durchgeführt. Sie können jedoch eine lebendige Visualisierung der Sonne schaffen, wenn Sie das Bedürfnis haben, an einem bewölkten Tag zu arbeiten, oder mit hellem Lampenlicht und/oder mehreren großen Kerzen arbeiten. Alle zusätzlichen Kerzen sollten entweder rot, gelb, orange, weiß oder rosa sein.

Sie benötigen:

- 3 rote Kerzen
- Sonnenschein
- Arbeitskerze(n) für die Atmosphäre (wenn ohne direktes Sonnenlicht gearbeitet wird)
- 3 große Quadrate aus Alufolie

Anweisungen:

Stellen Sie vor dem Ritual eine rote Kerze (in einem sicheren, stabilen Halter) auf jedes Stück Alufolie. Ordnen Sie sie auf dem flachen Boden in Form eines Dreiecks an, mit genügend Platz, um in der Mitte des Dreiecks zu stehen.

Treten Sie in das Dreieck und zünden Sie die Kerzen an. Konzentrieren Sie sich auf das Licht der Kerzen und das Sonnenlicht, das von der Folie reflektiert wird. Schließen Sie die Augen, legen Sie die Handflächen nach oben und spüren Sie die Wärme der Sonne auf Ihrer Haut.

Stellen Sie sich mit geschlossenen Augen vor, wie die Kraft der Sonne und das Licht der Kerzen Ihren Körper mit positiver Energie erfüllt. Beobachten Sie, wie sie an Ihren Zehen beginnt und sich nach oben arbeitet, bis sie Ihren Kopf erreicht.

Öffnen Sie Ihr Augen und nehmen Sie sich einen Moment Zeit, um die Fülle der Sonnenenergie in sich zu spüren. Sagen Sie ein oder zwei Worte des Dankes an die Sonne für ihre nie versiegende Energie und ihr beständiges Licht.

Löschen Sie die Kerzen und recyceln Sie die Folie oder heben Sie sie auf, um sie bei einer erneuten Durchführung des Rituals zu verwenden.

Gesunder Feuer-Regenerationszauber

Feuermagie eignet sich hervorragend zum Verbannen, und da Rot sowohl mit Feuer als auch mit Gesundheit assoziiert wird, ist es die perfekte Wahl, um sich von einem Gesundheitsproblem zu befreien. Dieser Zauber ehrt die Rolle des Feuers im Wald - die Zerstörung des Alten, um Platz für das Neue zu schaffen. Sie werden eine alte, unerwünschte körperliche Form "wegbrennen", um eine neue, geheilte Version von Ihnen einzubringen.

Lorbeerblätter werden mit Heilung und der Erfüllung von Wünschen in Verbindung gebracht. Außerdem kann das Verbrennen eines Lorbeerblattes im Haus nachweislich Ängste lindern und das Immunsystem stärken.

Wie jede Magie ist auch dieser Zauberspruch nicht dazu gedacht, die notwendige medizinische Versorgung zu ersetzen. Er wird aber sicherlich jeden Heilungsprozess, der von einem Arzt eingeleitet wird, verstärken. Und obwohl Ihr Gesundheitsproblem vielleicht nicht über Nacht gelöst wird, werden Sie sich auf heilende Schwingungsfrequenzen ausrichten, die es dem Prozess ermöglichen, sich viel schneller zu entfalten, als es sonst der Fall wäre.

Je nach Größe des Lorbeerblatts und der feuerfesten Schale sollten Sie sicherheitshalber eine kleine Menge Wasser bereithalten. Wenn Sie keinen Rotstift haben, reicht auch ein normaler Bleistift.

Sie benötigen:

- 1 rote Bannkerze
- 1 Lorbeerblatt
- 1 roter Bleistift
- Kleine feuerfeste Schale
- Kleine Tasse Wasser (optional)

Anweisungen:

Bevor Sie beginnen, atmen Sie 3-mal tief ein und konzentrieren Sie Ihre Energie auf ein weißes Licht, das von Ihrem Herzzentrum ausgeht. Spüren Sie bei jedem Ausatmen, wie das Licht jegliche Negativität oder Angst wegspült und erlauben Sie Ihren Muskeln, sich zu entspannen. Wenn Sie sich ruhig, klar und konzentriert fühlen, zünden Sie die rote Kerze an.

Schreiben Sie auf das Lorbeerblatt das Gesundheitsproblem, das Sie loswerden wollen. Verbringen Sie dann ein paar Minuten damit, sich Ihren Körper so vorzustellen, wie Sie ihn haben möchten.

Wenn Sie sich bereit fühlen, sagen Sie die folgenden (oder ähnliche) Worte: "Ich lasse alle Ungleichgewichte von Körper, Geist und Seele los. Dieses Feuer der Regeneration macht mich ganz. Es ist vollbracht.".

Entzünden Sie nun das Lorbeerblatt mit der Kerzenflamme und lassen Sie es in die Schüssel fallen, damit es vollständig verbrennt. (Wenn das Feuer erlischt, bevor das Blatt vollständig verbrannt ist, können Sie es vorsichtig wieder anzünden, entweder mit der Kerzenflamme oder einem Streichholz.)

Lassen Sie die Kerze von selbst ausbrennen. Verstreuen Sie die Asche des Lorbeerblattes über die Erde.

Willensstarker Siegeszauber

Ganz gleich, ob Sie versuchen, ein neues Trainingsprogramm einzuführen, eine unerwünschte Angewohnheit aufzugeben, Ihren Keller zu entrümpeln oder eine andere entmutigende Aufgabe zu bewältigen, die feurige Energie der Farbe Rot wird Ihnen helfen, den Willen zum Anfangen und den Antrieb zum Erfolg aufzubringen.

Roter Jaspis, ein Mineralstein, der für seine erdenden und stärkenden Eigenschaften verehrt wird, eignet sich hervorragend als magischer Talisman für diesen Zweck, aber Sie können bei Bedarf auch jeden anderen roten Stein verwenden.

Sie benötigen:

- 1 rote Stumpenkerze
- Kristallspitze, Athame oder anderes rituelles Schnitzwerkzeug
- 1 Stück roter Jaspis oder ein anderer roter Stein
- Salbungsöl (optional)

Anweisungen:

Ritzen Sie ein Symbol, das Ihrem Ziel entspricht, in die Kerze. Das kann ein "V" für Sieg sein, ein Runensymbol mit ähnlicher Bedeutung, ein Pentagramm oder sogar Ihre Initialen - welches Symbol auch immer für Sie im Zusammenhang mit diesem speziellen magischen Ziel Kraft hat.

Salben Sie die Kerze mit dem Öl, wenn Sie es verwenden.

Halten Sie nun den roten Jaspis oder einen anderen Stein zwischen Ihren Handflächen.

Schließen Sie die Augen, atmen Sie tief ein und stellen Sie sich vor, wie Sie Ihre Aufgabe erfolgreich bewältigen. Genießen Sie das Gefühl des Sieges und den Stolz auf die eigene Leistung.

Wenn Sie sich bereit fühlen, legen Sie den Stein vor die Kerze. Zünden Sie die Kerze an, während Sie die folgenden (oder ähnliche) Worte 3-mal sagen: "Ich bin Energie. Ich bin Willenskraft. Ich bin Erfolg. Ich bin würdig.".

Wenn die Kerze von selbst ausgebrannt ist, ist Ihr Siegesbringer aufgeladen und bereit, Ihnen zu helfen. Tragen Sie ihn immer bei sich, wenn Sie Willenskraft brauchen, um Ihr Ziel zu erreichen.

Orange

Die optimistischen Energien der Farbe Orange sind eine Mischung aus roten und gelben Energien. Der Einfluss von Rot bringt die Eigenschaften von Kraft, Ausdauer, Vitalität und Ehrgeiz mit sich, während Gelb Energien der fröhlichen Ermutigung, des Vertrauens und des Optimismus beisteuert.

Orange ist in der Magie sowohl für körperliche Belange, wie z. B. die Steigerung von Energie und persönlicher Kraft, als auch für geistige Belange, wie z. B. die Beschaffung benötigter Informationen, die Verbesserung des Gedächtnisses oder die Beschwörung geistiger Beweglichkeit in einer schwierigen Situation, nützlich. Als Farbe des Sonnenaufgangs und des Sonnenuntergangs ist Orange sowohl kraftvoll als auch friedlich und fördert das Gleichgewicht und ein Gefühl von Wärme und Wohlbefinden. Und wie die populäre Frucht, die ihren Namen trägt, ist Orange nachhaltig und verjüngend.

Orange wird mit dem Sakral-Chakra in Verbindung gebracht, das für Kreativität, Bewegung, Veränderung und Emotionen zuständig ist. Die Schwingungen von Orange können Depressionen, Trauer, Gefühle des Verlassenseins und andere negative emotionale Energien vertreiben und helfen, starke Emotionen zu bewältigen. Orange fördert auch Freude, Freundlichkeit, Glück,

Teilen und die Lust, Spaß zu haben. Sie hilft bei der sozialen Kommunikation und der Fähigkeit, sich problemlos an plötzliche Veränderungen anzupassen.

Orange ist eine Farbe des Feuers und kann in der Sonnenmagie verwendet werden, aber ihre auf Gelb basierende Energie verbindet sie auch mit dem Element der Luft. Dementsprechend kann ihre Himmelsrichtung entweder Süden oder Osten sein. In der Astrologie wird Orange mit der Sonne, den Planeten Merkur und Mars sowie den Sternzeichen Löwe und Schütze in Verbindung gebracht.

Orange ist auch eine Farbe der Ernte und kann in Zaubersprüchen verwendet werden, um die positiven Ergebnisse Ihrer jüngsten Bemühungen hervorzubringen, vor allem, wenn es um Karrieren, Beförderungen und Geschäfte geht. Orange bringt Erfolg in rechtlichen Angelegenheiten, vor allem im Zusammenhang mit Investitionen und dem Verkauf von Eigentum wie z. B. einem Haus. Sie wird auch verwendet, um neue Möglichkeiten in einem dieser Bereiche herbeizurufen.

Die folgenden Zaubersprüche arbeiten mit orangefarbenen Kerzen und anderen orangefarbenen Zutaten, um Ihnen zu helfen, sich auf Veränderungen einzustellen, Ihre Schwingung durch Selbstermutigung zu erhöhen, Ihr Gefühl der Ermächtigung zu stärken und Ihre Vitalität zu steigern.

Zauberspruch für die Navigation bei plötzlichen Veränderungen

Veränderungen sind oft erschreckend und unangenehm. Dies gilt unabhängig davon, ob es sich um eine positive oder negative, erwartete oder unerwartete Veränderung handelt. Bei unerwarteten Veränderungen kommt es jedoch häufig vor, dass man durch die damit verbundene Störung aus dem Gleichgewicht gebracht wird. Doch jede Veränderung bringt neue Möglichkeiten zur Verbesserung der Umstände mit sich, ganz gleich, wie kontraintuitiv das zu diesem Zeitpunkt erscheinen mag.

Dieser Zauber kann Ihnen helfen, durch die unruhigen Gewässer unerwarteter Veränderungen zu navigieren, indem er Ihre Sichtweise auf die Situation verändert und Ihre Energie wieder ins Gleichgewicht bringt, wodurch Sie unerwarteten Segen empfangen können.

Sie benötigen:

- 1 orangefarbene Stumpenkerze
- Ätherisches Öl aus Orange oder Bergamotte
- Ölbrenner oder Diffusor
- Tagebuch oder Schreibpapier

Anweisungen:

Erhitzen Sie das Öl im Brenner oder Diffusor und atmen Sie dann einige Augenblicke tief durch, um Ihren Geist zu beruhigen.

Wenn Sie sich geerdet und zentriert fühlen, zünden Sie die Stumpenkerze an und beginnen Sie, frei über die Situation zu schreiben.

Beginnen Sie damit, die Veränderung zu benennen, die eingetreten ist, und schreiben Sie dann auf, was Ihnen an der früheren Situation gefallen hat.

Verbringen Sie einige Zeit damit, sich vorzustellen, welche positiven Entwicklungen jetzt, wo diese Veränderung eingetreten ist, möglich sind. Sie müssen nicht wissen, wie diese Entwicklungen zustande kommen könnten - öffnen Sie einfach Ihren Geist für das Potential, das diese plötzliche Veränderung möglich gemacht hat.

Wenn Sie z. B. gerade einen Arbeitsplatz verloren haben, stellen Sie sich vor, welche neuen und besseren Möglichkeiten sich Ihnen bieten könnten. Wenn Sie Reisepläne hatten, die sich zerschlagen haben, stellen Sie sich vor, was Sie mit der frei gewordenen Zeit und dem frei gewordenen Geld machen können.

Seien Sie beim freien Schreiben kreativ und intuitiv, nicht logisch oder analytisch. Schreiben Sie insgesamt mindestens 15 Minuten. Stellen Sie sich während des Schreibens vor, dass die Kerze ein helles orangefarbenes Licht auf Sie wirft und Sie mit ihrem Energiefeld umgibt.

Wenn Sie fertig sind, falten Sie die Seiten, die Sie geschrieben haben, zusammen und legen Sie sie neben die Kerze. Sagen Sie dabei die folgenden (oder ähnliche) Worte: "Die Winde der Veränderung sind der Atem des Lebens. Ich bin geerdet, zentriert und bereit für neue Segnungen. So soll es sein.".

Stellen Sie die Kerze an einen besonderen Ort in Ihrem Zuhause und merken Sie sich, dass Sie sie immer dann anzünden können, wenn Sie in dieser Zeit des Wandels zusätzliche Unterstützung brauchen.

Wenn einige Zeit vergangen ist und Sie Sich an die Veränderung gewöhnt haben, können Sie Ihr freies Schreiben noch einmal überprüfen, um zu sehen, wie Sie sich seit der Arbeit an dem Zauber verändert haben.

Ermutigungszauber für schwierige Zeiten

Wenn Sie mit einer schwierigen Situation konfrontiert sind, sei es eine herausfordernde Aufgabe, ein schwieriger Lebensübergang oder einfach nur ein ganz normaler Fall von "Blues", können die Schwingungsfrequenzen von Orange sehr hilfreich sein, um negative Emotionen zu überwinden. Dieser Zauber hilft Ihnen, die Unterstützung zu bekommen, die Sie brauchen, indem er das, was Sie gerade tun, bekräftigt, die Charaktereigenschaften, die Sie an Ihnen bewundern, ehrt und zu einer optimistischen Sichtweise ermutigt.

Sie sollten so viele aufmunternde Zettel wie möglich verwenden, aber mindestens 7. Wenn Sie keine orangefarbenen Haftnotizen finden können, funktionieren weiße oder gelbe genauso gut.

Hinweis: Da Sie das Papier in unmittelbarer Nähe der brennenden Kerze lassen, ist es am besten, die Zauberkerze nicht unbeaufsichtigt zu lassen. Wenn dies nicht möglich ist, löschen Sie die Zauberkerze nach Beendigung der Arbeit vorsichtig aus und zünden Sie sie zusammen mit der Stumpenkerze zu einem späteren Zeitpunkt wieder an.

Sie benötigen:

- 1 orangefarbene Zauberkerze
- 1 orangefarbene Stumpenkerze
- Ätherisches Bergamotteöl (optional)
- Mehrere (mindestens 7) orangefarbene Haftnotizen

Anweisungen:

Salbe die Zauberkerze mit dem Öl, falls Sie es benutzen. Zünden Sie die Stumpenkerze an und nehmen Sie sich ein paar Augenblicke Zeit, um Ihren Geist zu beruhigen. Lassen Sie die Möglichkeit zu, dass positive Gedanken in Ihre Erfahrung einfließen.

Wenn Sie bereit sind, beginnen Sie damit, sich selbst ermutigende Nachrichten zu schreiben, indem Sie für jede Nachricht einen Klebezettel verwenden. Die besten Ergebnisse erzielen Sie, wenn Sie sich auf 3 Kategorien konzentrieren: Unterstützung für die Situation, in der Sie sich gerade befinden; Würdigung dessen, was Ihnen ein gutes Gefühl gibt; Bekräftigung einer optimistischen Sichtweise.

Einige Beispiele für Worte der Ermutigung sind: "Ich bin genau da, wo ich sein soll.", "Ich bin ein freundlicher Mensch." oder "Ich stelle mich immer wieder meinen Herausforderungen.".

Schreiben Sie so viele auf, wie Sie können, aber achten Sie darauf, dass Sie mit jeder Aussage einverstanden sind. Wenn Sie nur 7 schaffen, ist das völlig in Ordnung.

Ordnen Sie die Botschaften kreisförmig um die orangefarbene Zauberkerze an und lesen Sie jede einzelne laut vor, bevor Sie sie ablegen. Stellen Sie sich vor, dass die Kraft der Worte Sie ermutigt.

Wenn Sie spüren, dass Ihre Energie zu steigen beginnt, zünden Sie die Zauberkerze an, während Sie die folgenden (oder ähnliche) Worte sagen: "Jedes positive Wort, das ich sage, bringt mehr Licht und Freude in meine Richtung. Und so ist es auch.".

Wenn Sie können, lassen Sie die Zauberkerze von selbst ausbrennen. Kleben Sie die Zettel an verschiedenen Stellen in Ihrer Wohnung, in Ihrem Auto oder an anderen Orten, an denen Sie sie häufig sehen werden.

Sie können die orangefarbene Stumpenkerze (und ggf. auch die Zauberkerze) immer wieder anzünden, wenn Sie die ermutigenden Schwingungen reaktivieren möchten.

Orangener Ermächtigungs-Badezauber

Rituelle Bäder werden häufig zu Reinigungs-, Beruhigungs- und Heilungszwecken verwendet, aber Sie können auch Badezauber einsetzen, um eher männliche Energien wie Selbstvertrauen und Ehrgeiz zu fördern.

Wenn Sie vor einer Herausforderung oder einer Situation stehen, in der Sie sich unwohl fühlen, versuchen Sie diesen schwingungsverändernden Zauber, der die dualen Energien von Orange - Frieden und Stärke - nutzt, um negative Gefühle zu vertreiben und Ihnen zu helfen, Ihre persönliche Kraft zu nutzen. Dies ist ein großartiger Zauber für die Nacht vor einer Prüfung, einem schwierigen Gespräch mit einem Kollegen oder Arbeitgeber oder jeder anderen Situation, in der Sie klar und gelassen sein müssen.

Sie benötigen:

- 1 orangefarbene Kerze
- Andere Kerzen für die Atmosphäre (optional)
- 1-2 Esslöffel getrocknete Orangenschalen
- 3-7 Tropfen ätherisches Orangenöl

Anweisungen:

Lassen Sie ein warmes Bad einlaufen, um das Ritual zu beginnen.

Wenn die Wanne voll ist, fügen Sie das ätherische Orangenöl hinzu und streuen Sie die getrockneten Orangenschalen über das Wasser. Zünden Sie die orangefarbene Kerze und alle anderen Stimmungskerzen an und schalten Sie das künstliche Licht aus.

Steigen Sie sanft in das Bad, atmen Sie tief ein und lassen Sie sich vom Duft des Orangenöls einhüllen. Atmen Sie ein paar Mal tief ein und konzentrieren Sie sich dabei nur auf das Ein- und Ausatmen. Achten Sie auf die Veränderung Ihrer persönlichen Energie, während Sie sich weiter entspannen.

Stellen Sie sich nun die Situation oder Herausforderung vor, für die Sie gestärkt werden möchten. Stellen Sie sich vor, wie Sie auf eine Weise sprechen und handeln, mit der Sie vollkommen zufrieden sind. Rufen Sie die Gefühle auf, die Sie in dieser Situation haben möchten, wenn sie vorüber ist.

Wenn Sie das Gefühl fest im Griff haben, atmen Sie tief ein und stellen Sie sich vor, wie orangefarbenes Licht Ihren ganzen Körper durchdringt. Beim Ausatmen lassen Sie Ihre Vision und alle weiteren Gedanken zu diesem Thema los.

Nehmen Sie sich etwas Zeit, um den Rest Ihres Bades zu genießen, und wenn Sie fertig sind, steigen Sie aus der Wanne, trocknen Sie sich ab und löschen Sie vorsichtig die Kerze(n).

Saftiger Sonnenschein-Vitalitätszauber

Wir alle wissen, dass Orangensaft gut für uns ist, aber wie bei jedem anderen Lebensmittel auch, können die nahrhaften Eigenschaften einer Orange durch die Zugabe von etwas Magie verstärkt und energetisiert werden.

Wenn Sie sich energielos fühlen oder einfach nur ein lustiges Experiment mit Küchenhexerei ausprobieren wollen, schnappen Sie sich ein paar Orangen und ein Messer (Sie können dafür auch Ihre Athame verwenden) und machen Sie sich bereit für einen sonnigen Energieschub.

Vielleicht möchten Sie diesen Zauber in Ihrer Küche wirken, da es für die Arbeit am Altar ein wenig unordentlich sein kann, aber das ist ganz Ihnen überlassen.

Sie benötigen:

- 3 orangefarbene Kerzen
- 3 Orangen
- Messer
- Becher

Anweisungen:

Stellen Sie die 3 Kerzen mit einigen Zentimetern Abstand auf Ihren Altar oder Küchentisch, und legen Sie vor jede Kerze eine Orange.

Schneiden Sie die erste Orange in 2 Hälften und stellen Sie die beiden Hälften wieder vor die Kerze. Dann zünden Sie die Kerze an, während Sie die folgenden (oder ähnliche) Worte sagen: "Ich danke der Sonne für ihr lebensspendendes Licht.".

Wiederholen Sie diesen Vorgang mit den beiden anderen Orangen. Wenn Sie die 2. Kerze anzünden, sagen Sie: "Ich danke der Sonne für ihre liebevolle Wärme.".

Wenn Sie die 3. Kerze anzünden, sagen Sie: "Ich danke der Sonne für ihre Energie, die sie uns gibt.".

Nehmen Sie dann die Hälften der 1. Orange und pressen Sie ihren Saft in die Tasse. Konzentrieren Sie sich dabei auf die Kraft und Energie der Orange, die sich durch das Licht der Kerzenflamme in Ihrer Tasse sammelt.

Wiederholen Sie diesen Vorgang mit den beiden anderen Orangen.

Wenn Sie den ganzen Saft aus den Orangen gepresst haben, nehmen Sie sich einen Moment Zeit und halten Sie die Tasse in Ihren Händen. Atmen Sie tief ein und lassen Sie den erfrischenden Duft und das helle Kerzenlicht positive Energie auf Sie wirken.

Jedes Mal, wenn Sie einen Schluck Orangensaft trinken, sagen Sie eine Affirmation wie: "Ich bin voller körperlicher und geistiger Energie.".

Wenn Sie den Saft getrunken haben, löschen Sie die Kerzen sanft und genießen Sie Ihre gesteigerte Vitalität.

Gelb

Die fröhlichen, sonnigen Energien von Gelb sind dafür bekannt, dass sie die Schwingungen derjenigen, die die Farbe nur ein paar Augenblicke lang betrachten, sofort anheben. Gelb ist tatsächlich die hellste Farbe des Spektrums, und ihre harmonische Energie hilft uns, uns von den niedrigeren Schwingungen von Stress und Traurigkeit zu entfernen. Gelb hilft uns, unsere Fähigkeit zu öffnen, den gegenwärtigen Moment zu genießen, und macht den Weg frei für Optimismus, Glück und Freude.

Gelb wird in erster Linie mit den Funktionen des Intellekts in Verbindung gebracht und wird in der Magie im Zusammenhang mit Gedächtnis, Konzentration, Fokus und allgemeiner geistiger Klarheit verwendet. Es ist die ideale magische Farbe für Studenten, da sie nicht nur dabei hilft, Wissen zu erwerben, sondern den Lernstoff wirklich zu verstehen. Gelb kann helfen, geistige Blockaden aufzulösen und sogar den Lernprozess zu beschleunigen. Das ist praktisch, wenn man einen Kurs besucht, sich für einen neuen Job ausbildet oder einfach ein neues Hobby aufnimmt.

Als Farbe des Luftelements wird Gelb auch in der Zauberei im Zusammenhang mit kreativer Intelligenz - Vorstellungskraft, Inspiration, Einfallsreichtum und neue Ideen - sowohl in der Kunst als auch im Geschäftsleben verwendet. Nutzen Sie die Kraft von Gelb, wenn Sie sich in einem kreativen Projekt festgefahren fühlen oder originelle Ideen zu einem Gruppenprojekt beitragen müssen. Wenn Sie die Kommunikation mit Freunden oder Kollegen verbessern oder Ihre Überzeugungskraft steigern wollen, ist Gelb der ideale magische Verbündete. Gelb wird auch in der Zauberei im Zusammenhang mit Reisen - insbesondere Flugreisen - sowie mit Intuition, Wahrsagerei, Astralprojektion und der Kommunikation mit Wesen aus der Geisterwelt verwendet.

Gelb stärkt auch das Selbstbewusstsein, das Selbstwertgefühl und das Selbstvertrauen und wird mit dem Solarplexus-Chakra in Verbindung gebracht, das diese Qualitäten steuert. Es wird in der Zauberei im Zusammenhang mit Heilung, Vergnügen, Flexibilität, Schönheit und Freundschaft verwendet. Gelb wird auch mit der Sonne, dem Planeten Merkur und den Zeichen Stier und Waage in Verbindung gebracht. Ihre Kardinalrichtung ist Osten. Als Sonnenfarbe eignet sie sich gut für Zaubersprüche und Rituale, die sich speziell auf Sonnenenergien oder mit der Sonne verbundene Gottheiten beziehen.

Die folgenden magischen Übungen beinhalten eine Wahrsagerei mit der Farbe Gelb, Zaubersprüche zur Verbesserung der Kommunikation und zur Stärkung des Selbstbewusstseins sowie einen "Studienfreund" in Form einer verzauberten gelben Kerze.

Ritual der Farbenwahrsagerei

Das Hellsehen ist eine uralte und vielseitige Form der Wahrsagerei, bei der Wasser, Kristallkugeln, Teeblätter und sogar Wolkenformen verwendet werden, um Bilder und Informationen zu enthüllen, die dem bewussten Verstand normalerweise nicht zugänglich sind. Aber es ist keine Kunst, die jedem leichtfällt.

Bei dieser unterhaltsamen Methode wird die Wechselwirkung zwischen Wasser und Farbe genutzt, um besser sichtbare Bilder durchscheinen zu lassen, was sich gut als erste Wahrsageübung eignet. Die besten Ergebnisse erzielen Sie nachts bei Kerzenlicht.

Die Assoziation von Gelb mit dem Element Luft und mit der Wahrsagerei macht es zu einer großartigen Farbe, mit der man hier arbeiten kann, sowohl in Bezug auf das Wasser als auch auf die Kerze(n). Sie können dieses Ritual mit einer bestimmten Frage im Hinterkopf angehen oder einfach offen sein für die Bilder und Eindrücke, die auf Sie zukommen.

Die Lebensmittelfarbe wird sich schließlich im Wasser auflösen, aber wenn Sie mit kaltem Wasser beginnt, sollten Sue genug Zeit haben, um zu "scrying", bevor das passiert.

Sie benötigen:

- 1 gelbe Bannkerze
- Salbungsöl (optional)
- Werkskerzen für die Atmosphäre (optional)
- Kleine Schale
- Tasse mit kaltem Wasser
- Gelbe Lebensmittelfarbe
- Tagebuch oder Briefpapier (optional)

Anweisungen:

Suchen Sie sich einen ruhigen Platz, an dem Sie in die Schale mit Wasser blicken können, am besten mit der/den gelben Kerze(n) direkt hinter der Schale.

Salben Sie die Zauberkerze mit dem Öl, falls Sie es verwenden. Zünden Sie alle Stimmungskerzen an und verbringen Sie dann einige Augenblicke damit, Ihren Geist zu beruhigen. Vielleicht möchten Sie jetzt an eine bestimmte Frage denken, aber das ist nicht notwendig.

Wenn Sie sich bereit fühlen, öffnen Sie Ihre Augen und zünden Sie die gelbe Kerze an. Sie können jetzt Ihre Frage stellen oder einfach bestätigen, dass Sie für hilfreiche Kommunikation aus den unsichtbaren Bereichen offen sind.

Gießen Sie nun die Tasse Wasser in die kleine Schüssel.

Konzentrieren Sie sich auf das Wasser und schließen Sie Ihren Geist von allen anderen Gedanken aus. Halten Sie die Flasche mit der Lebensmittelfarbe etwa einen Fuß über die Schüssel und geben Sie 3 Tropfen in das Wasser.

Sitzen Sie mit sanftem Blick und aufnahmebereitem Geist ruhig da und lassen Sie die Eindrücke der gelben Strudel im Wasser in Ihrem Bewusstsein entstehen. Vielleicht möchten Sie das Wasser gelegentlich kurz und sanft mit dem Finger verwirbeln, um mehr Bewegung zu erzeugen.

Fühlen Sie sich frei, alle Bilder, Ideen, Offenbarungen usw. aufzuschreiben, die Ihnen während dieser Übung einfallen.

Wenn Sie fertig sind oder wenn sich die Lebensmittelfarbe vollständig im Wasser aufgelöst hat, löschen Sie die Zauberkerze vorsichtig aus und gießen Sie das Wasser in das Waschbecken.

Zuversichtlicher Kommunikationszauber

Viele Hexen und andere magisch Tätige fühlen sich in Gruppen als "Außenseiter", sei es bei der Arbeit, in der Schule oder sogar in ihrem Bekanntenkreis. Manchmal ist die Kluft zwischen dem, was wir über das Universum wissen, und dem, wie es durch die Brille der "Muggel" wahrgenommen wird, so groß, dass wir uns nicht trauen, den Mund aufzumachen, um nicht etwas "Seltsames" zu sagen und einen peinlichen Moment zu verursachen. Auch wenn Sie vielleicht nie in der Lage sein werden, jemandem die verborgenen, magischen Grundlagen der Realität zu erklären, sollten Sie sich trotzdem frei fühlen, Ihre Meinung zu jedem Thema aus Ihrer eigenen Perspektive zu äußern.

Die luftigen und fröhlichen Frequenzen von Gelb machen sie zu einer großartigen Farbe, mit der man in dieser Hinsicht arbeiten kann, da sie eine klare Kommunikation und gleichzeitig eine sonnige Aura fördert. Die Menschen in Ihrem sozialen Umfeld werden in der Lage sein, Ihre Worte so zu verstehen, wie es für sie am sinnvollsten ist, ohne das Unbehagen oder Verwirrung zu Konflikten zwischen Ihnen führen. Am wichtigsten ist, dass Sie sich selbstbewusst und sicher fühlen und sich keine Sorgen darübermachen müssen, was andere über das, was Sie sagen, denken.

Sie benötigen:

- 3 gelbe Votivgläser oder Teelichter
- Ätherisches Öl aus Bergamotte, Zimt, Nelke oder Zitrone (optional)

Anweisungen:

Salben Sie die Kerzen mit dem Öl, wenn Sie es verwenden.

Stellen Sie die Kerzen in einer Reihe auf Ihrem Altar oder Arbeitsbereich auf. Die Kerze auf der linken Seite steht für Sie, die Kerze auf der rechten Seite für Ihr "Publikum", d. h. die Menschen, mit denen Sie im Alltag in Kontakt kommen. Die Kerze in der Mitte steht für Ihre Kommunikation mit anderen.

Zünden Sie die 1. Kerze an und sprechen Sie die folgenden (oder ähnliche) Worte: "Ich bin ein souveränes Wesen, das mit dem Wirken des Universums im Einklang steht.".

Zünden Sie die mittlere Kerze an und sagen Sie die folgenden (oder ähnliche) Worte: "Ich spreche mit Klarheit, Ehrlichkeit und Integrität in all meinen Interaktionen.".

Zünden Sie nun die 3. Kerze an und sagen Sie die folgenden (oder ähnliche) Worte: "Meine Worte werden von denen gehört, die Ohren haben, um zu hören, Herzen, um zu fühlen, und einen Verstand, um zu verstehen.".

Lassen Sie die Kerzen mindestens 1 Stunde lang brennen oder lassen Sie sie von alleine ausgehen.

Wenn Sie möchten, können Sie diesen Spruch für jeden sozialen Kontext wiederholen, in dem Sie sich in Ihrem täglichen Leben bewegen: Arbeit, Schule, Freunde, Familie usw.

Spiegelmagie für das Selbstwertgefühl

Jeder hat von Zeit zu Zeit Probleme mit seinem Selbstwertgefühl. Dieser Zauber ist für jeden gedacht, der sich regelmäßig gut fühlen möchte. Und wenn Sie mit dem Selbstwertgefühl zu dem Punkt, dass Sie nicht gerne in den Spiegel schauen, kämpfen, dann ist dieser Zauber definitiv für Sie.

Die hellen, harmonischen Energien von Gelb, die für Selbstbewusstsein, Zuversicht und Ermutigung stehen, können Ihnen dabei helfen, Ihren Geist von negativen, wenig hilfreichen Gedanken über sich selbst abzulenken und stattdessen heilende, positive und produktive Gedanken zu entwickeln.

Ein großer montierter Spiegel ist ideal für diese Arbeit, aber ein kleinerer Spiegel funktioniert auch - er muss nur sicher an etwas anliegen, damit Sie darauf schreiben können.

Sie benötigen:

- 1 gelbes Votiv- oder Teelicht
- Arbeitskerze(n) für die Atmosphäre (optional)
- Spiegel
- Gelber Expo-Stift oder ein anderer löschbarer Marker

Anweisungen:

Zünden Sie alle Stimmungskerzen an und stellen Sie die gelbe Kerze so auf, dass Sie ihr Spiegelbild sehen können.

Schließen Sie die Augen und atmen Sie einige Augenblicke lang tief durch und bringen Sie Ihren Geist zur Ruhe.

Wenn Sie sich bereit fühlen, zünden Sie die gelbe Kerze an und schauen Sie sich direkt im Spiegel an. Schreiben Sie mit dem gelben, nicht permanenten Marker Adjektive und Sätze, die alle Ihre positiven Eigenschaften beschreiben.

Sie könnten z. B. Wörter wie "freundlich, fürsorglich, aufmerksam, wortgewandt, intelligent" usw. schreiben. Sie können Talente und Fähigkeiten nennen, auf die Sie stolz sind, oder sogar über frühere Leistungen schreiben, auf die Sie immer noch stolz sind. Seien Sie kreativ bei der Bewertung all Ihrer besten Eigenschaften.

Achten Sie jedoch darauf, dass Sie diese Dinge zumindest zeitweise auch glauben. Mit anderen Worten: Wenn Sie spüren, wie Ihnen beim Schreiben eines Wortes das Herz in die Hose rutscht, weil Sie nicht glauben, dass es wahr ist, dann geben Sie dem Spruch negative Energie und verringern seine Wirksamkeit erheblich. Wenn Sie also schon immer Baseball geliebt haben, aber wirklich nicht gut darin sind, schreiben Sie nicht "gut in Baseball". Schreiben Sie stattdessen etwas wie "gut darin, Baseball zu lieben.".

Bedecken Sie den Spiegel mit so vielen Wörtern und Sätzen, wie Sie können. Wenn Sie mit dem Schreiben fertig sind, nehmen Sie sich einen Moment Zeit, um die Worte zu lesen, die Sie geschrieben haben. Wiederholen Sie sie laut, während Sie sich im Spiegel in die Augen schauen.

Schließen Sie die Augen und atmen Sie tief ein, verinnerlichen Sie die positiven Schwingungen der Worte und ihre gelbe Farbe. Atmen Sie aus, öffnen Sie die Augen und betrachten Sie sich ein letztes Mal im Spiegel.

Lassen Sie die Kerze in der Nähe des Spiegels von selbst ausbrennen. Sie können die Worte auf dem Spiegel stehen lassen, um sie jeden Tag zu lesen, oder Sie können ein Foto des Werks ausdrucken und auf Ihren Altar stellen, bevor Sie den Spiegel abwischen.

Gelber "Study Buddy"-Zauber

Sie benötigen:

- 1 gelbe Stumpenkerze
- Ätherisches Pfefferminz-, Muskatellersalbei- oder Bergamotteöl
- Mehrere Meter gelbes Band
- Schere
- Lehrbuch oder Hefter

Anweisungen:

Salben Sie die Kerze mit dem Öl, während Sie sich vorstellen, wie Sie neue Informationen aufnehmen, neue Ideen entwickeln und mit Leichtigkeit von einer Aufgabe zur nächsten gehen.

Zünden Sie die Kerze an und lassen Sie das Wachs eine Weile schmelzen, bis sich eine kleine Lache gebildet hat. Wickeln Sie in der Zwischenzeit ein Stück gelbes Band senkrecht um den vorderen Einband des Schulbuchs oder Ordners.

Wenn das Wachs fertig ist, schneiden Sie das Band so ab, dass es sich ein wenig überlappt, und versiegeln Sie die Enden des Bandes, indem Sie eine kleine Wachswulst auf ein Ende tropfen. Wiederholen Sie diesen Vorgang mit der Rückseite des Lehrbuchs oder des Hefters.

Halten Sie das verzauberte Lehrbuch oder den Hefter in den Händen und sagen Sie 3-mal die folgenden (oder ähnliche) Worte: "Mein Geist ist scharf, konzentriert und bereit. Ich lerne mit jedem neuen Atemzug.".

Schneiden Sie nun mehrere 8-Zoll-Stücke vom Band ab, die Sie dann als Lesezeichen oder Platzhalter während des Lernens verwenden können.

Stellen Sie die Kerze, die Lesezeichen und die Lernmaterialien in Ihren Lernbereich und machen Sie sich an die Arbeit.

Grün

Grün ist eine Farbe, die weithin mit der Jahreszeit des Frühlings und dem Aufblühen neuen Lebens in Verbindung gebracht wird. Es ist die Farbe des Grases, der Blätter und des Pflanzenlebens im Allgemeinen und wird in der Magie im Zusammenhang mit dem Feenreich verwendet.

Diese lebendige Farbe, die die Energien von Gelb und Blau enthält, ist sowohl heilend als auch aufbauend, und ihre männlichen und weiblichen Energien rufen ein Gefühl von Gleichgewicht und Harmonie hervor. Als Farbe des Herz-Chakras ist Grün ein Vermittler zwischen dem Bereich der Gedanken und dem Bereich der Gefühle und unterstützt die Arbeit an Mitgefühl, Liebe (einschließlich Selbstliebe) und gesunden Partnerschaften, einschließlich Ehen.

In der Welt der Magie ist Grün vielleicht am besten als Farbe des Überflusses und des Glücks bekannt. In der Tat ist es die vorherrschende Farbe des Papiergeldes in den Vereinigten Staaten, was zu dem Slangbegriff "grün" in Bezug auf Bargeld führte. Grün wird in der Tat in Zaubersprüchen verwendet, die sich auf die Steigerung des finanziellen Wohlstands beziehen, aber es ist auch sehr effektiv für jede Art von Überfluss, ob es sich um gute Gesundheit, unterstützende Freunde und Familie oder einen Bauernhof oder Garten handelt, der mit nahrhaften Pflanzen bestückt ist.

Grün wird auch mit dem verwandten Konzept des Wohlstands assoziiert - eine zuverlässige, kontinuierliche Quelle des Wohlbefindens im Gegensatz zu einem einmaligen Glücksfall. Daher eignet sich Grün auch hervorragend für Arbeiten im Zusammenhang mit Beschäftigung oder Karriere, für das Wachstum von Unternehmen und für positive Erträge aus Investitionen.

Die Assoziation von Grün mit dem Aufblühen von Pflanzen macht es zu einer idealen Farbe für Zaubersprüche, die sich auf körperliche Fruchtbarkeit sowie auf alle Arten von Erneuerung, Wiedergeburt, Verjüngung und Transformation konzentrieren. Es ist die Farbe des Neubeginns und kann zur Unterstützung des persönlichen Wachstums und des Fortschritts auf dem Weg zu einem beliebigen Ziel verwendet werden. Natürlich eignet sich Grün sehr gut für Magie im Zusammenhang mit Gartenarbeit, dem Erwerb von Heilkräuterkenntnissen, der Erhaltung von Bäumen und anderen Pflanzen sowie für Umweltfragen.

Grün ist die Farbe der Erde und kann in der Magie und bei Ritualen verwendet werden, um dieses Element darzustellen. Astrologisch gesehen wird es mit den Planeten Venus, Jupiter, Mars und Merkur sowie mit den Zeichen Wassermann, Krebs und Stier in Verbindung gebracht. Seine Kardinalrichtung ist Norden.

Die Zaubersprüche in diesem Kapitel verwenden grüne Kerzen, um Ihren finanziellen Wohlstand zu steigern, Ihnen zu helfen, eine lohnende Anstellung zu finden, die Chancen zu erhöhen, ein Kind zu bekommen und Glück zu bringen.

Magischer Geldzauber

Es gibt viele Zaubersprüche, bei denen man echtes Geld - entweder Münzen oder Papierscheine - aufladen muss, um mehr Geld anzuziehen. Diese Version macht sich die Kraft der grünen Zauberkerze zunutze, mit ein wenig Hilfe des wohlhabenden Patschuli-Öls.

Sie benötigen:

- 1 grüne Zauberkerze
- Ätherisches Patchouli-Öl
- 1 5-Euro-Schein
- Grünes Gummiband

Anweisungen:

Salben Sie die Kerze mit dem Patchouli-Öl.

Falten Sie den 5-Euro-Schein der Länge nach in der Mitte und wickeln Sie ihn um die Kerze.

Befestigen Sie den Geldschein mit dem Gummiband und lassen Sie dabei mindestens 1 Zentimeter Abstand zwischen dem Geldschein und dem Kerzendocht, damit die Flamme den Geldschein nicht entzündet.

Halten Sie nun die eingewickelte Kerze zwischen Ihre Handflächen und rufen Sie das Gefühl herbei, dass Sie mit Geld überhäuft sind, dass alle Ihre Grundbedürfnisse erfüllt sind, und dass Sie etwas Geld für sich selbst ausgeben können.

Wenn Sie dieses Gefühl fest im Griff haben, sagen Sie 3-mal die folgenden (oder ähnliche) Worte: "Wie oben, so unten. So fließt das Geld in meinem Leben. Land zu Himmel, von Küste zu Küste, dieses Geld bringt mir mehr Geld.".

Löschen Sie die Kerze vorsichtig, und wenn das Wachs abgekühlt ist, wickeln Sie den Geldschein aus.

Tragen Sie es in Ihrem Portemonnaie bei sich, aber geben Sie es nicht aus. Wann immer Sie es sehen, sollten Sie sich daran erinnern, dass Sie jeden Tag mehr Geld in Ihr Leben ziehen.

"Lucky Penny"-Beschäftigungszauber

Die Stellensuche gehört zu den Aufgaben, bei denen unsere persönliche Energie den Unterschied ausmacht - nicht nur beim Vorstellungsgespräch, sondern bei jedem Schritt, der ihm vorausgeht. Wenn Sie zuversichtlich sind, dass Sie einen gut bezahlten Job finden werden, der Ihnen tatsächlich gefällt, erhöhen sich Ihre Chancen, dieses Ergebnis zu erreichen, erheblich.

Dieser Zauber ermöglicht es Ihnen, die positive Energie Ihrer größten Wünsche in einem physischen Talisman zu bündeln, den Sie während des gesamten Prozesses der Stellensuche bei sich tragen können - einschließlich des letzten Vorstellungsgesprächs.

Wenn Sie die Oberfläche Ihres Altars oder Arbeitsbereichs vor verschüttetem Kerzenwachs schützen möchten, können Sie ein kleines Stück Wachspapier unter die Münze legen.

Sie benötigen:

- 1 grüne Zauberkerze
- Ätherisches Öl aus Patchouli, Nelke, Lavendel oder Bergamotte
- 1 neue Münze
- Wachspapier (optional)
- Tagebuch oder Briefpapier (optional)

Anweisungen:

Salben Sie beide Seiten der Münze mit dem Öl und legen Sie ihn dann mit der Vorderseite nach oben auf Ihren Altar oder Tisch vor die Zauberkerze.

Zünden Sie die Zauberkerze an und konzentrieren Sie sich während des Schmelzens des Wachses einige Minuten lang darauf, wie Sie sich fühlen werden, wenn Sie in Ihrem neuen Traumjob arbeiten.

Für besonders kraftvolle Magie, schreibe eine Weile frei über die Eigenschaften des Jobs, den Sie manifestieren möchten.

Wenn Sie mit Ihrer Vision zufrieden sind und genügend Wachs geschmolzen ist, tropfen Sie mit der Kerze vorsichtig 3 Tropfen grünes Wachs auf die Münze.

Sagen Sie dabei die folgenden (oder ähnliche) Worte: "Der Job gehört mir. Es ist erledigt.".

Stellen Sie die Kerze wieder in ihren Halter und lassen Sie sie von selbst ausbrennen.

Sobald die Münze draußen ist, können Sie sie in Ihrer Tasche oder in Ihrem Portemonnaie mit sich führen, wenn Sie sich auf die Suche nach Ihrem neuen Traumjob machen.

Fruchtbarkeitszauber bei Kerzenlicht

Für Frauen, die mit der Empfängnis eines Kindes kämpfen, können Kräutermedizin, Akupunktur und moderne medizinische Behandlungen eine große Hilfe sein. In Verbindung mit dem, was Sie gerade versuchen, kann dieser einfache Zauber helfen, die für die Empfängnis notwendige Schwingungsatmosphäre zu schaffen.

Da Fruchtbarkeit und Empfängnis etwas sehr Persönliches sind, sollten Sie das Symbol, das Sie in die Kerze schnitzen, selbst auswählen. Wenn Sie mit Fruchtbarkeitssymbolen nicht vertraut sind, recherchieren Sie (es gibt viele Optionen aus Kulturen auf der ganzen Welt, aus denen Sie wählen können) oder kreieren Sie Ihr eigenes.

Zur Vorbereitung auf diesen Zauber sollten Sie sich etwas Zeit nehmen, um Ihren Geist zu beruhigen, tief durchzuatmen und alle negativen Gedanken loszulassen, vor allem in Bezug auf das Thema, um das es geht. Das ist wichtig für jedes magische Unterfangen, aber es ist besonders wichtig, wenn es um Fruchtbarkeit geht, da Ihr physischer Körper der buchstäbliche Ort ist, an dem sich die Magie manifestieren wird. Stellen Sie sicher, dass die Energie, die Sie in diese Arbeit stecken, aus einer entspannten, klaren und optimistischen Geisteshaltung kommt.

Sie benötigen:

- 1 große grüne Stumpenkerze
- Ätherisches Öl von Muskatellersalbei, Ylang-Ylang und/oder Geranie
- Symbol(e) der Fruchtbarkeit
- Kristallspitze, Athame oder anderes rituelles Schnitzwerkzeug

Anweisungen:

Schnitzen Sie das Fruchtbarkeitssymbol Ihrer Wahl in die Kerze. Visualisieren Sie beim Schnitzen die Verbindung Ihrer Lebenskraft mit einer anderen, um ein neues menschliches Wesen hervorzubringen.

Salben Sie die Kerze mit dem Öl und zünden Sie sie dann einfach an, wenn Sie sich mit Ihrem Partner treffen.

Wiederholen Sie den Zauber, falls die Kerze verbraucht ist, bevor die Empfängnis stattfindet.

7-Tage-Glücksverstärker-Zauber

Seit der Antike haben die verschiedenen Kulturen unterschiedliche Vorstellungen von "Glück" gehabt. Viele glaubten, dass die Stellung der Sterne und Planeten über das Glück entscheidet, während sie andere Kreaturen wie Feen und Kobolde anflehten, ihnen Glück zu bringen. Aber was auch immer die Vorzüge dieser Traditionen sein mögen, es hat sich immer wieder gezeigt, dass eine positive Einstellung zum Leben und ein hoffnungsvoller Geist die direktesten Auswirkungen auf unser "Glück" im Leben haben.

Dieser lustige Zauber macht sich die traditionelle Farbe des Glücks zunutze und hilft Ihnen dabei, eine bewusstere Praxis des positiven Denkens in Ihrem täglichen Leben zu entwickeln.

Sie benötigen:

- 7 grüne Votivkerzen
- 7 kleine Zettel
- Grüner Bleistift, Kugelschreiber oder Marker
- Kleine Schale

Anweisungen:

Zur Vorbereitung auf diesen Zauber schreiben Sie 7 positive Affirmationen, eine auf jeden Zettel. Sie können die unten aufgeführten Beispiele verwenden oder Ihre eigenen schreiben.

Falten Sie jeden Zettel, nachdem Sie die Affirmation geschrieben haben, und legen Sie sie alle in die Schale.

Stellen Sie die 7 Kerzen in einer Reihe auf Ihren Tisch oder Altar.

Am 1. Morgen des Zaubers, gleich nach dem Aufwachen, zünden Sie eine einzelne grüne Kerze an. Wirbeln Sie die Zettel in der Schale herum und wählen Sie einen zufällig aus. Lesen Sie die Affirmation laut vor und stecken Sie das eine Ende des Zettels vorsichtig unter die brennende Kerze. Nach ein paar Augenblicken oder wenn es Zeit ist, das Haus zu verlassen, löschen Sie die Kerze vorsichtig.

Am 2. Morgen zünden Sie die 1. Kerze und eine weitere Kerze an, sodass Sie 2 grüne Kerzen haben. Lesen Sie die Affirmation vom 1. Morgen noch einmal vor und wähle dann eine neue Affirmation aus der Schale, die Sie heute laut vorlesen möchten. Stecken Sie die neue Affirmation unter die neue Kerze und lassen Sie beide Kerzen für einige Augenblicke brennen oder bis es Zeit ist, das Haus zu verlassen.

Wiederholen Sie diesen Vorgang für volle 7 Tage. Sie werden angenehm überrascht sein, wie viel "Glück" Sie anzapfen, wenn Sie Ihre positiven Schwingungen im Laufe der Woche erhöhen.

Beispiel für positive Affirmationen:

- Es ist kein Zufall, dass ich hier auf dieser Erde bin.

- Jeden Tag laufen unzählige Dinge für mich ab.
- Ich bin ein hervorragender Manifestator meiner Träume.
- Ich habe das Glück, dass ich die Magie entdeckt habe.

Blau

Als Farbe des Himmels an einem sonnigen Tag, die sich auch in Gewässern widerspiegelt, ist Blau eine friedliche Farbe mit beruhigenden Eigenschaften, ähnlich wie der Blick auf das Meer oder einen ruhig fließenden Fluss. Dementsprechend wird sie oft auf magische Weise verwendet, um Frieden, Ruhe, Gelassenheit und Geduld herbeizuführen und uns zu helfen, mit den unerwarteten Wendungen des Lebens "mit dem Strom zu schwimmen".

Blau ist nützlich bei Schlafproblemen, einschließlich Schlaflosigkeit und beunruhigenden Träumen, und zur Lösung von Ängsten in Geist und Körper. Als wahrhaft heilende Farbe kann Blau in der Magie eingesetzt werden, um schwierige Emotionen zu untersuchen und aufzulösen und um Gefühle der Stabilität zu fördern.

Blau ist die Farbe des Hals-Chakras, das für tiefe Kommunikation und die Fähigkeit, uns selbst und anderen gegenüber ehrlich zu sein, zuständig ist. Schwierige Gespräche können durch Zauberei mit dieser Farbe erleichtert werden, da Blau uns hilft, unsere inneren Wahrheiten zu entdecken und auszusprechen und bisher verborgene Wahrheiten über scheinbar komplexe Situationen zu verstehen.

Ihre Fähigkeit, festgefahrene Emotionen loszulassen, macht sie zu einer großartigen Farbe für Zaubersprüche zur Gewichtsabnahme. Sie wird auch in der Zauberei zum Schutz vor Disharmonie und negativen Schwingungen verwendet, besonders im Zusammenhang mit dem Zuhause, und um Weisheit, Vertrauen, Gerechtigkeit und Glück zu fördern. Blau kann bei der Stärkung von Beziehungen aller Art helfen, indem es Loyalität, Aufrichtigkeit, Glauben, Hingabe, Zuverlässigkeit und Vertrauen fördert.

Blau wird auch mit spirituellen Angelegenheiten in Verbindung gebracht und wird bei Arbeiten im Zusammenhang mit übersinnlichen Fähigkeiten, Astralprojektion, prophetischen Träumen und Meditation verwendet. Wenn Sie Ihre Verbindung zur spirituellen Welt verbessern wollen, sollten Sie mit den blauen Energien arbeiten. Die Elementarassoziation von Blau ist natürlich Wasser, und seine Himmelsrichtung ist Westen. In der Astrologie wird sie mit dem Mond, den Planeten Jupiter, Neptun und Merkur sowie den Zeichen Jungfrau, Steinbock, Wassermann und Fische in Verbindung gebracht.

Im Folgenden finden Sie Zaubersprüche, um Ihr Zuhause vor negativen Energien zu schützen und die Harmonie zwischen seinen Bewohnern zu fördern, Ihre Fähigkeit zur Geduld zu steigern und Ihr eigener emotionaler Führer und Heiler zu werden.

Blauer Perimeter Hausschutzzauber

Die Schwingungen des Wohlbefindens, die von der Farbe Blau ausgehen, machen sie zu einer idealen Farbe für einen Schutzzauber gegen negative Energie - ganz gleich, ob die Negativität in Form Ihrer eigenen Gedanken, anderer nicht-physischer Energien im Haus oder anderer Menschen auftritt.

Die subtile energetische Anpassung, die dieser Zauber bewirkt, kann Ihnen helfen, Ihr Zuhause in ein wahres Heiligtum zu verwandeln, in dem sich die positivsten und heilensten Aspekte von Ihnen selbst und anderen entfalten können.

Dieser Zauber erfordert besondere Vorsicht, da Sie brennende Kerzen vorübergehend unbeaufsichtigt lassen, während Sie von Raum zu Raum gehen. Treffen Sie vorher alle notwendigen Vorkehrungen für Haustiere und Kinder.

Die besten Ergebnisse erzielt man, wenn man aufräumt, fegt, abstaubt und/oder was auch immer nötig ist, um ein Gefühl der Ruhe und Ordnung im Haus zu schaffen. Vielleicht möchten Sie auch die Energie durch Räuchern mit Kräutern oder eine andere Methode zur Reinigung des Raums reinigen.

Sie benötigen:

- Blaue Teelichter oder Votivgläser (genug für jede Tür und jedes Fenster in Ihrer Wohnung)
- Kleine Tasche oder Korb zum Tragen von Kerzen

Anweisungen:

Legen Sie alle Kerzen in den Beutel oder Korb und halten Sie ihn in den Armen.

Konzentrieren Sie sich darauf, die Energie des Schutzes zu nutzen und sie auf alle Kerzen zu konzentrieren.

Wenn Sie bereit sind, stellen Sie eine blaue Kerze auf den Boden in der Mitte der Tür, beginnend mit dem Haupteingang. Zünden Sie die Kerze an und visualisieren Sie eine blaue Wand aus lebendigem Licht, die diesen Bereich Ihres Hauses vor unerwünschten Energien und Besuchern abschirmt.

Gehen Sie im Uhrzeigersinn um Ihr Haus herum und wiederholen Sie diese Schritte an jedem Fenster und jeder zusätzlichen Tür - also an jedem potentiellen Eingang zu Ihrem Haus. (Wenn Sie einen funktionierenden Schornstein haben, platzieren Sie auch eine Kerze an der Feuerstelle.)

Wenn Sie wieder am Vordereingang angekommen sind, atmen Sie tief ein und stellen Sie sich vor, dass Ihr ganzes Haus von schützendem blauen Licht umgeben ist, und sagen Sie folgende (oder ähnliche) Worte: "Alle Energie innerhalb dieser Mauern ist positiv, friedlich und zum Wohle aller. Und so ist es auch.".

Lassen Sie alle Kerzen mindestens 3 Minuten lang gleichzeitig brennen und genießen Sie das Gefühl der Geborgenheit und des Friedens, das Ihren Lebensraum durchdringt.

Beginnen Sie zum Abschluss des Rituals wieder am Vordereingang und löschen Sie die Kerze sanft aus. Arbeiten Sie wieder im Uhrzeigersinn durch das Haus und löschen Sie jede Flamme aus.

Sie können diese Kerzen für eine stimmungsvolle Atmosphäre wiederverwenden oder immer dann, wenn Sie ein Gefühl der Beruhigung in Ihrer Wohnung heraufbeschwören möchten.

Harmoniezauber bei häuslichen Konflikten

Der vorangegangene Schutzzauber für das eigene Heim ist hervorragend geeignet, um eine gesunde und positive Energie in Ihrem Heim aufrechtzuerhalten. Allerdings können zwischenmenschliche Konflikte unter Mitbewohnern oder Familienmitgliedern immer noch aufflammen und sogar im Laufe der Zeit andauern. Schließlich lernen wir durch unsere Beziehungen, die zwangsläufig auch mal ihre dornigen Seiten haben.

Dieser Zauber kann dieses Lernen und die Lösung des Konflikts erleichtern, indem er einen heiligen Raum und Zeit für einen ehrlichen und heilenden Dialog bietet.

Dieser Zauber ist besonders wirkungsvoll, weil Blau die Farbe des Friedens ist und weil er außerdem voraussetzt, dass beide Parteien bereit sind, eine Meinungsverschiedenheit durchzuarbeiten und zu lösen. (Man beachte, dass er die Bereitschaft der anderen beteiligten Person zur physischen Teilnahme voraussetzt.)

Sie benötigen:

- 1 blaue Stumpenkerze
- 2 Stücke blaues oder weißes Garn, lang genug, um die Kerze zu umwickeln

Anweisungen:

Sie sollten sich gegenübersitzen und die Kerze zwischen sich stellen, entweder an einem Tisch oder auf einem erhöhten Podest, sodass die Kerze nach dem Anzünden sicher gehandhabt werden kann.

Nehmen Sie sich einen Moment Zeit, um zu atmen und sich zu zentrieren, indem Sie sich ein weißes Licht vorstellen, das Sie beide umgibt. Bitten Sie die andere Person, dasselbe zu tun, sodass Sie beide mit heilenden Absichten in das Ritual gehen.

Zünden Sie die Kerze an und beginnen Sie ein ehrliches Gespräch darüber, wie die Harmonie im Haus wiederhergestellt werden kann. Seien Sie offen, aber respektvoll zueinander. Üben Sie während des gesamten Gesprächs die Verwendung von "Ich-Aussagen" (z. B. "Ich fühle mich …, wenn du …").

Es ist wichtig, eine Haltung der Schuldzuweisung oder des Richtig und Falsch zu vermeiden; laden Sie die Person vielmehr ein, mit Ihnen zusammenzuarbeiten, um den Streit zu lösen. Dies kann einige Zeit in Anspruch nehmen, also geben Sie der Person den Raum und die Zeit, die sie braucht, um wirklich reinen Tisch zu machen und eine Lösung zu finden.

Wenn Sie sich davon überzeugt haben, dass der andere Ihnen zugehört hat und der Frieden wiederhergestellt ist, sollte jeder sein Stück Garn sorgfältig um die Kerze binden, um zu zeigen, dass er sich verpflichtet, die Harmonie im Haus zu bewahren.

Sie können die Kerze danach jederzeit sanft löschen und an jedem weiteren Abend wieder anzünden, bis die Kerze verbraucht ist.

Zauberspruch für mehr Geduld

Ganz gleich, ob Sie Frustrationen bei der Arbeit, zu Hause, in einer Beziehung oder einfach mit sich selbst erleben, die heilenden Eigenschaften der Farbe Blau können Ihnen dabei helfen, Ihre aufgestaute Negativität loszulassen und Geduld in auslösenden Situationen aufzubringen.

Bei diesem Zauber geht es darum, Ihre stressbedingten Reaktionen auf die Situation, in der Sie Hilfe brauchen, zu erforschen und einen Talisman zu erschaffen, der Ihnen hilft, zukünftige Auslöser mit mehr Anmut und Leichtigkeit zu überwinden.

Sie benötigen:

- 1 blaue Zauberkerze
- Ätherisches Öl aus Lavendel, Vetiver, Palmarosa und/oder Bergamotte (optional)
- Tagebuch oder Schreibpapier
- 1 blauer Adventurin, blauer Topas, blauer Opal oder ein anderer blauer Mineralstein

Anweisungen:

Nehmen Sie sich einen Moment Zeit, um sich zu entspannen und den Stress des Tages abzubauen. Atmen Sie tief durch und richten Sie Ihre Aufmerksamkeit von der Welt um Sie herum auf die Welt in Ihnen.

Salben Sie die Kerze mit dem Öl, falls Sie es verwenden. Zünden Sie die Kerze an und stellen Sie den Stein davor.

Schreiben Sie frei über die Beziehung, die berufliche Situation, das Familienproblem usw., das Sie dazu veranlasst hat, diesen Zauber zu wirken.

Beginnen Sie damit, die Situation zu identifizieren, und schreiben Sie dann auf, wie Sie sich dabei fühlen.

Wenn Sie sich beim Schreiben darüber aufregen, versuchen Sie, über Ihre unmittelbare Reaktion hinaus auf das zu schauen, was sich hinter dem Problem verbergen könnte. Gibt es Erinnerungen aus Ihrer Vergangenheit, die hochkommen wollen? Gibt es Ängste, die durch die aktuelle Situation aktiviert werden?

Schreiben Sie, was Ihnen in den Sinn kommt, und schreiben Sie mindestens 20-30 Minuten lang.

Wenn Sie sich klarer und ruhiger fühlen, nehmen Sie den blauen Stein und halten Sie ihn zwischen Ihren Handflächen. Stellen Sie sich vor, dass blaues Licht aus dem Inneren des Steins ausstrahlt und Ihren gesamten Körper umgibt.

Halten Sie diese Vision ein paar Augenblicke lang fest, und wenn Sie bereit sind, sagen Sie die folgenden (oder ähnliche) Worte: "Geduld und Frieden, Leichtigkeit und Fluss, diese alten Auslöser lasse ich jetzt los. So lass es sein.".

Stellen Sie den Stein wieder vor die Kerze und lassen Sie die Kerze von selbst ausbrennen.

Tragen Sie den Stein in Ihrer Tasche oder Handtasche bei sich und halten Sie ihn fest, wenn Sie einen Auslöser erleben, der Ihre Geduld bedroht.

"Medizinischer Zauber" - Liebesnotizen an sich selbst

Die Ermutigung und Unterstützung durch andere Menschen in unserem Leben ist ein wichtiger Faktor für ein gesundes Leben. Eine zu große Abhängigkeit von anderen schafft jedoch ein Ungleichgewicht, denn letztlich ist jeder von uns sein eigener bester Freund, Ratgeber und Heiler.

Dieser Zauber wurde entwickelt, um Ihnen die Führung und Liebe Ihres höheren Selbst in Zeiten zu geben, in denen Sie sie wirklich brauchen, aber vielleicht weniger in der Lage sind, auf diese positiven Frequenzen zuzugreifen.

Wenn dieser Zauber mit einer angemessenen Menge gut gelenkter Energie angewendet wird, ist er unglaublich mächtig. Das liegt daran, dass Sie Ihre positivsten, friedlichsten und liebevollsten Schwingungen nutzbar machen und Sie sie für den Fall speichern, dass Sie einen Aufschwung aus negativeren Zuständen wie Angst, Verzweiflung oder einfach nur energetischer Erschöpfung brauchen.

Daher ist dies eine der Maßnahmen, die man am besten lange vor dem Zeitpunkt ergreift, an dem man am meisten davon profitieren könnte. Wenn Sie also das nächste Mal das Gefühl haben, ganz oben zu sein, nutzen Sie es aus und schreiben Sie sich ein paar magisch aufgeladene "Liebesbriefe".

Sie benötigen:

- 1 blaue Kerze
- Mehrere kleine Papierstücke
- Blauer Stift, Bleistift oder Marker
- Siegel aus Wachs
- Kleine Schale

Anweisungen:

Nehmen Sie sich etwas Zeit, um Ihren Geist zu beruhigen, und konzentrieren Sie sich dann auf die Gefühle des Wohlbefindens, die Sie gerade erleben.

Zünden Sie die Kerze an und beginnen Sie, sich selbst mehrere positive "Liebesbotschaften" auf die Zettel zu schreiben. Schreiben Sie so viele, wie Sie können, mindestens aber 7.

Sie könnten z. B. schreiben: "Ich liebe und schätze mich." oder "Ich bin so stolz auf all die Arbeit, die ich bereits geleistet habe." oder "Ich leuchte hell, auch wenn ich es nicht weiß.".

Falten Sie jedes Papier zu einem Drittel und überlappen Sie es so, dass die Nachricht im Inneren verschlossen ist.

Zu diesem Zeitpunkt sollte die blaue Kerze ein gutes Stück Wachs geschmolzen haben. Träufeln Sie eine kleine Menge Wachs auf den Falz des Papiers und drücken Sie die Wachsversiegelung fest an.

Wenn der letzte Ton versiegelt ist, löschen Sie die Kerze vorsichtig aus.

Bewahren Sie diese Zettel in einer kleinen Schale auf Ihrem Tisch oder Altar auf.

Wenn Sie das nächste Mal etwas emotionale Zuwendung brauchen, nehmen Sie eine Botschaft aus der Schale und lesen Sie sie. Vielleicht möchten Sie den Rest der Kerze auch für diesen Zweck aufbewahren.

Indigo

Indigo wird mit dem Mitternachtshimmel und dem Weltraum assoziiert und ist vielleicht die geheimnisvollste Farbe im sichtbaren Lichtspektrum. In der Tat wurde viel darüber diskutiert, ob sie in dem, was wir als Regenbogen bezeichnen, überhaupt vorkommt oder nicht.

Unabhängig davon ist Indigo eine Farbe intensiver Spiritualität und wird mit den Akasha-Aufzeichnungen in Verbindung gebracht - den riesigen unsichtbaren Bereichen, in denen alle Informationen über jedes jemals gelebte Leben zugänglich sind. Als eine Mischung aus Blau und Violett enthält Indigo Eigenschaften beider Farben, was es in der Magie im Zusammenhang mit Heilung, Ausdruck, Spiritualität und esoterischer Erkenntnis nützlich macht.

Indigo ist die Farbe des 3. Auges und hilft, inneres Wissen aus dem Unterbewusstsein hervorzubringen. Es wird mit dem Stirn-Chakra in Verbindung gebracht (obwohl Violett in einigen Systemen diese Rolle spielt), das Wahrnehmung, Einsicht, Hellsichtigkeit, Vorstellungskraft und Träume steuert.

Nutzen Sie die fließenden Energien von Indigo für kraftvolle Ergebnisse bei Arbeiten im Zusammenhang mit psychischer Empfänglichkeit, Intuition und Wahrsagerei sowie Weisheit, geschärfter Wahrnehmung und Unterscheidungsvermögen. Indigo erleichtert tiefe meditative Zustände sowie Führung und Heilung auf spiritueller Ebene.

Indigo wird auch zur Behandlung von Depressionen und zur Verbesserung der Konzentration sowie zum Ausgleich zwischen intensiven Emotionen und rationaler Objektivität eingesetzt. Es kann verwendet werden, um negatives Gerede zu stoppen oder zu bekämpfen und um eine unerwünschte Situation zu verlangsamen oder zu stoppen. In jedem dieser Fälle sollten Sie sich auf die Ergebnisse konzentrieren, die Sie für sich selbst anstreben, und nicht darauf, andere zu manipulieren.

Als Farbe der Würde und der Selbstbeherrschung kann Indigo helfen, unerwünschte Aspekte des eigenen Charakters zu zähmen und die Hingabe an würdige Menschen und Anliegen im Leben zu unterstützen. Indigo wird mit den Planeten Venus und Saturn, den Zeichen Zwillinge und Wassermann und dem Element Luft in Verbindung gebracht. Seine Himmelsrichtung ist Osten.

Die Arbeiten in diesem Kapitel nutzen die besonderen Eigenschaften von Indigo, um Ihnen zu helfen, Ihre eigene magische Meditationspraxis in Gang zu bringen, Ihre psychische Aufnahmefähigkeit zu erhöhen, Klarheit über eine trübe Situation zu finden und Ihren physischen Körper von unerwünschter Energie zu befreien.

Indigo-Zone-Meditationspraxis

Man kann sagen, dass alle erfolgreiche Magie in einem meditativen Zustand praktiziert wird - wenn der Praktizierende seinen Geist erfolgreich von allen fremden Gedanken und Sorgen befreit hat, um Platz für eine effektive Visualisierung des magischen Ziels zu schaffen. Dennoch tun sich viele angehende Hexen mit diesem wichtigen Schritt schwer, da sich der Geist anfangs so gut wie immer dagegen sträubt, zur Ruhe gebracht zu werden.

Eine regelmäßige Meditationspraxis trägt wesentlich dazu bei, diesen Aspekt Ihrer Magie zu stärken, und bietet darüber hinaus eine Reihe von körperlichen, emotionalen und geistigen Vorteilen.

Dieses Ritual nutzt die einzigartigen Frequenzen von Indigo und soll Ihnen helfen, Ihre eigene regelmäßige Praxis zu fördern, um in die "Zone" für Magie zu kommen.

Machen Sie es sich so bequem wie möglich - Sie müssen nicht im Schneidersitz auf dem Boden sitzen, wenn das für Sie nicht in Frage kommt. Sie können auf Kissen, auf einem Stuhl, auf der Couch usw. sitzen (Sie können sich sogar hinlegen, aber wenn Sie dadurch schläfrig werden, sollten Sie aufrecht sitzen).

Vielleicht möchten Sie auch sanfte, einfache Musik oder andere meditative Klänge (z. B. tibetische Glockenspiele) im Hintergrund abspielen. Versuchen Sie, online nach kostenlosem Musik-Streaming zu suchen - Sie werden eine große Auswahl vorfinden.

Achten Sie nur darauf, dass die Klänge Sie nicht ablenken - allzu melodische oder komplexe Musik ist in der Regel nicht hilfreich. Wenn Sie sich an einem Ort befinden, an dem Sie wahrscheinlich durch Geräusche gestört werden, sollten Sie Ohrstöpsel verwenden, um Ihren Geist leichter zur Ruhe zu bringen.

Wenn Sie eine strukturiertere, geführte Meditation brauchen, um in den Fluss zu kommen, finden Sie im Internet viele davon, die Sie sich anhören können, während die Kerze brennt. Probieren Sie jeden Tag eine andere geführte Meditation aus, um zu sehen, was für Sie am besten funktioniert.

Sie benötigen:

- 1 große indigoblaue Stumpenkerze
- Ruhiger, bequemer Platz zum Sitzen
- Zeitschaltuhr
- Ambient-/Meditationsmusik (optional)
- Ohrstöpsel (optional)

Anweisungen:

Zünden Sie die Kerze an und schauen Sie ein paar Augenblicke lang einfach nur sanft in die Flamme. Wenn Sie bereit sind, mit der Meditation zu beginnen, stellen Sie Ihren Timer auf 5 Minuten.

Schließen Sie nun sanft die Augen und atmen Sie langsam und tief durch die Nase ein.

Stellen Sie sich vor, dass die Luft durch die Nase und die Kehle hinunter in die Lunge strömt. Dann verlängern Sie den Atem in Ihr Herzzentrum und hinunter in Ihren Bauch.

Wenn Sie den Atem langsam loslassen, sehen Sie, wie er zuerst den Bauch verlässt, durch das Herzzentrum und die Lunge nach oben wandert, dann durch die Kehle und durch die Nase wieder nach außen.

Wiederholen Sie diesen Atemvorgang 3-mal.

Erlauben Sie sich nun, normal zu atmen und Ihre Aufmerksamkeit auf das Ein- und Ausatmen zu richten. Wenn Sie feststellen, dass Ihre Gedanken abschweifen (und das werden sie mit Sicherheit), richten Sie Ihre Aufmerksamkeit einfach wieder auf Ihren Atem.

Seien Sie sanft und geduldig mit Ihrem Verstand - Sie bitten ihn, etwas zu tun, womit er nicht vertraut ist, und sich zu wehren oder frustriert zu sein, wird ihm nicht helfen, sich zu beruhigen.

Machen Sie sich keine Gedanken darüber, wie viel oder wie oft Ihre Gedanken abschweifen, denn allein der Versuch, sie zu verlangsamen, kommt Ihnen zugute. Mit der Zeit und bei regelmäßiger Übung wird die Meditation einfacher und lohnender werden.

Wenn die Uhr abgelaufen ist, atmen Sie ein letztes Mal tief und langsam ein, öffnen Sie sanft Ihre Augen und löschen Sie die Kerze. Sie können die Kerze für Ihre nachfolgenden Meditationen wiederverwenden, bis sie verbraucht ist.

Versuchen Sie diese Meditation 3 Tage lang für 5 Minuten pro Tag und fügen Sie dann 1 oder 2 Minuten für die nächsten 3 Tage hinzu. Steigern Sie sich allmählich auf mindestens 15 Minuten pro Tag, wenn Sie können.

Wenn Sie sich diese Gewohnheit angewöhnt haben, wird es viel einfacher sein, in die "Zone" für die Magie zu kommen.

Indigo-Psychische-Empfangspraxis

Dieses Ritual kann im Anschluss an die Mediationspraxis in der Indigo-Zone (siehe oben) oder auch allein durchgeführt werden. Als Praxis hilft es, den Geist zu trainieren, um in einen meditativen Zustand einzutreten, aber es öffnet Sie auch speziell für Botschaften aus Ihrem Unterbewusstsein, die durchkommen.

Dies ist auch eine gute "Trainingsübung" für die Elementarflammen-Kommunikationsübung im Kapitel Violett. Probieren Sie sie ein paar Tage lang aus und beobachten Sie, welche Veränderungen in Ihrem Bewusstsein für die subtilen Energien innerhalb und außerhalb Ihres mentalen Raums auftreten.

Sie benötigen:

- 1 Indigokerze
- Kleine handgehaltene Glocke
- Tagebuch oder Schreibpapier

Anweisungen:

Nehmen Sie ein paar tiefe, zentrierende Atemzüge, um Ihrem Geist und Körper zu signalisieren, dass es Zeit ist, sich nach innen zu wenden, weg von den Ablenkungen des Tages.

Zünden Sie die Kerze an und läuten Sie 3-mal die Glocke.

Lassen Sie Ihren Blick weich werden, während Sie den Schwingungen lauschen, die sich immer weiter ausbreiten, über euren Hörbereich hinausgehen und schließlich mit allen Schwingungen im Universum verschmelzen.

Wenn der Klang der Glocke verklingt, konzentrieren Sie sich auf die Flamme der Kerze. Bleiben Sie so lange wie möglich auf die Flamme konzentriert, aber blinzeln Sie, wenn Sie es müssen.

Wann immer Sie Gedanken von der Flamme ablenken, nehmen Sie sie zur Kenntnis und lassen Sie sie dann sanft aus Ihrem Bewusstsein verschwinden. Wenn Sie mögen, können Sie die Glocke erneut läuten, um sich wieder zu konzentrieren. Bleiben Sie mindestens 10 Minuten lang in diesem meditativen Modus.

Schreiben Sie danach, während die Kerze noch brennt, 10-15 Minuten lang frei in Ihr Tagebuch über alles, was Ihnen in den Sinn kommt.

Sie können über Gedanken schreiben, die Ihnen während der Meditation gekommen sind, über Bilder, die Sie in der Kerzenflamme wahrgenommen haben, oder einfach über alle Gedanken, die Ihnen in diesem Moment durch den Kopf gehen, wie banal sie auch sein mögen.

Nachdem Sie dieses Ritual ein paar Mal durchgeführt haben, lesen Sie Ihr freies Schreiben von jeder Sitzung noch einmal durch und notieren Sie sich alle Muster, die auftauchen.

Zauberspruch für Klarheit

Unser analytischer Verstand will ein Problem oft nicht in Ruhe lassen, selbst, wenn wir wissen, dass wir noch keine Lösung finden können. Dies kann dazu führen, dass das Problem länger als nötig in unserer Nähe bleibt, da wir es durch unsere Gedanken darüber in unseren Schwingungsfrequenzen aktiv halten. In diesen Fällen kann erst dann Klarheit entstehen, wenn wir das Problem vollständig losgelassen haben, zumindest für einen Moment.

Dies ist ein großartiger Zauber, um eine Lösung für jede Art von "unklarer" Situation zu finden - eine Entscheidung, die getroffen werden muss, ein scheinbar unlösbares Problem oder ein vages Gefühl, dass etwas nicht stimmt, das Sie nicht ganz identifizieren können. Anstatt zu viel nachzudenken und die Frage zu sehr zu analysieren, werden Sie Ihrem inneren Wissen erlauben, Klarheit in die Situation zu bringen. Indigo hilft uns, uns über unser 3. Auge (oder die Zirbeldrüse) mit der ätherischen Ebene zu verbinden und den analytischen Verstand zu umgehen, um reine Weisheit zu empfangen.

Dieser Zauber kann allein oder in Verbindung mit der vorangegangenen beschriebenen Meditationspraxis für die Indigo-Zone durchgeführt werden (Die besten Ergebnisse erzielen Sie, wenn Sie zusätzlich zu Ihrer Meditationskerze eine neue Indigo-Kerze für diese Arbeit verwenden.). Sie können auch Ohrstöpsel und/oder Hintergrundmusik verwenden, um Ihre Konzentration zu bewahren.

Sie benötigen:

- 1 indigoblaues Teelicht, Votiv- oder Spruchkerze
- Zeitschaltuhr (optional)
- Tagebuch oder Briefpapier (optional)

Anweisungen:

Nennen Sie zu Beginn Ihre Frage oder Ihr Problem und sprechen Sie es laut aus, während Sie die Kerze anzünden. Wenn Sie mögen, können Sie die folgenden (oder ähnliche) Worte sagen: "Aus meinem Unterbewusstsein, verbunden mit Allem was ist, rufe ich Klarheit auf…".

Verbringen Sie einige Augenblicke damit, einfach nur sanft in die Flamme zu blicken und tief zu atmen. Wenn Sie sich bereit fühlen, schließen Sie Ihre Augen und berühren Sie mit dem Zeige- und Mittelfinger Ihrer dominanten Hand die Mitte Ihrer Stirn, direkt über Ihren Brauen. Dies ist die Öffnung zu Ihrem 3. Auge, wo sich Ihr Zugang zu Intuition und übersinnlichen Visionen befindet.

Stellen Sie sich vor, dass das Licht der Kerze hinter Ihren geschlossenen Augenlidern in Ihr Bewusstsein schwebt. Halten Sie diese Vision so lange wie möglich und entspannen Sie sich einfach in diesem meditativen Zustand. (Wenn Sie möchten, stellen Sie zu Beginn des Zaubers die Stoppuhr für mindestens 7 Minuten ein.)

Denken Sie nicht über Ihre Frage nach - überlassen Sie sie stattdessen Ihrem Unterbewusstsein. Wenn Sie merken, dass Sie abgelenkt werden, richten Sie Ihre Aufmerksamkeit sanft auf die Flamme an Ihrem 3. Auge.

Wenn Sie fertig sind, können Sie alle Botschaften oder Eindrücke, die Sie während des Rituals erhalten haben, aufschreiben. Erwarten Sie jedoch nicht, dass die Antwort auf Ihre Frage sofort kommt - es kann sein, dass sie eine Weile in Ihrem Unterbewusstsein brodeln muss, bis der richtige Zeitpunkt gekommen ist, um die Informationen zu erhalten.

Gehen Sie einfach Ihrer Arbeit nach, und wenn Ihre Aufmerksamkeit wieder bei dem Problem hängen bleibt, erinnern Sie sich daran, dass es hinter den Kulissen gelöst wird und das Sie wissen werden, was zu tun ist, wenn der richtige Zeitpunkt gekommen ist.

Spirituelles Reinigungsbad

Wenn Sie sich ohne ersichtlichen Grund müde, gestresst, ängstlich oder deprimiert fühlen, ist es vielleicht an der Zeit, Ihren Körper von alten oder unerwünschten Energien zu befreien.

Die Kraft des natürlichen Himalaya-Salzes ist bekannt für seine entgiftenden Eigenschaften - nicht nur auf körperlicher, sondern auch auf geistiger Ebene. Die energetischen Schwingungen von Indigo unterstützen die Arbeit, indem sie Ihnen helfen, einen ruhigen, meditativen Zustand zu erreichen und aufrechtzuerhalten.

Hinweis: Wenn Sie noch nie mit Himalaya-Salz gearbeitet haben, ist es ratsam, mit einer geringeren Menge zu beginnen, da die entgiftende Wirkung Schläfrigkeit oder Schwindelgefühl verursachen kann. Halten Sie ein Glas Wasser in der Nähe der Wanne bereit, falls Sie sich schwach oder schläfrig fühlen sollten.

Sie benötigen:

- 4 Indigokerzen
- ½-1 Tasse feinkörniges Himalaya-Salz
- Ätherische Öle aus Bergamotte, Lavendel, Patchouli und/oder Vetiver (optional)
- Trinkwasser (fakultativ)

Anweisungen:

Stellen Sie zunächst eine Indigokerze in jede Ecke Ihrer Badewanne.

Lassen Sie das Wasser bei einer angenehmen Temperatur laufen.

Sobald der Boden der Wanne mit Wasser bedeckt ist, gießen Sie das Salz hinein. Wenn die Wanne voll ist, zünden Sie jede der Kerzen mit heilenden und reinigenden Absichten an.

Tauchen Sie sanft in das Wasser ein und lassen Sie den ganzen Stress des Tages hinter sich, indem Sie sich auf Ihre Atmung konzentrieren. Erlauben Sie Ihrem Geist, klar zu werden.

Wenn Sie bereit sind, stellen Sie sich vor, dass sich das Licht der 4 Kerzen über Ihnen vereint und in Ihren gereinigten Körper eintritt, um Ihren Geist zu heilen und zu erfrischen.

Bleiben Sie mindestens 20-45 Minuten in der Wanne.

Wenn Sie fertig sind, lassen Sie die Wanne ab und steigen vorsichtig aus. Löschen Sie sanft die Kerzen und gönnen Sie sich einen entspannten Abend, während Ihr Körper die Wirkung des rituellen Bades aufnimmt.

Violett

Violett ist eine Farbe, die man in zarten Blumen und spektakulären Sonnenauf- und -untergängen findet. Es ist die höchste Schwingung unter den Farben des sichtbaren Spektrums. Es enthält die Energien von Rot und Blau, wobei die Merkmale beider Farben in seinem magischen Einflussbereich zu finden sind.

Der Einfluss von Rot macht diese Farbe geeignet für Arbeiten, die mit Macht, Erfolg und Ehrgeiz zu tun haben, sowie für gesteigerten Enthusiasmus für ein Vorhaben. Die blauen Aspekte eignen sich hervorragend für Magie im Zusammenhang mit Spiritualität, Weisheit, emotionaler Heilung und dem Erlangen von verborgenem Wissen. Violett wird im Allgemeinen auch als "Purpur" bezeichnet und, obwohl es technisch gesehen Unterschiede zwischen diesen beiden Farben gibt, können sie für die Zwecke der Kerzenmagie als ein und dieselbe Farbe betrachtet werden.

Diejenigen, die mit der Farbe Indigo arbeiten, werden feststellen, dass es in Bezug auf magische Zwecke viele Überschneidungen mit Violett gibt, aber es gibt einige wichtige Unterschiede. Während die Kräfte von Indigo in erster Linie mit inneren Mysterien zu tun haben, geht es bei Violett eher darum, sich auf breitere, universelle Energien einzustimmen.

Violett wird mit dem Kronen-Chakra assoziiert (obwohl in manchen Systemen die Farbe Weiß diese Rolle spielt), das die Verbindungen zum universellen höheren Bewusstsein steuert. Als solches wird Violett bei Arbeiten verwendet, die mit der spirituellen Entwicklung und der Verbindung zum höheren Selbst zu tun haben, sowie bei der Entwicklung und Stärkung der psychischen Fähigkeiten. Alle Aspekte der okkulten Weisheit sind hier anwendbar, einschließlich Wahrsagerei, Meditation, Magie, Astralreisen, Traumerinnerung und andere Formen der Mystik.

Als Farbe der spirituellen Heilung und Entwicklung wird Violett bei Arbeiten im Zusammenhang mit psychischem Schutz und der Wiederherstellung des Gleichgewichts bei empathischen Menschen und anderen energetisch sensiblen Menschen verwendet. Violett fördert auch nährende Qualitäten, Demut, Vergebung und Hingabe an eine Person oder eine Sache. In einigen Traditionen wird Violett verwendet, um Unglück zu beenden. Violett wird mit dem Element Luft, den Planeten Merkur, Saturn und Jupiter und den Sternzeichen Steinbock, Zwillinge und Schütze in Verbindung gebracht. Seine Himmelsrichtung ist Osten.

In diesem Kapitel finden Sie Zaubersprüche und Rituale für die Kommunikation mit den höheren Reichen durch das Element Feuer, die Steigerung Ihrer Fähigkeit zur Freude, die Stärkung Ihrer Hingabe an eine Aktivität oder Sache und die Umwandlung von Negativität durch spirituelle Alchemie.

Elementarflammen-Kommunikation

Diese Übung baut Ihre "psychischen Muskeln" auf und stärkt sie, indem Sie direkt mit der Flamme Ihrer Kerze interagieren. Sie verbindet Sie aktiv mit den höheren Bereichen des Bewusstseins - der Domäne der Farbe Violett - in Form des Elements Feuer.

Hinweis: Um optimale Ergebnisse zu erzielen, sollten Sie ein paar Tage mit der Indigo-Zonen-Meditationspraxis und/oder der Indigo-Psycho-Empfangsübung (siehe weiter vorn) verbringen, bevor Sie diese Übung ausprobieren.

Sie benötigen:

- 1 violette Stumpenkerze
- Tagebuch oder Briefpapier (optional)

Anweisungen:

Verbringen Sie ein paar Augenblicke damit, Ihren Geist zu beruhigen. Wenn Sie bereit sind, zu beginnen, zünden Sie die Kerze an, während Sie das Element Feuer mit den folgenden (oder ähnlichen) Worten anrufen: "Element des Feuers, ich danke dir für die Wärme und das Licht, das du allen auf der Erde schenkst. Ich begrüße deine Gegenwart und deine Kommunikation in diesem zeitlosen Moment. Seid gesegnet.".

Richten Sie Ihren Blick sanft auf die Flamme der Kerze (blinzeln Sie, wenn Sie müssen).

Beginnen Sie damit, die Flamme einfach zu beobachten und sich ihr Aussehen zu merken. Ist sie ruhig oder flackert sie schnell? Steigt die Flamme hoch oder neigt sie sich in eine bestimmte Richtung? Jede Kerze ist anders und jede Kerzenflamme ist eine einzigartige energetische Präsenz im Universum. Machen Sie sich einen oder zwei Augenblicke lang mit dem Geist dieser Flamme vertraut.

Wenn Sie sich bereit fühlen, versuchen Sie, die Flamme durch Ihre eigene Visualisierung ihres Aussehens zu "formen". Mit offenen Augen, die auf die Flamme gerichtet sind, stellen Sie sich vor, wie sie wächst, schrumpft, heller und dunkler wird, sich in eine bestimmte Richtung neigt, flackert, wogt usw.

Konzentrieren Sie sich gleichzeitig auf die Flamme und die Veränderung, die Sie visualisieren. Versuchen Sie, die tatsächliche Flamme mit Ihrer Projektion in Einklang zu bringen. Mit der Zeit und regelmäßiger Übung werden Sie damit mehr Erfolg haben.

Lassen Sie schließlich die Arbeit an der Form der Flamme los und beobachten Sie sie einfach wieder. Lassen Sie Ihren Fokus ganz weich werden und beobachten Sie die Bilder, die in der Flamme Gestalt annehmen.

Was sehen Sie? Welche Eindrücke oder Botschaften scheinen durchzukommen? Bleiben Sie ein paar Augenblicke in diesem rezeptiven Modus, ohne zu versuchen, das Gesehene zu analysieren.

Wenn Sie fertig sind und die Kerze noch brennt, versuchen Sie 10-15 Minuten lang frei in Ihrem Tagebuch über Ihre Erfahrung zu schreiben. Wie hat die Flamme auf Ihre Visualisierungen ihrer Größe, Richtung usw. reagiert? Welche Bilder oder anderen Sinneseindrücke haben Sie während der Übung wahrgenommen?

Nachdem Sie dieses Ritual ein paar Mal durchgeführt haben, lesen Sie Ihr freies Schreiben aus jeder Sitzung noch einmal durch und notieren Sie sich alle Muster, die auftauchen.

Freudiger Kronen-Chakra-Verbindungszauber

Dieser Zauber soll Ihnen helfen, sich mit den höheren Schwingungsfrequenzen zu verbinden, die es Ihnen ermöglichen, mehr Freude in Ihrem Leben zu ziehen. Sie nehmen die Gefühle der Freude, die Sie in Ihrem Herzzentrum erleben, und ziehen sie durch Ihr Chakren-System hinauf in die Krone, wo Sie dann eine tiefere Verbindung mit dem universellen höheren Bewusstsein erfahren können. Denn in dem tiefen Gefühl der Freude wissen wir, dass wir dort sind, wo wir sein sollen.

Wenn Sie die Listen mit den freudigen Elementen in Ihrem Leben aufhängen, hilft das, die energetischen Vorteile des Zaubers zu besiegeln. Vielleicht möchten Sie sie auf Ihrem Altar aufbewahren, sie an einer Visionstafel anbringen oder sie an einem anderen Ort aufbewahren, an dem Sie sie oft sehen werden.

Sie benötigen:

- 3 violette Kerzen
- 3 Stück Papier
- Violetter Marker oder Stift

Anweisungen:

Stellen Sie die 3 Kerzen auf Ihrem Altar oder Arbeitsplatz auf und legen Sie vor jede Kerze ein Blatt Papier. Verbringen Sie einige Zeit damit, Ihren Geist zur Ruhe zu bringen.

Wenn Sie sich bereit fühlen, zünden Sie die 1. Kerze an. Nehmen Sie nun das Papier vor der Kerze und schreiben Sie die Namen aller Menschen auf, die Ihnen Freude in Ihrem Leben bringen. (Sie können beide Seiten des Papiers verwenden, wenn es sein muss.)

Zünden Sie die 2. Kerze an und schreiben Sie alle Orte auf, die Ihnen Freude bereiten. Das kann so einfach sein wie ein sonniges Fenster in Ihrem Haus oder so großartig wie der Ozean.

Zünden Sie die 3. Kerze an und schreiben Sie alle Erfahrungen auf, die Ihnen in Ihrem Leben Freude bereiten. Das können Erinnerungen sein, aber auch wiederkehrende Erlebnisse, zu denen Sie noch Zugang haben.

Wenn Sie möchten, können Sie zusätzliche Blätter verwenden, um diese Erfahrungen ausführlicher zu beschreiben, oder Sie können sie einfach in Form von Notizen festhalten.

Wenn Sie mit dem Schreiben fertig sind, nehmen Sie alle 3 Listen zusammen und lesen Sie sie laut vor, wobei Sie sich bei den 3 Kategorien abwechseln. Lesen Sie z. B. einen oder zwei Namen von der 1. Liste vor, dann einen oder 2 Orte, dann ein Erlebnis.

Wenn Sie alle Punkte auf allen 3 Listen laut vorgelesen haben, halten Sie die Zettel in den Händen und sagen Sie die folgenden (oder ähnliche) Worte der Dankbarkeit: "Mein Leben ist erfüllt von wunderbaren Menschen, schönen Orten und freudigen Erfahrungen. Gesegnet sei.".

Platzieren Sie die Listen an einem Ort, an dem Sie sie häufig sehen können.

Sie können die Kerzen brennen lassen oder sie sanft löschen und wieder anzünden, wenn Sie ein Gefühl der freudigen Verbundenheit mit dem Universum heraufbeschwören möchten.

Hingabe-Wiederbelebungszauber

Die meisten von uns haben schon die Erfahrung gemacht, dass sie ein neues Hobby oder eine neue Aktivität begonnen haben - z. B. das Erlernen eines Instruments, das Erlernen einer Fremdsprache oder den Beitritt zu einem Buchclub - nur um dann festzustellen, dass nach einigen Wochen oder Monaten die Begeisterung für die Aktivität oder das Anliegen nachgelassen hat. Dies geht oft mit einem gewissen Maß an Schuldgefühlen oder Selbstbeschämung einher, weil wir nicht "durchgehalten" haben, was niemals hilfreich ist.

Wenn Sie das nächste Mal feststellen, dass Ihr Schwung bei einem außerschulischen Projekt, das Ihnen eigentlich Spaß macht, nachlässt, versuchen Sie es mit diesem Zauberspruch, anstatt sich zu ärgern, dass Sie den Schwung verloren haben. Hingabe kann mit einigen einfachen energetischen Anpassungen kultiviert und wiederbelebt werden - vorausgesetzt, Sie wollen es wirklich.

Sie benötigen:

- 1 violette Stumpenkerze
- Ätherisches Öl aus Zitrone, Zedernholz, Zimt und/oder Patchouli
- Arbeitskerze für Atmosphäre
- Kristallspitze, Athame oder anderes rituelles Schnitzwerkzeug
- Tagebuch oder Briefpapier (optional)

Anweisungen:

Zünden Sie die Arbeitskerze an und verbringen Sie einige Zeit damit, Ihren Geist zur Ruhe zu bringen.

Finden Sie ein Symbol, das die Aktivität oder das Anliegen repräsentiert, auf das Sie sich konzentrieren. Sie können etwas verwenden, das die Aktivität symbolisiert (einen Fußball, ein Buch usw.) oder ein abstraktes Symbol, wie eine Rune oder ein Pentagramm, das die Hingabe repräsentiert, die Sie wiederbeleben wollen. Ritzen Sie dieses Symbol auf der Vorderseite der violetten Kerze ein und salben Sie die Kerze mit dem Öl.

Verbringen Sie einige Augenblicke damit, sich das Gefühl vorzustellen, das Sie hatten, als Sie sich zum 1. Mal mit dieser Tätigkeit beschäftigten. Genießen Sie das Gefühl der Aufregung, des Ehrgeizes, der Vorfreude usw., dass Sie dazu veranlasst hat, vom bloßen Gedanken an die Tätigkeit zum tatsächlichen Tun überzugehen.

Konzentrieren Sie sich nun darauf, was Ihnen an der Tätigkeit noch wirklich Spaß macht. Machen Sie eine Liste, entweder auf Papier oder in Gedanken, mit jedem Detail, das die Ausübung der Tätigkeit lohnenswert macht. (Wenn Sie spüren, dass sich negative Gedanken wie Versagens- oder Schuldgefühle usw. in Ihre Gedanken schleichen, lassen Sie sie los und konzentrieren Sie sich wieder auf die positiven Aspekte.)

Stellen Sie sich schließlich ein Ziel vor, auf das Sie hinarbeiten können, z. B. ein bestimmtes Fähigkeitsniveau in der Aktivität, dass Ihre Freude an der Aktivität steigern wird.

Wenn Sie wieder ein Gefühl der Begeisterung erreicht haben und bereit sind, diese Energie zu versiegeln, zünden Sie die Kerze an, während Sie die folgenden (oder ähnliche) Worte sagen: "Ich feiere die Freude, die [Name der Tätigkeit] mit sich bringt, widme mich erneut dieser Freude. Gesegnet sei.".

Lassen Sie die Kerze noch mindestens einige Minuten lang brennen, bevor Sie sie sanft löschen. Wann immer Sie Ihre Leidenschaft für die Tätigkeit schnell wiederaufleben lassen möchten, zünden Sie die Kerze erneut an und rufen Sie sich Ihre Visualisierungen aus dem Zauberspruch ins Gedächtnis.

Transmutationsritual mit violetter Flamme

Dieser Zauber lehnt sich an die alten Lehren der violetten Flamme an, eine alchemistische Energie, die in vielen verschiedenen spirituellen Traditionen bekannt ist. Durch diese Visualisierung können Sie die violette Flamme um Unterstützung bei jeder Art von Veränderung bitten, die Sie in Ihrem Leben manifestieren möchten.

Hier liegt der Schwerpunkt auf der Umwandlung der negativen Energie unerwünschter Erinnerungen. Wenn Sie sich von Gedanken oder Erinnerungen an eine alte Erfahrung verfolgt fühlen, die Traurigkeit, Wut, Bedauern oder Scham auslöst, können Sie die heilende Kraft der violetten Flamme herbeirufen, um sich von diesen energetischen Anhaftungen zu befreien und an ihrer Stelle positive neue Erfahrungen zu machen.

Verbringen Sie vor diesem Ritual einige Zeit mit Meditation oder einer anderen Form der Erdung und Zentrierung, und arbeiten Sie an einem ruhigen und angenehmen Ort, an dem Sie nicht gestört werden.

Sie benötigen:

- 1 violetter Zauberspruch oder Kegelkerze
- Arbeitskerze für Atmosphäre (optional)

Anweisungen:

Zünden Sie die Arbeitskerze an, falls vorhanden. Zünden Sie die violette Kerze an und richten Sie Ihre Aufmerksamkeit für einige Momente auf die Flamme.

Wenn Sie bereit sind, schließen Sie die Augen, holen Sie die Flamme vor Ihr geistiges Auge und sagen Sie die folgenden (oder ähnliche) Worte: "Ich bitte die universelle Präsenz der violetten Flamme, sich jetzt in mir zu manifestieren.".

Sehen Sie mit geschlossenen Augen, wie sich die helle, feurige Farbe der Kerzenflamme in ein leuchtendes Violett verwandelt, und beobachten Sie, wie die violette Flamme wächst und Ihren ganzen Körper erfüllt.

Wenn Ihr Körper vollständig von der Flamme entzündet ist, drehen Sie die Flamme im Uhrzeigersinn durch Ihre physische Form.

Nennen Sie nun Ihre Absicht, das Unerwünschte umzuwandeln, mit den folgenden (oder ähnlichen) Worten: "Ich wandle die Energien dieser Erinnerungen um, die mir nicht mehr dienen. Sie werden in der violetten Flamme verzehrt.".

Nun ist es an der Zeit, Ihre Absichten für das, was die umgewandelte Energie werden kann, mit den folgenden (oder ähnlichen) Worten zu formulieren: "Ich bin jetzt erfüllt von den Energien des Glücks und der Freude und frei, neue Erinnerungen zu schaffen.".

Atmen Sie tief ein, und wenn Sie bereit sind, öffnen Sie langsam Ihre Augen. Nehmen Sie sich einen Moment Zeit, um die stattgefundene Verwandlung und die geistige Präsenz, die Sie unterstützt hat, zu würdigen. Sie können einfach etwas sagen wie: "Der violetten Flamme sei Dank für diese Veränderung.".

Sie können die Kerze brennen lassen oder sie sanft löschen, um sie für ein anderes Violett-Flammen-Ritual wieder zu verwenden.

Weiß

Als die Summe aller Farben im Spektrum des sichtbaren Lichts wird Weiß seit langem mit den Qualitäten von Einheit, Ganzheit, Wahrheit und Frieden in Verbindung gebracht. Weiß steht für die höchste Bewusstseinsebene, die Lebewesen zur Verfügung steht. Es symbolisiert die "leere Tafel", den Punkt der unendlichen Potentialität für neue Schöpfung in jedem Moment. Vielleicht ist das der Grund, warum eine weiße Kerze in der Kerzenmagie jede andere Farbe ersetzen kann.

Als hoch spirituelle Farbe wird Weiß in der Magie verwendet, wenn es um Erleuchtung, Einweihungen, die Verbindung mit dem eigenen höheren Selbst, den Zugang zu den Akasha-Aufzeichnungen und andere Wege zu spirituellem Wachstum geht. Sie wird oft mit dem Kronen-Chakra in Verbindung gebracht, das die Verbindung zum universellen höheren Bewusstsein steuert (obwohl in einigen Systemen Violett diese Rolle spielt).

Die reinigenden Energien von Weiß werden für die Reinigung und Weihe von rituellen Werkzeugen und Räumen verwendet, können aber auch zur Klärung von Verwirrungen in komplexen Situationen eingesetzt werden. Weiß wird auch in der Magie im Zusammenhang mit Inspiration und Heilung, Neuanfängen, Vollendungen und dem Gleichgewicht, insbesondere der eigenen Energie, verwendet.

Weiß bringt Klarheit in den verwirrten Geist und hilft bei sozialen Ängsten, indem es den Menschen hilft, sich in Gegenwart anderer wohler und sogar extrovertierter zu fühlen. Sie wird auch mit Sicherheit assoziiert und eignet sich daher hervorragend für die Arbeit im Bereich Schutz. Seine friedlichen, einheitsfördernden Eigenschaften machen ihn ideal für die Arbeit im Zusammenhang mit der Lösung von Konflikten, sei es zwischen Einzelpersonen oder Gruppen, und für Neuanfänge nach Streitigkeiten oder anderen Problemen.

Weiß hat eine weibliche Energie und wird oft verwendet, um die Göttin in Ritualen darzustellen. Es wird mit dem Mond und dem Zeichen Fische sowie dem Element Luft in Verbindung gebracht, wodurch der Osten seine Himmelsrichtung ist. Weiß ist jedoch auch die Farbe des 5. Elements, das auch als Akasha oder Geist bekannt ist. In diesem Sinne hat Weiß keine Himmelsrichtung, sondern wird mit allen Richtungen in Verbindung gebracht.

Sie können eine weiße Kerze anstelle jeder anderen Kerze in jedem Zauberspruch in diesem Buch verwenden. Das kann sehr praktisch sein, wenn Sie ein bestimmtes magisches Bedürfnis haben, aber keine Zeit, um die Farbe zu kaufen, die der Zauberspruch verlangt.

Für einen zusätzlichen magischen Schub in diesem Szenario, versuchen Sie auch Kristalle, Bänder, ein Altartuch oder andere Objekte, die visuell die Farbe repräsentieren, mit der Sie tatsächlich arbeiten. Wenn Sie z. B. eine weiße Kerze anstelle von Violett verwenden, können Sie für die Dauer des Zaubers einen oder zwei Amethyste auf Ihrem Altar oder an Ihrem Arbeitsplatz platzieren.

In diesem Kapitel finden Sie Zaubersprüche, die Klarheit und eine neue Perspektive in eine Situation bringen, Rituale und magische Werkzeuge reinigen, für den Frieden in der Welt arbeiten und Ihren physischen Körper mit der Energie des weißen Lichts stärken.

Klarheitszauber "Spinnende Räder"

Wenn Sie mit einem Problem konfrontiert sind, das sich allen möglichen Lösungen zu verweigern scheint, kann es leicht passieren, dass Sie in Ihrem Kopf immer wieder die gleichen Gedanken darüber kreisen lassen. Tatsache ist, dass Sie nie zu einer Lösung kommen werden, wenn Sie immer noch auf das Problem fokussiert sind - Sie müssen sich zuerst von der Schwingungsfrequenz des Problems entfernen.

Das ist natürlich leichter gesagt als getan, aber mit einem ausreichend offenen Geist kann Sie der folgende Zauberspruch dorthin bringen. Die Kombination aus weißer Kerzenmagie, Quarzkristallen und der Bereitschaft, Ihrem Unterbewusstsein zu erlauben, neue Wege zum Verständnis des Problems zu schaffen, wird Ihnen helfen, aus dem "Schlamm" in Ihrem Kopf herauszukommen und in einen Raum zu gelangen, in dem Sie die Dinge wieder klarsehen können. Dieser Zauber wird idealerweise nachts, kurz vor dem Schlafengehen, angewendet.

Sie benötigen:

- 1 weiße Stumpen- oder Spitzkerze
- 3 oder mehr kleine Quarzkristalle
- Ätherisches Vetiver-, Pfefferminz- oder Muskatellersalbeiöl
- Tagebuch oder Schreibpapier

Anweisungen:

Salben Sie die Kerze mit dem Öl. Legen Sie die Quarzkristalle kreisförmig um die Kerze (wenn Sie 3 Steine verwenden, bilden Sie ein Dreieck, wobei eine der Spitzen Ihnen am nächsten ist). Nehmen Sie sich einige Augenblicke Zeit, um Ihren Geist zu beruhigen.

Wenn Sie bereit sind, zünden Sie die Kerze an und beginnen Sie zu schreiben.

Sie können damit beginnen, das Problem zu benennen, und dann frei darüberschreiben, wie Sie sich in diesem Moment dabei fühlen.

Schreiben Sie dann darüber, wie Sie sich fühlen werden, wenn das Problem gelöst ist - nicht, wie Sie es lösen werden, sondern einfach, wie es sich anfühlen wird, wenn dieses spezielle Problem hinter Ihnen liegt.

Schreiben Sie weiter, was Ihnen in den Sinn kommt, ohne zu versuchen, sich auf eine Lösung festzulegen.

Sie werden vielleicht bald feststellen, dass Sie das Thema ganz wechseln - wenn ja, dann machen Sie mit. Sie erlauben Ihrem Unterbewusstsein, mit den Schwingungsfrequenzen der Kerze und des Quarzes zu verschmelzen.

Fahren Sie mit dem freien Schreiben mindestens 15 Minuten lang fort, wenn nicht länger, bis Sie ein friedliches Gefühl des "Losgelöstseins" vom ursprünglichen Thema verspüren.

Wenn Sie fertig sind, löschen Sie die Kerze sanft aus. Legen Sie einen der Quarzkristalle vor dem Einschlafen unter Ihr Kopfkissen und achten Sie auf alles, was Ihnen Ihre Träume zu sagen haben.

Je nach Ihren Umständen möchten Sie den Zauber vielleicht noch ein oder zwei Mal wiederholen, bis Sie die nötige Klarheit haben, um Ihre Lösung zu finden.

Schwarz

Als Gegenstück zu Weiß, der Summe aller Farben, ist Schwarz das Ergebnis der Abwesenheit von Licht und daher technisch gesehen die Abwesenheit von Farbe. Dennoch erleben wir die Farbe Schwarz am Nachthimmel, in Materialien tief im Inneren der Erde und in vielen Pflanzen- und Tierarten.

Man kann mit Fug und Recht behaupten, dass Schwarz im Laufe der Jahrhunderte einen negativen Ruf hatte und oft mit unangenehmen Themen wie Tod und dem Bösen in Verbindung gebracht wurde. Im Bereich der Magie wurde Schwarz definitiv mit schädlichen oder manipulativen Praktiken in Verbindung gebracht. Diejenigen, die nach dem Grundsatz "keinen Schaden anrichten" arbeiten, wissen jedoch, wie sie die schwarzen Energien für eine Vielzahl positiver Zwecke nutzen können.

Schwarz wird häufig in der Schutzmagie verwendet, da seine Fähigkeit, negative Energie abzuwehren, auf dem Farbkreis unübertroffen ist. (Viele Menschen, die viel schwarze Kleidung tragen, sind sensible, empathische Typen, die sich selbst vor den Energien anderer abschirmen, ob sie sich dessen bewusst sind oder nicht.)

Schwarze Kerzen können zur Abwehr psychischer Angriffe, zur Rückgängigmachung negativer Wirkungen und zur Bannung und/oder Bindung negativer Einflüsse verwendet werden. Wenn Sie jedoch mit anderen Menschen in einer emotional aufgeladenen Situation zu tun haben, sollten Sie vielleicht zuerst andere magische Lösungen in Betracht ziehen, da Schwarz in diesem Zusammenhang unglaublich mächtig sein kann und unbeabsichtigte Folgen haben kann.

Schwarz eignet sich hervorragend, um die persönliche Macht zu stärken (was zusammen mit seinen schützenden Eigenschaften der Grund dafür sein mag, warum Hexen es so gerne tragen) und die Unabhängigkeit zu fördern. Es ist auch die Farbe der Beendigung und des Loslassens, was es ideal für Arbeiten macht, die mit der Beendigung unerwünschter Gewohnheiten, dem Ende einer bestimmten Lebensphase, der Auflösung von Hindernissen und dem Ausstieg aus Beziehungen, Jobs oder anderen unerwünschten Umständen zu tun haben.

Es hilft bei Übergängen und Transformationen und verleiht Stabilität, damit man inmitten von Umwälzungen geerdet und konzentriert bleibt. Als Farbe des verborgenen Wissens ist Schwarz nützlich für Arbeiten, die mit dem Bewahren und Entdecken von Geheimnissen zu tun haben, sowie für Wahrsagetechniken wie Hellsehen oder das Lesen von Teeblättern.

Schwarz wird mit dem Planeten Saturn sowie mit der dunklen Phase des Mondes assoziiert. Seine elementaren Assoziationen sind Luft und Erde, und seine Himmelsrichtungen sind Osten und Norden.

In den folgenden Zaubersprüchen arbeiten Sie mit Schwarz, um Negativität aus Ihnen und Ihrem Zuhause zu verbannen, sich vor externer Negativität zu schützen und eine persönliche Transformation zu aktivieren.

Kristalliner Schutzschild

Auf Ihrem Weg durch den Tag begegnen Sie einer Vielzahl von Energien - von anderen Menschen, von Situationen, sogar von den Schwingungsechos von Ereignissen, die an einem bestimmten Ort stattgefunden haben. Ein Großteil dieser Energie ist positiv oder zumindest neutral, aber negative Energie kann ein unnötiges Hindernis dafür sein, sich so zu fühlen, wie Sie sich fühlen möchten.

Die abschirmenden Qualitäten von Schwarz, kombiniert mit den talismanischen Eigenschaften von Schutzkristallen, kommen in diesem Zauberspruch zusammen, um Ihnen zu helfen, ein Schwingungsschild zum Schutz vor unerwünschten Energien zu errichten, denen Sie begegnen könnten. Dieser Zauber ist besonders gut für Empathen geeignet, aber auch für alle, die in ihrem Alltag mit vielen verschiedenen Menschen und/oder Orten zu tun haben.

Sie benötigen:

- 1 schwarze Kerze
- Ätherisches Öl von Zimt, Nelke, Wacholder, Vetiver oder Ylang-Ylang
- 1 Stück Jade, Jet, schwarzer Turmalin oder ein anderer Schutzkristall

Anweisungen:

Nehmen Sie sich einen Moment Zeit, um zu atmen, sich zu entspannen und jeglichen Stress abzubauen.

Wenn Sie bereit sind, salben Sie die Kerze mit dem Öl, zünden Sie sie an und stellen Sie sie vor sich hin. Nehmen Sie den Schutzkristall und halten Sie ihn zwischen Ihren Handflächen.

Schließen Sie nun die Augen und stellen Sie sich vor, dass das von der Kerze ausgehende Licht einen Schutzschild um Sie herum bildet.

Beobachten Sie, wie es klein anfängt und immer größer wird, bis es Ihren ganzen Körper umgibt. Spüren Sie, wie das Licht einen Schild um Sie herum bildet, der Sie vor jeglicher äußeren Negativität oder bösem Willen schützt. Halten Sie das Lichtschild in Ihrem Geist und stärken Sie seine Kräfte.

Wenn Sie bereit sind, öffnen Sie Ihre Augen, löschen Sie die Kerze sanft und wissen Sie, dass Sie Ihre eigene persönliche Schutzschicht aus Licht und Liebe erschaffen haben, die Sie durch Ihr tägliches Leben tragen kann.

Tragen Sie den Kristall in Ihrer Tasche oder Ihrem Portemonnaie mit sich, um sich daran zu erinnern, den Schutzschild zu aktivieren.

Sie können diesen Zauber jederzeit wiederholen, wenn Sie das Gefühl haben, dass Sie einen erneuten Schutz vor unerwünschten energetischen Einflüssen brauchen.

Silber

Die weibliche Energie und die rätselhafte Qualität der Farbe Silber wird seit langem mit der Energie des Mondes in Verbindung gebracht, von dem oft gesagt wird, dass er ein silbriges Licht ausstrahlt. Benannt nach dem Edelmetall, das auch diese Farbe trägt, ist Silber ein kraftvoller, mysteriöser Farbton, der mit allem Übersinnlichen und Göttlichen in Verbindung gebracht wird.

Daher wird Silber häufig in der Magie verwendet, wenn es um übersinnliche Wahrnehmung geht, sei es Hellsehen, Hellhören, andere Formen der Telepathie oder Medialität. Silber ist gut für die Stärkung der Intuition und Wahrsagefähigkeiten und verbessert die Meditation, Traumrückruf und Astralreisen.

Es ist eine Farbe, die mit Weisheit und weiblicher Kraft assoziiert wird, und hilft, die Verbindung mit den Energien der göttlichen Reiche zu stärken. Sie ist auch gut für Zaubersprüche, die mit weiblicher Fruchtbarkeit zu tun haben.

Die reflektierenden Eigenschaften des Silbers können genutzt werden, um das eigene wahre Selbst zu erkennen, was bei der Bewältigung schwieriger oder komplexer Situationen hilfreich sein kann. Es kann auch bei den Frustrationen helfen, die man oft erlebt, wenn man mit den Mysterien des Lebens zu tun hat, indem es Geduld und Ruhe angesichts des Unbekannten fördert.

Als Farbe mit sehr fließenden Energien hilft Silber dabei, in sich schnell verändernden Situationen besser "mit dem Strom zu schwimmen", und seine Ähnlichkeit mit der Farbe Grau macht es gut für Arbeiten, die mit der Aufrechterhaltung der Neutralität zu tun haben.

Silber wird auch in der Zauberei für den Sieg bei Unternehmungen verwendet, die mit Glück zu tun haben, wie z. B. Glücksspiele, und ist dafür bekannt, dass es hilft, schnell Geld anzuziehen. Es ist eine gute Farbe für Arbeiten, die mit Intelligenz und Gedächtnis zu tun haben, besonders, wenn schnelles Denken erforderlich ist, sowie für Stabilität, Kommunikation und das Finden verlorener Gegenstände.

Silber ist eine der Hauptfarben der Göttin und wird verwendet, um sie in wiccanischen Ritualen zu repräsentieren, sowie um den Mond bei Esbats anzurufen oder "herabzuziehen". Es wird auch mit den Zeichen Zwillinge und Krebs und dem Element Wasser in Verbindung gebracht. Seine Kardinalrichtung ist Westen.

Die Zaubersprüche in diesem Kapitel arbeiten mit den Energien des Silbers, um sich wieder mit dem göttlichen Weiblichen zu verbinden, sich psychisch mit dem Element Wasser zu verbinden, das Glück beim Glücksspiel zu erhöhen und verlorene Gegenstände zu finden.

Silberne-Göttin-Wiederverbindungszauber

Dieser Zauber ist ideal für jeden, der das Gefühl hat, von seinem spirituellen Weg abgekommen zu sein (was wir alle von Zeit zu Zeit tun). Er ist eine wunderbare Möglichkeit, sich zu erneuern, neu auszurichten und sich wieder mit seiner persönlichen Beziehung zu den höheren Reichen zu verbinden. Es ist ein großartiger Zauber vor allem für Wiccans, aber man muss nicht unbedingt die Göttin oder überhaupt eine Göttin verehren, um eine tiefere Resonanz mit der eigenen spirituellen Quelle zu erfahren.

Letztlich geht es darum, die Essenz des göttlich Weiblichen anzuzapfen, von dem wir alle ein Teil sind, unabhängig von unseren individuellen Überzeugungen. In der Hektik des Alltags sind viele von uns hauptsächlich mit der männlichen oder "Yang"-Energie beschäftigt - der Energie des "Tuns". In ein größeres Gleichgewicht zu kommen bedeutet, auch mit der weiblichen oder "Yin"-Energie zu arbeiten und zu lernen, dass "Sein" anzunehmen.

Sie werden einen magischen Talisman aus einem Schmuckstück mit den Schwingungsfrequenzen von Silber herstellen. Sie können ein Lieblingsschmuckstück aus Silber verwenden oder ein neues Schmuckstück für diese Arbeit kaufen. (Hinweis: Das Schmuckstück muss nicht aus echtem Silber sein - ein silberfarbenes Stück reicht auch.)

Für einen zusätzlichen Schub an göttlich-weiblicher Energie sollten Sie dies bei Neumond oder Vollmond ausprobieren.

Sie benötigen:

- 3 silberne Bannkerzen
- 1 Arbeitskerze für die Atmosphäre (vorzugsweise weiß)
- Ihr Lieblings-Salböl (ein einzelnes Öl oder eine Mischung)
- Silberschmuckstück

Anweisungen:

Zünden Sie die Arbeitskerze an und stellen Sie die 3 Kerzen in einem Dreieck auf Ihrem Altar oder Arbeitsbereich auf. Die Basis des Dreiecks sollte Ihnen zugewandt sein.

Salben Sie den Schmuck mit dem Öl, während Sie Ihre Absicht darauf richten, sich wieder mit dem göttlichen Weiblichen zu verbinden. Legen Sie den gesalbten Schmuck in die Mitte des Dreiecks.

Zünden Sie die linke Basiskerze an und sprechen Sie die folgenden (oder ähnliche) Worte: "Ich grüße dich, Göttin, an diesem neuen Startpunkt meines Weges.".

Zünden Sie die Kerze an der Spitze des Dreiecks an und sagen Sie die folgenden (oder ähnliche) Worte: "Ich grüße dich, Mutter Erde, jeden Tag, an dem ich auf dir gehe.".

Zünden Sie die rechte Basiskerze an und sprechen Sie die folgenden (oder ähnliche) Worte: "Ich grüße dich, göttliche Weiblichkeit, an allen Tagen meiner Reise.".

Sagen Sie zum Abschluss des Rituals die folgenden (oder ähnliche) Worte: "Ich danke dir, Göttin, Mutter Erde, göttlich weiblich, für diese Zeit und diesen Ort, diese Wiederverbindung und deine ewige Gegenwart. Gesegnet sei.".

Lassen Sie die Kerzen von selbst ausbrennen.

Tragen Sie den Schmuck für Rituale und Magie und/oder im täglichen Leben.

Gold

Gold ist die Farbe der Weizenfelder, des Sonnenlichts, das auf dem Wasser glitzert, und das Edelmetall, das seit Tausenden von Jahren rund um den Globus verehrt wird. Gold ist eine warme, optimistische, attraktive Farbe, die die Energie des göttlichen Maskulinen und die positive Essenz des Strebens nach höchsten Standards in sich trägt.

Aufgrund seiner Eigenschaften eignet sich Gold hervorragend für magische Handlungen, die mit Erfolg, Leistung, Selbstvertrauen, Mut, Charme und positivem Denken zu tun haben. Seine Assoziation mit der göttlichen Männlichkeit und mit dem Mineral Gold kann für Zauberarbeiten herangezogen werden, die Glück und Überfluss aller Art, einschließlich finanziellen Reichtums und Wohlstand, beinhalten.

Gold ist sogar nützlich, um Luxus und Extravaganz zu manifestieren, aber in der Praxis ist es eher dafür bekannt, dass es einen besseren Umgang mit Geld ermöglicht. Alles, was mit Glück, Segen oder Großzügigkeit zu tun hat, wird von den Energien dieses leuchtenden Farbtons profitieren.

Gold hilft auch dabei, sich mit dem göttlichen Männlichen in jedem Menschen zu verbinden, unabhängig vom Geschlecht. Es kann verwendet werden, um die innere Stärke, Willenskraft und Intuition zu stärken, und hilft bei der Selbstverwirklichung, die notwendig ist, um emotionale und psychische Wunden aus der Vergangenheit zu heilen.

Bei Arbeiten, die mit dem Bedürfnis nach Gerechtigkeit, Frieden und/oder Sicherheit zu tun haben, kann die Verwendung von Gold von Vorteil sein. Es ist eine Farbe der Stabilität, was sich darin zeigt, dass das Mineral Gold in seiner reinsten Form nicht anläuft.

Gold ist auch nützlich bei Arbeiten im Zusammenhang mit der körperlichen Gesundheit, Wahrsagerei und dem Anziehen von Glück und Geld in kurzer Zeit. Manche Menschen verwenden Goldkerzen auch bei der Wahrsagerei und für Reinigungsrituale.

Gold ist eine der Hauptfarben des Gottes und wird verwendet, um ihn auf dem Wicca-Altar darzustellen. Es wird mit der Sonne und dem Element Feuer sowie den Zeichen Löwe und Jungfrau in Verbindung gebracht. Seine Kardinalrichtung ist Süden.

In den folgenden Zaubersprüchen arbeiten Sie mit der Farbe Gold, um die Energien des Erfolgs anzuziehen, Ihren Ehrgeiz zu steigern, Ihre Ziele zu erreichen und Ihre Finanzkraft zu erhöhen, sowohl kurz- als auch langfristig.

Goldene-Schriftrolle-Erfolgszauber

Ganz gleich, ob Sie eine harte Deadline vor sich haben, für einen Marathon trainieren oder eine andere schwierige Aufgabe angehen, die Schwingungen der Farbe Gold können Ihnen helfen, bei Ihren Bemühungen erfolgreich zu sein.

Dieser Zauberspruch hilft Ihnen, Ihren Fokus auf die alchemistische Verschmelzung Ihrer eigenen Bemühungen mit der Unterstützung des Universums zu kristallisieren. Benutzen Sie diesen Zauberspruch für einen Schub an magischer Unterstützung aus den höheren Reichen, wann immer Sie wollen.

Sie benötigen:

- 1 goldene Zauberkerze
- Ätherisches Öl aus Bergamotte, Zimt, Patchouli, Ylang-Ylang und/oder Zitrone
- 1 oder mehrere Arbeitskerzen für die Atmosphäre

- 1 Stück Goldstein oder Pyrit
- Ein Stück Pergament oder Papier
- Mehrere Zentimeter Goldfaden
- Kleiner Stoffbeutel (optional)

Anweisungen:

Zünden Sie die Arbeitskerze(n) an. Salben Sie die goldene Zauberkerze mit dem Öl.

Verbringen Sie einige Augenblicke damit, sich vorzustellen, dass Sie Ihr Ziel erreicht haben. Stellen Sie sich die Gefühle der Erleichterung, der Freude, des Triumphs - was auch immer für Ihre Situation angemessen ist - vor, die Sie erleben werden, wenn das Ziel erreicht ist.

Überlegen Sie nun, was Sie selbst tun müssen, um Ihr Ziel zu erreichen. Wenn Sie z. B. einen Marathon laufen wollen, müssen Sie fleißig trainieren. Wenn Sie einen neuen Job finden wollen, müssen Sie natürlich die Stellenanzeigen prüfen und Ihren Lebenslauf aufpolieren.

Finden Sie 3 Maßnahmen, die Sie ergreifen können, um dem Universum in Ihrem Streben nach Erfolg "auf halbem Weg entgegenzukommen". Schreiben Sie diese Maßnahmen auf das Pergament oder Papier, rollen Sie das Papier zu einer Schriftrolle und binden Sie den Goldfaden darum.

Halten Sie es sanft zwischen Ihren Handflächen, während Sie die folgenden (oder ähnliche) Worte sagen: "Ich ziehe die Energien des Erfolgs in und durch mein ganzes Wesen. Ich erreiche alles, worauf ich meine Aufmerksamkeit richte. Und so ist es.".

Legen Sie nun die Schriftrolle vor die Kerze und halten Sie sie mit dem Goldstein oder Pyrit fest. Lassen Sie die Kerze von selbst ausbrennen.

Sie können die Schriftrolle auf Ihren Altar legen oder sie in einem kleinen Stoffbeutel bei sich tragen, um sich an Ihr Ziel zu erinnern, bis Sie es erreicht haben.

Gold-Ambition-Zauber

Sie benötigen:

- 1 goldene Kerze
- Ätherisches Öl aus Bergamotte, Zimt, Nelke, Patchouli und/oder Zitrone
- Kristallspitze, Athame oder anderes rituelles Schnitzwerkzeug

Anweisungen:

Ritzen Sie ein Symbol für Ihr magisches Ziel in die Kerze. Das kann ein "V" für Sieg, die Rune Sowilo für Erfolg, ein Eurozeichen oder ein Symbol sein, das für die Art von Arbeit steht, die Sie tun (oder tun wollen).

Nehmen Sie sich einige Augenblicke Zeit, um sich vorzustellen, wie Sie sich bei Ihrer Arbeit fühlen möchten - was auch immer das sein mag. Wie sieht ein erfolgreicher Tag für Sie aus? Welche Aspekte Ihres Arbeitslebens können Sie sich vorstellen, die Sie begeistern? Stellen Sie sich vor, wie Sie von Ehrgeiz, Enthusiasmus und dem Willen zum Erfolg erfüllt sind.

Wenn Sie diese positiven Gefühle fest im Griff haben, zünden Sie die Kerze an, während Sie die folgenden (oder ähnliche) Worte sagen: "Goldenes Feuer, goldene Flamme - Ehrgeiz ist meine Leidenschaft. Alles ist gut, oben und unten, ich bin voller Energie für die Tat.".

Verbringen Sie nun einige Augenblicke damit, die Kerze anzuschauen. Stellen Sie sich vor, dass Ihre Energie in die Flamme fließt, die sich zum Himmel erhebt.

Lassen Sie alle Selbstzweifel oder andere negative Gedanken oder Gefühle los, die Ihren Enthusiasmus in letzter Zeit gedämpft haben, und vertrauen Sie darauf, dass Sie bald das Feuer des Ehrgeizes für Ihre Ziele spüren werden.

Lassen Sie die Kerze so lange brennen, wie Sie möchten.

Braun

Neben Grün ist Braun vielleicht die erdigste aller Farben. Wir sehen es im Boden, in der Rinde vieler Bäume, in den abgefallenen Blättern am Ende des Herbstes und im Schlamm, der mit dem Frühling kommt. Braun ist auch die Farbe der Ernte, der Zeit, in der wir die Früchte unserer Sommerarbeit einbringen und uns auf einen sicheren und reichhaltigen Winter vorbereiten. Aus diesen und weiteren Gründen ist Braun definitiv eine Farbe der Praktikabilität - des "Bodenständigen".

Daher ist Braun eine sehr wirksame Farbe für magische Handlungen im Zusammenhang mit Pflanzen, Tieren - wilden und Haustieren, aber besonders Haustieren und Nutztieren - und allem anderen, was mit der Natur zu tun hat. Es ist eine Farbe der Großzügigkeit, der Stabilität und der Sicherheit, besonders in Bezug auf das Zuhause, und wird oft in Ritualen zur Haussegnung verwendet. Braun ist nützlich für materiellen Gewinn aller Art und eignet sich hervorragend für Zaubersprüche, die sich auf Nahrung und Nahrungsmittelsicherheit beziehen. Es ist auch eine bevorzugte Farbe für die Unterstützung bei finanziellen Krisen.

Braun wird auch mit Freundschaften in Verbindung gebracht und wird in der Magie verwendet, wenn es um Vertrauen, Ehrlichkeit, Aufrichtigkeit und Loyalität zwischen Freunden geht. Seine erdenden und zentrierenden Eigenschaften machen ihn nützlich, um intensive Emotionen auszugleichen, emotionale Unterstützung zu bieten und Kraft und Ausdauer zu fördern. Er hilft dabei, Entscheidungen von einem praktischen Standpunkt aus zu treffen und nicht aus emotionaler Verbundenheit heraus, und zügelt die Unentschlossenheit.

Die beständigen, praktischen Energien von Braun können genutzt werden, um bereits begonnene Entwicklungen zu verstärken oder zu festigen, insbesondere, wenn sie mit Immobilien oder dem Bauwesen zu tun haben. Es ist sehr hilfreich in Situationen, die Konzentration und Fokussierung erfordern wie z. B. beim Lernen für Prüfungen, und beim Auffinden verlorener Gegenstände.

Braun wird sowohl mit dem Planeten und dem Element Erde als auch mit den Zeichen Skorpion und Steinbock in Verbindung gebracht. Seine Kardinalrichtung ist Norden.

In den folgenden Zaubersprüchen werden die Eigenschaften der Farbe Braun genutzt, um einen Garten zu einem magischen Start zu verhelfen, die Konzentration bei der Arbeit an einem großen Projekt zu fördern, ein Begleittier zu finden, das Sie auf Ihrer Lebensreise begleitet, und das Gleichgewicht in allen Aspekten Ihres Lebens zu unterstützen.

Garten-Samen-Segensspruch

Ganz gleich, ob Sie einen ausgewachsenen Garten anlegen oder nur ein paar Kräuter in Töpfen auf der Fensterbank züchten, dieser Zauber wird Ihre Pflanzen dabei unterstützen, sich von winzigen Samen zu leuchtenden Blumen, Kräutern und/oder Gemüse zu entwickeln.

Sie können den Zauber für jeweils ein Saatgutpaket anwenden, aber er funktioniert genauso gut für alle Samen der Saison in einem Durchgang. Viel Spaß beim Einpflanzen.

Sie benötigen:

- 2 braune Bannkerzen
- 1 Arbeitskerze für Atmosphäre
- Saatgutpaket(e)

Anweisungen:

Zünden Sie die Arbeitskerze an.

Ordnen Sie die Saatgutpäckchen auf Ihrem Altar oder Arbeitsbereich in einer ansprechenden Weise an (z. B. in einem Dreieck oder Kreis, wenn Sie genügend Päckchen haben).

Stellen Sie je eine Zauberkerze auf die beiden Seiten der Samen.

Zünden Sie die Zauberkerze links neben den Samen an.

Stellen Sie sich vor, dass sich die Samen unter der Oberfläche des Bodens zu regen beginnen. Beobachten Sie, wie die ersten grünen Triebe beginnen, die Oberfläche zu erreichen und ins Freie zu gelangen. Beobachten Sie, wie die Triebe weiterwachsen und mit Lebensenergie pulsieren, während sie sich von Sonnenlicht und Wasser nähren lassen, bis sie voll ausgewachsene Pflanzen sind.

Stellen Sie sich vor, wie Sie sich an Ihren Pflanzen erfreuen, sei es, dass Sie ihre Nahrung ernten oder einfach ihre Schönheit genießen.

Wenn Sie diese Phase der Visualisierung erreicht haben, zünden Sie die Kerze rechts neben den Samen an, während Sie die folgenden (oder ähnliche) Worte sagen: "Wie oben, so unten, ich sehe mit Freude zu, wie du wächst. Wie unten, so oben, diese Samen sind mit göttlicher Liebe gesegnet.".

Lassen Sie die Kerzen von selbst ausbrennen, und pflanzen Sie dann Ihre Samen ein.

Konzentrationszauber "In the Zone"

Sich voll zu konzentrieren ist eine angenehme und erfüllende Erfahrung. Ganz gleich, ob Sie an einem Schulprojekt, einem Hobby, für das Sie sich begeistern, oder sogar an einer Präsentation für die Arbeit arbeiten - es gibt nichts Schöneres, als sich in der Aufgabe zu verlieren - ohne Ablenkungen, ohne Widerstände, sogar ohne Zeitgefühl.

Dieser einfache Zauber nutzt die Schwingungsfrequenzen des Braunen, um Sie konzentriert und "in der Spur" zu halten, bis das Projekt erfolgreich abgeschlossen ist. Vielleicht schaffen Sie es sogar in kürzerer Zeit, als Sie dachten.

Die besten Ergebnisse erzielen Sie, wenn Sie diesen Zauber an Ihrem Schreibtisch oder an einem anderen Arbeitsplatz durchführen und nicht an Ihrem Altar, denn Sie möchten, dass die Kerze in Ihrer Nähe brennt, während Sie an Ihrer Aufgabe arbeiten.

Sie benötigen:

- 1 braune Kegel- oder Stumpenkerze
- Ätherisches Ylang-Ylang-, Pfefferminz- oder Zitronenöl

Anweisungen:

Salben Sie die Kerze mit dem Öl und verbringen Sie ein paar Augenblicke damit, Ihren Geist zur Ruhe zu bringen.

Visualisieren Sie die Zone der Konzentration, die Sie durch Ihre heutige Aufgabe erfahren möchten.

Wenn Sie bereit sind, atmen Sie tief ein und zünden Sie die Kerze an.

Machen Sie sich nun an die Arbeit und vertrauen Sie darauf, dass das Universum Ihnen die konzentrierte Energie bringt, die Sie brauchen, um Ihre Absicht zu manifestieren.

Wenn Sie das Projekt abgeschlossen haben (oder die Zeit, die Sie für das Projekt benötigen), löschen Sie die Kerze aus.

Zünden Sie die Kerze erneut an, um bei der nächsten Arbeit an dem Projekt oder jedes Mal, wenn Sie einen zusätzlichen Schub an Konzentration brauchen, wieder in die "Zone" zu gelangen.

Grau

Grau, die Farbe des bewölkten Himmels und der Regentage, wird oft als düster empfunden. Sie kann aber auch ein willkommener Ausgleich für zu viel feurige Energie nach einer langen Zeit mit heißem, sonnigem Wetter sein. Grau ist die Farbe der Neutralität schlechthin und hilft uns, einen Schritt zurückzutreten, uns ein wenig abzukühlen, langsamer zu werden und nach innen zu gehen. Grau ist auch die Farbe des Steins, und seine Energien sind ebenfalls solide, stabil, stark, beständig und uralt.

Als Mittelpunkt zwischen Weiß und Schwarz enthält Grau Eigenschaften, die mit beiden verbunden sind. Es ist nützlich für Magie im Zusammenhang mit übersinnlichen Fähigkeiten, Träumen und Intuition sowie für den Schutz vor Negativität und das Binden, Entfernen oder Neutralisieren negativer Einflüsse. Grau ist die Farbe des Gleichgewichts schlechthin und kann immer dann helfen, wenn Dinge auftauchen, die den Sinn für Gelassenheit und Ruhe herausfordern.

Es hilft, Ruhe und Geduld zu bewahren, wenn man mit unbekannten Ereignissen konfrontiert wird, und es hilft, in schwierigen Situationen durchzuhalten. Grau hilft auch beim Lösen von Bindungen an Menschen, Situationen und Ergebnisse und kann Einsamkeit lindern.

Grau wird auch von einigen in der "Glamour"-Magie verwendet, um auf andere in vielerlei Hinsicht attraktiver zu wirken. Es kann verwendet werden, um mit mehr Respekt behandelt zu werden, oder um "unsichtbar" zu werden, was bedeutet, dass Leute, mit denen man nicht interagieren möchte, einen nicht bemerken. Die einzige Einschränkung bei dieser Art von Magie besteht darin, sich auf die Energie zu konzentrieren, die Sie nach außen projizieren, und nicht zu versuchen, zu kontrollieren, was andere Leute denken.

Verwenden Sie Grau bei der Bearbeitung komplexer Entscheidungen und anderer Situationen, die Unparteilichkeit, Unterscheidungsvermögen, Kontemplation und objektive Beobachtung und Analyse erfordern. Sie eignet sich besonders gut zur Neutralisierung flüchtiger oder feuriger Konflikte und zur Lösung von Situationen, die Kompromisse erfordern.

Grau wird mit dem Mond und den Zeichen Jungfrau, Skorpion, Krebs und Steinbock assoziiert. Seine Elementarassoziation ist Wasser und seine Himmelsrichtung ist Westen.

In diesem Kapitel finden Sie Zaubersprüche, die Ihnen helfen, den Umgang mit griesgrämigen Menschen zu vermeiden, negative Einflüsse in Ihrem Leben zu neutralisieren, einen Konflikt zu lösen und eine wichtige Entscheidung durchzustehen.

Anti-Grausamkeits-Unsichtbarkeitszauber

Jeder von uns hat schon einmal die Erfahrung gemacht, dass man gut gelaunt in den Tag startet und dann von den Nörgeleien und Beschwerden anderer Menschen, denen man im Laufe des Tages begegnet, niedergeschlagen wird.

Das ist nicht unbedingt ihre Absicht - oft interpretieren sie unsere fröhlichen Schwingungen unbewusst als Einladung, sich Luft zu machen, in der Hoffnung, dass sie sich nach einem Gespräch mit uns besser fühlen. Das Ergebnis ist jedoch in der Regel das Gegenteil, denn wir sinken einfach auf ihre niedrigere Schwingung herab, während sie auf ihr Unglücklichsein konzentriert bleiben.

Dieser Zauber nutzt die "tarnenden" Kräfte der Farbe Grau, um Sie für diejenigen "unsichtbar" zu machen, deren Negativität sie sonst dazu veranlassen könnte, sich an Ihrem Licht festzuhalten. Sie können Sie zwar immer noch physisch sehen, aber Sie erscheinen ihnen nicht als jemand, den sie ausladen wollen, sodass Sie Ihre gute Laune ungehindert kultivieren können.

Sie benötigen:

- 1 graue Bannkerze
- Ätherisches Zedernholz-, Nelken-, Wacholder- oder Vetiver-Öl (optional)

Anweisungen:

Salben Sie die Kerze mit dem Öl, wenn Sie es verwenden.

Nehmen Sie sich ein paar Minuten Zeit, um ein Gefühl der Wertschätzung und Dankbarkeit für alles, was in Ihrem Leben gut läuft, zu kultivieren.

Sprechen Sie diese positiven Elemente laut aus und versuchen Sie, eine Liste von mindestens 20 zu erstellen (Diese können spezifisch oder allgemein sein. Es können ganz einfache Dinge sein, die Sie in letzter Zeit erlebt haben, wie das Lächeln eines Kindes auf der Straße oder eine gute Mahlzeit, oder langfristige Dinge wie eine gute Gesundheit oder ein sicherer Ort zum Leben.).

Zünden Sie nun die Kerze an und atmen Sie ein paar Mal tief durch. Stellen Sie sich vor, wie Sie durch Ihren Tag gehen.

Wenn Sie sich jemandem mit schlechter Laune nähern, sehen Sie einen grauen Nebel, der Sie von Kopf bis Fuß bedeckt, sodass die Person einfach an Ihnen vorbeigeht, ohne Sie zu bemerken.

Gleichzeitig sollten Sie wissen, dass Menschen mit höheren Schwingungsfrequenzen Sie immer noch sehen und sogar ihre positive Energie mit Ihnen teilen können, wann immer Sie ihnen über den Weg laufen. Rufen Sie das Gefühl des Wohlbefindens herbei, das sich einstellt, wenn Sie Zeit mit positiven Menschen verbringen, und die Freiheit von belastenden Gesprächen, die Ihnen nicht dienlich sind.

Wenn Sie sich sicher vor unerwünschten Interaktionen geschützt fühlen, sagen Sie die folgenden (oder ähnliche) Worte: "Jetzt siehst du mich, jetzt nicht. Wenn du glücklich bist, siehst du mich, wenn nicht, siehst du mich nicht.".

Löschen Sie die Kerze vorsichtig aus.

Wenn Sie möchten, können Sie diesen Zauber mit derselben Kerze wiederholen, bis sie verbraucht ist.

Neutralisator für negative Einflüsse

Magie kann Ihnen zwar dabei helfen, negative Energie aus deiner Umgebung zu eliminieren und sogar Interaktionen mit negativen Menschen zu vermeiden (wie z. B. der obige Unsichtbarkeitszauber gegen Fressen), aber manchmal gibt es unangenehme Situationen und Menschen, die Sie einfach nicht vermeiden können.

Sie müssen sich jedoch nicht in der Negativität der Person oder der Situation verstricken. Dieser Zauber hilft Ihnen, die negative Energie zu neutralisieren, damit sie Ihre Gedanken und Ihre Stimmung nicht beeinflusst.

Es ist wichtig, dass Sie sich nicht auf einzelne Menschen oder Konflikte konzentrieren, sondern darauf, die Gefühle zu neutralisieren, die sie in Ihnen auslösen und von denen Sie sich befreien möchten.

Dies ist der beste Weg, um "keinen Schaden anzurichten" und unbeabsichtigte Folgen Ihrer Magie zu vermeiden. Es ist auch der effizienteste Weg, um Ihre eigenen Umstände zu verbessern, da Sie gleichzeitig die negativen Einflüsse neutralisieren und Ihre Schwingungsfrequenz anheben, was die Wahrscheinlichkeit verringert, dass Sie Negativität im Allgemeinen anziehen.

Je nach Größe der hitzebeständigen Schale sollten Sie sicherheitshalber eine kleine Menge Wasser bereithalten.

Sie benötigen:

- 1 graue Kerze
- Kleine(r) Zettel
- Glasschale oder andere hitzebeständige Schale
- Kleine Tasse Wasser (optional)

Anweisungen:

Zünden Sie die Kerze an, während Sie die folgenden (oder ähnliche) Worte sagen: "Ich heiße die transformierende Energie des Feuers willkommen und neutralisiere jetzt die folgenden negativen Einflüsse. So lasst es sein.".

Schreiben Sie auf einen Zettel einen einzelnen Einfluss, den Sie gerne verbannen würden. Sie könnten z. B. schreiben: "Die Negativität, die diesen zwischenmenschlichen Konflikt umgibt." oder "Das Unbehagen, wenn ich meinen Arbeitsplatz betrete." oder "Das Gefühl, das ich habe, wenn sich jemand bei mir beschwert.".

Dann falten Sie das Papier in der Hälfte.

Zünden Sie das Papier vorsichtig mit der Flamme der Kerze an, während Sie die folgenden (oder ähnliche) Worte sagen: "Ohne jemandem zu schaden, wird diese Energie nun an die Erde zurückgegeben. Es ist vollbracht.".

Legen Sie das brennende Papier in die Glasschale. Während es weiter brennt, stellen Sie sich vor, dass der negative Einfluss aus Ihrem Leben gezogen und tief in der Heilerde vergraben wird.

Vertrauen Sie darauf, dass die Energie jetzt neutralisiert ist und in Ihrem Schwingungsfeld Raum geschaffen wird, um mehr Positives in Ihr Leben zu bringen.

Wenn Sie möchten, können Sie diesen Vorgang mit weiteren negativen Einflüssen wiederholen, indem Sie mehr Zettel verwenden.

Wenn Sie fertig sind, löschen Sie die Kerze aus. Nehmen Sie die Asche des Papiers mit nach draußen und vergraben Sie sie in der Erde.

Rosa

Rosa ist die Farbe der Liebe schlechthin. Die feurigen, leidenschaftlichen Energien von Rot werden durch die höheren Schwingungen von Weiß gemildert. Rosa ist in vielen Blumen und Blüten sowie am Himmel bei Sonnenauf- und -untergang zu sehen und strahlt eine fröhliche, sanfte, weibliche Energie aus, die für viele magische Zwecke im Zusammenhang mit positiven Gefühlen und Wohlbefinden genutzt werden kann.

Rosa ist die ideale Kerzenfarbe für alles, was mit Liebe zu tun hat, sei es romantisch, familiär, die Liebe zwischen Freunden oder die immer wichtige Liebe zu sich selbst. Sie wird mit Romantik, Leidenschaft und Sinnlichkeit assoziiert, aber ihre Energien umfassen auch Zuneigung, Freundlichkeit, Mitgefühl und Ehre. Verwenden Sie Rosa in allen Situationen, die die Fürsorge und Pflege anderer erfordern, und in allen Situationen, in denen es Ihnen schwerfällt, "das Richtige zu tun".

Die friedlichen Energien von Rosa eignen sich hervorragend für Magie, die sich auf Freundschaft, Kameradschaft und Partnerschaften aller Art konzentriert. Er ist nützlich, um Harmonie zu manifestieren und aufrechtzuerhalten - vor allem Harmonie im Haus und in sich selbst. Dazu gehört auch Zauberei im Zusammenhang mit Vergebung und Versöhnung sowie mit spiritueller und emotionaler Heilung.

Für diejenigen, die wirklich mit dieser Farbe in Resonanz gehen, kann sie die ultimative Hilfe bei der Anhebung der eigenen Schwingungsfrequenz sein und auch bei der Steigerung der körperlichen Energie helfen. Als Farbe des Neuanfangs kann Rosa zum Erfolg bei allen Arten von Selbstverbesserungsversuchen beitragen.

Obwohl sie seit Mitte des 20. Jahrhunderts als Farbe für "Mädchen" gilt, wird Rosa eigentlich mit Kindern und Babys im Allgemeinen assoziiert und kann in Zaubern verwendet werden, die sich auf ihre Gesundheit und ihren Schutz beziehen, sowie in Arbeiten, an denen Kinder teilnehmen können. Rosa eignet sich hervorragend, um Ruhe und Entspannung zu manifestieren, insbesondere, wenn man sich einer potentiell beängstigenden Erfahrung wie einer Operation nähert.

Rosa wird mit dem Planeten Venus und dem Zeichen Widder assoziiert. Seine Elementarassoziation ist Feuer und seine Himmelsrichtung ist Süden.

In diesem Kapitel wird Rosa in einem bezaubernden Zauber für Kinder, einem Zauber zur Stärkung der Freundschaft, einem magischen Rezept für eine Romanze und einem Ritual zur Stärkung der Selbstliebe verwendet.

Ein Zauberspruch für Kinder zum Start in den Tag

Hier ist ein Zauberspruch, den Sie Ihren Kindern beibringen können, um ihrem Tag einen magischen Schub zu geben. Er eignet sich hervorragend für die Zeit nach dem Frühstück und bevor alle zur Arbeit oder zur Schule gehen, aber vielleicht möchten Sie ihn zuerst an einem Wochenendmorgen ausprobieren, wenn die Zeit flexibler ist. Sie können den Kindern sagen, dass Sie ihnen einen Zauberspruch beibringen werden, um den Tag besonders schön zu machen.

Alles, was Sie brauchen, sind eine Kerze, rosa Kreide und ein Stück Gehweg oder eine andere Betonfläche, auf die Sie malen können. Je nach Alter der Kinder können Sie auch eine LED-Kerze anstelle einer echten Flamme verwenden.

Sie benötigen:

- 1 rosa Stumpenkerze
- Rosa Kreide
- Bürgersteig oder andere geeignete Betonfläche

Anweisungen:

Stellen Sie sich zunächst in einem Kreis auf, mit einem Abstand von etwa 1 Meter zwischen den einzelnen Personen.

Lassen Sie jedes Kind seine Fußabdrücke mit der Kreide auf den Boden zeichnen. Wenn Sie möchten, können Sie auch Ihre eigenen Spuren hinterlassen.

Wenn nur 2 oder 3 Personen an dem Zauber arbeiten, lassen Sie jedes Kind seine Fußabdrücke 2-mal nachzeichnen, sodass ein Kreis mit einem Durchmesser von mindestens 3 Metern entsteht.

Wenn der Kreidefußabdruckkreis fertig ist, stellen Sie die Kerze in die Mitte. Wählen Sie nun einen Startpunkt auf dem Kreis, der nach Osten zeigt (die Richtung der Anfänge).

Weisen Sie die Kinder an, von einer Reihe von Fußabdrücken zur nächsten zu springen. Während sie springen, sollten sie die folgenden (oder ähnliche) Wörter rufen: "Viel Spaß, toller Tag. Magische Kräfte leuchten den Weg.".

Lassen Sie sie bei jedem Fußabdruck anhalten und eine Sache sagen, die an diesem Tag gut laufen soll, sei es ein Test in der Schule, Spaß auf dem Spielplatz, mit Freunden auskommen oder der Film, den Sie sich ansehen werden.

Wenn alle (auch Sie) im Kreis herumgesprungen sind und ihre Vorsätze für den Tag ausgesprochen haben, soll sich jeder wieder in seine gezeichneten Fußabdrücke stellen, mit Blick auf die Kerze in der Mitte.

Zünden Sie die Kerze vorsichtig an und bitten Sie dann alle, sich an den Händen zu halten und die Zauberworte 3-mal im Einklang zu wiederholen.

Lassen Sie die Kinder die Kerze vorsichtig ausblasen. Sie können die Kerze jederzeit wiederverwenden, wenn Sie den Zauber wiederholen möchten.

Fragen Sie die Kinder am Ende des Tages, was ihre Lieblingsmomente des Tages waren, und suchen Sie nach Verbindungen zwischen ihren erklärten Absichten am Morgen und den Manifestationen, die sich im Laufe des Tages entwickelt haben.

Kapitel 6: Schritt-für-Schritt-Kerzenzauber

Liebeszauber

Herzensangelegenheiten sind wahrscheinlich der häufigste Grund, warum Menschen die Magie aufsuchen. Es ist verständlich, dass man alles tun möchte, um Liebe in sein Leben zu bringen. Es gibt jedoch eine Menge unverantwortlicher Zaubersprüche, die behaupten, dass sie Ihnen die Person, die Sie wünschen, "gewinnen" können.

Zaubersprüche, die darauf abzielen, eine andere Person zu manipulieren, auch wenn sie noch so gut gemeint sind, sind keine verantwortungsvolle Magie und gehen sehr wahrscheinlich nach hinten los. Deshalb ist es wichtig, dass Sie sich bei diesen Zaubern auf die gewünschte **Situation konzentrierst** und nicht auf die **Person**. Schließlich weiß man nie, was einen erwartet - die Person, in die man heute verknallt ist, verblasst vielleicht im Vergleich zu der, die man nächste Woche kennenlernt.

Mondlicht-Liebesanziehungszauber

Für Singles, die sich in der Dating-Szene amüsieren wollen, gibt es einen einfachen Zauberspruch, der die Anziehungskraft auf potentielle Verehrer erhöht. Das ist besonders gut für diejenigen, die schon lange Single sind und sich schwertun, optimistisch zu bleiben, was ihre Aussichten angeht.

Mondphase: Zunehmend

Idealer Tag: Freitag

Sie benötigen:

- 1 rosafarbene Kerze (in der Größe einer Zauberkerze)
- Kleines Fläschchen mit einer tragbaren ätherischen Ölmischung (oder Kölnisch Wasser/Parfüm, falls gewünscht)
- Weihrauch mit Zimt, Jasmin oder Lavendel

Anweisungen:

Zünden Sie den Weihrauch an.

Schnitzen Sie mit der Kristallspitze oder einem anderen Schnitzwerkzeug ein Herz in die Mitte der Kerze.

Stellen Sie die Kerze an ein Fenster, am besten eines mit direktem Blick auf den Mond (Wenn das nicht möglich ist, visualisieren Sie den Mond, während Sie die Kerze abstellen.). Stellen Sie das Fläschchen so vor die Kerze, dass es zwischen der Kerze und dem Fenster steht.

Nehmen Sie sich einige Augenblicke Zeit, um die Gefühle des Wohlbefindens, der Aufregung und der Kameradschaft aufzurufen. Halten Sie dieses Gefühl fest, während Sie sich darauf vorbereiten, die Kerze anzuzünden. Während Sie die Kerze anzünden, sagen Sie diese (oder Ihre eigenen) Worte: "Beim Licht dieses Mondes soll die Liebe hell leuchten.".

Lassen Sie es bis zum Ende abbrennen. Tragen Sie das Öl (oder Parfüm), wenn Sie ausgehen, um Ihr Vertrauen in Ihre Fähigkeit, neue Liebe anzuziehen, zu stärken. Aber übertreiben Sie es nicht mit dem Duft - das hilft nie.

Zauberspruch für die Suche nach dem idealen Partner

Für diejenigen, die bereit sind, über das gelegentliche Dating hinauszugehen und Unterstützung bei der Manifestierung einer soliden, gesunden Beziehung wünschen.

Dieser Zauber fordert Sie auf, herauszufinden, was Sie wirklich in Ihrem Partner suchen, also nehmen Sie sich vorher etwas Zeit, darüber nachzudenken.

Als zusätzlichen "Booster" können Sie die Farbbedeutungen nachschlagen und eine Kerzenfarbe wählen, die mit den Qualitäten übereinstimmt, die Ihnen bei einem Partner am wichtigsten sind. Wenn Sie z. B. wissen, dass hohe Intelligenz und Sprachgewandtheit wichtig sind, könnten Sie eine gelbe Kerze wählen. Wenn Ihnen keine Farben oder Eigenschaften einfallen, die ganz oben auf der Liste stehen, können Sie auch eine weiße Kerze verwenden.

Mondphase: Zunehmend

Idealer Tag: Freitag

Sie benötigen:

- 1 Stift und ein weißes Blatt Papier
- 1 kleine Kerze (weiß, oder Farbe Ihrer Wahl)
- 1 goldenes oder silbernes Band, lang genug, um es mindestens 2-mal um die Handfläche zu wickeln

Anweisungen:

Zünden Sie die Kerze an und wickeln Sie das Band um Ihre nicht schreibende Hand.

Schreiben Sie auf das Papier die Dinge, die Sie sich von einem Partner für eine langfristige Beziehung wünschen. Nehmen Sie sich für diesen Teil eine ganze Weile Zeit. Achten Sie darauf, dass Sie auch angeben, wie Sie sich in der Nähe dieser Person fühlen und von ihr behandelt werden möchten, denn alle wünschenswerten Eigenschaften der Welt werden Ihnen nichts nützen, wenn Sie ignoriert oder in irgendeiner Weise missbraucht werden.

Falten Sie das Papier zu einem kleinen Quadrat, wickeln Sie dann das Band aus der Hand und binden Sie es um das gefaltete Papier.

Halten Sie das Bündel in Ihren Handflächen zusammen, während Sie darüber meditieren, wie Sie sich in dieser Beziehung fühlen werden, sobald sie begonnen hat.

Legen Sie das Bündel 1 Woche lang unter Ihre Matratze und vergraben Sie es dann in einer Topfpflanze oder im Garten.

"Spice Up Your"-Beziehungszauber

Diejenigen von uns, die bereits in einer langfristigen Beziehung leben, sehnen sich vielleicht manchmal nach dem Gefühlsrausch, der den Beginn einer Romanze begleitet. Sie können die Uhr zwar nicht in die Anfangszeit Ihrer Beziehung zurückdrehen, aber Sie können die Atmosphäre zwischen Ihnen und Ihrem Partner mit diesem einfachen Zauberspruch verjüngen.

Dies kann zu jedem Zeitpunkt des Mondzyklus geschehen - wenn Sie während der abnehmenden Phase arbeiten, sollten Sie sich darauf konzentrieren, die Beziehung von jeglichen "eintönigen" Gefühlen oder stagnierend wirkender Energie zu befreien.

Mondphase: Beliebig

Idealer Tag: Dienstag oder Freitag

Sie benötigen:

- 2 rote Votivkerzen

- Teller zum Dahinschmelzen
- Jasminöl (oder hausgemachte Mischung)
- Eine Prise Rosmarin (frisch oder getrocknet)

Anweisungen:

Salben Sie die Kerzen mit dem Öl und stellen Sie sie nebeneinander auf den Teller.

Streuen Sie den Rosmarin auf die Kerzen und kreisförmig um sie herum. Sagen Sie: "So wie diese Flammen Seite an Seite tanzen, so erneuern wir beide unseren Schritt, in Liebe und in Verlangen.".

Es ist ideal, die Kerzen in einer Sitzung abbrennen zu lassen, aber es ist auch in Ordnung, sie auszulöschen und den Zauber in der nächsten Nacht zu wiederholen, falls nötig.

Wenn sie ganz weg sind, nehmen Sie sich etwas Zeit, um das geschmolzene Wachs zu betrachten und zu sehen, ob irgendwelche Eindrücke oder Botschaften über Ihre Beziehung auftauchen.

Geldzauber

Viele Skeptiker der Magie werden fragen: "Wenn sie so gut funktioniert, warum zaubern die Leute dann nicht einfach, um im Lotto zu gewinnen?". Wenn es nur so einfach wäre.

Die Magie arbeitet mit der physischen Realität zusammen, was bedeutet, dass die mathematischen Chancen immer noch im Spiel sind. Sie konkurrieren auch mit den Wünschen und Träumen vieler, vieler Menschen - und ob sie nun zaubern oder nicht, ihre Absichten spielen eine Rolle.

Außerdem ist es vielleicht nicht in Ihrem Interesse, Geld zu gewinnen - man denke nur an die vielen Leidensgeschichten derjenigen, die unerwartet reich geworden sind.

Wiccans und andere Hexen wissen, dass wir unseren Teil dazu beitragen müssen, Reichtum zu manifestieren - indem wir arbeiten, kluge Entscheidungen über unser Geld treffen usw.

Während Sie Ihre magischen Fähigkeiten entwickeln, sollten Sie alle Geschenke des Universums anerkennen und dankbar dafür sein - selbst für den Cent, den Sie auf dem Bürgersteig finden. Lassen Sie kein Glück zu klein sein - andernfalls könnte die Geisterwelt Ihre Haltung so interpretieren, dass Sie nicht wirklich an Glück interessiert sind.

Miete und Rechnungen: Stabilität-7-Tage-Zauber

Wenn Sie oft mit Mühe und Not die Rechnungen bezahlen können oder sich in einer Übergangsphase befinden und unsicher sind, wie sich Ihre Finanzen in naher Zukunft entwickeln werden, ist dies ein guter Zauberspruch, der Ihnen hilft, sich ein wenig Sicherheit zu verschaffen, um über Wasser zu bleiben.

Sobald Sie diese Zauberenergie in die geistige Welt hinausgeschickt haben, können Sie sich darauf konzentrieren, weitere langfristige Verbesserungen in Ihrem finanziellen Leben zu manifestieren.

Mondphase: Zunehmend

Idealer Tag: Donnerstag oder Sonntag

Sie benötigen:

- 1 Scheck von Ihrem Scheckbuch (oder ein Stück Papier)
- Eine 7-Tage-Kerze, vorzugsweise gold, grau, braun oder orange
- Eine Prise Basilikum
- Mandel-, Patchouli- oder Bergamotteöl

Anweisungen:

Salben Sie die Spitze der Kerze mit 1 oder 2 Tropfen des Öls. Streuen Sie das Basilikum über das Öl.

Konzentrieren Sie sich auf das Gefühl der Leichtigkeit, das sich einstellt, wenn finanziell alles in Ordnung ist.

Zünden Sie die Kerze an und sagen Sie: "Alles wird mir genauso zur Verfügung gestellt, wie ich es brauche, ohne dass jemand zu Schaden kommt. So soll es sein.".

Setzen Sie sich ein paar Augenblicke in das Kerzenlicht und schreiben Sie einige positive Affirmationen über Geld und Stabilität auf den Scheck oder das Stück Papier. Achten Sie darauf, so zu schreiben, als ob die Magie bereits gewirkt hätte - z. B. könnten Sie schreiben: "Alle Rechnungen sind bezahlt und ich kann mit Zuversicht vorwärtsgehen.".

Achten Sie darauf, dass Sie Worte verwenden, die Sie ansprechen und Ihnen helfen, Ihren Glauben an Ihre Fähigkeit, positive Veränderungen zu bewirken, zu stärken.

Falten Sie den Scheck (oder das Papier) in 3 Teile und falten Sie ihn dann weiter, bis er so klein ist, wie Sie ihn machen können.

Stecken Sie ihn in Ihre Handtasche oder Brieftasche und tragen Sie ihn bei sich, bis Ihre Rechnungen bezahlt sind.

Lassen Sie die Kerze von selbst ausbrennen. In der Regel dauert dies 7 Tage. Wenn sich die Dinge jedoch schneller manifestieren, kann die Kerze auch schneller ausbrennen.

Geld-Blockaden-Zauber verbannen

Wenn Sie mit anderen Zaubersprüchen zum Anziehen von Geld erfolglos waren, sollten Sie es mit diesem versuchen - es könnte sein, dass Sie sich unbewusst selbst im Weg stehen.

Mondphase: Abnehmend

Idealer Tag: Donnerstag, Sonntag oder Montag

Sie benötigen:

- 1 schwarze Kerze
- 1 Stück weißes Papier
- Schere
- Kessel, Waschbecken oder ein anderer sicherer Ort zum Verbrennen von Papier

Anweisungen:

Zünden Sie die Kerze an und sitzen Sie ein paar Augenblicke still.

Schreiben Sie auf dem Papier Ihre Ängste in Bezug auf Geld auf. Beginnen Sie mit den ersten Dingen, die Ihnen in den Sinn kommen - das sind in der Regel die Gedanken, die unseren Weg zum Wohlstand blockieren.

Benennen Sie jede Angst in einem einfachen, einzigen Satz. Lassen Sie zwischen den einzelnen Sätzen Platz, damit Sie sie in Streifen schneiden können.

Schneiden Sie den ersten Satz "Geldsorgen" oben auf dem Papier aus. Lesen Sie ihn leise und sprechen Sie dann das Gegenteil laut aus. Wenn Sie z. B. geschrieben haben: "Ich werde nie genug haben.", dann sagen Sie: "Ich habe immer mehr als genug.".

Dann zünden Sie das Papier an der Kerze an und lassen es in Ihrem Kessel, Waschbecken oder einem anderen feuerfesten Behälter ausbrennen.

Die Kerze sanft auslöschen.

Wiederhole diesen Zauber jede Nacht, indem Sie einen Angstsatz pro Nacht verbrennen, bis Sie sie alle verbrannt haben. Die ideale Dauer für diesen Zauber sind 3-5 aufeinanderfolgende Nächte.

Beschäftigungszauber

Die Stellensuche kann selbst in den besten Zeiten stressig sein, aber sie kann auch aufregend sein, wenn wir offen für ungeahnte Möglichkeiten bleiben.

Diese Zaubersprüche können Ihre Macht in dieser Zeit der Abrechnung mit dem Unbekannten stärken.

Glückszauber für die Jobsuche

Beginnen Sie damit an einem Sonntag, dem Tag, der mit Arbeit und Karriere zu tun hat.

Mondphase: Beliebig

Idealer Tag: Sonntag

Sie benötigen:

- 1 goldene oder gelbe Kerze

Anweisungen:

Zünden Sie die Kerze an, während Sie diese oder Ihre eigenen Worte sagen: "Ich bin froh und erwerbstätig und voller Dankbarkeit.".

Verbringen Sie einige Augenblicke damit, sich die Erleichterung und Aufregung vorzustellen, die sich einstellt, wenn Sie für eine Stelle eingestellt werden, von der Sie wissen, dass sie Ihnen Spaß machen wird.

Lassen Sie die Kerze 8 Minuten lang brennen (oder länger, wenn Sie möchten), während Sie sich das Gefühl vorstellen, in einem Beruf zu arbeiten, den Sie aufregend und gut bezahlt finden, und löschen Sie die Kerze dann vorsichtig.

Wiederholen Sie den Spruch jeden Sonntag, bis die Kerze vollständig abgebrannt ist oder bis Sie eine Arbeit gefunden haben - je nachdem, was zuerst eintritt.

Beschäftigungssiegeszauber

Sie haben sich also auf eine Stelle beworben, die Sie gerne hätten - was nun? Steigern Sie Ihr Selbstvertrauen - und damit Ihre Chancen auf einen Erfolg - mit diesem Zauberspruch.

Wenn Sie diesen Zauber während eines zunehmenden Mondes anwenden, konzentrieren Sie sich darauf, den Job zu bekommen. Wenn Sie ihn bei abnehmendem Mond anwenden, konzentrieren Sie sich darauf, die Konkurrenz von anderen Bewerbern auszuschalten, damit Sie als Sieger hervorgehen.

Achten Sie aber darauf, dass Sie dies zum Wohle aller tun und niemandem schaden, anstatt sich darauf zu konzentrieren, andere zu enttäuschen.

Mondphase: Beliebig

Idealer Tag: Dienstag

Sie benötigen:

- 1 grüne Kerze
- 1 orangefarbene Kerze

Anweisungen:

Schnitzen Sie in die orangefarbene Kerze ein "V" für Sieg.

Schnitzen Sie in die grüne Kerze ein "F" für Fortuna.

Stellen Sie sie so nah wie möglich nebeneinander und zünden Sie zuerst die orangefarbene und dann die grüne Kerze an.

Wenn sie brennen, wiederholen Sie dieses Mantra mindestens 3 Minuten lang: "Mit dieser Feuergöttin gehört der Job mir.".

Dieser Zauber funktioniert am besten, wenn die Kerzen in einer einzigen Nacht abbrennen, aber Sie können ihn auch in aufeinanderfolgenden Nächten wiederholen, bis die Kerze verschwunden ist, falls nötig.

Heilungszauber

Wir wissen, dass der Körper, wie alles andere auch, im Wesentlichen aus Energie besteht. Viele beliebte alternative Heilmethoden wie Reiki, Qigong und therapeutische Berührung machen sich dieses Wissen zunutze.

Vor diesem Hintergrund ist es nur logisch, dass sich Magie positiv auf unsere Gesundheit auswirken kann.

Sie sollten jedoch **niemals** Magie an die Stelle einer tatsächlichen medizinischen Versorgung setzen!

Wie bei allen anderen "alternativen" Praktiken sollte die Magie **zusätzlich zu** notwendigen medizinischen Eingriffen eingesetzt werden, nicht an deren Stelle. Genau wie in Geld- oder Arbeitsangelegenheiten wird von Ihnen erwartet, dass Sie Ihren Teil dazu beitragen, die von Ihnen angestrebte Veränderung zu manifestieren.

Diese Zaubersprüche können in jeder Mondphase gut funktionieren, da jede Heilung sowohl die Vertreibung von Krankheit (Ungleichgewicht) als auch die Anziehung von Gesundheit (Gleichgewicht) beinhaltet.

Einfacher Heilungszauber

Bei alltäglichen Beschwerden wie einer Erkältung oder bei chronischen Problemen wie dem Aufflammen von Arthritis unterstützt dieser Zauber sanft die natürlichen Heilungsfähigkeiten des Körpers.

Sie kann auf einmal oder über mehrere Tage hinweg angewendet werden, je nach Art des Ungleichgewichts, das Sie zu heilen suchen, und je nach Ihren allgemeinen Vorlieben. Wenn Sie sich dafür entscheiden, es über mehr als eine Nacht anzuwenden, achten Sie darauf, jedes Mal eine neue Prise Schafgarbe zu verwenden.

Mondphase: Beliebig

Idealer Tag: Sonntag oder Montag

Sie benötigen:

- 1 blaue Kerze
- Eine Prise getrocknete Schafgarbe

Anweisungen:

Zünden Sie die Kerze an.

Schließen Sie die Augen und stellen Sie sich vor, wie weißes Licht den Teil von Ihnen erfüllt und umgibt, der Heilung braucht (wenn Sie z. B. mit einer Bronchialinfektion zu tun haben, konzentrieren Sie sich auf die Lunge).

Sobald Sie dieses Bild fest im Kopf haben, stellen Sie sich vor, wie das weiße Licht wächst und sich ausbreitet, bis es Ihr ganzes Wesen umgibt.

Halten Sie dieses Bild einige Augenblicke lang und bemerken Sie die Veränderung in Ihrem Körper, wenn Sie ihn mental mit Licht durchfluten.

Wenn Sie bereit sind, öffnen Sie die Augen und streuen Sie ein wenig Schafgarbe in die Flamme.

Danken Sie dem Universum für seine heilenden Kräfte und schließen Sie das Ritual mit Worten der Bestätigung wie z. B.: "Zum Wohle aller und zum Schaden von niemandem wird diese magische Heilarbeit geleistet.".

Wenn Sie die Kerze nicht ganz ausbrennen lassen, warten Sie mindestens 15 Minuten, bevor Sie sie auslöschen.

Heilungszauber für geliebte Menschen

Es kann eine wunderbare Erfahrung sein, Heilmagie für andere zu wirken, anstatt für sich selbst.

Wenn Sie jedoch für jemand anderen zaubern wollen, sollten Sie vorher unbedingt die Erlaubnis einholen. (Wenn Sie nicht in der Lage sind, völlig offen über Ihr magisches Leben zu sprechen, können Sie die Person einfach fragen, ob sie einverstanden ist, dass Sie für sie beten. Magie ist schließlich eine mächtige Art von Gebet.)

Wenn Sie außerdem von Sorgen um diese Person geplagt werden, arbeiten Sie daran, diese Gefühle loszulassen, bevor Sie den Zauber wirken, damit Sie die Botschaft, die Sie an die Geisterwelt senden, nicht vernebeln.

Mondphase: Beliebig

Idealer Tag: Sonntag oder Montag

Sie benötigen:

- 1 weiße Kerze
- Eukalyptus- oder Lavendelöl

Anweisungen:

Schnitzen Sie den Namen der Person, für die Sie den Zauber wirken wollen, von unten nach oben in die Kerze.

Salben Sie die Kerze mit einigen Tropfen des Öls, beginnen Sie unten und arbeiten Sie sich zur Mitte hinauf, dann beginnen Sie oben und arbeiten sich wieder zur Mitte hinunter.

Während Sie die Kerze vorbereiten, konzentrieren Sie sich auf die Vision Ihres Freundes oder geliebten Menschen, der strahlend und bei guter Gesundheit ist.

Wenn Sie sich bereit fühlen, zünden Sie die Kerze an und sprechen Sie die folgenden Worte, oder verwenden Sie eigene Worte: "Helles Licht, dieses heilende Weiß umgibt und macht [Name der Person] neu.".

Wenn möglich, lassen Sie die Kerze von alleine ganz abbrennen.

Zauberspruch gegen Depressionen

Depressionen werden von den Betroffenen oft als eine unerwünschte Präsenz im Kopf beschrieben, die jeden Gedanken in eine saure, schmutzige Erfahrung verwandelt.

Es kann sehr schwierig sein, positive Bilder zu verwenden, wenn man unter dem "Bann" der Depression steht. Deshalb ist es hilfreich, zunächst etwas für die Beseitigung der negativen Einflüsse zu tun, die diesem schädlichen Zustand zugrunde liegen.

Da der Schwerpunkt hier auf dem Verbannen liegt, ist der Zauber bei abnehmendem Mond am stärksten, aber das soll Sie nicht davon abhalten, Magie zu benutzen, um für sich selbst zu sorgen - Sie können es trotzdem jederzeit tun.

Mondphase: Jede (abnehmend ist ideal)

Idealer Tag: Samstag, Sonntag, Montag oder Mittwoch

Sie benötigen:

- 1 schwarze Kerze (vorzugsweise mit einer kürzeren Brenndauer)
- 3 weiße Kerzen
- 1 kleiner schwarzer Kristall oder Stein (wie Obsidian, schwarzer Turmalin oder Jet)
- 1 Stück Quarzkristall (oder ein anderer weißer Stein)
- Kleines schwarzes Tuch

Anweisungen:

Ordnen Sie die weißen Kerzen in einem Dreieck an, und stellen Sie die schwarze Kerze in die Mitte.

Sagen Sie die folgenden Wörter oder verwenden Sie Ihre eigenen: "Ich lasse alle Negativität los und verbanne sie aus meinem Wesen.".

Halten Sie dann den Quarzkristall (oder einen anderen weißen Stein) zwischen Ihren Handflächen und konzentrieren Sie sich darauf, heilende, liebevolle Energie aus dem Universum anzuziehen. Stellen Sie sich vor, dass Ihr ganzer Körper von weißem Licht durchflutet und umgeben ist.

Wenn Sie sich bereit fühlen, zünden Sie die weißen Kerzen an und wiederholen Sie dieses Mantra, während Sie jede einzelne Kerze anzünden: "Ich heiße alle Positivität und universelle Liebe in meinem Wesen willkommen und vertraue darauf.".

Wenn die schwarze Kerze ganz heruntergebrannt ist, entsorgen Sie das restliche Wachs und reinigen Sie den Kerzenhalter, bevor Sie ihn wegstellen.

Heben Sie den schwarzen Stein mit dem schwarzen Tuch auf, damit Sie ihn nicht mit Ihrer Haut berühren. Wenn möglich, werfen Sie den Stein in ein fließendes Gewässer, z. B. in einen Bach, einen Fluss oder das Meer. Wenn das nicht möglich ist, vergrabe ihn irgendwo außerhalb deines Hauses.

Bewahren Sie den Quarzkristall (oder den weißen Stein) in Ihrer Tasche oder in einem Beutel auf, den Sie immer in Ihrer Nähe haben. Sie können ihn auch in der Nähe Ihres Bettes aufbewahren, wenn Sie schlafen.

Sie können die weißen Kerzen so oft Sie wollen auslöschen und wieder anzünden - sie können sehr tröstlich sein, wenn Sie sich von der Depression heilen wollen. Achten Sie nur darauf, dass Sie alle 3 Kerzen verwenden, bis sie vollständig erloschen sind.

Kapitel 7: Kräuter in Kerzenzaubern

Kräutermagie ist eine der alten Traditionen der alten Ägypter, die für verschiedene Zwecke wie Heilung, Schutz, Selbstermächtigung und Liebeszauber verwendet wurde. Jedes Kraut hat seine eigenen Stärken und magischen Eigenschaften. Meistens werden Kräuter zu allen Arten von Zaubern hinzugefügt, um deren Effizienz und Kraft zu erhöhen. Kräutermagie funktioniert unabhängig von Ihrer Stärke als Zauberer, da die Kräuter hohe magische Eigenschaften besitzen. Heutzutage verwenden nicht nur Hexen und Wiccans, sondern auch viele Anhänger der Alternativmedizin Kräuter zu Heil- und Ernährungszwecken.

Zaubersprüche und Rituale mit Kräutern verstärken

Eine der einfachsten Methoden, um Zaubersprüche zu verbessern, besteht darin, während eines Rituals ein bestimmtes Kraut in die Flamme einer Kerze zu streuen. Dadurch erhalten die Zaubersprüche mehr Kraft. Sie können auch kleine Mengen von Kräutern an verschiedenen Stellen in Ihrem Haus auslegen, um friedliche Energien anzuziehen, die Gesundheit zu fördern, Schutz zu bieten, Glück zu bringen und negative Energien zu beseitigen.

Eine weitere gängige Praxis ist das Mitführen eines Beutels mit verschiedenen Kräutern, die Liebe und/oder Schutz anziehen sollen. Nach traditionellem Hexenwissen ist die beste Zeit für das Sammeln von Kräutern und die Ausübung von Kräutermagie die Nacht, in der die Kräuter ihre magischen Eigenschaften am stärksten entfalten, insbesondere bei Vollmond.

Gewöhnliche Kräuter für magische Zwecke

Für die meisten modernen Hexen und Wiccans ist die Verwendung von Kräutern eine gängige Gewohnheit. Nützliche Kräuter werden als ein grundlegendes Arsenal einer Hexe oder eines Wiccans für verschiedene Zwecke betrachtet. Daher ist es am besten, einige der gebräuchlichsten und bekanntesten Kräuter für den Fall aufzubewahren, dass ein Bedarf entsteht.

Apfelblüten: In der Antike wurde der Apfel als Symbol der Unsterblichkeit angesehen. Bei Samhain, dem gälischen Fest, das das Ende der Erntezeit markiert, werden Äpfel als Nahrung für die Toten verwendet. Für die Kelten oder die Menschen im mittelalterlichen Europa war ein Zweig eines Apfelbaums, der Blüten und ungeöffnete Knospen hervorbringt und gewachsene Früchte trägt, ein geheimer Schlüssel zur Unterwelt. Für Hexen und Wiccans gilt der Apfel als Bestandteil der Liebesmagie, während die Blüten in Gebräuen und Räucherstäbchen Zaubersprüche und Rituale verstärken.

Basilikum: Basilikum ist heute mehr denn je ein beliebtes Küchenkraut, das in vielen Rezepten verwendet wird. Basilikum hat aber auch magische Eigenschaften. In den meisten Mittelmeerländern streuen die Menschen kleine Mengen Basilikum aus, um ihre Häuser zu reinigen. Man glaubt auch, dass es Menschen, die in ein neues Haus ziehen, Glück bringt. So ist es in diesen Ländern Tradition, eine getopfte Basilikumpflanze als Glücksbringer zu verschenken. Basilikum kann auch in der Liebeswahrsagerei oder Liebesmagie verwendet werden. Man glaubt, dass es magische Eigenschaften hat, die die Treue in einer Beziehung garantieren.

Beifuß: In den meisten modernen magischen Praktiken wird Beifuß für Zaubersprüche, Räucherstäbchen und Räucherrituale verwendet. Beifuß ist leicht anzubauen und sehr vielseitig. In einigen magischen Traditionen wird Beifuß mit Träumen und Weissagung in Verbindung gebracht. So wird in einigen magischen Traditionen ein Räucherwerk aus Beifuß hergestellt und an den gewünschten Orten verbrannt, um einen Wahrsageerfolg zu erzielen. Beifuß wird auch als Räucherstäbchen bei der Durchführung von Wahrsageritualen verwendet.

Kamille: Die meisten Hexen und Wiccans betrachten Kamille als ein Kraut zum Schutz und zur Reinigung. Sie ist auch hilfreich für die Förderung von Schlaf und Meditation. Der Kamille werden magische Eigenschaften zugeschrieben, um magische oder psychische Angriffe abzuwehren. In Südamerika gilt die Kamille in mehreren volksmagischen Traditionen als Glücksblume, die als Girlande um den Kopf getragen Liebe anziehen kann. Manche tragen die Kamille als Glücksbringer in ihren Taschen.

Lavendel: Lavendel wird seit Tausenden von Jahren für viele Zwecke verwendet, aber Hexen und Wiccans nutzen ihn für Zaubersprüche, die mit Liebe, Frieden und Gelassenheit verbunden sind. Wenn man Lavendelblüten in ein Säckchen steckt und dieses in der Tasche trägt, soll es Liebe bringen. Man kann auch Lavendelstängel in Teilen des Hauses aufhängen, um die Gelassenheit zu fördern.

Patchouli: Wie Beifuß wird auch Patchouli bei zahlreichen modernen Ritualen verwendet. Allein sein Duft vermittelt das Gefühl, sich an einem magischen Ort zu befinden. Dieses Kraut wird häufig in Ritualen, Potpourri und Räuchermischungen verwendet. Hexen und Wiccans assoziieren Patchouli mit Reichtum, sexueller Macht und Liebe. Häufig werden die Blätter in ein Säckchen gefüllt und in einer Tasche mitgeführt oder als Schmuck getragen, um Liebe und Reichtum anzuziehen. In einigen volksmagischen Traditionen wird mit Patchouli-Öl ein Dollarzeichen auf ein Stück Papier geschrieben. Das Papier wird dann in die Brieftasche gelegt, um Geld anzuziehen. In modernen magischen Traditionen hingegen wird Patchouli aufgrund seiner abstoßenden Wirkung ein großer Wert beigemessen.

Polei-Minze: Eines der beliebtesten magischen Kräuter bei Hexen und Wiccans ist Polei-Minze. Es wird oft mit Geld in Verbindung gebracht, obwohl einige magische Traditionen es mit Schutz und Stärke assoziieren. In einigen Formen der amerikanischen Volksmagie wird dieses Kraut getragen, um den "bösen Blick" zu vermeiden. Manche verwenden es zum Schutz, indem sie ein mit dem Kraut gefülltes Säckchen anfertigen und es in einer Handtasche aufbewahren. In anderen Traditionen wird Polei-Minze mit Geldmagie in Verbindung gebracht. So stellen sie beispielsweise einen Zweig über die Tür ihres Geschäfts, um Kunden und Reichtum anzuziehen. Manche stellen eine Geldseife aus Polei-Minze her, mit der sie sich die Hände waschen, während andere das Öl des Krauts für Wohlstand nutzen.

Rosmarin: Die meisten alten Hexen verwenden Rosmarin für verschiedene magische Praktiken. Er wird oft mit der Unterstützung der Gehirnfunktion und der Stärkung des Gedächtnisses in Verbindung gebracht. Es heißt auch, dass er böse Hexen und Geister vertreibt. In England wurden die Häuser von Menschen, die an einer Krankheit starben, zusammen mit großzügigen Mengen Rosmarin verbrannt, um sie zu reinigen. Manche legen Rosmarin auf Särge, bevor sie das Grab mit Erde füllen. Hexen und Wiccans verwenden Rosmarin, um negative Energien zu Hause abzuwehren, indem sie ihn einfach verbrennen. Andere hängen Rosmarinbündel an ihre Haustüren, um schädliche Personen wie Einbrecher vom Eindringen in ihre Häuser abzuhalten.

Salbei: Dieses Kraut ist dafür bekannt, dass es einen Ort reinigt und säubert, insbesondere wenn es verbrannt wird. In der Antike wurden getrocknete Salbeizweige in Tempeln bei religiösen Praktiken und Ritualen verbrannt. Die Römer und Griechen glaubten, dass der Rauch von verbranntem Salbei geistige Schärfe und Weisheit vermittelt. Hexen und Wiccans tragen Salbeiblätter in ihren Geldbörsen, um Geld oder Wohlstand anzuziehen. In der Magie werden die Blätter verbrannt, um die Weisheit zu steigern und die Führung des eigenen Geistführers zu erhalten. Manche Menschen schreiben ihre Wünsche auf die Salbeiblätter und stecken sie unter ihr Kopfkissen. Es wird geglaubt, dass ihre Wünsche nach 3 Nächten in Erfüllung gehen werden.

Schafgarbe: Dieses Kraut ist auch als Rittersporn oder Wundkraut bekannt. Es ist wegen seiner heilenden Eigenschaften beliebt. Hexen und Wiccans nutzen die Schafgarbe, um Liebe anzuziehen, Heilung zu ermöglichen und den Mut zu stärken. In alten magischen Traditionen tragen die Menschen getrocknete Schafgarbe in ihren Händen, um ihre Ängste zu vertreiben. Manche Paare hängen auch einen Schafgarbenzweig über ihr Ehebett, um mindestens 7 Jahre Liebe und Leidenschaft zu erhalten. Es wird angenommen, dass die Verwendung von Schafgarbe in einem rituellen Bad die psychischen Fähigkeiten verbessern kann. Einige Hexen verwenden dieses Kraut auch, um negative Energien von einer Person oder einem Ort abzuwehren.

Kräuterkorrespondenzen für Zaubersprüche

In diesem Abschnitt finden Sie eine Liste von Kräuterkorrespondenzen für verschiedene Zaubersprüche mit unterschiedlichen Zielen.

Astralprojektion: Beifuß und Pappel

Mut: Erbsen, Thymian, Kreuzkraut, Wahoo und Tonkabohne

Beschäftigung: Pekannuss und Glückliche Hand

Fruchtbarkeit: Gurke, Banane, Karotte, Narzisse, Traube, Feige, Alraune, Weißdorn, Eiche, Kiefer, Olive, Patchouli, Granatapfel, Weizen, Reis und Sonnenblume

Glückshyazinthe, Katzenminze, Safran, Lavendel und Majoran

Brennnessel, Piment, Eiche, Olive, Apfel, Gerste, Kiefer, Lorbeer, Zeder, Zimt, Gurke, Pfefferminze, Rosmarin, Rose, Nelke, Zitrone, Hagebutte, Veilchen, Nelke, Krauseminze, Weide, Fenchel, Gardenie, Tabak, Hopfen, Minze, Ginseng, Limette, Zwiebel, Wintergrün und Kartoffel

Rechtsangelegenheiten: Ringelblume, Hickory und Stinkkohl

Liebesapfel, Holzaloen, Gerste, Aprikose, Katzenminze, Kirsche, Basilikum, Chilipfeffer, Blutendes Herz, Kamille, Zimt, Kastanie, Dill, Gewürznelke, Ulme, Jasmin, Ingwer, Zitrone, Orchidee, Stiefmütterchen, Pflaume, Rosmarin, Zuckerrohr, Thymian, Baldrian, Eisenkraut und Weide

Geld: Mandel, Basilikum, Cashew, Klee, Dill, Minze, Eiche, Traube, Ahorn und Hafer

Schutz und Reinigung: Aloe, Esche, Bohnen, Gerste, Blutwurz, Kümmel, Baumwolle, Dill, Fenchel, Farn, Holunder, Fingerhut, Ginseng, Knoblauch, Getreide, Geißblatt, Efeu, Alraune, Beifuß, Nesseln, Zwiebel, Petersilie, Rosmarin, Kiefer, Salbei, Tomate, Distel und Rose

Schlaf-Fingerkraut, Holunder, Kopfsalat, Rosmarin, Kamille, Stechapfel, Hopfen, Pfefferminze, Thymian, Eisenkraut und Baldrian

Kerzenzauber mit Kräutern

Zauberspruch zur Reinigung des Körpers von negativer Energie

Für diesen Zauberspruch benötigen Sie 3 Kerzen (1 weiße für positive Energie, 1 schwarze für negative Energie und 1 grüne für Heilung), Streichhölzer und Kräuter Ihrer Wahl.

Als Erstes müssen Sie einen Platz finden, an dem Sie bequem sitzen können. Stellen Sie die 3 Kerzen vor sich hin. Achten Sie darauf, dass Sie Ihren Geist freimachen. Nehmen Sie die weiße Kerze, legen Sie die Kräuter um sie herum, zünden Sie sie an und sagen Sie Folgendes: "Erde, Wasser, Feuer, Luft und Geist, ich bitte euch, meinen Körper von allen negativen Energien zu reinigen.".

Dann holen Sie die schwarze Kerze, zünden Sie sie an und wiederholen Sie die Beschwörung. Machen Sie dasselbe mit der grünen Kerze und sagen Sie Folgendes: "Erde, Wasser, Feuer, Luft und Geist, ich bitte euch, dass ihr meinen Körper heilt und von allen negativen Energien befreit. Seid gesegnet.".

Bleiben Sie sitzen, ohne unterbrochen zu werden, und halten Sie Ihren Geist 15 Minuten lang klar. Bald darauf werden Sie sich frisch, gereinigt und erneuert fühlen.

Dieser Zauber soll am wirksamsten sein, wenn man in positiver Stimmung ist und wenn der Mond zunimmt. Die Kräuter wiederum sollen für mehr positive Energien sorgen. Für diesen Zauber ist es ratsam, 5 Lorbeerblätter zu verwenden und sie so zu platzieren, dass ein Blatt auf einer Seite jeder Kerze liegt. Das 5. Blatt wird vor und in die Mitte der Kerze gelegt.

Heilzauber mit Kerze und Kräutern

Für diesen Zauber muss man Heilkräuterkerzen herstellen, indem man zu gleichen Teilen Bienenwachs und Paraffin auf eine große Metalldose gibt, die in einen Topf gestellt wird, der teilweise mit kochendem Wasser gefüllt ist. Schmelzen Sie das Bienenwachs und das Paraffin bei schwacher Hitze.

Sobald das Wachs geschmolzen ist, fügen Sie eine Prise eines Heilkrauts (in Pulverform) hinzu, das Sie bevorzugen, und sprechen Sie folgende Worte: "Oh, magische Kräuter aus Wurzel und Blüte, schenke dieser Kerze die Kraft der Heilung. Lass alle Krankheit und alles Böse fliehen, wenn sie brennt.".

Wenn Sie Heilkräuterkerzen verwenden wollen, achten Sie darauf, dass sie bei zunehmendem Mond gezogen werden, damit die Kerzen mit ihrer Heilkraft aufgeladen werden. Zünden Sie die Kerzen bei abnehmendem Mond an, um Schmerzen, Fieber und andere Krankheiten zu heilen.

Kapitel 8: Kerze und Feuer in der Wicca-Religion

Unsere Verbindung mit dem Feuer

Wurden Sie in der Schule jemals als Pyro bezeichnet oder wegen deiner Liebe zum Feuer verspottet? Die Wahrheit ist, dass Sie nicht der einzige Feuerliebhaber auf dieser Welt sind. Feuer ist ein wichtiger Teil der Wicca-Kultur, weil es eines der Elemente ist. Wir sind so sehr mit dem Feuer verbunden, weil es ein Teil der Natur ist. So wie wir mit der Erde verbunden sind, sind wir vielleicht noch mehr mit dem Feuer verbunden, weil es ein so wesentlicher Teil unseres Lebens und unserer Zaubersprüche ist.

Das Feuer tanzt durch die Wildnis, als ob sich ihm nichts in den Weg stellen würde. Es ist gefährlich und schön zugleich, und wenn Sie das nicht in Ehrfurcht erstarren lässt, dann weiß ich nicht, was es tun soll. Da das Feuer eines der faszinierendsten Wunder der Natur ist, ist unsere Fähigkeit, uns mit ihm zu verbinden, erstaunlich.

Warum können wir so gut mit Feuer umgehen? Vielleicht, weil es, wie wir, völlig missverstanden oder als unwichtig beiseitegeschoben wird. Oder vielleicht, weil es ein so wesentlicher Bestandteil vieler Zaubersprüche ist. Wir verbringen während der Zaubersprüche so viel Zeit mit ihm, dass wir eine Bindung zu ihm aufgebaut haben. Es gibt mehrere Theorien, warum wir uns mit dem Feuer verbinden, und keine einzige davon ist richtig. Die Quintessenz ist, dass es ein wesentlicher Bestandteil vieler Wicca-Rituale ist, und deshalb werden Kerzen verwendet.

Kerzen in wiccanischen Ritualen

Kerzen werden oft in vielen Zaubern verwendet, aber noch mehr in rituellen Zaubern. Bei einem echten Ritualzauber eröffnet man den Kreis mit einer Kerze, die jedes Element repräsentiert, und wahrscheinlich auch mit einer weißen Kerze zur Reinigung.

Kerzen gehören zu den Dingen, die ein Wiccan braucht, um die meisten Zaubersprüche auszuführen. Sie sind immer dabei und werden nie verschwendet. Selbst wenn sie nicht benötigt werden, ziehen es manche Wiccans vor, ihre Kreise jedes Mal mit Kerzen zu eröffnen, anstatt einfach die Elemente zu rufen, und das ist völlig in Ordnung. Wenn Sie die Zeit haben, dann schadet es nicht, die Kerzen jedes Mal aufzustellen.

Wenn Sie in der Wicca-Reihe so weit gekommen sind und die Bedeutung von Kerzen noch nicht erkannt haben, dann wird dieses Buch Ihre Meinung ändern. Da es sich um das 4. Buch in dieser Reihe handelt, haben Sie bereits über einige Zaubersprüche gelesen, bei denen Kerzen eine Rolle spielen, aber es gibt noch mehr Rituale, die allein auf Kerzen basieren. Die meisten Menschen denken an Kräuter, wenn sie an Wicca-Zauber und -Magie denken, aber die Wahrheit ist, dass Kerzen genauso mächtig sind, wenn sie richtig eingesetzt werden.

Wiccans verwenden Kerzen oft, um Wohlstand oder Schutz zu erlangen, oder aus anderen Gründen, die sie für einen Zauber benötigen. Manchmal verwenden sie Kerzen zum Anzünden von Räucherstäbchen, weil Kerzen die gleichmäßigste Flamme haben.

Kerzen spenden natürliches Licht und können verwendet werden, um die Dinge zu finden, die Sie brauchen. Sie könnten sogar einen Schutzzauber mit derselben Kerze machen, die Sie als Lichtquelle verwenden. Kerzen erwärmen auch Dinge, wie z. B. Kräuter, die erwärmt werden müssen, damit sie gebrauchsfertig sind. Bei Kerzen gibt es nur wenige Einschränkungen.

Eine der grundlegendsten Verwendungen von Kerzen durch traditionelle Wiccans und viele ihrer eklektischeren Mithexen ist die Darstellung der Göttin und des Gottes auf dem Altar.

Es gibt verschiedene Systeme von Farbassoziationen für die Gottheiten. Gold und Rot werden am häufigsten verwendet, um den Gott darzustellen, während Weiß und Silber für die Göttin stehen, obwohl einige Wiccans Gelb bzw. Grün verwenden. In Traditionen, in denen die Göttin als zentrale Gottheit hervorgehoben wird, wird sie oft mit 3 Kerzen dargestellt - weiß für ihren Jungfrauenaspekt, rot für die Mutter und schwarz für die Krone.

Kerzen können auch verwendet werden, um die 4 Himmelsrichtungen auf dem Altar darzustellen, wobei Grün oder Braun am häufigsten für Norden, Gelb für Osten, Rot für Süden und Blau für Westen steht. Alternativ können 4 Kerzen mit den 4 Elementen Erde, Luft, Feuer und Wasser identifiziert werden, von denen jedes mit einer der 4 Richtungen verbunden ist.

Manche Hexen widmen auch dem "5. Element" des Geistes, oft **Akasha** genannt, eine Kerze, entweder zusätzlich zu den Göttinnen- und Götterkerzen oder anstelle von ihnen. Die Spirit-Kerze kann schwarz, weiß, silbern oder violett sein.

Manche stellen auch eine Kerze für eine oder mehrere bestimmte Gottheiten auf, zu denen sie eine persönliche Beziehung haben, wie z. B. eine violette oder weiße Kerze für die griechische Göttin Athene oder eine dunkelgrüne Kerze für den keltischen Gott Cernnunos.

Wie bei allem im Wicca gibt es Traditionen, die sich so genau wie möglich an den modernen Begründern des Wicca orientieren, und es gibt neue, individuellere Interpretationen, die von späteren Generationen von Anhängern entwickelt wurden. Wie Sie die Kerzen auf Ihrem Altar verwenden und ob Sie überhaupt einen Altar haben, ist ganz Ihnen überlassen. Mein Tipp: Wählen Sie den Ansatz, der Ihnen am meisten zusagt. Wenn es sich für Sie angenehm und richtig anfühlt, ist es der richtige Ansatz für Sie.

Wenn es der Platz zulässt, markieren einige Hexenzirkel und einzelne Hexen den heiligen Kreis gerne mit Kerzen. Dies kann mit nur 4 stabilen Stumpen- oder Glaskerzen geschehen, die die Himmelsrichtungen des Kreises markieren, oder der gesamte Rand des Kreises kann mit Teelichtern markiert werden. Die Verwendung von Kerzen zur Markierung des Kreises kann die Atmosphäre des Rituals sehr stark verstärken, erfordert aber besondere Vorsicht und ist nicht für Situationen zu empfehlen, in denen kleine Kinder oder Haustiere vorbeihuschen könnten. Die Verwendung von Teelichtern in kleinen Papiertüten, die mit Sand oder kleinen Kieselsteinen beschwert sind, ist eine weitere Möglichkeit und besonders praktisch für Rituale im Freien, wo der Wind es schwierig machen kann, die Kerzen am Brennen zu halten.

Und schließlich werden Kerzen natürlich sehr häufig in Zaubersprüchen verwendet, sowohl für die Beleuchtung der Umgebung als auch als Teil des Zaubers. Es gibt aufwändige Zauber, bei denen viele Kerzen zusammen mit anderen Zutaten verwendet werden, und weniger aufwändige Zauber, für die vielleicht nur ein einfaches weißes Teelicht benötigt wird. Bei den Zaubersprüchen in diesem Leitfaden stehen eine oder mehrere Kerzen im Mittelpunkt, obwohl einige auch andere, relativ einfache Gegenstände wie ätherische Öle und getrocknete Kräuter verwenden.

Bevor man sich jedoch in die Zauberei stürzt, wird empfohlen, dass Neulinge einige Zeit damit verbringen, sich mit der Theorie der Magie vertraut zu machen, insbesondere in Bezug auf das Feuer und die Verwendung von Kerzen.

Feuermagie

Feuermagie ist die Magie, die wir mit dem Feuer selbst und nicht mit der Farbe einer Kerze machen. Dieser Zauber beruft sich auf das Element Feuer. Ein Beispiel für einen Feuerzauber ist ein Wärmezauber, wenn wir draußen in der Kälte sind. Feuermagie ist bemerkenswert, weil man die Wärme des Feuers spüren kann, obwohl man sich nicht in der Nähe einer offenen Flamme befindet.

Um Feuermagie zu benutzen, muss man bereit sein, mit einem Element ohne Kreis umzugehen. Das kann sehr außer Kontrolle geraten und erfordert viel Übung. Wenn Sie jedoch bereit sind, es zu tun, werden Sie feststellen, dass Sie einige erstaunliche Dinge tun können.

Viele Wiccans bezweifeln, dass man sich die Kraft der Elemente wirklich zunutze machen kann, und nach dem, was ich gesehen habe, stimmt das auch bis zu einem gewissen Grad. Man kann z. B. kein Feuer ohne einen Funken entfachen, aber sobald man eine kleine Glut hat, kann man das Feuer zu sich rufen, um diese Glut zu beschwören und sie für eine gute Weile brennen zu lassen.

Sie können das Feuer auch zu Ihnen rufen, um die lästige Zündflamme an Ihrer Heizung anzuzünden. Das Feuer wird auch von Hexen angerufen, um sich vor Schaden zu bewahren. Es gibt so viele Zaubersprüche, mit denen man sich die rohe Kraft des Feuers zunutze machen kann, dass es schon ein wenig beängstigend ist. Wenn alle diese Zaubersprüche auf einmal ausprobieren würden, könnte das Feuer ein wenig außer Kontrolle geraten, weil es so unberechenbar ist.

Die Feuermagie wird mit den Funktionen der Erleuchtung, Beseitigung und Transformation in Verbindung gebracht.

Feuer kann daher bei der Bannarbeit eingesetzt werden, ganz gleich, ob Sie eine lästige energetische Anhaftung oder eine schlechte Angewohnheit loswerden wollen, da die Energie des Feuers das, was Sie beseitigen wollen, symbolisch verzehrt. Bei vielen

Feuerzaubern wird Papier verbrannt, auf das man Worte oder Symbole schreiben kann, die das darstellen, was man verbannen möchte. So wie das Papier durch das Feuer umgewandelt wird, werden auch die unerwünschten Umstände aus Ihrem Einflussbereich entfernt.

Das Verbrennen von Kräutern zur Reinigung eines Raumes oder des Energiefeldes einer Person ist eine weitere Form der Eliminationsmagie. Natürlich wird das Feuer auch eingesetzt, um neue Energie und positive Einflüsse anzuziehen und den eigenen Mut und die Tatkraft zu stärken. Kräuter oder Blumen können zu diesen Zwecken verbrannt werden, ebenso wie auf Papier geschriebene Wünsche - bei dieser Art von Magie ist das Verbrennen eine Art "Versiegelung" der magischen Arbeit, um das anzuziehen, was man anziehen möchte.

Die Kerze ist ein wunderbares Werkzeug für die Arbeit mit Feuermagie. Zum einen ist es viel einfacher, einen Zauber mit einer einzigen kleinen Kerze zu wirken, als ein Lagerfeuer zu bauen und zu entzünden. Abgesehen von der Bequemlichkeit ist es aber auch nützlich zu wissen, dass Kerzen hervorragende Symbole für die Elemente sind, sodass es einfach ist, jedes Element in einem einzigen Objekt darzustellen.

Die solide Basis der Kerze steht für die Erde, ebenso wie der Docht, der die Flamme erdet und am Leben erhält. Wenn das Wachs schmilzt, ahmt es die formverändernden Eigenschaften des Wassers nach, das in fester, flüssiger und gasförmiger Form vorkommt. Der Rauch, der vom brennenden Docht freigesetzt wird, erinnert an Luft, eine der notwendigen Zutaten, damit das Feuer überhaupt existieren kann. Und die Flamme selbst steht natürlich wortwörtlich für Feuer. Was die Manifestationen der Elemente betrifft, ist die Kerze also ein ausgezeichneter Kanal für transformative Magie.

Aber wie funktioniert der Kerzenzauber?

Kerzenmagie funktioniert wie jede andere Form der Magie aufgrund bestimmter Eigenschaften der physischen Realität, sowohl auf der materiellen (d. h. "sichtbaren") als auch auf der feinstofflichen (d. h. "unsichtbaren") Ebene.

Wie wir aus den Naturwissenschaften wissen, besteht alles Materielle aus Energie, die sich mit unterschiedlicher Geschwindigkeit bewegt, wenn auch langsam oder für das menschliche Auge nicht wahrnehmbar. Darüber hinaus strahlt alle Materie Energie aus, auch solche, die mit bloßem Auge nicht wahrnehmbar ist.

Um besser zu verstehen, wie Gedanken zu einem Mittel der Veränderung werden, ist es hilfreich, einen Blick auf eines der am häufigsten verwendeten Sprichwörter zu werfen, wenn es um Hexerei geht: "Wie oben, so unten; wie unten, so oben.".

Dieser Satz ist auch als hermetisches Gesetz der Entsprechung bekannt, das besagt, dass alles, was im Mikrokosmos (d. h. auf der Erde) wahr ist, auch im Makrokosmos (d. h. im gesamten Universum) wahr ist. Man könnte auch sagen, dass die feinstoffliche Ebene (auch "höhere" oder "spirituelle" Ebene genannt) ein Spiegel der sichtbaren, physischen Ebene (auch "niedere" oder "materielle" Ebene genannt) ist, und umgekehrt. Um eine Veränderung auf der materiellen Ebene herbeizuführen, funktioniert die Magie, indem sie die geistige Ebene verändert. Die Veränderung bahnt sich dann ihren Weg durch die lineare Zeit und den physischen Raum der materiellen Ebene, bis sie manifestiert wird.

Kapitel 9: Korrespondenztabellen mit Farben, Kräutern und Ölen sowie Wochentagen zum einfachen Nachschlagen

Hier sind sehr kurze Beispieltabellen der Korrespondenz enthalten. Sie können diese zu Rate ziehen, wenn Sie Möglichkeiten für Rituale, Zauberei und andere Aktivitäten des Handwerks erkunden. Es gibt jedoch unzählige Korrespondenztabellen mit weitaus detaillierteren Informationen als in diesem kurzen Leitfaden dargestellt.

Mustertabelle der Korrespondenz: Ätherische Öle

Ätherisches Öl	Magische Einflüsse
Bergamotte	Heilung, Schutz, geschäftlicher und beruflicher Erfolg, Spiritualität
Zimt	Heim- und Familienangelegenheiten, Frieden, Heilung, psychisches Bewusstsein
Gewürznelke	Leidenschaft, Wettbewerb, Schutz, Stärke, Lust, Mut
Eukalyptus	Inspiration, Studium, Weisheit, Wahrsagerei, Verständnis
Weihrauch	Geld, Wohlstand, Erfolg, materieller Gewinn, Großzügigkeit
Jasmin	Liebe, Freundschaft, Trost, Kunst, Schönheit, Versöhnung
Lavendel	Langfristige Projekte, Weisheit, karmische Lektionen, Abschlüsse

Mustertabelle der Korrespondenz: Wochentage

Tag	Magische Einflüsse
Montag	Heim- und Familienangelegenheiten, Frieden, Heilung, psychisches Bewusstsein
Dienstag	Leidenschaft, Wettbewerb, Schutz, Stärke, Lust, Mut
Mittwoch	Inspiration, Studium, Weisheit, Wahrsagerei, Verständnis
Donnerstag	Geld, Wohlstand, Erfolg, materieller Gewinn, Großzügigkeit
Freitag	Liebe, Freundschaft, Trost, Kunst, Schönheit, Versöhnung
Samstag	Langfristige Projekte, Weisheit, karmische Lektionen, Abschlüsse
Sonntag	Heilung, Schutz, geschäftlicher und beruflicher Erfolg, Spiritualität

Schlussfolgerung

Wicca ist eine Lebensweise, die auf Frieden und Harmonie beruht. Sie zielt darauf ab, das Leben ins Gleichgewicht zu bringen, um die Einheit von allem, was existiert, mit dem Göttlichen zu fördern. Es ist ein Glaubenssystem, das eine tiefe Wertschätzung für alles, was in diesem Universum existiert, einschließlich des Waldes, des Sonnenaufgangs, des Sonnenuntergangs, des Morgentaus auf den Blütenblättern, der warmen Sommerbrise, der farbenfrohen Herbstblätter und des Winterschnees unter anderem beinhaltet. Es fördert die Demut vor der Größe des Herrn und der Frau.

Im Wicca bedeutet eine Hexe zu werden, eine Lehrerin, eine Heilerin, eine Suchende, eine Geberin und eine Beschützerin zu sein und dabei in Integrität, Ehre und Licht zu leben.

Wahre Wicca-Hexen glauben an das Gesetz der 3, das besagt, dass alles, was man aussendet, 3-fach auf einen zurückkommt, entweder im Guten oder im Schlechten. Mit dieser Denkweise praktizieren Wiccans nur Magie, die nur zum Guten führt.

Eine der einfachsten Formen der wiccanischen Magie und Zauberei ist die Kerzenmagie. Dabei handelt es sich um eine Methode, bei der mit einer Kerze gezaubert wird, und die oft mit Mitgefühl für das eigene Wohlbefinden verbunden ist.

Die wichtigsten Prinzipien der Wicca-Kerzenmagie sind die gleichen wie beim Anzünden und Ausblasen einer Geburtstagskerze. Dazu gehören die Entscheidung für ein Ziel, die Visualisierung des Ergebnisses und die Konzentration auf eine Absicht, um das Ergebnis zu erreichen.

Buch 4

Wicca-Kristallmagie

Ein Wicca-Leitfaden für magische Heilkristalle und Zaubersprüche für Wiccans, Hexen und andere Praktizierende der Hexerei

Einführung

Wenn Sie Kristalle aus verschiedenen Richtungen betrachten, werden Sie die hexerische Energie dieser Steine erkennen. Sie werden schon seit vielen Jahren als Talisman und zur Herstellung von Schmuck verwendet. Diese Steine schaffen eine Aura des Steins als Symbol der Kreativität, der lebendigen Kraft der Erde und der Unendlichkeit. Kristalle werden wegen ihrer Heilkräfte und ihrer Fähigkeit, die Energie in physischen Räumen zu erhöhen, verwendet. Sie werden auch als Quelle für alternative Heilmethoden verwendet.

In New-Age- und Wicca-Kreisen wird der Begriff "Kristalle" für eine Reihe von festen Mineralien verwendet. Eine Substanz, die von Natur aus anorganisch ist und sich durch geologische Prozesse im Untergrund bildet, wird als Mineral bezeichnet. Jedes Mineral hat seine eigene Zusammensetzung und Energie, die es einzigartig macht. Jeder Schamane, jede Hexe und jeder Heiler kennt die Energien, die in verschiedenen Mineralien enthalten sind.

Die regelmäßige molekulare Struktur, die von einem Mineralstein gebildet wird, der eine flache Oberfläche hat, ist der Grund dafür, dass wir wissen, was Kristalle sind. Der beliebteste Kristall ist der klare Quarz. Echte "Kristallkugeln" werden angeblich aus klarem Quarz gebildet. Andere beliebte Kristalle sind der Amethyst und der Rosenquarz. Interessanterweise werden bekannte Steine wie Lapislazuli, Blutstein und Jade durch die Kombination mehrerer Steine gebildet und gelten nicht als echte Kristalle. Bernstein und Jade, die ebenfalls als "Kristalle" gelten, sind offenbar organische Substanzen, die versteinert wurden. Aus diesen Gründen wurden Steine und Kristalle anstelle der jeweils anderen verwendet, um die Gaben der Erde zu genießen.

Eine der bekannten Möglichkeiten, die Kristalleinweihung zu praktizieren, besteht einfach darin, einen Stein mit einer Absicht aufzuladen und ihn im Laufe des Tages bei sich zu haben. Der Kristallzauber wird von Einzelpersonen in Situationen eingesetzt, die herausfordernd erscheinen. Das können Situationen sein, in denen man etwas Wichtiges mitteilen muss, oder auch Situationen, in denen man Vereinbarungen treffen muss. Lapislazuli ist ein Kristallstein, der als "Stein der Wahrheit" bezeichnet wird. Der Name stammt aus dem Persischen und Lateinischen und bedeutet "blauer Stein". Der Lapislazuli hilft bei der effektiven Kommunikation mit anderen und sich selbst. Die Farbe Blau symbolisiert das Kehl-Chakra, mit dem der Ausdruck der eigenen wahren Stimme assoziiert wird. Negative Gedanken und Worte anderer Menschen können mit dem Lapislazuli ebenfalls abgewehrt werden. Der Stein schickt die negative Energie zu ihren Absendern zurück. Mit einem aufgeladenen Lapislazuli kann man selbstbewusst sein und in einem Gespräch, das vielleicht schwierig ist, die Ruhe bewahren. Legt man beim Aufladen eines Lapislazuli-Steins entweder einen Amethyst oder einen klaren Quarz dazu, erhält der Lapislazuli einen Energieschub.

Für diesen Zauber braucht man ein Stück Lapislazuli, eine gelbe oder weiße Kerze und wahlweise ein oder mehrere Stücke Amethyst- oder Klarquarzkristalle.

Die Anweisungen lauten:

Wenn Sie einen Amethyst oder Kristall verwenden, platzieren Sie ihn zuerst an der Vorderseite der Kerze, während Sie den Docht anzünden. Nehmen Sie den Lapislazuli-Stein und legen Sie ihn in beide Hände, schließen Sie die Augen und atmen Sie tief ein. Nehmen Sie sich einen Moment Zeit und stellen Sie sich vor, wie Sie nach einem möglicherweise schwierigen Gespräch ein Gefühl der Erleichterung verspüren. Danach visualisieren Sie die positive Energie, die Sie erleben, während Sie sich das Ergebnis des Gesprächs vorstellen und spüren, wie sie in den Stein fließt. Sagen Sie dabei diesen oder einen ähnlichen Satz:

> "Ich kommuniziere klar und effektiv aus der Essenz meines wahren Selbst heraus."

Sobald Sie das Gefühl haben, dass der Stein ausreichend aufgeladen ist, nehmen Sie ihn und legen ihn neben den Amethyst oder den klaren Quarz, wenn Sie einen von ihnen benutzt haben, und lassen Sie ihn mindestens eine Stunde lang neben der brennenden Kerze. Danach ist Ihr Stein in der Lage, Sie bei allen potenziell aufgeladenen Gesprächen zu begleiten.

Kristalle und Steine haben starke Energien und werden deshalb bei Einweihungen verwendet.

Der Amethyst ermöglicht es, ein klares Ziel zu haben und hat eine violette Farbe.

Der Blutstein ist grün in der Farbe und hat goldene oder rote Flecken und hat Energien, die Wohlstand und körperliche Heilung fördern.

Der Karneol-Kristall wird verwendet, um negative Energien zu vereiteln und ist entweder orange oder rot gefärbt. Er ermöglicht es einem auch, mutig zu sein.

Der Citrin hat magische Eigenschaften der Erneuerung, nützliche Träume und ist gelb in der Farbe.

Der Hämatit ist schwarz oder grau und hat die magische Eigenschaft, bei der Lösung von Problemen zu helfen und die Willenskraft zu stärken.

Jade ist ein schwarzer Kristall, der die magischen Eigenschaften hat, uns vor Negativität zu schützen und uns beim Übergang zur Erdung und Zentrierung zu helfen.

Der blaue oder dunkelblaue Lapislazuli hat die magischen Eigenschaften der Wahrsagerei und der Bewusstseinsveränderung.

Der Malachit ist ein grüner Kristall mit dunkelschwarzen und grünen Bändern. Er hat die magische Eigenschaft, emotionalen Mut während eines bedeutenden Übergangs zu unterstützen und das spirituelle Wachstum zu fördern.

Die Mondsteine haben in der Regel entweder eine blassblaue oder weiße Farbe, die die magischen Eigenschaften der Verbesserung der Rezeption zur Einweihung, Kreativität und ist unterstützend für die Intuition.

Der Quarzkristall ist von klarer oder weißer Farbe und hat die magischen Eigenschaften, spirituelles Wachstum, Heilung und Klarheit zu fördern.

Der Rosenquarz ist rosafarben und hat die magische Eigenschaft, Freundschaft, Liebe, emotionale Heilung und Wohlbefinden zu fördern.

Das Tigerauge hat die magischen Eigenschaften von Energie und Schutz und ist braun, hellbraun oder goldfarben mit schwarzen Streifen.

Das sind einfach Energien. Sowohl Kristalle als auch Menschen haben die passive Fähigkeit, tagtäglich Energien abzugeben und auszustrahlen, und zwar passiv. Allein diese Tatsache ist ein wichtiger Grund dafür, dass wir uns dafür entscheiden, Kristalle in unserem täglichen Leben zu verwenden. Ob wir uns nun entscheiden, einen Kristall als Schmuck zu tragen oder unsere Häuser damit zu schmücken, Kristalle helfen uns allen im täglichen Leben.

Als Nächstes möchte ich Ihnen einige Fragen stellen, die Sie beantworten sollten, bevor Sie in der Praxis der Kristallmagie vorankommen. Die ersten Fragen lauten: Warum wollen Sie Kristallmagie praktizieren? Es gibt nicht unbedingt eine richtige oder falsche Antwort auf diese Frage, Sie müssen nur in sich hineinschauen und diese Frage stellen. Vielleicht wollen Sie Kristallmagie praktizieren, weil ein Freund es tut und Sie denken, dass es wirklich cool und interessant ist. Oder vielleicht haben Sie eine Reihe von Blogbeiträgen darüber gelesen und sie klingen so, als ob es das nächste große Ding wäre. Oder vielleicht sind Sie einfach neugierig darauf, weil Sie es einmal im Fernsehen gesehen haben und das Konzept Ihnen spirituell und mental sehr zusagt. Was auch immer der Grund ist, es ist großartig, dass Sie so empfinden, und ich ermutige Sie, sich weiterhin von diesem Bauchgefühl durch den Lernprozess leiten zu lassen.

Unsere nächste Frage lautet: Wie wollen Sie die Kristallmagie in Ihrem täglichen Leben einsetzen? Auch auf diese Frage gibt es nicht unbedingt eine richtige oder falsche Antwort, sie ist nur eine große Hilfe, um die Gründe für Ihren Wunsch zu verstehen, zu praktizieren. Vielleicht möchten Sie Quarzkristalle verwenden, um die Energien in Ihrem Haus oder an Ihrem Arbeitsplatz zu reinigen. Oder vielleicht möchten Sie einen klaren Quarzkristall verwenden, um sich selbst und/oder andere von Ihren/ihren Beschwerden zu heilen. Oder vielleicht möchten Sie sie in Ihren anderen Wicca-Praktiken wie Zaubern oder Ritualen verwenden, die sie erfordern könnten. Oder vielleicht sind Sie sich nicht sicher, wie Sie Kristalle in Ihrem täglichen Leben verwenden wollen und suchen nach einigen Beispielen, bevor Sie sich entscheiden. Das ist in Ordnung, nur Sie können sich selbst sagen, wie Sie sie täglich verwenden wollen, solange Sie die Kristalle nicht misshandeln.

Meine letzten Fragen lauten: Gehen Sie mit offenem Geist und offenem Herzen an diese Praxis heran? Kristallmagie geht in der Regel Hand in Hand mit Gefühlen und Energien. Wenn Sie also mit überwiegend negativen Energien in diese Praxis gehen, kann das für den Lernprozess schädlich sein, denn Kristalle nähren sich von den Energien derjenigen, die sie berühren. Angenommen, Sie gehen in den örtlichen Kristallladen und holen sich die Kristalle ab, mit denen Sie anfangen wollen, dann fassen Sie sie mit bloßen Händen an und die Energien, die von Ihnen ausgehen, sickern in sie hinein. Diese Kristalle werden schon negative Energien in sich tragen, bevor Sie überhaupt mit ihnen angefangen haben, und Kristalle neigen dazu, nicht ihr volles Potenzial zu entfalten, wenn sie nicht sowohl gereinigt als auch von Menschen gehandhabt werden, die nicht tonnenweise Negativität von sich geben. Seien Sie also sicher, dass Sie mit einem offenen Geist und Herzen an die Sache herangehen, damit Sie sich mit Ihren Kristallen verbinden können und das meiste für Ihr Geld bekommen.

Nachdem wir nun einen kleinen Einblick in die Verbindung mit Kristallen bekommen haben, wollen wir die Grundlagen besprechen, wie wir sie nutzen können, um unser Leben zu verbessern, ohne eine der grundlegenden Wicca-Regeln zu verletzen: "An' ye harm none, do as ye will.".

Kapitel 1: Geschichte der Kristalle und Mineralien-Steine

Die magische Kraft des Steins wurde von Menschen in aller Welt bereits vor 11.000 Jahren erkannt, als der älteste bekannte Steintempel in Göbekli Tepe in der Türkei errichtet wurde.

Die berühmten Stätten von Stonehenge, Newgrange und andere Monumente in Europa und darüber hinaus sind weitere Zeugnisse unserer langen Geschichte der Beziehung zu diesem grundlegenden Baustein, den die Erde bereitstellt.

Die Fähigkeit des Steins, unsere frühen Vorfahren zu beherbergen, hatte sicherlich etwas mit der Bedeutung zu tun, die er im spirituellen Leben der Gemeinschaften hatte, die diese geheimnisvollen Strukturen bauten. Auch heute noch werden Steinhaufen als Orientierungspunkte auf Wanderwegen und an der Küste sowie als Gedenkstätten für Verstorbene und als Tribut an die unsichtbaren Geister der Natur verwendet. Außerdem gibt es die weit verbreitete Tradition, "Wunschsteine" herzustellen, zu tragen und/oder zu verschenken, die klein genug sind, um in der Tasche getragen zu werden, und in die oft Worte wie "Liebe", "Frieden" und "Glück" eingemeißelt sind.

Aber es gibt bestimmte Schätze aus der Erde, die für die spirituell Suchenden von heute, einschließlich der Wiccans und anderer Heiden, eine besondere Kraft haben.

Kristalle und andere Mineralien, die in der Regel im Inneren größerer Gesteinsmassen unter der Erdoberfläche zu finden sind, werden in der Magie für alles Mögliche verwendet, vom Schutz, über die Weissagung bis hin zur Manifestation von Reichtum und Liebe.

Diese magische Beziehung zu Kristallen und anderen Steinen hat ebenfalls eine lange Geschichte.

Quarzkristalle wurden bereits von den alten Ägyptern, Griechen und Römern als Talismane verwendet. Die Ureinwohner des amerikanischen Südwestens verehrten die Kräfte des Türkis seit der Zeit der Azteken. In allen Kulturen, in denen Mineralien und Kristalle zugänglich waren, wurden sie in das tägliche Leben derjenigen integriert, die ihre Kräfte zu schätzen wussten.

Zu diesen Kräften gehört auch das Heilen, wofür Kristalle in der zeitgenössischen "New Age"-Kultur am besten bekannt sind.

Bei alternativen Heilmethoden werden Kristalle und andere Steine auf vielfältige Weise eingesetzt. Der Chakra-Ausgleich ist eine der wichtigsten Anwendungen für Kristalle, und einige Praktiker von Reiki, Akupunktur, Farbtherapie und anderen Energieheilverfahren beziehen Kristalle in ihre Arbeit ein.

Darüber hinaus bemühen sich Wiccans auch darum, dass sie alle zufälligen negativen Auswirkungen der Magie, wie sie sich in der physischen Welt zeigt, vermeiden. Um dies zu erreichen, wird ein magischer Zauber von einem Wicca mit dem Ausdruck "ohne Schaden" oder einem anderen ähnlichen Ausdruck, der dasselbe bedeutet, abgeschlossen. Damit wird das Universum angesprochen und die Hexe daran erinnert, dass mit dem Einsatz von Magie nur freundliche und wohlmeinende Wirkungen angestrebt werden.

In den Wicca-Kreisen gibt es natürlich geschickte Hexen. Wenn Sie in der Magie geschickt werden wollen, dann sollten Sie bereit sein, konsequent zu üben, still zu sein und aus Ihren verschiedenen Erfahrungen zu lernen. Denken Sie als Anfänger daran, dass es ganz normal ist, dass Sie bei Ihren ersten magischen Übungen keine Ergebnisse erzielen. Studieren Sie so viel wie möglich über die Magie und arbeiten Sie als Einzelperson, um Negativität zu vermeiden, die in den Anfangsstadien der Magie oft auftritt.

Um die Assoziation zwischen Wicca und Magie zu entmystifizieren, ist es wichtig festzustellen, dass Magie nicht an einen bestimmten spirituellen oder magischen Weg gebunden ist. Es gibt viele magische Traditionen, von denen einige aus Lateinamerika stammen wie z. B. die heilenden Taten der Curanderos, bis hin zu den Praktiken der Heka, den Hoodoo-Zaubern der Appalachen in Ägypten. Diese magischen Praktiken wurden über Jahrhunderte von Generation zu Generation weitergegeben und werden in einigen Teilen der Welt immer noch praktiziert. Ihre Magie wird eine Kombination aus diesen Bräuchen sein, denen Sie Ihre eigenen hinzufügen.

Die Wicca-Magie ist mit uralten Praktiken verbunden, die auf die magischen Traditionen der hermetischen Philosophien zurückgehen. Diese hermetischen Philosophien wurden in der Renaissance wiederentdeckt. Darüber hinaus geht die wiccanische Magie auch auf die europäische Volksheilkunde zurück. Genau wie ihre Fluidität verändern sich auch die magischen Zaubersprüche, die von Wicca-Praktizierenden praktiziert werden, ständig durch das Experimentieren mit Energien, die in der Natur und ihrer gesamten Schöpfung zu finden sind.

Es gibt verschiedene Arten von Magie, die von Wiccans praktiziert werden. Sie reichen von rituellem ekstatischem Tanz, Wahrsagerei, Klärung von Energien, Traumkissen und Zaubersprüchen. Die rituellen Werkzeuge können ebenso wie die Arten der Einweihung im Grunde überall herkommen. Es kann sich dabei um Bandfetzen, bescheidene Steine, mit Juwelen besetzte Zauberstäbe und Kessel aus Eisen handeln.

Wicca-Magie ist ein persönlicher künstlerischer Stil, und es steht den Praktizierenden frei, ihre Vorlieben und Stile zu erkunden. Es gibt jedoch einige Normen der wiccanischen Magie, die sowohl von erfahrenen Hexen als auch von Anfängern befolgt werden.

Kerzenzauber

Dies wird Anfängern empfohlen. Die Kerzenmagie kann mit einfachen Kerzenzaubern erforscht werden, die es dem Anfänger ermöglichen, seine Fähigkeiten auszubauen. Die Absicht wird formuliert und die Flamme wird als Medium verwendet. Das Verbrennen der Kerze und damit ihr Verschwinden symbolisiert den Übergang von der materiellen zu einer ätherischen Ebene, die den magischen Wunsch mit sich trägt, der auch als Absicht bezeichnet wird. Diese Transformation, die mit dem physischen Auge beobachtet wird, ermöglicht es dem Anfänger, die Visualisierung des Manifestationsprozesses zu assoziieren.

Kristall-Magie

Obwohl Kristalle als anorganisch eingestuft werden, wird angenommen, dass sie als Energieträger lebendig sind. Kristalle haben die Kraft, organischen Dingen wie Pflanzen, Tieren und Menschen Energie zu verleihen. Sie sind sehr schöne und mystische Schöpfungen der Natur. Sie sind eine großartige Möglichkeit, sich mit dem Universum vertraut zu machen. Die Kraft, die anderen natürlichen Elementen wie Flüssen oder dem Wind innewohnt, ist auch in Kristallen und anderen Mineralsteinen vorhanden. Mit den gewählten Kristallen als Energieleitung können Absichten als Energie in das Universum gesendet werden.

Kapitel 2: Verwendung von Kristallen in verschiedenen antiken Kulturen

Es gibt keine einheitliche Methode, um Kristalle und Mineralien optimal zu nutzen. Es kommt auf die Schwere der Krankheit und die persönliche Einschätzung desjenigen an, der die Steine anleitet oder verwendet. Jede natürliche Substanz hat eine Vielzahl von Verwendungsmöglichkeiten, die sich auf die mentalen, emotionalen, physischen und spirituellen Elemente auswirken können, die einen Menschen ausmachen.

Steine können in Körpernähe oder auf dem Körper platziert werden, indem man Chakra-Punkte verwendet oder sie einfach in der Nähe der Haut platziert; man kann sie um sich herum platzieren oder sie als Werkzeug zur Konzentration und Führung bei der Meditation verwenden. Die Nähe des Kristalls oder Minerals zur Haut wirkt sich direkt auf die Konzentration der Energie aus. Wenn also nur eine subtile Heilung erforderlich ist, ist es durchaus möglich, dass jemand von den Steinen profitiert, ohne es überhaupt zu merken.

Bevor Sie mit der Verwendung eines Heilsteins beginnen, sollten Sie alle Möglichkeiten in Betracht ziehen und persönlich entscheiden, welche Art von Heilung erforderlich ist und wie sie erreicht werden soll, und zwar ausschließlich auf der Grundlage der zu diesem Zeitpunkt zu behandelnden Erkrankung(en).

Nachfolgend sind einige hochwirksame Techniken aufgeführt, und es folgen ausführliche Anleitungen zu allen mit der Behandlung verbundenen Praktiken:

1. Schmuck
2. Körperkontakt
3. Schlaf und Umwelt
4. Baden mit Kristallen
5. Meditieren
6. Chakra-Heilung

Schmuck

Schmuck ist ein hervorragendes Mittel, um sicherzustellen, dass ein Stein in engem Kontakt mit der zu behandelnden Person bleibt. Ob in Form eines Armbands, einer Halskette, von Ohrringen oder eines Rings - je näher der Stein an der Haut ist, desto wirksamer ist er. Diese Technik eignet sich am besten für eine langfristige, kontinuierliche Behandlung, aber es ist wichtig, dass der Stein regelmäßig gereinigt wird.

Wenn der Schmuck in der Nähe oder auf einem Chakra-Punkt platziert wird, der mit dem betroffenen Bereich korrespondiert (Informationen über Chakra-Punkte finden Sie im folgenden Kapitel), werden die Energien viel stärker auf den gewünschten Bereich gelenkt, wodurch ein besseres Ergebnis erzielt wird. Zusätzlich werden alle Bereiche, die mit dem Stein selbst korrespondieren und nicht von diesem speziellen Chakra regiert werden, trotzdem stimuliert und geheilt.

Wenn Sie Ihren Schmuck selbst anfertigen, lassen Sie Ihren inneren Geist den Stein nach Möglichkeit für Sie auswählen. Das ist einfacher, wenn Sie eine Auswahl der gleichen Steine haben. Zwar wird jeder einzelne Stein für Ihre Heilung hilfreich sein, aber wenn Ihr Unterbewusstsein (Ihr Geist) ihn auswählt, wird der Heilungsnutzen noch größer sein.

Körperkontakt

Schmuck ist nicht die einzige Möglichkeit, einen Stein bei sich zu tragen. Selbst etwas so Einfaches wie einen Stein in die Jackentasche zu stecken, fördert die Heilenergie. Sie können einen kleinen Beutel mit Steinen bei sich tragen, einen Stein in Ihre Geldbörse oder eine Tasche stecken oder ihn sogar an Ihrer Kleidung oder Ihrem Mobiltelefon befestigen. Je näher der Stein bei Ihnen ist, desto stärker ist seine Wirkung, aber solange er in Ihrer Nähe ist, werden Sie die Früchte seiner Energie ernten,

Schlaf und Umwelt

Wenn Sie Kristalle oder Mineralien in Ihrer Wohnung aufstellen, erhalten Sie eine konstante, subtile Heilenergie. Es ist zwar nicht so wirksam wie ein Hautkontakt, aber selbst ein Kristall im selben Raum wie Sie wird eine therapeutische Wirkung haben.

Überlegen Sie, wo Sie Ihren Stein aufstellen und was Sie damit erreichen wollen. Wenn Sie z. B. nachts schlecht schlafen können, legen Sie Steine mit schlaffördernden oder angstlösenden Eigenschaften auf Ihren Nachttisch oder unter Ihr Kopfkissen. Wenn Sie Schwierigkeiten haben, sich zu konzentrieren oder zu motivieren, legen Sie einen Stein auf Ihren Schreibtisch oder in die Nähe Ihres Arbeitsplatzes. Auch Depressionssymptome können gelindert werden, wenn Sie entsprechende Kristalle in Ihrer Wohnung aufbewahren.

Baden mit Kristallen

Dies mag wie eine seltsame Art der Kristallheilung erscheinen, aber versuchen Sie, nicht-poröse Steine in Ihr Badewasser oder in Ihr Badezimmer zu geben, wenn Sie baden.

Kristalle und Mineralien sind spirituell und emotional reinigend, und wenn wir baden, befinden wir uns im Allgemeinen in einem entspannten Zustand, sodass ein Kristallbad sehr effektiv sein kann. Wenn Sie Kristalle in Ihr Badewasser geben, werden die heilenden Energien in das Wasser absorbiert und ihre natürlichen Eigenschaften werden zusätzlich verstärkt.

Meditieren

Viele Kristalle und Mineralien haben neben der aktiven Heilenergie, die sie enthalten, natürlich auch entspannende und beruhigende Eigenschaften, sodass die Verwendung eines Steins während der Meditation die Heilung unterstützen kann. Da es bei der Meditation darum geht, sich zu öffnen und mit dem Geist in Verbindung zu treten, erhöht dies die Wirksamkeit der Steine, da die Energiekanäle bereits offen sind und gut fließen.

Wenn Sie einen Stein während einer Meditation halten oder Sie sich auf ihn konzentrieren, können Sie die Energie des Steins besser lenken. Wenn Sie noch einen Schritt weitergehen möchten, können Sie die Meditation als Gelegenheit nutzen, den Kristall mit Ihrer eigenen Energie aufzuladen, um die Verbindung und den Fokus der Heilung zu stärken. Wenn Sie diesen Stein später bei sich tragen, wird die Wirkung auf Ihre Beschwerden noch intensiver und hilft Ihnen, schneller zu heilen.

Chakra-Heilung

Jetzt, da Sie wissen, wie Kristalle wirken und wie Sie sie verwenden können, können Sie damit beginnen, Ihre Kristalle nach Ihren spezifischen Bedürfnissen auszuwählen. Im Folgenden gehen wir auf die sieben Chakren und die Kristalle ein, die ihnen entsprechen.

Kristalle zum Ausgleich der Chakren

Das Kronen-Chakra (7. Chakra)

Die Farben, die mit diesem Chakra korrespondieren, sind violett und gold-weiß. Es macht also Sinn, dass die Kristalle, die zum Ausgleich des Kronen-Chakras verwendet werden, Amethyst, Oregon Opal und Klarquarz sind. Manche Menschen entscheiden sich auch für weißen Kalzit und weißen Topas in der Nähe des 7. Chakras. Diamanten und Saphire sind ebenfalls eine beliebte Wahl, um die Frequenz des Kronen-Chakras zu regulieren.

Das Stirn-Chakra (3. Auge) (6. Chakra)

Indigo ist der repräsentative Farbton des Stirn-Chakras (3. Auge), daher haben die Kristalle Lapislazuli, Sugilith und Azurit alle positive Kräfte, wenn es darum geht, hier Harmonie zu erreichen. Sodalith und blauer Fluorit sind ebenfalls eine beliebte Wahl für die Regulierung des 6. Chakras.

Das Hals-Chakra (5. Chakra)

Das Hals-Chakra ist bekannt für seine hellblaue Farbe und hat entsprechende Kristalle wie Saphir, Angelit, blauer Spitzenachat und Aquamarin. Blauer Türkis, Calcit und Kyanit sind andere häufige Kristalle, die das 5. Chakra ausgleichen.

Das Herz-Chakra (4. Chakra)

Da das Herz-Chakra eng mit der Liebe verbunden ist, gibt es eine große Vielfalt an entsprechenden Kristallen. Rosenquarz gehört zu den beliebtesten, während Wassermelonen-Turmalin, Aventurin und Mondstein andere bekannte Entsprechungen sind. Darüber hinaus sind viele grün gefärbte Kristalle, darunter Smaragd, grüner Calcit, Jade und grüner Turmalin, für dieses Chakra von Vorteil.

Das Solarplexus-Chakra (3. Chakra)

Diesem Chakra, das mit der Farbe Gelb assoziiert wird, entsprechen Kristalle wie Citrin, gelber Jaspis, Bernstein, Topas, gelber Saphir und goldener Calcit.

Das Sakral-Chakra (2. Chakra)

Die häufigsten korrespondierenden Kristalle für dieses Chakra sind roter Jaspis, roter Granat, Rubin, Karneol sowie roter und brauner Aventurin.

Das Wurzel-Chakra (1. Chakra)

Das 1. Chakra ist für seinen tiefroten Farbton bekannt und profitiert von Blutstein, rotem Zinkit, Tigerauge sowie Obsidian, Onyx und Hämatit. Rauchquarz ist ein weiterer passender Kristall für dieses Chakra.

Kristalle für mehrere Chakren

Zusätzlich zu den oben aufgeführten Kristallen, die einem bestimmten Chakra entsprechen, gibt es weitere Edelsteine, die anderen spezifischen Zwecken dienen, auf die wir weiter unten eingehen werden.

Ausrichten der Chakren

Es gibt bestimmte Edelsteine, die sich speziell für die Ausrichtung oder Öffnung der Chakren eignen. Sie sollten insbesondere Chrysopras, rosa Kunzit und Kyanit verwenden.

Reinigen der Chakren

Mondstein und Celestit entgiften effektiv alle Chakren. Grüner Fluorit hat auch erneuernde Eigenschaften, die jedem Chakra zugutekommen.

Stimulierung der Chakra-Energie

Verwenden Sie klaren oder weißen Calcit, um das Energieniveau Ihrer Chakren zu erhöhen, insbesondere in der Nähe des Scheitels. Malachit ist ein großartiges Stimulans, das die größte Wirkung auf das Herz- und Hals-Chakra hat. Auch Türkis kann die Schwingungen aller Chakren anheben.

Öffnung der Chakren

Quarzkristall ist eine äußerst beliebte Wahl für die Öffnung aller Chakren, insbesondere für Anfänger. In der Tat haben viele Kristallbenutzer Quarz immer griffbereit und verlassen sich auf die wundersamen Vorteile, die dieser Kristall bietet.

Kristalle, die auf spezifische Beschwerden und Probleme abzielen

Während die Verwendung von Kristallen zur Regulierung bestimmter Chakren allen Beschwerden in diesen Bereichen zugutekommt, können Sie auch bestimmte Edelsteine zur Heilung wiederkehrender Probleme verwenden. Wenn Sie eines der unten aufgeführten Gesundheitsprobleme haben, sollten Sie den entsprechenden Kristall verwenden, um das Problem zu lindern. Denken Sie daran, dass Sie den Stein immer in der Nähe des entsprechenden Chakras platzieren sollten, von dem das Problem ausgeht, und dass nicht alle Kristalle bei jedem Menschen gleich wirken.

Quarzkristall

Quarz ist der am häufigsten vorkommende und wohl auch der vielseitigste Kristall auf unserem Planeten und wird von den meisten Menschen mit dem Wort "Kristall" in Verbindung gebracht.

In der Regel klar, aber auch undurchsichtig weiß, wird Quarz in vielen magischen und nichtmagischen Gegenständen verwendet, darunter Uhren, Computer, Prismen, Kristallkugeln und Zauberstäbe.

Klarer Quarz ist eine hervorragende Konzentrationshilfe, die intellektuelle Klarheit, neue Ideen und einen stärkeren Fokus fördert. Er steigert das Bewusstsein, hilft dem Gedächtnis und filtert äußere Ablenkungen heraus.

Interessanterweise ist er sowohl schlaffördernd als auch energiespendend, da er eine leicht hypnotische Wirkung hat, aber auch das gesamte Spektrum des Lichts enthält, das man sieht, wenn man ihn als Prisma verwendet.

Quarz ist ein großartiger Reiniger, der hilft, Negativität zu beseitigen und positive Energie in einer Person oder in der Umgebung wiederherzustellen. Er ist nützlich bei der Meditation und der Beseitigung von innerem Aufruhr, der durch positive Gefühle und Affirmationen ersetzt wird. Er hilft bei Ausdauer und Geduld und gibt denjenigen, der mit seiner Energie arbeitet, ein Gefühl von Zielstrebigkeit und Harmonie.

Klarer Quarz ist ein sehr vielseitiger Stein, der sich leicht mit magischen Absichten für jeden positiven Zweck "programmieren" (oder aufladen) lässt. Er speichert und konzentriert die Energie und bewahrt sie, um sie später für Heilung und Magie zu nutzen.

Dieser Kristall dient dazu, die Kraft Ihrer Absichten zu verstärken, ebenso wie die Kraft anderer Steine, die zusammen mit ihm in Ritualen verwendet werden. Er eignet sich besonders gut für die Kommunikation mit Geistführern, den Aufbau übersinnlicher Fähigkeiten, die Kommunikation mit Tieren und Pflanzen und die Erinnerung an vergangene Leben. Viele Menschen verwenden Quarz bei Arbeiten, die mit der Stärkung der Intuition und der spirituellen Entwicklung zu tun haben. Er eignet sich auch gut zum Anziehen von Liebe und Wohlstand.

Das Tragen oder Mitführen eines klaren Quarzkristalls hilft, die persönliche Energie stark und positiv zu halten und Geist und Herz für die Führung aus den höheren Bereichen zu öffnen. Er vertreibt negative Energie von anderen in Ihrem Umfeld. Ein Quarz in der Badewanne ist eine gute Möglichkeit, sich zu entspannen und den Geist zu klären, wenn man verwirrenden Ereignissen gegenübersteht.

Schlüsselwörter: Klarheit, Transformation, Manifestation
Tierkreiszeichen: Löwe
Planet: Sonne
Element: Feuer

Amethyst

Der Amethyst, eine weitere Form des Quarzkristalls, wird von vielen als der schönste aller magischen Steine angesehen.

Seine Farbe reicht von blassem Lavendel bis zu tiefem, sehr dunklem Violett und kann transparent oder undurchsichtig sein. Die Farbe entsteht durch das Vorhandensein von Mangan in klarem Quarz, und die Variation des Farbtons wird durch zusätzliche Mengen an Eisen verursacht.

Amethyst kommt häufig in Geoden vor, wobei es nicht ungewöhnlich ist, dass Amethyst- und klare Quarzspitzen zusammen auftreten.

Im antiken Griechenland galt der Amethyst als "Stein der Nüchternheit", der helfen sollte, die berauschende Wirkung von Wein zu mindern, und bis heute wird er eingesetzt, um Süchte und andere unerwünschte Gewohnheiten und Muster zu durchbrechen. Das liegt daran, dass der Amethyst eine sehr hohe Schwingung hat, die den Menschen hilft, sich mit ihrem spirituellen Selbst zu verbinden und das Gleichgewicht zwischen gesundem Genuss und ungesundem Übermut zu finden.

Er ist ein Stein der Zufriedenheit, hilft bei der Meditation und beim Erreichen höherer Bewusstseinszustände und wandelt negative Energie in positive Energie um. Er hilft auch, die Wahrnehmung zu verbessern, sowohl auf intellektueller als auch auf intuitiver Ebene, und erhöht die übersinnlichen Fähigkeiten.

In der Magie ist der Amethyst wunderbar geeignet, um heilige Räume zu reinigen und eine positive Atmosphäre aufrechtzuerhalten, wo immer er platziert wird. Er ist nützlich für Heilungsrituale im Zusammenhang mit Abhängigkeiten aller Art, sowohl körperlich als auch emotional (z. B. bei Schwierigkeiten, sich von giftigen Beziehungen zu lösen). Er steigert Glück und Wohlstand, indem er die Neigung zu übermäßigen Ausgaben eindämmt und die Motivation fördert. Er ist ein guter Stein für Kreativität und alle Projekte, die phantasievolles Denken und Konzentration erfordern. Der Amethyst wird traditionell in der Wicca-Magie verwendet, um Illusionen zu vertreiben und psychische Heilung zu bewirken.

Wenn Sie den Amethyst tragen oder bei sich haben, bildet er ein Schutzschild gegen negative Energien in Ihrer Umgebung. Wie der Rosenquarz kann der Amethyst in der Nähe des Computers helfen, die Augen zu entlasten, und er ist auch ein guter Stein für friedliche Träume, indem man ihn unter dem Kopfkissen aufbewahrt.

Ungeschliffener Amethyst ist ein gutes Ladegerät für andere Kristalle und eine Heilenergie für Pflanzen. Legen Sie ihn in Bereiche, in denen Pflanzen eher nicht gedeihen, um die Energie zu reinigen und ihr Wachstum zu fördern.

Schlüsselwörter: Transformation, höhere Führung, Schutz
Tierkreiszeichen: Wassermann
Planet: Jupiter
Element: Luft

Citrin

Der Citrin ist eine gelbe Quarzart, die in der Regel durchsichtig ist und eine Farbe von blassgelb bis gold hat, manchmal aber auch eine fast braune Honigfarbe aufweist.

Wegen seiner leuchtenden Farbe und seines oft funkelnden Aussehens ist er als "Sonnenstein" bekannt, aber der Name "Citrin" kommt vom französischen Wort für "Zitrone".

Der Citrin hilft auch bei der Überwindung von Negativität, die damit zusammenhängt, von einer anderen Person missbraucht worden zu sein, sei es durch direkte Manipulation oder durch subtilere Mittel. Es kann manchmal schwierig sein, zu erkennen, ob manche Bekannte einen positiven Einfluss auf unser Leben haben. Der Citrin kann dabei helfen, herauszufinden, welche Verbindungen es wert sind, beibehalten zu werden, und welche man loslassen sollte. Er kann dies auch für Ihre eigenen Gedanken tun, indem er negatives oder unnötiges geistiges "Geschwätz" beseitigt, um Ihnen zu helfen, sich mit Ihrer inneren Weisheit zu verbinden.

Er reduziert die Empfindlichkeit gegenüber Kritik und hilft Ihnen, die Vergangenheit loszulassen und den Weg für neue, positive Gedanken und Erfahrungen freizumachen.

Der Citrin eignet sich hervorragend für Zaubersprüche, um Reichtum zu manifestieren und zu erhalten. Er wird manchmal als "Stein der Kaufleute" bezeichnet und in der Nähe der Kasse vieler Unternehmen aufbewahrt. Er ist auch gut für Kommunikationsprobleme in zwischenmenschlichen Beziehungen und für die Klärung und Blockierung negativer Energien von Menschen in deinem Umfeld.

Mondstein

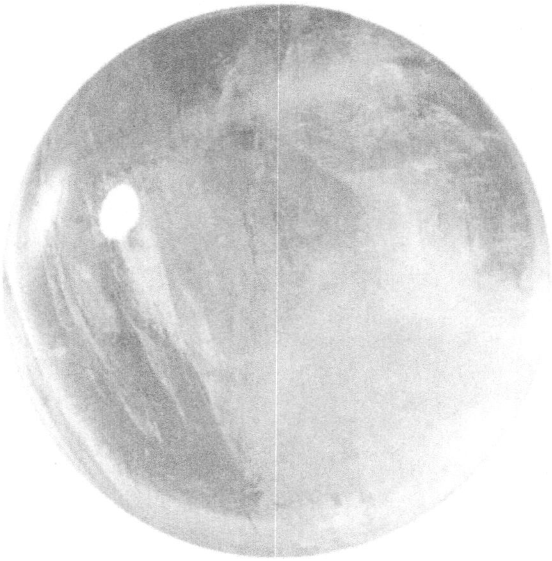

Der Mondstein ist nach seinem undurchsichtigen, silbernen und weißen Glanz benannt, der an den Mond erinnert. Es gibt ihn aber auch in anderen Farben als Weiß, vor allem in Blau, Grau, Pfirsich und einer mehrfarbigen Sorte namens "Regenbogenmondstein".

Er wird mit dem Element Wasser assoziiert und hat eine weibliche Qualität, die Ihnen hilft, Ihre innere Weisheit und Ihre übersinnlichen Fähigkeiten zu nutzen.

Er ist auch als "Stein der Reisenden" bekannt und gilt seit langem als Talisman für sichere Reisen, auch wenn es sich bei diesen Reisen sowohl um Reisen nach innen und in die Seele als auch um Reisen an einen weit entfernten Ort handeln kann.

Die Affinität dieses Steins zum Mond macht ihn ideal, um sich mit den regelmäßigen Zyklen und natürlichen Rhythmen des Lebens zu verbinden und uns daran zu erinnern, dass alles seine Zeit hat und dass es oft besser ist, das richtige Timing zuzulassen, als zu versuchen, die Dinge nach unserem bevorzugten Zeitplan geschehen zu lassen.

Er hat eine beruhigende Energie, die uns daran erinnert, im gegenwärtigen Moment zu bleiben und uns für die Freude zu öffnen, die uns zur Verfügung steht, wenn wir das Geschwätz des Verstandes loslassen und stattdessen auf unser Herz hören. In einer Kultur, in der wir uns unter Druck gesetzt fühlen, "die Antworten zu kennen" und "die Kontrolle" über unsere Umstände zu haben, hilft uns der Mondstein, uns auf die Geheimnisse der Zukunft einzulassen, unsere Intuition zu entwickeln und offen für Möglichkeiten zu bleiben, die wir mit unserem rationalen Verstand noch nicht sehen können.

In der Wicca-Magie wird der Mondstein verwendet, um übersinnliche Fähigkeiten und Hellsichtigkeit zu steigern, Stress abzubauen und Mitgefühl zu fördern, sowie für die rituelle Verehrung von dreifachen Mondgöttinnen. Er ist auch ein guter Stein für Zaubersprüche im Zusammenhang mit der weiblichen Fortpflanzung und der Geburt sowie mit erotischer Liebe und Kundalini-Energien.

Obwohl er in seiner Energie sehr weiblich ist, ist er nicht nur ein Stein für Frauen - er hilft Männern, sich auf ihre eigene weibliche Seite einzustimmen, und ermutigt sie, sich für kreativeres Denken und emotionales Gleichgewicht zu öffnen. Er ist auch ein guter Stein, um einen erholsamen Schlaf zu fördern, besonders bei Kindern und vor allem, wenn sie auf Reisen sind.

Er wird immer noch als Talisman auf Reisen getragen, insbesondere nachts und/oder auf Reisen über Wasser. Manche Menschen bewahren einen Mondstein im Handschuhfach ihres Autos auf, und es heißt, er sei ein guter Schutz gegen Verkehrsrowdys.

Schlüsselwörter: Klarheit, höhere Führung, Intuition
Tierkreiszeichen: Krebs
Planet: Mond
Element: Wasser

Karneol

Mit seiner satten rot-orangen bis orangefarbenen Färbung war der Karneol bei den alten Ägyptern als "die untergehende Sonne" bekannt. Einzelne Stücke dieses Steins können tatsächlich mehrere Schattierungen zwischen Rot-Orange und Goldgelb enthalten und sind manchmal mit Weiß durchzogen.

In der ägyptischen Magie wurde er zum Schutz vor dem bösen Blick verwendet und auch die Römer trugen ihn als Schutz- und Mut-Stein bei sich. Die Energie des Karneols ist kühn und fröhlich, ermutigend und stärkend, was ihn zu einem großartigen Stein für jede Situation macht, in der Sie einen starken Schub an positiver persönlicher Kraft benötigen.

Der Karneol hat auch eine erdende Wirkung und hilft uns, uns im gegenwärtigen Moment zu verankern und so die hohe Energie, die er liefert, besser nutzen zu können. Er kann Wut besänftigen und sie durch neue Begeisterung für das Leben ersetzen.

Seine Energie ist gut für Ausdauer, Motivation, Mut und Leidenschaft - Eigenschaften, die zum Erfolg führen, egal, was Sie vorhaben. Er hilft dabei, „Aufschieberitis" zu überwinden und von der Traum-/Planungsphase eines Projekts zu den erforderlichen Maßnahmen überzugehen, um es zu verwirklichen.

Kreative Typen können von der Fähigkeit des Karneols profitieren, kreative Blockaden zu überwinden und ihre innere Vision in der äußeren Welt zu manifestieren, insbesondere, wenn der "innere Kritiker" das Haupthindernis darstellt. Der Karneol hilft denjenigen, die mit Unentschlossenheit zu kämpfen haben, eine Entscheidung zu treffen und danach zu handeln, was sie dem Erreichen ihrer Ziele näherbringt.

Wiccans haben seit langem erkannt, dass der Karneol bei der Erdung und der Ausrichtung auf die eigenen spirituellen Führer hilft, und er ist ein guter Talisman gegen "psychische Angriffe" oder negative Gedanken, die von anderen projiziert werden. Er eignet sich auch gut für Zaubersprüche, die sich auf die Liebe beziehen, und um eine Beziehung mit neuer sexueller Leidenschaft zu beleben.

Als Motivator und Aktivator soll er Wohlstand anziehen und ist gut für geldbringende Unternehmungen. Manche verwenden ihn, um ihre Häuser vor Diebstahl, Stürmen, Bränden oder anderen Schäden zu schützen. Er ist auch als "Stein der Sänger" bekannt und kann das Selbstvertrauen bei Bühnenauftritten stärken. Meistens wird er jedoch getragen, um Lust, Leidenschaft und Liebe zu steigern.

Schlüsselwörter: Erdung, Selbstwahrnehmung, Kreativität, Vitalität
Tierkreiszeichen: Löwe
Planet: Sonne
Element: Feuer

Blutstein

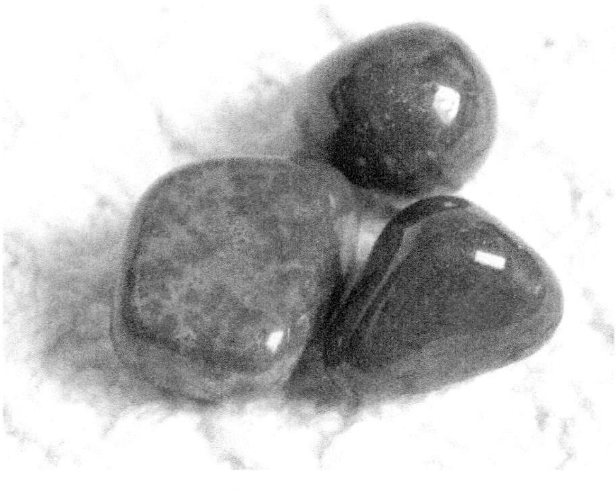

Der Blutstein hat seinen Namen von einem Mythos über die Kreuzigung Christi, wonach etwas von Christi Blut auf einige grüne Jaspis-Steine fiel. Bei einigen Exemplaren fehlen die roten Einschlüsse fast völlig, aber, wenn man den Blutstein gegen helles Licht hält, kann man Farben erkennen, die bei normalem Licht nicht sichtbar sind.

Der Blutstein ist ein kraftvoller Kristall, um negative, ablenkende oder übermäßige Emotionen zu durchbrechen, um die Wahrheit einer Situation zu erkennen. Er hilft, den Geist zu beruhigen und Verwirrung zu vertreiben, um bessere Entscheidungen zu treffen. Seine Energie ist praktisch, stark und erdend und hilft Ihnen, in den gegenwärtigen Moment zurückzukehren, nachdem Sie sich zu viele Sorgen über die Zukunft gemacht oder die Vergangenheit bedauert haben. Dies macht ihn zu einem guten Stein für die Stärkung der Intuition, da wir unsere innere Weisheit nur dann wirklich hören können, wenn wir ruhig und in der Gegenwart zentriert sind.

Der Blutstein wird in der Magie zum Abbau von emotionalem und mentalem Stress, zur Stimulierung der Kundalini-Energie und zur psychischen Heilung verwendet. Er wird auch in Ritualen zu Ehren der Göttin und zur Suche nach Informationen über vergangene Leben aus Träumen verwendet.

Viele verwenden den Blutstein als Hilfsmittel, um negative Energie zu vertreiben, sowie in der Wettermagie, indem sie die Kraft eines starken Windes oder Regensturms nutzen, um Stärke und Mut zu steigern oder unerwünschte Gewohnheiten oder Muster abzulegen. Er ist gut für die Fruchtbarkeit und das Anziehen von Geld und eignet sich hervorragend für die Manifestation von Heilung aller Art.

Tragen Sie ihn, um die geistige Klarheit zu erhöhen und den Geist zu beruhigen, und um Kraft für die Anpassung an Veränderungen zu gewinnen. Als Energiespender ist der Blutstein auch gut für die körperliche Ausdauer und ist ein Glücksbringer für alle, die an sportlichen Wettkämpfen teilnehmen.

Schlüsselwörter: Klärung, Schutz, Vitalität
Tierkreiszeichen: Widder
Planet: Mars
Element: Feuer

Jade

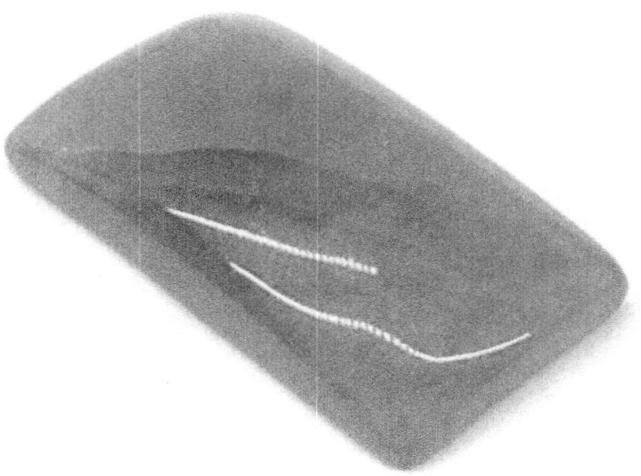

Seit fast 6.000 Jahren ist Jade ein geschätzter Stein, der für Werkzeuge, rituelle Artefakte und Schmuck verwendet wird - vom alten Britannien über Mittel- und Südamerika bis nach Neuseeland und China.

Dieser Stein ist in der Regel grün und meist undurchsichtig, kann aber auch etwas durchscheinend sein und manchmal in Weiß-, Grau- und Rosatönen vorkommen. Er ist traditionell ein Symbol für Ruhe, Wahrhaftigkeit, Weisheit und Glück.

Auf der emotionalen und spirituellen Ebene ist Jade ein großartiger Stein, der Ihnen hilft, Ihr authentisches Selbst anzuzapfen - das Selbst, das weiß, was das Beste für Sie ist, trotz des emotionalen Chaos, das in einer schwierigen oder verwirrenden Zeit auftreten kann. Er hilft Ihnen, sich selbst zu vertrauen und vergangene emotionale Erfahrungen zu verarbeiten, die Ihre Fähigkeit, die gegenwärtigen Umstände objektiv zu sehen, beeinträchtigen. Sie hilft Ihnen auch, in der Interaktion mit anderen, Ihr wahres Selbst zu sein, anstatt zu versuchen, sich so zu präsentieren, wie Sie glauben, dass es ihnen gefallen wird.

Aus diesen Gründen hat die Jade eine sehr beruhigende Energie und ist eine ausgezeichnete Hilfe für unruhige Situationen in Ihrem Leben. Sie führt auch zu der Fähigkeit, bessere Umstände zu schaffen - in Bezug auf Beziehungen, Gesundheit, Reichtum und neue Möglichkeiten -, weil Sie Ihre Ziele mit Ihrem authentischen Selbst in Einklang bringen. Sie kann auch dazu beitragen, dass schwierige Aufgaben leichter zu bewältigen sind und Sie sich bei der Arbeit wohler fühlen.

Jade wird in der Magie zum Schutz und zur Beseitigung von Negativität verwendet, um unsere angeborene Weisheit und unseren Mut anzuzapfen. Sie wird als "Traumstein" verwendet, um Einsichten aus der spirituellen Welt zu erlangen, indem man sie auf die Stirn legt, wo sich das "dritte Auge" befindet. Wenn Sie sie unter Ihrem Kopfkissen aufbewahren, kann sie Ihnen helfen, sich besser an Ihre Träume zu erinnern.

Als grüner Stein, die Farbe des Wohlstands, kann Jade auch in der Zauberei für Überfluss verwendet werden, und sie unterstützt das Wachstum von Pflanzen. Sie unterstützt neue Liebe und Harmonie in Geschäftsbeziehungen und in der Familie.

Manche Menschen bewahren ein oder zwei Jadestücke an ihrem Arbeitsplatz auf, um unerwünschte Negativität von Kollegen fernzuhalten. Ein Stück in der Tasche hilft Ihnen, Ihre Energie aufzuladen und Ihr Immunsystem in Form zu halten.

Schlüsselwörter: Selbsterkenntnis, Transformation, Manifestation
Tierkreiszeichen: Fische
Planet: Neptun
Element: Wasser

Malachit

Ein weiterer Stein, der von den Alten verehrt wurde, war der Malachit, der von den Griechen und Römern für Ornamente, Schmuck und sogar in pulverisierter Form für Lidschatten verwendet wurde. (Letztere Verwendung erwies sich als schlechte Idee, da Malachit giftig ist und **niemals** in Pulverform verwendet werden sollte. Polierte Malachitstücke sind die sicherste Lösung.)

Malachit ist ein undurchsichtiger Stein von tiefem, sattem Grün mit helleren grünen, kreisförmigen Bändern, die bei vielen Stücken den Eindruck erwecken, ein Auge zu haben. Aus diesem Grund glaubte man im Mittelalter, dass der Stein Negativität abwehren und visionäre Fähigkeiten verbessern würde.

Der Malachit gilt als "Stein der Verwandlung", der das spirituelle Wachstum in Zeiten großer Veränderungen fördert oder uns dazu inspiriert, wichtige Veränderungen vorzunehmen und emotionale Risiken einzugehen. Seine Energie kann Ihnen helfen, unerwünschte Muster zu durchbrechen, die Ihr Wachstum einschränken wie z. B. das Vermeiden sozialer Situationen aufgrund von Schüchternheit oder Selbstbewusstsein.

Dieser Stein hilft, emotionalen Mut und Klarheit aufzubauen, indem er uns hilft, alte emotionale Wunden zu erkennen und dann loszulassen, insbesondere solche, die in der Kindheit erlitten wurden. Er hilft bei Angst vor Konfrontation, ermutigt zum Ausdruck von Gefühlen und fördert gesunde, positive Beziehungen und Empathie für andere.

Malachit eignet sich gut für Schutzmagie, insbesondere für Menschen, die leicht von der Überlastung der psychischen Energie an überfüllten Orten überwältigt werden. Er ist gut für alle Reisesituationen und hilft besonders bei Flugangst. Er absorbiert negative Energie, sodass es in schwierigen oder beängstigenden Situationen sofortige Erleichterung bringen kann, wenn man ihn in der Handfläche hält - aber man sollte ihn häufig reinigen und klären, wenn man ihn zu diesem Zweck verwendet.

Als grüner Stein kann er in jedem Wohlstandszauber verwendet werden und eignet sich auch für die Heilung emotionaler Wunden. Am Arbeitsplatz hilft er, energetische Gifte von Leuchtstoffröhren, elektrischen Geräten und unerwünschtem Lärm zu vertreiben.

Schlüsselwörter: Selbsterkenntnis, Heilung, Klarheit, Schutz
Tierkreiszeichen: Skorpion
Planet: Venus
Element: Erde

Tigerauge

Das Tigerauge ist ein wunderschöner hell- bis dunkelbrauner Stein mit goldenen Reflexen und dunkelbrauner bis schwarzer Bänderung, der, wenn er poliert wird, den schimmernden Streifen eines Tigers ähnelt und einen ähnlichen "Augen"-Effekt wie der Malachit erzeugt.

Als "Augenstein" galt er bei den alten Ägyptern und Römern als Schutzstein sowie als Stein des "zweiten Auges", der es seinem Träger ermöglichte, über die physischen Grenzen von Türen und Mauern hinaus zu sehen.

Die Energie des Tigerauges eignet sich hervorragend zur Beruhigung und Lösung von emotionalem Aufruhr, da es uns hilft, emotionale Muster von einem distanzierteren, objektiven Standpunkt aus zu betrachten. Die Betrachtung des Gesamtbildes einer Situation, einschließlich der Sichtweisen und Umstände anderer Beteiligter, erleichtert das Loslassen von Emotionen, die Sie möglicherweise daran hindern, die Situation hinter sich zu lassen und sich in höhere Bewusstseinsebenen zu entwickeln.

Das Tigerauge ist in dieser Hinsicht hilfreich, da es Ihnen hilft, die Fantasie (die aus Emotionen entsteht) von der Realität der Situation zu trennen. Diese Energie ist auch gut, um sich zu konzentrieren und neue Energie zu sammeln, wenn man ein Ziel verfolgt, vor allem wenn es relativ langfristig und komplex ist. Es fördert Mut, Stärke und die Fähigkeit, die Dinge mit echtem Optimismus zu sehen.

Zu den magischen Verwendungen des Tigerauges gehören die Stärkung der allgemeinen Energie und der körperlichen Gesundheit sowie die Zauberei für Mut und Selbstvertrauen. Er eignet sich gut für Rituale, die mit emotionaler Klarheit zu tun haben, sowie für Schutz und Erdung. Als "Realitätsstein" ist er auch ein Stein des Wohlstands - seine erdenden Eigenschaften helfen, die Versuchung des Glücksspiels oder anderer impulsiver Ausgaben einzudämmen, und verbessern die Fähigkeit, durch Sachlichkeit und Konzentration Wohlstand anzuziehen.

Viele Menschen tragen das Tigerauge als Glücksbringer, aber auch um ihren psychischen "Radar" zu verbessern und Täuschungen oder Illusionen anderer zu durchschauen. Darüber hinaus wurde dieser Stein von Menschen mit einer Affinität zu Tigern und anderen Großkatzen als Gebetsstein für ihre Erhaltung und ihr Wohlergehen in freier Wildbahn sowie in Schutzgebieten verwendet.

Schlüsselwörter: Klarheit, Gleichgewicht, Vitalität
Sternzeichen: Steinbock und Löwe
Planet: Sonne
Element: Erde und Feuer

Jet

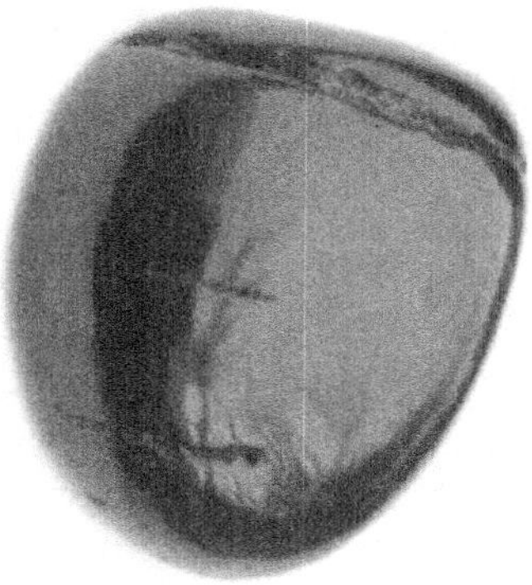

Als eine der Ausnahmen von der "Regel", die Kristalle und Steine definiert, ist Jet technisch gesehen kein Mineral, sondern eine Art versteinertes Treibholz, das unter extremem Druck zu einer kohleähnlichen Form verrottet ist. Er ist erstaunlich leicht und erwärmt sich schnell in der Handfläche.

Jet wurde bereits 1500 v. Chr. abgebaut und in der Antike in Form von Anhängern und Perlen verwendet. Man glaubte, dass er vor Krankheiten und Angriffen von persönlichen Feinden schützen würde.

Als Stein der Verwandlung - er begann als eine Substanz und endete als eine andere - ist der Jet ein hilfreicher Stein für Übergänge. Seine Energie appelliert an geistige Trübungen und hilft Ihnen, sich zu erden und zu zentrieren, um Ihre bestmögliche Herangehensweise an veränderte Umstände klar zu sehen.

Wenn die Zukunft ungewiss ist, kann es schwierig sein, einen klaren Fokus zu bewahren, da wir uns unwohl fühlen, wenn wir nicht genau sehen können, was vor uns liegt. Jet hilft, den Nebel dieser Angst zu lichten und uns für positive Möglichkeiten offen zu halten. Dieser Stein absorbiert die Energie negativer Gedanken und sollte daher häufig gereinigt werden, wenn er zu diesem Zweck verwendet wird. Er ist auch ein großartiger Meditationsstein, der das spirituelle Bewusstsein stärkt und bei der Heilung von Trauer und Kummer hilft.

Der Jet gilt als einer der schützendsten magischen Steine und wird zum Schutz des Hauses vor negativen Energien und zur Vertreibung unerwünschter Geister verwendet. Er wird traditionell zum Schutz vor Schäden durch Gewitter verwendet und von den Ehefrauen von Seeleuten getragen, um ihre Männer auf See zu schützen. In der Zauberei wird er zum Schutz vor Albträumen, Gewalt und psychischen Vampiren verwendet.

Hämatit

In der Magie wird Hämatit zum Schutz, zur Wahrsagerei und für das übersinnliche Bewusstsein verwendet. Er kann in die Ecken eines Zimmers oder sogar in die Ecken eines Hofes gelegt werden, um den Raum vor Negativität zu schützen. Er ist gut für die Erdung während der spirituellen Arbeit und hält dich während deiner Astralreise mit der Erdebene verbunden, sodass die Wiedereingliederung in die einvernehmliche Realität ein einfacher, reibungsloser Prozess ist. Viele Hexen verwenden Hämatit für Zaubersprüche, die mit Selbstvertrauen und Willenskraft zu tun haben, und um komplexe Probleme zu lösen. Als Hilfsmittel zur Weissagung kann man ein großes Stück Hämatit in die Nähe einer Kerze halten und die Bilder beobachten, die durch die Reflexion der Flamme auf der Oberfläche entstehen.

Natürlich eignet er sich auch hervorragend zur Vorbereitung auf die Magie. Wenn du etwas zaubern willst, aber nicht in der Lage bist, dich in den richtigen "mentalen Raum" zu versetzen, versuche zu meditieren, während du Hämatit für einige Minuten hältst oder trägst, um die Energie des abgelenkten Geistes zu beruhigen.

Wiederkehrende Kopfschmerzen

Die Steine, die am besten zur Heilung von chronischen Kopfschmerzen und Migräne geeignet sind, sind Amethyst, Türkis, Bernstein und Lapislazuli. Kopfschmerzen können auch das Ergebnis eines Ungleichgewichts zwischen den Energien des Solarplexus und des Kopfes sein. Wenn Sie also bemerken, dass Ihre Kopfschmerzen von einer leichten Magenverstimmung begleitet werden, sollten Sie Mondstein oder Citrin verwenden, um das Problem zu lösen.

Schlaflosigkeit

Oftmals ist die Unfähigkeit zu schlafen die Folge eines anderen Problems. Wenn Sie z. B. wegen ständiger Sorgen oder Stress nicht schlafen können, sollten Sie Rosenquarz, Citrin oder Amethyst verwenden, um die Ruhe zu fördern. Wenn Sie jedoch unter Albträumen leiden, sollten Sie Schutzsteine wie Rauchquarz und Turmalin verwenden. Sie können diese Steine nicht nur während Ihrer Heilpraxis verwenden, sondern auch am Fußende Ihres Bettes platzieren, während Sie schlafen. Auch Labradorit kann einen gesunden Schlaf fördern, da er vor unangenehmen Gedanken oder Gefühlen schützt.

Erschöpfte Energie

Die meisten Kristalle mit gelben, orangen und roten Farbtönen erhöhen das Energieniveau. Die stärksten unter ihnen sind tiefroter Granat und goldener Bernstein oder Topas. Wenn Sie auf der Suche nach Motivation sind, die Sie in Ihrem täglichen Leben für praktische Zwecke einsetzen können, sollten Sie Kristalle mit tieferen Farbtönen wie Tigerauge und Jaspis verwenden. Sie können auch Ihr gesamtes Chakren-System stärken, indem Sie in jeder Hand einen klaren Quarzkristall halten und nach oben richten, während Sie gleichzeitig einen Citrin-Kristall auf Ihren Solarplexus legen.

Konzentrationsschwäche

Die Verwendung von Quarzkristallen ist vielleicht eine der besten Methoden, um geistige Klarheit zu erlangen. Sie können auch Bernstein und Citrin verwenden, um Ihr Gedächtnis zu stimulieren, während Lapislazuli die Gedanken verstärken kann. Der Amethyst fördert ebenfalls die Klarheit und kann Ihnen helfen, sich Ihrer eigenen Ziele bewusst zu werden. Wenn Sie für eine wichtige Prüfung lernen müssen, sollten Sie Fluorit verwenden, der die Gehirnfunktionalität verbessert.

Wenn Sie die richtigen/entsprechenden Steine auf Ihre Chakra-Punkte legen, hilft das, die Energie der Steine in die Bereiche Ihres Körpers zu leiten, die am meisten Heilung benötigen. So können Sie intensive Energieströme direkt in den betroffenen Bereich leiten und die Kristallenergie auf einen bestimmten Punkt konzentrieren.

Um die besten Ergebnisse mit der Chakra-Heilung zu erzielen, sollten Sie Ihre Chakren öffnen, sicherstellen, dass sie frei von Blockaden sind, und mindestens 10 Minuten in einem meditativen Zustand verbringen, während der Kristall/die Kristalle auf das/die richtige(n) Chakra(s) gelegt wird/werden. Je nach Art der Krankheit müssen Sie dies vielleicht für eine kurze Zeit täglich tun.

Die Verwendung von Steinen und Kristallen für magische Zwecke hat in den letzten Jahren an Beliebtheit gewonnen. Viele Steine haben planetarische Zuordnungen und auch entsprechende Kräuter. Diese Steine können als magische Talismane, Schmuck oder Opfergaben verwendet werden oder man trägt sie zum Schutz oder für andere energetische Zwecke einfach in der Tasche mit sich herum. Unsere Vorfahren kannten diese mächtigen Steine und setzten sie weise für wichtige magische Zwecke ein. Ob zum Schutz oder um Energien oder Geister zu beherbergen, Steine können unserer Praxis eine schöne Dynamik verleihen, während sie auch ästhetisch schön sind.

Denken Sie an unsere Traditionen bei Eheringen und anderen bedeutungsvollen Schmuckstücken. Diese Metalle und Steine werden aus bestimmten Gründen verwendet, ob die Allgemeinheit das weiß oder nicht. Bei der Auswahl von Steinen und Metallen für Ihren Schmuck sollten Sie sehr sorgfältig vorgehen und nicht wahllos energetische Eigenschaften mit sich herumtragen, die Ihnen nicht zugutekommen. Diamanten sind relativ universell, aber das Metall, in dem sie untergebracht sind, und andere hinzugefügte Steine können bei manchen Menschen Probleme verursachen, vor allem, wenn die Steine nicht richtig gereinigt werden.

Viele „New-Age"-Gemeinschaften propagieren die Verwendung von Kristallen zur energetischen Reinigung und als Schutzbarriere für ihre Häuser. Diese Techniken werden oft als neu entdeckte Praktiken verkauft, aber wir wissen, wie töricht dieses Konzept ist. Kristalle und Steine haben sich im Laufe von Tausenden von Jahren gebildet und bestehen aus einer oder vielen

Kombinationen organischer Verbindungen. Diese Kristalle und Steine tragen alle ihre eigene energetische Signatur, die von einer geschickten Hexe oder Magierin gefühlt oder nutzbar gemacht werden kann. Zusammen mit den energetischen Signaturen bilden diese Kristalle auch physische Muster, die nicht nur schön sind, sondern auch ihr Verhalten und ihre Energie beeinflussen.

Das Klischee des Wahrsagers mit seiner Kristallkugel, wie wir es in Filmen und Fernsehsendungen sehen, ist weit von der Realität der Kristallheilung und Wahrsagerei entfernt. Obwohl man eine Kristallkugel sehr wohl zum Wahrsagen und für Zaubersprüche verwenden kann, wird das natürlich nicht so funktionieren wie in den Filmen. Viele Menschen verwenden die Steine zum Hellsehen und zur Wahrsagerei, aber es gibt auch viele andere Verwendungszwecke, vom Schutz über die Planetenarbeit bis hin zum Hauswissen und sogar zum Zaubern mit Zauberstäben haben Steine und Kristalle einem Wicca-Praktizierenden eine Menge zu bieten.

Im Gegensatz zu Pflanzen und Kräutern werden Kristalle als lebendig angesehen, vielleicht nicht im wissenschaftlichen Sinne von Leben, aber dennoch in gewisser Weise lebendig. Die Wissenschaft hat festgestellt, dass diese Kristalle eine messbare Energie abgeben. Piezoelektrizität ist in vielen Steinen zu finden und wird heute in vielen Geräten verwendet, von Mobiltelefonen bis hin zu Tonabnehmern für E-Gitarren. Wenn man Steine mit einem Hammer anschlägt oder sie bestimmten Temperaturen aussetzt, werden diese elektrischen Ladungen freigesetzt. Wir wissen aus der Wissenschaft, dass auch der Mensch von Natur aus elektrochemisch ist. Das bringt uns auf den Gedanken, dass alles irgendwie miteinander verbunden ist, vielleicht sind die elektrischen Ladungen das Mittel, mit dem wir unsere Erfahrung und Existenz mit dem Rest des Universums teilen.

Es gibt viele Möglichkeiten, wie wir als Wiccans eine kristallmagische Praxis beginnen können. Kristalle können nicht nur für sich allein verwendet werden, um Energie oder Geister zu beherbergen, sondern sie können auch mit anderen Materialien kombiniert werden, um Zauberstäbe, Hellseher, Fetische, Pentakel oder sogar Statuen von Gottheiten zu erschaffen. Kristalle und Steine eignen sich auch sehr gut für die Farbkorrespondenzmagie. Wir wissen, dass Planeten, Kräuter, Gottheiten und sogar bestimmte heilige Tage Farbkorrespondenzen haben, die mit der Energie bestimmter Dinge übereinstimmen. Das gilt auch für Steine, und in der Tat sind Steine und Kristalle eine großartige Möglichkeit, Farbe in deine Praxis zu bringen. Denken Sie daran, dass manche Steine in einer bestimmten Farbe gefärbt sind. Es ist immer effektiver, den natürlichen Weg zu gehen, und es gibt viele bunte Steine, die leicht erhältlich sind.

Manche Menschen sind der Meinung, dass man für eine volle Wirkung die teuersten Kristalle und Steine verwenden muss. Das ist nicht ganz richtig; man kann mit einem gewöhnlichen roten Stein wie Karneol genauso viel Erfolg haben wie mit einem teuren und reinen Rubin. Sogar ein roher Rubin funktioniert genauso gut. Obwohl Diamanten, Rubine, Saphire und Smaragde im Wesentlichen die gleiche chemische Zusammensetzung haben und in der Regel reiner sind und weniger Verbindungen enthalten, sind sie in der Regel sehr teuer, wenn sie geschliffen und bewertet werden. Diese teuren Steine werden in der Regel auch auf negative Weise geerntet. Sie brauchen keine teuren Steine, um eine erfolgreiche Kristallmagie zu praktizieren.

Es gibt Tausende von verschiedenen Steinen, und fast alle wurden erforscht oder für spirituelle oder magische Zwecke verwendet. Wie bei vielen anderen Praktiken sind manche Menschen in der Arbeit mit Steinen viel geschickter als andere, seien Sie aufgeschlossen, wenn Sie sich den Steinen nähern. Und wenn Sie Schwierigkeiten haben, entscheiden Sie sich für einfach zu verwendende Steine, wie z. B. klaren Quarz, in Ihre Arbeit zu integrieren. Wir können nicht auf alle Steine eingehen, aber wir können ein paar der beliebtesten und am leichtesten erhältlichen Steine erwähnen.

Die Erde hat eine wahrhaft atemberaubende Vielfalt an Kristallen und anderen mineralischen Steinen hervorgebracht, von denen viele, viele wunderbare Werkzeuge für Heilung und Magie sind.

Im Folgenden finden Sie eine Einführung in 13 der beliebtesten und vielseitigsten Steine, die in verschiedenen magischen Traditionen auf der ganzen Welt verwendet werden. Betrachten Sie diese Gruppe von Steinen als eine Art "Hexen-Starterkit" für Kristallmagie.

Denken Sie daran, dass Sie nicht von jeder Art von Stein einen auf einmal kaufen müssen, aber wenn Sie sich von der Auswahl überwältigt fühlen, wenn Sie einen oder zwei Steine erwerben möchten, können Sie diese Liste als Entscheidungshilfe verwenden.

Hier finden Sie Informationen über das Aussehen jedes Steins, seine wichtigsten energetischen Eigenschaften und seine allgemeine magische Verwendung.

Warum benötigen schwangere Frauen noch mehr Kristalltherapie?

Das Tolle an Kristallen ist, dass jeder Kristall, der an normalen Tagen sicher ist, auch während der Schwangerschaft sicher ist. Nichts an Kristallen stellt eine zusätzliche Gefahr für eine schwangere Frau dar. Tatsächlich sind viele Kristalle in dieser Zeit des hormonellen Ungleichgewichts, der Ängste und Stimmungsschwankungen sogar hilfreich. Wenn Sie also keine anderen Probleme haben, die Ihre Schwangerschaft begleiten, sollte die Kristalltherapie für Sie kein Problem darstellen.

Zum einen sind alle Sinne in der Schwangerschaft viel stärker geschärft, und die Intuition ist besonders ausgeprägt. Tatsächlich fühlt eine werdende Mutter eine stärkere Verbindung mit ihrem ganzen Wesen - ihrem eigenen Körper, ihrem Geist und ihrer Seele sowie dem Leben des Babys, das in ihr heranwächst. Aus diesem Grund sind Kristalle sehr wichtig, um alle Sinne zu beruhigen und die werdende Mutter zur Ruhe zu bringen. Kristalle sind auf dem gesamten Weg von der Empfängnis, über die Schwangerschaft, während der Geburt und sogar während der postnatalen Erholung sehr nützlich.

Kristalle, die für schwangere Mütter sehr zu empfehlen sind

Der Mondstein steht bei all dem hoch im Kurs. Er bringt der werdenden Mutter nicht nur Harmonie, sondern auch Glück. Und wenn es um Harmonie geht, geht es nicht nur um die Harmonie in der Person selbst, sondern auch um die Harmonie zwischen ihr und den Menschen um sie herum.

Wie genau hilft der Mondstein?

Dieser Liebeskristall, der hauptsächlich mit dem Kronen-Chakra und dem dritten Auge in Verbindung gebracht wird, hat einzigartige Heilwirkungen für eine werdende Mutter. Sie umfassen:

- Verbesserung des Verdauungssystems
- Verbesserung des Zustands des gesamten Fortpflanzungssystems
- Förderung des Prozesses der Ausscheidung von Toxinen aus dem Körper
- Umgang mit dem Problem der Flüssigkeitsretention
- Verbesserung der Gesundheit der Haut der werdenden Mutter
- Verbesserung der Gesundheit der Haare der werdenden Mutter
- Verleiht der werdenden Mutter einen schönen Teint
- Hilft bei der Verstärkung der Kontraktionen während der Wehen
- Es wird gesagt, dass es eine gesunde Laktation fördert

Eine Sache, die Sie wissen müssen, ist, dass die Vorteile der Verwendung des Mondsteins nicht mit der Schwangerschaft beginnen. Der Kristall ist auch vor der Schwangerschaft von Vorteil, vor allem für jemanden, der versucht, seine Fruchtbarkeit zu verbessern. Das bedeutet, dass Sie mit dem Mondsteinkristall höhere Chancen haben, schwanger zu werden, als ohne ihn. Und selbst als stillende Mutter sind die Vorteile des Mondsteins immer noch offensichtlich.

Andere Kristalle, die auch während der Schwangerschaft nützlich sind:

Der Amazonit

Dieser Kristall, der dafür bekannt ist, sowohl das Herz- als auch das Hals-Chakra zu verjüngen, bewahrt eine schwangere Frau vor Muskelkrämpfen. Wie Sie vielleicht wissen, treten diese Krämpfe meist in Form von Beinkrämpfen auf, obwohl sie manchmal auch die Füße betreffen können. Im 2. und 3. Trimester treten sie häufig im unteren Teil des Beins auf. Jede werdende Mutter freut sich über eine nicht-medizinische Therapie, um diese unangenehme und manchmal schmerzhafte Erfahrung loszuwerden.

Aventurin

Dieser Kristall, der mit dem Herz-Chakra assoziiert ist, ist ein Heiler bei morgendlicher Übelkeit, Sodbrennen und Verdauungsstörungen - eine Kombination von Komplikationen, die mit der Schwangerschaft einhergehen.

Karneol

Ist Ihnen bewusst, dass die Zeit der Wehen eine Zeit der Angst ist? Bei all der Vorfreude und den Schmerzen, der Ungewissheit und den Ängsten könnte eine schwangere Frau durchaus etwas Beruhigung gebrauchen. Das ist es, was der Karneol, ein Kristall, der eng mit dem Wurzel-Chakra verbunden ist, tut. Er beruhigt die Frau in den Wehen und vertreibt auch ihre Angst. Das ist verständlich, wenn man bedenkt, dass sich das Wurzel-Chakra in der Nähe des Beckenbodens befindet; ein Bereich, der sehr stark von Wehen und den damit verbundenen Beschwerden betroffen ist.

Citrin

Dieser Kristall, der mit dem Solarplexus-Chakra assoziiert ist, hilft, das Problem der Verstopfung bei schwangeren Müttern zu lösen.

Hämatit

Hämatit, ein Kristall, der mit dem Wurzel- oder auch Basis-Chakra assoziiert wird, hilft bei werdenden Müttern, Muskelkrämpfe loszuwerden, genauso wie der Amazonit.

Der Labradorit

Dieser Kristall, der mit dem Kronen-Chakra assoziiert ist, hilft, das Problem des erhöhten Blutdrucks zu lösen, ein häufiges Problem bei werdenden Müttern.

Lapislazuli

Dieser Kristall, der sowohl mit dem Hals- als auch mit dem Stirn-Chakra gut zusammenarbeitet, ist auch hilfreich bei der Senkung des Blutdrucks bei werdenden Müttern. Er ist auch hilfreich bei der Stabilisierung der Stimmung der Frau. Tatsächlich ist die Verwendung von Lapislazuli sehr alt, denn noch im 17. Jahrhundert wurde er bei werdenden Müttern eingesetzt, die eine Vorgeschichte von schwierigen Entbindungen hatten. Damals wurden die Lapislazuli-Kristalle zerkleinert und zu einem medizinischen Sirup mit dem Namen Alkermes-Sirup verarbeitet.

Der Rosenquarz

Dieser großartige Heilkristall, der mit dem Herz-Chakra in Verbindung gebracht wird, ist gut geeignet, um Schwellungen zu reduzieren, die manchmal während der Schwangerschaft einer Frau auftreten. Er eignet sich auch hervorragend zur Heilung von Bluthochdruck, der sich manchmal während der Schwangerschaft entwickelt.

Das Türkis

Der Türkis, ein Kristall, der mit dem Hals-Chakra assoziiert wird, ist sehr nützlich, um die Häufigkeit der Braxton-Hicks-Kontraktionen zu verringern und so das Baby im Mutterleib zu schützen.

Der Amethyst

Die Amethyst-Kristalle, die direkt mit dem dritten Auge verbunden sind, können das Wohlbefinden einer werdenden Mutter fördern. Sie geben der Frau nicht nur eine göttliche Verbindung, sondern helfen auch, ihre Emotionen zu stabilisieren und gleichzeitig emotionale Schmerzen zu lindern, unter denen sie möglicherweise leidet. Sie befreien sie auch von körperlichen Spannungen und Schmerzen.

Schwarzer Onyx

Dieser Kristall, der mit dem Wurzel-Chakra verbunden ist, ist während der Geburt sehr hilfreich. Er ist dafür bekannt, die Heilung der Wunde der Mutter zu beschleunigen und sie vor jeglichem Unglück zu schützen. Er steigert auch ihre Kraft und Ausdauer bei der Geburt.

Tatsächlich ist bekannt, dass in einigen Kulturen werdenden Müttern Beutel mit Onyx-Kristallen gegeben wurden, an denen sie sich während der Wehen festhalten konnten, um Schmerzen zu lindern und den Geburtsvorgang zu beschleunigen.

Der Blutstein

Wenn es einen Kristall gibt, der sich hervorragend zur Verjüngung eignet, dann ist es der Blutstein. Er gibt der Frau Kraft, nachdem sie während der Wehen viel davon verloren hat, und er beschleunigt auch den Heilungsprozess. Er wirkt wahre Wunder für einen müden Geist und einen erschöpften Körper und ist gut für die Schmerzlinderung. Therapeuten glauben, dass der Blutstein-Kristall in der Lage ist, eine mögliche Fehlgeburt zu stoppen.

Karneol

Dieser Kristall, der sowohl mit dem Wurzel- als auch mit dem Sakral-Chakra gut zusammenarbeitet, kann während der gesamten Schwangerschaft getragen werden. Er hält negative Emotionen einschließlich Angst und Unruhe während der Schwangerschaft und sogar bei der Geburt fern. Der Karneol ist auch gut geeignet, um die werdende Mutter motiviert und energiegeladen zu halten, sowie mutig und mit einem gesunden Selbstwertgefühl.

Chrysokoll

Dieser Kristall, der direkt mit dem Hals-Chakra verbunden ist, befreit den Geist der schwangeren Mutter von allen angstbasierten Gedanken. Er bringt tatsächlich die dringend benötigte Ruhe in den Geist und das Herz der Frau. So kann die Schwangere die sich verändernde Situation mit einem positiven Geist und frei von mentalen Spannungen bewältigen. Es heißt auch, dass dieser Kristall die Schmerzen während der Geburt lindert und den Geburtsvorgang erleichtert.

Larimar

Dieser Kristall, der dem Hals-Chakra zugeordnet ist, bringt Gelassenheit und Ruhe in das Leben einer werdenden Mutter. Er ist dafür bekannt, nervöse Nerven zu beruhigen sowie Stress und Ängste abzubauen. Außerdem hat er die einzigartige Fähigkeit, die natürliche Weiblichkeit der Frau wiederherzustellen und ihre Verbindung zur Natur zu stärken. Larimar ist auch nach der Entbindung nützlich, da er postpartale Depressionen beseitigen kann.

Malachit

Dieser Kristall, der eigentlich dem Herz-Chakra gewidmet ist, ist für werdende Mütter sehr wertvoll. Er stabilisiert nicht nur ihre Emotionen und befreit sie von den negativen Auswirkungen vergangener Traumata, sondern lindert auch die Geburtsschmerzen und erhöht die Sicherheit bei der Entbindung. Der Kristall eignet sich auch hervorragend zur Stimulierung der Wehen während der Geburt. Dieser Kristall ist so hilfreich bei der Geburt, dass er den Spitznamen **"Stein der Hebammen" erhalten** hat.

Moosachat

Dieser Kristall, der dem Herz-Chakra zugeordnet ist, wird als Kristall des Neubeginns angesehen. Er eignet sich für eine werdende Mutter, die sich auf die Geburt ihres Kindes freut. Der Kristall klärt alle Ängste, die die werdende Mutter vielleicht hatte und erfüllt sie mit Hoffnung und Optimismus. Gleichzeitig steigert der Moosachat das Selbstwertgefühl und das Selbstvertrauen der Frau. Sie können diesen Kristall auch verwenden, um die Intensität der Schmerzen bei der Geburt zu verringern.

Orangefarbener Kalzit

Dieser Kristall, der sowohl mit dem Wurzel- als auch mit dem Sakral-Chakra verbunden ist, wird bei einer schwangeren Frau geschätzt, weil er aufkommende Ängste und Spannungen beseitigt und im Allgemeinen Stress abbaut, indem er die werdende Mutter in den Modus des positiven Denkens versetzt. Dem Kristall wird auch die Fähigkeit zugeschrieben, das Fortpflanzungssystem der Frau zu heilen.

Der Peridot

Diesem Kristall, der mit dem Herz-Chakra in Verbindung gebracht wird, wird die Fähigkeit zugeschrieben, die Wehen zu stimulieren und die Öffnung des Geburtskanals zu fördern, damit die Geburt für die Mutter relativ einfach verläuft. Außerdem wird ihm nachgesagt, dass er postpartale Depressionen in Schach hält. Die Energie des Peridots hilft, Apathie und Erschöpfung zu beseitigen und bewahrt die werdende Mutter vor Lethargie und Hoffnungslosigkeit. Durch die Verwendung des Peridot-Kristalls verschwinden alle Schuldgefühle, Besessenheit und andere negative Gefühle, und die werdende Mutter wird sich ihrer selbst bewusster.

Jaspis

Dieser Kristall, der mit dem Wurzel-Chakra verbunden ist, soll Ängste der werdenden Mutter ausräumen und Schmerzen während der Geburt lindern.

Trotz dieser Fülle an Wissen über die Rolle, die verschiedene Kristalle bei der Förderung des Wohlbefindens einer werdenden Mutter spielen, ist es für die Mutter immer wichtig zu spüren, dass der Kristall in Resonanz mit ihrer Absicht steht. Schließlich werden sich die Energien der Kristalle und die der Mutter miteinander verbinden und sich auf Energieschwingungen einstellen, die für die Mutter und ihr ungeborenes Kind geeignet sind.

Kapitel 3: Schwingungsenergie in Kristallen und Zaubersprüchen

Spiegel und Kristallkugeln

Das Wort "**scry**" beschreibt die Fähigkeit zu wissen oder zu erkennen. Beim Scrying geht es nicht nur darum, die Zukunft vorauszusagen - stellen Sie es sich eher so vor, als würden Sie mit Ihrem Auto auf der Straße mit normalen Scheinwerfern fahren; beim Scrying schalten Sie das Fernlicht ein und können so bei besserer Beleuchtung weiter in die Zukunft sehen.

Kristallkugeln können teuer sein, aber für viele Wiccans gibt es keinen besseren Weg als das einfache Hellsehen. Die Praxis, in eine Kristallkugel zu schauen, braucht Zeit, aber wenn man lernt, seiner Intuition zu vertrauen, wird das auf lange Sicht von unschätzbarem Wert sein.

Wenn Sie Ihre Kristallkugel zum ersten Mal kaufen, müssen Sie sie vor dem Gebrauch reinigen - entweder mit einer Salzwasserlösung oder indem Sie sie einen Tag lang in der Erde vergraben. Wenn Sie sie abspülen, stellen Sie sich vor, dass alle negativen Energien von ihr abfließen, in den Abfluss oder in die Erde.

Als Nächstes sollen Sie Ihre Kristallkugel mit positiver Energie aufladen. Halten Sie die Kugel und stellen Sie sich vor, dass sich eine Kugel aus weißem Licht in Ihrem Brustbein sammelt - dort befindet sich Ihr Herz-Chakra. Erlauben Sie der Energiekugel, sich von Ihnen zum Kristall zu bewegen und ihn vollständig einzukapseln. Wenn Sie sich bereit fühlen, erlauben Sie der Energie zu verschwinden, indem sie vom Kristall aufgesaugt wird. Jetzt sind Sie bereit, mit ihm zu pendeln.

Wahrsagen ist eine erlernte Fähigkeit, wie Skateboard-Fahren oder Autofahren mit Schaltgetriebe, und es braucht Zeit und Geduld. Seien Sie nicht frustriert, wenn Sie anfangs nichts sehen oder wenn Sie sich keinen Reim auf das Gesehene machen können. Es ist eine gute Idee, alle Eindrücke in ein Buch der Schatten zu schreiben - ein Tagebuch, in dem Sie Ihre magische Arbeit, Träume, Meditationen und Dinge, die Sie von anderen gelernt haben, festhalten.

Ein Ratschlag: Lassen Sie Ihre Kristallkugel nicht im direkten Sonnenlicht stehen, sondern stellen Sie sie bei Vollmond zum Aufladen in das Mondlicht.

Spiegel hingegen können das Sonnenlicht aufsaugen und ihre Kraft verstärken - man muss nur aufpassen, dass man dabei nichts in Brand setzt. Ein Spiegel kann auch zum Hellsehen und für Zaubersprüche verwendet werden. Ein Wort der Vorsicht: Viele empfehlen die Verwendung von Spiegeln, um negative Energie auf jemanden zu reflektieren. Als Anfänger in der Magie **und** als Wicca lassen Sie am besten die Finger von solchen Zaubersprüchen. Eine kleine Ausnahme für den Schutz des eigenen Heims besteht darin, kleine, nach außen gerichtete Spiegel in die Fenster zu stellen, um Unglück und bösen Willen vom Haus fernzuhalten.

Laden Sie Ihren Spiegel mit der Sonne auf. Bringen Sie Ihren Spiegel an einem sonnigen Tag nach draußen und halten Sie ihn so, dass er das Sonnenlicht vollständig einfängt. Schauen Sie nicht in den Spiegel und achten Sie darauf, dass er nicht auf brennbares Material gerichtet ist. Halten Sie dabei Ihre Haustiere und Kinder von Ihnen fern. Lassen Sie den Spiegel **genau** neun Sekunden lang aufladen. Legen Sie ihn anschließend wieder auf Ihren Altar. Sie können den von der Sonne aufgeladenen Spiegel für Zaubersprüche verwenden, der eine starke Dosis an Sonnenenergie benötigt.

Das Hellsehen mit dem Spiegel kann Ihnen Einblicke in vergangene Leben geben. Konzentrieren Sie Ihren Blick nicht auf sich selbst, wenn Sie sich im Spiegel betrachten. Stellen Sie sich Szenen, Bewegungen vor - Wo sind Sie? Was ist um Sie herum? -, machen Sie sich Notizen zu diesen Visionen und versuchen Sie, sie im Laufe der Zeit zusammenzufügen, um herauszufinden, wer Sie früher waren.

Spiegeln wird oft nachgesagt, dass sie zu Portalen in andere Welten werden können. Aus diesem Grund werden Spiegel abgedeckt, wenn ein Haus um einen geliebten Verstorbenen trauert, damit die Toten auf ihrer Reise in die Sommerländer nicht verwirrt werden.

Ein Talisman für den Mut

Kristall: Karneol (kann auch ein Tigerauge sein)

Das Bedürfnis nach Mut bezieht sich meist auf bestimmte Situationen, sei es ein Vorstellungsgespräch, eine erste Verabredung oder der Beginn einer neuen Reise im Leben.

Wenn Sie den Karneol in Ihren Händen halten, visualisieren Sie die Umstände, für die Sie Mut brauchen.

Stellen Sie sich nun vor, dass Sie von hellem, orangefarbenem Licht erfüllt sind und dieses wie Sonnenlicht in alle Richtungen ausstrahlen.

Halten Sie dieses Licht in Ihrer Vorstellung fest, während Sie sich selbst in der Situation triumphieren sehen.

Sprechen Sie eine Affirmation laut aus, z. B.:

"Ich stehe im Feuer des Mutes und gehe mutig in [hier die Situation nennen]. So soll es sein."

Ein Talisman für das Energiegleichgewicht

Kristall: Jade (kann auch Malachit verwenden)

Ob es sich nun um Stimmungsschwankungen, Erschöpfung, Unruhe oder alles auf einmal handelt, manchmal kommen wir körperlich und seelisch einfach nicht in Schwung.

Halten Sie für diese Visualisierung die Jade und stellen Sie sich vor, dass Sie von Kopf bis Fuß mit tiefem, weichem, heilendem grünem Licht erfüllt sind.

Denken Sie nicht über die Gründe nach, warum Sie sich unausgeglichen fühlen, denn das wird die Energie des Unbehagens nur verstärken. Konzentrieren Sie sich einfach darauf, sich ruhig und in Frieden zu fühlen.

Wenn Sie bereit sind, die Jade in der Nähe der Kerze zu platzieren, sagen Sie:

"Ich bin ausgeglichen und von allen Störungen geheilt. So soll es sein."

Ein Talisman zum Schutz

Kristall: Blutstein (kann auch Jet verwenden)

Wenn energetische Ungleichgewichte mit einer bestimmten Person oder Situation verbunden sind, mit der Sie regelmäßig konfrontiert werden, kann ein Schutzstein Sie buchstäblich vor der Negativität abschirmen, die andernfalls Ihre Sinne verwirren könnte.

Halten Sie den Blutstein (oder einen anderen Stein mit schützenden Eigenschaften) und sehen Sie sich von weißem Licht erfüllt und umgeben.

Sehen Sie, wie dieses Licht jede Energie, die nicht positiv und willkommen ist, blendet und blockiert.

Sagen Sie so etwas wie:

"Ich bin aus strahlend weißem Licht gemacht, verbunden mit dem Kern der universellen Liebe."

Hinweis: Da Kristalle, die zum Schutz verwendet werden, in der Regel negative Energie absorbieren, ist es ratsam, sie häufiger zu reinigen und aufzuladen, als dies bei Kristallen der Fall ist, die beispielsweise für einen Liebes- oder Wohlstandszauber verwendet werden.

Manche Steine absorbieren Negativität schneller als andere, und manche Menschen und Situationen sind stärker negativ als andere. Es gibt also keine feste Regel, wann und wie oft, aber achten Sie auf die Steine, die Sie zum Schutz verwenden, und Sie werden ein Gefühl dafür bekommen, wann es Zeit ist, sie zu reinigen.

Kristall-Elixiere

Kristall-Elixiere, manchmal auch als "Essenzen" bezeichnet, werden hergestellt, indem Wasser mit den Schwingungen eines bestimmten Kristalls oder Steins versetzt wird. Sie werden für körperliche, emotionale und spirituelle Heilung sowie für Magie verwendet.

Die gebräuchlichste Art der Verwendung ist das Trinken des Wassers, aber sie können auch äußerlich auf der Haut angewendet oder dem Badewasser hinzugefügt werden.

Diese einfachen, magischen Tränke wirken durch die direkte Absorption der Schwingungen des Kristalls durch den Körper und schaffen eine Verbindung zwischen Ihrer eigenen Energie und der des für den jeweiligen Zweck gewählten Steins.

Einfache Elixiere

Die folgenden Anweisungen beziehen sich auf die Herstellung eines einfachen Elixiers, das innerhalb von ein oder zwei Tagen verwendet werden kann. Für länger haltbare Elixiere müssen Sie ein Konservierungsmittel verwenden - in der Regel Weinbrand, Wodka oder destillierten Essig.

Der Vorteil dieses zusätzlichen Schrittes besteht darin, dass Sie das Elixier über einen längeren Zeitraum hinweg mehrfach verwenden können - ein paar Tropfen reichen in der Regel aus.

Der Einfachheit halber wird dieser Schritt hier nicht aufgeführt, aber er kann leicht online recherchiert werden, wenn Sie Ihre Arbeit mit Elixieren auf die nächste Stufe bringen wollen.

An dieser Stelle sei auch darauf hingewiesen, dass es Methoden zur Aufladung von Wasser mit giftigen Steinen gibt, bei denen der Stein **nicht** direkt ins Wasser gelegt wird. Für die folgenden Elixiere werden jedoch nur Kristalle verwendet, die für diese Art der Anwendung als sicher gelten.

Sie benötigen:

- Quellwasser oder gereinigtes Wasser (Leitungswasser reicht zur Not auch aus, aber es ist am besten, zumindest einen Brita- oder einen anderen Filter zu verwenden, wenn möglich)
- Schale aus Klarglas (ein Trinkglas ist ein geeigneter Ersatz)
- Klarsichtdeckel oder Plastikfolie (optional)
- Kristall oder Stein Ihrer Wahl
- 3-5 Quarzkristalle (optional)

Legen Sie zunächst den gereinigten und aufgeladenen Stein in die Schale und konzentrieren Sie sich auf Ihre magische Absicht für das Elixier. Gieße das Wasser langsam über den Stein, wobei du mindestens so viel Wasser verwendest, dass ein Glas entsteht, aber nicht viel mehr.

Lassen Sie dann die Schwingungen des Kristalls das Wasser aufladen. Das kann ein paar Stunden oder über Nacht dauern, je nachdem, wie Sie es machen wollen.

Viele Hexen verwenden gerne das Sonnenlicht, indem sie das Elixier 2-4 Stunden lang auf der Fensterbank oder sogar draußen in der vollen Sonne stehen lassen. Diese Methode funktioniert jedoch nicht an bewölkten Tagen und wird nicht für Steine empfohlen, die im Sonnenlicht verblassen, wie farbige Quarze und Fluorit.

Mondlicht ist eine gute Alternative, vorausgesetzt, das Mondlicht scheint mindestens 2 Stunden lang direkt auf das Wasser. Wenn Sie Mondlicht verwenden, lassen Sie das Elixier über Nacht draußen stehen und holen Sie es vor Sonnenaufgang heraus. Decken Sie Elixiere im Freien mit einem durchsichtigen Deckel oder einer Plastikfolie ab, um Ungeziefer fernzuhalten.

Zusätzlich können Sie Quarz-Kristalle verwenden, die Sie um das Elixier herum platzieren, um die Schwingungsqualität des Wassers zu verstärken, aber das bleibt ganz Ihnen überlassen.

Es ist auch möglich, das Elixier einfach über Nacht drinnen zu lassen, entweder abgedeckt oder im Kühlschrank. Der Stein gibt seine Schwingungen an das Wasser ab, unabhängig davon, ob Sonnen- oder Mondlicht vorhanden ist - es ist nur schön, wenn das natürliche Licht die Wirkung noch verstärkt.

Wenn also weder Sonnen- noch Mondlicht für Sie in Frage kommen, lassen Sie sich davon nicht abhalten. Und wenn Sie, wie oben erwähnt, Quarzkristalle um das Elixier herum verwenden können, kann dies die Qualität des aufgeladenen Wassers definitiv erhöhen.

Sobald das Elixier aufgeladen ist, gießen Sie das Wasser in ein Trinkglas oder einen Krug - vorzugsweise nicht aus Plastik oder Metall - und fangen Sie den Stein mit der Hand auf, bevor er in das neue Gefäß herauspurzelt.

Danken Sie dem Stein für seine Energie und seine Anwesenheit in Ihrem Leben.

Das Elixier ist etwa 24 Stunden lang haltbar.

Citrin-Elixier zur Ermächtigung

Mit seiner Fähigkeit, Energie zu spenden und die Motivation zu steigern, ist der Citrin ein hervorragendes Elixier, um Selbstvertrauen und Willenskraft zu stärken.

Versuchen Sie diesen Spruch vor allem dann, wenn Sie mit Trägheit, "Aufschieberitis" oder Angst vor der Arbeit oder der Schule zu kämpfen haben, oder wenn Sie das Gefühl haben, in Ihrem Leben in einen Trott zu geraten.

Während Sie den Citrin platzieren und das Wasser einschenken, stellen Sie sich vor, wie Sie sich fühlen werden, wenn Sie Ihre besondere Herausforderung gemeistert haben, und lassen Sie ein Gefühl der Vorfreude auf die Zukunft zu.

Da der Citrin ein "Sonnenstein" ist, ist dieses Elixier wirklich am besten, wenn es im Freien aufgeladen wird, aber wenn das nicht möglich ist, können Sie ihn für ein paar Stunden unter helles Licht (nicht zu nah an die Glühbirne) oder in die Nähe einer brennenden Kerze stellen.

Während Sie sich darauf vorbereiten, das Elixier zu trinken, atmen Sie tief ein, beruhigen Sie Ihren Geist und nennen Sie das Ergebnis, das Sie manifestieren möchten. Du könntest z. B. sagen:

> **"Ich aktiviere jetzt meine Kraft, um diese Herausforderung zu meistern und mit Zuversicht in die Zukunft zu blicken."**

Dann nehmen Sie einen Schluck und danken dem Citrin für seine stärkenden Energien.

Sie können das Elixier auch in den nächsten Stunden in vollen Zügen genießen, etwas davon auf Ihre Haut träufeln oder es dem Badewasser hinzufügen.

Wie auch immer Sie es verwenden, seien Sie präsent und erinnern Sie sich jedes Mal an Ihr Ziel, wenn Sie mit dem geladenen Wasser interagieren.

Spirituelle Energie Amethyst-Elixier

Wenn die Hektik des Alltags dazu führt, dass Sie sich von der spirituellen und übersinnlichen Ebene abgekoppelt fühlen, hilft dieses Elixier, Ihre Schwingung über die weltliche Ebene zu heben und wieder mit Ihrem höheren Selbst in Verbindung zu treten.

Die besten Ergebnisse erzielt man, wenn man dieses Elixier mit Mondlicht auflädt und/oder Mondsteinstücke während des Aufladens um das Wasser legt.

Wenn Sie bereit sind, das Elixier zu trinken, zentrieren und erden Sie sich und halten das Glas mit beiden Händen.

Atmen Sie ein paar Mal tief durch und sprechen Sie Ihre Absicht mit dem Universum. Sie könnten sagen:

> **"Danke, Geist des Amethysts, dass du mir den Weg zur Kommunikation mit dem Göttlichen Selbst geöffnet hast. Ich bin bereit, jede Führung zu empfangen, die auf der höheren Ebene auf mich wartet."**

Nehmen Sie einen Schluck und verbringen Sie dann einige Minuten in Meditation, wobei Sie das Elixier weiterhin in beiden Händen halten.

Sie werden sich schließlich in Frieden fühlen, von geistigem Durcheinander befreit und in der Lage, Ihre authentische innere Weisheit anzuzapfen.

Kristall Badezauber

Die Verwendung von Kristallen im Bad ist eine großartige Möglichkeit, eine Energieanpassung für Körper, Geist und Seele zu schaffen.

Ähnlich wie bei einem Elixier durchdringen die Schwingungen der Kristalle das Wasser mit ihren ausgleichenden Energien. Klarer Quarz und Rosenquarz sind sichere, beliebte Kristalle, die auf diese Weise verwendet werden.

Wenn Sie mit anderen Kristallen und Steinen experimentieren möchten, denken Sie daran, sich vorher zu informieren, denn manche Steine lösen sich in Wasser auf und können giftig für die Haut sein.

Achten Sie außerdem darauf, die Steine nach der Verwendung im Bad abzuspülen und aufzuladen.

Quarzkristall-Klarheitsbad

Klarer Quarz ist ein wunderbarer Stein, mit dem man arbeiten kann, wenn man vor einer schwierigen Entscheidung oder verwirrenden Situation steht. Seine Energien fördern die Auflösung von Illusionen, die durch bewusste und unbewusste emotionale Bindungen entstehen.

Sie können dieses rituelle Bad so oft wiederholen, wie Sie möchten, denn es kann bei kleinen und großen Problemen wahre Wunder bewirken.

Sie benötigen:

- Ein oder mehrere klare Quarzkristalle
- Meersalz
- Eine weiße Kerze
- Mehrere kleine Amethyste (optional)

Lassen Sie das Bad laufen, bis die Wanne mindestens zur Hälfte gefüllt ist.

Legen Sie den/die klaren Quarz-Kristall(e) in das Wasser und bitten Sie dabei um Führung in Ihrer Situation.

Legen Sie die Amethyste, falls vorhanden, an den Rand der Wanne.

Wenn das Bad fertig ist, zünden Sie die weiße Kerze an, schalten Sie das künstliche Licht im Bad aus und steigen Sie hinein.

Bleiben Sie mindestens 20 Minuten im Bad und lassen Sie Körper und Geist entspannen.

Machen Sie sich keine Sorgen, wenn Ihnen keine Antwort oder Lösung einfällt, während Sie im Wasser sind. Es kann sein, dass Sie eine Nacht oder länger "darüber schlafen" müssen, bevor Sie die Lösung für Ihr Problem finden.

Liebe- und Harmonie-Bad

Rosenquarz zieht Liebe aller Art an und fördert sie, egal ob es sich um enge Freundschaft, Romantik oder Familienbeziehungen handelt.

Probieren Sie dieses rituelle Bad immer dann aus, wenn Sie das Bedürfnis nach einem Schub positiver, liebevoller Schwingungen in Ihrem Leben verspüren.

Wenn Sie einen romantischen Partner anlocken oder eine bestehende romantische Beziehung verbessern wollen, sollten Sie eine rote Kerze verwenden, aber Rosa ist in allen Situationen, in denen es um Liebe geht, die richtige Wahl.

Das Lavendelöl hilft, Ängste und negative Emotionen abzubauen und macht den Weg frei für mehr harmonische Energie in Ihrem Leben.

Sie benötigen:

- Ein oder mehrere Rosenquarzkristalle
- Eine rosa oder rote Kerze
- Ätherisches Lavendelöl

Lassen Sie das Bad laufen, bis die Wanne mindestens zur Hälfte gefüllt ist.

Legen Sie den Rosenquarz in das Wasser und stellen Sie sich das gewünschte Ergebnis vor, sei es eine verbesserte Kommunikation zwischen Ihnen und einem Freund oder Familienmitglied oder eine gesunde, liebevolle Liebesbeziehung.

Wenn das Bad voll ist, geben Sie 3-5 Tropfen Lavendelöl in das Wasser.

Zünden Sie die Kerze an, schalten Sie das künstliche Licht im Bad aus und steigen Sie hinein.

Beschwören Sie das Gefühl herauf, das Sie in Ihrem Herzen haben möchten, wenn sich das gewünschte Ergebnis manifestiert hat.

Bleiben Sie mindestens 20 Minuten in der Badewanne.

Wenn Sie können, bleiben Sie in der Wanne, während Sie das Wasser ablassen, da die Energie des Rosenquarzes auf diese Weise eine stärkere Wirkung hat.

Kristall- und Kerzenzauber

Kristalle und Kerzen sind großartige Partner in der Magie und symbolisieren die Elemente Erde und Feuer.

Diese Art der Kristallmagie bietet auch mehr Flexibilität, wenn es darum geht, eigene Variationen zu kreieren, da Sie jede Art von Stein verwenden können, ohne sich Gedanken über Toxizität oder Wasserschäden zu machen.

Hier sind 3 einfache Zaubersprüche für den Anfang:

Citrin-Wohlstandszauber

Der Citrin ist ein idealer Stein für die Wohlstandsarbeit, denn seine helle, sonnige Energie hilft Ihnen, den Optimismus zu bewahren, den Sie brauchen, um Platz für neuen Reichtum in Ihrem Leben zu schaffen.

Nachdem Sie diesen Zauber durchgeführt haben, platzieren Sie die Kristalle etwa 1 Woche lang an einem auffälligen Ort in Ihrem Haus oder Büro, um sich an die positive Absicht zu erinnern, die Sie in das Universum hinausgeschickt haben.

Sie benötigen:

- 4 Kristalle aus Citrin
- 1 grüne Kerze

Ordnen Sie die Kristalle in einem Kreis um die Kerze an.

Berühren Sie jeden einzelnen mit Ihrer Machthand und laden Sie ihn direkt für die Zwecke des Wohlstands auf. Du könntest etwas sagen wie:

> **"Ich lade diesen Kristall jetzt mit der Kraft auf, mich mit der Quelle des unendlichen Reichtums zu verbinden."**

Nachdem Sie jeden Kristall aufgeladen haben, schließen Sie Ihre Augen und stellen Sie sich vor, wie Sie sich fühlen werden, wenn Sie keine Geldsorgen mehr haben, alle Ihre Rechnungen bezahlt sind und Sie genug Geld übrig haben, um das Leben zu genießen. Wenn Sie dieses Gefühl stark spüren, zünden Sie die Kerze an und sprechen:

> **"Ich manifestiere Wohlstand in meinem täglichen Leben, indem ich alles habe, was ich brauche und mehr."**

Lassen Sie die Kristalle an Ort und Stelle, bis die Kerze von selbst ausbrennt.

Konfliktlösungszauber

Im Mittelpunkt eines jeden Konflikts steht die Notwendigkeit, klar, ehrlich und mitfühlend zu kommunizieren.

Bei diesem Zauber wird jede am Konflikt beteiligte Person durch einen Lapislazuli-Stein dargestellt, den Stein der Wahrheit, der Kommunikation und der Verbindung zum höheren Selbst.

Da Sie bei diesem Zauber mindestens eine andere Person im Sinn haben, müssen Sie darauf achten, dass Sie positiv oder zumindest neutral über sie denken.

Verstehen Sie den Zauber nicht so, dass er Ihnen die Kontrolle über die Gedanken oder das Verhalten des anderen gibt. Konzentrieren Sie sich stattdessen auf das friedliche Ergebnis der Lösung Ihres Konflikts.

Sie benötigen:

- 2 (oder mehr) Lapislazuli-Steine (je nachdem, wie viele Personen beteiligt sind)
- 1 blaue Kerze

Nehmen Sie sich ein paar Augenblicke Zeit, um sich zu erden und zu zentrieren.

Halten Sie jeden Lapislazuli-Stein einzeln 1 Minute lang in Ihren Händen und stellen Sie sich vor, wie Sie alle Gefühle loslassen, die Sie wegen des Konflikts hegen.

Wenn Sie sich bereit fühlen, legen Sie die Steine auf jede Seite der Kerze (wenn Sie mehr als 2 verwenden, machen Sie einen Kreis). Sagen Sie beim Auflegen jedes Steins:

> **"Mögen Frieden, Licht und Wahrheit von diesem Geschenk der Erde ausgehen?"**

Zünden Sie die Kerze an und sprechen:

> **"Dieser Konflikt ist nun gelöst, zum Wohle aller und zum Schaden von niemandem. So soll es sein."**

Vielleicht möchten Sie einen der Steine eine Zeit lang in Ihrer Tasche tragen, vor allem, wenn Sie das nächste Mal mit der/den an dem Konflikt beteiligten Person(en) zu tun haben.

Zauberspruch zur Segnung eines neuen Hauses

Amethyst ist ein wunderbarer Wohlfühlkristall, wenn es darum geht, eine positiv geladene Atmosphäre im Haus zu schaffen.

Dieser Zauber eignet sich besonders gut, um einen Ort zu segnen, in den man gerade erst eingezogen ist. Er kann aber auch verwendet werden, um einen neuen heiligen Raum in deinem Zuhause zu schaffen, egal wie lange Sie schon darin wohnen.

Sie können es sogar versuchen, nachdem Sie Ihr Haus umgestaltet oder die Möbel neu geordnet haben, um der Erneuerung, die Sie manifestiert haben, den letzten energetischen Schliff zu geben.

Sie benötigen:

- 1 oder mehr Amethyst-Quarzkristalle
- 1 weiße Kerze
- Ätherisches Zitronen- oder Myrrhe-Öl (fakultativ)

Wenn Sie ätherisches Öl verwenden, geben Sie 1 Tropfen auf jedes Amethyst-Stück.

Legen Sie dann den/die Kristall(e) neben die Kerze.

Stellen Sie sich vor, dass weißes Licht Ihr ganzes Haus durchflutet (oder den Raum in Ihrem Haus, den Sie als heiligen Raum bezeichnen).

Sagen Sie Worte der Bestätigung wie z. B.:

> **"Dieser Raum ist ein Segenspunkt mit heiliger Energie. Innerhalb dieser Mauern herrschen Glück, Wohlstand und Wohlbefinden. So soll es sein."**

Zünden Sie die Kerze an und lassen Sie sie von selbst ausbrennen.

Bewahren Sie den/die Amethyst(e) an einem auffälligen Ort in Ihrem Zuhause oder in einem heiligen Raum auf, da sie weiterhin positive Schwingungen aussenden werden.

Vergrabener Kristallzauber

Diese Zaubersprüche nutzen die Kraft der Erde noch direkter, indem sie die Kristalle zu ihrer Quelle zurückbringen.

Rohe Steine sind für diese Art der magischen Arbeit ideal, da keine Spuren von chemischen Zusätzen zwischen der Steinoberfläche und dem Boden vorhanden sind.

Die Stärke Ihrer konzentrierten Absicht ist wichtiger als die Frage, ob der Kristall roh oder geschliffen ist.

Ein kristallener Geldzauber

Wenn Sie ein bestimmtes Bedürfnis haben und nicht sicher sind, wie Sie es befriedigen können, kann dieser Zauberspruch sehr erfolgreich sein. Egal, ob Sie vor einer kostspieligen Autoreparatur stehen oder ein unerwartetes Defizit haben, das Ihre Fähigkeit, die Rechnungen zu bezahlen, gefährdet, nehmen Sie die Kraft Ihres Lieblingssteines, der Geld anzieht, zur Hilfe.

Vergessen Sie nicht, die Stelle zu markieren, an der Sie den Stein vergraben haben, damit Sie ihn wiederfinden können.

Sie benötigen:

- 1 Karneol, Jade oder einen anderen Wohlstandsstein Ihrer Wahl
- Bleistift und ein kleines Blatt Papier
- 1 grüne Kerze

Zünden Sie die Kerze an und schreiben Sie dann Ihren Namen und Ihr Bedürfnis auf den Zettel - sowohl den benötigten Geldbetrag als auch den Zweck (z. B. "500,00 € für die Autoreparatur").

Schreiben Sie nicht "Ich brauche", denn Sie arbeiten daran, von einem Ort des Bedürfnisses zu einem Ort des **Habens zu gelangen**.

Falten Sie das Blatt Papier mehrmals, legen Sie den Stein darauf und sprechen:

"Ich bin ein guter Mensch. Universum, ich danke dir für alles, was du mir gibst. Mit diesem [Name des Steins] rufe ich die Lösung für meine Not in mein Leben."

Lassen Sie den Stein auf dem Papier liegen, bis die Kerze ausgebrannt ist.

Vergraben Sie den Stein und das Papier in Ihrem Garten (wenn das nicht möglich ist, funktioniert auch eine Topfpflanze).

Lassen Sie es liegen, bis Ihr Geldbedarf gedeckt ist.

Sobald das geschehen ist, sollten Sie den Kristall und das Papier ausgraben und dem Universum danken! Das wird Ihnen helfen, Ihre magische Kraft für künftige Zaubersprüche zu erhöhen.

Ein Zauber, der schlechte Gewohnheiten vertreibt

Während die Hauptarbeit, eine unerwünschte Gewohnheit loszuwerden, bei Ihnen liegt, kann Magie sicherlich einen sehr hilfreichen Schub an Willenskraft und günstigen Umständen erzeugen.

Blutstein und Jet sind zwei ausgezeichnete Möglichkeiten für diesen Bannzauber, aber folgen Sie immer Ihrem Instinkt und Ihrer Beziehung zu Ihren Kristallen.

Sie werden ihn nicht zurückholen, also nehmen Sie einen Stein, von dem Sie sich trennen können.

Sie benötigen:

- 1 Blutstein, Jet oder einen anderen Bannstein Ihrer Wahl
- Bleistift und ein kleines Blatt Papier
- 1 schwarze Kerze

Zünden Sie die Kerze an und schreiben Sie die Gewohnheit, mit der Sie brechen wollen, auf das Blatt Papier.

Halten Sie den Stein in Ihren Handflächen und stellen Sie sich einige Minuten lang Ihr Leben ohne diese Gewohnheit vor - wie Sie sich täglich fühlen werden und welche Vorteile Sie davon haben werden. Beschwören Sie ein Gefühl von Freiheit, Erleichterung und Freude herauf.

Dann zerreißt man das Papier in kleine Stücke, sammelt sie zu einem Haufen und legt den Stein auf den Haufen, bis die Kerze herunterbrennt.

Bringen Sie den Stein an einen Ort, der weit von Ihrem Zuhause entfernt ist - vorzugsweise an einen Ort, an dem Sie sich nur selten, wenn überhaupt, aufhalten. Das könnte ein Park am anderen Ende der Stadt sein, oder idealerweise ein bewaldeter oder sonstiger ländlicher Ort.

Vergrabe den Stein in der Erde.

Wenn Sie fertig sind, bürsten Sie den Dreck von Ihren Händen kräftig über die Stelle, an der der Stein vergraben ist, und sagen Sie: "Ich habe den Stein vergraben. Ich lasse jetzt die Gewohnheit von [alte Gewohnheit nennen] in die Vergangenheit los, wo sie immer bleiben wird."

Dann gehen Sie weg, ohne sich umzudrehen.

Einen Kristall in Ihr Leben rufen

Wenn Sie nicht in der Lage waren, Kristalle oder Steine zu erwerben, oder wenn Sie das Gefühl haben, dass Sie mehr in Ihr Leben bringen möchten, versuchen Sie, das Universum direkt zu bitten, Ihnen zu helfen, sich mit dem/den richtigen Stein(en) zu verbinden.

Dies ist ein guter Zauber, um vor der Online-Bestellung von Kristallen zu arbeiten.

Sie benötigen:

- 1 weiße Kerze
- Meersalz (die kristalline Struktur des Meersalzes verleiht Ihrer Absicht einen magischen Schub)

Streue das Salz kreisförmig um die Kerze und sprechen dabei:

"Mit diesem heiligen Salz der Erde bitte ich den richtigen Kristall, in mein Leben zu kommen."

Schließen Sie die Augen und stellen Sie sich vor, dass Sie von wunderschönen, funkelnden Kristallen in allen Farben umgeben sind.

Atmen Sie ein paar Mal tief durch, zünden dann die Kerze an und sprechen:

"Es ist so. Gesegnet sei."

Zaubersprüche für Reichtum

Wenn Hexen Reichtum herbeizaubern, geht es nicht immer um Geld, denn echter Reichtum lässt sich nicht immer in finanziellen Größen messen. Und selbst wenn Reichtum auf dich zukommt, was ist der wahre Preis? Das Bitten um Zaubersprüche für Reichtum fällt unter das Motto "Sei vorsichtig, was du dir wünschst". Ist es wirklich in Ihrem besten Interesse? Sie müssen diese Dinge durchdenken, bevor Sie sich entscheiden, Zaubersprüche für Reichtum zu sprechen.

Und denken Sie immer daran: Schade niemandem. Ein weiterer Punkt, an den Sie sich erinnern sollten, ist, dass Ihr Reichtumszauber aus der Not heraus angewendet werden sollte, nicht aus Gier. Bitten Sie nicht um Reichtum, wenn Sie ihn nicht wirklich brauchen, sonst wird der Zauber nicht funktionieren. Mit diesem Gedanken im Hinterkopf, hier einige einfache Reichtumszauber, die funktionieren:

Zaubersprüche zum Glücklichsein

Jeder hat es verdient, glücklich zu sein. Wenn Sie jedoch nicht glücklich sind und Zaubersprüche für Ihr Glück sprechen wollen, müssen Sie sich darüber im Klaren sein, dass Magie kein Heilmittel für Ihre Probleme ist. Sie müssen bereit sein, sich Ihren Problemen zu stellen und sich mit ihnen auseinanderzusetzen. Wenn Sie also einen Glückszauber sprechen wollen, müssen Sie bereit sein, sich anzustrengen, um Ihre Stimmung zu heben und negative Gedanken und Energien zu vertreiben.

Hier sind einige der besten Zaubersprüche, um Ihre Stimmung zu heben, Stress abzubauen und Ihre Aussichten allgemein zu verbessern, damit Sie sich glücklicher fühlen.

Binde deine Sorgen weg-Zauber

Bevor Sie glücklich sein können, müssen Sie die Dinge loswerden, die Sie unglücklich machen. Eine gute Möglichkeit, dies zu tun, ist, eine Schnur zu nehmen und sie zwischen den Händen zu halten. Denken Sie an eine bestimmte Sache, die Sie unglücklich macht, und erlauben Sie sich, darüber verärgert und wütend zu sein. Weinen Sie, wenn Sie müssen, aber konzentrieren Sie sich auf das, was Sie stört.

Wenn Sie sich bereit fühlen, machen Sie einen Knoten in der Mitte der Schnur. Ziehen Sie kräftig an beiden Enden - seien Sie wütend auf den Knoten, denn er steht für das, was Sie belastet. Legen Sie nun den Knoten beiseite und meditieren Sie. Stellen Sie sich Ihr Leben vor, ohne den Knoten - und das Problem, das es repräsentiert - darin. Denken Sie daran, wie glücklich Sie sein werden. Stellen Sie sich vor, dass Sie jetzt glücklich sind, und denken Sie daran, wie viel besser Sie sich fühlen, wenn das Problem aus Ihrem Leben verschwunden ist.

Nun nehmen Sie die Schnur und lösen Sie sie nicht. Wenn Sie den Knoten loslassen, nehmen Sie das Schlechte aus Ihrem Leben, und Sie können weitergehen. Wenn Sie mehr als ein Hindernis für Ihr Glück haben, können Sie diesen Spruch an einem anderen Tag wiederholen.

Glücksblüten-Zauber

Frische Blumen wirken aufmunternd - ihr Anblick und Duft zaubert ein Lächeln ins Gesicht. Dieser Glückszauber basiert auf Blumen.

Sie benötigen:

- Flieder- oder Jasmin-Öl
- 1 frische Blume - was immer verfügbar ist
- Bleistift und Papier
- 1 gelbe Kerze

- 1 hitzebeständige Schüssel

Zünden Sie die gelbe Kerze an, nehmen Sie dann das Papier und schreiben 3 Dinge aus Ihrem Leben auf, die Sie unglücklich machen. Halten Sie das Papier in die Kerzenflamme und lassen Sie es, sobald es gut brennt, in die Schale fallen, damit es verbrennt.

Reiben Sie etwas Öl auf die Blume und ziehen Sie den Duft durch die Nase ein. Stellen Sie sich vor, wie Ihre Probleme mit dem Papier in Flammen aufgehen, erinnern Sie sich an die Freude der Blume und erlauben Sie dieser Freude, den Stress zu ersetzen. Legen Sie die Blume in die Schale auf die Asche und bewahren Sie sie auf Ihrem Altar als Erinnerung daran auf, glücklich zu sein.

Glücksknoten-Zauber

Nehmen Sie 3 bunte Schnur- oder Akkordstücke und flechte sie fest zusammen. Wählen Sie Ihre Lieblingsfarben. Machen Sie einen festen Knoten an einem Ende des Zopfes und denken Sie dabei an Ihr Bedürfnis, glücklich zu sein. Machen Sie nun 6 weitere Knoten und denken Sie dabei immer an Ihr Glück und stellen Sie sich vor, dass Sie dieses Glück jetzt haben. Tragen Sie die Schnur bei sich oder als Halskette oder Armband, bis Sie das Glück finden, das Sie verdienen. Dann bewahren Sie es sicher auf oder geben es der Natur zurück.

Glücksspiegel-Zauber

Dazu brauchen Sie einen Spiegel und ein glückliches Foto von sich selbst, auf dem niemand anderes zu sehen ist. Stellen Sie nun den Spiegel und das Foto so auf, dass sich das Foto im Spiegel spiegelt. Lassen Sie es einige Minuten so stehen und meditieren Sie darüber, wie Sie sich in diesen glücklichen Tagen gefühlt haben, schwelgen Sie in diesem Glück und lassen Sie keine Traurigkeit zu. Wenn Sie bereit sind, setzen Sie sich zwischen den Spiegel und das Foto. Konzentrieren Sie sich darauf, Glück zu empfinden. Wenn Sie sich wirklich glücklich fühlen, bewegen Sie sich aus dem Spiegelbild heraus. Wiederholen Sie den Spruch, wann immer Sie ihn brauchen.

Kerzenzauber zum Verbannen von Negativität

Sie können nicht glücklich sein, wenn es in Ihrem Leben Negativität gibt. Dieser mächtige und doch einfache Zauberspruch wird diese Negativität verbannen, damit Sie Ihr Glück finden können.

Sie benötigen:

- 1 schwarze Kerze
- Sandelholzöl
- Getrocknetes Basilikum, Minze oder weißer Salbei

Während es brennt, sprechen Sie eine Beschwörungsformel, um negative Energie, schlechte Einstellung und schlechte Laune zu vertreiben und Glück und Frieden willkommen zu heißen. Sie können die Beschwörung selbst schreiben oder eine geeignete Beschwörung verwenden, aber die Magie wird stärker sein, wenn Sie Ihre eigenen Worte verwenden, die direkt aus dem Herzen kommen. Wiederholen Sie die Beschwörung 3-mal. Lassen Sie nun die Kerze ausbrennen. Falls Wachs von der Kerze übrigbleibt, verteile es auf deinem Grundstück.

Zaubersprüche für Glück verlassen sich auf die Verbannung negativer Energie, sodass positive Energie fließen kann. Damit sie funktionieren, müssen Sie bereit sein, die Traurigkeit und Negativität gehen zu lassen, und offen und empfänglich für Glück sein. Sie müssen auch glauben, dass Sie das Recht auf Glück haben, und dass Sie würdig sind.

Aus diesem Grund sind Zaubersprüche, die Negativität verbannen sollen, häufiger als Zaubersprüche, die Glück bringen sollen. Glück ist nicht leicht zu definieren, und es ist schwierig, Zaubersprüche zu finden, die dafür geeignet sind. Negativität, die bereits vorhanden ist, ist jedoch erkennbar, und da sie erkennbar ist, kann man sich leicht auf sie konzentrieren und sie verbannen. In vielen Fällen reicht es sogar aus, die Negativität mit einem Zauberspruch zu vertreiben, um Glück in dein Leben zu bringen.

Zaubersprüche für Macht

Mächtige Zaubersprüche sind sehr, nun ja, mächtig. Wenn Sie also diese Zaubersprüche ausprobieren wollen, müssen Sie sich sehr auf das konzentrieren, was Sie erreichen wollen. Natürlich müssen Sie das "Dogma Harm None" im Hinterkopf behalten. Wenn Sie mit einem Zauber, der Ihnen Macht verleiht, einer anderen Person Macht wegnehmen, sollten Sie es nicht einmal in Erwägung ziehen. Zaubersprüche sollten jedem etwas Gutes bringen, sonst funktionieren sie nicht. Merken Sie sich dies.

Kraftzauber werden auch als Machtzauber bezeichnet, weil sie sich auf unsichtbare Kräfte im Universum berufen können. Aus diesem Grund gibt es nur sehr wenige Kraftzauber, die für Anfänger geeignet sind. Sie können diese jedoch gefahrlos ausprobieren.

Selbstermächtigungszauber

Dieser Zauber gibt Ihnen die Kraft in Ihnen selbst, alles zu erreichen, was Sie sich wünschen. Es ist ein sehr flexibler Zauber, den Sie immer dann anwenden können, wenn Sie ihn brauchen. Wenn sich Ihre Ziele ändern, können Sie den Zauberspruch entsprechend anpassen.

Sie benötigen:

- 1 große weiße Kerze, gereinigt
- 1 Spiegel

Bevor Sie beginnen, überlegen Sie, warum Sie diese Selbstermächtigung brauchen. Brauchen Sie die Kraft für einen bestimmten Zweck oder einfach nur, um mit allem fertig zu werden, was auf Sie zukommt? Sie müssen Ihre Absicht fokussieren und sich so lange Zeit nehmen, wie Sie brauchen, um diese Absicht in Ihrem Geist zu klären. Vielleicht möchten Sie zuerst ein rituelles Bad nehmen, und es ist eine gute Idee, diesen Zauber in einem heiligen Kreis durchzuführen, da Sie vielleicht die Göttin anrufen möchten.

Stellen Sie nun die Kerze vor den Spiegel, zünden Sie sie an und setzen Sie sich vor die Kerze und den Spiegel. Spüren Sie, wie die Energie der Flamme in Sie eindringt und Sie ermächtigt. Rufen Sie die Göttin an, wenn Sie möchten, und sprechen Sie ein Gebet, während Sie die Energie aufnehmen. Das kann ein eigens aufgeschriebenes Gebet sein oder ein anderes geeignetes, positives, ermächtigendes Gebet.

Macht-Meditation-Zauber

Dies ist eine reine Visualisierung, Sie müssen sich also wirklich auf Ihre Absicht konzentrieren. Machen Sie Ihren Geist frei und stellen Sie sich dann vor, dass Sie sich in einer Situation befinden, in der Sie nicht versagen können. Alles, was Sie anfassen, ist erfolgreich. Sie können nichts falsch machen. Stellen Sie sich nun Ihr Leben in dieser Situation, an diesem Ort vor.

Stellen Sie sich das alles ganz genau vor und schreiben Sie es auf. Was müssen Sie studieren, um den gewünschten Job zu bekommen? Wo werden Sie leben? Wie wird Ihre Familie aussehen? Das sind die Ziele, die Sie anstreben - Sie haben sie visualisiert, und Sie werden sie erreichen. Wiederholen Sie diesen Meditationszauber, wann immer Sie Motivation brauchen. Auch wenn sich Ihre Ziele mit der Zeit ändern, die Kraft, sie zu erreichen, wird Ihnen erhalten bleiben.

Macht- und Erfolgszauber

Dies ist ein mächtiger Zauber, der Ihnen in allen Situationen einen Vorteil verschafft und Ihnen Macht über Konkurrenten und Rivalen verleiht.

Sie benötigen:

- 1 grüne Kerze
- 1 violette Kerze
- 1 Pentagramm-Anhänger an einer Kette oder einem Gurt

Stellen Sie die grüne Kerze auf die eine Seite des Raumes und die violette Kerze auf die andere Seite. Zünden Sie die violette Kerze an und nehmen Sie sie dann in die Hand. Halten Sie den Anhänger in der anderen Hand und gehen Sie in einer geraden Linie durch den Raum zur grünen Kerze. Zünden Sie ihn an der violetten Kerze an und stelle ihn dann neben die grüne Kerze.

Sprechen Sie eine Beschwörungsformel, die besagt, dass Sie ohne Angst geradeaus gehen sollen, wenn der Erfolg sich Ihnen nähert. Legen Sie den Anhänger vor die Kerzen und meditieren Sie über den Erfolg, den Sie erwarten, und die Macht, die Sie über Ihre Rivalen haben werden, wenn es darum geht, einen Job zu bekommen, eine Rolle bei einem Vorsprechen zu gewinnen oder was auch immer Sie erreichen wollen. Lassen Sie die Kerzen ausbrennen.

Wann immer Sie irgendwo hingehen, wo Erfolg für Sie wichtig ist, tragen Sie den Anhänger mit dem Charme und stellen Sie sich die gerade Linie vor, die Sie zwischen den Kerzen gegangen sind. Stehen Sie aufrecht und gehen Sie auf dieser geraden Linie in den Raum und stellen Sie sich die Macht vor, die Sie über Ihre Konkurrenten haben.

Zauberspruch für Mut, Weisheit und Macht

Erinnern Sie sich daran, dass Macht nur zum Wohle von Ihnen, anderen und der Welt eingesetzt werden sollte. Dieser Zauberspruch gibt Ihnen auch den Mut und die Weisheit, Ihre magischen Kräfte angemessen und unschädlich einzusetzen.

Sie benötigen:

- 1 rote Kerze
- 1 violette Kerze
- 1 weiße Kerze
- 1 Stück Seidenseil - Dicke und Länge sind nicht entscheidend, aber es sollte Ihnen gefallen

Dieser Zauber muss in einem heiligen Kreis durchgeführt werden. Zünden Sie dann die Kerzen an, legen Sie das Seil auf Ihren Altar und machen Sie einen Knoten rein, während Sie eine Beschwörung sprechen, die besagt, dass Sie das Seil benutzen, um Ihre Kraft zu binden, Sie stark zu machen, wenn Sie sich schwach fühlen, und Ihnen Mut und Weisheit zu geben, wenn Sie sie brauchen. Rufen Sie Ihre Göttin um Energie und Beistand an. Beenden Sie die Beschwörung mit "So soll es sein.". Tragen Sie das Seil immer bei sich oder in Ihrer Nähe, damit die Kraft und der Mut frei fließen können, aber denken Sie daran, Ihre Kraft nur für gute Zwecke einzusetzen.

Es gibt zwar Zaubersprüche, die Ihnen Macht verleihen können, sei es für Ihre Kraft oder für Ihr tägliches Leben, aber sie funktionieren nur, wenn Ihr Glaube unerschütterlich und wahr ist. Sie müssen an Ihre Religion glauben und an die Macht Ihrer Magie. Obwohl der Glaube in allen Bereichen des Handwerks wichtig ist, ist er besonders wichtig, wenn es um Zaubersprüche für Macht geht. Seid gesegnet.

Kapitel 4: Auswahl und Pflege der eigenen Kristalle

Wenn unsere Energiefelder mit der Energie eines anderen Menschen in Berührung kommen, werden wir uns ihrer bewusst. Selbst wenn unsere Augen geschlossen sind und sie still und ruhig sind, können wir ihre Anwesenheit spüren. Das liegt daran, dass sich die vielen Energien beider berühren und interagieren. Wenn die andere Person eine bestimmte starke Emotion empfindet, fühlen wir oft selbst ein gewisses Maß dieser Emotion, weil wir die Energie der anderen Person aufnehmen. Das Gleiche gilt für die Energien, die in Kristallen und Mineralien enthalten sind; sie absorbieren die Energie der Dinge um sie herum, auch die der Menschen.

Diese reine Energie verbleibt in den Kristallen, und wenn sie zum Heilen verwendet werden, ist es ratsam, sie regelmäßig zu reinigen. Es gibt negative und positive Energie, und Sie wollen nicht, dass negative Energien in Ihr Feld eindringen, vor allem nicht beim Heilen. Wie oft Sie Ihre Steine reinigen, hängt davon ab, wie regelmäßig sie verwendet werden. Wenn Sie sie nur für sich selbst verwenden, ist bei täglichem Gebrauch eine Reinigung einmal pro Woche erforderlich. Passen Sie dies an, je nachdem, wie oft Sie heilen.

Wenn Steine für andere verwendet werden, sollten sie nach jeder Verwendung gereinigt werden. Sie möchten nicht die negativen Energien einer anderen Person in eine andere Person übertragen. Wenn Sie Ihre Kristalle oder Mineralien nicht zur direkten Heilung verwenden, sondern sie nur in einem Raum zur Schau stellen wollen, können Sie sie monatlich oder sogar alle 2 Monate reinigen, um sicherzustellen, dass sie frei von Negativität sind und Sie den größten Nutzen aus ihnen ziehen können.

Bei der Reinigung Ihrer Steine geht es nicht darum, sie von oberflächlichem Schmutz oder Staub zu befreien, sondern darum, die zusätzlichen Energien, die in ihnen gespeichert sind, zu entfernen und sie nur mit ihrer natürlichen Energie zu belassen. Da die natürlichen Energien aus der Erde gewonnen werden, während sie wachsen, handelt es sich um reine universelle Energie, die nur positive Auswirkungen hat.

Reinigen

Salz ist das wirksamste Mittel zur Reinigung Ihrer Steine, aber die Zusammensetzung von Kristallen und Mineralien ist unterschiedlich, und da einige porös sind, können sie beschädigt werden, wenn sie mit Salz in Berührung kommen. Das liegt daran, dass Salz selbst ein kristallines Material ist, und wenn es von einem Kristall auf Salzbasis absorbiert wird, kann sich die gesamte Zusammensetzung des Steins verändern. Wenn Ihr Stein Wasser oder irgendeine Art von Metall enthält, wird das Salz ihn außerdem beschädigen. Wenn Sie sich also für diese Art der Reinigung entscheiden, sollten Sie sicher sein, dass Sie die Beschaffenheit Ihrer Steine kennen.

Lassen Sie niemals zu, dass einer der folgenden Steine mit einer Salzwassermischung gereinigt wird:

- Türkis
- Turmalin
- Topas
- Das Auge des Tigers
- Tansanit
- Selenit
- Saphire
- Rubinrot
- Pyrit
- Opal
- Mondstein
- Malachit

- Lapislazuli
- Jet
- Hämatit
- Halit
- Gips
- Granat
- Smaragd
- Calcit
- Beryll
- Azurit

Es gibt 5 Möglichkeiten, wie Sie Ihre Kristalle und Mineralien reinigen können:

1. Salzwasser-Reinigung
2. Geoden
3. Kontakt Salz
4. Berührungsloses Salz
5. Verschmieren

Salzwasser- Reinigung

Erstreinigung: 5-7 Tage

Unterhaltsreinigung: 12-24 Stunden

1. Füllen Sie eine Plastik- oder Glasschüssel mit kaltem, abgekochtem Wasser und rühren Sie eine gute Menge Salz ein.
2. Geben Sie Kristalle oder Mineralien in das Salzwasser. Achten Sie darauf, dass sie vollständig untergetaucht sind, und lassen Sie sie für die erforderliche Zeit stehen.
3. Nehmen Sie den Stein heraus und spülen Sie ihn mit warmem Wasser ab, um sicherzustellen, dass kein Salz auf dem Stein zurückbleibt.

Geoden

Erstreinigung: 3-5 Tage

Unterhaltsreinigung: 1-3 Tage

Eine Quarzgeoden-Höhle ist eine der besten Möglichkeiten, Ihre Kristalle zu reinigen, da Quarz alle Energie von den Kristallen oder Mineralien absorbiert, sie neutralisiert und dann die reine Energie zurück in Ihren Stein gibt. Legen Sie Ihre Steine einfach in die Höhle und lassen Sie sie dort.

Geoden-Höhlen können kostspielig sein, aber Sie brauchen nur eine, um alle Ihre Steine zu reinigen, und da es eine große Vielfalt an Quarzkristallen gibt, kann der Preis je nach der von Ihnen gewählten Quarzsorte angemessen sein.

Die besten Arten von Quarzgeoden:

- Amethyst
- Ametrin
- Aventurin
- Blauer Quarz

- Citrin
- Milchquarz
- Bergkristall
- Rosenquarz
- Rauchquarz
- Das Auge des Tigers

Kontakt Salz

Erstreinigung: 5-7 Tage

Unterhaltsreinigung: 12-24 Stunden

1. Verwenden Sie eine Plastik- oder Glasschale und füllen Sie sie zu einem Viertel mit Salz (Haushaltssalz ist in Ordnung, aber Meersalz ist besser).
2. Legen Sie Ihre Steine in das Salz und füllen Sie die Schüssel auf, bis die Steine vollständig bedeckt sind.
3. Mit warmem Wasser abspülen, um Salzreste zu entfernen.

Berührungsloses Salz

Erstreinigung: 1 Woche

Unterhaltsreinigung: 2-4 Tage

1. Füllen Sie eine Schüssel oder ein tiefes Tablett mit Salz.
2. Nehmen Sie einen kleineren Behälter und geben Sie Ihre Kristalle hinein.
3. Stellen Sie den kleineren Behälter in das Salz. Die kleinere Schale mit den Kristallen oder Mineralien sollte bis zu zwei Dritteln des Randes im Salz versenkt werden.

Verschmieren

Erstreinigung: 5 Minuten

Unterhaltsreinigung: 1-2 Minuten

Beim Räuchern werden die Kristalle in den Rauch eines Räucherstäbchens oder eines Räucherstäbchens oder -kegels gehalten. Der Rauch entfernt alle gespeicherten zusätzlichen Energien aus dem Kristall, sodass er nur noch mit reiner Energie gefüllt ist.

Für die Reinigung nur Salbei-, Sandelholz- oder Zedernholz-Räucherungen verwenden.

1. Zünden Sie das Räucherwerk an, und wenn es gut brennt, legen Sie den Kristall oder das Mineral in den Rauch und halten Sie ihn dort, damit er vom Rauch verschlungen wird.

Kristall-Energetisierung

Wenn Sie nicht gerade eine Geoden-Höhle zur Reinigung Ihrer Steine benutzen, müssen alle Kristalle und Mineralien neu energetisiert werden, damit sie ihre Wirkung entfalten können. Es gibt 4 Möglichkeiten, dies zu tun, und alle sind hocheffektiv, sodass Sie diejenige wählen sollten, die Ihnen am besten passt.

Die Energieversorgung kann erfolgen mit:

- Persönlichem Kontakt
- Natürliches Licht
- Wasser

- Geoden-Höhle

Persönlicher Kontakt

Überall auf der Welt gibt es verschiedene Kulturen, die behaupten, dass ein Heilstein am besten durch persönlichen Kontakt wieder mit Energie versorgt werden kann. Das funktioniert zwar, aber ich persönlich bin der Meinung, dass der Akt der Durchdringung des Steins mit der Energie einer kranken oder emotional aufgeladenen Person die Wirkung der Reinigung aufhebt, aber das ist eine Frage der persönlichen Entscheidung.

- Nehmen Sie Ihren Kristall oder Ihr Mineral in die Hand und halten Sie es 30 Minuten bis 1 Stunde lang.

Natürliches Licht

Wenn Sie Steine mit kräftigen Farben verwenden, kann direktes Sonnenlicht sie ein wenig verblassen lassen.

Die natürliche Energie der Sonne oder des Mondes ist ein guter Weg, um Ihre Steine wieder mit Energie zu versorgen.

- Legen Sie Ihre Kristalle und Mineralien auf eine saubere Oberfläche im Freien (ich finde, dass es gut funktioniert, sie in einen Kerzenhalter zu legen, den man an einen Baumzweig hängen kann).
- Lassen Sie sie 1-2 Tage lang im Freien stehen, damit sie die Energie des natürlichen Lichts aufnehmen können.

Wasser

Wenn Sie Zugang zu einem Fluss oder einer anderen frei fließenden natürlichen Wasserquelle haben, sollten Sie dies nutzen, denn dies ist der effektivste und schnellste Weg, um einen Stein zu reenergetisieren. Fließendes Wasser ist der schnellste und einfachste Weg, einen Stein zu reenergetisieren. **Dies darf niemals mit Steinen geschehen, die porös sind.**

- Natürlich fließendes Wasser: Legen Sie Ihre Steine in einen Beutel aus natürlichen Materialien und halten Sie ihn 5 Minuten lang in den Bach oder Fluss.
- Leitungswasser: Legen Sie Ihre Steine in ein offenes Gefäß und halten Sie es 15-20 Minuten unter einen laufenden Wasserhahn.

Geoden-Höhle

- Wie bei der Reinigung legen Sie Ihre Steine einfach in eine Geoden-Höhle und lassen Sie sie mindestens 24 Stunden liegen.

Jetzt kommen wir zum unterhaltsamen Teil des Lernens. Wir werden mit einigen Fakten über Kristalle selbst beginnen und dann zu etwas übergehen, dass man die drei K's nennt. Ich habe auch einige Rituale eingefügt, die für Anfänger nützlich sind, sowie einige Kristalle für den Anfang und wofür sie verwendet werden, also vergiss nicht, sie am Ende zu lesen.

Wir werden mit einigen historischen Kulturen beginnen, die dafür bekannt waren, Kristalle sowohl in ihrem religiösen als auch in ihrem normalen Alltagsleben zu verwenden. Hier sind sechs Kulturen, die Kristalle als Teil ihres täglichen Lebens verwendet haben bzw. immer noch verwenden:

Die Römer glaubten, dass das Tragen von Kristallen als Talisman oder Amulett ihnen Glück und Wohlstand bringen würde, im Kampf und im Leben insgesamt.

Die alten Japaner benutzten Kristalle, um sich mit übersinnlichen Energien zu verbinden, und sie benutzten eine Kristallkugel, um in die Zukunft zu sehen und Ereignisse vorherzusagen.

Als Nächstes wollen wir über eine ziemlich erstaunliche Eigenschaft sprechen, die Kristalle von Natur aus besitzen, und über ein kleines Experiment, das Sie in Zukunft mit Ihren Kristallen ausprobieren können.

Kristalle sind sowohl Rezeptoren als auch Sender und können zur Neuausrichtung von Energie verwendet werden, da sie zwei Arten von schwacher Elektrizität erzeugen: piezoelektrische Elektrizität (durch Zusammendrücken oder Druckausübung) und Pyro-Elektrizität (durch Wärmezufuhr oder Temperaturänderung).

Wenn Sie also Ihren Kristall in die Hand nehmen oder ihn zusammendrücken, tragen Sie dazu bei, dass Ihr Kristall mehr Strom produziert. Genauso wie beim Einschalten eines Haartrockners die elektrische Leistung erhöht wird, weil er eingeschaltet ist, im Gegensatz dazu, wenn er ausgeschaltet, aber eingesteckt ist - der Unterschied in der Leistung ist ähnlich, wenn Sie Ihren Kristall in die Hand nehmen und ihn zwischen den Fingern zerdrücken. Eine der interessantesten Tatsachen, die ich über Kristalle herausgefunden habe, ist wohl, dass sich dort, wo der Kristall am stärksten aufgeladen ist, Blasen bilden, wenn man ihn unter Wasser hält. Wenn Sie also einen neuen Kristall kaufen und neugierig sind, wo seine Stärken liegen, können Sie ihn in ein Glas Wasser legen und beobachten, wie sich die Blasen um ihn herum bilden, und das wird Ihnen sagen, woher die meiste Ladung Ihres Kristalls kommt.

Wir werden mit einer kurzen Frage fortfahren: Haben Sie schon einmal etwas in die Hand genommen und die Energie dieses Gegenstandes, dieser Person oder dieses Tieres gespürt und sich sofort mit ihm verbunden?

Die Wahrscheinlichkeit ist ziemlich groß, dass Sie das auch getan haben, selbst wenn Sie sich dessen nicht bewusst waren. Menschen, Tiere und sogar Mineralien neigen dazu, eine Art von Energie abzugeben, sei es eine positive, saubere Energie oder eine negative, schmutzige Energie. Und genau da kommt die Kristallmagie ins Spiel.

Wir sind es uns selbst und anderen Lebewesen schuldig, mehr darüber zu lernen, wie wir mit ihnen in Verbindung treten können, und diese besondere Verbindung in unserem Alltag zu nutzen, sei es in der Medizin, sowohl körperlich als auch geistig, oder auch nur im Haus und am Arbeitsplatz, um die Energien, die wir täglich ausstrahlen, zu erleichtern und zu reinigen. Man könnte es als eine Art Lösung für Energieverschmutzung bezeichnen. Irgendwie ein toller Name dafür.

Aber wie bei allem, was Sie benutzen wollen, ist auch hier ein gewisses Maß an Respekt erforderlich. Wie Ihr Computer oder Ihr Fernseher - Sie schätzen sie, Sie benutzen sie jeden Tag, und Sie treffen Vorkehrungen, um sicherzustellen, dass sie in einem guten Zustand sind, damit Sie sie weiterhin täglich benutzen können. Das Gleiche gilt für die Kristalle, die Sie verwenden wollen, denn seien wir ehrlich: Wenn der Stein anfängt, negative Energien zu sammeln, und Sie nicht dazu beitragen, diese zu lindern, wird Ihr Kristall aufhören, sein volles Potenzial zu entfalten, und das will niemand.

Lassen Sie uns kurz über eine mögliche Situation sprechen, in der es um Kristalle geht, um die man sich nicht richtig gekümmert hat. Nehmen wir an, Sie sind ein Kristallheiler, jemand, der bestimmte Kristalle benutzt, um die Wunden anderer zu heilen (sowohl physisch als auch mental), und Sie haben Ihre Kristalle nicht richtig von den negativen Energien früherer Klienten gereinigt. Wenn Sie den nächsten Klienten heilen wollen, werden Sie wahrscheinlich nicht die gleichen hervorragenden Ergebnisse erzielen. Und warum? Nun, weil der Kristall auf der Grundlage positiver Energie arbeitet, und wenn ein ganzer Haufen negativer Energie den Kristall verstopft, kann er seine Aufgabe nicht erfüllen, die negativen Energien (Verletzungen, sowohl geistige als auch körperliche) aus Ihrem Körper oder der Person, die Sie zu heilen versuchen, zu entfernen. Der Stein kann den Schmerz einer Wunde nicht absorbieren, wenn er bereits voller negativer Energie ist, und die Wirksamkeit der Heilungssitzung wird wahrscheinlich dazu führen, dass derjenige, den Sie heilen, mehr will.

Warum erwähne ich den Umgang mit Ihren Kristallen? Hauptsächlich deshalb, weil als allgemeine Faustregel jedes Wesen in der Existenz mit dem Respekt und der Liebe behandelt werden sollte, die man von ihm erwarten würde. Im Wicca gibt es tatsächlich eine Art Faustregel, wenn man so will, für genau den Punkt, den ich zu machen versuche: Alles, was ihr in die Welt hinaussendet, wird schließlich zu euch zurückkommen, und wenn ihr Negativität aussendet, werdet ihr sie siebenfach zurückbekommen, und niemand will Negativität in seinem Leben haben.

Das Gleiche gilt für die Steine, mit denen Sie tagtäglich arbeiten werden. Wenn sie voller negativer Energie sind, werden Sie mit dem, was Sie erreichen wollen, nicht sehr weit kommen. Achten Sie also darauf, dass Sie Ihre Steine mit Respekt behandeln. Kommen wir nun zu den Vorteilen von Kristallen und warum wir sie in unserem Leben verwenden.

Wir können erkennen, dass Steine, Kristalle und Edelsteine sowie Tiere und Pflanzen ebenfalls Leben, Energie und Erfahrungen haben. Sie koexistieren voll und ganz mit unseren Lebensformen und anderen, und das schon seit Anbeginn der Zeit. Es ist weise zu lernen, wie man alle Lebensformen erkennt und eine Beziehung zu ihnen entwickelt. Egal, wie unbedeutend diese Lebensform für uns zu sein scheint, oft kann das, was einer Person unbedeutend erscheint, einen großen Einfluss auf das tägliche Leben einer anderen Person haben, daher ist es wichtig, sich darin zu üben, Verständnis für alle Lebensformen zu haben.

Es gibt eine ziemlich große Vielfalt an Kristallen in der Welt, in allen Formen, Größen, Farben und in manchen Fällen sogar Texturen. Die wohl am häufigsten verwendete Kristallfamilie ist der Quarz, von dem es mehrere verschiedene Arten mit unterschiedlichen Verwendungszwecken gibt. Da wir schon beim Thema der Quarzfamilie sind, wollen wir sie ein wenig näher betrachten.

Wie ich zu Beginn sagte, habe ich eine Liste mit grundlegenden Kristallen für den Anfang zusammengestellt, aber diese Liste enthält nicht einmal einen Bruchteil der Kristalle, die es auf der Welt gibt. Aber es ist eine Liste mit genügend Kristallen, um den Anfang zu machen. Sobald Sie sich mit der Praxis vertraut gemacht haben, schlage ich vor, dass Sie einige Nachforschungen über die Kristalle anstellen, an denen Sie interessiert sind, sich ein Kristall-Lexikon besorgen und dann vielleicht in ein Geschäft gehen, um zu sehen, ob Sie eine signifikante Verbindung oder Energieübereinstimmung mit den Kristallen, an denen Sie interessiert sind, spüren.

Aber seien Sie sicher, dass Sie Ihre Intuition benutzen und nicht nach dem Aussehen auswählen, denn das ist nicht das Wichtigste bei der Auswahl von Kristallen, mit denen Sie arbeiten, sondern wie Sie sich mit dem Kristall fühlen. Ein Kristall, der nicht zu Ihnen passt, funktioniert vielleicht nicht so gut wie einer, der zu Ihnen passt, und die Ergebnisse Ihrer Arbeit werden sowohl für Sie als auch für Ihren Kunden weniger zufriedenstellend sein. Sie müssen wirklich eine Verbindung zu Ihren Kristallen spüren, um mit ihnen arbeiten zu können. Niemand möchte mit etwas arbeiten, das sich gezwungen anfühlt.

Lassen Sie sich außerdem nicht von jemandem zu einer Entscheidung drängen, die darauf beruht, wie lange Sie gesucht haben, denn manchmal dauert es nur 1 Minute, bis Sie den Kristall finden, den Sie gesucht haben - Intuition ist der Schlüssel.

Eine letzte Sache bei der Auswahl eines Kristalls: Ignorieren Sie nicht, wie sich der Stein in Ihrer Handfläche anfühlt, das ist der erste Eindruck (wenn Sie so wollen), den ein Stein Ihnen vermittelt. Wenn Sie eine negative Schwingung von dem Kristall bekommen, ist es wahrscheinlich, dass Sie es entweder mit einem nicht gereinigten Kristall zu tun haben oder Sie sind einfach nicht mit diesem Stein kompatibel. Gehen Sie weiter und stellen Sie sicher, dass Sie sich mit dem Stein, den Sie kaufen, verbunden fühlen, denn die Verbindung zwischen Ihnen und Ihren Steinen ist wirklich wichtig, wenn Sie sie in Ritualen und im täglichen Leben verwenden.

Nachdem wir nun erörtert haben, was Kristalle für uns sind, wollen wir uns nun damit befassen, wie man ihre Energien nutzt und wie man sie richtig einsetzt. Vergessen Sie aber nicht, Ihre Steine zu schätzen, jedes Mal, wenn Sie sie verwenden, und für alles, wofür Sie sie verwendet haben. Denken Sie daran, dass alles, was Sie geben (und nehmen), letztendlich in vollem Umfang zu Ihnen zurückkehrt.

Kristalle sind wertvoll, sowohl in ihrem Aussehen als auch in ihrem Nutzen für uns. Die Schönheit der Kristalle ist wohl das Erste, was uns anzieht. Sie regen unsere Sinne an und kitzeln den Teil von uns, der neugierig ist. Ob sie nun den Sehsinn anregen, wenn man sie zum 1. Mal sieht, oder den Tastsinn, wenn man sie zum 1. Mal in die Hand nimmt und zwischen den Fingern anfasst. Kristalle regen immer die Sinne an und wecken das Interesse der Menschen. Vielleicht ist das einer der vielen Gründe, warum wir uns nicht nur an ihrer Nützlichkeit erfreuen, sondern auch, warum wir sie gerne in unserer Gesellschaft haben. Was auch immer der Grund ist, sie sind für viele Menschen sehr wichtig.

Wie wir bereits kurz erörtert haben, haben Kristalle viele begehrte Anwendungen und sind dafür bekannt, dass sie vielen Menschen bei ihren täglichen Beschwerden helfen. Dazu gehören unter anderem chronische Schmerzen, Migräne, Angstzustände und Depressionen, und für andere auch Arthritis. Viele Betroffene sind in der Lage, ein erfüllteres und aktiveres Leben zu führen, weil der Kristall sie in die Lage versetzt, ihre Wünsche zu erfüllen, wie z. B. Partys und soziale Verpflichtungen, die sie vorher aufgrund ihrer Einschränkungen nicht wahrnehmen konnten. Und das alles nur, weil die Kristalle die Schmerzen gelindert haben oder sie sogar ganz verschwinden ließen.

Wie auch immer, kommen wir zurück zum eigentlichen Thema: Wie Kristalle im täglichen Leben verwendet werden können. Aber denken Sie daran, dass es technisch gesehen keine "falsche" Art und Weise gibt, Kristalle zu verwenden, solange Sie sie nicht misshandeln, und die Entscheidung liegt letztendlich bei Ihnen. Da es in diesem Buch jedoch darum geht, die Grundlagen zu erlernen, habe ich eine Liste der häufigsten Verwendungsmöglichkeiten von Kristallen im täglichen Leben zusammengestellt. Sie lauten wie folgt:

- Am Körper tragen (z. B. ein Anhänger, ein Armband, ein Ring).
- Nachts unter dem Kopfkissen oder unter der Matratze aufbewahren, wenn Sie sich damit wohler fühlen.
- Sie können Kristalle in der Meditation verwenden oder sie auf Ihren Altar stellen.
- Sie können im Haus oder am Arbeitsplatz aufbewahrt werden, um den Raum aufzuräumen und zu reinigen.
- Kristalle wirken der Umweltverschmutzung entgegen.
- Bei der Herstellung von Edelsteinessenzen.
- Wird bei der Aura-Reinigung verwendet.
- Die Praxis, Steine auf den Körper zu legen, um die Chakren zu reinigen.

Wenn Sie an den Punkt kommen, an dem Sie entscheiden, wie Sie Ihre Kristalle verwenden wollen, stellen Sie sicher, dass Sie das wählen, was sich für Sie richtig anfühlt und niemand anderes. Lassen Sie sich von niemandem sagen, dass die Art und Weise, wie Sie Ihre Kristalle verwenden wollen, falsch ist, denn die Wahl liegt tatsächlich bei Ihnen, da es technisch gesehen keine falsche Wahl gibt. Nutzen Sie Ihre Intuition, in jedem Aspekt dieser Praxis.

Jede der oben aufgeführten Praktiken hat ihre Vorteile, aber Sie werden diese Vorteile nicht in vollem Umfang erleben, wenn Sie etwas gewählt haben, mit dem Sie sich nicht wohl fühlen. Ich sage es noch einmal: Intuition ist der Schlüssel zu solchen Entscheidungen, also haben Sie keine Angst, Ihrem Bauchgefühl zu vertrauen. Die Chancen stehen gut, dass dieses Gefühl richtig ist.

Kapitel 5: Wie man sich die projektiven und rezeptiven Energien der Kristalle zunutze macht

Der Zweck der 3 K's ist es, sich um Ihre Kristalle zu kümmern, solange sie in Ihrer Obhut sind, und bevor Sie sie weitergeben, wenn Sie es wünschen. Ich habe es jetzt schon ein paar Mal gesagt, aber man kann es nicht oft genug sagen: Kümmern Sie sich um Ihre Kristalle oder sie werden Ihnen nichts nützen. Im Grunde genommen ist ein gesunder Kristall ein glücklicher Kristall. Ich weiß, was Sie denken: Wie kann ein Kristall gesund sein oder nicht? Nun, das ist ganz einfach: Ein Kristall, der voller negativer Energien ist, ist nicht rein genug, um die negativen Energien aus jemandem oder etwas herauszuziehen, das ihn wirklich brauchen könnte. So funktioniert es einfach nicht. Genauso wie Ihr Smartphone nicht funktioniert, wenn es nicht aufgeladen ist.

Bei der Pflege Ihrer Kristalle sollten Sie 3 K's befolgen: Reinigen, Weihen und Aufladen. Diese 3 Praktiken sind dafür bekannt, dass sie die Qualität Ihrer Kristalle wirklich verbessern und sie glücklich machen. Sie müssen nicht unbedingt alle 3 Praktiken anwenden, aber es ist doch schön zu wissen, dass es verschiedene Möglichkeiten gibt, oder? Auch wenn die Theorie besagt, dass das Aufladen eine der am wenigsten notwendigen Praktiken ist, finden einige Menschen, dass diese Praxis sehr vorteilhaft für ihre Erfahrungen ist.

Aber genug geschwafelt, kommen wir zurück zum eigentlichen Thema: Die 3 K's. Wir beginnen mit dem Reinigen.

Zunächst müssen wir verstehen, was es bedeutet, einen Gegenstand zu reinigen. Vom spirituellen Standpunkt aus betrachtet reinigt man einen Gegenstand, man trennt den Gegenstand von seinen vergangenen Schwingungen (Berührung/Handhabung des Gegenstands) und macht ihn im Wesentlichen wieder rein. Stellen Sie sich das wie eine Gesichtsmaske für Ihre Kristalle vor, nur dass die Reinigung wahrscheinlich weniger schmutzig sein wird.

Kommen wir nun zu dem Teil, in dem es um das wie geht. Ich bin sicher, Sie denken, aber wie reinige ich meine Kristalle? Ist das schwer? Wie sieht es mit den verschiedenen Methoden aus? Ganz ruhig. Es gibt tatsächlich mehrere verschiedene Methoden, mit denen Sie Ihre Kristalle reinigen können. Auch hier kommen wir wieder auf eine kleine Sache zurück, die sich Intuition nennt. Ich weiß, ich weiß. Wiederholung. Aber ich muss Ihnen sagen, dass diese Art von Magie wirklich darauf beruht, die kleine Stimme in Ihrem Inneren oder das Gefühl in Ihrem Bauch zu benutzen, um die Entscheidungen für sich zu treffen. Hören Sie also darauf, auch wenn Sie denken, dass Ihre Gefühle für die Situation für andere Menschen dumm sind, ist es sehr wahrscheinlich, dass sie das Gleiche tun - sie nutzen ihre Intuition.

Es gibt zwar verschiedene Reinigungsmethoden, aber ich werde hier nur einige der gängigsten besprechen und meine Meinung auf der Grundlage dessen äußern, was bei mir in der Vergangenheit funktioniert hat. Lassen Sie uns beginnen.

Die erste ist das Verschmieren. Vielleicht haben Sie es in einer Fernsehsendung oder in einem Film gesehen, wo eine scheinbar verrückte Frau auf Spanisch murmelt und mit einem Bündel Kräuter herumfuchtelt. Nun, diese Frau ist nicht ganz so verrückt, wie Hollywood sie dargestellt hat. Das Ausräuchern ist wirklich eine großartige Praxis, die von vielen Religionen genutzt wird, um negative Energien und manchmal auch negative Geister zu vertreiben. Sie fragen sich jetzt vielleicht: Woher bekomme ich die Werkzeuge, um mit dem Ausräuchern zu beginnen? Was ist, wenn ich aus Versehen das Haus abfackle? Ist das teuer? Ich versichere Ihnen, dass diese Praxis sicher und kostengünstig ist und dass Sie Ihr Haus nicht abbrennen werden. Das Räuchern erfolgt entweder mit einem vorgefertigten Räucherstäbchen, das man in jedem Wicca-Laden kaufen kann, oder man kann sich selbst einen aus weißem Salbei herstellen.

Nun zum wie. Beim Räuchern verbrennt man den Räucherstäbchen und weht den Rauch über das, was man zu reinigen versucht. Sie sollten auch in einem positiven Geisteszustand sein; Sie können nicht hoffen, etwas von Negativität zu reinigen, wenn Sie es mit derselben vergiften.

Die nächste Praxis, die wir besprechen werden, ist das Vergraben der Kristalle in der Erde. Die Praxis, etwas in der Erde zu vergraben, um es von der inneren Negativität zu reinigen. Während das Vergraben des Steins in etwas scheinbar Schmutzigem wie Erde, ist der Akt der Reinigung durch das Element Erde tatsächlich sehr reinigend. Wie wir vielleicht wissen, spielen die 4 Elemente Erde, Luft, Feuer und Wasser in der Wicca-Religion eine wichtige Rolle, sodass es wirklich Sinn macht, wenn man darüber nachdenkt. Die Elemente können wirklich große Auswirkungen auf die Dinge haben.

Kommen wir nun zum wie. Während einige Leute Ihnen sagen werden, dass die Erde, in der Sie Ihre Kristalle vergraben haben, selbst rein sein muss, werden andere Ihnen sagen, dass Sie sie in Ihrem Hinterhof vergraben können (mit einer offensichtlichen Markierung, wo Sie sie platziert haben!), aber letztendlich glaube ich, dass es an Ihnen liegt, da die Absicht hauptsächlich das ist, was zählt, und es keine Beweise gibt, die die Behauptung unterstützen. Es wird empfohlen, die Kristalle 3-7 Tage lang zu vergraben, aber nicht länger als 12. Sie entscheiden, wie lange und in welchem Umfang Ihre Kristalle gereinigt werden müssen, und passen sich dem an.

Der nächste Punkt auf der Liste der Reinigungsmethoden ist Wasser, ein weiteres der 4 Elemente, über die wir gerade gesprochen haben, und sicherlich nicht das letzte. Salzwasser war schon immer eine beliebte Wahl, obwohl man bei der Verwendung von Salzwasser immer vorsichtig sein sollte, da einige Kristalle porös oder weich sind und durch das Wasser beschädigt werden können, selbst wenn dies nicht kurz nach der Exposition geschieht, kann es später auf dem Weg passieren und die Struktur des Kristalls kann zusammenbrechen.

Wenn Sie sich für die Verwendung von Salzwasser entscheiden, stellen Sie sicher, dass Sie sich über Ihre Steine informieren und sie nicht länger als nötig im Wasser lassen. Sie können Ihre Kristalle auch durch fließendes, kühles Wasser laufen lassen, um sie zu reinigen. Wenn Sie das Wasser zu heiß oder zu kalt machen, riskieren Sie, dass der Stein bricht.

Als nächstes kommt, wie versprochen, ein weiteres Element: Feuer. Kristalle haben die Fähigkeit, durch Feuer gereinigt zu werden. Sie können dies erreichen, indem Sie sie durch die Flamme einer Kerze laufen lassen, oder Sie können sie direkt in die Flamme legen, das ist wirklich Ihnen überlassen. Achten Sie aber darauf, dass Sie sich oder den Kristall nicht verbrennen, und seien Sie immer vorsichtig, wenn Sie mit Feuer zu tun haben, da es unberechenbar und gefährlich sein kann.

Diese nächste Methode ist vielleicht etwas weniger populär, aber trotzdem erwähnenswert. Es handelt sich um etwas, das Reiki oder Seichim genannt wird. Diese Praxis wird verwendet, um Ihre Kristalle von ihren negativen Einflüssen zu heilen. In gewissem Sinne geht es darum, die Energie der universellen Lebenskraft zu kanalisieren, um etwas oder jemanden - oder in diesem Fall Ihre Kristalle - von ihren negativen Energien zu heilen. Wenn Sie bereits Reiki- oder Seichim-Praktizierende sind, sollten Sie den Stein einfach wie jedes andere Wesen behandeln, das auf der Suche nach Heilung zu Ihnen kommt, und Ihre Absicht auf die Heilung des Kristalls richten, damit er von all seinen Beschwerden befreit wird. Wenn Sie sich mit dieser Praxis nicht auskennen, machen Sie sich keine Sorgen, es ist nicht so schwierig, wie es klingt. Das meiste, was Sie brauchen, um diese Methode zu praktizieren, ist Ihre Absicht. Je stärker Ihre Absicht ist, Ihre Kristalle zu heilen, desto effektiver wird es sein. Vertrauen Sie mir und sich selbst.

Die letzte Reinigungshandlung, die wir besprechen werden, ist das solare/lunare Tränken, bei dem Sie Ihre Kristalle in das Mond- oder Sonnenlicht legen, um die Negativität von ihnen zu reinigen. So klischeehaft das auch klingen mag, diese Praxis ist wirklich großartig und kraftvoll. Die meisten Menschen empfehlen, diese Methode zumindest einmal auszuprobieren, und zwar bei Neumond, da dies die kraftvollste Phase des Mondes ist.

Wir werden mit der Mondreinigung beginnen. Sie sollten sicherstellen, dass Sie wissen, in welcher Phase der Mond ist, da verschiedene Phasen die Reinigung beeinflussen, insbesondere der Neumond. Natürlich hat der Vollmond oder eine Mondfinsternis eine größere Auswirkung auf Ihre Kristalle, da sie sich bis in den nächsten Mondzyklus fortsetzt. Seien Sie darauf vorbereitet, Ihre Kristalle mehrere Stunden lang einzuweichen, wahrscheinlich bis zu 24, und ziehen Sie sie nicht zu früh heraus, sonst könnte alles umsonst sein.

Kommen wir nun dazu, wie man seine Kristalle mit dem Licht des Mondes reinigt. Ehrlich gesagt, ist das buchstäblich die einfachste Form der Reinigung. Es ist fast selbsterklärend: Sie sammeln den oder die Kristalle, die Sie reinigen möchten, stellen sie in die volle Reichweite der Mondstrahlen und holen sie zurück, wenn Sie mit der Zeit, die sie im Licht verbracht haben, zufrieden sind (Wir kommen gleich zu dem Teil über die Reinigung in der Sonne, aber es ist wichtig zu erwähnen, dass Sie, wenn Sie vorhaben, Ihre Kristalle auch im Licht der Sonne zu baden, Ihre Steine wahrscheinlich einfach 24 Stunden lang draußen lassen und sie später herausholen können.). Dies ist wirklich eine großartige Methode, um alles zu reinigen, auch sich selbst, wenn Sie das möchten, und ich empfehle Ihnen, es zumindest einmal auszuprobieren, um zu sehen, ob es Ihnen gefällt.

Schließlich werden wir, wie oben versprochen, die Sonnenreinigung besprechen, die nicht für alle Kristalle verwendet werden kann, da einige von ihnen in der Sonne verblassen, aber glücklicherweise für die meisten von ihnen verwendet werden kann. Die Sonne ist eine sehr große Form des Feuers, die unglaublich leicht und voll feuriger Hitze ist, die die Angewohnheit hat, das Leben aufzuladen, da sie sehr energetisierend und reinigend ist. Genau wie bei der Reinigung mit den Strahlen des Mondes sollten Sie sich einen Plan machen, bevor Sie sich einfach dazu entschließen, es zu tun. Angefangen bei der Frage, wie lange Sie sie reinigen wollen? 8 Stunden? 4 oder 5? 12? Das bleibt letztlich Ihnen überlassen, aber die meisten Leute empfehlen, dass Sie sie für die Dauer des höchsten Standes der Sonne reinigen.

Sie müssen sich über die Kristalle, die Sie in der Sonne reinigen wollen, informieren, denn einige von ihnen können in der Sonne verblassen, wie Amethyste und andere farbige Kristalle wie Saphir und Smaragd. Vergewissern Sie sich, dass Sie wissen, welche Art von Kristallen sicher sind und wie lange es sicher ist, sie draußen zu lassen.

Das war's mit den Grundlagen der Reinigung, dem ersten der 3 K's. Als Nächstes gehen wir zum 2. K über, der Weihe, einem sehr wichtigen Prozess, um Ihre Kristalle glücklich und gesund zu erhalten, insbesondere, wenn Sie neue Kristalle im Handel kaufen. Wir werden 4 Fragen zur Weihe besprechen.

Diese Fragen lauten: Was ist eine Weihe? Wie weiht man einen Kristall? Warum ist es wichtig, neue Kristalle zu weihen? Was ist der Unterschied zwischen Konzentration und Reinigung?

Genau wie bei der Reinigung müssen wir zunächst definieren, was eine Weihe ist, bevor wir uns mit dem eigentlichen Akt befassen können. Es ist aber wirklich ganz einfach, also keine Angst, dass Sie nicht verstehen, wie die Weihe funktioniert.

Im einfachen Deutsch oder wie im Wörterbuch definiert, ist die Weihe die Praxis, einen Gegenstand zu segnen oder ihn zu einem heiligen Gegenstand zu erklären. Sie widmen einen Gegenstand auch einer Gottheit Ihrer Wahl. Manche Menschen haben die Weihe ihrer Kristalle mit der erstmaligen Programmierung von etwas verglichen, bei der man der Hardware jede gewünschte Funktion hinzufügt, ohne die Fähigkeiten der Kristalle zu beeinträchtigen. Es ist fast so, als würde man den Kristall für seinen persönlichen Gebrauch einrichten.

Die Weihe hat 3 grundlegende Ziele: Psychologisch, psychisch und um den Gegenstand heilig zu machen.

Psychologie, die darin besteht, das Werkzeug oder die Substanz als etwas Besonderes zu betrachten und gleichzeitig die Einstellung des Benutzers dazu zu verändern. Im Klartext heißt das, dass man den Kristall zu etwas Wichtigerem oder Besonderem macht als alles andere und seine Einstellung oder seine Gefühle gegenüber dem Kristall verändert. Der Prozess ist unglaublich bindend.

Psychisch, auch magisch oder astral genannt. Diese Praxis kam zum Teil auf, weil Hexen glauben, dass Objekte "Körper" auf anderen Ebenen und Ebenen haben. Sie glauben auch, dass Kristalle (und andere Objekte) wie andere materielle Gegenstände geschmolzen, verziert, geschnitzt usw. werden können. Hexen glauben, dass dies möglich ist, ohne dem Gegenstand seine Identität zu rauben, und dass es vielleicht sogar die Identität des Gegenstandes verstärkt.

Der letzte Zweck ist einfach, den Gegenstand heilig zu machen. Du segnest diesen Gegenstand, machst ihn heilig, und du sagst dem Göttlichen deiner Wahl (freundlich) etwas in der Art von "diesen Kristall nenne ich heilig in deinem Göttlichen Auge" und dann ist er es. Es ist wirklich einfach.

In manchen Fällen bitten Sie die 4 Elemente, über die wir gesprochen haben, und Sie bitten sie auf stilvolle Art und Weise, Ihnen bei der Weihe deiner Kristalle zu helfen, und Sie sollten dem Göttlichen Ihrer Wahl danken, wenn Sie mit dem Ritual fertig sind. Es bleibt Ihnen überlassen, wie Sie Ihre Kristalle weihen, ob Sie die 4 Elemente verwenden, während Sie einen Schutzkreis bilden, oder ob Sie Salbei-Räucherstäbchen verwenden und das Ritual an einem Ort durchführen, den Sie als heilig ansehen, das bleibt letztlich Ihnen überlassen. Nutzen Sie Ihre Intuition. Das ist alles darüber, was eine Weihe ist, und es ist Zeit, dazu überzugehen, wie Sie Ihre Kristalle weihen.

Nun zu der Frage, wie Sie Ihre Kristalle weihen, aber seien Sie sich, dass es keinen "richtigen" Weg gibt, sie zu weihen, genauso wie es keinen "richtigen" Weg gibt, Ihre Kristalle zu reinigen. Es ist subjektiv und es liegt ganz bei Ihnen.

Bei einer Weihe geht es in der Regel darum, sich mit einer höheren Macht zu verbinden, z. B. mit einer Gottheit, zu der Sie täglich beten oder mit der Sie sich spirituell am meisten verbunden fühlen, oder vielleicht ist es ein bestimmter Gott oder eine bestimmte Göttin, die dafür bekannt ist, dass sie sich auf die Art von Kristall spezialisiert hat, die Sie zu weihen versuchen. Solange Sie respektvoll sind, sich mit der Gottheit verbunden fühlen und voll und ganz an das glauben, was Sie sagen, wird die Weihe in vollem Umfang erfolgreich sein.

Die Worte, die Sie wählen, um Ihre Kristalle einzuweihen, werden sich wahrscheinlich im Laufe der Zeit ändern, wenn Sie nicht nur älter werden, sondern auch Ihr Selbstvertrauen als jemand, der Kristallmagie praktiziert, wächst. Achten Sie darauf, dass Sie sie nicht verlieren. Sie können vermeiden, dass Sie den Ritualzauber verlieren, indem Sie ihn an demselben Ort aufbewahren, an dem Sie auch Ihre anderen geschriebenen Zaubersprüche aufbewahren wie z. B. in einem Buch der Schatten oder in einer Schublade in der Nähe Ihres Altars (wenn Sie einen haben).

Wenn Sie einen speziellen Raum für die Meditation oder einen Altar haben, können Sie diesen für die Konzentration Ihrer Kristalle nutzen. Es kann hilfreich sein, die spirituelle Energie in Ihrer Umgebung durch das Anzünden von Räucherstäbchen oder Kerzen zu verstärken, aber das bleibt letztendlich Ihnen überlassen. Tun Sie das, was Ihnen am angenehmsten ist, denn wenn Sie sich bei dem Versuch, den Kristall zu weihen, unwohl fühlen, kann die Negativität, die von Ihrem Unbehagen ausgeht, den Prozess stören und den Kristall mit Negativität füllen, sodass Sie den Kristall reinigen und den Prozess wiederholen müssen.

Das Ritual, das ich mit Ihnen teile, ist ein einfaches Ritual, bei dem das Werkzeug den Kräften der 4 Elemente geopfert wird, wodurch der Gegenstand aus allen 4 Richtungen gesegnet und geweiht wird. Für dieses Ritual müssen Sie ein paar Dinge besorgen, die nicht zu extravagant oder schwer zu beschaffen sind.

Sie brauchen eine weiße Kerze, eine Tasse Wasser, eine kleine Schale mit Salz und Weihrauch. Jeder dieser Gegenstände entspricht einem der Kardinalelemente und Richtungen:

- Norden/Erde: Salz
- Osten/Luft: Weihrauch
- Süden/Feuer: Kerze
- West/Wasser: Eine Tasse Wasser

Wenn Sie vorhaben, einen Kreis zu werfen, wäre jetzt der richtige Zeitpunkt dafür. Bevor Sie sich Gedanken darüber machen, ob Sie einen Kreis werfen können oder nicht, machen Sie sich keine Sorgen. Am Ende dieses Buches finden Sie 2 Rituale, die Ihnen dabei helfen können, sowohl ein grundlegendes Kreiswerfen als auch ein fortgeschritteneres Ritual.

Sobald Sie das Ritual abgeschlossen haben (egal, ob Sie sich für das einfachere oder das fortgeschrittenere Kreis-Casting entschieden haben), sind Sie bereit, Ihren Zauber zu sprechen und Ihre Kristalle zu weihen.

Nachdem Sie Ihren neuen Kristall oder Ihre neuen Kristalle gereinigt haben, ist er oder sie bereit, verwendet zu werden, aber wie bei allen Energien und natürlichen Elementen können sie manchmal missbraucht werden. Die Weihe stellt sicher, dass Ihre Kristalle nicht fälschlicherweise missbraucht werden, auch wenn das nicht Ihre Absicht war. Sie bestätigt auch, dass Sie beabsichtigen, den Kristall zu verwenden, um Ihnen und anderen mit seinen göttlichen Kräften zu helfen. Ich nehme an, das ist so etwas wie gute oder böse Absichten. Kommen wir nun zu einem Beispiel dafür, warum es sinnvoll ist, Kristalle zu weihen.

Stellen Sie sich vor, Sie kaufen einen ganz neuen Kleiderschrank voller Secondhand-Kleidung, aber Sie waschen sie nicht, wenn Sie sie nach Hause bringen. Sie würden sich beim Tragen der Kleidung leicht schmutzig fühlen, nicht wahr? Natürlich hat die Person vor Ihnen die Kleidung gewaschen, bevor sie sie verschenkt hat, und der Laden hat das wahrscheinlich auch getan. Es sollte also kein Problem geben, oder?

Aber nur weil es jemand vor Ihnen getragen hat, unabhängig davon, ob die Person/der Laden, bei der/dem Sie es gekauft haben, es vor dem Verkauf gewaschen hat oder nicht, hat sie/er es trotzdem vor Ihnen getragen, und wenn Sie es selbst waschen, haben Sie die Gewissheit, dass es tatsächlich gewaschen wurde - von Ihnen - und daher wie neu ist.

Das Gleiche gilt für neue Steine, die man in einem Kristallgeschäft kauft. Der Besitzer des Geschäfts bzw. die Person, die die Steine verkauft, hat den Stein vielleicht vorher selbst gereinigt, aber man muss es trotzdem selbst tun, um eine Bindung mit dem Stein einzugehen und das Eigentum an ihm zu beanspruchen.

Jeder, der den Stein in die Hand genommen hat, hat seine Energien auf ihn übertragen, und man kann nicht wissen, ob eine der Personen in einem negativen Zustand war, als sie den Stein in die Hand nahm, und wir wissen, dass die negativen Energien anfangen, den Stein abzunutzen - und ihn dadurch weniger effektiv für die Heilung und andere hochgradig stimulierende Aufgaben machen, die Sie vielleicht für ihn haben. Das kann natürlich sowohl für den Kristallbenutzer als auch für den Klienten, den Sie zu heilen versuchen, enttäuschend sein. Es ist also wirklich eine gute Idee, Ihre Steine zu reinigen und zu weihen, damit Sie sie mit Vertrauen und in vollem Umfang nutzen können.

Wir haben besprochen, was eine Weihe ist, wie man einen Gegenstand weiht und warum es wichtig ist, neue Kristalle zu weihen, und schließlich werden wir erörtern, worin sich Reinigung und Weihe unterscheiden.

Reinigung ist, wie wir bereits besprochen haben, der Prozess, bei dem ein Gegenstand von allen negativen Energien der Vergangenheit befreit wird und eine neue Schiefertafel für Ihren Gebrauch erhält. Die Weihe ist der Prozess, einen Gegenstand heilig zu machen und ihn als Ihr Eigentum zu beanspruchen. Einfacher ausgedrückt: Reinigen bedeutet, den Gegenstand zu säubern, weihen bedeutet, den Gegenstand für sich zu beanspruchen und als heilig zu betrachten. Beides ist, wie wir wissen, sehr wichtig und entscheidend für Ihre zukünftige Praxis mit den gewählten Kristallen.

Wie auch immer, genug geplappert, unser nächstes und letztes K ist das Aufladen. Aber das letzte ist heutzutage auch das umstrittenste. Viele Leute werden Sie wahrscheinlich komisch ansehen, wenn Sie über das Aufladen von Kristallen sprechen, obwohl diese Praxis wirklich sehr lohnend sein kann und Ihnen ein besseres Ergebnis liefert, für was auch immer Sie den Kristall verwenden. Lassen Sie sich also nicht von anderen Leuten von dieser Praxis abschrecken - sie kann sehr gut für Sie sein. So wie wir die ersten beiden K's besprochen haben, werden wir nun einige Fragen beantworten: Was ist Aufladung? Wie berechnet man einen Artikel? Was sind die Vorteile?

Was wird also berechnet?

Der einfachste Weg zu erklären, was das Aufladen eines Kristalls ist, ist die Praxis, einem Gegenstand, in diesem Fall Ihrem Kristall, das Energiemuster zu geben, das Sie sich von ihm wünschen. Im Gegensatz zur Reinigung Ihres Kristalls von den Energien, die Sie nicht wollen, dass er/sie hat, geben Sie dem Kristall einen bestimmten Zweck und Energien, nach denen er leben soll. Sie könnten z. B. einen klaren Quarz nehmen und ihn mit dem ausschließlichen Zweck aufladen, nur Sie zu heilen, oder Sie könnten denselben Kristall nehmen - solange Sie ihn noch nicht aufgeladen haben - und ihn so programmieren, dass er speziell mentale Probleme wie Angst oder Depression heilt.

Lange Rede, kurzer Sinn, Aufladung ist wie ein Arbeitsauftrag vom Chef, nur Sie sind der Chef und der Kristall ist Ihr Angestellter.

Aufladen

Kristalle neutralisieren negative Energien und bringen Harmonie und Gleichgewicht in Ihre Energie. Es ist verständlich, dass ihre Wirksamkeit nachlässt, wenn sie ständig für diese Art von Aufgaben eingesetzt werden. Daher müssen Sie einige Aufgaben erfüllen, die das Potenzial der Kristalle für die Heilung Ihres Lebens maximieren werden. Diese sind:

Aufladen mit Sonnenlicht

Sonnenlicht ist eine mächtige Quelle für die Wiederaufladung von Kristallen. Wegen seiner Kraft sollten Sie jedoch vorsichtig sein, welche Kristalle Sie in das Sonnenlicht legen. Kristalle wie Amethyst, Celestit und Opal beginnen zu verblassen, wenn sie direktem Sonnenlicht ausgesetzt sind. Verwenden Sie daher Mondlicht für solche Kristalle. Um Ihre Kristalle mit Sonnenlicht aufzuladen, stellen Sie sie einfach nach draußen und lassen Sie sie die Strahlen aufsaugen. Sie können sie 1 Woche lang jeden Tag aufladen oder bis Sie das Gefühl haben, dass sie wieder vollständig aufgeladen sind.

Aufladen mit Mondlicht

Besonders nützlich ist die Methode 3 Tage vor und nach dem Vollmond, da die Mondenergie zu dieser Zeit am höchsten ist. Daher ist ein Mondkalender sehr nützlich. Sie können alle Kristalle mit dieser Methode aufladen. Stellen Sie Ihre Kristalle jedoch nicht bei Regen ins Freie, wenn sie dazu neigen, vom Wasser angegriffen zu werden. Kristalle wie Selenit oder Malachit sollten nicht in die Nähe von Wasser gebracht werden. Legen Sie Ihre Kristalle nach draußen und lassen Sie das Mondlicht wirken, um sie zu reinigen und aufzuladen. Bringen Sie sie bei Tageslicht wieder hinein und wiederholen Sie den Vorgang, bis Sie das Gefühl haben, dass sie aufgeladen sind.

Vergraben

Das Vergraben Ihrer Kristalle in der Erde ist eine weitere Methode, um Ihre Kristalle aufzuladen. Allerdings funktioniert diese Methode nur bei Kristallen, die nicht durch Wasser beschädigt sind. Der Boden ist in der Regel feucht, auch wenn es nicht so aussieht, als sei er nass. Wenn Sie den Verdacht haben, dass ein Kristall beschädigt sein könnte, sollten Sie ihn einpacken, bevor Sie ihn vergraben. Erdende Steine wie Rauchquarz profitieren von dieser Reinigungsmethode.

Andere Kristalle verwenden

Einige Kristalle sind speziell für ihre aufladenden Fähigkeiten bekannt. Klarer Quarz und Karneol sind Beispiele für solche Kristalle. Das heißt, Sie können einen anderen Kristall aufladen, indem Sie ihn auf einen Kristall mit der Fähigkeit, andere Kristalle aufzuladen, legen. Sie sollten die Kristalle dann 1 oder 2 Tage lang ungestört lassen, bevor Sie sie voneinander trennen.

Programmierung der Kristalle

Obwohl Kristalle viele metaphysische Eigenschaften haben, die sie für eine Vielzahl von Heilungsaufgaben geeignet machen, können Sie die Kristalle so programmieren, dass sie eine bestimmte Aufgabe erfüllen. Sobald Sie herausgefunden haben, was Ihr Kristall tun soll, können Sie sich vorstellen, wie er an dieser bestimmten Aufgabe arbeitet. Dazu müssen Sie ein Mantra verwenden, um dem Kristall mitzuteilen, was er tun soll. Stellen Sie sich ein helles Licht vor, das von Ihrem Kopf ausstrahlt, bis es den Kristall in Ihrer Hand ausfüllt. Stellen Sie sich vor, dass der Kristall den Zweck erfüllt, den Sie ihm zugedacht haben. Sie können Ihre Kristalle programmieren, wann immer Sie sie für bestimmte Zwecke verwenden wollen, aber es wäre klug, bestimmte Kristalle für bestimmte Zwecke zu verwenden, vor allem, wenn es sich um etwas handelt, an dem Sie über längere Zeit arbeiten wollen.

Kapitel 6: Weit verbreitete Kristalle in der Hexerei

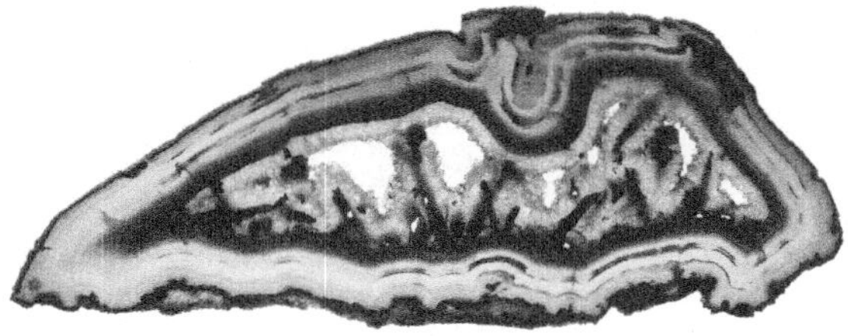

Achat

Achat ist eine Varietät des Chalcedons, die in den meisten Fällen in Gebieten mit vulkanischer Aktivität gebildet wird. Es gibt eine Vielzahl verschiedener Achat-Arten in einer Vielzahl von Farben, von denen viele eine Art von Bänderung aufweisen, die sich durch den gesamten Stein zieht, obwohl einige eine natürliche Musterung aufweisen, die verschiedenen Formen der Vegetation ähnelt.

Im Allgemeinen kann der Achat verwendet werden, um innere Ruhe zu schaffen und Ängste und Befürchtungen zu zerstreuen. Er ist auch ein nützlicher Stein, wenn Vertrauen und innere Stärke gestärkt werden sollen. Achat in all seinen Formen hilft bei der Anregung der Vorstellungskraft, kreativer Prozesse und intelligenter Gedanken.

- Jede Achat-Varietät besitzt neben den oben genannten Eigenschaften auch individuelle Heilwirkungen

Amazonit

- Entwicklung von übersinnlichen Fähigkeiten, kreativen Prozessen, Intellekt und Intuition
- Ausgewogenheit von Selbstwertgefühl und Selbstvertrauen
- Stärkt Kommunikation, innere Stärke, Ehrlichkeit und Engagement
- Beruhigung verstärkter emotionaler Zustände
- Lindert alle Beschwerden, die auf Nerven und Angst zurückzuführen sind
- Hilft bei der Beseitigung von Symptomen, die durch Stress entstanden sind, wie Herzklopfen und Kurzatmigkeit
- Heilt und/oder stärkt Knochen, Nägel, Zähne und Haare

Bernstein

Obwohl Bernstein offiziell kein Kristall oder Mineral ist (es handelt sich um den Saft von Kiefern, der versteinert wurde und oft Jahrhunderte alt ist), hat er viele heilende Eigenschaften und kann wie ein Stein verwendet werden. Bernstein enthält oft versteinerte Blätter, Blüten, Insekten und andere natürliche Ablagerungen, die sich im Saft festgesetzt haben.

Bernstein hat viele Verwendungsmöglichkeiten in der Heilung und ist ein großartiger Allroundstein. Er hat die Fähigkeit, jegliche kranke Energie aus dem Körper zu absorbieren, Schmerzen zu neutralisieren und einen gestörten Geist zu beruhigen.

Von der Stärkung der Muskeln im Gehirn und der schleimproduzierenden Muskeln bis hin zur Verbesserung des Gedächtnisses und der Unterstützung bei der Kontrolle und Entwicklung der emotionalen Kontrolle und des Intellekts ist Bernstein ein ausgezeichneter Stein, den man immer zur Hand haben sollte.

Bernstein ist auch ein starker Stein, der bei Magenproblemen, allen Erkrankungen der Blase, der Nieren, der Leber und des Rachens hilft. Blutkrankheiten sind alle mit der Verwendung von Bernstein zusammen mit jedem Zustand mit Haut, Knochen und Augen geholfen.

Amethyst

- Stärkt die Willenskraft bei der Behandlung von Suchtkrankheiten
- Fördert innere Stärke und Ausgeglichenheit
- Erhöht den Mut
- Stabilisiert das Energieniveau
- Verbessert die Kommunikation
- Schmerzlinderung, insbesondere bei Kopfschmerzen, Arthritis und allgemeinen Muskel- oder Knochenschmerzen
- Starker Stein in der Behandlung von Fibromyalgie und chronischen Müdigkeitskrankheiten
- Stärkt das Immunsystem
- Stimmungsaufhellung
- Entwicklung der psychischen Fähigkeiten

Aventurin

Blau

- Beruhigend
- Gleichgewicht der Gefühle
- Verbessert die kommunikativen Fähigkeiten
- Fördert die Kreativität und kreative Denkprozesse

Grün

- Stimuliert die Phantasie
- Verbessert die Positivität

- Verbessert die Durchblutung
- Schlafprobleme und Schlaflosigkeit
- Kopfschmerzen

Orange

- Stärkt die Kommunikation
- Erhöht und fokussiert den Intellekt
- Stimuliert das Selbstwertgefühl
- Fördert das phantasievolle Denken
- Hilft, die Gefühle nach einem sexuellen Trauma zu beruhigen und auszugleichen

Aquamarin

- Steigert die Intuition
- Beruhigt den Geist und die Emotionen
- Hilft bei der Genesung von allen Aspekten einer psychischen Erkrankung
- Stärkt Selbstvertrauen und Zuversicht
- Verbessert die Kommunikationsfähigkeit
- Fördert kreative Denkprozesse

Beryll

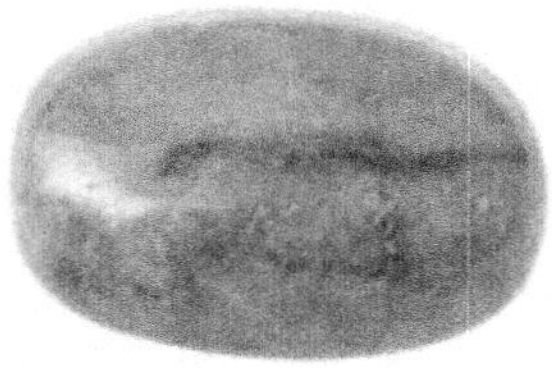

Alle Farbsorten des Berylls sind hilfreich bei stressbedingten Krankheiten und Angstzuständen. Er ist auch hilfreich bei der Behandlung von Krankheiten im Zusammenhang mit dem Kreislaufsystem, der Leber, dem Magen, der Milz, der Entgiftung und den Lungenprozessen.

Gelb (Heliodor)

- Verbessert die Fähigkeit, Mitgefühl und Sympathie zu empfinden
- Besseres Verständnis für den emotionalen Zustand anderer
- Fördert die Heilung in allen von Milz, Bauchspeicheldrüse und Leber betroffenen Bereichen
- Stärkt die Fähigkeit, sich mit dem höheren Selbst zu verbinden
- Hilft bei der Reinigung aller Chakrapunkte

Grün

- Erhöht die Konzentration und stimuliert den Intellekt
- Energieversorgung
- Stimuliert kreative Gedanken und Handlungen
- Unterstützt die Heilung der Atemwege
- Fördert die Heilung in allen Bereichen, die mit der Leber und den Augen zusammenhängen

Blau

- Siehe Aquamarin

Rosa

- Fördert das Einfühlungsvermögen
- Verbessert die Geduld und Toleranz gegenüber anderen
- Unterstützt den Übergang von Gedanken und emotionalen Prozessen
- Verbessert die Akzeptanz von sich selbst und anderen
- Stimuliert ruhige Gefühle und Liebe zu sich selbst und anderen

Weiß (Klar)

- Stärkt und fokussiert den Intellekt
- Hilft bei der Verbindung mit der Weisheit des höheren Selbst
- Hilft bei der Erweiterung der Wahrnehmung
- Hilft bei der Heilung von Magen- und Darm-Erkrankungen
- Entgiftend
- Stärkt das Selbstvertrauen, die Willenskraft und die geistigen Fähigkeiten
- Beruhigt und gleicht das Nervensystem aus
- Hilft bei der Heilung von Wirbelsäulen- und Knochenproblemen
- Verbessert den Zustand bei Magengeschwüren, Übelkeit, Depressionen und Essstörungen

Schwarzer Turmalin

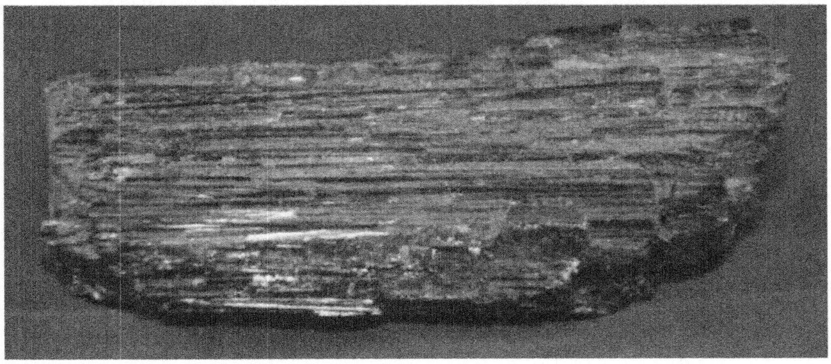

- Neutralisierung von negativen Energien
- Beruhigung und Erdung überschüssiger nervöser Energie
- Beherrschung zwanghafter Gedanken und Verhaltensweisen
- Abbau von Ängsten und emotionaler Instabilität
- Schmerzlinderung bei Arthritis
- Hilft bei der Heilung von Herzproblemen
- Stärkt das Immunsystem

Blutstein

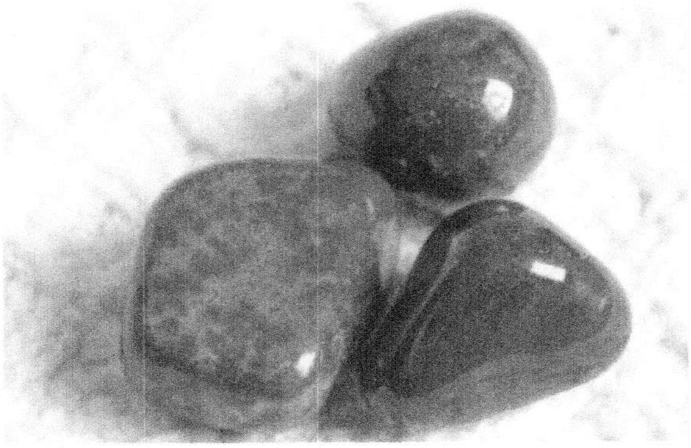

- Stärkt den Mut
- Hilft bei Depressionen und depressiven Tendenzen
- Entgiftende
- Erhöht das Energieniveau
- Beruhigt Ängste und nervöse Spannungen
- Hilft bei Grippe, Erkältung, Infektionen und Schwellungen sowie bei allen damit verbundenen Symptomen
- Fokussiert Denkprozesse

Blauer Quarz

- Stärkt den Geist, sodass die Gedankenprozesse klarer werden und die Gedanken gestrafft werden
- Verbessert die Selbstdisziplin
- Reduziert Ängste und ängstliche Gedanken
- Stimuliert den Mut
- Beruhigt Hyperaktivität und Überstimulation
- Hilft bei der Heilung des endokrinen Systems

Karneol

- Fördert das Gefühl von Mut und innerer Stärke
- Hilft, sich selbst und seine Kreativität individuell auszudrücken
- Beruhigt emotionale Instabilität
- Hilft bei der Heilung von Fieber, Erkältungen, Heuschnupfen, Hauterkrankungen, Nierenproblemen und Rheumatismus
- Heilung von Hautkrankheiten

Citrin

- Verbessert und fördert das Gefühl der Selbstüberzeugung und des Selbstvertrauens
- Stärkt die Willenskraft und die Überzeugung des Denkens
- Fördert das Glück
- Hilft, die Symptome von Depressionen zu lindern
- Beruhigt den Geist und fördert rationales Denken
- Gleicht die Stimmung aus
- Lindert Verdauungsbeschwerden

Klarer Quarz

Klarer Quarz ist ein natürlicher Heilkristall und hilft in allen Bereichen der geistigen, körperlichen und emotionalen Heilung.

- Gleicht die Energien der Lebenskraft aus

Smaragd

Allgemeiner Allround-Heilstein, der zur Unterstützung der Heilung durch alle Chakra-Punkte verwendet werden kann.

- Verbessert das Atmungssystem, Herzfunktion, Augenlicht, Kreislaufsystem
- Stärkt die Wirbelsäule
- Entgiftend
- Heilung der Bauchspeicheldrüse und des Thymus
- Verbessert und stärkt das Immunsystem
- Hilft beim Kontakt mit dem höheren Selbst

Granat

Der Granat ist ein Stein, der zur Reinigung der einzelnen Chakra-Punkte und zur Unterstützung des Ausgleichs des Energieflusses verwendet werden kann.

- Steigert das Selbstbewusstsein und das Selbstvertrauen
- Steigert die Libido
- Beruhigt Emotionen
- Reduziert Wut
- Beseitigung von Hemmungen
- Fördert die Heilung des Atmungssystems, des Kreislaufs und des Herzens, aller Aspekte des Blutes, der Wirbelsäule und der Knochen

Hämatit

- Senkt Fieber und Temperatur
- Fördert klarere Denkprozesse
- Stärkt die kognitiven Prozesse der Logik und des Problemlösens
- Gleicht den Energiefluss aus
- Verbessert Schlafstörungen und Schlaflosigkeit
- Beruhigt das Nervensystem
- Hilft bei der Heilung aller Blutkrankheiten

Jade

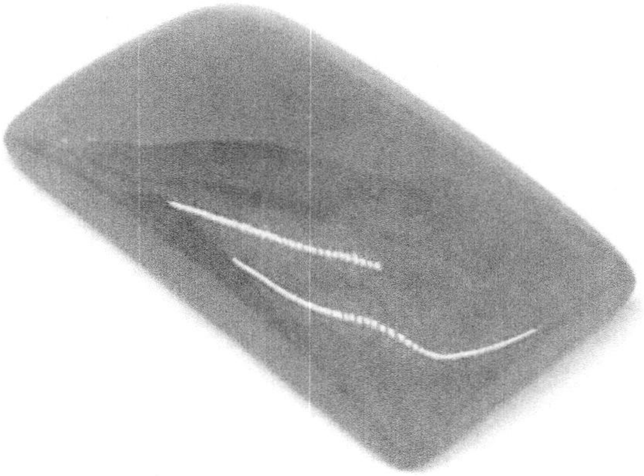

- Beruhigt den Geist
- Entfernt negative Energien
- Erhöht die Fähigkeit, sich an Träume zu erinnern
- Beruhigt Reizbarkeit
- Freisetzung gespeicherter emotionaler Gefühle zur Heilung von Symptomen, die durch sie verursacht wurden
- Stimuliert kreatives und phantasievolles Denken
- Schafft ein Gefühl der Stärke des Selbstvertrauens
- Nützlich bei Fruchtbarkeitsproblemen

- Stärkt die Knochen und fördert die Heilung in allen Bereichen, die mit den Nieren und Nebennieren verbunden sind
- Entgiftend

Lapislazuli

- Stärkt die kommunikative Fähigkeit
- Stärkt das Selbstvertrauen und die Zuversicht in sozialen Situationen
- Erdet überschüssige nervöse Energie in Geist und Körper
- Stimuliert die Nieren- und Schilddrüsenfunktion
- Hilft beim Abbau von gespeichertem überschüssigem Fettgewebe
- Hilft, die Produktion von Hormonen durch die Nebenniere auszugleichen
- Entgiftend
- Stärkt die Verbindung zwischen dem Selbst und dem höheren Selbst

Orangefarbener Calcit

- Hebt die Stimmung und hilft, Schüchternheit zu überwinden
- Verbessert depressive Gedanken und Depressionen
- Erhöht den Sexualtrieb
- Stimuliert die Phantasie
- Stärkt die Entschlossenheit, Pläne zu verwirklichen
- Steigert das Selbstvertrauen und die Kreativität und Vorstellungskraft im Denken

Peridot

- Lindert negative Emotionen
- Beruhigt das Nervensystem
- Gleichgewicht der Gefühle
- Stärkt die natürliche Heilungsfähigkeit des Körpers

Pyrit (Gold der Narren)

- Erhöht die geistigen Fähigkeiten
- Stärkt und fokussiert den Intellekt
- Stimuliert Kreativität und Phantasie
- Verbessert das Gedächtnis
- Gleichgewicht des psychologischen Zustands
- Fördert die Entwicklung der psychischen Fähigkeiten

Roter Jaspis

- Stabilisierung der Energie der Lebenskraft
- Beruhigt den Geist
- Stärkere Kontrolle der Denkprozesse

Rosenquarz

- Fördert die Gelassenheit von Geist und Gefühlen
- Steigert die allgemeine Zufriedenheit und Stimmung
- Stärkt das Gefühl der Liebe zu sich selbst und zu anderen auf nicht egoistische Weise

Rauchquarz

- Lindert depressive Gedanken und Gefühle
- Beruhigt übermäßige Emotionen
- Absorbiert negative Energie
- Beruhigt nervöse Energie
- Öffnet den Geist, um den Zugang zum Unterbewusstsein zu ermöglichen (höheres Selbst)
- Hilft bei der Heilung von Erkrankungen des Magens, der Fortpflanzung, der Nieren, der Wassereinlagerungen und der Bauchspeicheldrüse
- Gleicht die Hormonproduktion aus

Sodalith

- Unterstützt kognitive Prozesse und fördert rationales Denken
- Stärkt die Kommunikationsfähigkeit
- Stimuliert den Intellekt
- Fördert die Konzentration des Geistes, um die Lern- und Erinnerungsfähigkeit zu verbessern
- Hilft bei Schlafstörungen und Schlaflosigkeit
- Stärkt die Heilung von Erkältungen und Grippe
- Beruhigt Verdauungsstörungen

Das Auge des Tigers

- Stärkt praktische Denkprozesse
- Klärt die geistige Sicht
- Stärkt die Willenskraft
- Lindert Magenbeschwerden
- Beruhigt und gleicht die Emotionen aus

Turmalin

Alle Turmalin-Sorten tragen zur Verbesserung der Stimmung bei und helfen bei der Stärkung von Selbstvertrauen und Zuversicht. Sie sind auch nützlich bei der Behandlung von Krankheiten, die mit dem Lymphsystem zusammenhängen.

<u>Blau</u>

- Verbessert Kommunikation und Sprache
- Verringerung der psychischen Anspannung
- Hilft bei der Heilung von Schilddrüsenproblemen und Erkrankungen des Rachens

<u>Rosa</u>

- Gleicht Emotionen aus
- Fördert das Verständnis und die Akzeptanz der eigenen Person
- Wandelt negative Gedanken und Gefühle ins Positive um
- Beruhigend
- Verbessert die Stärke des Geistes

Schwarz & Grün

- Reguliert und gleicht den Blutdruck aus
- Reduziert Stresssymptome und beruhigt das Nervensystem.

Türkis

- Türkis ist ein Heilstein, der die vollständige Heilung von Körper und Geist fördert
- Stärkt die Kommunikation
- Stärkt das Immunsystem
- Verbessert Atemwegsprobleme
- Stärkt die Heilung in allen Bereichen, die gemeinsam von den Herz- und Hals-Chakren gesteuert werden

Welche Empfindlichkeiten haben manche Kristalle genau?

Porosität

Wie bereits erwähnt, können manche Kristalle nicht feucht werden, ohne zerstört zu werden. Deshalb können Sie nur andere Reinigungsmethoden anwenden, als Wasser darüber laufen zu lassen. In dieser Hinsicht müssen Sie besonders vorsichtig vorgehen:

- Der Azurit, der Halit und die Selenite, weil sie buchstäblich wasserlöslich sind.
- Der Lapislazuli, der Opal und auch der Türkis, da sie porös sind. Bei diesen Kristallen ist Wasser nicht völlig ausgeschlossen, nur darf man die Kristalle nicht darin einweichen. Man kann sie also mit etwas Feuchtem abwischen und dann sicherstellen, dass man sie nach der Reinigung sofort trocknet.
- Der Malachit darf nur mit kaltem Wasser gereinigt werden, und danach muss er sofort getrocknet werden.

Lichtempfindlichkeit

Einige Kristalle können verblassen, wenn sie zu lange dem Licht ausgesetzt werden. Die Kristalle, die in dieser Hinsicht hervorstechen, sind:

- Sowohl der Amethyst als auch der Rosenquarz.
- Das Türkis, da es austrocknen kann.

Wärmeempfindlichkeit

Einige Kristalle werden durch Hitzeeinwirkung entstellt. Dazu gehören:

- Der Amethyst, der bei milder Hitze zu verblassen beginnt. In der Tat, in extremer Hitze, verliert der Amethyst praktisch all seine Farbe und wird farblos.
- Der Quarz, der dazu neigt, bei schwankenden Temperaturen zu zerbrechen.
- Der Lapislazuli, der keine extreme Hitze verträgt.
- Wie der Quarz ist auch der Malachit nicht gut auf schwankende Hitzebedingungen eingestellt.
- Turmalin, der bei extremer Hitze seine Farbe verfärbt.
- Türkis, der bei Hitze im Allgemeinen schlecht abschneidet.

Empfindlichkeit gegen Kratzen

Zu dieser Kategorie gehören alle Kristalle, die metallisch oder mineralischer Natur sind. Namentlich gibt es den Calcit, den Celestit, den Malachit, den Fluorit, den Rhodochrosit, den Apatit und den Lapislazuli. Es gibt auch Sodalith, Selenit, Türkis, Hämatit und den Mondstein.

Ist dies der vollständige Prozess der Herstellung von Heilkristallen?

Antwort: Nein. Sie müssen sie einweihen, programmieren, aktivieren und auch aufladen. Wenn Sie mit diesem Prozess fertig sind, werden Ihre Heilkristalle klare Energiekanäle sein und die besten Voraussetzungen haben, um bei der Heilung zu helfen.

Wie man Heilkristalle weiht:

- Das Widmen von Heilkristallen bedeutet im Grunde, ihnen zu versichern, dass nichts anderes als positive Energie in sie eindringen wird.
- Sie verpflichten sich, dafür zu sorgen, dass die Kristalle nur für das Gute und niemals für etwas Böses verwendet werden.
- Beachten Sie, dass Sie sich voll und ganz auf die Kristalle konzentrieren müssen, denen Sie sich widmen, wenn Sie diese Verpflichtungen eingehen.

Die Wirkung Ihres Engagements ist:

- Um sicherzustellen, dass Ihren Kristallen zum Zeitpunkt der Einweihung und danach keine negative Energie anhaftet.
- So wird sichergestellt, dass nichts und niemand die positive Energie Ihrer Kristalle stören kann und die Kristalle vor allen negativen Einflüssen geschützt werden.

Verfahren für die Kristallweihe

- Suchen Sie sich einen ruhigen Ort und setzen Sie sich hin.
- Halten Sie Ihre Kristalle sicher in den Händen, während Sie sitzen.
- Schließen Sie die Augen.
- Fangen Sie an, tief und langsam, aber regelmäßig zu atmen.
- Sie wissen, warum Sie diese Prozedur durchführen, also konzentrieren Sie sich entsprechend auf Ihre Kristalle, auch mit geschlossenen Augen. Das bedeutet, dass Sie sich bewusst bemühen, Ihre innere Energie auf Ihre Kristalle zu richten.
- Erlaube Sie sich in der Stille, die Energie Ihrer Kristalle zu spüren.
- Stellen Sie sich einen hellen weißen Strahl vor, der von der Welt um Sie herum ausgeht und Ihre Kristalle verschlingt.

- Visualisieren Sie die goldene Energie von Mutter Erde mit all ihren erdenden Eigenschaften, die Ihre Kristalle umgibt.
- Stellen Sie sich vor, dass beide Energien in Harmonie miteinander verschmelzen und sich gegenseitig ins Gleichgewicht bringen.
- Spüren Sie die positive Energie und die Fülle der Liebe, die Sie erfüllt.
- Erlaubt Sie sich nun, diese intensive Liebe auf Ihre Kristalle zu richten.
- Es ist nun an der Zeit, eine konzentrierte Absichtserklärung in Ihrem Geist abzugeben - erklären Sie also mit tiefer Hingabe, dass diese Kristalle, die Sie in der Hand halten, nur für das höchste Gut verwendet werden.
- Nach dieser Aussage können Sie Ihre Augen öffnen. Sehen Sie sich Ihre Kristalle an und konzentrieren Sie sich auf sie.
- Mit offenen Augen und immer noch auf die Kristalle konzentriert, wiederholen Sie die geistige Verpflichtung, die Sie vor einiger Zeit eingegangen sind, die Kristalle nur für das höchste Gut zu verwenden.
- Sagen Sie, um Ihre Hingabe gebührend abzuschließen: **Möge es so sein.**

Der nächste Schritt ist die Programmierung Ihrer Kristalle

Warum wollen Sie Kristalle in Ihrem Besitz haben, sei es, um sie als Schmuck zu tragen, Ihr Haus zu schmücken oder sogar an versteckten strategischen Orten in Ihrem Haus zu platzieren? Nun, die Antwort auf diese Frage ist das, was Sie bei der Programmierung der Kristalle leitet. Indem Sie Ihren Kristall programmieren, verankern Sie effektiv Ihre Absicht oder Absichten in Ihrem Kristall. Wie bereits erwähnt, sind Kristalle in der Lage, Energie zu absorbieren, genauso wie sie Energie ausstrahlen. Einige der Absichten, die Menschen haben, wenn sie ihre Kristalle programmieren, sind:

- Heilungszwecke
- Schutz suchen
- Suche nach geistiger Führung
- Mehr Liebe in Ihr Leben bringen
- Auf der Suche nach Wohlstand
- Auf der Suche nach Harmonie in Ihrem Zuhause oder am Arbeitsplatz

Die Liste der möglichen Absichten kann noch viel länger sein, aber das Wichtigste ist, dass ein einziger Kristall mehr als eine Absicht tragen kann. Das bedeutet, dass derselbe Kristall, den Sie so programmieren, dass er Ihnen bei Ihrer körperlichen Heilung hilft, auch so programmiert werden kann, dass er Harmonie in Ihr Zuhause bringt.

Es ist ratsam, Ihre Absichten auf 4 oder sogar 5 zu beschränken, wenn Sie Ihre Kristalle programmieren. Und das Gute daran ist, dass, solange Sie diese Kristalle danach nicht neu programmieren oder sie sogar von den ursprünglichen Absichten befreien, diese Absichten intakt bleiben und Ihre Kristalle Ihnen weiterhin so dienen, wie Sie es ursprünglich beabsichtigt haben.

Verfahren zur Programmierung von Kristallen

Dabei wird davon ausgegangen, dass Sie Ihre Kristalle bereits gereinigt haben - die Reinigung muss immer der Programmierung vorausgehen.

Halten Sie Ihre Absicht bereit. Von größter Wichtigkeit ist es hier, Mehrdeutigkeit oder Verwirrung zu vermeiden. Wenn Sie Ihre Absicht so formulieren, dass sie unterschiedlich interpretiert werden kann, übertragen Sie die gleiche Art von Verwirrung auf Ihre Kristalle. Die Energie in Ihren Kristallen wird Ihre Sache nur dann richtig unterstützen, wenn die Formulierung Ihrer Absicht spezifisch und klar ist. Auf diese Weise werden die Kristallenergien fokussiert und richtig gelenkt.

Der andere wichtige Punkt ist, dass man sich davor hüten muss, wild zu werden. Das bedeutet, dass man nicht einfach irgendeinen Kristall nehmen und ihm unabhängig von seiner Energieintensität und seinen Schwingungen eine Aufgabe zuweisen kann. Es wurde in diesem Buch bereits darauf hingewiesen, dass bestimmte Kristalle für bestimmte Themen geeignet sind. Denken Sie daran, dass Sie, wenn es um persönliche Themen geht, Chakren haben, die mit den von Ihnen gewählten Kristallen im Tandem arbeiten. All dies sind wichtige Faktoren, die Sie berücksichtigen müssen, damit Sie nicht gegen den Strom schwimmen und mit ansonsten großartigen und wertvollen Kristallen wenig Erfolg haben.

Wenn Sie z. B. Ihre Nerven und Ihre Umgebung beruhigen wollen, ist es besser, einen Aquamarin oder Chrysokoll zu programmieren, oder sogar einen der grünen Steine oder einen blauen Stein. Und wenn Ihr Kristall Sie in Ihrem Inneren und in Ihrer Umgebung stimulieren soll, ist es besser, einen Rubin, einen Granat oder einen der roten Kristalle zu programmieren. Wenn Sie natürlich eine gemäßigte Stimulation wünschen, können Sie sich für orangefarbene oder sogar gelbe Kristalle entscheiden, z. B. für einen Karneol oder sogar einen Citrin.

Die Schritte, die Sie zur Programmierung Ihrer Kristalle unternehmen sollten

Genau wie bei der Reinigung müssen Sie sich an einem ruhigen Ort befinden und sich ganz auf die Absicht konzentrieren, die Sie für Ihre Kristalle haben.

- Halten Sie Ihren Kristall behaglich in den Händen.
- Richten Sie Ihren Blick auf die Kristalle.
- Lassen Sie Ihre Energie frei zu den Kristallen fließen, während Sie die Energie der Kristalle spüren und sich auf sie einstimmen.
- Sie werden einen Punkt erreichen, an dem Sie und die Kristalle in Harmonie miteinander sind.
- Dies ist die Gelegenheit, die Absicht, die Sie für die Kristalle haben, zu formulieren - dieses Mal laut. Denken Sie daran, dass die Klarheit der Absicht grundlegend ist.
- Sie müssen nicht davon ausgehen, dass Ihre Kristalle programmiert sind, wenn Sie Ihre Absicht(en) nur einmal ausgesprochen haben. Ein Wiederholungsprozess kann hilfreich sein. Es ist sogar ratsam, Ihre Absicht ein paar Mal zu wiederholen, bis Ihre Intuition Ihnen sagt, dass die Programmierung gut gelungen ist.

Wege zur Aktivierung und Re-Energetisierung Ihrer Kristalle

Genau wie bei der Reinigung müssen Sie sich darüber im Klaren sein, welche Kristalle empfindlich sind, welche porös sind, welche leicht verblassen können und so weiter. Auf diese Weise können Sie die beste und sicherste Methode wählen, um die einzelnen Kristalle zu aktivieren und zu energetisieren. Und natürlich werden alle Kristalle, die metallisch, porös oder wasserhaltig sind, schlecht in Salzwasser getaucht.

Zu den Kristallen, die man nicht in Salzwasser einweichen sollte, gehören der Angelit, der Calcit, der Karneol, der Hämatit, der Lapislazuli, der Labradorit, der Lodestone, die Marmore, der Moldavit, der Opal, die Perlen, der Pyrit sowie der Türkis.

Nützliche Gegenstände für die Aktivierung Ihrer Kristalle

Zu den Gegenständen, die den Prozess der Kristallaktivierung unterstützen können, gehören Lavendel, Zedernholz, Nag-Champa-Räucherstäbchen, ein Räucherstäbchenhalter und Kerzen oder sogar Streichhölzer.

Hier ist der einfache, aber nützliche Prozess der Kristallaktivierung:

- Schaffen Sie eine Umgebung, die die Aktivierung und Energetisierung der Kristalle fördert.
- Der Ort muss etwas schummrig sein, mit nur etwas Kerzenlicht.
- Es muss leise sein.
- Stellen Sie eine nicht angezündete Kerze direkt vor sich hin.
- An der gleichen Stelle ein Räucherstäbchen platzieren.
- Setzen Sie sich mit Kristallen in der Hand hin.
- Atmen Sie langsam und tief ein.
- Konzentrieren Sie sich auf die Tatsache, dass Sie die Kristalle aktivieren und mit neuer Energie versorgen wollen.
- Visualisieren Sie, dass Ihre Kristalle helles Licht ausstrahlen, das Sie in vollem Schutz umgibt.
- Sie können sich auch vorstellen, dass dieses strahlende Licht in den Körper einer Person eindringt, die sich unwohl fühlt, und den ganzen Menschen von seinen Schmerzen befreit.

- Nun zünden Sie die Kerze vor Ihnen mit einem einzigen Streichholz an.
- Benutzen Sie dann die brennende Kerze, um Ihr Räucherwerk anzuzünden.
- Während Sie die Kerze fest in einer Ihrer Hände halten, konzentrieren Sie sich auf Ihre Absicht.
- Es ist jetzt an der Zeit, dass Sie den Fluss starker positiver Energien um sich herum visualisieren.
- Beginnen Sie damit, sich den Fluss von Heil- oder sogar Schutzenergien vorzustellen, der durch Ihre Hand fließt und in die Kristalle eindringt, die Sie halten.
- Streichen Sie dann die Kristalle über die Kerzenflamme und den wohlriechenden Rauch des brennenden Weihrauchs.
- Während Sie sich vorstellen, dass der Kristall die positive Energie aus beiden Quellen aufnimmt, stellen Sie sich vor, wie sein Leuchten von Sekunde zu Sekunde heller wird.
- Halten Sie Ihre Kristalle gut in den Händen und visualisieren Sie ihre pulsierende Energie.
- Wenn Sie zu diesem Zeitpunkt den Puls Ihres Kristalls visualisieren, visualisieren Sie auch, dass sich Ihr Kristall in die Farbe verwandelt, die mit Ihrem Ziel und Ihrer Absicht verbunden ist.
- Wenn Sie mit Ihren Kristallen Ihr Selbstvertrauen stärken wollen, visualisieren Sie Ihre Kristalle in der Farbe Rot; zum Schutz visualisieren Sie Blau und so weiter.

Nun, da Ihre Kristalle wieder mit Energie versorgt und bereit sind, ihre Aufgabe des Schutzes und der Heilung zu erfüllen, möchten Sie sie vielleicht sicher in Ihre Tasche oder Ihren Beutel stecken - das heißt, wenn Sie an persönlicher Heilung interessiert sind und nicht unbedingt an der Reinigung und Harmonisierung einer Umgebung. Aber auch wenn er irgendwo eingewickelt oder eingeschlossen ist, ist es ein zusätzlicher Vorteil für Sie, wenn Sie sich die Zeit nehmen, den Kristall regelmäßig zu berühren. Durch diese direkte Berührung empfangen Sie direkte Energie vom Kristall.

Ist das das Ende der Geschichte, was die Wiederbelebung von Kristallen angeht?

Nein - Sie könnten Ihre Kristalle ab und zu an einem Ort aufstellen, an dem sie etwas Energie von der Sonne oder sogar vom Mond abbekommen können. Natürlich müssen Sie die Kristalle berücksichtigen, die bei starker Sonneneinstrahlung verblassen könnten. Diese Kristalle können Sie der frühen Morgensonne aussetzen, da diese in der Regel nicht versengend wirkt. Andernfalls ist es besser, sie im Mondlicht aufzustellen. Manche Menschen legen ihre Kristalle auch für eine Weile auf die Fensterbank, damit sie sich durch das Sonnenlicht aufladen können. Bedenken Sie, dass die Sonne eine starke Energie abgibt, während der Mond eine sanftere Energie abgibt. Treffen Sie Ihre Wahl also nach Ihrem Bedarf.

Denken Sie daran, dass auch Mutter Erde ihre natürliche Energie hat, die Ihren Kristallen sehr gut tun kann. Vielleicht möchten Sie Ihre Kristalle ein paar Tage lang in der Erde vergraben, um neue Energie zu tanken. Wenn es draußen nicht möglich ist, können Sie Ihren Kristall auch in einem Blumentopf vergraben - etwa 3-7 Tage lang.

Richtige Art der Aufbewahrung von Kristallen

Wenn Sie möchten, dass Ihre Kristalle ihren Glanz und ihre Energieschwingungen behalten, müssen Sie sie mit Sorgfalt und Liebe behandeln. Vermeiden Sie es, sie lange Zeit dem Sonnenlicht auszusetzen, sonst verblassen sie wahrscheinlich. Einige der sichersten Methoden zur Aufbewahrung Ihrer Kristalle sind:

- Sie in einen Beutel einschließen
- Einwickeln mit einem Seidenschal

Auswahl und Verwendung von Kristallen in der Zauberei

Um Ihnen die Möglichkeit zu geben, Ihre Bekanntschaft mit einigen dieser Steine zu vertiefen, beziehen sich die Zaubersprüche im folgenden Abschnitt ausschließlich auf diese Liste.

Wenn Sie sich jedoch auf den Weg machen, neue Kristalle in Ihr Leben zu bringen, sollten Sie immer auf Ihre Intuition hören. Wenn ein Stein, **der nicht** auf dieser Liste steht, Sie anspricht, dann hören Sie auf jeden Fall darauf.

Wenn Sie auf der Suche nach einem bestimmten Stein sind, z. B. Jade, sich aber mit keinem der im Laden verfügbaren Jadesteine verbunden fühlen, ist es vielleicht noch nicht an der Zeit, mit Jade zu arbeiten oder die Jade für Sie liegt woanders.

Es ist auch möglich, viele der Zaubersprüche durch andere zu ersetzen, da oft eine Handvoll Steine für einen bestimmten Zweck gleichermaßen geeignet sind. Das ist besonders wichtig, wenn Ihr Budget keinen Platz für einen neuen Kristall zu lässt. Denken Sie daran, dass Magie niemals ein Grund für finanziellen Stress sein sollte - sie sollte vielmehr ein Mittel sein, um mehr Fülle zu schaffen.

Im nächsten Abschnitt lernen Sie einige verschiedene Arten der Kristallmagie kennen, von einfachen "Aufladen und Tragen"-Zaubern über die Verwendung von Kristallen in rituellen Bädern bis hin zur Verbindung der Kraft von Kristallen mit magisch aufgeladenen Kerzen und Kräutern.

Aufgrund der mineralischen und energetischen Natur der Kristalle ist bei einigen Zaubersprüchen Vorsicht geboten, daher sollten Sie die Anweisungen sorgfältig lesen.

Denken Sie auch daran, einige Zeit mit dem Stein oder den Steinen zu verbringen, mit denen Sie in Ihrer Magie arbeiten wollen. Die Kraft der Zauberei ist viel effektiver, wenn Sie eine starke Verbindung zu den Werkzeugen haben, mit denen Sie arbeiten, und das gilt besonders für die Arbeit mit diesen natürlichen Gaben der Erde. Gehen Sie also mit Ehrfurcht vor den lebendigen Energien der Kristalle an diese Arbeit heran, und, was ebenso wichtig ist, haben Sie Spaß dabei.

Einführung in die Kristallzauberei

Wie im 1. Abschnitt dieses Leitfadens erwähnt, verwenden Wiccans und andere Hexen Kristalle in ihrer magischen und spirituellen Arbeit auf vielfältige Weise.

Sie können bei der Erschaffung von Ritualwerkzeugen verwendet werden, z. B. indem man eine Kristallspitze als Ende eines Zauberstabs verwendet oder den Griff einer Athame mit Schmuckstücken versieht, um die Energie eines heiligen Raums im Gleichgewicht zu halten oder um Zaubersprüche einfach durch ihre Anwesenheit zu verstärken.

Im Folgenden finden Sie einige der verschiedenen Möglichkeiten, wie Kristalle als direkte Mittel in der magischen Arbeit eingesetzt werden können. Es gibt Zaubersprüche im traditionellen Stil, bei denen ein oder mehrere geladene Kristalle zusammen mit anderen Zauberzutaten und gesprochenen Beschwörungsformeln verwendet werden, sowie mehr "praktische" Arbeit mit Kristallzaubern und sogar magisch geladenem Trinkwasser.

Doch bevor Sie eine der unten beschriebenen Vorgehensweisen ausprobieren, sollten Sie einige Dinge beachten.

Wenn Sie Kristalle aus verschiedenen Richtungen betrachten, werden Sie die hexerische Energie dieser Steine erkennen. Sie werden schon seit vielen Jahren als Talisman und zur Herstellung von Schmuck verwendet. Diese Steine schaffen eine Aura des Steins als Symbol der Kreativität, der lebendigen Kraft der Erde und der Unendlichkeit. Kristalle werden wegen ihrer Heilkräfte und ihrer Fähigkeit, die Energie in physischen Räumen zu erhöhen, verwendet. Sie werden auch als Quelle für alternative Heilmethoden verwendet.

In New-Age- und Wicca-Kreisen wird der Begriff "Kristalle" für eine Reihe von festen Mineralien verwendet. Eine Substanz, die von Natur aus anorganisch ist und sich durch geologische Prozesse im Untergrund bildet, wird als Mineral bezeichnet. Jedes Mineral hat seine eigene Zusammensetzung und Energie, die es einzigartig macht. Jeder Schamane, jede Hexe und jeder Heiler kennt die Energien, die in verschiedenen Mineralien enthalten sind.

Die regelmäßige molekulare Struktur, die von einem Mineralstein gebildet wird, der eine flache Oberfläche hat, ist der Grund dafür, dass wir wissen, was Kristalle sind. Der beliebteste Kristall ist der klare Quarz. Echte "Kristallkugeln" werden angeblich aus klarem Quarz gebildet. Andere beliebte Kristalle sind der Amethyst und der Rosenquarz. Interessanterweise werden bekannte Steine wie Lapislazuli, Blutstein und Jade durch die Kombination mehrerer Steine gebildet und gelten nicht als echte Kristalle. Bernstein und Jade, die ebenfalls als "Kristalle" gelten, sind offenbar organische Substanzen, die versteinert wurden. Aus diesen Gründen wurden Steine und Kristalle anstelle der jeweils anderen verwendet, um die Gaben der Erde zu genießen.

Eine der bekannten Möglichkeiten, die Kristalleinweihung zu praktizieren, besteht einfach darin, einen Stein mit einer Absicht aufzuladen und ihn im Laufe des Tages bei sich zu haben. Der Kristallzauber wird von Einzelpersonen in Situationen eingesetzt, die herausfordernd erscheinen. Das können Situationen sein, in denen man etwas Wichtiges mitteilen muss, oder auch Situationen, in denen man Vereinbarungen treffen muss. Lapislazuli ist ein Kristallstein, der als "Stein der Wahrheit" bezeichnet wird. Der Name stammt aus dem Persischen und Lateinischen und bedeutet "blauer Stein". Der Lapislazuli hilft bei der effektiven Kommunikation mit anderen und sich selbst. Die Farbe Blau symbolisiert das Hals-Chakra, mit dem der Ausdruck der eigenen wahren Stimme assoziiert wird. Negative Gedanken und Worte anderer Menschen können mit dem Lapislazuli ebenfalls abgewehrt werden. Der Stein schickt die negative Energie zu ihren Absendern zurück. Mit einem aufgeladenen Lapislazuli kann man selbstbewusst und in einem Gespräch sein, das vielleicht schwierig ist, die Ruhe bewahren. Legt man beim Aufladen eines Lapislazuli-Steins entweder einen Amethyst oder einen klaren Quarz ein, erhält der Lapislazuli einen Energieschub.

Für diesen Zauber braucht man ein Stück Lapislazuli, 1 gelbe oder weiße Kerze und wahlweise 1 oder mehrere Stücke Amethyst- oder Klarquarzkristalle.

Die Anweisungen lauten: Wenn Sie einen Amethyst oder Kristall verwenden, platzieren Sie ihn zuerst an der Vorderseite der Kerze, während Sie den Docht anzünden. Nehmen Sie den Lapislazuli-Stein und legen Sie ihn in beide Hände, schließen Sie die Augen und atmen Sie tief ein. Nehmen Sie sich einen Moment Zeit, um sich vorzustellen, wie Sie nach einem möglicherweise schwierigen Gespräch ein Gefühl der Erleichterung verspüren. Danach visualisieren Sie die positive Energie, die Sie erleben, während Sie sich das Ergebnis des Gesprächs vorstellen und spüren, wie sie in den Stein fließt. Sagen Sie dabei diesen oder einen ähnlichen Satz:

"Ich kommuniziere klar und effektiv aus der Essenz meines wahren Selbst heraus."

Sobald Sie das Gefühl haben, dass der Stein ausreichend aufgeladen ist, nehmen Sie ihn und legen Sie ihn neben den Amethyst oder den klaren Quarz, wenn Sie einen von ihnen benutzt haben, und lassen Sie sie mindestens 1 Stunde lang neben der Kerze brennen. Danach ist Ihr Stein in der Lage, Sie bei allen potenziell aufgeladenen Gesprächen zu begleiten.

Kristalle und Steine haben starke Energien und werden deshalb bei Einweihungen verwendet.

Der Amethyst ermöglicht es, ein klares Ziel zu haben und hat eine violette Farbe.

Der Blutstein ist grün in der Farbe und hat goldene oder rote Flecken und hat Energien, die Wohlstand und körperliche Heilung fördern.

Der Karneol-Kristall wird verwendet, um negative Energien zu vereiteln und ist entweder orange oder rot gefärbt. Er ermöglicht es einem auch, mutig zu sein.

Der Citrin hat magische Eigenschaften der Erneuerung, nützliche Träume und ist gelb in der Farbe.

Der Hämatit ist grau, schwarz oder grau und hat die magische Eigenschaft, bei der Lösung von Problemen zu helfen und die Willenskraft zu stärken.

Jade ist ein schwarzer Kristall, der die magischen Eigenschaften hat, uns vor Negativität zu schützen und uns beim Übergang zur Erdung und Zentrierung zu helfen.

Der blaue oder dunkelblaue Lapislazuli hat die magischen Eigenschaften der Wahrsagerei und der Bewusstseinsveränderung.

Der Malachit ist ein grüner Kristall mit dunkelschwarzen und grünen Bändern. Er hat die magische Eigenschaft, emotionalen Mut während eines bedeutenden Übergangs zu unterstützen und das spirituelle Wachstum zu fördern.

Die Mondsteine sind in der Regel entweder eine blassblaue oder weiße Farbe, die die magischen Eigenschaften der Verbesserung der Rezeption zur Einweihung, Kreativität und ist unterstützend für die Intuition.

Der Quarzkristall ist von klarer oder weißer Farbe und hat die magischen Eigenschaften, spirituelles Wachstum, Heilung und Klarheit zu fördern.

Der Rosenquarz ist rosafarben und hat die magische Eigenschaft, Freundschaft, Liebe, emotionale Heilung und Wohlbefinden zu fördern.

Das Tigerauge hat die magischen Eigenschaften von Energie und Schutz und ist braun, hellbraun oder goldfarben mit schwarzen Streifen.

Kapitel 7: Farben und Kristalle

Farben haben viele Bedeutungen und können Ihre Energie und Kraft steigern. Unten ist eine Tabelle mit den Bedeutungen der Farben in wiccanischen Traditionen. Wenn eine Farbe eine andere Bedeutung für Sie hat, dann benutzen Sie Ihre Intuition und ersetzen Sie sie beim Üben.

Farbe	Attribute	Wozu sie verwendet werden
Rot	Liebe, Tapferkeit, Stärke, tiefe Gefühle	Liebe, körperliche Energie, Gesundheit, psychische Fähigkeiten
Orange	Energie, Anziehungskraft, Vitalität, Erregung	Flexibilität gegenüber Veränderungen, Motivation, Leistung
Gelb	Wissen, Inspiration, Kreativität	Kommunikation, Vertrauen, Wahrsagen, Studie
Grün	Fülle, Wachstum, Reichtum, Wiedergeburt, Gleichgewicht	Wohlstand, Karriere, Fruchtbarkeit, Wellness
Blau	Gelassenheit, Wahrheit, Wissen, Schutz, Toleranz	Heilung, übersinnliche Fähigkeiten, Frieden im Haus, Mitgefühl
Lila/violett	Spiritualität, Wissen, Hingabe, Harmonie, Idealismus	Prophezeiung, Verbesserung der Erziehungsfähigkeiten, ausgleichende Sensibilität
Weiß	Frieden, Reinheit, Erleuchtung	Reinigung, Klarheit, geistiges Wachstum und Toleranz
Schwarz	Schutz, Stabilität, Respekt	Beseitigung von Negativität, Reformation
Silber	Weisheit, Intellekt, Gedächtnis	Spirituelle Entwicklung, Beseitigung von Negativität, Mediation
Gold	Innere Stärke, Selbstverwirklichung, Verständnis, Instinktsteigerung	Erfolg, Engagement, Reichtum, Wahrsagerei
Braun	Ausdauer, Stabilität, Erdung, Langlebigkeit	Gleichgewicht, Konzentration, Haustiere
Grau	Stabilität, Neutralität, Reflexion	Entscheidungen treffen, negative Einflüsse binden, eine Einigung erzielen
Indigo	Emotion, Einsicht, Geläufigkeit, Anmut	Meditation, geistige Heilung, Transparenz der Ziele
Rosa	Zuneigung, Freundschaft, Kameradschaft	Romantik, Spirituelles Erwachen, Beziehungen, Kindermagie

Es gibt Hunderte von Edelsteinen und Kristallen, aus denen man wählen kann. Die folgende Tabelle enthält die bekanntesten Kristalle und ihre magischen Verwendungszwecke in der Hexerei und im heidnischen/heidnischen Glauben. Jeder Kristall erfüllt seinen eigenen Zweck. Wenn Sie also ein Ritual oder einen Zauber durchführen, sollten Sie darauf achten, dass Sie einen wählen, der mit Ihnen arbeitet - nicht gegen Sie.

Edelstein	Eigenschaften
Amethyst	Steht für Selbstdisziplin, Stolz, Nüchternheit, innere Stärke, Frieden und Selbsterkenntnis. Wird zur Beruhigung von Ängsten und zur Förderung harmonischer Träume und Hoffnungen verwendet. Er steigert die übersinnlichen Fähigkeiten, erhöht den wahren Kontakt mit ihnen. Kann während der Meditation getragen werden.
Turmalin	Fördert die emotionale Stabilität, unterbricht schlechte Gewohnheiten und Triebe, beendet Negativität und reinigt die Aura des Menschen. Er sorgt für Struktur und verhindert, dass Negativität in das eigene Leben eindringt. Es wird angenommen, dass er Geist und Körper beruhigt und für Freude und Schutz im Inneren und Äußeren steht.
Citrin	Zieht Wärme, Glück und Sonnenenergien an. Fördert Freundschaft, Kommunikation und Unabhängigkeit.
Lapislazuli	Fördert Wahrheit, innere Kraft, Einsicht, Offenheit und spirituelles Wachstum. Steigert die Intuition und hilft Ihnen, auf den Ruf Ihrer Seele zu hören, der Sie auf Ihrem spirituellen Weg führt und Ihnen hilft, bewusster zu werden.
Mondstein	Wird mit dem Mond, Intuition und Instinkt, Lebenszyklen, Gleichgewicht, Einfühlungsvermögen und Hellsichtigkeit in Verbindung gebracht. Es wird geglaubt, dass er, wenn er getragen wird, zu einem tieferen Verständnis seiner Gefühle und dessen, was in seinem Herzen ist, führt.
Quarzkristall	Dieser Stein wird für Gleichgewicht, Reinigung, Heilung, persönliche Kraft und Energie getragen. Er fördert spirituelles Wachstum und Erleuchtung
Rosenquarz	Fördert Liebe, Glück, Harmonie, Vergebung und Verständnis. Jemand würde Rosenquarz tragen, um sein Selbstvertrauen zu stärken und seine innere Schönheit zu zeigen. Er zieht Freundschaften, Beziehungen, Romantik und enge zwischenmenschliche Bindungen an.
Serpentine	Zieht Liebe, Glück, Langlebigkeit, Freude, Gelassenheit oder Frieden, Wissen und Großzügigkeit an.
Tigerauge	Steht für Wahrheit, Integrität, Ehre, Loyalität, Willenskraft und Mut. Er wird mit Glück und Schutz in Verbindung gebracht. Er hilft jemandem, Illusionen abzubauen, die Wahrnehmungsfähigkeit zu fördern und Wahrheiten aufzudecken. Hilft auch, sich der Unehrlichkeit und der wahren Absichten anderer bewusst zu werden.
Türkis	Fördert Glück, innere Schönheit, Harmonie, Entspannung und Zufriedenheit. Er wird mit Liebe, Wohlstand, Freundschaft und Schutz assoziiert. Türkis ist ein Stein, der, sobald er getragen wird, seine Fähigkeit auf die Person, die ihn trägt, abstimmt und seine Kraft dort erhöht, wo die Person sie am meisten braucht.

Es gibt noch viele weitere Edelsteine mit ihren individuellen Anwendungen, die ein ganzes Buch füllen würden. Die oben genannten Kristalle sollten Sie jedoch auf den Weg bringen, das zu finden, was für Sie am besten funktioniert.

Schlussfolgerung

Wie bei jedem großen Anfang muss es auch ein Ende geben, und leider ist dieses Ende jetzt da. Wir haben so viel über diese Praxis besprochen, das Wie, das Warum, was Kristalle sind, die drei K's und doch fühlt es sich immer noch so an, als ob etwas fehlt, nicht wahr? Nun, mein lieber Freund, das liegt daran, dass Sie an dem Punkt Ihrer Reise angelangt sind, an dem Sie endlich die Fäden in die Hand nehmen und einige dieser Dinge selbst tun können, was sowohl aufregend als auch beängstigend sein kann.

Aber keine Sorge, ich bin zuversichtlich, dass Sie das schaffen können.

Lassen Sie uns einige der wichtigsten Punkte aus dem Buch durchgehen, damit Sie ein wenig mehr Einblick haben und vielleicht sogar einen kleinen "Spickzettel" für spätere Übungen (Heutzutage liebt doch jeder eine kleine Zusammenfassung der Dinge, oder?).

Zunächst haben wir besprochen, was Kristalle sind. Kristalle sind sowohl Rezeptoren als auch Sender und können verwendet werden, um Energie neu auszurichten, weil sie 2 Arten von schwacher Elektrizität erzeugen: piezoelektrische (durch Zusammendrücken oder Druck) und pyroelektrische (durch Wärmezufuhr oder Temperaturänderung). Wir haben auch gelernt, dass Kristalle Energie an alles und jeden abgeben, der sie berührt, und dass die meisten Dinge Energie an sie zurückgeben. Deshalb ist es so wichtig, dass wir unsere Kristalle im besten Geisteszustand behandeln (Wie versprochen habe ich auf den vorhergehenden Seiten auch eine Liste von Kristallen beigefügt, mit denen Sie meiner Meinung nach beginnen sollten).

Dann besprachen wir das 1. der 3 K´s: Reinigung. Wir lernten, dass Reinigung im Wesentlichen der Akt ist, die Kristalle von der Negativität zu befreien, die sich im Laufe der Zeit angesammelt hat, und dass es mehrere Möglichkeiten gibt, dies zu tun. Diese Möglichkeiten sind unter anderem:

- Sie am Körper zu tragen.
- Legen Sie sie unter Ihr Kissen/Ihre Matratze.
- Mit ihnen zu baden/sie um das Bad herum zu platzieren.
- Außerdem sollten Sie sie in Ihrer Wohnung und an Ihrem Arbeitsplatz aufstellen, um alle negativen Energien zu absorbieren, die sich im Laufe der Zeit angesammelt haben.

Wir haben auch gelernt, dass Sie die 4 Elemente nutzen können, um Ihre Kristalle zu reinigen, indem Sie sie in der Erde vergraben, sie durch Feuer laufen lassen, sie in Wasser tranken und Rauch darüber wehen lassen. Auch die Sonne und der Mond können bei der Reinigung Ihrer Kristalle helfen, indem Sie sie unter die Strahlen der beiden stellt.

Als Nächstes haben wir das 2. K besprochen: die Weihe. Wir haben gelernt, dass die Konzentration im Gegensatz zur Reinigung der Akt der Segnung des Kristalls ist, wodurch er heilig wird, und dass man den Kristall als sein Eigentum beansprucht. Ähnlich wie bei der Reinigung haben wir jedoch gelernt, dass man dies durch die Verwendung der 4 Elemente entweder mit oder ohne einen Schutzkreis erreichen kann - obwohl es sehr empfehlenswert ist, einen solchen zu verwenden. Ich habe ein einfaches Ritual für diesen Akt beschrieben, zusammen mit den notwendigen Werkzeugen, um dieses Ziel zu erreichen. Ich habe jedoch das Ritual für den Schutzkreis nicht in dieses Kapitel aufgenommen, aber ich habe sowohl ein einfaches als auch ein fortgeschrittenes Ritual für einen Schutzkreis auf den vorhergehenden Seiten für Sie aufgenommen.

Das letzte K, über das wir sprachen, war vielleicht das "tabuisierteste" oder umstrittenste der 3: Aufladung. Wir haben gelernt, dass die meisten Menschen das Aufladen als schädlicher für Kristalle empfinden als die anderen beiden K´s, aber dass es einige ziemlich erstaunliche Vorteile hat, wenn man seine Kristalle auflädt wie z.B.:

- Stärkere Heilung für sich selbst und andere.
- Dem Kristall einen bestimmten Zweck zu geben und so seine Kraft zu verstärken.
- Binden Sie Ihren Kristall und sich noch mehr aneinander, indem Sie ihm einen bestimmten Zweck zuweisen, anstatt ihn für alles Mögliche zu verwenden.

Wir haben auch gelernt, dass es mehrere Methoden gibt, um Kristalle aufzuladen, und dass man sich von seiner Intuition leiten lassen sollte, anstatt diejenige zu wählen, die am einfachsten zu bewerkstelligen scheint - Bequemlichkeit ist der Schlüssel, denn wenn man sich beim Versuch, seine Kristalle zu reinigen, zu weihen oder aufzuladen, unwohl fühlt, könnten die Dinge am Ende ein wenig schief laufen.

Zu diesen Methoden der Gebührenerhebung gehören:

- Die Sonne und der Mond.
- Sie können andere Kristalle verwenden (die, die andere aufladen sollen).
- Natur, indem man den Stein in einem gesunden, wachsenden Garten vergräbt.
- Sie können die sogenannte "Erdungs"-Methode anwenden, bei der Sie den Stein je nach Vorliebe zwischen 24 Stunden und 1 Woche in die Erde legen.
- Sie können auch Klang oder Reiki verwenden.

Nachdem wir die Vorteile und das wie besprochen haben, haben wir die möglichen Nachteile des Aufladens von Kristallen erörtert wie z. B. das Zerbrechen im Laufe der Zeit und der mögliche Rückgang des negativen Energieverbrauchs. Es liegt jedoch an Ihnen, zu entscheiden, ob die Vorteile die möglichen Nachteile wert sind.

Ich hoffe, Sie haben dieses Buch als sehr informativ empfunden und das Erlernen dieser wunderbaren Praxis hat Ihnen Spaß gemacht und war für Sie einfach. Ich danke Ihnen, dass Sie drangeblieben sind, um zu lernen, und ich wünsche Ihnen das Beste für Ihre zukünftigen Kristallbestrebungen. Diese Praxis hat so vielen Menschen auf der Welt geholfen, und wie wir bereits besprochen haben, gibt es sie schon seit Hunderten von Jahren, vielleicht sogar noch länger. Viele Menschen haben diese Praxis betrachtet und sich darüber lustig gemacht, wie "lächerlich" sie klingt, aber ehrlich gesagt ist das ihre Meinung darüber - und sie haben ein Recht darauf, so wie wir ein Recht auf unsere Liebe zu dieser Praxis haben. Ich denke, was ich damit sagen will, ist, dass Sie sich durch die Meinung anderer über Ihren Glauben und Ihre Praktiken nicht davon abhalten lassen sollten, diese in Ihrem täglichen Leben anzuwenden, denn das wäre sehr schade für Sie und alle Menschen, denen Sie in Zukunft helfen werden.

So, nun überlasse ich Ihnen das Wissen, was Sie damit machen, bleibt Ihnen überlassen, aber ich hoffe, dass Sie damit weitermachen und Ihr tägliches Leben mit Hilfe von Kristallen und ihren vielen Talenten besser machen. Vielleicht können Sie sogar dem einen oder anderen Freund helfen, indem Sie ihm ab und zu eine Kristallheilung schenken oder ihm helfen, seine Chakren neu auszurichten, indem Sie das Steinlegen praktizieren. Die Entscheidung liegt letztlich bei Ihnen, und ich unterstütze voll und ganz, was immer Sie mit Kristallen vorhaben. Denken Sie nur daran, dass Sie, egal wofür Sie sich entscheiden, dies in dem Bewusstsein tun sollten, dass alles, was Sie in die Welt hinausgeben, irgendwann zu Ihnen zurückkommt.

Buch 5

Wicca-Mondmagie

Ein Wicca-Leitfaden zu Mond-Zaubern und -Ritualen für Hexenmeister

Buchbeschreibung

Beachten Sie zunächst den Untertitel. Es hätte „Der richtige Weg, Rituale durchzuführen“ heißen können, aber das würde eine Art Blaupause nahelegen – mach dies, mach das, mach das nicht und mach das nie, niemals. Der Punkt hier ist, dass es viele verschiedene Möglichkeiten gibt, Rituale durchzuführen, abhängig von den persönlichen Vorlieben der Teilnehmer, dem Zweck des Rituals, dem Ort und der zahlreichen anderen Faktoren.

Es ist nicht übertrieben zu sagen, dass es wahrscheinlich Millionen von Permutationen gibt, um Hexenrituale durchzuführen. Es gibt jedoch eine Reihe von Ereignissen, die beachtet werden müssen, um alles zu erhalten, was Sie von Ihren Ritualen erwünschen, und dies ist gemeint, wenn Sie vom „richtigen“ Weg sprechen. Falls Sie es noch nicht bemerkt haben, Hexerei ist sowohl eine persönliche als auch eine universelle Religion, und wenn es um Rituale geht, steht das Persönliche sehr im Vordergrund.

Das Wort „Ritual“ suggeriert keine Spontaneität. Ein Ritual besteht aus bestimmten Elementen, die in einer bestimmten Reihenfolge ausgeführt werden. Immer wenn das Ritual wiederholt wird, werden auch die Elemente und die Abfolge wiederholt. Hexenrituale sind auch so: Sie sind mit einem bestimmten Zweck entworfen, und damit das Ritual so funktioniert, wie Sie es möchten, müssen Sie sich gründlich vorbereiten. Das bedeutet, dass Sie alles vorbereiten: die Gegenstände, die Sie während des Rituals verwenden werden, den Bereich, in dem es durchgeführt wird, und die Worte, die während des Rituals gesprochen werden.

Vielleicht möchten Sie überlegen, welche Kleidung Sie für ein bestimmtes Ritual tragen werden. Braucht es ein rituelles Bad oder nur eine normale Körper-Reinigung, die ohnehin zur rituellen Vorbereitung gehören sollte? All diese Dinge müssen bei der Vorbereitung auf das Ritual beachtet werden.

Diese Vorbereitung dient mehreren Zwecken und ist für den Erfolg des Rituals wichtig. Die Vorbereitung konzentriert den Geist auf das, was während des Rituals stattfinden wird und was Sie daraus gewinnen möchten. Und wenn Ihre Vorbereitungen gründlich sind, können Sie sich entspannen und das Ritual genießen, denn es ist etwas, das man genießen und nicht ertragen muss.

Einführung

Das Wort Wicca stammt aus dem Altenglischen und bedeutet einfach „Hexe". Ältere germanische Sprachen schreiben ihm zusätzliche Bedeutungen wie vorhersagen, sprechen und göttlich (wie in der Wahrsagerei) zu.

Aber was macht eine Hexe? Uns wurde vielleicht beigebracht, Hexerei mit dunkleren Dingen wie Bösem, Satanismus und Manipulation zu verbinden, aber nur das letzte Wort ist richtig. Eine Hexe manipuliert Dinge, aber nur in sich selbst. Dann schwingen wir die Auswirkungen dieser Veränderung nach außen in die Welt mit. Genau wie eine Praktizierende von Meditation, Yoga oder Körperübungen, die durch regelmäßiges Üben das Innenleben ihres Geistes und ihres Körpers verändert, richtet sich auch eine Hexe nach der natürlichen Welt um sie herum aus. Das ist die Natur heidnischer Religionen, einschließlich Wicca.

Es gibt viele Formen moderner heidnischer Praxis: Wicca ist eine von ihnen.

Die Geburt von Wicca als moderne Religion kann auf die Schriften eines britischen Beamten im Ruhestand, Gerald Gardner, zurückgeführt werden. Es gibt einen ganzen Zweig der Wicca-Praxis, der ihm gewidmet ist, die Gardnerian-Wicca genannt wird. Er veröffentlichte 1954 sein endgültiges Buch zu diesem Thema „Hexerei" heute. Gardner gründete auch einen Zirkel – im Wesentlichen eine Gebets-/Arbeitsgruppe für Hexen mit einer Anzahl von 4- 40 oder mehr Mitgliedern – und mehrere Mitglieder seines Zirkels veröffentlichten Bücher zum Thema Hexerei und magisches Leben.

In Gardnerian und anderen traditionellen Praktiken wird ein Hexenzirkel von einem Priester und einer Priesterin geleitet, die die zeremoniellen Sabbat-Rituale beaufsichtigen und während dieser Rituale oft den Gott und die Göttin repräsentieren. Sie sind auch dafür verantwortlich, neuere Mitglieder des Zirkels auszubilden und den Mitgliedern zu helfen, in den Schritten der formellen Bindung und des Lebens einer Hexe aufzusteigen: Wiccaning (Namensgebung), Handfasting (Rituelle Bindung), Croning (Reife-/Weisheitsfeier) usw.

Die Wicca-Regel und das 3-fache Gesetz

Hier haben wir eines von vielen Beispielen für Ähnlichkeiten zwischen Wicca und dem jüdisch-christlichen Glauben. Die Wicca-Regel ist im Wesentlichen die goldene Regel, die so formuliert ist: „Tun Sie, was Sie wollen, damit es niemandem schadet." Es gibt bisher keine Beweise für diese Rede (Rede bedeutet Führung oder Weisheit) in den alteuropäischen heidnischen Praktiken, aber es wird angenommen, dass sie von einem Mitglied von Gardners Hexenzirkel, Doreen Valiente, verfasst wurde.

Die Wicca-Regel an sich ist der Kern der Wicca-Philosophie: Wenn es um Zaubersprüche und das tägliche Leben geht, unternimmt ein Wiccan eine konzertierte Anstrengung, um keinen Schaden anzurichten. Zumindest ist böswillige Absicht nie Teil der Praxis eines Wiccans; bestenfalls führt diese Einstellung dazu, dass sie ihr Leben mit dem Ziel leben, der Welt Positivität zu verleihen und nicht die bereits vorhandene Negativität zu verstärken. Beispiele hierfür sind Freiwilligenarbeit, grünes Leben und Recycling, Förderung und Zeit für Selbstfürsorge und Reflexion. Es gibt etwas von Buddhismus und östlicher Philosophie in dieser Denkweise. Das Ziel der Wicca-Regel ist es, sein Bestes zu geben und niemals absichtlich Schaden zuzufügen. Es wurde gesagt, dass „weiße Magie hübsch ist, aber schwarze Magie funktioniert", aber im wahren Herzen von Wicca liegt der Glaube, dass man Frieden und Glück im Leben erreichen kann, indem man den Naturgesetzen folgt und sie in seinen magischen Praktiken nachahmt.

Das 3-fache Gesetz besagt, dass alles, was Sie tun, 3-mal zu Ihnen zurückkommt. Denken Sie an einen Teich, wenn Sie einen Stein hineinwerfen, und die nachfolgenden Wellen, die langsam auftauchen, um die Küste zu berühren. Dieser Grundsatz macht Sie für Ihre Handlungen verantwortlich: Was immer Sie tun, hat Konsequenzen, also leben Sie achtsam und verantwortungsbewusst.

Aber die Natur kann manchmal gewalttätig sein, oder? Genau. Die Natur umfasst katastrophale Stürme, Raubtiere, die Beutetiere jagen, frisch geschlüpfte Unechte Karettschildkröten, die stoisch in Richtung Inland statt zum Meer marschieren. Wicca stellt uns als aufmerksame, nachdenkliche Kreaturen zur Rede: Es fordert uns auf, die Natur zu verehren und zu respektieren und die bewusste Entscheidung zu treffen, ihre Katastrophen nicht zu verstärken. Ein Wiccan hält sein Auto an, um einer Schildkröte über die Straße zu helfen, und ist oft ein empathischer, unterstützender Elternteil für seine Kinder. Wiccans sind jedoch nur Menschen, und so wurden zusätzliche Regeln geschrieben, um sicherzustellen, dass die Anhänger von Wicca nicht die Macht missbrauchen, die sie gelernt haben, sich zunutze machen: „Denke an die Dreierregel, um niemandem Schaden zuzufügen oder dir Schaden zuzufügen." Alle Zauberkunst muss frei von schädlicher Absicht sein, oder, es ist einfach nicht Wicca.

Ein Glaube der Akzeptanz

Eines der Dinge, die Wicca anziehen, ist die Tatsache, dass jeder mitmachen kann. Männer und Frauen jeglicher Herkunft, Geschlechtsidentität oder Sexualität sind willkommen. Darüber hinaus werden sowohl der Gott als auch die Göttin in jedem von uns erkannt. Es versteht sich, dass der Gott und die Göttin die Polarität und den Energiefluss in jedem Wesen auf der Erde repräsentieren. Männer können fürsorgliche Väter sein und ihre Gefühle ausdrücken; Frauen können mächtig und wild sein und dennoch als weiblich angesehen werden. Den Praktizierenden von Wicca wird beigebracht zu verstehen, dass sie sowohl den Gott als auch die Göttin manifestieren und täglich von ihnen lernen.

Abgesehen davon, dass der Wicca-Glaube alle annimmt, die die Wege von Wicca betreten möchten, diktiert der Wicca-Glaube nicht, wie dieser neue Anhänger seinen Glauben praktizieren soll; viele Wiccans bevorzugen es, in der Privatsphäre ihres Zuhauses zu praktizieren, während andere es immer noch vorziehen, einen Zirkel oder eine größere Gemeindegruppe zu finden, um die Sabbate zu feiern (Sabbate sind das ganze Jahr über Feiertage sowie Vollmondversammlungen). Während sich einige Wiccans als Monotheisten betrachten und die Macht des Universums als eine einzige Gottheit und alle Aspekte dieser größeren Macht der Götter und Göttinnen betrachten, betrachten sich andere als Polytheisten. Manche Wiccans finden sich zu den ägyptischen Göttern berufen, andere beten zu keltischen und wieder andere zu asiatischen Naturgeistern. Die Wahl liegt beim Praktizierenden, und kein anderer Wiccan beurteilt den nächsten danach, wie er seinem Glauben folgt.

Leben im „Jetzt"

Im Gegensatz zu anderen Glaubensrichtungen nutzt Wicca keine Drohungen, um seine Anhänger zu einem besseren Verhalten zu zwingen. Das Leben gilt nicht als Testgelände für ein Leben nach dem Tod nur für VIPs. Das Leben ist die Lektion, die tägliche Chance, gut zu leben und in Harmonie mit seiner Umgebung zu leben. Es gibt jeden Tag Vergebung. Ein Wicca erkennt, dass es immer Zeit für eine Veränderung zum Besseren gibt, und seine Verbindung mit dem Gott/der Göttin und der Natur kann ihm helfen, durch schwierige Zeiten zu einem besseren Leben zu kommen.

Das soll nicht heißen, dass Wiccans nicht an ein Leben nach dem Tod glauben. Das Leben nach dem Tod wird oft als „Das Sommerland" bezeichnet, und es stimmt mit anderen Glaubensrichtungen überein, dass ein Leben nach dem Tod ein Ort sanfter Ruhe ist, verzeihender als das sterbliche Leben. Aber Wicca ist der Meinung, dass sich alle gleich und in Frieden dorthin zurückziehen.

Kapitel 1: Der Mond und seine Bedeutung für das Leben auf der Erde

Der Mond war eine Inspirationsquelle für die Menschheit und hatte in einer Reihe verschiedener Kulturen auf der ganzen Welt und in unserer gesamten Geschichte immer eine sehr einflussreiche Position in den Überlieferungen der Welt.

Der Mond als auch die Sonne haben für uns sehr wichtige Zwecke erfüllt und hatten anscheinend immer sehr enge Verbindungen zu den Göttern und Göttinnen, die wir in der gesamten Menschheitsgeschichte verehrt haben.

Ähnlich wie die Sonne wird der Mond oft mit einer Vielzahl von Göttern aus der ganzen Welt aus verschiedenen Kulturen in Verbindung gebracht. Er wird am häufigsten mit vielen Konzepten und Ideen in Verbindung gebracht, mit denen sich Menschen normalerweise beschäftigen.

Einige der häufigsten und bedeutendsten dieser Assoziationen sind der Geist, die Seele, das Herz, die Fruchtbarkeit, die Leidenschaft und die Liebe sowie der Tod, das Jenseits und die Wiedergeburt und eine große Anzahl verschiedener Mysterien für die Menschheit.

Natürlich ist der Mond auch heute noch ein sehr bedeutender Teil des normalen Lebens und ist in modernen Glaubenssystemen wie Wicca und anderen Formen des Heidentums und der modernen Hexerei immer noch präsent.

Viele Wiccaner versammeln sich normalerweise während des Vollmonds, um bestimmte Rituale durchzuführen, die die Wicca-Göttin während jedes der verschiedenen Esbate ehren.

Natürlich sind Sonne und Mond nicht die einzigen Körper, die ihre eigene Energie besitzen. Die Erde fungiert auch als unabhängige Energiequelle und empfängt Energie von Sonne und Mond.

Sie erhält Energie von Mond und Sonne, die die Schöpfung und die Fähigkeit ermöglicht, das Leben auf der Erde zu erhalten.

Die vom Mond produzierte Energie wird aufgrund ihrer Größe und Nähe zur Erde oft als „magnetisch" angesehen, wodurch ihre Anziehungskraft einen sehr starken Einfluss auf das Leben auf der Erde hat. Dies ist oft der Ursprung der „Anziehungskraft", die manche Menschen in einer klaren Nacht zum Mond verspüren.

Manche Menschen, wenn sie besonders empfindsam auf diese Art von Kräften reagieren, können bei Neu- oder Vollmond sogar ein buchstäbliches Ziehen in ihrem Körper verspüren. Die meisten Menschen werden hingegen in diesen Momenten einfach eine etwas stärkere Verbindung zum Mond bemerken.

Erde

Das Element Erde repräsentiert unser Zuhause und alles, was es braucht, um dieses Zuhause zu schaffen: Es ist der Planet, das Grundgestein und das Magma, das es formt, die Berge, die sich aus seinem steinigen Gesicht erheben, und der Sand, der an den Rändern der Erde, den Meeren, glitzert.

Die Erde ist der Ort, an dem wir beginnen und wo wir enden (bis wir in den Geist aufsteigen). Vor jedem Ritual bilden die Wiccaner „einen Kreis", was bedeutet, dass sie eine unsichtbare, schützende Barriere um ihren heiligen Raum schreiben, die sie von der Außenwelt und dem Unsichtbaren abschirmt, das sich in Neugierde ihrer magischen Arbeit nähern könnte. Wenn man einen Kreis zieht, wird jedes der 4 Elemente angesprochen und konfrontiert, und die Erde steht immer an erster Stelle.

Erde repräsentiert Fundamente, das Material, mit dem gebaut werden soll, und den Rohstoff (sowie das Potential). Sie ist Logik, Forschung, Abstammung und Familie. Die Erde verehrt den Studenten und den Gelehrten, bevorzugt aber auch den Bauern und den Jäger.

Luft

Das Element der Luft bringt uns die Schnelligkeit der Kommunikation und der Ideen. Der Gott Merkur ist ein perfektes Beispiel für einen Gott der Luft: Er verbindet uns alle mit einem Netzwerk von Informationen und ständigem Kontakt. Das Element Luft steht für Neubeginn und Erneuerung; so wie die Winde Samen von einem Kontinent zum nächsten über den Ozean tragen können, so kann das Luftelement weitreichende Veränderungen auf der Welt anregen.

Vögel sind natürliche Boten des Luftelements, und ihre Besuche und Sichtungen sollten berücksichtigt werden, wenn Sie Veränderungen, Neuigkeiten oder Ermutigung wünschen.

Das Element Luft ist mit dem Schwertanzug des Tarots verbunden.

Ideen im Zusammenhang mit Luft:

- Bewegung
- Wahrsagerei
- Wissenschaftliche Aktivitäten
- Mut
- Kommunikation
- Lied
- Gebet
- Zerstörung (denken Sie an Tornados und Stürme)
- Veränderung

Feuer

Das Element Feuer steht für Leidenschaft und Vitalität. Wir werden vom Feuer angezogen und doch könnten wir Schaden nehmen, wenn wir es berühren. Zu viel Leidenschaft stiftet auch oft Chaos an. Ein ungebremstes Lagerfeuer im Hinterhof könnte ein Haus niederbrennen.

Dennoch gibt es nichts, was die meisten Wicca-Feiernden mehr genießen, als sich mit ihrer Gemeinde um ein prasselndes Feuer zu versammeln. Etwas an den tanzenden Flammen ist sowohl beruhigend als auch inspirierend.

Feuer bringt uns sowohl Inspiration als auch Innovation: Mit ihm können wir Dinge chemisch verändern, Dinge aufsteigen und Dinge fliegen lassen. Feuer wärmt uns im kältesten Herzen des Winters, und einige Bäume brauchen sogar Feuer, um ihre Samen zu verbreiten. Eines der einfachsten und mächtigsten Mittel der Meditation besteht darin, eine einzelne Kerze anzuzünden und ihre Flamme zu beobachten, während man tief und ruhig atmet.

Das Element Feuer ist mit dem Zauberstab des Tarots verbunden.

Ideen im Zusammenhang mit Feuer:

- Kreativität
- Göttlicher Funke
- Innovation
- Leidenschaft
- Lust
- Einfallsreichtum

- Zerstörung
- Wiederaufleben
- Gesundheit

Wasser

Schließlich repräsentiert der Kelch Wasser sowie den Schoß der Göttin oder Schöpfung. Jedes Objekt, das Wasser aufnehmen kann, kann als Kelch verwendet werden, obwohl wie bei den anderen Werkzeugen natürliche Materialien bevorzugt werden, wobei Silber am häufigsten verwendet wird. In Ritualen hält der Kelch das geweihte Wasser oder den Wein und wird oft im Zirkel herumgereicht, um seinen Inhalt mit anderen zu teilen. Ich verwende verschiedene Kelche für verschiedene Rituale, z. B. habe ich einen Kürbis verwendet, wenn ich meinen Garten segne.

Das Folgende ist das allgemeine traditionelle Ritual, das ich für meine größeren Zaubersprüche verwende. Es gibt andere Versionen des Rituals, die an bestimmten Feiertagen oder Anlässen verwendet werden, und andere Wicca-Gruppen haben ihre eigene Version. Es gibt viele Möglichkeiten, dies zu tun, und Sie werden es wahrscheinlich an Ihren eigenen Gebrauch anpassen.

Ich beginne mit der Reinigung. Es ist wichtig, dass das Ritual sowohl physisch als auch spirituell sauber ist. Dies gilt für die Teilnehmer und die Werkzeuge gleichermaßen. Ich räume das Ritual-Gebiet auf, einschließlich Staubsaugen und Staubwischen, bevor ich mich selbst reinige. Ich schalte jedes elektrische Licht im Ritual-Raum aus und platziere 5 Kerzen dort im Raum, wo die Spitzen eines Pentagramms wären, und eine zentrale Kerze auf dem Altar. Sobald für körperliche Sauberkeit gesorgt ist, gehe ich zum Reinigungsritual selbst über.

Dieses Ritual erfordert einen kleinen Teller mit Salz, eine Schüssel oder ein Glas Wasser (ich habe ein großes Weinglas zur Verfügung, aber alles, was leicht in einer Hand getragen werden kann, funktioniert), eine Kerze und Weihrauch.

Kapitel 2: Beziehung des Mondes zur menschlichen Schwangerschaft

Die Alten beteten zu Diana, der Göttin der Fruchtbarkeit, um eine sichere Geburt zu erbitten – damals keine Selbstverständlichkeit. Unter vielen verschiedenen Völkern auf der ganzen Welt, gab es die allgemeine Meinung, dass der Mond seinen eigenen Menstruationszyklus hat. Sogar diejenigen, die nicht an der Mondanbetung beteiligt waren, sprachen davon, dass der Mond seine Periode hatte, als der Mond dunkel war. Viele verschiedene Stämme, die die Tatsachen des Lebens nicht kannten, glaubten, dass Frauen vom Vollmond geschwängert wurden. Woher stammen solche Überzeugungen? Waren diese Überzeugungen das Produkt verwirrten, primitiven Denkens, oder gab es in dieser Zeit eine enge, leicht zu beobachtende Verbindung zwischen dem Mond und dem Zyklus der Frauen, die sie zu diesem Schluss gebracht hat?

Die Forschung scheint auf einen tatsächlichen Zusammenhang hinzuweisen. Bereits 1898 untersuchte der Nobelpreisträger Svante Arrhenius sorgfältig die Menstruationszyklen von 12000 Patientinnen einer schwedischen Entbindungsklinik und stellte fest, dass der Mond eine besondere Wirkung auf ihre Zyklen hatte. Im Jahr 1936 wurden 10000 deutsche Frauen von Guthmann und Oswald kartiert, und es wurde festgestellt, dass mehr von ihnen bei Neu- und Vollmond ihre Periode hatten als je zuvor. Eine Studie des tschechischen Wissenschaftlers Dr. Jeri Malek an über 7000 Frauen aus dem Jahr 1962 zeigte, dass Blutungen häufiger bei Vollmond einsetzten als in jeder anderen Phase.

Die Volksweisheit besagte auch, dass es bei Vollmond mehr Geburten gab. Das bestätigten auch fleißige Krankenschwestern in Entbindungsstationen. Ärzte begannen, sich für die Frage zu interessieren und Statistiken zu erstellen. Die führende französische medizinische Fachzeitschrift La Presse Médical berichtete, dass sich die Geburtenrate kurz nach Vollmond verdopple. Ein deutscher Arzt, Dr. H. Gunther, berichtete 1938 von einem Anstieg der Geburtenraten in Köln um Voll- und Neumond. Die Studien wurden fortgesetzt, und in Roanoke, Virginia, und Tallahassee, Florida, fanden Überprüfungen von mehreren 100 Geburten Spitzen der Geburten bei Voll- und Neumond. Einige Forscher waren der Ansicht, dass die weit verbreitete Praxis der induzierten Wehen, um zu vermeiden, dass Wochenendgeburten die Freizeit der Gynäkologen beeinträchtigen, das natürliche Geburtsmuster verzerren könnte. So strichen sie induzierte Geburten aus ihrer Studie.

Nach Durchsicht einer Reihe älterer und kleinerer Studien, die einen Mondeffekt auf Geburten zu unterstützen schienen, beschloss Dr. Walter Menaker, eine sehr große Stichprobe zu nehmen. Er überprüfte die Aufzeichnungen von über einer halben Million Lebendgeburten in New York City von 1948 bis 1957 und stellte fest, dass die höchste Anzahl von Geburten bei Vollmond auftrat. Eine 2. Studie von Dr. Menaker über eine weitere halbe Million Geburten in New York City von 1961 bis 1963 zeigte erneut die Spitzenrate der Geburten um den Vollmond herum. Es wurde spekuliert, dass mit diesen Mondphasen möglicherweise der Zug der Schwerkraft auf das Fruchtwasser zugenommen hatte.

Forschungen wie diese inspirierten eine Frau namens Louise Lacey zu der Vermutung, dass in der Antike die meisten Frauen des Stammes bei Vollmond fruchtbar waren und dass ihre Menstruationszyklen miteinander synchronisiert waren. Es hat sich gezeigt, dass Frauen, die zusammenleben, dazu neigen, ihre Menstruationszyklen aufeinander abzustimmen. Als Erklärung postulieren Biologen eine Art unterschwellige Geruchswahrnehmung der ausgeschütteten Hormone. Stellen Sie sich vor, Sie leben in einem Lager oder Stamm, in dem die meisten Frauen gleichzeitig ihren Eisprung hatten und sexuell am stärksten ansprachen, während über ihnen der Mond voll war und die Emotionen ihren Höhepunkt erreichten. Der Zusammenhang zwischen Mond und Fruchtbarkeit wäre in dieser Weltanschauung stark, ebenso der Zusammenhang mit der Geburt, da 9 Mondmonate später, ebenfalls bei Vollmond, Kinder geboren würden.

Kapitel 3:
Bedeutung des Mondes für den Menschen

Was am Mond weckt Neugier, Ehrfurcht und sogar einen Anflug von Angst? Warum jagt die gespenstische Vorstellung von Wölfen oder wilden Hunden, die den Mond anbellen, den Menschen Schauer über den Rücken? Und was passiert mit den Köpfen instabiler Menschen bei Vollmond, die das Wort **launisch** mit Wahnsinn in Verbindung gebracht haben?

Wie entstand eine Mondmystik, die in der Mythologie aller Epochen und auf allen Kontinenten zu finden ist, einschließlich der griechischen, römischen und einer Vielzahl von einheimischen Kulturen? Mondbilder erscheinen als starkes Symbol des menschlichen Bewusstseins in der gesamten Weltliteratur von der Antike bis zur Neuzeit.

Nur wenige Menschen können nicht von der Schönheit des Vollmonds berührt werden und von den Veränderungen fasziniert sein, die der Mond in 1 Monat durchmacht. Heute sind wir stolz darauf, wissenschaftlich und rational zu sein, daher neigen wir dazu, die Meinung unserer „primitiven" Vorfahren über den Mond zu verspotten. Aber wenn der Mond keine Kraft hat, wie erklären wir dann die fast universelle Beschäftigung mit ihm und Faszination für ihn? Wie sich herausstellt, scheint es eine Grundlage für die allgemeine Annahme zu geben, dass der Mond unser Leben beeinflusst. Wissenschaftliche Studien der letzten Jahrzehnte haben begonnen, Verbindungen zwischen dem Mond und dem menschlichen, pflanzlichen und tierischen Leben zu validieren.

Wir werden die Überzeugungen unserer Vorfahren über den Mond erforschen, die Unterdrückung solcher Überzeugungen durch das Knockout-Team der Kirche und der Wissenschaft, und die Naturprinzipien, die Wissenschaftler jetzt wiederentdecken. Wir werden uns einige kontroverse Forschungsergebnisse und einige Möglichkeiten ansehen, wie das moderne Leben unsere natürlichen Rhythmen maskiert oder verändert hat, was zu Spannungen und Stress führt. Dabei stützen wir uns auf die Arbeit von 2 sorgfältigen und bahnbrechenden Forschern zur Geschichte des Mondes und den wissenschaftlichen Beweisen für seine Kraft.

Der Mond war einst ein Kultobjekt für Menschen auf der ganzen Welt. Als Entdecker aus dem Westen die Inseln und Kontinente der Erde bereisten, fanden sie überall Menschen, die eine Faszination und Ehrfurcht für den Mond und sogar viele identische Überzeugungen darüber teilten. Es gab eine Verbindung des Mondes mit Fruchtbarkeit und Geburt, und es wurde eine Verbindung zwischen den Menstruationszyklen der Frauen und dem Mondzyklus hergestellt. War die universelle Verehrung des Mondes ein Beispiel für primitiven Aberglauben unwissender Menschen oder spiegelte sie Jahrhunderte der Beobachtung der mächtigen Wirkung des Mondes wider?

Bevor das Christentum zur vorherrschenden Religion in der westlichen Zivilisation wurde, gab es viele Götter. Zu den am häufigsten verehrten gehörte die Mondgöttin, die unter vielen Namen bekannt war, darunter Diana, Artemis und Hekate. Die Leute achteten auf sie, um Fruchtbarkeit, sichere Geburten, gute Ernten und Erfolg bei der Jagd zu gewährleisten. Damals gab es eine hohe Kindersterblichkeitsrate und viele Sterbefälle bei der Geburt, daher waren ihre Tempel beliebt. Keine Frau, die ein Kind wollte und ihre Schwangerschaft überstehen wollte, würde Diana vernachlässigen.

In ganz Europa war in den Jahrtausenden vor dem Christentum die Mondreligion die Dominierende. Rituale, Zeremonien und Feiern wurden routinemäßig bei Vollmond abgehalten. Bestimmte Vollmonde galten als besonders mächtig und heilig; vielleicht waren diese sogenannten Primitiven auf die Energie- und Kraftschwankungen des Mondes abgestimmt, mit denen wir bei der Arbeit mit den Prozessen in diesem Buch vertraut werden. Die Vollmond-Feierlichkeiten könnten ein sicheres und möglicherweise sogar gesundes Ventil für die Emotionen darstellen, die sich während des monatlichen Zyklus aufbauen und dazu neigen, um den Vollmond herum gelöst zu werden. Halloween und Ostern sind eigentlich Überbleibsel von Feierlichkeiten aus dieser Zeit, die von den Kirchenvätern geschickt übernommen wurden.

Die alte Religion, die jetzt unter den Namen Wicca, Heidentum oder Hexerei bekannt ist, war keine Angelegenheit von Hexen und Kobolden und war sicherlich keine Angelegenheit von Teufelsanbetung oder Satanismus. Stattdessen war es eine spirituelle Praxis, die auf jahrhundertelanger Beobachtung der Interaktion des Mondes und anderer Naturkräfte mit Pflanzen, Tieren und Menschen beruhte. Das alte angelsächsische Wort **Wicca** bedeutet einfach Wissen, und es verkörperte das Wissen, wann man pflanzt, jagt und fischt und wie man mit Pflanzen, Kräutern und anderen natürlichen Mitteln heilt. Sogar jetzt wissen gute Bauern, dass sie den

Mond beim Pflanzen und Ernten beobachten müssen. Sie finden, wie die Alten es taten, dass Samen direkt nach dem Neumond viel besser sprießen, insbesondere dem Neumond im Stier, der auf Ende April oder Anfang Mai fällt. Ebenso kaufen begeisterte Fischer Mondkalender, die ihnen die Zeiten mitteilen, zu denen das Angeln am besten ist.

Der Mond entspricht der weiblicheren Seite der Menschen, ob männlich oder weiblich, und die Alte Religion selbst war eine Feier des weiblichen Aspekts der Natur, mit einer Göttin und eher mit Priesterinnen als mit Priestern. Als das Christentum immer mächtiger wurde, wurde die Mondreligion als gefährlich und böse angesehen, zusammen mit der entsprechenden, feminineren Seite von uns, die mit dem Mond und mit Emotionen, natürlichen Rhythmen und Instinkten in Verbindung steht. Der Niedergang der Alten Religion entsprach einer Periode in der Geschichte, in der die Gesellschaft stark patriarchalisch wurde und Frauen in eine minderwertige und machtlose Position gebracht wurden.

Die Alte Religion wurde durch religiöse Verfolgung, durch gewaltsame Bekehrungen, durch Hexenverfolgungen und Hexenverbrennungen unterdrückt, aber sie war einst die Religion des Volkes. Vielleicht haben Sie Marienstatuen mit einer Mondsichel unter ihrem Fuß gesehen. Dies symbolisiert das Ausmerzen der alten Religion. Und doch siegte das Christentum an Orten, wo die Alte Religion stark war, nur durch die Etablierung der Marienverehrung, in der der Diana-Kult, kaum verkleidet, fortbesteht. Durch die gewaltsame Unterdrückung von Wicca haben wir leider auch viel von dem Wissen über Heilung und natürliche Rhythmen, die es begleiteten, unterdrückt.

Ich schlage keinesfalls vor, dass wir wieder den Mond verehren, aber wir können zumindest aufhören, ihn zu ignorieren und anfangen, auf die Rhythmen und Zyklen zu achten, die er repräsentiert. Wie wir im Laufe dieses Buches erfahren werden, ist es teuer, diesen Teil von uns zu ignorieren, in Bezug auf Stress, Müdigkeit, ausgefranste Nerven und explodierende Temperamente. Diese Ignoranz führt dazu, dass wir uns benachteiligt fühlen und keinen Kontakt zu uns selbst und unseren Bedürfnissen haben. Wir können Stress abbauen, indem wir nicht gegen den Strich arbeiten. Wir können die Phasen kennenlernen, in denen unser Körper, unser Geist und unsere Seele Ruhe brauchen, sowie die Phasen, die für die Arbeit am produktivsten sind. Um dies bewusster zu tun, finden Sie hier Informationen über die beste Anwendung der Mondzeichen und -zyklen sowie Tabellen, die Ihnen helfen, den Tages- und Monatsverlauf des Mondes im Auge zu behalten.

Der Mondkalender

In alten Kulturen und in vielen modernen Kulturen waren bis vor kurzem die Zyklen des Mondes die Art und Weise, wie wir den Lauf der Zeit markierten, ein natürlicher, leicht sichtbarer Kalender. Der Voll- oder Neumond vor dem Hintergrund der Sternbilder war ein Zeichen dafür, dass eine bestimmte Jahreszeit mit ihren eigenen Aktivitäten und Bedingungen gekommen war. Das Wort **Monat** leitet sich vom Wort **Mond** ab. 1 Monat dauerte von einem Neumond bis zum nächsten, und jedes Quartal war 1 Woche lang. In einem typischen Jahr gab es 13 Mondzyklen. Jede Periode wurde nach ihrer charakteristischen Qualität oder ihren Ereignissen benannt. Wir nennen Herbsttänze immer noch den Erntemondball, aber wir haben vergessen, dass die Ernte früher mit einem großen Fest und Fröhlichkeit gefeiert wurde.

Vor vielen Monden verfolgten die amerikanischen Ureinwohner ihre Monate auf die gleiche Weise und nannten sie nach Ereignissen während dieses besonderen Mondes. Der Januar war der Wolfsmond, da Wolfsrudel auf der Suche nach Nahrung durch die leere Landschaft streiften. Der April wurde Rosa-Mond genannt, wegen der Blumen, die in diesem Monat plötzlich in Blüte standen. Die Regenfälle im Juli brachten ihm den Namen Donnermond und die Hitze des Augusts den Namen Roter Mond. Der Mond des Jägers war im Oktober und zeigte sowohl die Gelegenheit als auch die Beschäftigung dieses Monats. Die Hawaiianer hatten auch einen Mondkalender, und für sie war der Juli der nasse, klebrige Mond. Der jüdische Kalender, der anders datiert ist als unser eigener, hat immer noch eine Mondbasis.

Wenn wir jemals zu einem Mondkalender zurückkehren sollten, vielleicht um unsere Rhythmen wieder mit der Natur zu synchronisieren, müssten wir den Monaten moderne Namen geben. Der Februar wäre der graue und trostlose Mond. April wäre der Mond des IRS. Juni wäre der viele Hochzeiten-Mond. August wäre der Urlaubsmond der Psychiater. September wäre der Schulanfang-Mond. Dezember wäre der unendliche Brieftaschen-Mond.

Warum ist Montag blau?

So wie der Kalender einst auf dem Mond basierte, hatte auch der Mond seinen eigenen besonderen Wochentag: Montag. Jedem der 7 mit bloßem Auge sichtbaren großen Himmelskörper war ein Wochentag zugeordnet: Sonntag war Sonnentag, Montag war der Mond, Dienstag war der Tag des Mars, Mittwoch wurde Merkur zugewiesen, Donnerstag war Jupiters Tag, Freitag gehörte der Venus und Samstag war für Saturn. Die Natur und die Sorgen des jeweiligen Tages schienen den Alten mit den Sorgen dieses Planeten zu tun zu haben. Dieser Glaube und der einem bestimmten Wochentag zugeordnete Planet blieben in allen europäischen Kulturen gleich. Vielleicht war diese Praxis wiederum mit jahrhundertelanger Beobachtung verbunden, und vielleicht würden wir eine gewisse Gültigkeit darin finden, wenn wir sie genauer untersuchen.

Also, was war der Montag für ein Tag, an dem er dem Mond zugeordnet war? Wenn wir in die astrologischen Abschnitte einsteigen, werden wir herausfinden, dass der Mond viel mit der Heimat, dem Essen, dem Familiengefühl und der Verbundenheit mit den eigenen Wurzeln zu tun hat. Somit kann es in erster Linie ein Tag gewesen sein, um in der Nähe des Nestes zu bleiben und sich um die Familie und die Wurzeln zu kümmern. Ich erinnere mich, dass in den 1950er Jahren und früher, als es für Frauen noch selten war, außer Haus zu arbeiten, fast alle Hausfrauen am Montag die Wäsche gewaschen haben. Als diese Verbindung vor Jahrhunderten hergestellt wurde, arbeiteten nicht nur Frauen, sondern auch Männer und Kinder zu Hause, denn das war vor der Industrialisierung.

Montag ist nicht mehr die Hauptzeit für altmodische Haushaltsaufgaben wie Waschen, Essen sammeln oder Kleidung herstellen. Stattdessen wird der Montag mit dem Verlassen des Zuhauses und der Rückkehr in die stressige Arbeitswelt in Verbindung gebracht. Nicht zufällig fürchten sich viele Menschen vor seiner Ankunft, und er wurde als blauer Montag bezeichnet. Vielleicht war der Montag nicht immer blau; vielleicht freuten sich die Menschen einmal, als wir näher an den Mond-Anteilen unserer Natur waren, auf die Erneuerung der Hausbrände am Montag und fühlten sich von ihr genährt.

Kapitel 4:
Die Verbindung des Mondes mit den Ozeanen

Im Gegensatz zu unserem Verständnis der zirkadianen biologischen Rhythmik, die dem Sonnentag entspricht, ist unser Verständnis einer möglichen mondbezogenen – d. h. zirkadianen und zirka lunaren – biologischen Rhythmik stark zurückgeblieben. Heutzutage jedoch, abgefedert durch die Tatsache, dass wissenschaftlich erwiesen ist, dass sich einige Lebewesen durch seinen Einfluss auf die Gezeiten an **indirekte** Effekte des Mondes angepasst haben, werden sogar **direkte** biologische Effekte als Reaktion auf oder in Erwartung eines sich ändernden Mondlichts charakterisiert und gewinnen an Akzeptanz. In diesem Buch werde ich diese neu entstehenden Aspekte der Wissenschaft der Chronobiologie diskutieren. Ich werde Beispiele von Pflanzen, aber insbesondere von Tieren verwenden, auch mit Bezug auf vermeintliche Einflüsse des Mondes auf das menschliche Verhalten, und sie gegen die Mythologien stellen, die dem Mond in der gesamten Menschheitsgeschichte zugeschrieben werden.

Im Laufe der Geschichte wurden immer wieder vermeintliche mondbezogene Auswirkungen auf menschliche Lebensprozesse mit verständlicher Skepsis kritisch abgetan. In letzter Zeit gibt es jedoch für eine kleine Anzahl von Tieren Hinweise darauf, dass Uhr-Gene, die mit der Periodizität von Mond und Gezeiten zusammenhängen, neben den bekannteren zirkadianen Uhr-Genen in ihrer genetischen Ausstattung vorhanden sein könnten. Wenn Gezeiten- und lunare Gene in einigen lebenden Organismen vorhanden sind, könnten sie dann im Erbgut von Tieren und Pflanzen und sogar beim Menschen weiterverbreitet sein? Wenn ja, sollte die Suche nach mondbezogenen Rhythmen beim Menschen jetzt vielleicht mehr Ansehen gewinnen.

Eine sehr aktuelle Studie weist darauf hin, dass Menschen bei der Bestimmung von Schlafmustern tatsächlich auf Mondlicht reagieren können, was den Weg für weitere wissenschaftliche Untersuchungen über die Beziehung zwischen dem Mond und dem menschlichen Zustand ebnet. Die Menschen haben sich offensichtlich an die Muster des Sonnentages angepasst; sehen wir jetzt, dass sie sich weniger offensichtlich auch an den Mond-Tag und -Monat angepasst haben? Wenn ja, sollten wir zumindest aufgeschlossen dafür bleiben, dass Mondlicht unser Leben möglicherweise stärker beeinflusst, als man in modernen Gesellschaften bisher zuzugeben bereit war?

Kapitel 5:
Wie wichtig der Mond für Wiccaner ist

Wenn Sie mit Magie arbeiten, ist es wichtig, Ihre Zauber nach vielen Faktoren zu planen. Darüber hinaus kann es hilfreich sein, die Symbolik und Magie der Pflanzen und Tiere zu verstehen, die wir entweder in unseren Träumen oder in der Realität sehen. Dies ist ein praktischer Leitfaden, um die Bedeutung hinter den Aspekten der natürlichen Welt zu verstehen, er zeigt Ihnen, wie Sie Ihre magische Arbeit planen und welche Pflanzen und Blumen für Sie im Kreis nützlich sein könnten.

Die Magie und die Phasen des Mondes

Das Großartige daran, dem Mond für Ihre magische Arbeit zu folgen, ist, dass Sie jeden Monat die Chance bekommen, zu manifestieren, was Sie wirklich brauchen.

Neumonde sind eine perfekte Zeit für Anfänge, obwohl sie ein gewisses Maß an Mut und Glauben erfordern, um voranzukommen. Denken Sie gründlich über Ihre Wünsche nach und planen Sie im Voraus – stellen Sie sich Ihren zukünftigen Erfolg vor. Magie, die Reinigung, Initiation, den Beginn eines Projekts oder eine neue Vereinigung beinhaltet, ist eine ausgezeichnete Arbeit, die unter dem Neumond unternommen werden kann. Der Neumond ist makellos, rein im Geiste. Wenn Sie eine Entgiftung planen, eine negative Gewohnheit ablegen oder eine neue Diät, oder Fitnessroutine beginnen möchten, eignet sich der Neumond auch für Affirmationen in Bezug auf diese Dinge.

Zunehmende Monde sind, wenn der Neumond auf den Vollmond zuwächst, und sind wunderbare Zeiten, um magische Arbeit in Bezug auf Fülle, Wachstum, Kraft, körperliche und geistige Gesundheit zu leisten und ein lang ersehntes Ziel anzustreben. Magie in Bezug auf Karriere und Finanzen wird am besten bei zunehmendem Mond ausgeübt; es gibt jedoch eine Zeit, in der ein Notfall die Aktion diktiert. Verstehen Sie nur, dass die Energie des Mondes in Kombination mit Ihrer Zauberkunst ein Ergebnis besonderer Art ergibt. Magie, die bei der Suche nach einem neuen Job hilft, kann Ihnen während des zunehmenden Mondes Möglichkeiten bieten. Dieselbe Magie kann zu einem plötzlichen, unerwarteten Arbeitsplatzverlust während des abnehmenden Mondes führen – aber ein solcher Umbruch könnte auch eine Gelegenheit eröffnen, die Sie nie gesehen hätten, wenn Sie an diesem Tag im Büro gewesen wären.

Vollmonde sind der Höhepunkt: Der Mond ist jetzt am stärksten und die psychischen Fähigkeiten sind am stärksten. Ein Zauberspruch, den Sie mehrere Tage oder 1 Woche vor dem Vollmond beginnen, kann jetzt vollständig realisiert werden. Vollmond kann Zeit zum Feiern, Konzentration und zur Verwirklichung Ihrer Träume sein.

Abnehmende Monde sind Zeiten der Erholung, Ruhe und Reinigung. Bei der Zauberarbeit, die unter einem abnehmenden Mond durchgeführt wird, geht es darum, das loszuwerden, was für Ihr Leben nicht notwendig ist, oder alles abzuschütteln, was Sie davon abhält, Ihre Ziele zu verwirklichen. Bann- oder Schutzzauber können auch in dieser Zeit nützlich sein.

Dunkle Monde sind die besten Zeiten für Reflexionen über das persönliche Wachstum. Sehnen Sie sich danach, wie der Phönix aufzustehen und die Fesseln alter Gewohnheiten und Wege abzuschütteln? Ein Zauber für Erneuerung und persönliche Einsicht während des dunklen Mondes kann den Weg weisen.

Tage der Woche

- Sonntag ist ein perfekter Tag, um magische Arbeit in Bezug auf Gesundheit, Finanzen, Vermögen und Wohlstand zu leisten: Alles, von dem Sie sich vorstellen können, mit dem Licht der Sonne größer zu werden, kann an diesem Tag getan werden.

Die Farben des Sonntags sind Orange, Gelb, Weiß und Blau. An diesem Tag können Muttergöttinnen und Sonnengötter aufgerufen werden, Ihnen bei Ihrer Arbeit zu helfen.

- Montag ist ein schwieriger Tag für Magie, aber es ist eine gute Zeit für Anfänge. Es ist der Tag des Mondes, und im Mondlicht sehen wir die Dinge nicht immer genau mit unseren Augen, aber wir können sie oft mit unserem Herzen erahnen. Die Farben des Montags sind Blau, Rot und Schwarz. Der nigerianische Gott Papa Legba – eine afrikanische Version von Merkur – wird an diesem Tag geehrt. Gib ihm einen Apfel, Kaffee oder Cola und Süßigkeiten und bitte ihn um Rat oder um Hilfe bei einem Vorhaben.
- Dienstag ist ein Tag des Kampfes und der Stärke. Heute ist der beste Tag für Zaubersprüche des Schutzes oder der Stärke. Die Farben des Dienstags sind Rot und Gold, aber es ist am besten, an diesem Tag kein Rot an Ihrem Körper zu tragen.
- Mittwoch ist ein Tag der Kommunikation und des Mutes. Tragen Sie irgendwo Rot, um Glück anzuziehen. An diesem Tag kann Magie mit Handel, Kunst, dem Knüpfen von nützlichen Verbindungen und dem Empfangen guter Nachrichten durchgeführt werden.
- Donnerstag ist ein vom glücklichen Jupiter gesegneter Tag. Die Tarot-Karte des Glücksrades begünstigt diesen Tag. Er ist ein ausgezeichneter Tag für Magie, die Selbstliebe, Verjüngung, Wünsche und Glück im Geschäft.
- Freitag ist ein Tag der Liebe, kann aber auch ein Tag der Gerechtigkeit sein. Er wird von Venus regiert, ist aber auch ein Tag, der Oshun und Oya, der als heilig gilt. Magie, die Vertrauen und Treue, Heilung, Liebe und Freundschaft und Gerechtigkeit für die Unschuldigen beinhaltet, kann an diesem Tag ausgeübt werden.
- Der Samstag wird von Saturn regiert und kann ein schwerer Arbeitstag sein, aber er ist der beste Tag für Schutzzauber. Denken Sie daran, dass es in manchen Praktiken auch ein Tag der Liebesgöttinnen ist, was zeigt, dass Magie mit Romantik mit großer Vorsicht eingesetzt werden muss.

Egal, ob Sie eine tiefe und engagierte Integration der Hexerei in Ihr Leben suchen oder einfach nur mehr über die mystische Tradition erfahren möchten, das Erlernen der Praxis in großer Tiefe ist der richtige Weg. Dies liegt daran, dass das Gebiet der Hexerei oft eine sehr schlecht verstandene und viel verleumdete mystische Tradition ist, da viele der Praktizierenden sehr privat und verschwiegen mit ihrem Glauben umgehen.

Egal, ob Sie sich einer Gemeinschaft anschließen oder sich entscheiden, die Praxis der Magie auf privater Ebene in Ihr Leben zu integrieren, Sie können sofort damit beginnen, mächtige Zaubersprüche in Ihr Leben zu lassen. Dadurch verändern Sie Ihre täglichen Erfahrungen und Ihr Leben. Viele Neulinge haben es geschafft, mit wenig Aufwand und Zeitaufwand praktische Magie zu praktizieren. Auch Sie können die Kräfte erhalten.

Tägliche Meditation oder Hingabe: Schlüssel zu Ihrem spirituellen Fortschritt

Visualisierungs- und Meditationsübungen und die totale Hingabe des Geistes fördern die Konzentration für die Ausübung der Magie. Machen Sie Ihren Meditationsplatz zu einem friedlichen Ort, an dem Sie Einsamkeit und Ruhe genießen können. Es ist gut, dass Ihre Visualisierungs- und Meditationsübungen durchgeführt werden, wenn es nicht zu viel Ablenkung gibt.

Eine Möglichkeit, den Glauben der Wicca in Ihr tägliches Leben zu integrieren, besteht darin, regelmäßig über Ihre wünschenswerten Leistungen als Wiccaner und Ihren religiösen Weg nachzudenken. Sie können so dem Wicca-Glauben helfen, eine Verbindung zur Natur, zum Körperlichen, zur schöpferischen Freiheit, zum göttlichen Weiblichen, zur Familien-Bindung und zur spirituellen Selbstermächtigung zu ermöglichen.

Sie können diese Wicca-Ideale leicht in Ihren Alltag integrieren, indem Sie regelmäßig meditieren, mehr Zeit mit Ihrer Familie verbringen und sich intensiv mit der Umwelt und der gesamten Natur auseinandersetzen.

Viele Wiccaner tun gut daran, mit ein paar Minuten Zentrierungs-Übungen zu beginnen, indem sie Ihr Gewicht und Ihre Füße auf dem Boden spüren, tief einatmen, 10-15 Minuten meditieren oder sogar den schönen Akt des Dankes für eine Mahlzeit dafür nutzen. Vielleicht möchten Sie auch für einen Ihrer Götter ein kurzes Ritual durchführen, um ihm für ein gesegnetes Leben zu danken oder um Hilfe und Unterstützung für einige Probleme zu bitten, mit denen Sie möglicherweise in Ihrem Leben konfrontiert sind. Es gibt noch mehr Praktiken, die mehr Zeit in Anspruch nehmen können. Machen Sie einen Spaziergang in der Natur, um der Natur näherzukommen. Sie können auch Schrift- oder Wandkunst erstellen, die Ihre religiösen Überzeugungen widerspiegelt, oder einen heiligen Altar für eine Ihrer Gottheiten bauen.

Kapitel 6:
Die Kernelemente des Mondes in der spirituellen Praxis von Wicca

Mondrituale sind die heiligsten, göttlichsten Erfahrungen, die man machen kann. Diese Nächte sind für Sie und das Universum reserviert. Während der Mondrituale müssen Sie sich energetisch klären, alles loslassen, was Ihnen in den Sinn kommt, und die Führung vom Universum, spirituellen Führern oder Ihrem höheren Selbst erhalten.

Manche Leute sehen diese als eins an; andere werden sehen, dass jeder sein eigenes Individuum hat.

Jeder, der Mondrituale durchführt, wird andere Werkzeuge verwenden. Es geht darum, diese spirituelle Verbindung zu bekommen und sich von der realen Welt zu lösen und in den spirituellen Bereich zu gelangen. Es gibt keinen falschen oder richtigen Weg, keine falschen oder richtigen Werkzeuge. Was Sie tun oder verwenden, um sich spirituell zu erreichen, liegt ganz bei Ihnen.

Hier ist eine Liste der grundlegenden Werkzeuge, die die meisten Leute verwenden. Wenn sich etwas nicht richtig anfühlt, dann verwenden Sie es nicht in Ihren Ritualen.

Bevor Sie ein Werkzeug in Ihren Ritualen verwenden, müssen Sie es zuerst weihen. Sie müssen dies in Ihrem magischen Kreis tun.

Jeder Gegenstand muss geweiht werden; er wird auf Ihr Pentakel (das Amulett mit dem Pentagramm) gelegt, mit Wasser und Salz besprenkelt, und Sie verbrennen etwas Salbei und leiten ihn durch den Rauch.

Kerzen: Normalerweise beginne ich meine Mondrituale mit einem Bad, besonders bei Voll- oder Neumond. Ich zünde Teelichter um meine Badewanne an.

Die Verwendung einer Neumondkerze bei Ritualen bei Neumond kann helfen, den richtigen Mond für Ihr Ritual einzustellen. Die „Salbei-Göttin"-Kerze ist dunkel wie der Mond und duftet wunderbar nach ätherischem Öl. Es ist großartig, sie während der Meditation zu verwenden, damit Sie Ihre Absichten für den neuen Monat festlegen können. Verwenden Sie sie am Tag vor, am Tag und am Tag nach dem Neumond, um diese Absichten in Stein gemeißelt zu bekommen.

Die Kerzen, die Sie auf Ihrem Altar verwenden, können jede normale Kerze sein. Sie müssen Kerzen jeder Farbe und viele weiße Kerzen haben.

Auch die Größe der Kerzen ist wichtig. Bei einigen Zaubersprüchen und Ritualen müssen Sie an mehreren Tagen eine Kerze abbrennen und sie dann ausbrennen lassen. Das Wichtigste ist, Kerzen in jeder Farbe, Form und Größe zu haben.

Badesalz: Die Verwendung von Badesalz hilft Ihnen, die überschüssige Energie aus Ihrem Energiefeld zu entgiften und zu entfernen. Sie können auch spezielle Badesalze verwenden, die ätherische Öle und Blüten enthalten.

Pendel: Pendel eignen sich hervorragend zur Wahrsagerei. Sie können sie verwenden, um zu fragen, welches Tarot-Deck Sie verwenden sollten oder nach einer Ja- oder Nein-Antwort fragen, die Sie möglicherweise suchen.

Schwarzer Mondstein: Dieser dunkle Kristall ist ideal für Neuanfänge. Sie können jede Form oder Größe verwenden und er kann getrommelt oder rau sein.

Einen Trommelstein an den Tagen vor dem jetzigen Mond in der Tasche zu tragen, kann Ihnen helfen, ruhig zu bleiben. Wenn Sie ein größeres Stück in der Hand halten, während Sie meditieren oder es auf einem Körperteil ablegen, können Sie zentriert und geerdet bleiben.

Labradorit: Das ist mein Lieblingsstein. Er ist großartig für die Arbeit an Neuanfängen, Kreativität, Transformation und während des dunklen Mondes.

Wenn Sie während der Meditation einen in der Hand halten, können Sie Ihre Absichten fokussieren und konzentriert bleiben. Wenn Sie einen Stein an einem prominenten Ort aufbewahren, wo Sie ihn täglich sehen können, können Sie sich an die Absichten erinnern, die Sie sich vorgenommen haben.

Stein der Finsternis: Dieser wird auch als Silberfeldspat bezeichnet. Er kann helfen, Dinge aufzudecken, die vor Ihnen verborgen waren. Er kann Ihnen helfen, Dinge wie Möglichkeiten, kreative Unternehmungen oder Ideen zu erkennen. Sie können diesen Stein zusammen mit dem Parfüm der „Salbei-Göttin" verwenden.

Orakeldeck: Der beste Teil eines jeden Rituals ist, sich mit dem Göttlichen verbinden zu können. Sie können dies auf viele Arten tun: Ich benutze gerne Orakeldecks. Es ist großartig, für jede Mondphase einen „Spread" zu machen (die Karten zu legen). Schreiben Sie auf und dokumentieren Sie, was Sie erhalten.

Zauberbuch: Dies kann so einfach sein wie ein Ordner, in dem Sie Ihre Ritual-Arbeitsblätter für alle Mondphasen zusammen mit Ihren Kartenwerken aufbewahren. Es ist Ihr eigenes „Buch der Schatten", in dem Sie Ihre göttliche Führung aufzeichnen können.

Selenit-Kristall: Selenit eignet sich hervorragend für Rituale. Er kann geistige Klarheit bringen, absorbiert negative Energie und wandelt sie in positive Energie um. Er kann verwendet werden, um mit Ihren spirituellen Führern und Ihrem höheren Selbst zu sprechen. Halten Sie es über Ihr 3. Auge oder Ihr Herz, um Gefühle von Liebe und Erleichterung zu erleben.

Wunsch-Öl: Wenn Sie sich nur ein Parfüm leisten können, sollte es das Desideria Wunsch-Öl sein. Es ist ein bisschen teuer, aber es lohnt sich, denn es ist pure Magie. Sie können es als Parfüm tragen, und wenn Sie es tun, fühlen Sie sich wie eine Göttin. Es ist sehr mächtig, wenn es während eines Neumondrituals verwendet wird. Wie mit jedem anderen Öl können Sie sich selbst, Steine, Karten usw. vor Ihren Ritualen salben.

Salbungs-Öl: Salbungs-Öle eignen sich hervorragend für Rituale, da sie neben heilenden Eigenschaften auch spezifische Energien enthalten. Sie können helfen, eine bestimmte Stimmung für Ihre Rituale zu erzeugen. Die Stimmung für ein Ritual ist extrem wichtig. Das ist es, was Sie in das geistige Reich schickt. Es kann ein heiliges und besonderes Gefühl erzeugen.

Jasmin gilt als mystische Blume, die jeden Abend blüht, daher eignet sie sich hervorragend für Wahrsagerei und Mondmagie. Sie können etwas auf Ihr 3. Auge, Ihr Herz, Ihre Handgelenke und Ihren Hals tupfen. Sie können auch Ihren Selenit-Kristall oder Ihre Karten salben, bevor Sie mit dem Mischen beginnen.

Manifestations-Öl: Sobald Sie diese Flasche öffnen, macht sich ihre Kraft bemerkbar. Sandelholz und Weihrauch sind die beiden herausragenden Düfte in diesem Öl. Sie können sich selbst salben, Steine, Zimmer usw., am Tag des Neumonds und nach dem Neumond. Wenn Sie sich und Ihre Steine salben, machen Sie sich zur Meditation bereit, bevor Sie Ihr Ritual beginnen, um Ihre Absichten und Wünsche für den Neumond festzulegen.

Palo Santo: Dies ist ideal für die Rauchreinigung. Der Geruch kann Stress abbauen und kann helfen, Asthma und Allergien zu reduzieren. Er wurde in der Antike von den Inkas wegen seiner spirituellen Eigenschaften hergestellt. Er verändert die Luft, indem er negative Ionen freisetzt.

Wenn Sie Ihr Ritual beginnen, können Sie einen Palo-Santo-Stick anzünden und ihn durch Ihren Raum und um den Körper wirbeln. Sie können ihn auch anzünden, wenn Sie Ihre Karten zum Reinigen verwenden.

Beleuchtung: Wenn Sie in Ihrem heiligen Raum ein paar „Lichterketten" anmachen, kann dies die Stimmung Ihrer Rituale bestimmen. Sie können sie überall verwenden, wo Sie eine Atmosphäre schaffen möchten. Die meisten werden mit einer Fernbedienung geliefert, damit Sie sie auf die gewünschte Helligkeit dimmen können.

Musik: Dies liegt ganz bei Ihnen. Hören Sie Musik, die Sie entspannt und inspiriert. Es kann Gospel, Rock, Keltisch, Naturklänge sein, es liegt ganz an Ihren Wünschen.

Wunschzettel: Ihre Träume und Absichten aufzuschreiben ist eine großartige Möglichkeit, sie zum Leben zu erwecken. Die einzigen Werkzeuge, die Sie dafür benötigen, sind Papier und Stift. Sie können Ihre Wünsche nach der Meditation aufschreiben, falls Sie während der Meditation weitere Absichten haben.

Schreiben Sie sie auf, salben Sie die Liste mit dem Wunsch- und Manifestations-Öl und bewahren Sie die Liste an einem sicheren Ort auf. Sie können die Liste falten und an Ihrem heiligen Ort unter Ihre Neumondkristalle und -kerzen legen. Auf diese Weise wird sie für Sie sichtbar sein. Es wird jedes Mal eine Erinnerung an Ihre Absichten sein, wenn Sie daran vorbeigehen.

Patene oder Pentakel: Dies ist eine Scheibe, auf der ein magisches Symbol oder Siegel eingraviert ist. Dies ist am häufigsten ein Pentagramm innerhalb eines Kreises, obwohl auch andere Symbole wie ein Triquetra verwendet werden könnten. Diese Scheibe ist ein Symbol für das Erdelement. Sie wird verwendet, um die Erde während der Beschwörung darzustellen, um alles, was darauf platziert wird, anzuregen und als Symbol, das den Gegenstand segnet.

Kelch: Ein Kelch steht für das Element Wasser. Die meisten Wiccaner betrachten dies nicht als Werkzeug, sondern eher als Symbol der Göttin. Der Kelch hat viele Ähnlichkeiten mit dem Heiligen Gral, aber er wurde für Hexerei verwendet. Anstatt das Blut Christi darzustellen, symbolisierte er den Schoß der Göttin. Er wird normalerweise verwendet, um Wein zu halten.

Zauberstab: Ein Zauberstab steht für das Element Luft, obwohl er in vielen Traditionen als Symbol für Feuer verwendet wird. Er kann aus jedem Material wie Stein, Metall oder Holz bestehen. Einige Zauberstäbe können mit Kristallen oder Edelsteinen besetzt werden. Einige Traditionen verschmelzen und vermischen verschiedene Dauben und Zauberstäbe zu einem Symbol. Der Zauberstab kann auch verwendet werden, um bestimmte Geister zu beschwören, die Angst vor Stahl und Eisen haben.

Messer oder Schwert: Dies wird manchmal Athame genannt und wird in vielen Ritualen verwendet. Es ist mit dem Element Feuer verbunden. Es hat normalerweise einen schwarzen Griff und ist mit einem Symbol beschriftet. Dieses Messer kann verwendet werden, um einen magischen Kreis zu ziehen oder Energie zu lenken, um Geister zu kontrollieren und für viele andere Zwecke. Es wird nie verwendet, um Blut zu entnehmen. Dies wird es verderben und Sie müssten es zerstören.

Schmuck: In verschiedenen Wicca-Traditionen kann Schmuck mit Pentakel oder anderen Symbolen täglich oder nur während der Rituale getragen werden. Eine Wicca-Halskette erzeugt einen Kreis der Wiedergeburt.

Großer Kessel: Der Kessel wurde in der westlichen Kultur mit Wicca in Verbindung gebracht. Er kann verwendet werden, um genau wie der Kelch den Schoß der Göttin darzustellen. Er kann verwendet werden, um eine große Stumpenkerze zu halten, Räucherstäbchen zu verbrennen und Öle herzustellen. Im Inneren wird normalerweise Feuer entzündet. Die Flammen werden manchmal während einer Fruchtbarkeitszeremonie oder am Ende eines Handfasting übersprungen. Er kann mit Wasser gefüllt und zum Erkunden verwendet werden. Er spielt eine große Rolle in der keltischen Magie.

Besen: Dies wurde mit Hexerei und Hexen in Verbindung gebracht. Jeder kennt Geschichten von Hexen, die auf Besen fliegen. Er wird bei Handfasting-Zeremonien verwendet, indem das Paar darüber springt. Er kann bei Fruchtbarkeitsritualen umtanzt werden, um den Phallus darzustellen.

Boline: Dies ist ein Messer mit einem weißen Griff. Es kann eine gebogene Klinge haben, die eine Mondsichel repräsentieren soll, und kann für mehr Zwecke als die Athame verwendet werden. Es kann verwendet werden, um Ritualschnüre zu Durchtrennen, Symbole oder Siegel auf Kerzen zu schreiben oder Kräuter zu schneiden oder zu ernten. Wo der Boline auf der physischen Ebene dient, wirkt der Athame auf der Astralebene.

Wie in vielen anderen Religionen werden Werkzeuge verwendet, um Rituale und Anbetungen zu verbessern und zu unterstützen. Die Werkzeuge selbst haben keine wirkliche Macht, obwohl sie symbolisch eine starke Bedeutung haben.

Die Verwendung von Werkzeugen ist zwar kein absolutes Muss beim Üben von Hexerei, aber es ist gut sie zu haben, selbst wenn es nur hilft, Ihre Konzentration und Ihren Willen zu fokussieren. Die grundlegendsten Werkzeuge, mit denen ein Wicca beginnen kann, sind elementare Werkzeuge. Welche sind das, fragen Sie? Nun, dies sind Werkzeuge, die eines der 4 Lebenselemente darstellen. Z. B. ist der Zauberstab für Luft, das Pentakel ist für Erde, der Kelch ist für Wasser und die Athame ist für Feuer.

Sie müssen nicht viele dieser Werkzeuge kaufen oder große Summen ausgeben, um Sie zu bekommen. Viele gewöhnliche Dinge in Ihrem Haus können zu Geräten werden und als Werkzeuge eingesetzt werden. Wenn Sie möchten, können Sie die Werkzeuge sogar selbst herstellen. Viele glauben, dass die Herstellung der Werkzeuge von Hand bedeutet, dass sie mit etwas Ihrer eigenen persönlichen Kraft durchdrungen werden, wodurch sie effektiver werden.

Wenn Sie jedoch auf Ihre Werkzeuge stoßen, sollten Sie sie immer von negativer Energie und früheren Einflüssen reinigen, bevor Sie sie verwenden. Um dies zu tun, sollten Sie den Gegenstand physisch reinigen und dann mindestens ein paar Tage in der Erde vergraben, damit jegliche negative Energie entfernt und zurück in die Erde verteilt werden kann.

Eine andere Reinigungsmethode besteht darin, Ihre Werkzeuge in natürliches Wasser wie einen Fluss, einen See oder ein Meer einzutauchen. Lassen Sie den Gegenstand einige Stunden im Wasser, bevor Sie das Werkzeug herausnehmen und trocknen. Verwenden Sie diese Methode nicht, wenn Wasser den Gegenstand ruiniert. Verwenden Sie immer Ihren gesunden Menschenverstand, wenn Sie Ihre Werkzeuge reinigen. Sobald alle Ihre Werkzeuge gereinigt wurden, sollten Sie jedes einzelne weihen, damit es für magische Zwecke verwendet werden kann.

Kapitel 7:
Die 3-fache Göttin

In heidnischen Glaubensrichtungen, einschließlich Wicca, wird die Göttin als Mittelpunkt des Lebens angesehen. Sie begleitet uns durch unser ganzes Leben und spiegelt jeden unserer Schritte wider. Darüber hinaus spiegelt die 3-fache Göttin die Welt selbst wider: Sie ist die Welt, wie sich in den wechselnden Jahreszeiten, den Mondphasen, Ebbe und Flut und dem Lebenszyklus jedes Lebewesens zeigt.

In der gesamten Menschheitsgeschichte gab es Beispiele für 3-fache Göttinnen, wie Hera, die griechische Frau des Zeus, die in 3 Formen gezeigt wird: ein junges Mädchen, eine erwachsene Frau und eine ältere Frau. Ein weiteres Beispiel für das Konzept der 3-fachen Göttin findet sich in antiken Texten des Nahen Ostens, die 3 Göttinnen nennen: Al-Uzza, Al-at und Manat. Jede repräsentiert einen anderen Punkt im Leben; ihre Namen können mit **Stern, Frau und alte Hexe** übersetzt werden.

Seltsamerweise erwähnte Gardner die 3-fache Göttin in seinem 1. Buch nicht und nur kurz in seinem 2. Buch **„Die Bedeutung von Hexerei"**. Nach einem Besuch bei einem Freund auf der Insel Mallorca schrieb Gardner einen undatierten Aufsatz, in dem er das Konzept der 3-fachen Göttin ausführlich erläutert und Ähnlichkeiten zwischen den 3-fach-Aspekten und dem christlichen „Sohn, Vater und Heiliger Geist" findet. Er sieht auch einen tröstlichen, heilenden Aspekt in der „alten Hexe" oder im 3. Zyklus der Göttin und nennt sie lieber „Wiedergeburt".

Die falschen Vorstellungen

Es ist wichtig, zunächst die falschen Vorstellungen über Wicca zu korrigieren, um den Weg für einen offenen und empfänglichen Geist zu ebnen. Einige der Wahrheiten über Wicca sind:

1. Es ist kein Kult.
2. Es verehrt keine Dämonen, bringt keine rituellen Opfer des Lebens und verwendet keine Magie, um anderen zu schaden.
3. Es ist eine moderne Religion, die in modernen Lebensstilen angewendet werden kann.
4. Es ist allumfassend, egal ob Mann oder Frau.

Wicca ist kein Kult. Eines der bestimmenden Merkmale einer Sekte ist, dass eine Person, meistens der Anführer, behauptet, für einen Gott oder ein göttliches Wesen sprechen zu können. Dieser Anführer wird dann die Befehle an seine Anhänger weitergeben. Wicca hat keinen Leiter, obwohl es hochrangige Mitglieder eines Zirkels gibt, die über jahrelange Erfahrung in der Praxis verfügen. Kein hochrangiges Mitglied oder ein Mitglied des Zirkels behauptet, im Namen der Wicca-Gottheiten zu sprechen. Tatsächlich ist das charakteristische Merkmal von Wicca, dass jeder Praktizierende eine persönliche Beziehung oder eine direkte Verbindung zu seinen Gottheiten haben kann, ohne dass ein Vermittler erforderlich ist.

Es gibt ganz andere religiöse Praktiken, die Dämonen anbeten, wie z. B. Satanisten. Die anderen Missverständnisse über das Opfern von Tieren oder Menschen und die Verwendung von Magie gegen andere sind Praktiken von Satanisten oder anderen dunklen Religionen. Wiccaner unterscheiden sich von ihnen in erster Linie durch die Wicca-Regel, der sie folgen. Wiccaner respektieren und schützen das Leben. Ihre gesamte Moralphilosophie dreht sich darum, Schaden an anderen zu vermeiden und ein tugendhaftes Leben zu führen. Wiccaner glauben sogar, dass alles, was einer anderen Person zugefügt wird, 3-fach zurückkehren wird.

Wicca ist ebenfalls eine relativ junge Religion, aber mit alten Wurzeln. Die Gründer der Religion verwandelten die religiösen Praktiken ihrer Ursprünge in Zaubersprüche, Rituale und Glaubenssätze, die moderne Lebensprobleme angehen können. Abgesehen davon entwickelt sich die Religion Durch die Einsichten und Erfahrungen ihrer modernen Praktizierenden ständig weiter. Z. B. werden Zaubersprüche, die der Gewichtsabnahme, einer Beförderung auf dem Arbeitsplatz und der Ehe gewidmet sind, zusammen mit den uralten Ritualen über Liebe, Heilung, Schutz und Glück praktiziert.

Es gibt heute mehr weibliche Praktizierende als männliche, aber Wicca akzeptiert jedes Geschlecht oder jede Sexualität. Auch hier gibt es keine moralische Einschränkung, die eine Person daran hindert, das Handwerk zu praktizieren, solange niemand anderen Schaden zufügt.

Haupt-Philosophien

Da Wicca mehrere Traditionen hat, wird jede ihre eigenen Praktiken und Überzeugungen haben. Zu diesen Unterschieden kommt hinzu, dass die meisten Wiccaner ihre individuellen Erfahrungen und ihr Verständnis der Religion haben. Diese Pluralität ist durch ähnliche Muster verbunden, die in allen Traditionen vorkommen. Jede Tradition kann ihren eigenen Ausdruck der Religion durch ihre Zaubersprüche, Rituale und andere Praktiken haben. Aber sie alle werden von Kernphilosophien geleitet, wie ihrem Konzept der Göttlichkeit, dem Leben nach dem Tod, der Moral und besonderen Feierlichkeiten, die Sabbats genannt werden.

Gottheiten, Götter und Göttinnen

Wicca ist in seiner Sicht der Göttlichkeit in erster Linie dualistisch. Anstelle des Pantheismus oder des Glaubens an mehrere Götter und Göttinnen wie beim Hinduismus oder Monotheismus, dem Glauben an einen Gott, wie das Christentum, glauben die Wiccaner an 2 göttliche Kräfte. Diese beiden Gottheiten sind die Mutter-Göttin und der Gehörnte Gott.

Die Mutter oder der Mond oder die 3-fache Göttin repräsentiert die Stadien im Lebenszyklus der Frau: das Mädchen, die Mutter und die Alte. Die Mond-Göttin steht für Anfänge, Geburt, Jugend, Fruchtbarkeit, Sexualität, Leben, Ruhe, Tod und Ende. Dies ermöglicht es weiblichen Wiccanern, ein göttliches Wesen zu haben, mit dem sie sich identifizieren können, im Gegensatz zu den eher patriarchalischen Religionen. Der Gehörnte Gott hingegen repräsentiert die männliche Seite der Religion. Er wird normalerweise mit der Wildnis, der Jagd, den Tieren, der Sexualität und dem männlichen Lebenszyklus in Verbindung gebracht.

Es ist wichtig zu beachten, dass die meisten Wiccaner glauben, dass die Beziehung zwischen diesen beiden Gottheiten im Gleichgewicht ist. Sie stellen 2 gegensätzliche Kräfte dar, dienen aber dazu, sich gegenseitig auszugleichen. In anderen Traditionen mag eine Gottheit gegenüber der anderen überlegen sein, aber die Kernphilosophie bleibt, die beiden Gottheiten zu haben. Wiccaner können ihren dualistischen Glauben auch auf eine Form des Polytheismus ausdehnen. Z. B. sind die Götter und Göttinnen anderer Religionen Aspekte der Mutter-Göttin und des Gehörnten Gottes.

Wiccaner glauben an die Dualität nicht nur ihrer Gottheiten, sondern auch der Welt um sie herum. Es gibt weder Gut noch Böse. Dies sind nur Kräfte, die ausgeglichen werden müssen, genau wie die Mutter-Göttin und der Gehörnte Gott. So wie die Gottheiten für die Ewigkeit miteinander verbunden sind, so ist auch ihre Existenz voneinander abhängig. Das Böse kann ohne das Gute nicht existieren und umgekehrt. Das Leben ist ein ständiger Balanceakt.

Leben nach dem Tod und die Welt darüber hinaus

Wiccaner glauben an das Konzept eines Lebens nach dem Tod und einer Welt jenseits der gegenwärtigen Welt. Die meisten Wiccaner glauben an das Konzept der Reinkarnation. Einige glauben, dass ein Wiccaner als ein anderer menschlicher Wiccaner wiedergeboren wird, während andere glauben, dass Seelen in verschiedenen Spezies wiedergeboren werden können.

Die Reise einer Seele vom Tod zu einem anderen neuen physischen Körper erfolgt nicht augenblicklich. Z. B. dient die jenseitige Welt, die sie die Anderswelt oder das Sommerland nennen, als Ruhestätte zwischen Tod und Reinkarnation. Diese Welt wurde als die Ekstase der Göttin bezeichnet. Es ist eine Welt, die auf einer riesigen Insel zu finden ist, in einem unterirdischen Ort oder die auf der Welt der Lebenden existiert, aber unsichtbar ist. In dieser Welt gibt es keine Krankheit, kein Alter oder Tod. Es gibt nur Glück und das Leben mit Ahnen und anderen Geschöpfen.

Dieser Glaube an eine Welt jenseits ermöglicht es den Lebenden, mit den Seelen der Toten zu kommunizieren. Einige Wiccaner verwenden Medien und Ouija-Boards, insbesondere zwischen dem Sonnenuntergang vom 31. Oktober und dem 1. November oder dem Samhain-Sabbat, wenn der Schleier zwischen den Welten am dünnsten ist. Andere Wiccaner verbieten diese Praxis, da die Toten in Ruhe gelassen werden müssen.

Während die meisten Religionen dem Jenseits und der Welt darüber hinaus große Bedeutung beimessen, legen Wiccaner dem gegenwärtigen Leben eine größere Bedeutung zu. Sie glauben daran, im Moment zu leben und das Beste aus ihrem gegenwärtigen Leben zu machen, anstatt auf ihren eventuellen Tod oder ihr Leben in der Anderswelt zu warten.

Sittenkodex und Lehren

Da Wicca keine zentrale Autorität hat, hat es auch keinen universellen Verhaltenskodex.

Die Regel wurde von Lady Gwen Thompson verfasst, der Erbin der Traditionen der Hexerei, die von ihrer Familie an sie weitergegeben wurde. Die Traditionen lassen sich bis ins 17. Jahrhundert zurückverfolgen und die Regel sollte ursprünglich nur innerhalb der Familie bleiben, aber als Thompsons Familie begann, dem christlichen Glauben zu folgen, teilte sie die Regel mit dem Rest der Welt.

Die erste Interpretation gibt Wiccanern die Freiheit, zu tun, was sie wollen, solange niemand durch ihre Handlungen verletzt wird. Dies bedeutet, dass Wiccaner berücksichtigen müssen, wie sich ihre Handlungen möglicherweise auf andere auswirken können. Sie mögen keinen Moralkodex haben, aber sie übernehmen die Verantwortung für ihre Handlungen. Die 2. Interpretation dient sowohl als Belohnung als auch als Strafe, sollte die 1. Interpretation gebrochen oder beachten werden. Wenn ein Wiccaner eine gute Tat begeht, wird er mit dem 3-fachen seines Gewichts belohnt. Wenn ein Wiccaner eine böse Tat begeht, wird er mit dem 3-fachen seines Gewichts bestraft. Schließlich bezieht sich die 3. Interpretation auf die Tugenden, nach denen jeder Wiccaner streben muss: Mitgefühl, Schönheit, Stärke, Demut, Ehrfurcht, Freude, Ehre und Macht.

Kapitel 8: Eine detaillierte Aufschlüsselung der magischen Eigenschaften des Mondzyklus

1. Phase: Neumond. Der Neumond ist für alle ein Neuanfang. Dies ist die Zeit, in der Sie den Mond überhaupt nicht sehen und der Himmel schwarz aussieht, abgesehen von den Sternen natürlich. Magie neigt dazu, ziemlich wörtlich zu sein, und wenn der Mond nicht am Himmel steht, kann dies die beste Zeit sein, um an dem Schatten-Selbst zu arbeiten oder die dunklen Seiten anzuerkennen, die normalerweise vor den Menschen verborgen sind. Dies ist auch eine gute Zeit, um Neues zu beginnen und neu anzufangen.

Vielleicht haben Sie z. B. eine gewisse manipulative Ader und versuchen oft, diesen Teil von Ihnen zu ignorieren, selbst wenn Sie gerufen werden.

Gibt es gute Möglichkeiten, diese Fähigkeit zu nutzen, z. B. in Ihrer Karriere voranzukommen, ohne andere zu verletzen? Vielleicht könnten Sie Ihre Fähigkeiten auch nutzen, um andere Menschen zu lesen, damit Sie sie ermutigen können, mehr zu kommunizieren, damit Sie sie nicht kontrollieren. Dies ist die Zeit des Zyklus, um Ihre Schattenseite zu erkunden und positive Wege zu finden, sie zu nutzen.

Da der Neumond der Beginn der Phase ist, ist es außerdem eine gute Zeit, Absichten und Ziele für den Zyklus zu setzen. Wie möchten Sie nächsten Monat aussehen? Gibt es eine giftige Person, zu der Sie gerne die Verbindung trennen würden? Der Neumond ist die perfekte Zeit, um Neuanfänge zu fördern, besonders wenn es um Liebe geht. Raten Sie mal, was Anfänge erfordern? Die Vergangenheit loslassen. Wenn Sie in Ihrem Liebesleben schlechte Energie loslassen wollen, um Ihren Seelenverwandten anzuziehen, dann kann Ihnen der Neumond helfen.

Eine gute Idee für Ihre Magie während dieser Zeit ist es, etwas Badezauber auszuprobieren. Ihre Badewanne ist im Grunde ein riesiger Kessel. Wasser und Salz sind sehr reinigend, also lassen Sie sich ein Bad einlaufen und füllen Sie es mit etwas Badesalz oder Meersalz auf. Sie können sogar versuchen, einige hexenhafte Badebomben zu verwenden, wenn Sie möchten. Richten Sie die richtige Stimmung ein, indem Sie ein paar Kerzen anzünden.

Nehmen Sie ein entspannendes Bad und fangen Sie an, sich all Ihre vergangenen Schmerzen und jetzigen Schmerzen vorzustellen, die vom Wasser weggespült werden und dann abfließen, während Sie das Wasser ablassen. Sicher, Sie können detaillierte und komplizierte Zaubersprüche erstellen, aber das muss nicht immer sein. Es kann einfach und natürlich sein, wie ein schönes Bad zu nehmen.

Neumond-Ritual: Um dieses Ritual zu starten, müssen Sie Ihren Raum organisieren und reinigen. Dies sollten Sie vor jedem Ritual tun. Das Entfernen von übermäßigem Durcheinander und Aufräumen hilft, eine klare Absicht und einen klaren Ton für Ihr Ritual festzulegen. Etwas Salbei zu verbrennen, eine Kerze anzuzünden und beruhigende Musik zu spielen, hilft, die Energie zu reinigen. Sie sollten auch Stift und Papier bei sich haben, nur für den Fall, dass Sie es brauchen.

Als Nächstes stellen Sie eine Verbindung zu Ihrem Göttlichen her. Dies wäre die Zeit, einen Kreis zu bilden und die 4 Elemente in Ihr Ritual einzubeziehen. Dann rufen Sie die Sonne und den Mond herbei, um den Gott und die Göttin zu repräsentieren.

Sobald Sie bereit sind, setzen Sie sich in Ihren Kreis, schnappen Sie sich Stift und Papier, und beginnen Sie, die Dinge in Ihrem Leben aufzuschreiben, die Sie entweder erschaffen oder loswerden möchten. Dies können Barrieren, Gefühle oder Ängste sein, im Grunde alles, was Ihnen nicht mehr dient.

Betrachten Sie dann Dinge, die Sie in Ihr Leben bringen möchten. Das kann alles sein, was Sie wollen, finanzielle Fülle, eine Beziehung, ein Job, ein neues Abenteuer, alles.

Dann lesen Sie diese Dinge laut vor. Das ist eine sehr entscheidende Rolle, um sie zu verwirklichen. Sie können sogar feststellen, dass sie eine emotionale Reaktion hervorrufen, wenn Sie sie aussprechen, und dieses Gefühl ist äußerst wichtig, damit sie sich manifestieren.

Schließlich müssen Sie nur noch ruhig sitzen und Ihre Wünsche mit Ihnen sitzen lassen. Konzentrieren Sie sich auf Ihnen Atem und visualisieren Sie, dass all Ihre Wünsche wahr werden. Setzen Sie sich die Absicht, offen für alle Elemente und Erfahrungen zu bleiben, die in Ihr Leben kommen, und für alle anderen Wachstumschancen, die Sie möglicherweise auf Ihrem Weg haben.

Wenn Sie mit der Meditation fertig sind, schließen Sie Ihren Kreis und danken allen, die Sie gerufen haben, dass sie da waren und Sie geführt haben.

2. Phase: Zunehmender Mond. Die zunehmende Mondphase ist, wenn der Mond größer wird und sich vom Neumond zum Vollmond bewegt.

Während dieser Phase wächst der Mond und wird heller, und dies ist die perfekte Phase für Wachstum und verständnisvolle Magie. Verständnisvolle Magie ist die Art von Magie, die durch symbolische Ähnlichkeit funktioniert.

Da der Mond wächst, müssen wir diese Energie nutzen, um Ihr Liebesleben, Ihr Selbstwertgefühl und Ihre Karriere heller zu machen.

Manche Leute teilen die wachsenden und abnehmenden Phasen gerne in 3 Teile auf. Der 1. Abschnitt des zunehmenden Mondes ist der zunehmende Halbmond. Hier sieht der Mond wie ein Lächeln aus. Dieser Teil geht weiter, bis das erste Viertel mit Halbmond halb voll ist. Dann wird es zu einem zunehmenden Mond, bei dem der Mond immer dicker aussieht, bevor er voll wird.

Das Wachsen der Halbmondperiode kann helfen, die Dinge zum Vorschein zu bringen. Dies ist eine großartige Zeit für konstruktive Magie. Dies ist auch eine großartige Zeit für Magie an sich selbst, die sich auf Neuanfänge bezieht, wie das Erstellen von Zukunftsplänen oder -projekten. Wenn Sie neue Energien in Ihr Leben bringen möchten, wie Geduld und eine positive Einstellung, ist dies eine großartige Zeit für diese Art von Zielen. Menschen, die künstlerisch oder kreativ sind, lieben diese Zeit der Mondphase für die Zauberarbeit. Sie bringt mehr Leidenschaft und Inspiration in Ihre Arbeit.

Während der ersten Viertel ist die Energie des Mondes mit der Anziehung verbunden. Dies ist eine großartige Zeit für die Magie, die die Dinge in Sie hineinzieht. Dies ist eine großartige Zeit für Meditationen und Zaubersprüche, die Dinge wie Erfolg, Schutz und Geld in Ihr Leben bringen sollen.

Dies ist auch eine großartige Zeit, um Menschen wie Kunden, Liebhaber und Freunde anzuziehen. Wenn Sie versuchen, etwas zu finden, das Sie verloren haben, oder ein Haus kaufen möchten, ist dies ein guter Zeitpunkt, um diese Dinge mit Zaubersprüchen zum Erfolg zu führen.

Der zunehmende Dreiviertelmond ist auch eine großartige Zeit für konstruktive Magie, die sich am besten daran orientiert, die Dinge, an denen Sie gearbeitet haben, abzuschließen. Wenn Sie an etwas gearbeitet haben und es ins Stocken geraten ist, oder Sie auf die Zielgerade kommen, nutzen Sie diese Energie, um es zu Ende zu bringen und „nach Hause zu bringen". Diese Zeit hat viel Energie, um Ihre Kraft, Entschlossenheit und Ihren Willen zu erneuern.

Eine gute Idee für Magie während der gesamten zunehmenden Phase ist es, eine Absichtserklärung zu schreiben, die festhält, was Sie in Ihrer Karriere erreichen möchten. Dies kann eine Gehaltserhöhung oder einen Positionswechsel bedeuten, oder es könnte sich um eine komplette berufliche Veränderung handeln.

Beobachtungen haben bewiesen, dass das Aufschreiben und Tagebuchschreiben ein großartiger emotionaler Prozess ist und Ihnen hilft, die Dinge zu verfolgen, die Sie wollen. Wenn Sie mehr Geld verdienen möchten, besorgen Sie sich eine grüne Kerze, wenn Sie keine finden können, funktioniert eine schlichte weiße genauso gut.

Um die Dinge zu verändern, ritzen Sie Ihren Namen zusammen mit verschiedenen Geldsymbolen in die Kerze, um Ihre Wünsche zu repräsentieren. Lesen Sie den Brief, den Sie geschrieben haben, mit Absicht laut und meditieren Sie darüber.

Stellen Sie sich vor, Sie bekommen, was immer Sie wollen, weil Sie es verdienen. Dann sollte Ihnen die Kerze gefallen und Sie sollten sie ausbrennen lassen.

Dies überträgt Ihre Wünsche ins Universum.

3. Phase: Vollmond. Der Vollmond kann eine verrückte Zeit sein. Während dieser Mondphase scheinen einige wilde Dinge zu passieren.

Emotionen werden in dieser Zeit oft erhöht und alles neigt dazu, intensiv zu sein. Diese Intensität kann für so ziemlich jeden Zauber genutzt werden.

Viele Leute laden die Kristalle während dieser Mondphase gerne auf, indem sie sie entweder nach draußen oder auf eine Fensterbank stellen, um sie dem Mondlicht auszusetzen.

Sie können auch einen Vollmond erzeugen, indem Sie 1 Tasse Wasser unter das Licht des Vollmondes stellen. Sie können auch eine Absichtserklärung unter die Tasse mit Wasser legen. Lassen Sie das Wasser vom Mond aufladen und dann können Sie es trinken.

Sie können bei Vollmond so ziemlich jede Art von Magie ausführen und zusätzliche Kraft gewinnen, aber dies ist auch eine Zeit, in der Ihre psychischen Fähigkeiten stärker sind. Sie sollten in dieser Zeit Ihrem Instinkt vertrauen, auch wenn Ihre Emotionen verrücktspielen. Eine der einfachsten Möglichkeiten, die Vollmondenergie zu nutzen, besteht darin, im Licht des Vollmonds zu meditieren, um Klarheit zu erhalten.

Eine großartige Magie, die Sie in dieser Phase üben können, ist Sex-Magie und nutzen Sie die Kraft des Orgasmus, um zu manifestieren, was Sie wollen. Öffnen Sie Ihre Jalousien und ein Fenster, um das Licht des Mondscheins zuzulassen.

Sie können Sex-Magie allein oder mit Ihrem Partner machen. Visualisieren Sie beim Orgasmus Ihre Absicht, was auch immer sie sein mag. Sex und Vollmond sind ein Erfolgsrezept.

Vollmond-Ritual: Da in dieser Zeit viel Energie vorhanden ist, ist es eine gute Idee, Ruhe in Ihre Umgebung zu bringen, damit Sie alle Energie für sich nutzen können. Nehmen Sie ein paar reinigende Atemzüge und versuchen Sie dann, sich zu entspannen.

Nehmen Sie sich etwas Zeit, um über den letzten Monat nachzudenken. Welche Arten von Dingen sind passiert? Welche Dinge sind Ihnen gelungen? Mit welchen Problemen waren Sie konfrontiert? Wo könnten Sie sich Ihrer Meinung nach verbessern und wachsen?

Sobald Sie sich darüber im Klaren sind, was Sie in Ihr Leben gebracht haben und was nicht, müssen Sie alles aufschreiben und freigeben, was Ihren Erfahrungen im Weg steht, die Sie nicht in Ihr Leben gebracht haben. Sie können dies tun, indem Sie die Blockaden entweder fortspülen oder verbrennen.

Wenn Sie können, gehen Sie nach draußen und lassen Sie sich vom Mond berühren. Das Sonnenlicht liefert uns Vitamin D, das unseren Körper nährt, aber das Mondlicht kommt Ihnen auch zugute. Es wird angenommen, dass Mondlicht Entzündungen reduziert und auch den Menstruationszyklus einer Frau unterstützen kann.

Egal, ob Sie feiern oder versuchen, Ihre Träume zu verwirklichen, tanzen Sie zu Ihrer Lieblingsmusik herum, um stagnierende Energie loszuwerden und mehr Freude und Licht zu bringen.

4. Phase: Abnehmender Mond. Die abnehmende Periode des Mondes ist eine Zeit, in der der Mond kleiner wird und zum Neumond zurückkehrt. Die Abklingphase ist eine gute Zeit, um Arbeit zu verbannen oder mit Menschen Schnüre zu durchtrennen. Es muss jedoch nicht immer sein, eine Person vollständig aus Ihrem Leben zu verbannen.

Einige der wirkungsvolleren Verbann-Arbeiten, die getan werden können, sind Zaubersprüche, um Gefühle für eine Person loszuwerden, von der Sie wissen, dass sie nicht gut für Sie ist, Selbstzweifel oder Unsicherheit. Zaubersprüche, die tendenziell besser funktionieren als Bannzauber, arbeiten daran, sich selbst zu verändern.

Werden Sie diese Gedanken los, die Ihnen sagen, dass Sie nichts Besseres verdienen, weil Sie etwas Besseres verdienen. Befreien Sie sich von unfairer Behandlung an Ihrem Arbeitsplatz. Befreien Sie sich von unerwünschter Negativität, die Sie davon abhält, die Dinge zu bekommen, die Sie verdienen.

Die abnehmende Phase besteht aus 3 Teilen: dem abnehmenden Dreiviertelmond, dem 3. Viertel und dem zunehmenden Halbmond. Sie sehen genauso aus wie die zunehmende Phase, nur umgekehrt.

Kleinere Verbannungen sind eine großartige Sache während dem abnehmenden Dreiviertelmond. Dies wäre die Zeit, um Ihr Haus, Ihren Garten, Ihr Büro und andere persönliche Räume zu reinigen, damit sich am Ende nichts ansammelt.

Während dieser Zeit können Sie auch persönliche Gegenstände reinigen. Dies regelmäßig zu tun, ist eine gute Idee. Wenn Sie eine Art Abschluss benötigen oder etwas beenden möchten, ist dies ein guter Zeitpunkt, um dafür Zaubersprüche auszuführen. Dies ist eine gute Zeit für Introspektion.

Im 3. Viertel sollten Sie sich mit Hindernissen auseinandersetzen, die Ihnen beim Erreichen Ihrer Ziele im Weg stehen könnten. Wann immer Sie versuchen, auf etwas hinzuarbeiten, wird es Straßensperren geben.

Diese Mondphase wird Ihnen die entsprechenden Energien zur Verfügung stellen, um damit umzugehen. Versuchungen sind auch etwas, womit Sie in dieser Zeit umgehen können. Diese Zeit kann Ihnen auch bei Übergängen helfen.

Der abnehmende Halbmond ist eine gute Zeit, um Ihr Zuhause und Ihr Leben von Stress, Chaos, Negativität, Streit und vielem mehr zu befreien. Dies ist eine geeignete Zeit für stärkere Bannzauber als jede andere Zeit während der abnehmenden Phase. Dies ist die Zeit, um alles loszuwerden, was Sie wirklich beunruhigt, nervt oder frustriert.

Einige andere großartige Zaubersprüche, die Sie während dieser gesamten Phase ausführen sollten, könnten das Aufschreiben Ihrer Unsicherheiten und Ängste beinhalten. Es gibt einige Leute, die diese Dinge an einen Scheideweg bringen, um sie loszuwerden. Sie müssen es jedoch nicht auf diese Weise tun. Sie können es einfach verbrennen und dann die Asche vergraben.

Wenn es darum geht, Ihren Zauberspruch an die Mondphasen anzupassen, denken Sie nicht zu viel darüber nach. Auch wenn Sie vielleicht denken, dass die nächste Mondphase für den Zauberspruch, den Sie ausführen müssen, nicht funktioniert, überlegen Sie es sich noch einmal.

Vielleicht möchten Sie nicht 3 Wochen auf die beste Phase warten, also sehen Sie, ob es eine Zeit gibt, sie zu umgehen. Außerdem ist dies keine exakte Wissenschaft. Sie und Ihre Absicht sind die wichtigsten Dinge in Ihrer magischen Praxis, also konzentrieren Sie sich darauf und geben Sie Ihr Bestes.

Jede Mondphase wird von ganz bestimmten Energien bestimmt. Es ist bekannt, dass diese Energien eine Wirkung auf uns haben, ähnlich wie der Mond die Gezeiten beeinflusst. Ein vollständiger Mondzyklus oder ein Mondmonat dauert ungefähr 29-30 Tage. 13 komplette Mondzyklen führen Sie durch eine komplette Umdrehung des Jahresrades.

Für die Zwecke dieses Buches unterteilen wir jeden Mondzyklus in 4 Perioden. Die zunehmende Periode beginnt 3½ Tage nach Einbruch der Dunkelheit/Neumond. Es verläuft von der mittleren Halbmond- bis zur mittleren Dreiviertelmond-Phase. Der gesamte Zeitraum erstreckt sich von der Mitte des Dreiviertelmondes bis zur Mitte der Verbreitungsphase. Die abnehmende Periode erstreckt sich von der Mitte der Verbreitung bis zur Mitte der balsamischen Phase. Die Dunkelmondperiode dauert von der mittleren balsamischen bis zur mittleren Halbmondphase.

Die **Vollmondperiode** beginnt etwa 3 Tage vor Vollmond, dauert bis zu dem Tag, an dem der Mond seinen Zenit erreicht hat und dauert bis etwa 3 Tage danach. Der Mond ist in dieser Zeit auf dem Höhepunkt seiner Kraft. In der Magie gilt der Vollmond im Allgemeinen als der mächtigste für konstruktive oder positive Magie. Der Vollmond wird mit der Mittagszeit in Verbindung gebracht, wenn die Aktivitäten im Allgemeinen in vollem Gange sind. Es entspricht auch der Jahreszeit des Sommers, wenn die Natur ihren Höhepunkt erreicht und die Bewohner der Erde am aktivsten sind.

Der Vollmond ist eine Zeit der Erleuchtung, in der Sie klarer sehen können, was um sich herum vorgeht.

Die **abnehmende Mondperiode** beginnt etwa am 4. Tag nach dem Vollmond und dauert an, bis der Mond wieder zu einem Splitter zusammenschrumpft. Energien des abnehmenden Mondes sind ideal, um die Dinge zum Abschluss zu bringen. Magische Ziele für die Zeit des abnehmenden Mondes würden normalerweise Dinge wegschieben. Der abnehmende Mond ist mit dem Abend verbunden, wenn die Sonne untergeht und der Tag zu Ende geht. Es entspricht der Herbstsaison, wenn wir ernten, was wir gesät haben, im Guten wie im Schlechten.

Dies ist eine Zeit, um Dinge zu Ende zu bringen, zu beenden und zu schließen. Achten Sie auf anhaltende Probleme, da es an der Zeit ist, eine Lösung zu finden. Es ist förderlich für das Ende: Der letzte Schub, um die Ziellinie zu erreichen oder – falls es der Fall sein mag – zu wissen, wann Sie Ihre Verluste reduzieren müssen.

Die **Dunkelmondperiode** beginnt mit dem balsamischen Mond, einem dünnen Halbmond, der tagsüber aufgeht. Etwa 3 Tage lang wird er weiter abnehmen, bis er eine praktisch unsichtbare Kugel ist, die am helllichten Tag unbemerkt bleibt und nachts versteckt wird. Dann erscheint wieder ein Silbersplitter, der 3 Tage lang wieder in die Sichel hineinwächst und so einen vollen Zyklus vollendet.

Der dunkle Mond entspricht der Nacht, der Zeit zum Ausruhen und Aufladen. Er wird auch mit der Winterzeit in Verbindung gebracht, wenn die Samen der gefallenen Früchte unter der Erde liegen und auf die richtige Zeit zum Keimen warten. Der dunkle Mond ist eine Zeit zum Nachdenken über das Gewesene. Es ist an der Zeit, loszulassen, damit Sie zu gegebener Zeit wieder weitermachen können. Der dunkle Mond ist eine klassische Zeit für destruktive oder negative Magie. Es ist an der Zeit, vorausschauend zu denken, mit Vorfreude und vorsichtigem Optimismus in die Zukunft zu blicken.

Es ist auch eine Zeit, nach innen zu gehen. Im Gegensatz zum Vollmond, wenn alles erleuchtet ist, ist der dunkle Mond die Zeit, tief in die Schatten einzutauchen, sich dem Missverstandenen zu stellen und das tief Verborgene wiederzufinden.

Kapitel 9: Die Monate des Jahres und die Wochentage, Korrelationen mit dem Mond

In vielen Wicca- und heidnischen Traditionen spielen die Wochentage eine große Rolle, wenn es darum geht, Zauber zu wirken. Aus diesem Grund müssen Sie, wenn Sie planen, eine bestimmte Art von Zauber zu wirken, sicherstellen, dass Sie dies am richtigen Tag tun. Andernfalls können Sie möglicherweise nicht die gewünschten Ergebnisse erzielen oder, schlimmer noch, das Gegenteil von dem, was Sie möchten.

Jeder Wochentag ist einem bestimmten Planeten zugeordnet. Die Wochentage sind auch mit bestimmten Farben, Gottheiten und Elementen verbunden. Es stimmt zwar, dass Sie jederzeit und an jedem beliebigen Tag einen Zauber wirken können, aber Sie haben eine höhere Chance, damit erfolgreich zu sein, wenn Sie ihn am richtigen Tag wirken.

An Sonntagen sollten Sie sich z. B. dafür entscheiden, Wahrheitszauber und Zaubersprüche zu wirken, die Wärme in Ihrem Herzen erzeugen. Dieser Tag wird durch die Sonne und die Gottheiten Ra, Brighid und Helios repräsentiert. Wenn Sie sich kalt und verärgert fühlen, sollten Sie die Energie der Sonne nutzen, um die Wut und den Groll, die in Ihrem Herzen wohnen, zu beseitigen.

Der Sonntag ist auch ein Tag, der durch Gold, Diamant, Quarzkristall, Bernstein und Karneol sowie Ringelblume, Zimt und Sonnenblume repräsentiert wird. Er wird auch mit Schönheit, Landwirtschaft, Hoffnung, Kreativität, Sieg und Selbstdarstellung in Verbindung gebracht.

Montags sollten Sie sich dafür entscheiden, Zaubersprüche zu wirken, die von Emotionen angetrieben werden. Montag ist der ideale Tag, um Zaubersprüche zur Verbesserung der Intuition und des Selbstvertrauens zu wirken. Er ist auch ideal zum Wirken von Zaubersprüchen zum Schutz und zur Hellsichtigkeit. Dieser Tag ist mit den Farben Weiß, Silber und Hellblau verbunden.

Der Montag wird vom Mond regiert. Es ist auch ein Tag, der von den Gottheiten Thoth und Selene repräsentiert wird. Darüber hinaus wird er durch Silber, Perle, Mondstein und Opal sowie Katzenminze, Salbei, Kamille, Beinwell, Wintergrün und andere Minze repräsentiert. Dieser Tag ist auch mit Kindergeburt, Familienleben, Reinheit, Jungfräulichkeit, Weisheit, Heilung und Intuition verbunden.

Dienstags sollten Sie Zaubersprüche wirken, die Energie und Leidenschaft wecken. Sie sollten sich auch dafür entscheiden, Zaubersprüche zu wirken, die Ihr Selbstvertrauen erhöhen. Sie sollten sich auch dafür entscheiden, Zaubersprüche zu wirken, die Ihnen helfen können, einen spirituellen Kampf zu gewinnen. Dieser Tag ist auch ideal, um Schutzzauber zu wirken.

Der Dienstag wird vom Planeten Mars regiert. Dieser Tag wird durch die Gottheiten Mars, Lilith und Widder repräsentiert. Dieser Tag wird auch durch die Farben Orange und Rot sowie Stechpalme, Kaktus, Sonnenhut und Distel repräsentiert. Dienstag wird mit Eisen, Granat und Rubin in Verbindung gebracht sowie mit Konflikten und Krieg, Feinden, Schutz, Initiation und Ehe verbunden.

Mittwochs sollten Sie sich dafür entscheiden, Zaubersprüche zu wirken, die Kommunikation und das Gewähren von Informationen beinhalten. Dieser Tag wird vom Planeten Merkur regiert und von den Gottheiten Athena, Merkur, Hermes, Lugh und Odin repräsentiert. Dieser Tag wird auch durch die Farbe Lila, das Metall Quecksilber und die Edelsteine Achat und Aventurin repräsentiert. Es wird auch mit Espen-Bäumen, Farnen, Lavendel und Lilien in Verbindung gebracht. Darüber hinaus ist er mit Reisen, Verlusten und Schulden sowie mit Problemen im Zusammenhang mit Arbeitsplätzen und Unternehmen verbunden.

Donnerstags sollten Sie Zaubersprüche für Wohlstand, Erfolg und Glück wirken. Ihre Zauber sind wahrscheinlich effektiver, wenn Sie sie während des zunehmenden Mondes wirken. Donnerstag ist ein wirklich guter Tag zum Zaubern, weil er vom Planeten Jupiter regiert wird, der großzügig und wohlwollend ist.

Der Donnerstag wird durch die Gottheiten Juno, Jupiter, Zeus und Thor repräsentiert. Er ist mit den Farben Grün und Königsblau verbunden. Darüber hinaus wird er mit Zinn, Türkis, Lapislazuli und Amethyst in Verbindung gebracht. Es wird dringend empfohlen, an diesem Tag Eichen, Geißblatt und Fingerkraut für Zaubersprüche zu verwenden. Darüber hinaus ist der Donnerstag mit Familientreue, Ehre, Kleidung und Reichtum sowie Ernten verbunden.

Freitags sollten Sie sich dafür entscheiden, Liebeszauber zu wirken und Ihren Lieblingsgöttern und -göttinnen Opfergaben zu geben. Dieser Tag wird vom Planeten Venus und den Gottheiten Freyja, Aphrodite und Venus regiert. Er wird durch die Elemente Kupfer, Koralle, Rosenquarz und Smaragd repräsentiert. Darüber hinaus wird er durch die Farben Pink und Aqua dargestellt.

Freitag ist auch der Tag, an dem Mutterkraut, Apfelblüten und Erdbeeren am besten in Zaubersprüche eingearbeitet werden. Da dieser Tag auch mit Familienleben, Fruchtbarkeit, Sexualität, Freundschaft, Harmonie und Wachstum verbunden ist, möchten Sie vielleicht Zaubersprüche ausführen, die sich um diese Themen drehen.

Samstags sollten Sie Bannzauber wirken, um alte und negative Energien loszuwerden. Wenn Sie einen Bindungszauber machen müssen, sollten Sie dies an einem Samstag tun, da dieser Tag am besten geeignet ist, um unerwünschte Energien loszuwerden. Es ist auch der ideale Tag, um Zaubersprüche zu wirken, die Ihnen helfen können, Ihre Geduld zu entwickeln oder zu erhöhen.

Der Samstag wird vom Planeten Saturn regiert. Er wird durch die Gottheiten Saturn und Hekate repräsentiert. Er wird auch durch die Farben Schwarz und Dunkelviolett sowie die Elemente Blei, Apachenträne, Hämatit und Obsidian repräsentiert. Darüber hinaus wird er mit Thymian, Zypresse und Königskerze in Verbindung gebracht. Er wird auch mit Kreativität, Hoffnung, Glück, Schutz, Landwirtschaft und der Verbannung von Negativität verbunden.

Sonntags Zaubersprüche wirken

Der Sonntag ist der ideale Tag, um Wahrheitszauber zu sprechen. Diese Zaubersprüche werden verwendet, um Ihnen bei der Suche nach Antworten zu helfen. Sie sind ideal, wenn Sie Antworten von Menschen auf etwas erhalten möchten, das sie getan oder gesagt haben. Sie können einen Wahrheitszauber wirken, um herauszufinden, was bestimmte Leute Ihnen nicht sagen wollen. Ebenso können Sie einen Wahrheitszauber wirken, um die Wahrheit hinter Lügen herauszufinden. Für Ihren Wahrheitszauber können Sie eine Vielzahl von Zutaten und Werkzeugen verwenden, je nachdem, was der Zauberspruch erfordert.

Das Folgende ist ein Beispiel für einen Wahrheitszauber:

Dieser Zauber erfordert die Verwendung einer weißen Kerze, einer blauen Kerze, einer Nadel, und 5-Sinnen-Öl.

Um den Zauber zu wirken, müssen Sie mit der Nadel den Namen der Person einritzen, von der Sie eine Antwort erhalten möchten. Wenn Sie mit dem Schnitzen seines Namens fertig sind, müssen Sie das Öl der 5 Sinne verwenden, um die weiße Kerze zu beschichten. Dann müssen Sie das Öl verwenden, um die blaue Kerze zu beschichten. Wenn Sie mit diesem Schritt fertig sind, müssen Sie die beiden Kerzen anzünden und auf einen Tisch stellen. Achten Sie darauf, dass die beiden Kerzen ein paar Zentimeter voneinander entfernt sind.

Sie müssen Ihre Aufmerksamkeit und Energie auf die blaue Kerze richten, während Sie den von Ihnen erstellten Gesang rezitieren, um die Wahrheit herauszufinden und Ihre Antwort zu erhalten. Sie können alle Wörter verwenden, die sich reimen oder was auch immer eine bedeutende Bedeutung für Sie hat. Dann müssen Sie Ihre Aufmerksamkeit und Energie auf die weiße Kerze richten, während Sie den Namen der Person aufsagen, von der Sie die Antwort erhalten möchten.

Sie müssen die Kerzen einander näherbringen, während Sie einen Zauberspruch rezitieren, der Ihre Absichten klarer macht. Sie müssen diesen Zauberspruch verwenden, um Ihnen zu helfen, die Wahrheit zu erfahren. Stellen Sie sicher, dass Sie die Kerzen brennen lassen. Warten Sie, bis die Flammen der Kerzen vollständig erloschen sind. Wenn das erledigt ist, können Sie endlich die Wahrheit bekommen, nach der Sie suchen.

Wie wäre es, wenn Sie mit einem Lügner sprechen? Wenn Sie denken, dass die Person, mit der Sie sprechen, lügt, können Sie einen Wahrheitszauber wirken, um die Wahrheit herauszufinden.

Hier ist ein Beispiel für einen Wahrheitszauber, den Sie zu diesem Zweck verwenden können:

Sie müssen getrocknete gelbe Rosen, getrocknete Minze, Muskatnuss, Olivenöl und eine gelbe Kerze vorbereiten.

Um einen Zauber zu wirken, müssen Sie das Olivenöl verwenden, um die gelbe Kerze zu beschichten. Dann müssen Sie die gelben Rosen, die getrocknete Minze und die Muskatnuss in einem Behälter mischen.

Wenn alles fertig ist, müssen Sie die Kerze holen und in die Kräutermischung rollen. Während Sie diesen Prozess durchführen, müssen Sie an Ihren Wunsch denken, Klarheit zu erlangen und die Wahrheit zu empfangen.

Zünden Sie die Kerze an und rezitieren Sie den Wahrheitszauber. Wenn Sie einen Wahrheitszauber wirken, müssen Sie immer daran denken, dass Sie verpflichtet sind, die Wahrheit zu sagen. Wenn Sie also derjenige sind, der lügt, wird der Zauberspruch nicht funktionieren.

Montags Zaubersprüche wirken

Montag ist der ideale Tag, um Zaubersprüche zu wirken, die Ihnen helfen können, Ihr Selbstvertrauen zu steigern. Wenn Sie einen solchen Zauberspruch wirken, können Sie eine Vielzahl von Zutaten wie wilde Kristalle, Baumrinden, wilde Kräuter und wilde Blumen verwenden. Sie können auch Kristalle wie Bernstein, Jet, Azurit und Zitrin verwenden. Darüber hinaus können Sie Wildkräuter und Blumen wie Thymian, Lavendel und Lorbeer verwenden. Sie können auch einige Duftöle, Kerzen und gesegnetes Wasser hinzufügen. Jedes Element, dass Sie verwenden, kann Ihnen helfen, Ihr Selbstvertrauen zu stärken und mit anderen Menschen viel besser zu interagieren.

Hier ist ein Beispiel für einen Vertrauenszauber, den Sie an einem Montagmorgen wirken können:

Dieser Zauber erfordert die Verwendung von Sandelholz-Weihrauch und einer roten Kerze. Sandelholz-Räucherstäbchen haben einen erdigen Duft, während rote Kerzen für Stärke und Kraft stehen. Idealerweise muss dieser Zauber vor dem Duschen ausgeführt werden. Achten Sie darauf, dass Sie beim Singen des Zauberspruchs langsam und laut sprechen. Vermeiden Sie es, die Worte zu flüstern, damit Sie eine viel größere Wirkung erzielen können.

Um den Zauber zu wirken, müssen Sie vor einem Ganzkörperspiegel stehen und die rote Kerze anzünden. Konzentrieren Sie sich auf die Flamme, während Sie Ihre Energie steigern. Sie müssen spüren, wie die positive Energie durch Ihren Körper zu fließen beginnt. Sie müssen aufpassen, dass Sie den Prozess nicht überstürzen. Es kann eine Weile dauern, bis Sie endlich Energie tanken können und das ist in Ordnung. Wenn Sie die Energie aufgearbeitet haben, müssen Sie Ihr Spiegelbild betrachten. Schauen Sie sich in Ihre Augen und rezitieren Sie den Gesang.

Sie müssen sich sagen, dass Sie intelligent sind. Sie müssen sich selbst sagen, dass Sie in allem, was Sie tun möchten, erfolgreich sein können. Sie müssen klar und ruhig sprechen und sich sagen, dass Sie sich auf das Positive konzentrieren können. Außerdem müssen Sie sich sagen, dass Sie sich nicht erschüttern lassen sollten. Sagen Sie sich selbst, dass Sie intelligent und fähig sind, noch einmal erfolgreich zu sein.

Dann müssen Sie sich vorstellen, wie Sie selbstbewusst strahlen. Stellen Sie sich vor, Sie haben Ihre Selbstzweifel endlich überwunden. Zünden Sie Ihren Weihrauch an und lassen Sie ihn brennen, während Sie sich auf den kommenden Tag vorbereiten.

Hier ist ein weiterer Vertrauenszauber, den Sie wirken können, um Ihren Absichten zu dienen:

Idealerweise müssen Sie diesen Vertrauenszauber während des zunehmenden Mondes oder Neumonds wirken. In dieser Zeit sind die Energien, die Vertrauen schaffen, hoch. Der Zauber erfordert die Verwendung eines Tigerauges. Wenn Sie jedoch kein Tigerauge bekommen können, können Sie einfach jeden Edelstein verwenden, den Sie haben. Der Zauberspruch erfordert auch eine gelbe Kerze, 3 weiße Kerzen und eine Schnur oder einen Draht, mit dem Sie den Edelstein in eine Halskette verwandeln können.

Um diesen Vertrauenszauber zu wirken, müssen Sie das Haus verlassen und unter dem Mond stehen. Sie müssen auch Ihre weißen Kerzen in einer Dreiecksposition anordnen. Dann müssen Sie die gelbe Kerze in die Mitte stellen. Während Sie das Tigerauge halten, müssen Sie meditieren und Ihre Energien aufarbeiten. Achten Sie darauf, dass Sie all Ihre Energien auf das Tigerauge fokussieren. Sobald Sie das Gefühl haben, dass Sie sich bereits zusammengesetzt haben, müssen Sie die weiße Kerze anzünden und den Gesang aufsagen.

Der Gesang kann alles sein. Es steht Ihnen frei, einen beliebigen Gesang zu erstellen. Trotzdem funktioniert ein Gesang, der sich reimt, viel besser. Sie müssen auch um die Energien des Universums bitten, um Ihnen die Gaben der Stärke und des Mutes zu gewähren. Danach müssen Sie eine weitere weiße Kerze anzünden und den Gesang noch einmal aufsagen. Schließlich müssen Sie die letzte Kerze anzünden und den Gesang noch einmal aufsagen, bevor Sie die gelbe Kerze anzünden. Wenn Sie diese Kerze anzünden, müssen Sie das Tigerauge über ihre Flamme halten.

Während Sie das Tigerauge festhalten, müssen Sie den Gesang aufsagen. Bei der Dreierpotenz müssen Sie die Energien des Universums bitten, Ihnen Kraft und Mut zu verleihen. Schauen Sie sich die Flamme an. Konzentrieren Sie sich darauf. Meditieren Sie und stellen Sie sich vor, wie Sie die Energien empfangen, und stellen Sie sich vor, wie Sie sich fühlen werden, wenn dies geschieht. Stellen Sie sich vor, Ihr Selbstvertrauen steigt. Stellen Sie sich vor, wie Sie ruhiger werden. Nehmen Sie sich Zeit, um sich das Szenario vorzustellen. Erlauben Sie sich, die Energien in Richtung des Edelsteins auszusenden.

Rezitieren Sie den letzten Gesang, bei dem es darum geht, Ihren Edelstein mit Liebe, Licht, Vertrauen und Stärke aufzuladen. Durch die Kraft der 3 und die Energien des Universums müssen Sie um Zuversicht und Stärke bitten, die Ihnen gegeben wird. Sobald Sie mit dem Rezitieren des Gesangs fertig sind, können Sie den Edelstein in eine Halskette verwandeln und ihn tragen. Sie können die Schnur oder den Draht verwenden, um ihn in eine Halskette zu verwandeln. Wenn Sie jedoch keinen Schmuck mögen, können Sie ihn als Token behalten. Bei Bedarf jederzeit wieder aufladen.

Dienstags Zaubersprüche wirken

Dienstag ist der ideale Tag, um Schutzzauber zu wirken. Diese Zaubersprüche schützen Sie effektiv vor dem Bösen und sorgen für Ihre Sicherheit.

Der folgende Zauberspruch ist ein Beispiel für einen Schutzzauber, den Sie an einem Dienstag wirken können. Es erfordert die Verwendung von blauem oder silbernem Glitzer und einem Zauberstab oder Stock. Für Ihren Zauberstab müssen Sie die Farbe Blau, Silber oder Weiß wählen. Der Zauber wird auch im Freien effektiver. Wenn die Umstände es Ihnen jedoch nicht erlauben, den Zauber im Freien zu wirken, können Sie dies in Ihrem Zuhause tun.

Um diesen Zauber auszuführen, können Sie wie gewohnt mit den Schritten des Zauberns fortfahren. Anstatt jedoch mit dem Norden zu beginnen, müssen Sie mit dem Westen beginnen und sich von dort im Uhrzeigersinn bewegen. Sie müssen Ihren Zauberstab verwenden, um auf den Boden zu klopfen, während Sie Ihren Gesang rezitieren. Sie müssen auch jeden anrufen, der die Wachtürme bewacht, egal in welche Richtung Sie gehen. Stellen Sie sicher, dass Sie darum bitten, durch die Dunkelheit geführt zu werden und jederzeit sicher zu sein.

Sobald Sie mit den 4 Ecken fertig sind, müssen Sie in der Mitte stehen und Ihren Gesang aufsagen. Ihr Gesang muss sich darum drehen, negative Energien zu verbannen und sie nie wieder in Ihre Nähe kommen zu Lassen. Während Sie die letzten Zeilen Ihres Gesangs rezitieren, müssen Sie den Glitzer um sich herum verstreuen und den Kreis schließen, um das Ritual zu beenden.

Mittwochs Zaubersprüche wirken

Mittwoch ist der ideale Tag, um Zaubersprüche für eine bessere und effektivere Kommunikation zu wirken. Wenn Sie also Probleme oder Schwierigkeiten mit der Kommunikation haben, können Sie einen Zauber dafür wirken. Ein Kommunikationszauber kann Ihnen helfen, schwache Kommunikationslinien zu stärken.

Sie können Kräuter wie Kamille verwenden, um das Verständnis zu fördern und die Kommunikation zu verbessern. Wenn Sie Ihren Zauberspruch aufschreiben, wird empfohlen, einen Stift mit gelber Tinte zu verwenden, da Gelb eine Farbe ist, die oft mit dem Element Luft in Verbindung gebracht wird.

Ebenso müssen Sie den Namen der Person, mit der Sie kommunizieren möchten, auf eine weiße Kerze schreiben, vorzugsweise mit einem Stift mit gelber Tinte. Nehmen Sie sich ein paar Minuten Zeit, um sich zu sammeln und führen Sie ein imaginäres Gespräch mit der Person, mit der Sie kommunizieren möchten. Sie müssen sich auch überlegen, wie Ihr Gespräch fließen soll, damit Sie Schwingungen und Energien aussenden können.

Wenn Sie bereit sind, dass der Zauberspruch wirksam wird, können Sie Ihren Gesang oder Zauberspruch rezitieren. Im Idealfall sollten Sie die Macht der Luft bitten, Ihnen zu helfen, Ihre Nachrichten an die Person zu senden, mit der Sie kommunizieren möchten.

Donnerstags Zaubersprüche wirken

Donnerstag ist der ideale Tag, um einen Geldzauber zu wirken. Ein Zauber wie dieser kann Ihnen helfen, Ihre finanzielle Stabilität zu erhöhen. Wenn Sie also finanzielle Probleme haben oder mehr Geld haben möchten, müssen Sie an einem Donnerstag einen Geldzauber wirken. Sie müssen jedoch bedenken, dass das Wirken dieses Zaubers immer noch keinen finanziellen Erfolg garantiert. Wer Multimillionär werden will, muss sich dennoch anstrengen und arbeiten.

Sie müssen beachten, dass das Wirken eines Zaubers wie diesem Ihnen nur hilft, Ihre Chancen auf Reichtum zu erhöhen. Es wird Sie nicht wirklich reich machen, es sei denn, Sie bemühen sich, Geld zu verdienen. Geldzauber sind keine schnellen Schemata, um reich zu werden. Sie werden sich nicht sofort reich machen.

Der folgende Zauberspruch ist ein Geldzauber, den Sie in wenigen Sekunden ausführen können. Es ist sehr einfach und beinhaltet nicht viele Elemente. Dieser Zauberspruch erfordert die Verwendung von Lavendel, einer Tüte und 7 verschiedenen Geldformen.

Sie müssen die Tüte holen und Geld hineinstecken. Sie können jede Art von Geld verwenden, die Ihnen passt, z. B. können Sie 1 Cent, ein 10-Cent-Stück, 1 Euro usw. in die Tasche stecken. Dann müssen Sie Lavendel auf Ihr Geld streuen und Ihre Tüte 7 Tage mit sich tragen.

Freitags Zaubersprüche wirken

Freitag ist ein idealer Tag, um Liebeszauber zu wirken. Egal, ob Sie versuchen, eine zerbrochene Beziehung zu reparieren oder Liebe in Ihr Leben zu bringen, Sie können einen Liebeszauber verwenden, um Ihnen zu helfen.

Das Folgende ist ein Beispiel für einen einfachen Liebeszauber, den Sie an einem Freitag machen können. Er ist kurz, einfach und leicht zu machen. Es erfordert die Verwendung von Vanilleextrakt. Stellen Sie sicher, dass der von Ihnen verwendete Vanilleextrakt echt ist und nicht nur eine Nachahmung.

Um diesen Liebeszauber zu wirken, müssen Sie den Deckel der Flasche Vanilleextrakt entfernen. Stellen Sie sich vor, dass ein helles rotes Licht aus Ihren Augen kommt und die Farbe des Vanilleextrakts rot wird. Während Sie dies visualisieren, müssen Sie Ihren Gesang rezitieren.

Ihr Gesang muss von Liebe handeln. Es kann darum gehen, Liebe in Ihr Leben zu bringen, eine Beziehung zu festigen, eine Beziehung zu stärken oder alles, was Sie in Bezug auf Ihr Liebesleben erreichen möchten.

Wenn Sie mit diesem Teil fertig sind, müssen Sie 1 oder 2 Tropfen des Vanilleextrakts in die 4 Ecken Ihres Schlafzimmers streuen. Dann müssen Sie den Deckel der Flasche wieder aufsetzen und unter Ihrem Bett aufbewahren.

Samstags Zaubersprüche wirken

Samstag ist ein idealer Zauberspruch, um einen Binde-Zauberspruch zu wirken. Bindezauber werden im Allgemeinen verwendet, um zu verhindern, dass etwas oder jemand Schaden anrichtet. Im Gegensatz zu Flüchen fügen sie der Person jedoch keinen Schaden zu. Sie sind eher wie Schutzzauber, außer dass sie darauf abzielen, das negative Element loszuwerden, anstatt einfach davor geschützt zu werden.

Das Folgende ist ein allgemeiner Bindezauber, den Sie an einem Samstag wirken können. Es erfordert die Verwendung eines Kartons, eines schwarzen Garns, eines Kessels und Schreibwerkzeugen.

Zuerst müssen Sie den Karton besorgen und Wörter schreiben oder Bilder zeichnen, die die Negativität darstellen, die Sie daran binden möchten. Als Nächstes müssen Sie den Karton zu einer Kugel zerknüllen. Wenn Sie damit fertig sind, müssen Sie ihn mit dem schwarzen Garn umwickeln.

Achten Sie darauf, dass Sie das Garn 21-mal um den zerknitterten Karton wickeln, während Sie Ihren Zauber singen. Dann müssen Sie die Enden des Garns zu 3 festen Knoten zusammenbinden. Schließlich müssen Sie Ihren mit Garn umwickelten Karton in Ihrem Kessel verbrennen, während Sie Ihren letzten Zauberspruch singen, um die Negativität vollständig loszuwerden.

Wenn die Worte oder Bilder, die Negativität darstellen, brennen, müssen Sie Dinge visualisieren, die Positivität darstellen. Sie müssen die positive Energie in sich spüren.

Während Sie sich weiter in das Verständnis von Wicca vertiefen, werden Sie etwas über Zirkel und Kreise und den Unterschied zwischen ihnen und der einsamen Praxis lernen. Sie werden auch feststellen, dass es ziemlich anstrengend ist, direkt auf andere Wicca-Praktizierende zuzugreifen. Denn es gibt keine zentrale Andachtsstätte, an der man als Anfänger Einsicht und Führung suchen kann.

„Zirkel" ist ein lateinisches Wort und bedeutet „treffen". Es wurde im Mittelalter häufig verwendet, um gesellschaftliche Zusammenkünfte verschiedener Art zu beschreiben. In den frühen 1600er Jahren wurden Zirkel eher mit Hexen in Verbindung gebracht. Zirkel gewannen Mitte des 20. Jahrhunderts weiter an Popularität, als die „alte Religion" wiedereingeführt wurde.

Ein Zirkel war ursprünglich eine 13-köpfige Hexengruppe, die sich heimlich zum Üben traf. Ein Zirkel hatte einen Hohepriester und eine Hohepriesterin, die zu Gott und der Göttin sprachen. Heute müssen Zirkel jedoch nicht unbedingt 13 Mitglieder haben. Verschiedene Wiccaner wurden nach den Glaubenssystemen von Alex Sanders oder Gerald Gardner in die Tradition eingeweiht. Einige Wicca-Zirkel folgen den ursprünglichen Traditionen, während andere unterschiedliche Glaubensrichtungen annehmen.

Die meisten Wicca-Zirkel haben eine festgelegte Tradition, neue Mitglieder in den Zirkel einzuweihen. Diese festgelegten Traditionen sind Brauch und der Zirkel verlangt von den neuen Mitgliedern, sich voll und ganz in die Initiation zu investieren. Sobald das neue Mitglied initiiert wurde, folgen weitere Anforderungen, um das Engagement des neuen Mitglieds für den Zirkel festzustellen. Es gibt verschiedene Stufen der Initiation und die neuen Mitglieder folgen bestimmten benutzerdefinierten Bedingungen, um vom 1. zum 3. Grad zu gelangen. Die Voraussetzungen, um von einem Grad zum anderen zu gelangen, hängen vom Zirkel ab, dem ein Mitglied folgt.

Als übliche Praxis wird ein Wicca-Zirkel die Sabbat- und Esbate-Feierlichkeiten feiern. Andere werden auch andere Tage zwischen diesen beiden Feierlichkeiten markieren. Wenn ein Zirkel für diese Feierlichkeiten beabsichtigt, ein neues Mitglied aufzunehmen, wird er seine Zeit und Energie investieren, um die Person vorzubereiten. Mitglieder desselben Zirkels sind füreinander eine Familie. Die Mitglieder haben eine sehr enge Bindung. Wenn ein Zirkel beabsichtigt, eine neue Person willkommen zu heißen, werden daher alle Mitglieder in den Prozess investiert, einschließlich der betreffenden Person.

Wenn Sie ein Anfänger in Wicca sind, ist es sehr unwahrscheinlich, dass Sie sofort einem Zirkel beitreten. Dies liegt daran, dass die meisten Zirkel verlangen, dass man mehr als 1 Jahr praktiziert hat, besonders, bevor man den Aufnahmeprozess durchlaufen kann. Dies ist eine große Anforderung, da sie sicherstellt, dass die Person sich völlig sicher ist und sich verpflichtet hat, Teil eines

Wicca-Zirkels zu sein. Wenn es Ihnen schwerfällt, einem Zirkel beizutreten, sollten Sie verständlicherweise in Erwägung ziehen, andere praktizierende Wiccaner in Ihrer Umgebung zu finden und ihrem Kreis beizutreten, oder Sie können einfach Ihren eigenen Kreis gründen.

Ein Kreis ist eine Versammlung von Personen, die Wicca-Praktizierende sind. Sie treffen sich, um zu reden und das Handwerk zu erkunden. Denkbar wäre ein normaler Sabbat und eine zusätzliche Esbate-Feier. Wenn diese Gelegenheiten jedoch markiert sind, ist die Teilnahme üblich, aber nicht obligatorisch.

Abhängig von den allgemeinen Neigungen der Versammlung kann es zahlreiche Personen geben, von denen einige nach Belieben ein- und aussteigen, oder nur ein paar durchgängig einbezogene Gefährten. Die Struktur eines Kreises ist im Allgemeinen frei und erfordert keine offizielle Gründung oder eine wichtige Einrichtungsetikette. Amateure sind regelmäßig willkommen, und Sie werden wahrscheinlich ein breites Spektrum an Informationen und Erfahrungsstufen vorfinden, in denen jeder seine ganz eigene Sichtweise einbringt.

Wenn Sie in Ihrer Nähe keine ähnlich investierten Personen finden können, machen Sie sich keine Sorgen. Es gibt zahlreiche Online-Netzwerke von Wiccanern und verschiedenen Hexen, die man studieren kann, und es gibt auch zahlreiche Vorteile für die Solopraxis. Tatsächlich sind bei weitem die meisten Wiccaner im 21. Jahrhundert Solopraktiker. Die jenseitigen und mystischen Teile des Universums ganz allein besser kennenzulernen, kann äußerst erfüllend sein.

Falls Sie sicher sind, dass Sie mit anderen zusammenarbeiten müssen, können Sie sich der Göttin und Gott nähern, um die geeigneten Personen für sich zu gewinnen. Seien Sie an diesem Punkt tolerant, vertrauen Sie der göttlichen Planung und Ihr Zirkel oder Kreis wird am Ende in Ihrem Leben auftauchen.

Als Solopraktiker können wir erkunden, wie Sie die Praxis einleiten und sich ihr widmen können. Ein Brauch der Selbstverpflichtung mag wie Teile einer Zirkel-Aufnahme in wechselnden Graden aussehen, aber da einzelne Hexen diesen Brauch in jeder beliebigen Funktion strukturieren und ausleben können, ist es auf einer sehr grundlegenden Ebene eine vielfältige Erfahrung.

Selbsteinweihung geschieht völlig, ohne sich an andere Bedingungen halten zu müssen. Die Hingabe, die Sie in einem solchen Brauch verkünden, entspricht Ihrer inneren Identität oder allen Göttern, die Sie in Ihre Ausbildung einbeziehen können, und der Himmlischen des Universums, wie Sie es verstehen. Es ist alles andere als ein Versprechen an eine andere Person oder ein Übergang in eine Versammlung einzelner Experten. Da diese Erfahrung ausschließlich bei Ihnen und dem Universum stattfindet, können Sie sie nach Belieben betrachten: Einweihung, Selbstverpflichtung, Selbsteinweihung oder etwas ganz anderes, wenn das für Sie gut klingt.

Trotz der Tatsache, dass dies eine ganz andere Prüfung ist als die einer Zirkel-Aufnahme, gibt es dennoch kritische Parallelen zu dieser Errungenschaft auf dem Abenteuer. In erster Linie wird die Kunst offensichtlich durch das wirkliche Herausfinden der Kunst geschaffen – das Untersuchen denkbarer Wege bis hin zum Erlernen von Bräuchen, ein Gefühl dafür bekommen, was Sie beeinflusst und was nicht. Und in dem Maße, in dem Sie es für anwendbar halten, Informationen zu suchen und so breit wie möglich. Es ist im Allgemeinen vorgeschrieben, 1 Jahr und mehrere Tage lang über die Kunst nachzudenken, bevor Sie Ihre Selbstinitiierung versuchen, aber Sie können definitiv länger brauchen, wenn Sie den Prozess verstehen.

Wenn Sie sich bereit fühlen, in Richtung Initiation zu gehen, können Sie anfangen darüber nachzudenken, was das für Sie bedeuten wird.

Wenn Sie interessiert sind, können Sie Teile einer Praxis und andere Teile einer anderen nehmen, um Ihren eigenen Weg zur Wicca-Praxis zu finden. Dennoch können Sie sich derzeit auf das Lernen konzentrieren, während Sie sich auf den Weg zu dem Punkt hinarbeiten, an dem Sie sich für die Einweihung vorbereitet fühlen. Sie können sich jede Woche ein bestimmtes Maß an Studium „zuordnen" und Ihre Recherchen zu expliziten Themen ordnen. Sie können z. B. die 3-fache Göttin oder das Rad des Jahres lesen und zusätzlich jedes der Bücher lesen, die von einem bestimmten Autor verfasst wurden, bevor Sie mit einem anderen fortfahren. Auf der anderen Seite könnten Sie feststellen, dass Sie an einer Vielzahl von Büchern interessiert sind, indem Sie Ihrer Intuition folgen, damit Sie in der Lage sind, aus diesen Büchern die Informationen zu erfassen, die Sie für relevant halten.

Als nächstes ziehen Sie den Kreis, eine Aktion, die eine Grenze zwischen dem spirituellen Reich und der weltlichen physischen Welt setzt. Der Altar ist normalerweise der Brennpunkt des Kreises, mit viel Platz für alle, die vorbehaltlos innerhalb des Kreises arbeiten müssen, ohne sich zufällig außerhalb der Grenze zu wagen, von der angenommen wird, dass sie Energie enthält. Der Kreis kann mit Meersalz in einer langen Reihe, ein paar Steinen, Kräutern oder Kerzen abgesetzt werden. Es gibt zahlreiche Techniken, um den Kreis zu ziehen, die Sie beim Üben selbst entdecken werden.

Wenn diese Aktionen stattgefunden haben, beginnt der Kern der Feier. Zunächst wird das Ziel der Zeremonie zum Ausdruck gebracht. Egal, ob es darum geht, einen Sabbat oder einen Esbate zu loben, oder vielleicht, um zu Gott und Göttin zu beten, um jemandem zu helfen, der es braucht oder um eine andere Art von Hilfe.

Nachdem die Absicht geäußert wurde, kann der Hauptteil des Brauchs aus verschiedenen Übungen bestehen. Der gemeinsame Teil könnte die Aufführung eines Schauspiels Ihrer Wahl sein. Sie können z. B. Szenen aus alten Legenden oder Sonetten nachspielen – oder anderes rituelles Material, abhängig von der Konvention von Wicca, der die Versammlung folgt. Einzelne Wiccaner können ebenfalls alte verzauberte Nachrichten lesen oder ihre ganz eigenen Verse für die Veranstaltung schreiben. Rezitieren, Singen, Bewegen sowie andere zeremonielle Bewegungen können Teil der Zeremonie sein, und die Jahreszeit, in der die Zeremonie stattfindet, wird große Bedeutung haben. Es können Bittgebete angeboten werden, unabhängig davon, ob sie in der Nähe der Wohnung oder zum Wohle anderer sind. Um ehrlich zu sein, es ist in einigen Konventionen üblich, Bräuche zu verwenden, um nicht nur die Gedanken derer innerhalb des Zirkels, sondern auch derer außerhalb zu umfassen.

Bei zahlreichen Feierlichkeiten ist ein Service, der als „Kuchen und Gebräu“, oder „Kuchen und Wein“ bekannt ist, ein unverzichtbarer Bestandteil der Wicca-Geschichte. Nahrung und Getränke werden dem Gott und der Göttin angeboten und symbolisch vermittelt, normalerweise gegen Ende des Rituals.

Die Monate des Jahres und der Mond

Die Namen für jeden Mond können von Tradition zu Tradition variieren. Aber sie hängen im Allgemeinen mit der Jahreszeit und dem entsprechenden Niveau der Fülle und Aktivität des Lebens auf der Erde sowie dem Punkt der Sonne auf ihrer Reise um die Erde zusammen. Auf der nördlichen Hemisphäre lauten die typischsten Namen für die Vollmonde in Wicca-Ritualen wie folgt:

Monate	Mondname
Januar	Kalter Mond (auch Hartung)
Februar	Belebender Mond (auch Schneemond)
März	Sturmmond (auch Saatmond)
April	Windmond (auch Blütenmond)
Mai	Blumenmond (auch Wiesenmond)
Juni	Sonnenmond (auch starke Sonne und Rose)
Juli	Segensmond (auch Donner)
August	Maismond (auch Kornmond)
September	Erntemond
Oktober	Blutmond (auch Weinmond)
November	Trauermond (auch Klagemond, Wolfsmond)
Dezember	Lange-Nächte-Mond

Wenn in einem bestimmten Kalendermonat mehr als ein Vollmond auftritt, wird dies als Blaumond bezeichnet. Ungefähr alle 2,5 Jahre findet dies in vielen Wicca-Traditionen als besonders kraftvolle Zeit statt, und es wird besonderes Augenmerk auf die Arbeit mit der seltenen Energie eines Blaumondes gelegt.

Wicca: Bücher der Schatten

Ein Buch der Schatten ist einem Tagebuch ziemlich ähnlich, jedoch mit einem eindeutig jenseitigen und übernatürlichen Kerninteresse. Es könnte Zaubersprüche, Namen und Daten von Sabbaten und Esbate, Mantras und anderen benutzerdefinierten Dialekten, Vorbereitungen verzauberter Korrespondenzen für Farbtöne, Edelsteine und Kräuter und eine große Gruppe anderer wertvoller übernatürlicher Zufälligkeiten enthalten.

Das Buch der Schatten ist im Grunde ein hochmodernes Grimoire. Das ist ein Begriff, der im 19. Jahrhundert verwendet wurde, um Schriften zu beschreiben, die verschiedene Aktivitäten der Hexerei behandeln, z. B. verzauberte Hypothesen, Darstellungen von Zeremonien, Anleitungen in der Zauberarbeit und Wahrsagerei, magische Rationalität und andere exklusive Daten. Instanzen von Grimoires sind im gesamten Mittelalter und viel früher zu finden, zumindest gehen sie auf Steintafeln zurück, die im alten Ägypten und Mesopotamien gefunden wurden.

Es war Gerald Gardner, der den Ausdruck „Buch der Schatten“ als Titel für das Grimoire seines eigenen Zirkels wählte, dass vor allen außer den Auserwählten seines Zirkels geheim gehalten werden sollte. Das Material wurde im Laufe der Zeit ergänzt und aktualisiert, mit dem Verständnis, dass diese Praktiken nicht statisch und fest werden sollten, sondern eher dynamisch bleiben sollten, wobei neue Zeitalter der Hexen sie nach Belieben ergänzen und von ihnen subtrahieren können.

Als sich Hexerei zu Wicca entwickelte, zog es in neue und andere Bräuche ein und gewann neue Erkenntnisse, die zur Entstehung neuer Bücher der Schatten beitrugen. Allerdings führen nicht alle Wiccaner ein Buch der Schatten, um ihr mystisches Wissen und ihre magischen Erfahrungen aufzuzeichnen. Die meisten Zirkel, die sich an die alten Wicca-Traditionen halten, halten ihr mystisches Wissen und ihre magischen Erfahrungen geheim.

Trotz der Tatsache, dass es für einen Wicca unerwartet ist, sein Buch der Schatten vollständig mit anderen zu teilen, ist das Wissen darüber in die Öffentlichkeit gelangt und hat das Interesse der Menschen geweckt. In der heutigen Zeit des Internets teilen einige Wicca-Praktizierende ihr Buch der Schatten online. Daher nimmt das Mysterium, das Wicca umgibt, weiter ab. Es ist jedoch wichtig zu beachten, dass es für Wiccaner ganz normal ist, ihr Buch der Schatten vor anderen Leuten zu verbergen, die die Kunst möglicherweise nicht verstehen.

Die Elemente und Grundtechniken

Wiccaner glauben, dass alles im Wesentlichen auf die 4 Elemente Erde, Luft, Feuer und Wasser hinausläuft. Diese Elemente bilden die Welt, das Universum und uns selbst. Diese Verbindung zwischen uns und den Elementen des Universums ist das Rückgrat der Wicca-Magie und der Theorie ihrer Funktionsweise.

Es gibt eine Geschichte nicht von Wicca, sondern von daoistischen Ursprüngen, die dies perfekt repräsentiert.

Die Geschichte erzählt von einem alten Mann, der an einem Fluss entlangging, als er plötzlich das Gleichgewicht verlor und in das rauschende Wasser fiel. Ein Zuschauer, der besorgt war, dass der alte Mann ertrinken würde, schickte seine Schützlinge los, um den Mann zu retten. Aber als sie ihn erreichten, war der alte Mann bereits am Ufer des Flusses angeschwemmt und schien unbeirrt zu sein.

Auf die Frage „wie er den tobenden Wassern entkommen konnte", erklärte der alte Mann, dass er ihnen entkommen sei, indem er sie nicht bekämpfte. Sie zu bekämpfen bedeutete, dass er vom Fluss getrennt war. Stattdessen ließ er sich vom Fluss tragen und er wurde zum Fluss. Dabei wurde er befreit.

Magie wurde oft als „übernatürlich" bezeichnet, aber Wiccaner glauben, dass ihre Form von Magie vollkommen natürlich ist. Sie arbeiten einfach mit der Natur, anstatt gegen sie anzukämpfen und können dabei etwas bewirken, was Anderen wie Wunder erscheinen mag.

Um mit den Elementen zu harmonieren und Magie möglich zu machen, gibt es ein paar Grundtechniken. Bevor wir jedoch zu ihnen kommen, können Sie auch lernen, mit den 4 Elementen in Einklang zu kommen, indem Sie versuchen, ihre Eigenschaften in Ihren Alltag zu übernehmen.

Die **Erde** steht für Fruchtbarkeit und Stabilität. Sie können lernen, die Eigenschaften der Erde zu übernehmen, indem Sie die Dinge, die Sie im Leben tun, wachsen und blühen lassen, ohne dass Sie sie kontrollieren müssen. Und Sie können sich selbst stabilisieren, indem Sie lernen, in Ihnen eine innere Ruhe zu schaffen und sich entscheiden, Menschen in Zeiten zu helfen, in denen Sie lieber fernbleiben möchten.

Weil Fruchtbarkeit Vertrauen braucht, müssen Sie lernen, dem Universum zu vertrauen. Und weil Stabilität Eigenständigkeit erfordert und es die Menschen in schwierigeren Zeiten willkommen heißt, Sie aufzusuchen. Lassen Sie sie wissen, dass Sie für sie da sind und Ihre Stabilität mit Glanz, wie die felsenfeste Stabilität der Erde strahlt.

Die **Luft** ist mit dem Zentrum Ihrer Essenz verbunden, aber auch mit der Natur der Welt. Sie repräsentiert die Leichtigkeit Ihres inneren Geistes, aber auch den Wind der Veränderung, der sowohl Gutes als auch Schlechtes bringt und dennoch keine Vorurteile dagegen hat.

Sie können lernen, diese Eigenschaften zu übernehmen, indem Sie verspielt sind und sich weniger an die Welt, wie Sie sie kennen, hängen. Diese Eigenschaften kommen mit dem Einklang. Die Unfähigkeit, spielerisch zu sein, rührt daher, dass wir das Leben zu ernst nehmen. So versuchen wir, die unkontrollierbare Welt um uns herum zu kontrollieren. Indem Sie sich lockern, Spaß haben und sich vom Leben tragen lassen, wohin es will, heißen Sie die Aspekte der Luft in Ihrem Wesen willkommen.

Das **Feuer** ist mit enormer Energie und starker Willenskraft verbunden. Sie können diese Eigenschaften integrieren, indem Sie Ihre Energie klüger aufteilen und fest an den Dingen festhalten, an die Sie glauben. Um eine dieser Eigenschaften zu erreichen, müssen Sie sich selbst besser kennen, als Sie es derzeit tun.

Wir verschwenden so viel Zeit mit den Dingen, die keine Rolle spielen, und mit dem Trivialen. Wenn wir uns stattdessen dafür entscheiden, unsere Zeit und Energie den Dingen zu widmen, die uns wichtig sind, wird fast grenzenlose Energie geboren. Und mit dieser Energie können wir fest an den Dingen festhalten, an die wir glauben. Wir können die harten Tage durchstehen und eine beeindruckende Kraft sein.

Feuer kann sowohl erschaffen als auch zerstören, also nutzen Sie die Energie und Willenskraft, die in Ihnen wächst, um viel Gutes zu tun, denn nichts brennt schlimmer als das Feuer des Universums, das sich später verfolgt. Erkennen Sie sich selbst und bleiben Sie stark, aber erbarmen Sie sich.

Das **Wasser** wird mit Reinigung, Leidenschaft und Emotion in Verbindung gebracht. Aber die Leidenschaft des Wassers ist keine brennende Leidenschaft, sondern eine stetige Leidenschaft. Wie die Wellen, die langsam und stetig am Fels arbeiten, nie aufhören; nicht so wie das Dynamit, dass den Felsen wegblasen könnte.

Um diese Eigenschaften in Ihrem Wesen zuzulassen, müssen Sie mit der Reinigung beginnen. Der bei weitem unreinste Teil von uns ist der Spiegel, durch den wir uns selbst betrachten. Die Meinungen anderer und Ereignisse der Vergangenheit trüben unsere Meinung über uns selbst und machen uns oft arrogant oder verheerend unsicher: Beides ist wirklich dasselbe Thema und drückt sich auf unterschiedliche Weise aus.

Um Ihren inneren Spiegel zu reinigen, müssen Sie lernen, sich selbst zu vergeben und die Vergangenheit loszulassen. Sobald Sie dies getan haben, werden Sie die Person sehen, die Sie wirklich sind, und Sie können die trüben Bilder sehen, die andere präsentieren. Und Sie können ihnen helfen, sich selbst zu lieben.

Um die Leidenschaft des Wassers auszudrücken, müssen Sie stetig und konsequent bleiben. Leidenschaft ist nicht die Explosion gefolgt von der Stille, sondern das ständige Arbeiten an Ihren Zielen. Richten Sie etwas in Ihrem Leben ein, das Ihnen schwer erscheint, und arbeiten Sie stetig daran. Bald werden Sie die Leidenschaft des Wassers kennenlernen.

Und schließlich gibt es Emotionen. Ein Wort, das für die meisten Menschen eine negative Konnotation hat, weil sie es selten anders als in einer Explosion ausgedrückt sehen. So viele von uns halten in unseren Emotionen fest. Wenn wir die Chance haben, traurig zu sein, sind wir am Boden zerstört oder depressiv; wenn wir die Chance haben, wütend zu sein, toben wir oder werden destruktiv; wenn wir die Chance haben, Freude auszudrücken, wird es zur totalen Manie.

Um sich auf die emotionale Seite des Wassers auszurichten und sich mit der Natur in Einklang zu bringen, müssen Sie lernen, Ihre Gefühle anzuerkennen und Emotionen auf die gleiche Weise zu erleben, wie Sie Gerüche und Geschmäcker wahrnehmen würden. Sie können sie nicht leugnen, oder? Sie sind auf jeden Fall da, Sie können sie nicht ignorieren. Aber ein Geruch wird nur dann stechend, wenn man die Ursache eitern lässt. Erlauben Sie Ihren Emotionen nicht zu eitern, Lassen Sie sie fließen wie Wasser.

Wenn Sie sich auf die beschriebene Weise mit diesen Elementen in Einklang gebracht haben, ist es möglicherweise nicht einmal notwendig, sich zu erden, da Sie bereits in Harmonie mit der Welt und dem Universum sind. Aber bis dahin ist Erdung die einzige Möglichkeit, wirklich an der magischen Praxis teilzunehmen. Jede magische Praxis.

Schnelle Grundtechnik

Für ein schnelles Basiswissen können Sie sich einfach in einer Umgebung entspannen, in der Sie nicht unterbrochen werden. Atmen Sie langsam ein und versuchen Sie, sich Ihrer Umgebung bewusst zu werden. Dies funktioniert besonders gut in der Natur, wo Sie sich je nach Umgebung gezielt auf die Elemente Erde, Luft, Feuer oder Wasser konzentrieren können. Die Idee ist, Ihren Geist und Körper zu verlangsamen und sich wieder mit der Welt um Sie herum zu verbinden. Dies ist jederzeit möglich. Es beginnt, wenn Sie sich entscheiden, und es endet, wenn Sie sich stabil und entspannt fühlen.

Tiefe Grundtechnik

Für ein tiefes Basiswissen möchten Sie sich viel mehr vorstellen und sich tief in der Visualisierung niederlassen. Was genau Sie sich vorstellen, hängt von der Technik ab, aber das Folgende ist ein Beispiel:

Stellen Sie Ihre Füße flach auf die Erde (möglichst nackt) und halten Sie den Rücken gerade. Entspannen Sie Ihren Geist, entspannen Sie Ihren Körper. Atmen Sie langsam.

Stellen Sie sich nun die Erde unter Ihren Füßen vor. Stellen Sie sich die Erd- oder Bodenschichten unter Ihnen vor, ganz nach unten. Je weiter unten man sieht, desto besser. Stellen Sie sich dann eine goldene Energieschlange vor, die sich eine nach der anderen durch die Schichten schlängelt, bis sie schließlich durch Ihre Füße eintritt.

Spüren Sie, wie sich die goldene Energie bis zu Ihren Zehen und dann über Ihre Beine, Ihren Rücken und Ihren Bauch ausbreitet. Stellen Sie sich vor, es scheint auf Ihr Herz und geht in Ihre Arme und Ihren Hals über. Und schließlich spüren Sie die Wärme des goldenen Lichts, das sich durch Ihr Gesicht und Ihren Scheitel ausbreitet. Stellen Sie sich die goldene Schlange vor, die hoch in den Himmel ragt.

Konzentrieren Sie sich für ein paar Augenblicke auf die Wärme und die Stille Ihres Seins, bevor Sie langsam die Richtung umkehren, vom Himmel nach unten durch Ihren Körper, aus Ihren Füßen und zurück in die Tiefe der Erde. Stellen Sie sich das goldene Licht vor, das Sie allmählich von Kopf bis Fuß verlässt.

Sie sind jetzt gründlich geerdet und können mit der magischen Praxis oder mit dem Rest Ihres Tages fortfahren.

Kapitel 10: Zaubern für jede Phase des Mondzyklus Schritt für Schritt

In Wicca-Traditionen sind die Mondphasen von Bedeutung, wenn es darum geht, Zauber zu wirken. Dies liegt daran, dass Wiccaner an die Kraft und Energie des Mondes glauben. In jeder Phase führen sie einen bestimmten Zauber aus. Sie glauben, dass bestimmte Zaubersprüche während bestimmter Mondphasen besser funktionieren. Für sie haben der zunehmende Mond, der abnehmende Mond, der Vollmond und der Neumond alle unterschiedliche, aber besondere magische Eigenschaften. Das ist genau der Grund, warum sie ihre Zaubersprüche entsprechend planen.

Während des zunehmenden Mondes werden Zaubersprüche für Liebe, Inspiration, Freundschaft, Freiheit, Glück und Wohlstand dringend empfohlen. Positive Magie oder die Magie, die Dinge anzieht, ist ideal, um ausgeführt zu werden. Während dieser Zeit wechselt der Mond innerhalb von 14 Tagen von dunkel zu voll. Wenn Sie also einen Zauberspruch wirken möchten, um Liebe in Ihr Leben zu bringen, sich bei der Arbeit befördert zu bekommen oder sich finanziell stabiler zu machen, müssen Sie Ihre Zaubersprüche wirken, wenn der Mond zunimmt.

Bei abnehmendem Mond passiert das Gegenteil. Der Mond wechselt innerhalb von 14 Tagen von voll zu dunkel. Viele heidnische und Wicca-Traditionen führen verderbliche Magie aus oder die Magie, die Dinge loswird, zerstört oder wegschickt, die sie während dieser Zeit nicht mehr in ihrem Leben haben wollen. Wenn der Mond schwindet, ist das der perfekte Zeitpunkt, um gegen Süchte und negative Wesenheiten zu zaubern. Es ist auch die ideale Zeit, um Flüche zu brechen und schlechte Gewohnheiten zu verbannen.

Mond-Zaubersprüche

Es ist möglich, Rituale sowohl für den zunehmenden als auch für den abnehmenden Mond durchzuführen. Aber sie sind nicht besonders verbreitet. Vielmehr nutzen die meisten Wiccaner die beiden längsten Mondphasen, um eine Vielzahl von Zaubersprüchen auszuführen.

Der Rest dieses Kapitels ist Zaubersprüchen gewidmet, die von den sehr spezifischen – und sehr unterschiedlichen – Energien des zunehmenden und des abnehmenden Mondes profitieren.

Abgerundet werden beide Abschnitte mit Vorschlägen, wie erfahrene Magie-Benutzer andere Zaubersprüche anpassen können, die sie auch finden, um diese Energien zu nutzen.

Wie in den vorherigen Kapiteln sind alle Zaubersprüche und Vorschläge so geschrieben, als ob sie direkt an Sie, den Leser, gerichtet wären.

Zunehmender Mond

Der zunehmende Mond ist eine Zeit des Wachstums. Wenn der Mond am Himmel größer wird, wächst auch die Energie des Mondes. Aber selbst in seinem kleinsten Splitter ist der Mond mit der Energie neuen Lebens und Wachsens beladen. Das bedeutet, dass alle Zaubersprüche, die Sie während des zunehmenden Mondes wirken, Wachstum verursachen.

Ideale Zaubersprüche für den zunehmenden Mond sind Dinge wie Haarwuchs-Zauber, Zaubersprüche für mehr Kreativität und Zaubersprüche, die helfen, Ihre Ziele zu verwirklichen. Zielmanifestations-Zauber sind besonders beliebt.

Viele Wiccaner glauben, dass seine Energie ihre Ziele näherbringt, wenn der Mond am Himmel größer wird. Es ist natürlich möglich, Zauber mit weniger positiven Ergebnissen zu wirken.

Zu solchen Zaubersprüchen gehört es, den Abstand zwischen Ihnen etwas zu vergrößern, das Sie nicht mögen. Sie müssen mit diesen Zaubersprüchen vorsichtig sein, da sie so gewirkt werden müssen, dass sie nicht gegen die Regel verstoßen, niemandem zu schaden. Aber solange der Zauber keinen Schaden anrichtet, kann der zunehmende Mond dazu beitragen, Veränderungen herbeizuführen, die manche eher als neutral denn als positiv ansehen. Der Beispielzauber in diesem Kapitel – einer zur Förderung des Haarwachstums – irrt sich auf der positiven Seite des zunehmenden Mondes.

Vorschläge zum Anpassen von Zaubersprüchen an den zunehmenden Mond – einschließlich verbannend zu zaubern – finden Sie ganz am Ende dieses Abschnitts nach den Zaubersprüchen.

Haarwuchs-Zauberspruch

Viele Haarwuchs-Zaubersprüche erfordern, dass Sie eine hausgemachte Salbe für Ihr Haar verwenden. Das kann jedoch für einige Haartexturen ein Problem sein. Dieser Zauber ist so geschrieben, dass er für alle Haartexturen sicher ist und konzentriert sich hauptsächlich auf die Visualisierung.

Sie werden ein wenig zeichnen, insbesondere beim Einrichten eines „Modellkopfes", um Ihre ideale Haarlänge darzustellen. Aber Sie müssen nicht besonders detailliert werden. Nur ein „U" für den Kopf und ein paar Linien für die Schultern reichen aus. Ihre mentale Visualisierung ist wichtiger als das gezeichnete Bild.

Dieser Zauberspruch erfordert auch einen Beutel mit Kordelzug. Wenn Sie den Beutel aus früheren Zaubersprüchen in diesem Buch wiederverwenden möchten, reinigen Sie ihn bitte zuerst.

Alle Werkzeuge, die in einem Zauberspruch verwendet, werden sollten zwischen den Anwendungen immer gereinigt werden. Es spielt keine Rolle, ob die nächste Verwendung im Alltäglichen magisch ist. Wenn Sie den Gegenstand nicht absichtlich aufgeladen haben, um den Zauber auszuführen, reinigen Sie ihn, bevor Sie ihn erneut verwenden.

Sie werden brauchen:

- 1 Blatt Papier
- 1 Bleistift
- 1 Beutel mit Kordelzug
- Eine Oberfläche zum Zeichnen
- 1 Handspiegel

Ziehen Sie Ihren Kreis und rufen Sie die Energie des zunehmenden Mondes an. Sie können jede der vorherigen Beschwörungen in diesem Buch verwenden oder Ihre eigenen schreiben. Passen Sie es einfach an die Energien und den Götterinnen-Aspekt des zunehmenden Mondes an.

Sobald Sie die Jungfer und ihre zunehmende Mondenergie in Ihren Kreis gerufen haben, setzen Sie sich entweder an einen Tisch oder sitzen auf dem Boden auf den Knien. Legen Sie Papier und Bleistift beiseite und nehmen Sie den Handspiegel.

Der 1. Schritt dieses Zauberspruchs besteht darin, sich mit einem freundlichen Lächeln zu betrachten. Zaubersprüche, die Ihr Aussehen ändern, bedeuten nicht, dass Ihr aktuelles Aussehen negativ ist und es ist wichtig, dies zu bekräftigen.

Richten Sie Ihre Aufmerksamkeit mit Ihrem Lächeln auf Ihr Haar. Nehmen Sie die aktuelle Länge auf und finden Sie etwas, das Sie daran schätzen können.

Sie mögen die Farbe oder die Textur. Vielleicht gefällt Ihnen die Art und Weise, wie es derzeit Ihr Gesicht umrahmt oder wie pflegeleicht es ist. Alle Dinge wachsen am besten, wenn sie positiv behandelt werden und Ihr Haar ist nicht anders.

Stellen Sie sich nun diesen positiven Aspekt Ihres Haarwachstums vor, während Sie sich vorstellen, dass Ihr Haar die gewünschte Länge erreicht. Wenn Sie wissen, dass Ihr Haar pflegeleicht ist, stellen Sie sich vor, dass es auch länger gesund bleibt. Wenn Sie die Textur Ihres Haares schätzen, stellen Sie sich Ihr längeres Haar mit der gleichen Textur vor. Versuchen Sie, Ihr Lächeln beizubehalten, während Sie dieses mentale Bild heraufbeschwören.

Behalten Sie die Visualisierung im Gedächtnis und legen Sie den Spiegel beiseite. Nehmen Sie Ihren Bleistift und zeichnen Sie eine Grundform nach, die Ihren Kopf und Ihre Schultern darstellt. Sie können es so einfach oder komplex machen, wie Sie möchten.

Wenn Sie sich beim Zeichnen nicht wohlfühlen, können Sie eine einfache Kopf- und Schulterkontur aus dem Internet ausdrucken und diese verwenden.

Zeichnen Sie nun die Haare ein, die Sie derzeit haben. Auch dies muss nicht sehr realistisch sein. Die Vorstellung in Ihrem Kopf wird die Energie für diesen Zauber tragen. Ihr Zeichnen ist nur eine Möglichkeit, diese Energie vom mentalen in den physischen Bereich zu übertragen.

Halten Sie einen Moment inne und schließen Sie die Augen. Konzentrieren Sie sich auf das mentale Bild Ihrer idealen Haarlänge. Öffnen Sie mit dem aufgefrischten Bild im Vordergrund Ihrer Gedanken die Augen und fügen Sie Ihrer Zeichnung Haare hinzu.

Zeichnen Sie, bis die Haare auf Ihrer Zeichnung mehr oder weniger mit den Haaren in Ihrem Bild übereinstimmen. Wenn dies erledigt ist, legen Sie Ihren Bleistift ab und legen Sie Ihre dominante Hand flach auf die Seite.

Schließen Sie Ihre Augen und visualisieren Sie eine Aura der Energie um das Bild in Ihrem Kopf. Wenn das Bild vollständig von Ihrer Energie umgeben ist, leiten Sie es aus Ihrem Geist in Ihre Hand, wo Sie es in das Papier drücken. Berühren Sie dabei mit der freien Hand Ihr Haar und sprechen Sie diesen Zauberspruch:

„Maiden Jungferngöttin,
die hoch oben wächst.
Ich strebe danach,
in dir zu wachsen,
während alles wächst, was du liebst.
Mein Haar gehört mir
und ich wünsche es wachsen zu sehen,
genährt von der Energie
des zunehmenden Mondscheins."

Beenden Sie das Kanalisieren Ihres geistigen Bildes in Ihre Zeichnung, während sich die Beschwörung dem Ende zuneigt. Öffnen Sie Ihre Augen, nehmen Sie das Papier und falten Sie es, bis es in den Kordelbeutel passt. Sobald Sie die Energie aus Ihrem Kreis freigesetzt und den Zauber beseitigt haben, legen Sie diesen Beutel unter Ihr Kissen.

Achten Sie darauf und halten Sie den Beutel, wenn Sie sich darauf vorbereiten, Ihre Haare zu behandeln. Dies kann vor dem Duschen sein, wenn Sie es kämmen oder bürsten oder wenn Sie es stylen möchten.

Ein Teil der Macht dieses Zaubers besteht darin, dass der Beutel als physische Erinnerung dient, um Ihr Haar bestmöglich zu pflegen. Es ist ein Zauberspruch, der sich genauso auf das Wirken der realen Welt wie auf die göttliche Kraft stützt.

Sie können diesen Beutel auch mitnehmen, wenn Sie sich die Haare schneiden lassen. Wenn Sie sich wohlfühlen, können Sie Ihre Zeichnung dem Stylisten zeigen, damit er weiß, welches Ziel Sie vor Augen haben.

Dies wird Ihnen helfen, Sie zu geeigneten Produkten und Pflegetipps für Ihr Haar zu führen.

Zunehmender Dreiviertelmond

Während des zunehmenden Dreiviertelmonds bereiten Sie sich darauf vor, das zu ernten, woran Sie gearbeitet haben, indem Sie lose Enden festigen. Wenn Sie ins Stocken geraten, ist dies die Zeit, um diesen zusätzlichen Schwung zu nutzen, um Ihre Projekte erfolgreich zu machen.

Fahren Sie fort, Zaubersprüche und Rituale zu zeichnen, zu erhöhen oder zu vergrößern. Nutzen Sie in dieser Phase Ihren Willen und Ihre Entschlossenheit, um zu beenden, was Sie begonnen haben.

Dies ist die Zeit, um Ihren Wünschen von ganzem Herzen nachzugehen. Die Energie ist hoch und Sie sollten sie nutzen, um Ihre Absicht zu maximieren.

Zunehmender Dreiviertelmond-Ritual und Möglichkeiten des Zauberns:

- Geld zu sich ziehen
- Den Weg für eine gute Gesundheit bereiten, indem Sie eine neue Gesundheitsroutine beginnen
- Dinge einsammeln, an denen Sie gearbeitet haben
- Ihre Stärke erneuern
- Verwendung konstruktiver Magie

Worte, an die Sie sich während des zunehmenden Dreiviertelmondes erinnern sollten:

- Gesundheit
- Motivation
- Attraktion
- Erfolg

Erstes Viertel

Schlüsselwörter, an die man sich bei zunehmendem Mond erinnern sollte, sind Zunahme und Gewinn.

Während eines zunehmenden Sichelmondes bringen Sie die Dinge in Ihr Leben, die Sie sich wünschen.

Ein zunehmender Sichelmond ist eine Zeit der Versammlung. Dies ist eine Zeit des Neubeginns, eine Zeit, um Ihre Beziehungen zu verstehen und sich darauf zu konzentrieren, mehr Freude und Vergnügen in Ihr Leben zu bringen.

Der zunehmende Sichelmond geht nach Sonnenaufgang am Himmel auf. Er geht nach Sonnenuntergang unter und ist kurz nach dem Verschwinden der Sonne am Nachthimmel zu sehen.

Diese Zeit sollte für Zeichen-, Steigerungs- oder Wachstumszauber verwendet werden. Versuchen Sie, sich auf eine Sache zu konzentrieren, die Sie in dieser Zeit mitbringen möchten, und arbeiten Sie daran, indem Sie Affirmationen und Visualisierungen verwenden. Nachdem Sie Ihre Absichten geschrieben haben, konzentrieren Sie sich auf diese eine Sache und konzentrieren Sie sich täglich darauf. Absicht ist mächtig.

Zunehmender Sichelmond - Ritual und Möglichkeiten des Zauberns:

- Bringt mehr Positives zu sich selbst
- Bringt Ihnen Inspiration
- Bringt Ihre kreative Seite zum Vorschein
- Verbessert sich selbst
- Es erlaubt, großzügig zu sich selbst zu sein

Worte, an die Sie sich während des zunehmenden Sichelmonds erinnern sollten:

- Attraktion
- Reichtum
- Konstruktive Magie
- Erfolg
- Liebe
- Freundschaft

Geldzauberspruch

Materialien:

- Kessel
- Silbermünze

Anweisungen:

Füllen Sie Ihren Kessel zur Hälfte mit Wasser. Lassen Sie die Silbermünze hineinfallen. Stellen Sie Ihren Kessel an einen Ort, an dem der Mond durch das Wasser scheint. Legen Sie Ihre Hand ins Wasser und streichen Sie sie leicht über die Oberfläche, um symbolisch das Silber des Mondes zu sammeln. Während Sie dies tun, müssen Sie Ihren Zauberspruch 3-mal singen oder rezitieren. Sie können Ihren eigenen Zauberspruch schreiben, wenn Sie ihn anpassen möchten. Es muss sich nicht unbedingt reimen, aber es ist besser, wenn Sie gleich klingende Wörter verwenden können. Wenn Sie mit dem Gesang fertig sind, müssen Sie das Wasser in die Erde gießen.

Geldzauberspruch-Flasche

Materialien:

- 5 alte Pfennige
- 5 Cent-Stücke
- 5 1-Euro-Stücke
- 5 getrocknete Maiskörner
- 5 Sesamkörner
- 5 Zimtstangen
- 5 Pimentkörner
- 5 Nelken
- 5 Pekannüsse

Anweisungen:

Sie müssen alle Zutaten in eine große und dünne Flasche geben und diese verschließen. Schütteln Sie sie 5 Minuten lang, während Sie Ihren Zauberspruch rezitieren. Sie können Ihren eigenen Zauberspruch erstellen, um Geld zu verdienen, oder einem vorgefertigten Zauberspruch aus Ihrem Zirkel oder einer zuverlässigen Quelle im Internet folgen. Dann müssen Sie die Flasche auf einen Tisch in Ihrem Haus stellen. Wenn Sie zu Hause sind, müssen Sie Ihre Brieftasche, Ihr Scheckbuch oder Ihre Geldbörse in der Nähe Ihrer Geldzauberflasche aufbewahren.

Zauberspruch, um einen Job zu bekommen

Materialien:

- Grüne Kerze
- Büroklammer
- Banknote

Anweisungen:

Holen Sie sich die Kerze und zünden Sie sie an. Achten Sie darauf, dass Sie beide Seiten Ihrer Banknote in die Nähe der Flamme halten. Dann müssen Sie die Banknote an ein Bild von Ihnen anhängen. Blasen Sie die Kerze aus, während Sie Ihre Banknote und Ihr Bild in Ihre Brieftasche oder Handtasche stecken. Nehmen Sie sie während Ihres Vorstellungsgesprächs mit. Dann wird Ihnen viel Glück folgen und Sie erhöhen Ihre Chancen, das Vorstellungsgespräch zu bestehen, den Job zu bekommen und gutes Geld zu verdienen.

Liebesattraktion-Zauberspruch

Materialien:

- Teelichter
- Salz
- Badekristalle
- Lavendel-Öl
- Kräuter
- Rosenquarz

- Weihrauch
- Roter Stift
- Pergamentpapier
- Rote Kerze
- Tasse
- Weiße Kleidung

Anweisungen:

Sie müssen Ihr Bad mit warmem Wasser füllen und so viele Teelichter wie möglich aufstellen. Als nächstes müssen Sie die Badekristalle, Salz und Lavendelöl in Ihr Badewasser geben. Wenn Ihr Bad fertig ist, können Sie ein Bad nehmen und Ihren Geist von Negativität befreien. Rufen Sie Ihre gewünschte Gottheit an und bitten Sie sie, Sie von aller Negativität zu reinigen. Nehmen Sie sich Zeit und meditieren Sie ein paar Minuten. Dann müssen Sie der Gottheit danken und Ihr Bad beenden.

Ziehen Sie sich an und bereiten Sie sich auf die nächsten Teile des Ritual-Prozesses vor.

Achten Sie beim Aufstellen Ihres Altars darauf, dass Sie weiße Kleidung tragen. Geben Sie den Rosenquarz und die Kräuter darauf. Zünden Sie den Weihrauch an und schreiben Sie Ihre Liebeswünsche auf das Pergamentpapier. Sie müssen Ihre Wünsche so schreiben, als hätten Sie sie bereits erhalten und danken den Göttern und Göttinnen dafür.

Als Nächstes müssen Sie die Tasse holen und mit Ihrem Badewasser füllen. Wenn Sie mit dem Schreiben Ihrer Liebeswünsche fertig sind, müssen Sie die rote Kerze mit dem Lavendel-Öl salben. Legen Sie das Pergamentpapier unter die Kerze, bevor Sie sie anzünden. Dann müssen Sie meditieren und visualisieren, dass Ihre Wünsche in Erfüllung gehen. Zum Schluss müssen Sie das Pergamentpapier unter Ihr Kopfkissen legen und dort 30 Tage liegen lassen.

Ändern von Zaubersprüche bei zunehmendem Mond

Fast jeder Zauberspruch kann geändert werden, um von der Energie des zunehmenden Mondes zu profitieren, obwohl dies nur von erfahrenen Magie-Benutzern versucht werden sollte. Einen Zauberspruch zu ändern, ohne die Magie vollständig zu verstehen, kann zu ohnmächtigen oder fehlgeleiteten Zaubern führen.

Wenn Sie jedoch über magische Erfahrung verfügen, müssen Sie beim Ändern von Zaubersprüchen für den zunehmenden Mond nur ein paar Dinge beachten.

Wenn Sie einen Zauberspruch an die Energie des Neumonds anpassen, stellen Sie sicher, dass Sie sich auf ein Element des Wachstums oder der Erforschung konzentrieren, das mit dem Zauberspruch zusammenhängt. Wenn Sie beispielsweise versuchen, Ihre Verbindung zu etwas zu verbannen, können Sie sich auf einen wachsenden Abstand zwischen ihnen und dem Gegenstand Ihres Zaubers konzentrieren.

Zaubersprüche, um schlechte Gewohnheiten zu brechen, lassen sich auch leicht an den zunehmenden Mond anpassen. Sie müssen nur den Fokus von der schlechten Angewohnheit darauf verlagern, Ihren Widerstand gegen die Angewohnheit zu erhöhen. Oder, wenn Sie eine schlechte Angewohnheit durch eine gute ersetzen, sollten Sie Ihren Zauberspruch darauf konzentrieren, die Energie um die neue Gewohnheit herum zu steigern.

Solange Sie den Fokus Ihres Zauberspruchs auf Wachstum verlagern, können Sie ihn auf die Energie des zunehmenden Mondes ausrichten. Denken Sie daran, dass der Mond während dieser Phase wächst. Wenn Sie den Zauber nicht gegen Ende die zunehmende Halbmondphase wirken, wird die Energie Ihres Zaubers weiterwachsen.

Ein Verbannungs-Zauberspruch, der zu Beginn der zunehmenden Phase gewirkt wird, erzeugt einen riesigen Riss, anstatt eine kleine Trennung zwischen Ihnen und dem Fokus des Zaubers. Stellen Sie sicher, dass Sie Ihre Zaubersprüche entsprechend planen.

Abnehmender Mond

Sobald die Helligkeit des Vollmondes vorüber ist, beginnt der Mond abzunehmen. Und wenn er kleiner wird, wird die Macht der „Hexe"/Göttin deutlicher. Trotz der Tendenz der Popkultur, Hexen als furchterregend und gefährlich zu betrachten, ist die Hexe/Göttin ein wunderbarer Beschützer. Sie hat fast alles gesehen, was das Leben zu bieten hat und hat alles erlebt.

Zaubersprüche, die während ihrer Mondphase gewirkt werden, konzentrieren sich normalerweise auf die Idee des Endes. Die Hexe ist eine Göttin am Ende ihres göttlichen Lebens. Ja, sie wird mit dem zunehmenden Mond als Jungfrau wiedergeboren. Aber im

Moment denkt sie über das Leben nach, das sie gelebt hat, und bereitet sich darauf vor, es zu Ende gehen zu sehen. Zaubersprüche für diese Phase sind dementsprechend auf Introspektion und Schließung ausgerichtet.

Der abnehmende Mond ist eine beliebte Zeit, um mit Zaubersprüchen zu bannen. Sie sind besonders stark, wenn sie ganz zu Beginn der Phase gewirkt werden, sodass mit dem kleiner werden der Mond auch Ihre Verbindung zum Ziel Ihres Zauberspruchs sinkt.

Sie können den abnehmenden Mond auch als Zeit nutzen, um sich zu verabschieden oder um ein Ende zu bitten. Vielleicht haben Sie einen Verlust erlitten. Oder vielleicht geht ein kreatives Projekt einfach weiter und Sie sind nicht bereit, weiterzumachen. Was auch immer der Grund ist, der abnehmende Mond ist die perfekte Zeit, um die Dinge zu Ende zu bringen.

Abschieds-Zauberspruch

Dies ist wahrscheinlich der emotional belastendste Zauberspruch in diesem Buch. Schattenarbeit kann anstrengend sein. Aber es ist möglich, Schattenarbeit zu machen, ohne zu tief in Emotionen einzutauchen. Je nachdem, wovon Sie sich verabschieden, erfordert dieser Zauberspruch, dass Sie sich diesen Emotionen direkt stellen.

Wenn Sie sich von einem geliebten Menschen oder von etwas, das Ihnen besonders am Herzen liegt, verabschieden, können Sie während dieses Zaubers eine Reihe von Emotionen ausdrücken. Es ist wichtig, dass Sie sich selbst Mitgefühl zeigen und den Emotionen erlauben, sich zu manifestieren. Solange Sie nicht schaden, sind die Emotionen eine gesunde Reaktion auf den Abschied.

Sie werden brauchen:

- Etwas, dass das repräsentiert, von dem Sie Abschied nehmen
- Eine Schachtel oder ein Umschlag, der groß genug für Ihre Darstellung ist
- Eine dunkelgraue oder schwarze Kerze
- Ein Feuerzeug oder Streichhölzer
- Ein Kerzenhalter

Ziehen Sie Ihren Kreis und rufen Sie die Kraft des abnehmenden Mondes an. Da dieser Zauberspruch besonders persönlich ist, sollten Sie Ihre eigene Anrufung erstellen. Es muss nicht schick sein und es muss sich nicht reimen. Aber es soll sowohl den abnehmenden Mond als auch die Hexe/Göttin anrufen und an ihr Wissen um Enden und Abschiede appellieren.

Die Energie der Hexe kann langsamer antworten als die Energie der anderen Göttin Aspekte. Das bedeutet nicht, dass sie Sie abgelehnt hat. Sie braucht einfach etwas mehr Zeit, um in Ihren Kreis einzutreten. Ihre Energie ist kühler und ruhiger als andere Energie, mit der Sie vielleicht gearbeitet haben. Sie ähnelt eher der Energie des Neumonds, ist aber zurückhaltender. Viele Praktizierende empfinden Ihre Anwesenheit als ein ruhiges Gefühl der Entschlossenheit, egal welche Emotionen sie in diesem Moment haben.

Wenn sich Ihre Energie im Kreis niedergelassen hat, setzen Sie sich in eine bequeme Position. Je schmerzhafter der Abschied ist, desto bequemer sollten Sie es haben. Wenn Sie zu sehr starken Emotionen neigen, möchten Sie vielleicht einen bequemen Platz zum Sitzen, Liegen oder Einrollen in Ihren Kreis einbauen.

Nehmen Sie die Repräsentation dessen auf, von dem Sie sich verabschieden. Fahren Sie mit Ihren Händen oder Fingern darüber und nehmen Sie sich Zeit, sich an kleine Details der Darstellung zu erinnern. Wenn Sie jeden Zentimeter davon bedeckt haben, halten Sie es mit beiden Händen und schließen Sie die Augen. Stellen Sie sich vor, was Sie verabschieden müssen.

Sie werden wahrscheinlich zu diesem Zeitpunkt stärkere Emotionen empfinden. Stellen Sie sie sich als kleine Wellen um Ihre Füße vor, weder warm noch kalt.

Sie spüren sie, aber sie lenken Sie nicht von der anstehenden Arbeit ab. In diesem Moment wird Ihnen die ruhige Energie des abnehmenden Mondes helfen, Ihren Fokus zu stärken.

Im Gegensatz zu früheren Zaubersprüchen gibt es für diesen Zauberspruch keine Beschwörung. Stattdessen müssen Sie über den Schwerpunkt Ihres Zaubers sprechen. Wenn es eine Person ist, können Sie über Erinnerungen an sie erzählen.

Wenn Sie sich von einem Projekt verabschieden, können Sie über die Details oder die Auswirkungen, die es auf Ihre kreative oder berufliche Einstellung hatte, sprechen. Dies kann einige Zeit in Anspruch nehmen und Sie müssen möglicherweise Ihre Position ändern, um weiterzumachen.

Wenn Ihnen das Sprechen schwerfällt, können Sie die Details einfach in Gedanken nachzählen. Stellen Sie nur sicher, dass Sie die Darstellung halten. Nehmen Sie sich die Zeit, die Sie brauchen. Dies ist kein Zauberspruch, der überstürzt oder auf die leichte Schulter genommen werden sollte.

Verarbeiten ihre Gedanken und Gefühle mit so viel Mitgefühl, wie Sie aufbringen können. Sie sind aus einem bestimmten Grund anwesend. Und Sie müssen auf die Macht der Alten Göttin vertrauen, dass sie Ihnen hilft, die Dinge zu verstehen, die Sie fühlen und denken.

Wenn Sie bereit sind, setzen Sie sich wieder auf die Knie oder in eine Sitzposition, wenn Sie sich bewegt haben. Nehmen Sie gegebenenfalls mehrere tiefe Atemzüge, bis sich Ihre Atmung wieder normalisiert.

Wenn Sie sich wieder unter Kontrolle fühlen, erstellen Sie eine mentale Visualisierung des Objekts in Ihren Händen. Ab diesem Zeitpunkt variiert der Zauberspruch je nach Art des Abschieds.

Wenn Sie sich von etwas verabschieden, das ein positiver Teil Ihres Lebens war, möchten Sie vielleicht nicht alle Verbindungen dazu abbrechen. Visualisieren Sie in diesem Fall die Ranken der Macht der Hexe/Göttin, die sich in Ihrem Kopf um das Bild wickeln.

Verbinden Sie gleichzeitig eine Ranke Ihrer eigenen Energie damit. Dies muss keine starke Verbindung oder eine Linie sein, durch die Sie dem Bild Macht verleihen. Es ist einfach eine Möglichkeit, mit dem Thema Ihres Zauberspruchs in Verbindung zu bleiben.

Stellen Sie sich vor, wie die Energie der Hexen/Göttin Ihre Visualisierung wegträgt, während der Mond in den nächsten Tagen abnimmt. Anders als bei verbannenden Zaubersprüchen wird Ihre Visualisierung – und das, was sie repräsentiert – nicht ins Leere gezogen, wenn der Mond vom Himmel verschwindet.

Stattdessen wird es mit der Hexe/Göttin reisen, wenn sie wiedergeboren wird. Auch der Mond wird wiedergeboren, damit seine Energie erfrischt in die Welt zurückkehren kann.

Wenn Sie andererseits etwas Negatives freisetzen, sollten Sie vermeiden, Ihre eigene Energie an die Visualisierung zu binden.

Stellen Sie sich stattdessen die Fesseln der Energie der Göttin vor, die sich fest um sie wickeln und sie in einem Schraubstock halten.

Vielleicht möchten Sie auch die physische Repräsentation fester halten, nur um eine physische Grundlage für die Kontrolle der Energie zu schaffen.

Stellen Sie sich nun vor, wie die Energie der Göttin dieses Ding von Ihnen wegträgt. Wenn der Mond vom Himmel verschwindet, wird die Göttin Ihre Visualisierung in die Leere entlassen, bevor Sie zu ihrer Geburt übergeht. Es wird in der Leere des Neumonds bleiben und im nächsten Mondzyklus einen Reinigungszyklus durchlaufen.

Wenn der nächste Neumond erscheint, findet die Energie Ihren Weg zurück in die Welt. An diesem Punkt wird es von jeder Verbindung zu Ihnen gereinigt. Atmen Sie noch einmal tief durch und öffnen Sie Ihre Augen.

Legen Sie die physische Darstellung in das Behältnis, den Sie für die Unterbringung ausgewählt haben. Wenn es sicher ist, lassen Sie die Energie der Göttin frei und öffnen Sie Ihren Kreis. Der nächste Schritt hängt wiederum von Ihrer Verbindung zum Thema Ihres Zauberspruchs ab.

Wenn die Verbindung positiv ist, suchen Sie einen sicheren Platz, um den Behälter aufzubewahren. Sie können den Drang verspüren, ihn von Zeit zu Zeit herauszuholen und anzuschauen. Dies ist völlig in Ordnung, solange Ihre Verbindung dazu Ihr tägliches Leben nicht beeinträchtigt. Wenn die Verbindung jedoch negativ ist, sollten Sie möglicherweise die Darstellung und Ihren Behälter wegwerfen oder vergraben.

Abhängig von den Materialien, können Sie es auch in der Nacht des Neumonds verbrennen, um sicherzustellen, dass alle seine Verbindungen zu Ihnen in die Leere des dunklen Mondes gesendet werden.

Ändern von Zaubersprüche bei abnehmendem Mond

Wie beim Abschiedszauberspruch muss sich alles, was Sie an den abnehmenden Mond anpassen, auf die Energie des Mondes verlassen. Es wird schwer – wenn nicht unmöglich – die Dinge wachsen zu lassen, wenn Sie einen Zauberspruch mit schwindender Mondenergie antreiben. Konzentrieren Sie sich stattdessen auf Dinge, die Sie verringern möchten.

Nehmen Sie als Beispiel einen Kreativitäts-Zauberspruch. Anstatt zu versuchen, Ihre Kreativität zu steigern, was der Energie des Mondes zuwiderlaufen würde, konzentrieren Sie sich stattdessen darauf, Schreibblockaden zu reduzieren. Wenn Sie eine neue Gewohnheit aufbauen möchten, konzentrieren Sie Ihren Zauberspruch darauf, Ihren Widerstand gegen diese Gewohnheit zu verringern.

Sie können auch mit Zaubersprüchen, die auf ruhiger Energie beruhen, überraschende Erfolge erzielen. Wenn Sie konstante Energie benötigen, um ein Projekt durchzuführen, aber der Vollmond bereits vorüber ist, können Sie sich an den unerschütterlichen Energiespeicher der Göttin wenden, um durchzuhalten.

Seien Sie sich nur bewusst, dass die Hexe eine Göttin ist, die ihre Grenzen kennt.

Sie wird sich nicht ignorieren lassen.

Tee-Reinigungs-Zauberspruch

Materialien:

- Kräuter
- Wasser

Anweisungen:

Sie müssen Ihre Lieblingskräuter in einen Kessel oder Topf mit Wasser geben und dann eine halbe Stunde köcheln lassen. Lassen Sie das wunderbare Aroma Ihr ganzes Haus erfüllen. Wenn möglich, müssen Sie mit dem Kessel oder Topf durch Ihr Haus gehen. Dies kann Ihnen helfen, das Aroma im Haus viel besser zu verteilen. Sie können das Gebräu auch mit einem sauberen Tuch verwenden, um jeden Teil Ihres Hauses, der gereinigt werden soll, abzuwischen oder zu reinigen.

Besenreinigungs-Zauberspruch

Materialien:

- Zweig
- Halbedelstein oder Münze
- Farbige Blumen

Anweisungen:

Idealerweise sollten Sie sich für diesen Zauberspruch einen frischen Zweig besorgen. Sie können einen Zweig von jedem Baum vor der Morgendämmerung abbrechen. Vergessen Sie nicht, dem Baum zu danken, nachdem Sie einen seiner Zweige abgebrochen haben. Sie können einen Halbedelstein oder eine Münze als Geschenk am Stamm hinterlassen.

Als nächstes müssen Sie einige farbige Blumen sammeln und sie an den Zweig binden, um einen Besen zu machen. Sie müssen den Boden Ihres Hauses mit diesem provisorischen Besen fegen, während Sie sich vorstellen, dass die Blumen all die Negativität aus den Räumen Ihres Hauses absorbieren. Wenn Sie fertig sind, können Sie diesen Besen an der Kreuzung stehen lassen, bevor die Sonne aufgeht.

Selbstreinigungs-Zauberspruch

Materialien:

- Weiße Kerze
- Grüne Kerze
- Schwarze Kerze

Anweisungen:

Die weiße Kerze steht für positive Energie, während die grüne Kerze für Heilung steht. Auf der anderen Seite steht die schwarze Kerze für negative Energie.

Um diesen Zauberspruch zu wirken, müssen Sie die weiße Kerze anzünden und Ihren Zauberspruch singen, um Ihren Körper von negativen Energien zu reinigen. Als Nächstes müssen Sie die schwarze Kerze anzünden und den gleichen Zauber wiederholen. Schließlich müssen Sie die grüne Kerze anzünden, während Sie Ihren Zauber singen, indem Sie die Elemente Erde, Wind, Feuer, Geist und Wasser bitten, Ihren Körper von negativen Energien zu heilen. Wenn Sie fertig sind, können Sie sich 15 Minuten lang entspannen, bevor Sie für den Rest des Tages Aufgaben erledigen oder arbeiten.

Zaubersprüche bei abnehmendem Mond

Wenn der Mond abnimmt, wird er von Vollmond zu Dunkelheit. Er wird kleiner und bewegt sich vom Vollmond in Richtung Neumond. Er bleibt in dieser Phase für etwa ein paar Wochen. In dieser Zeit wird der Mond auch zu einer Darstellung der Göttin als Hexe.

Wenn sich der Mond in seiner abnehmenden Phase befindet, ist er ideal, um Zaubersprüche für tiefe Intuition und Wahrsagerei zu wirken. Viele Wiccaner nutzen diese Zeit tatsächlich, um verderbliche Magie oder Magie zu vollbringen, die alles eliminiert, zerstört oder wegschickt, was Sie nicht mehr haben wollen.

Einige der am meisten empfohlenen Zaubersprüche während des abnehmenden Mondes sind: Rituale zum Verbannen negativer Gewohnheiten, Arbeiten zum reibungslosen Beenden eines Jobs oder einer Beziehung, Magie zur Beseitigung giftiger Beziehungen oder zum Wegschicken negativer Menschen und jegliche Magie im Zusammenhang mit der Reduzierung von Krankheiten, Schulden und anderem. Während des abnehmenden Mondes können Sie auch ein Ritual durchführen, um feindliche Menschen und Einflüsse von sich fernzuhalten.

Abnehmender Dreiviertelmond oder zunehmender Mond

Er wird auch als Mond der Vergeltung bezeichnet. Es ist, wenn der Mond der Sonne 225-270 Grad voraus ist. Er gilt als der Mond der Erdmütter. Es ist die beste Zeit für die Ernte und den Beginn der Erneuerung. Es ist auch die beste Zeit, um Bemühungen zu überprüfen und Fehler zu korrigieren sowie Streitigkeiten beizulegen und mit anderen Menschen wiedergutzumachen. In vielen Wicca-Traditionen wird der zunehmende Mond mit weltlichen äußeren Dingen in Verbindung gebracht, während der abnehmende Mond mit unterbewusster Erleuchtung in Verbindung gebracht wird, was oft zur Klärung bewusster Werte führt. Instinktives Wachstum wird durch den zunehmenden Mond bewirkt, während kreative Befreiung durch den abnehmenden Mond bewirkt wird.

Letztes Viertel oder abnehmender Halbmond

Er wird auch als Erntemond bezeichnet. Es ist, wenn der Mond 270-315 Grad vor der Sonne steht. In dieser Zeit ist es ideal, Negativität loszulassen, indem man sie bewusst loslässt, anstatt sie einfach zu verbannen. Es ist auch die beste Zeit, sich darauf zu konzentrieren, sich von bestimmten Beziehungen, Gewohnheiten und Situationen zu lösen. Sorgen Sie dafür, dass Sie diese Zeit nutzen, um alles loszuwerden, was Ihr Leben behindert. Sie müssen diese Zeit auch nutzen, um Meditation zu praktizieren, sich auszuruhen, sich zu erholen, sich selbst zu analysieren und sich auf die Energie des Neumonds vorzubereiten.

Wenn der Mond abnimmt, können Sie Zauber wirken, um negative Menschen und Kräfte von sich fernzuhalten. Es ist ideal für verbannende Zaubersprüche und Schutzzaubersprüche.

Reinigungszauberspruch von negativer Energie

Material:

- Zitrone

Anweisungen:

Versetzen Sie sich in eine meditative Position, idealerweise im Sitzen. Sie müssen die Zitrone auf Ihrem Kopf halten und sich vorstellen, dass schwarzer Rauch durch Ihren Kopf aus Ihrem Körper entweicht. Stellen Sie sich vor, dieser Rauch wird von der Zitrone absorbiert. Sie können dabei einen Zauberspruch singen oder rezitieren. Sie müssen Ihren Zauber 7-mal aufsagen. Dann müssen Sie die Zitrone verbrennen und wegwerfen.

„Verbannung schlimmer Angewohnheiten“-Zauberspruch

Materialien:

- Weiße Kerze
- Schwarze Kerze
- Grüne Kerze

Anweisungen:

Sie müssen die weiße Kerze für Reinheit, die schwarze Kerze für die Verbannung und die grüne Kerze für die Gesundheit anzünden. Dann müssen Sie meditieren und darüber nachdenken, Ihre schlechte Angewohnheit loszuwerden. Schließlich müssen Sie eine feste Entscheidung treffen, um eine solche schlechte Angewohnheit vollständig zu verbannen.

Verbannung- und Reinigungszauberspruch

Materialien:

- Athame
- Wasser
- Salz

Anweisungen:

Dieser Zauberspruch wird ausgeführt, um Ihr Zuhause zu reinigen. Sie müssen das Athame zum Himmel und dann zur Erde richten. Dann müssen Sie es horizontal richten, während Sie im Kreis gehen und Ihren Zauber singen oder rezitieren, um böse oder negative Elemente loszuwerden. Zum Schluss müssen Sie Wasser und Salz in der Umgebung ausstreuen.

Zaubersprüche bei Vollmond

Der Vollmond ist vielleicht die beste Mondphase, da in dieser Zeit hohe Energieniveaus vorhanden sind. So können Sie alle Zaubersprüche effektiver wirken, einschließlich Heilzauber und Wunschzauber. Es gibt auch Wiccaner, die diese Zeit nutzen, um ein Esbate-Ritual durchzuführen. Während des Vollmonds können Sie mit Ihrem Zirkel feiern und ein Ritual durchführen, um Ihre intuitiven Fähigkeiten zu verbessern.

Der Vollmond wird auch als Feiermond bezeichnet. Es ist, wenn der Mond der Sonne 180-255 Grad voraus ist. Während dieser Zeit ist der Mond ein Repräsentant der Göttin als Mutter. Wenn Sie also größere Arbeiten planen, müssen Sie diese jetzt tun, da die Kraft des Mondes am stärksten ist.

Im Folgenden finden Sie Beispiele für Zaubersprüche, die Sie bei Vollmond wirken können:

Während des Vollmonds sollten Sie sich Ihren Herausforderungen stellen. In dieser Zeit gibt es zusätzliche Energie, die Sie nutzen sollten, um Ihre kühnsten Wünsche zu erfüllen.

Ziehen Sie alle Register und planen Sie Ihre Zaubersprüche und Rituale, die auf Erfolg ausgerichtet sind. Sie können diesen Mond verwenden, um Schutz für sich selbst, Ihr Zuhause oder Ihre Lieben zu schaffen.

Dieser Mond ist perfekt, um Ihre psychischen Fähigkeiten, Intuition und Kreativität einzusetzen. Der Vollmond ist eine tolle Zeit zum Feiern.

Der Vollmond geht bei Sonnenuntergang auf und beim folgenden Sonnenaufgang unter.

Vollmonde enthalten die Essenz des Mysteriums. Der Vollmond ist eine Spitzenzeit kreativer Energie, die einem eine starke Intuition verleiht.

Der Vollmond ist eine Zeit der Erkenntnis, er unterstreicht jeden Ihrer Wünsche, alles, woran Sie in den verschiedenen Phasen gearbeitet haben.

Bereiten Sie Ihr Vollmondritual vor, führen Sie es durch und lassen Sie die Energie Ihre Seele nähren, während Sie sich die Zeit nehmen, in seiner Pracht zu reflektieren.

Der Vollmond ist auch eine perfekte Zeit für ein Baderitual. Dies kann auf verschiedene Arten erfolgen. Z. B., wenn Sie dies wünschen und die Privatsphäre haben, können Sie dies nackt tun. Wenn nicht, können Sie minimale Kleidung tragen. Die Idee ist, die Vollmondenergie in Ihr Wesen aufzunehmen. Also, wie auch immer Sie sich dabei wohlfühlen, machen Sie es. Verbringen Sie 20-30 Minuten im Freien (wetterabhängig) und tanken Sie Energie. Versuchen Sie Ihren Geist zu beruhigen und seien Sie einfach eins mit der Energie.

Dies ist auch ein guter Zeitpunkt, um Ihre Wasserkrüge an einem Ort zu platzieren, an dem sie die Vollmondenergie aufnehmen können. Dieses Wasser kann zum Trinken, Baden, für Reinigungsrituale und sogar für die von Ihnen gepflanzten Neumondkräuter verwendet werden.

Bei Vollmond mache ich gerne Verbrennungs-Rituale. Mein Favorit ist ein Ritual der Gegensätze. Ich schreibe etwas auf, das sich nicht manifestiert hat, und dann schreibe ich gegenüber, warum es vielleicht nicht passiert ist. Z. B. habe ich nicht die 5 kg abgenommen, die ich letzten Monat abnehmen wollte. Dagegen könnte ich schreiben, ich habe meine Essensportionen nicht durchgezogen. Auf diese Weise schaue ich mir ehrlich an, warum sich mein Wunsch nicht manifestiert hat. Und das gibt mir eine neue Perspektive, wie ich reparieren kann, was sich nicht manifestiert hat, damit ich es während der nächsten Neumondphasen manifestieren kann. Nachdem ich ein paar Dinge aufgeschrieben habe, verbrenne ich das Papier in meiner Schüssel.

Wenn Sie in der Meditation versiert sind, ist der Vollmond die perfekte Zeit, um zu meditieren und sich zu öffnen, um Führung zu erhalten. Oder öffnen Sie sich, um Ihre eigenen psychischen Fähigkeiten zu entfesseln.

Vollmondritual und Möglichkeiten des Zauberns:

- Rituale für Situationen, die Ihnen wirklich wichtig sind
- Rituale für alle unerfüllten Lebensbereiche
- Rituale zur Leitung
- Rituale für psychische Fähigkeiten
- Segnen Sie sich selbst und andere in Ihrem Kreis
- Wunschzaubersprüche sind perfekt für den Vollmond

Worte, an die man sich bei Vollmond erinnern sollte:

- Heilung
- Schutz
- Aufladen
- Träume
- Vorhersage
- Feierlichkeiten
- Energie
- Einblick
- Sensibilisierung für Ihr Bewusstsein
- Reinigung
- Liebe

Wunschzauberspruch

Materialien:

- Durchsichtiges Glas in 500 ml Größe
- Silbermünze
- Silberne oder weiße Kerze
- Glocke
- Wasser

Anweisungen:

Sie müssen das durchsichtige Glas mit Wasser füllen und die Kerze anzünden. Als nächstes müssen Sie die Silbermünze in das durchsichtige Glas fallen lassen und warten, bis das Wasser sich beruhigt und eine flache Oberfläche hat. Schauen Sie sich die Spiegelung des Mondes im Wasser an, während Sie 3-mal die Glocke läuten. Sorgen Sie dafür, dass Sie Ihren Wunsch mit lauter Stimme aussprechen. Sie können auch den Mond bitten, Ihnen Glück zu bringen.

Heilungszauberspruch

Material:

- Weiße Kerze

Anweisungen:

Dieser Zauberspruch ist sehr einfach. Sie müssen lediglich Ihre Kerze anzünden und ihre Flamme etwa 5 Minuten lang betrachten. Dann müssen Sie Ihren Zauberspruch zur Heilung rezitieren.

Zaubersprüche bei Neumond

Der Neumond ist die ideale Zeit, um Reinigungszaubersprüche zu wirken.

Andererseits muss man beachten, dass es ziemlich schwierig sein kann, bei Neumond zu arbeiten, da der Mond zu dieser Zeit nicht so sichtbar ist. Wenn sich der Mond in dieser Phase befindet, erscheint er als schwacher silberner Halbmond am Horizont. Am Nachthimmel sieht man ihn kaum.

Während des Mondzyklus wird es für etwa 3 Tage dunkel, bevor er wieder zu wachsen beginnt. In vielen Wicca-Traditionen wird der Neumond als eine brachliegende Zeit angesehen, in der man sich verjüngt und ausruht, bevor man mit intensiveren magischen Arbeiten beginnt.

In anderen Wicca-Traditionen ist der Neumond jedoch eine Zeit, um Magie zu vollbringen, die mit der Erfüllung von Wünschen verbunden ist. Zu den am meisten empfohlenen Zaubersprüchen in dieser Zeit gehören Reinigungszaubersprüche für Geist und Körper. Sie können auch Rituale durchführen, um einen heiligen Raum zu bestimmen, sowie Magie wirken, die mit Frieden und Harmonie verbunden ist.

Der Neumond ist auch als dunkler Mond und der Mond der Ruhe und der Anfänge bekannt. Es ist, wenn der Mond zwischen Sonne und Erde steht. Dadurch erscheint er versteckt.

Zu diesem Zeitpunkt ist er der Sonne 0-45 Grad voraus. Es ist tatsächlich das einzige Mal, dass die Sonnenfinsternis sichtbar wird. Außerdem ist es am besten, neue Unternehmungen und Neuanfänge zu planen. Jetzt ist die perfekte Zeit für Ruhe, neues Wachstum und Liebe, Dankbarkeit und Regeneration. Es kann auch ein Ausgangspunkt sein, um schlechte Gewohnheiten loszuwerden oder Projekte zu starten.

Darüber hinaus ist es ein idealer Zeitpunkt, um sich zu engagieren, Ideen in Bewegung zu setzen und langfristige Pläne für die Zukunft zu schmieden. Während der zunehmende Mond die Zeit für instinktives und spontanes Handeln ist, ist der Neumond die Zeit, um Ihre Bemühungen zu sehen und die Früchte Ihrer Arbeit zu genießen. Übergänge können im Vergleich zu den anderen Mondphasen ruhiger akzeptiert werden.

Neumond

Der Neumond gilt als der zweitstärkste Mond, er tritt auf, wenn der Mond vom abnehmenden zum zunehmenden Mond übergeht oder einfach gesagt, wenn der Mond je nach Wetterlage wieder sichtbar wird und nur noch ein kleiner Teil der Sichtbarkeit vorhanden ist. Aber dieser Splitter der Sichtbarkeit sollte für sich einen Splitter der Möglichkeiten auslösen.

Der Neumond ist eine Zeit für Neuanfänge in allen Bereichen Ihres Lebens. Persönliches Wachstum ist ein Schlüsselfaktor während des Neumonds. Dies ist die Denk- und Planungsphase. Sie sollten diese Zeit nutzen, um ein Ritual zu vollziehen, das einfach Ihre Zufriedenheit, Wertschätzung und Dankbarkeit für alles ausdrückt, was Sie haben, was Sie erreicht haben und was Sie sich wünschen.

Wenn ein Neumond erscheint, ist es an der Zeit, die Bereiche Ihres Lebens zu durchsuchen, die stagnieren und sie gehen zu lassen, indem Sie positive Energie in diese Bereiche ziehen. Der Neumond ist ein neuer Anfang, eine Zeit, in sich selbst zu schauen und zu behalten, was funktioniert, während Sie loslassen, was nicht mehr funktioniert. Durchsuchen Sie Ihre Seele und meditieren Sie über das, was Sie wollen, und schreiben Sie es dann auf. Was Sie zu Papier bringen, sollte Ihre tiefsten Wünsche widerspiegeln, also erstellen Sie eine Liste mit dem, was Sie in Ihr Leben einbringen möchten. Jetzt ist es der Zeit, eine Vision zu entwickeln und sie groß zu machen. Wenn etwas außerhalb Ihrer Reichweite zu sein scheint, greifen Sie jetzt danach.

Die Worte, die Sie jetzt schreiben, sind nicht einfach Worte, die Sie zu Papier bringen, sondern Absichten, Verpflichtungen und kraftvolle Aussagen. Der Neumond ist das neue Sie. Das, was Sie schon immer sein wollten. Ihre Rituale sollten symbolisch sein, damit Sie echtes Wachstum sehen. Ein perfektes symbolisches Ritual während dieser Mondphase könnte eine Topfpflanze sein. Kräuter, die zur Familie der Lippenblütler gehören, können drinnen und draußen angebaut werden. Die Kräuter der Minzfamilie werden auch in der Zauberarbeit verwendet, um Geld anzuziehen. Die Neumondphase könnte eine ausgezeichnete Zeit sein, um eine Packung Basilikumsamen zu kaufen und ein paar Töpfe Basilikum in Ihrem Haus zu pflanzen, wo Sie sie wachsen sehen können. Wenn Ihre Pflanze wächst, können Sie sich vorstellen, dass Ihre Finanzen wachsen. Indem Sie ein symbolisches Ritual durchführen, verbrauchen Sie kontinuierlich Energie und halten Ihr Verlangen am Leben.

Während der Mond seine Phasen durchläuft, notieren Sie in Ihrem Tagebuch den Fortschritt Ihres symbolischen Rituals.

Das Ritual kann drinnen oder draußen durchgeführt werden. Ich mache meine Rituale im Freien, weil ich mich im Freien mehr mit dem Mond verbunden fühle.

Die Mondphasen dauern alle ein paar Tage, daher ist das Wetter im Allgemeinen kein Problem.

Neumondritual und Möglichkeiten des Zauberns:

- Setzen Sie Ideen in Bewegung, indem Sie sie in Ihr Ideenheft schreiben.
- Listen Sie Ihre Ziele auf, fügen Sie sie hinzu oder streichen Sie abgeschlossene Ziele durch.
- Planen Sie Ihren Neuanfang.
- Denken Sie über neue Projekte nach.
- Bringen Sie Ideen in Bewegung, indem Sie sie in den Vordergrund Ihres Bewusstseins bringen.
- Machen Sie langfristige Pläne.
- Schauen Sie auf dem Arbeitsmarkt nach (wenn Sie über eine Veränderung nachdenken).
- Schauen Sie sich den Immobilienmarkt an (wenn Sie einen Kauf oder Verkauf planen).
- Denken Sie über Bereiche Ihres Lebens nach, die einer Veränderung bedürfen.
- Neuanfänge jeglicher Art

Worte, an die man sich bei Neumond erinnern sollte:

- Neue Anfänge
- Neue Projekte
- Reinigung
- Träume

Zauberspruch als Schutz vor Schaden und Bösem

Materialien:

- Silberner oder blauer Zauberstab oder Stab
- Silberner oder blauer Glitzer

Anweisungen:

Idealerweise müssen Sie diesen Zauberspruch außerhalb des Hauses und inmitten der Natur wirken. Sie müssen Ihren Kreis ziehen und sich im Uhrzeigersinn bewegen, beginnend von Westen nach Süden. Dann müssen Sie mit Ihrem Zauberstab oder Stab auf den Boden klopfen, während Sie Folgendes singen:

> „Ich rufe dich, die du die Wachtürme des Westens (Nord, Ost, Süd) bewachst, um mich durch die Dunkelheit zu führen und für meine Sicherheit zu sorgen."

Wiederholen Sie diesen Gesang für alle vier Viertel. Dann müssen Sie in die Mitte gehen und folgendes singen:

> „In den Schatten versteckt sich das Böse.
>
> Bereit, mich von der Seite der Liebe zu ziehen.
>
> Aber mit deiner Hilfe werde ich stark sein.
>
> Verbanne alles, was mir Unrecht tut.
>
> Schicke sie weg, dann verirren sie sich.
>
> Nie wieder kreuzen sie meinen Weg.
>
> So soll es sein."

Schließlich müssen Sie den Glitzer verstreuen, während Sie die letzten 3 Zeilen singen. Schließen Sie Ihren Kreis, wenn Sie mit dem Ritual fertig sind.

Techniken und Korrespondenzen

Wie wir jetzt gesehen haben, ist das magische Potential des Mondes nicht auf bestimmte Nächte oder besondere Anlässe beschränkt.

Es stimmt, dass die meisten von uns seine Anziehungskraft während des Neu- und Vollmonds stärker spüren als zu anderen Zeiten, und es gibt extrem starke, die die Mondenergie ein paar Mal im Jahr verstärken.

Aber in Wirklichkeit bietet jeder einzelne Tag des Mondzyklus Gelegenheiten, sich mit der kraftvollen Energie dieses himmlischen Wesens auszurichten. Es gibt nie eine Zeit, in der der Mond keine Kraft hat – nicht einmal die Tage und Nächte, in denen er ganz verschwunden zu sein scheint.

In der Tat, wenn Sie möchten, können Sie der Energie des Mondes erlauben, Ihre Herangehensweise an die Zauberei jeden Tag für den Rest Ihres magischen Lebens zu gestalten.

Bisher haben wir die praktischen Aspekte der Mondmagie eher allgemein behandelt, in Bezug auf die Auswahl von Zielen und die Pflege Ihrer Manifestationen in Harmonie mit den Mondphasen. Im 3. Teil finden Sie spezifischere, praktische Informationen, die Ihnen helfen, sich auf den Weg zu machen.

Ein paar Zaubersprüche sind hier natürlich ebenso enthalten wie Rezepte für Mond-orientierte magische Ölmischungen; Entsprechungstabellen für Mond-assoziierte Kristalle, Kräuter und Blumen; Methoden zur Verbesserung Ihrer persönlichen Verbindung zum Mond und mehr.

Achten Sie wie immer auf die Reaktionen Ihrer Intuition auf das, was Sie lesen. Wenn ein bestimmter Zauberspruch, eine Methode oder eine Zutat Ihr Interesse weckt, dann haben Sie den besten Weg zu Ihrem nächsten magischen Mondabenteuer gefunden.

Spätestens seit den Tagen des alten Mesopotamiens wurden magische Informationen in Texten aufbewahrt, die schließlich als „Grimoires“ bekannt wurden. Ein Grimoire ist ein Buch, in dem man Zaubersprüche, Rituale, Beschwörungen, Rezepte für Zaubertränke, mystische Symbole, Schlüssel zu Divinationssystemen und so ziemlich alles andere findet, was unter den „okkulten“ Schirm passt.

Die Wicca-Version des Grimoires ist natürlich das Buch der Schatten, das in der Wicca-Welt sowohl Teil der Zirkel als auch Einzeltraditionen ist. Vielleicht haben Sie bereits eine eigene oder fangen gerade erst an, Informationen zusammenzustellen, die schließlich in Ihr persönliches Grimoire einfließen werden.

Sie können sich diesen letzten Abschnitt dieses Handbuchs als Kurzversion eines Mondbuchs der Schatten vorstellen. Jeder der ersten 4 Zaubersprüche konzentriert sich auf eines der 4 Viertel des Mondzyklus, gefolgt von Zaubersprüchen für einen blauen Mond und eine Mondfinsternis.

Natürlich gibt es andere Möglichkeiten, als Zaubersprüche zu wirken, um mit dem Mond zu arbeiten. Zu diesem Zweck sind hier Hinweise zur Mondgartenarbeit, zum Aufladen von Werkzeugen im Mondlicht und zum Herstellen Ihrer eigenen Mond-assoziierten magischen Öle und Badesalze enthalten. Sie werden auch einige Vorschläge finden, wie Sie Ihre eigenen Rituale der Kommunikation mit dem Mond erstellen können, um Ihre spirituelle Verbindung zu seinen Energien zu vertiefen.

Denken Sie daran, dies ist nur ein kurzes Beispiel für die Möglichkeiten der Mondmagie, aber es gibt hier viel, um Ihnen den Einstieg zu erleichtern und Sie zu inspirieren, Ihre eigene Praxis aufzubauen.

Werkzeugen mit Mondenergie aufladen

Von den vielen Methoden, um Ihre Ritual-Werkzeuge und Zauberzutaten mit magischer Energie zu füllen, ist das Aufladen im Licht des Mondes eine der einfachsten und effektivsten.

Das Mondlicht hat bekanntermaßen sowohl reinigende als auch aufladende Eigenschaften, sodass Sie sich nicht darum kümmern müssen, die alte Energie in einem separaten Schritt aus Ihren Gegenständen zu entfernen.

Um beste Ergebnisse zu erzielen, Lassen Sie Ihre Werkzeuge über Nacht bei Vollmond oder zumindest auf einer Fensterbank, wo sie direktes Mondlicht erhalten.

Mondenergie eignet sich besonders zum Aufladen von Kristallen und anderen Mineralsteinen – insbesondere solchen, die mit intuitiven und psychischen Fähigkeiten verbunden sind. Sie können die Wirkung des Mondes auf Ihre Kristalle am nächsten Tag wirklich sehen und spüren: Sie werden glänzend und neu sein und sich gut in Ihrer Hand anfühlen.

Gartenarbeit mit dem Mond

Eine der lohnendsten Möglichkeiten, die Rhythmen der Mondenergien zu erschließen, ist der Anbau eigener Kräuter, Gemüse und Blumen.

Egal, ob Sie einen weitläufigen Garten im Freien oder ein paar Töpfe auf der Fensterbank haben, Sie können mit den Phasen des Mondzyklus arbeiten, um optimalen Erfolg zu haben.

Gartenarbeit und Landwirtschaft nach Mondphasen haben ihre Wurzeln in uralter Folklore, als unsere Vorfahren die Auswirkungen des Mondes auf ihre Ernte beobachteten.

Heute wissen wir natürlich, dass die Anziehungskraft des Mondes auf die Ozeane auch in den feinstofflichen Gewässern der Erde spürbar ist, die wiederum auf den Boden einwirken. Aber selbst wenn sich Ihre Erde in einem Gartenbeet oder einem Topf befindet, bringt die energetische Verbindung, die Sie zum Mond herstellen, einen „grünen Daumen"-Effekt für Ihre Bemühungen.

Wenn Sie in der Lage sind, versuchen, ein paar Mond-assoziierte Pflanzen oder andere magische Kräuter anzubauen, um Ihre Zauberkunst noch zusätzlich anzukurbeln.

1. Viertel (neu in der zunehmenden Hälfte): Dies ist die beste Zeit, um oberirdische Pflanzen zu pflanzen, die Samen außerhalb der Früchte produzieren, wie Getreide, Brokkoli und andere Kreuzblütler Gemüse, Spinat und anderes Grün sowie die meisten einjährigen Kräuter.

2. Viertel (zunehmend, halb bis voll): Pflanzen Sie oberirdische Pflanzen, die ihre Samen in der Frucht oder Samenkapsel produzieren, wie Bohnen, Tomaten, Paprika und Kürbis. Die 2-3 Tage vor Vollmond sind in dieser Zeit der „ideale Punkt" zum Pflanzen.

3. Viertel (voll bis abnehmende Hälfte): Mit Beginn der abnehmenden Phase, insbesondere in den ersten Tagen nach dem Vollmond, ist die Zeit ideal zum Anpflanzen von Wurzelgemüse wie Karotten, Kartoffeln, und Rüben. Auch Zwiebeln, Stauden und Biennalen werden jetzt bevorzugt.

4. Viertel (abnehmende Hälfte bis dunkel): Diese Phase ist am besten zum Jäten, Ernten, Beschneiden und Umpflanzen von Pflanzen geeignet. Schenken Sie Ihren Zimmerpflanzen auch in dieser Zeit etwas mehr Liebe und lassen Sie dann alles – auch sich selbst – ein paar Tage vor dem Neumond ruhen.

Hinweis: Wenn Sie ausschließlich mit Topf-Kräutern und -blumen arbeiten oder alle Ihre Freilandpflanzen vom gleichen Typ sind, können Sie sie dennoch nach den Grundmustern des zunehmenden und abnehmenden Mondes pflegen. Pflanzen, düngen und jäten Sie während der Zunehmen-Phase sanft, und beschneiden, ernten und verpflanzen Sie während der Abnehm-Phase.

Schlussfolgerung

Wiccaner haben im Gegensatz zu anderen Religionen wie Christentum, Judentum und Islam keine zentralisierte Kultstätte. Dies zeigt, wie die Traditionen der Wicca dezentralisiert und nicht organisiert sind. Wicca-Praktizierende haben die Freiheit zu wählen, wo sie anbeten möchten. Dies kann in der Natur oder im öffentlichen Raum passieren. Darüber hinaus steht es den Wiccaner frei, als Einzelperson oder in Zirkeln zu praktizieren. Die andere Sache ist, dass es kein „heiliges Buch" gibt. Wiccaner haben im Gegensatz zu anderen monotheistischen Traditionen ein pantheistisches Weltbild. Wicca-Praktizierende haben unterschiedliche Überzeugungen und Ansichten. Einige Wiccaner glauben an die Natur als die göttliche Quelle mit dem Gott und der Göttin als Gottheiten, während andere zusätzliche Gottheiten haben. Wiccaner haben die Freiheit, ihre eigenen spirituellen Wahrheiten und ihren eigenen Weg zu suchen. Wicca ist traditionell fließend und hat unendlich viele Wege. Der gemeinsame Grundsatz in der Wicca-Tradition ist Sorgfalt und Ehrfurcht vor der Erde.

Weniger selten, aber vielleicht viel stärker als ein blauer Mond ist eine Vollmond-Mondfinsternis, die im Allgemeinen 2-mal im Jahr auftritt (obwohl in einigen Jahren je nach den Umständen 3 oder mehr auftreten können).

Mondfinsternisse treten auf, wenn der Erdschatten das Licht der Sonne blockiert, das sonst den Mond beleuchten würde.

Totale Mondfinsternisse treten auf, wenn sich der Mond vollständig in den innersten, dunkelsten Teil des Kernschattens bewegt, und diese sind die visuell beeindruckendsten.

Warum? Während einer totalen Sonnenfinsternis scheint der Mond innerhalb weniger Stunden seinen gesamten Mondzyklus zu durchlaufen. Während er sich durch den Erdschatten bewegt, scheint er zu schwinden, zu verschwinden, dann wiederaufzutauchen und wieder zu wachsen, bis er voll ist.

Das bedeutet, dass Sie jede Phase des Mondzyklus in kurzer Zeit und nicht im Laufe eines Monats erschließen können. Wenn Sie möchten, können Sie in einer Sitzung für Zunahme und Abnahme arbeiten oder neue Absichten für einen Aspekt Ihres Lebens setzen, während Sie den Höhepunkt eines anderen feiern.

Aber seien Sie nicht entmutigt, wenn Sie es nicht persönlich sehen können: Die energetischen Vorteile der Mondfinsternis stehen Ihnen immer noch zur Verfügung, wenn Sie sie durch magische Arbeit nutzen möchten.

Und wenn Sie das Glück haben, die Mondfinsternis tatsächlich am Nachthimmel beobachten zu können, ist das so magisch wie es nur geht. Wenn Sie Ihre Zaubersprüche während der eigentlichen Mondfinsternis ausführen können, unabhängig davon, ob sie am Himmel sichtbar ist oder nicht, ist dies ideal, aber wenn nicht, versuchen Sie, nach Sonnenuntergang zu arbeiten, sobald der Vollmond aufgegangen ist.

Welche Art von Magie funktioniert also am besten während einer Mondfinsternis? Wie bei jedem Vollmond ist dies eine Allzweck-Mondphase, sodass alles, wofür Sie arbeiten möchten, perfekt geeignet ist. Viele Hexen finden jedoch, dass einige bestimmte Gebiete besonders gut für die Energie der Finsternis geeignet sind und Zauber, die sich auf diese Gebiete beziehen, besonders mächtig sind.

Alles rund um Heilung auf allen Ebenen – körperlich, emotional und spirituell – ist vorerst gut zu beabsichtigen, ebenso wie jede Arbeit im Zusammenhang mit persönlichem Wachstum und/oder spiritueller Entwicklung.

Wenn Sie eine Beziehung zu einem bestimmten Aspekt des Gottes oder der Göttin aufbauen möchten, ist dies ein guter Zeitpunkt, um Opfergaben zu machen und Zeit in Meditation zu verbringen. Seien Sie offen für subtile (und manchmal nicht so subtile) Veränderungen in Ihrer Energie, wenn die Gottheit auf Ihre Kontaktanfrage antwortet. Wenn die Gottheit in ihrer ursprünglichen Kultur hauptsächlich mit dem Mond in Verbindung gebracht wurde – wie Selene (griechisch) oder Thoth (ägyptisch) – führt dies höchstwahrscheinlich zu einer kraftvollen Erfahrung.

Buch 6

Wicca-Buch von Kräuterzaubern

Ein Wicca-Leitfaden für Kräutermagie und Schatten für Wiccans, Hexen und andere Praktizierende der Hexerei

EINFÜHRUNG

Kräuter werden in Räucherstäbchen, Ritualbädern, Zaubersprüchen und Hexengläsern verwendet. Kräuter sind ein sehr wichtiger Teil der wiccanischen Rituale, und die Chancen stehen gut, dass Sie bei den meisten Zaubern mindestens eine Art von Kräutern oder Kräuteröl verwenden müssen. Es gibt so viele Dinge, für die Kräuter verwendet werden können, dass es einem den Atem verschlägt. Die meisten Menschen machen sich keine Gedanken über das Basilikum, das sie in ihren Eintopf geben. Sie fragen sich nicht einmal, welchen schützenden Zauber es ihnen verleiht.

Es gibt viele Menschen, die Kräuter auf vielfältige Weise verwenden. Diese Menschen gab es schon vor den Wiccans und es gibt sie auch heute noch. Es gibt so viele Religionen da draußen, und die meisten von ihnen verwenden Kräuter in irgendeiner Weise.

Geschichte der Kräuterkunde

Es gibt viele verschiedene Berichte darüber, dass nicht nur Menschen, sondern auch Tiere mit kognitiven Fähigkeiten Kräuter zur Heilung von Beschwerden verwenden. Der tansanische Schimpanse heilt Würmer mit dem Mark der Veronika-Pflanze. Auch Menschen aus dieser Gegend tun dies. Die Menschen sind also nicht die einzigen, die sich der Kräuterkunde bedienen. Katzen fressen Gras, um ihren Magen zu beruhigen, wenn sie Verdauungsbeschwerden haben. Welche Art von Gras sie fressen, hängt von der Gegend ab, in der sie leben, und davon, was gerade verfügbar ist.

Der Mensch nutzt die Kräuterkunde, seit er auf der Erde lebt. Damals, als die Höhlenmenschen die Erde durchstreiften, waren Kräuter alles, was sie hatten, um ihre Beschwerden zu heilen. Wenn sie das falsche wählten, konnte das katastrophale Folgen haben. Seit Anbeginn der Zeit haben sich die Menschen bei der Heilung von Krankheiten auf Kräuter verlassen. Erst in den letzten 100 Jahren haben wir uns mit der modernen Medizin beschäftigt.

Es gibt sogar echte Dokumente, die über 50.000 Jahre zurückreichen, die zeigen, dass die Menschen damals Kräuter verwendeten, um Krankheiten zu heilen, die im Laufe der Zeit auftraten. Viele der Kräuter, die damals verwendet wurden, verwenden wir heute, auch, wenn die meisten von ihnen anders heißen, da sich die Pflanzennamen im Laufe der Zeit geändert haben. Es ist belegt, dass Kräuter das Sterben einiger Menschen erleichtert haben, bei denen die Krankheit schon zu weit fortgeschritten war, um noch gerettet zu werden. Es ist sogar bekannt, dass Kräuter die Ausbreitung des Gelbfiebers stoppen können, wenn es früh genug erkannt wird. Kräuter haben Epidemien überstanden, die Beulenpest, den Roten Tod und viele andere Krankheiten wurden mit Kräutern bekämpft, bis die moderne Medizin aufkam und ihnen den Garaus machte.

KAPITEL 1: Die Bedeutung der Natur in der wiccanischen Religion

Der amerikanische Hexenrat hat 13 Erklärungen verfasst, die genau zusammenfassen, was Wiccans glauben und befolgen:

1. Wiccans praktizieren Feste, die als Sabbate und Esbats bekannt sind. Diese helfen ihnen, den Rhythmen der natürlichen Welt zu folgen und den Gott und die Göttin zu verehren.

2. Wiccans erkennen an, dass die Menschen als intelligente Wesen Verantwortung für die Geschöpfe der Erde tragen und diese Verantwortung ernst nehmen sollten.

3. Wiccans sind sich bewusst, dass ihre Fähigkeit, Magie zu nutzen, sie einzigartig macht und sie im Besitz einer Macht sind, die Menschen, die keine Magie nutzen, nicht haben. Trotzdem sehen sie sich nicht als "besser" an als andere Menschen und gehen mit ihrem arkanen Wissen vorsichtig um.

4. Wiccans erkennen die Dualität in der Natur des Männlichen und des Weiblichen an und wissen, dass das eine niemals Macht über das andere haben sollte, da sie im Gleichgewicht sind. Außerdem betrachten Wiccans die menschliche Sexualität als göttlichen Ausdruck.

5. Wiccans wissen, dass es viele "Welten" oder Daseinsebenen gibt, wie die materielle Welt und die Geisterwelt.

6. Wicca hat keine Machthierarchie innerhalb der Gruppe. Es gibt Älteste, Priester und Priesterinnen, aber jeder kann diese Positionen erlangen, und diese Positionen dienen lediglich dem Zweck, Zeremonien zu leiten und anderen ihr Wissen über die alten Wege zu vermitteln.

7. Wiccans glauben, dass Hexerei eine Kombination aus der Anwendung von Magie, dem täglichen Leben im Einklang mit Gott und Göttin und der Pflege eines Lebensstils ist, der die Natur verehrt und respektiert.

8. Wiccans glauben, dass es eine aktive Entscheidung ist, eine "Hexe" zu sein. Sie entsteht nicht durch Abstammung oder Elternschaft, sondern zuerst durch eine Entscheidung, dann durch Hingabe, Konzentration und harte Arbeit. Sobald man sich für die Ausübung der Hexerei entschieden hat, ist man in jeder Hinsicht eine Hexe.

9. Wiccans glauben, dass sie ein erfüllteres und glücklicheres Leben führen können, wenn sie mehr im Einklang mit der natürlichen Welt und der Energie des Universums leben.

10. Wiccans hegen keine Feindseligkeit gegenüber dem Christentum oder anderen jüdisch-christlichen Religionen - abgesehen von den Bestrebungen dieser Religionen, andere davon zu überzeugen, dass ihr Glaube der einzig "wahre" ist, und indem sie die Rechte und religiösen Freiheiten der Anhänger anderer Religionen verletzen.

11. Die Wiccans sind sich einig, dass sie friedliche Debatten in ihren Gemeinschaften pflegen und fördern wollen, damit Wicca als einheitlicher, aber vielfältiger Glaube wachsen und sich dem Wandel der Zeit anpassen kann.

12. Wiccans lehnen das Konzept des christlichen Teufels ebenso ab wie das Konzept des absolut Bösen. Wiccans versuchen nicht, Macht über andere zu erlangen und verabscheuen den Missbrauch von Macht durch Magie.

13. Wiccans glauben, dass die Natur selbst das Wissen, die Weisheit und die Werkzeuge bereitstellt, die die Menschheit für ein erfülltes, glückliches Leben braucht.

Wicca-Praktiken

Wicca hat viele Riten, die verschiedene Meilensteine im Leben eines Menschen markieren. Sie sind nicht obligatorisch, aber wenn sie gefeiert werden, kommt die Gemeinschaft zusammen, um die zu ehrende Person zu unterstützen.

Wiccaning oder Namensgebung

Diese Zeremonie kann in jedem Alter stattfinden, wird aber normalerweise durchgeführt, bevor ein Kind die Pubertät erreicht. Es ist eine Möglichkeit, ein Kind in die Wicca-Gemeinschaft einzuführen; oft feiern frischgebackene Eltern die Ankunft ihres Kindes mit einem Wiccaning. Ein Wiccaning ist wie eine Taufe, da es die Person näher an die Gemeinschaft heranführt, aber es ist weder eine Indoktrination noch eine Garantie dafür, dass das Kind den wiccanischen Weg einschlagen wird. Wiccans glauben, dass jeder Mensch seinen eigenen Glauben wählen kann, selbst, wenn das bedeutet, dass er sich für gar keinen entscheidet.

Handfasting

Handfasting wird durchgeführt, wenn 2 Menschen ihre romantische Verbindung offiziell symbolisieren wollen. Es handelt sich nicht um eine legale Ehe, obwohl viele Paare diesen Aspekt von einem Richter amtieren lassen und dann einen Wicca-Hochpriester oder eine Wicca-Priesterin die Handfasting-Zeremonie durchführen lassen. Bei der Handfasting-Zeremonie fassen sich die Paare an den Händen und binden ihre Hände locker mit einer zeremoniellen Schnur zusammen. Manche Paare entscheiden sich auch für das uralte Ritual des "Besenspringens", das Glück für ihre Verbindung bringen soll. In der Regel werden die Worte "Bleibt zusammen, solange eure Liebe währt" gesprochen.

Handaufteilung

Leider enden manche Beziehungen. Es gibt keine Scham oder Schuldgefühle bei einer Trennung von der Hand. Es handelt sich um eine Zeremonie, in der das sich bald trennende Paar seinen Respekt voreinander und seine Dankbarkeit für die Erfahrung seiner Liebe zum Ausdruck bringt. Die zeremonielle Schnur wird entweder gelöst oder mit einem rituellen Messer durchtrennt. Das Paar kann sich dafür entscheiden, die Reste der Schnur als Erinnerung an die gemeinsame Vergangenheit aufzubewahren.

Croning oder Saging

In Wicca, wie auch in anderen heidnischen Religionen, werden die älteren Mitglieder der Gemeinschaft besonders verehrt. Mit Croning (für weibliche Personen) oder Saging (für männliche Personen) werden die Beiträge dieser Hexe zur Gemeinschaft sowie ihre Lebenserfahrungen gewürdigt. Es ist eine Möglichkeit, ein älteres Mitglied des Hexenzirkels oder der Gemeinschaft zu ehren.

Darüber hinaus kann eine jüngere Person als "croned" oder "saged" bezeichnet werden, wenn sie eine schwere Verletzung oder Krankheit überlebt hat oder noch damit kämpft. Solche Erfahrungen vermitteln in der Regel eine viel größere Weisheit, als eine Person in diesem Alter besitzt, und die Gemeinschaft erkennt dies an und ehrt die Person. Ein Croning oder Saging kann auch dazu beitragen, die betreffende Person auf die Unvermeidlichkeit des Todes vorzubereiten und sie in den friedlichen, akzeptierenden Geisteszustand zu versetzen, den man braucht, um diese Reise anzutreten.

Ethik

Das ethische System der Wicca ist recht einfach: Tu, was dir Freude am Leben bringt, solange es niemandem schadet oder die Rechte anderer verletzt. Wiccans diskriminieren andere Menschen nicht. Alle Geschlechter, Sexualitäten, Rassen, Ethnien und Hintergründe sind in der Gemeinschaft willkommen.

Soweit es um das Wirken von Zaubersprüchen geht, gelten diese ethischen Grundsätze auch für dieses Thema. Verantwortungsvolle Hexerei bedeutet, dass ein Wiccan niemals einen Zauber sprechen wird, um Einfluss, Einschüchterung oder Macht über eine andere Person auszuüben. Wenn sie mit einer schwierigen Situation konfrontiert sind, können sie stattdessen einen Zauber sprechen, der den Frieden und eine bessere Kommunikation fördert. Sie könnten einen Zauber zur Selbstkontrolle oder zur Selbstermächtigung wählen. Sie könnten einen Zauberspruch sprechen, um Möglichkeiten für positive Veränderungen zu schaffen. Es gibt viele Möglichkeiten im Leben, die uns helfen, glücklich und positiv zu leben. Im Wicca glaubt man, dass diese Möglichkeiten niemals in der Unterwerfung eines anderen Menschen bestehen sollten.

KAPITEL 2: Theoretische Einführung in die wiccanischen Kräuterzauber

Eines der Dinge, die Menschen am meisten zu Wicca hinziehen, ist die persönliche Freiheit, die es bietet. Wiccans urteilen nicht über andere aufgrund ihres Geschlechts, ihrer Sexualität, ihrer Hautfarbe oder ihres Hintergrunds - tatsächlich hassen es viele, überhaupt jemanden zu verurteilen, da sie glauben, dass ihr Weg ihr eigener ist und die Regel der Drei sich um alles kümmert, was nötig ist. Was ist die Regel der Drei? Sie ist auch als das Gesetz der Wiederkehr bekannt und besagt, dass jede Handlung, die Sie in das Universum setzen, zu Ihnen zurückkehrt, und zwar 3-mal so stark wie das, was Sie ausgesandt haben. Die Dreier-Regel ist die wiccanische und heidnische Version des Karmas.

Wicca selbst ist ein Zweig des Neuheidentums, einer erdzentrierten Religion, die einen Gott und eine Göttin verehrt und ihr Leben nach den Jahreszeiten und den Mondphasen ausrichtet. Wicca ist eine besonders sanfte heidnische Religion, die ihre Anhänger ermutigt, so friedlich und harmonisch wie möglich mit der natürlichen Welt zu leben, zu der auch der Mensch gehört. Ein weiterer Grundsatz von Wicca heißt "The Wiccan Rede". Sie besagt, dass man "tun darf, was man will, damit es niemandem schadet".

Mythen und Missverständnisse über Wicca

Natürlich ist es nie einfach, in einer Welt voller jüdisch-christlicher Religionen eine Minderheitenreligion zu sein. Der größte Mythos in Bezug auf Wicca ist, dass es sich um eine satanische Sekte handelt. Das könnte nicht weiter von der Wahrheit entfernt sein: Wiccans und andere Heiden erkennen Satan nicht als Gottheit an. Das Konzept des Satans wurde von der römisch-katholischen Kirche geschaffen, um die Menschen von ihren alten, heidnischen Traditionen abzubringen und sie in die christliche Gemeinschaft zu locken. Sogar das Wort "heidnisch", das oft missverstanden wird, stammt vom lateinischen "paganus" ab und bedeutet einfach "vom Lande".

Das heidnische Symbol des Pentagramms wurde auch als Symbol des Bösen fehlinterpretiert. Das ist nicht wahr. Mit der "rechten" Seite nach oben stellt das Pentagramm 2 Dinge dar: 1. das Bild eines Menschen, der mit ausgestreckten Armen aufrecht steht, und 2. eine Darstellung der magischen Elemente Erde, Luft, Feuer, Wasser und Geist.

Auf dem Kopf "stehend" stellt das Pentagramm die natürliche Welt dar, die durch ein gehörntes Wesen symbolisiert wird. Der Gehörnte Gott, der auch als Herne oder Grüner Mann bekannt ist, ist eine Art spiritueller Hirte und Beschützer der Tiere des Waldes und des Feldes. Wiccans streben danach, in Einheit mit der natürlichen Welt zu leben und sie nicht zu unterdrücken.

Ein weiteres Missverständnis ist, dass Wiccans "zaubern", um Macht über andere Menschen zu haben. Das Wort "Hexe" ist ein mächtiges Wort und Konzept, das bei Nicht-Heiden mit einem Stigma behaftet ist. Die Etymologie des Wortes Hexe (wie auch des modernen Wortes Wiccan) lässt sich bis zum altenglischen "wicce" und noch weiter zurück zum germanischen "wikken" zurückverfolgen, das Wahrsager oder Zauberer bedeutet.

Wiccans und andere Heiden sind tatsächlich Hexen, und das bedeutet nur, dass sie Hexerei oder natürliche Magie praktizieren. Im Wicca wird ausdrücklich davon abgeraten, Magie zu benutzen, um Macht über andere zu erlangen (denken Sie an die Wicca-Rede und die Dreier-Regel). Stattdessen kann man sich der Hexerei bedienen, um Macht über andere zu erlangen und auf diese Weise ein glücklicheres, gesünderes Leben zu führen.

Der Gott und die Göttin

Wiccans und andere Heiden betrachten die unaussprechliche Kraft des Universums als ein System der Dualität, das sorgfältig ausbalanciert ist. Es ist ein ähnliches Konzept wie das Yin und Yang der östlichen Religionen. Jeder Aspekt der natürlichen Welt steht im Gleichgewicht: die wechselnden Gezeiten, der zunehmende Mond, das Wachstum, der Tod und die Wiedergeburt von Pflanzen und Tieren. Wiccans betrachten diese höhere Macht als 2 Hälften eines Ganzen: den Gott und die Göttin.

Einige Wiccans konzentrieren sich in ihrem Glauben und ihren Studien nur auf die Göttin, andere auf den Gott, und wieder andere auf beides. Es gibt keinen falschen Weg, den eigenen Glauben in Wicca zu verfolgen.

Die 3-fache Göttin

Bei näherer Betrachtung der Göttin zeigt sich, dass sie in 3 verschiedenen Aspekten betrachtet wird; diese Aspekte spiegeln die Phasen der menschlichen Existenz wider. Da ist die Jungfrau, die für Freiheit, Pioniergeist, Unschuld und Begeisterung steht. Dann gibt es die Mutter, die für den Höhepunkt des Lebens, die Fülle, das Heilen, die Kultivierung und die Lehre steht. Schließlich gibt es die Crone, die Hüterin der Weisheit und der Lektionen des Lebens, die ewig geduldig ist und ihren Stamm zu geheimnisvollen Mysterien und zur Akzeptanz der natürlichen Welt führt. Je nach Jahreszeit und dem Sabbat (wiccanischer Feiertag), der gefeiert wird, konzentrieren sich wiccanische Covens und Gemeinschaften auf den einen oder anderen Aspekt der Göttin.

Der Sonnengott

Die Sonne wird seit den Anfängen der Menschheit verehrt, da sie die Kraft ist, die der Erde Leben verleiht. Wiccans erkennen dies an und feiern den Gott in diesem Aspekt, während er sich durch seine eigenen Phasen des Wachstums, des Todes und der Wiedergeburt bewegt, von dem Moment, in dem er an Yule, auch bekannt als Wintersonnenwende, "geboren" wird, bis zu der Zeit, in der er während Litha, auch bekannt als Sommer-Tagundnachtgleiche, auf dem Höhepunkt seiner Kraft ist. Es gibt viele Sonnengottheiten, die Gott unter diesem Aspekt repräsentieren: Ra, Apollo, Horus und Helios sind nur einige von ihnen.

Der Gehörnte Gott

Dieser Aspekt des Gottes wird oft mit der christlichen Vorstellung eines Teufels oder Satans verwechselt, während der Gehörnte Gott in Wirklichkeit ein Naturgeist ist, der den Gott in seiner Rolle als Beschützer der Flora und Fauna der Erde akzeptiert. Wiccans verehren den Gehörnten Gott, um die natürliche Wildheit in sich selbst freudig zu erkennen und um die Verantwortung für ihre eigene Rolle für das Wohlergehen und die Langlebigkeit des Planeten zu übernehmen.

Der Eichenkönig und der Stechpalmenkönig

Der Eichen- und der Stechpalmenkönig gehen auf eine alte britische Legende zurück und stehen für die beiden Hälften des Jahres. Der Eichenkönig wird am Julfest geboren, wächst im Laufe des Winters und des Frühlings zur Reife heran und erreicht seine volle Macht im Mittsommer. Der Stechpalmenkönig, der dunklere Gott des Jahres, wird im Mittsommer geboren und löst den Eichenkönig während der Ernte ab. Diese Symbolik spiegelt den Wechsel der Jahreszeiten wider: die Kargheit des Winters, die Fruchtbarkeit des Sommers und das sich ständig drehende Rad des Jahres.

KAPITEL 3: Profile der beliebtesten Kräuter

Wenn man darüber nachdenkt, kann man sagen, dass Kräuter die mächtigsten Werkzeuge der Magie sind.

Eine lebende Pflanze ist eine direkte Leitung der Energie der Erde. Pflanzen sind die älteste kontinuierliche Lebensform auf der Erde, die lange vor der Entwicklung der Menschen und sogar der meisten Tiere entstanden ist. Das Aufkommen von Pflanzen veränderte die Landschaft der Erde und trug zur Entstehung der Erdatmosphäre bei. Mit anderen Worten: Pflanzen sind Meister des Manifestierens.

Darüber hinaus hätte die menschliche Zivilisation ohne das Pflanzenreich nie entstehen können, da Steinbauten den Häusern aus Holz Platz machten und die Menschen lernten, andere wichtige Werkzeuge wie Seile und Kleidung aus den ihnen zur Verfügung stehenden Pflanzen herzustellen.

In den letzten Jahrzehnten wurde uns die entscheidende Rolle der Pflanzenwelt für unser Wohlergehen als Spezies vor Augen geführt, da die massive Abholzung des Planeten und das daraus resultierende Ungleichgewicht des Kohlendioxids in der Atmosphäre unser globales Klima mehr und mehr in Mitleidenschaft zieht.

Betrachtet man die lange Evolutionsgeschichte der Erde, ist es leicht zu erkennen, dass wir die Pflanzen viel mehr brauchen als sie uns, und allein diese Tatsache sollte der Pflanzenwelt unseren größten Respekt verschaffen.

Durch die Linse der Magie in der westlichen Mysterien-Tradition betrachtet, können wir sehen, dass Pflanzen buchstäblich die Kraft der 4 klassischen Elemente verkörpern, die zusammenarbeiten, um Leben zu schaffen und zu erhalten.

Sie beginnen ihren Wachstumszyklus als Samen im Boden der Erde*, wo sie die für ihr Leben notwendigen Mineralien finden. Wenn sie sterben, kehren sie in den Boden zurück, um ihn wiederum zu nähren, damit neues Pflanzenleben gedeihen kann.

Pflanzen interagieren mit dem "Feuer" des Sonnenlichts, das den Prozess der Umwandlung von Kohlendioxid in Sauerstoff ermöglicht. Dieser Prozess wirkt sich, wie bereits erwähnt, direkt auf die Qualität der Luft aus.

Die Luft wiederum fördert das Pflanzenleben in Form von Wind, der das Wachstum von Stängeln und Blättern anregt und auch Samen trägt und verstreut, um den Kreislauf fortzusetzen.

Und wir alle wissen, dass Pflanzen ein gewisses Maß an Wasser brauchen, um zu leben - selbst die winterharten Kakteen. Aber viele Menschen wissen nicht, dass Pflanzen auch eine entscheidende Rolle bei der Regulierung des Wasserkreislaufs auf unserem Planeten spielen, indem sie Wasser reinigen und dazu beitragen, dass Wasser aus dem Boden in die Atmosphäre gelangt.

In der Tat gibt es vielleicht kein besseres Beispiel dafür, wie die Elemente Erde, Luft, Wasser und Feuer zusammenkommen, als die magische Existenz der Pflanzen.

Darüber hinaus nährt diese Verbundenheit - diese Beziehung zu den Elementen - direkt den menschlichen Körper, der pflanzliches Leben braucht, um zu überleben und zu gedeihen. Selbst diejenigen, die sich bemühen, so viel Fleisch und so wenig Obst und Gemüse wie möglich zu essen, leben letztlich von Pflanzen, da diese die Tiere ernähren, die sie essen.

Wir können also mit Zuversicht sagen, dass alle Menschen, ob sie sich dessen bewusst sind oder nicht, von einem magischen System abhängig sind, das alle lebenserhaltenden Kräfte des Universums nutzt. Und diejenigen, die sich dieses magischen Systems bewusst sind, können sogar noch mehr Nutzen daraus ziehen, indem sie es bewusst nutzen, um positive Veränderungen in ihrem Leben zu manifestieren.

* Es stimmt zwar, dass einige Pflanzen im Wasser wachsen, aber erst das Vorhandensein von Mineralien im Wasser, die aus der Erde stammen, ermöglicht ihnen das Wachstum.

Die Macht der Korrespondenz

Die Alten waren sich des magischen Systems des Pflanzenreichs wohl bewusst und verstanden es als einen Aspekt einer größeren Wahrheit, dass alles im Universum miteinander verbunden ist.

In der Tat sahen die Philosophen, Magier und anderen Gelehrten der vergangenen Jahrtausende die gesamte Schöpfung als inhärent mit den 4 Elementen, den dualen Energien des Weiblichen und des Männlichen (oder in östlichen Systemen Yin und Yang) und sogar mit den anderen Planeten in unserem Sonnensystem verbunden.

Diese Ideen bilden die Grundlage für einen Großteil der westlichen Mysterien-Tradition, die ihre Wurzeln in der Antike hatte und sich im Mittelalter weiterentwickelte und schließlich einen Großteil des modernen Wiccans und anderer Hexenkünste beeinflusste.

Ein früher Glaubensstrang innerhalb dieses Systems besagt, dass der menschliche Körper eine symbolische Nachbildung des Sonnensystems ist, wobei jeder Teil des Körpers und jedes physische System innerhalb des Körpers direkt einem Tierkreiszeichen und einem Planeten entspricht.

Diese Idee ebnete den Weg für eine faszinierende Philosophie, die von den frühen Kräuterheilern geteilt wurde und als Signaturenlehre bezeichnet wird. In diesem System hat jede Pflanze, die für den Menschen nützlich ist, ein Ähnlichkeitsmuster mit einem Teil des menschlichen Körpers, und ihre medizinische Wirkung entspricht diesem Körperteil.

Ingwer z. B. wächst oft in der Form des menschlichen Magens und wird bei einer Vielzahl von Verdauungsbeschwerden eingesetzt. Die Walnuss kann als Miniaturnachbildung des menschlichen Gehirns betrachtet werden und unterstützt nachweislich das Gedächtnis und andere Gehirnfunktionen. Selleriestängel, die gut für die Knochengesundheit sind, haben eine sehr interessante Ähnlichkeit mit den Knochen selbst.

Weitere Beispiele finden sich in den gebräuchlichen Namen weniger bekannter Kräuter, wie Lungenkraut, das seit langem zur Behandlung von Lungeninfektionen verwendet wird, und Augentrost, der bei Augeninfektionen hilft.

Genau wie Obst und Gemüse haben auch diese Kräuter Formen und/oder Farben, die auf die spezifischen Körperteile hinweisen, für die sie nützlich sind. Es gibt noch einige weitere Beispiele für die Lehre der Signaturen in Aktion.

Und obwohl es sicherlich stimmt, dass eine Pflanze über den Aspekt des Körpers hinaus, dem sie ähnelt, für die Heilung nützlich sein kann (Walnüsse z. B. sind auch gut für das Herz und andere Bereiche), muss die Übereinstimmung zwischen dem Aussehen der Pflanze und dem Aussehen des Körpers für die Pflanzenpioniere unter unseren frühen Vorfahren sicherlich äußerst hilfreich gewesen sein.

Wenn Pflanzen direkte Entsprechungen zur körperlichen Heilung haben können, dann folgt daraus, dass sie auch Entsprechungen zur magischen Arbeit haben. Dies war, wie bereits erwähnt, auch den Kräuterkundigen vor dem Aufkommen der wissenschaftlichen Revolution bekannt und entsprach einer anderen Reihe von Ideen, die einen Eckpfeiler der westlichen Mysterien-Tradition bildeten - den hermetischen Prinzipien.

Von diesen 7 Prinzipien ist das Prinzip der Korrespondenz hier am ehesten anwendbar. Es besagt, dass die materielle Ebene und die spirituelle (oder "nicht-physische") Ebene einander spiegeln und durch ein untrennbares Netz symbolischer Verbindungen miteinander verbunden sind, wie sie in den obigen Beispielen von Pflanzen und Körpern dargestellt sind.

Solche Verbindungen gibt es auch in magischen Traditionen auf der ganzen Welt.

Die Kamille wird z. B. mit Reichtum, Glück und Wohlstand in Verbindung gebracht. Ein Grund dafür ist das Gefühl des Wohlbefindens, das sie als Tee oder in einem Kräuterbad hervorruft. Wenn wir das Gefühl haben, dass alles in Ordnung ist, sind wir besser in der Lage, mehr Wohlstand anzuziehen.

Eine weitere Verbindung ist der apfelähnliche Duft der Kamillenblüten - tatsächlich ist die Kamille nach ihrer Ähnlichkeit mit Äpfeln benannt, und Äpfel sind auch Symbole für Glück und Wohlstand. In der Astrologie wird die Kamille mit der Sonne in Verbindung gebracht, die immer mit Wohlstand in Verbindung gebracht wird.

Diese Zusammenhänge zu verstehen und damit zu arbeiten, hilft den Hexen, die spezifischen magischen Eigenschaften der Kamille für diese spezifischen Zwecke zu nutzen. Dies ist die grundlegende Basis für die Kräutermagie.

Intelligentes Leben auf der Erde

Es gibt jedoch noch eine andere Kraft, die über das Korrespondenzprinzip hinausgeht und die den Pflanzen so viel magische Kraft verleiht.

Obwohl die meisten "rationalen" Denker vor dieser Vorstellung zurückschrecken würden, wird seit langem vermutet - und allmählich auch wissenschaftlich bewiesen -, dass Pflanzen tatsächlich ein Bewusstsein haben. Sie sind nicht einfach unbelebte Objekte - im Gegenteil -, sondern zeigen in ihrem Alltagsverhalten Intelligenz, Reaktionsfähigkeit auf emotionale Reize und sogar ein Gedächtnis.

Natürlich kann man die Intelligenz von Pflanzen ganz einfach erkennen, indem man beobachtet, wie Pflanzen überleben und gedeihen, insbesondere in der freien Natur.

Sie wissen, wie sie in den Bereichen wachsen, in denen die richtige Menge an Sonnenlicht, Niederschlag und Nährstoffdichte im Boden für ihre körperliche Beschaffenheit vorhanden ist. Sie wachsen in Richtung Licht, was man leicht an Zimmerpflanzen erkennen kann, die nur aus einem bestimmten Winkel direktes Sonnenlicht erhalten - die Blätter sind alle in die Richtung des Sonnenlichts gerichtet, und auf der Seite der Pflanze, die keine Sonne abbekommt, wächst nicht viel. Unter der Erde wachsen sie auch in Richtung Wasser, was man an den Wurzeln von Pflanzen beobachten kann, die sich in Richtung unterirdischer Leitungen erstrecken.

Der vielleicht deutlichste Beweis für die Intelligenz von Pflanzen ist für den zufälligen Beobachter das Verhalten von Weinreben, die zu wissen scheinen, wo die nächstgelegene Stützstruktur ist, und in deren Richtung wachsen, bis sie sie erreichen.

Jüngste wissenschaftliche Experimente und Entdeckungen haben unser Verständnis des Pflanzenbewusstseins weit über diese zufälligen Beobachtungen hinaus erweitert. Es hat sich gezeigt, dass Pflanzen über unglaubliche sensorische Fähigkeiten verfügen - sie haben sogar 3-mal so viele Sinne wie Menschen.

Das bedeutet, dass sie äußerst subtile Veränderungen in ihrer Umgebung wahrnehmen können, darunter Geräusche, Chemikalien in der Luft, die Existenz von Pflanzen und Raubtieren in der Nähe und sogar menschliche Emotionen (Letzteres ist für viele Nicht-Wissenschaftler, die eine Affinität zu Pflanzen haben, keine Neuigkeit, und sie werden Ihnen fröhlich erzählen, dass ein positives Gespräch mit Ihren Pflanzen ihr Wachstum fördern wird. Manche spielen sogar beruhigende oder peppige Musik, damit ihre Pflanzen noch besser gedeihen.). Und die Wurzeln von Pflanzen können sogar Hindernisse auf ihrem Weg erkennen, bevor sie dort ankommen, und ihre Richtung ändern, um sie zu umgehen.

Pflanzen verfügen auch über ein gutes Gedächtnis, wie Experimente zeigen, die spezifische Reaktionen auf Reize zeigen, die auf früheren Ereignissen beruhen.

Ein solches Experiment zeigte auch, dass Pflanzen lernfähig sind: Mimosen, die ihre Blätter zusammenklappen, wenn sie eine Bedrohung wahrnehmen, wurden wiederholt fallen gelassen (ohne beschädigt zu werden), bis sie aufhörten, ihre Blätter zusammenzuklappen, da sie gelernt hatten, dass das Fallenlassen ihnen keinen Schaden zufügte. Andere störende Reize würden sie immer noch zum Zusammenklappen veranlassen, aber das Fallenlassen wurde nicht mehr als Problem empfunden.

Eine weitere, damit zusammenhängende Fähigkeit von Pflanzen ist die des Erbbewusstseins - Pflanzen "kennen ihre eigene Art" aufgrund von Chemikalien, die von den Wurzeln unter der Erde abgegeben werden. Das heißt, wenn in der Nähe "Geschwisterpflanzen" wachsen, richtet die ältere Pflanze ihre Wurzeln nach unten in die Erde, um Platz für sie zu schaffen, sodass sie größer und schneller wachsen können. Wenn dagegen "fremde" Pflanzen auftauchen, wachsen die Wurzeln der älteren Pflanze in horizontaler Richtung auf sie zu, sodass die fremden Pflanzen kürzer und langsamer wachsen.

Die vielleicht faszinierendste dieser Entdeckungen ist jedoch, dass Pflanzen in der freien Natur sowohl miteinander kommunizieren als auch kooperieren, und das sogar zwischen verschiedenen Arten.

Pflanzen sind auch in der Lage, sich gegenseitig vor Fressfeinden zu warnen, indem sie bestimmte Chemikalien in die Luft abgeben. Wird beispielsweise ein Blatt von einem Insekt gestochen, setzt die Pflanze Chemikalien frei, die das Insekt abwehren und die benachbarten Pflanzen veranlassen, ihre eigenen Chemikalien freizusetzen, um dasselbe zu tun.

Diese Enthüllungen aus der wissenschaftlichen Welt sind für viele Menschen, einschließlich der Wissenschaftler selbst, eine große Überraschung. Sie bestätigen jedoch nur, was viele Mystiker, Heiler, Schamanen und Hexen schon immer wussten - dass alles in der Natur auf komplexe Weise miteinander verbunden und lebendig ist.

Und während in der wissenschaftlichen Gemeinschaft immer noch darüber diskutiert wird, ob die Begriffe "Intelligenz" und "Bewusstsein" für Pflanzen, die technisch gesehen kein "Gehirn" haben, angemessen sind oder nicht, machen sich diejenigen, die eine umfassendere Sicht auf die Funktionsweise des Universums haben, keine Sorgen über die Terminologie.

Aristoteles, der berühmte griechische Philosoph der Antike, glaubte, dass Pflanzen eine "Psyche" haben, ein Wort, das normalerweise verwendet wird, um die menschliche Eigenschaft der Seele oder des Geistes zu beschreiben. Andere spirituelle und esoterische Denker haben noch andere Begriffe verwendet, um die den Pflanzen innewohnende Energie zu beschreiben. Wichtiger als die Frage, wie man sie nennt, ist jedoch, dass man einen breiteren Rahmen für das Verständnis hat, wie sie möglich ist.

2 weitere hermetische Prinzipien sind in dieser Hinsicht nützlich: das Prinzip des Mentalismus und das Prinzip der Schwingung.

Das Prinzip des Mentalismus besagt, dass alles im Universum - einschließlich aller physischen Materie - auf seiner grundlegendsten Ebene Bewusstsein ist. Alles wurde aus dem Bewusstsein heraus erschaffen, was leicht zu verstehen ist, wenn man sich vergegenwärtigt, dass jedes einzelne Ding, das die Menschen im Laufe unserer Geschichte erschaffen haben, einst als eine Idee im Geist begann.

Das Gleiche gilt für die Phänomene der natürlichen Welt - sie alle entstammen dem universellen Geist und stehen daher in Wechselwirkung mit ihm.

Dieses Prinzip ist eine wichtige Grundlage der magischen Theorie - Magie wird als direkte und bewusste Interaktion mit dem universellen Geist verstanden, um die gewünschten Ergebnisse zu erzielen. Pflanzen sind mächtige Agenten dieser Interaktion, da sie selbst so starke Bewusstseinskräfte besitzen.

Ebenso zeigt uns das Prinzip der Schwingung, dass alles im Universum ständig in Schwingung ist, jedes Objekt in seiner eigenen Frequenz.

Bei einigen physikalischen Phänomenen, wie z. B. Leuchtstoffröhren in Industriegebäuden, kann man dies mit bloßem Auge erkennen, aber die meisten festen Gegenstände scheinen überhaupt nicht zu vibrieren. Das liegt daran, dass ihre Schwingungsfrequenz zu niedrig und langsam ist, als dass wir sie wahrnehmen könnten.

Pflanzen fallen in diese Kategorie, da sie scheinbar unbeweglich sind und nur durch den Wind bewegt werden können. In Wirklichkeit vibrieren sie jedoch ständig und nehmen ständig Schwingungen wahr, wodurch sie in der Lage sind, Signale aus ihrer äußeren Umgebung zu senden und darauf zu reagieren.

Es sind die verschiedenen Schwingungsfrequenzen von Licht, Wasser, Gefahr usw., die die Pflanzen aufnehmen, und es sind ihre eigenen Schwingungsfrequenzen, die die Pflanzen in ihrer Umgebung aufnehmen.

Wahrscheinlich haben Sie die Ausdrücke "good vibes" oder "bad vibes" in Bezug auf den Eindruck, den eine bestimmte Person oder Umgebung hinterlässt, schon einmal gehört oder sogar selbst benutzt. Diejenigen, die diese Redewendung verwenden, wissen es vielleicht nicht, aber sie nutzen das Prinzip der Schwingung. Und so wie Menschen und Umgebungen ihre eigenen spezifischen "Vibes" haben, so haben auch Pflanzen ihre eigenen "Vibes".

Hexen arbeiten mit diesen spezifischen Schwingungen für bestimmte magische Zwecke, wie wir gleich noch genauer sehen werden.

Die magischen Werkzeuge der Wiccans

Auf jedem Hexenaltar können alle oder einige der folgenden magischen Werkzeuge vorhanden sein.

Wir nennen diese Werkzeuge "magisch", aber es ist anerkannt, dass die Werkzeuge eher Kanäle für ihre eigene magische Kraft sind. Das menschliche Unterbewusstsein arbeitet besser mit Symbolen und Bildern als mit Worten und Beschreibungen. Wir sprechen vielleicht Worte, wenn wir einen Zauberspruch sprechen, wie z. B. "Ich sende meine Absicht in das Universum hinaus, damit mein Wille geschieht", aber, wenn wir dann noch die Handlung unserer Hand hinzufügen, die einen Zauberstab hält, der zum Himmel ausgestreckt ist, dann haben wir die Kraft unseres bewussten und unterbewussten Geistes kombiniert, um Magie zu schaffen.

Die Magie liegt also in uns selbst. Menschen erschaffen Werkzeuge nicht, um die Arbeit für sich zu erledigen (ungeachtet von Robotern und Maschinen), sondern um uns zu helfen, bessere Arbeit zu leisten.

Werkzeuge sollten immer von verbleibender Energie gereinigt werden, wenn sie zum 1. Mal erworben oder gekauft werden. Dies kann durch Räuchern oder heiligen Rauch mit Salbei, Palo Santo Holz, reinigendem Weihrauch oder Rosmarin geschehen. Werkzeuge können im Licht des Vollmonds gesegnet und geweiht werden, und viele Hexen stellen ihre Werkzeuge und Kristalle zu diesem Zweck jeden Monat unter den Mond.

❖ Das Pentagramm

Das Pentagramm ist eine Scheibe, in die das Symbol eines 5-zackigen Sterns, auch Pentagramm genannt, eingraviert, geschnitzt oder eingeschrieben ist. Es symbolisiert sowohl die 5 magischen Elemente Erde, Luft, Feuer, Wasser und Geist als auch den Gehörnten Gott und die wilde, natürliche Welt. Ein Pentagramm ist eine schöne Ergänzung für einen Wicca-Altar; es erinnert uns an die Kräfte der Magie, die auf der Erde und in uns selbst natürlich vorkommen. Es ist ein Symbol für das Potential und die Macht einer Hexe.

Wiccans und andere Heiden tragen oft Schmuck mit Pentakeln darauf. Für viele ist dies sowohl ein Zeichen von Stolz als auch von Trotz. Darüber hinaus hat die US-Armee beschlossen, Wicca als offizielle Religion anzuerkennen, und hat seitdem Pentagramme auf den Grabsteinen von Wicca-Soldaten eingraviert, die ihr Leben im Dienst verloren haben.

Das Pentagramm kann auch in der Magie verwendet werden. Es gibt ein Beschwörungspentagramm und ein Bannungspentagramm. Ersteres wird verwendet, um etwas, das wir uns wünschen, näher an uns heranzubringen, und letzteres wird verwendet, wenn wir etwas oder seinen Einfluss loswerden wollen. Dieses Konzept ist vergleichbar mit der Wahl, einen Zauber bei zunehmendem oder abnehmendem Mond zu sprechen; jede Zeit hat ihren Zweck, und unsere Zaubersprüche sollten darauf abgestimmt sein, um maximale Wirksamkeit zu erzielen.

❖ Das Athame

Das Athame ist das Ritualmesser, das die Energie des Gottes in der Zeremonie symbolisieren soll. In der Regel handelt es sich um eine silberne, 2-schneidige Klinge mit schwarzem Griff, aber es gibt eine große Auswahl an Athames zu kaufen. Einige sind sogar aus Stein oder Kristall gefertigt. In der Regel werden die Klingen der Athame stumpf gehalten. Bei der Zeremonie wird die Athame oft in den Becher oder Kelch gesteckt, um die Vereinigung von Gott und Göttin zu symbolisieren. Eine Athame sollte niemals für weltliche Dinge wie die Zubereitung von Speisen verwendet werden.

Ein Athame kann auch zum Werfen eines Kreises verwendet werden, wenn man auf die 4 Richtungen/Elemente zeigt.

❖ Der Kelch

Der Kelch, der auch als Becher bezeichnet wird, symbolisiert die Göttin in Ritualen und auf dem Wicca-Altar. Er wird klassischerweise aus Silber hergestellt, da dieses Metall der Göttin heilig ist, aber Kelche werden auch aus Holz, Zinn, Messing, Gold, Kupfer, Keramik, Marmor und anderen Mineralien hergestellt. Einige sind mit Edelsteinen verziert. Andere sind schlicht und einfach.

Der Kelch mit einem Trankopfer aus Wein oder Traubensaft wird beim Abschluss der Sabbat-Zeremonie eines Hexenzirkels oder einer Gemeinschaft von Person zu Person weitergereicht, während jede Person zur nächsten sagt: "Mögest du niemals Durst haben." Dazu wird ein Laib Brot oder ein Teller mit anderen Speisen gereicht, und es wird gesagt: "Mögest du niemals hungern."

Ein Kelch kann eine wunderbare Möglichkeit sein, Kräuter oder Wasser unter dem magischen Licht des Vollmonds zu verzaubern. Den Mond zu nutzen, um einem Gegenstand oder einer Flüssigkeit Magie zu verleihen, ist eine gängige Praxis in Wicca und anderen heidnischen Religionen.

❖ Der Zauberstab

Der Zauberstab wird als eine Erweiterung der magischen Energie der Wicca betrachtet. Er ist mit dem Element des Feuers verbunden. Ein Zauberstab kann aus einem im Wald gefundenen Stock handgefertigt oder gekauft werden. Wie jedes neu erworbene Werkzeug sollte auch ein Zauberstab vor seiner Verwendung spirituell gereinigt werden.

Traditionelle Stäbe werden aus Eiche, Esche, Birke oder Weide gefertigt, aber Stäbe können aus jedem Material hergestellt werden. Bambus eignet sich hervorragend für Stäbe, da ein geschriebenes Siegel, ein Zauberspruch oder ein Segen in den Stab gerollt und hineingeschoben werden kann, und ein Kristall kann an der Öffnung des Stabes angebracht werden.

Ein Zauberstab, wie ein Athame, wird oft gewählt, um einen Kreis zu werfen, indem er auf die 4 Richtungen zeigt.

❖ Der Kessel

Der Kessel ist vielleicht eines der bekanntesten Symbole der Hexerei. Als in der Antike Heiler, Kräuterkundige und Dorfälteste um Hilfe bei Krankheit, Fruchtbarkeit und Verletzungen gebeten wurden, war der Kessel ein wichtiges Werkzeug, in dem Kräuterheilmittel gebraut wurden.

Heutzutage sind Kessel recht teuer, obwohl wir für unsere magische Verwendung des Kessels glücklicherweise nur eine kleine Nachbildung der ursprünglichen, großen gusseisernen Töpfe benötigen. Dennoch kostet selbst ein kleiner, handgroßer Kessel ein hübsches Sümmchen. Man braucht ihn nicht (und auch kein Werkzeug), um magische Zauber zu wirken, aber er ist nützlich zum Mischen von Kräutern und zum Füllen mit Wasser, um die Oberfläche zum Wahrsagen zu nutzen.

Wenn ein Kessel Ihr Budget übersteigt, eignet sich eine schwarze Keramik- oder Glasschale genauso gut. Manche Hexen entscheiden sich dafür, ihren Mörser und Stößel auch als kleinen Kessel zu verwenden.

❖ Der Besen

Der Besen ist das bekannteste Symbol, das mit Hexen in Verbindung gebracht wird. Er ist in der modernen Halloween-Dekoration und in unzähligen Illustrationen und Cartoons zu sehen. Die Vorstellung, dass Hexen auf Besen durch die Luft reiten, wurde von Shakespeare dargestellt, als er schrieb, dass die 3 Hexen in seinem Stück "Macbeth" genau das tun würden. Das Besenreiten ist wahrscheinlich eine Allegorie für die schamanische Astralprojektion, die in der Regel durch den Konsum halluzinogener Pflanzen zum Zwecke der Weissagung oder für Reisen in die Geisterwelt hervorgerufen wird.

Heute hat der Besen einen viel bescheideneren Zweck, der aber nicht weniger wichtig ist. Wiccans und andere Heiden verwenden den Besen, um auf spirituelle Weise negative Energie aus einem Raum zu "fegen". Genau wie alltäglicher Schmutz und Staub sammelt sich negative Energie im Laufe unseres Lebens an, und wenn wir die Energie aus der Außenwelt in unsere Häuser, Räume und Altarräume bringen. Das Fegen aus dem Inneren eines Hauses nach außen reinigt einen Raum von Stagnation und Negativität, sodass dort Magie ausgeübt und ein friedliches Leben geführt werden kann.

❖ Mörser und Stößel

Obwohl Mörser und Stößel normalerweise nicht als magisches Werkzeug angesehen werden, sind sie dennoch ein wesentliches Instrument für die Kräutermagie. Der Akt des Mahlens und Zerkleinerns der Kräuter, um ihre Energie freizusetzen und sie miteinander zu vermischen, kann mit gesprochenen Worten oder vorgestellten Szenarien kombiniert werden, in denen die Magie stattfindet; das Mahlen des Stößels in Richtung Sonne (die wiccanische Art im Uhrzeigersinn) bringt das Gewünschte näher, während das Mahlen des Stößels in Richtung Breite (die wiccanische Art gegen den Uhrzeigersinn) den Einfluss von etwas verringert oder es vertreibt.

❖ Der Boline

Eine Boline ist das praktische Gegenstück zur Athame. Sie wird scharf gehalten und während des Rituals zum Ernten von Kräutern und zum Schneiden ritueller Speisen verwendet (z. B. das stumme Abendessen für die Geister an Samhain oder die Teller für Gott und Göttin während eines Sabbats). Auch wenn es sich nicht um ein symbolisches Werkzeug wie die Athame handelt, sollte die Boline dennoch von weltlichen Werkzeugen getrennt gehalten und nicht im Alltag verwendet werden.

❖ Der Wicca-Altar

Auf einem Wicca-Altar werden in der Regel Gegenstände und/oder Bilder der Göttin auf der linken Seite platziert, während Gegenstände oder Symbole des Gottes auf der rechten Seite platziert werden. Ein Altar sollte nach Norden ausgerichtet sein. Manche Hexen verwenden einen tragbaren Altar, z. B. einen kleinen Tisch oder einen Schemel. Um herauszufinden, wo bei Ihnen zu Hause Norden ist, können Sie einen altmodischen Kompass, eine Kompass-App auf Ihrem Handy oder Google Maps verwenden und nach Ihrem Haus suchen.

Im Norden des Altars wird ein Symbol der Erde platziert, z. B. ein Stein, eine Schale mit Erde oder etwas Salz. Es steht Ihnen frei, Ihre Vorstellungskraft zu benutzen, aber - wie bei allen Dingen in der Hexerei - ist Ihre Vorstellungskraft der Schlüssel zu grenzenlosen Ideen und neuen Ansätzen in der Magie.

Im Osten kann ein Luftsymbol wie eine Feder oder ein Fächer in der Hand platziert werden.

Im Süden kann ein Symbol des Feuers platziert werden. Auch wenn man sofort an eine Kerze denkt, kann man auch einen roten Stein oder eine rote Blume oder eine kleine Statue eines Salamanders, eines Phönixes oder eines Drachens verwenden, damit man nicht über eine Flamme greifen muss, um an die Gegenstände zu gelangen, mit denen man seinen Zauber wirkt.

Im Westen kann ein Wassersymbol aufgestellt werden. Wenn Sie Wasser auf Ihrem Altar oder in Ihren Zaubersprüchen verwenden, sollten Sie natürliches Wasser wie Regen- oder Flusswasser dem Wasser aus der Leitung oder aus Flaschen vorziehen, aber verwenden Sie, was Sie gerade zur Hand haben.

Sie können auch alle Werkzeuge, die Sie verwenden, auf den Altar legen, zusätzlich zu allen Zutaten oder alltäglichen Dingen wie Streichhölzern, einem Stift, Papier, Schnur, Faden oder Säckchen für Beutel.

❖ Ihr Altar und das Rad des Jahres

Ihr Altar wird sich mit der Zeit verändern, und das ist ganz natürlich. Er ist eine Erweiterung der Einzigartigkeit von Ihnen. Vielleicht ist er anfangs mit silbernen und weißen Steinen und Kerzen gefüllt, aber nach 1 Jahr ist er mit satten Farben und erdiger Energie geschmückt. Mit dem Wechsel der Jahreszeiten wird er mit Ihnen schwanken.

Wenn Sie sich dafür entscheiden, einen Sabbat zu feiern, können Sie diesen Sabbat und die Rollen der Götter und Göttinnen reflektieren und ehren, indem Sie Ihren Altar entsprechend dekorieren. Z. B.:

Zu **Samhain** wird ein Altar entweder mit den satten Farben der Ernte oder mit den dunkleren Farben der Crone-Göttin wie Schwarz, Braun, Karmesin, Orange, Gold, Silber oder Creme geschmückt. Kräuter wie die Weinraute, Blumen wie Fingerhut oder Chrysanthemen und Weihrauch wie Myrrhe oder Benzoe sind zu dieser Zeit sehr passend.

Zu **Yule** wird ein Altar mit den Farben des Winters geschmückt, wie Dunkelgrün, Rot für Stechpalmenbeeren, Weiß, Silber und Gold. Tannenzweige, silberne und weiße Utensilien, Granatäpfel und Äpfel als Symbol für Gott und Göttin, Kräuter wie Basilikum, alle weißen Blumen und Weihrauch wie der heilige Tempelweihrauch sind zu dieser Zeit geeignet.

Zu **Imbolc** wird ein Altar mit den Farben geschmückt, die die ersten Anzeichen des Frühlings in der Welt darstellen, wie Weiß, Hellgelb, Hellgrün und Lavendel. Neue Pflanzen wie Krokusse und ganzjährig blühende Pflanzen wie das afrikanische Veilchen sind ebenso geeignet wie Kräuter wie Eisenkraut und Zitronengras. Zu Ehren der Göttin des Feuers und der Inspiration, wäre alles, was mit Feuer zu tun hat, ebenfalls angebracht.

An **Ostara** würde man einen Altar mit den Farben schmücken, die den Frühlingsanfang repräsentieren, wie z. B. helles Grün, Indigo und Violett, Rosa und Gelb wären geeignet. Bemalte Eier, Symbole der Fruchtbarkeit, sowie ein Bild von Hasen wären ebenfalls angebracht. Kräuter wie Engelwurz und Lavendel, Blumen wie Hyazinthe und Taglilie würden zu dieser Zeit gut passen.

Zu **Beltane**, dem Fest des Feuers, sind die Farben Rot, Weiß, Orange, Gelb und Grün für den Frühling gut geeignet. Kräuter wie Rosmarin, Brennnessel und Basilikum und Pflanzen wie Knoblauch und Weinraute sind alle für Beltane geeignet. Bilder oder Statuen des Gottes und der Göttin wären ebenfalls geeignet.

An **Litha**, dem Mittsommer, sind alle Farben des Gartens und des Feldes des Bauern willkommen. Teller mit Obst oder Gemüse aus dem Garten und frisch gepflückte Blumen sind zu dieser Zeit angemessen. Die Bilder der Muttergöttin und des Gehörnten Gottes oder des Grünen Mannes wären geeignet.

An **Lammas** werden Pflanzen der frühen Ernte auf dem Altar aufgestellt, ebenso wie Bilder des Sonnengottes. Kräuter wie das Fingerkraut und Pflanzen wie Weizen und Sonnenblumen sind geeignet.

Am **Mabon**, dem Erntedankfest, sind Kürbisse, Kränze, Maispuppen sowie Pflanzen und Blumen in den Farben Gold und Rot angebracht, ebenso wie schmackhafte Kräuter wie Basilikum, Paprika, Oregano und Salbei.

KAPITEL 4: Wichtige praktische Tipps für die Arbeit mit Kräutern

Die Arbeit mit Kräutern kann ein kraftvoller und lohnender Teil Ihrer wiccanischen Praxis sein. Als Nächstes werden wir verschiedene Möglichkeiten erkunden, wie Sie Kräuter kultivieren und verwenden können, und wie Sie am besten an jede Methode herangehen.

Denken Sie daran, dass Sie bei der Arbeit mit Kräutern Ihre Verbindung zu den natürlichen Zyklen von Leben und Tod stärken. Indem Sie sich mehr auf die natürliche Harmonie um sich herum einstimmen, können Sie mehr über sich selbst und Ihr magisches Wesen erfahren.

Indem Sie die Kräuter auswählen, die Sie anbauen möchten, die Samen einpflanzen und sie dann pflegen, während sie gedeihen, können Sie sich den natürlichen Rhythmen unserer Welt annähern. Da Kräuter während ihres Wachstums alle Elemente nutzen, kann es hilfreich sein, über jedes Element nachzudenken und darüber, wie es den Kräutern hilft, zum Leben zu erwachen.

- Die Luft trägt zur Verbreitung der Samen bei und fördert die "Reinigung" der Pflanzen, indem sie alte Blätter oder Blüten wegbläst.
- Wasser ist für jede Pflanze unerlässlich, um ihre Fähigkeit zu fördern, Nährstoffe aus dem Boden aufzunehmen.
- Das Feuer in Form des Sonnenlichts nährt die Pflanzen.
- Die Erde selbst hält die Pflanzen fest und bietet ihnen die Grundlage, die sie zum Gedeihen brauchen.

Wenn Sie Ihre eigenen Kräuter anbauen, können Sie mit eigenen Augen sehen, wie ganzheitlich und kooperativ die 4 Elemente sind und wie sie zusammenwirken, um Magie zu schaffen. Darüber hinaus haben viele Kräuter ihre eigenen speziellen Entsprechungen zu den verschiedenen Elementen, und diese können Ihnen helfen, mit jedem einzelnen Element zu arbeiten.

Da sich Ihr Kräutergarten ständig verändert und wächst, werden Sie sich ihrer kraftvollen, transformativen Essenz immer bewusster werden.

Es ist wunderbar, Kräuter auf verschiedene Weise zu verwenden - sie zu trocknen, zu lagern und rituelle Gegenstände aus ihnen herzustellen. Doch das ist nur ein Teil der Magie. Wie Sie sehen werden, kann die Pflege und Kultivierung Ihres Gartens genauso magisch sein wie die formellen Rituale, die Sie durchführen.

Praktische und magische Tipps für die Arbeit mit Kräutern

Von allen Werkzeugen, die in der Magie verwendet werden, sind Kräuter bei weitem die praktischsten und vielseitigsten. Das bedeutet, dass es eine Menge über die Arbeit mit diesen erstaunlichen Energiequellen zu lernen gibt.

Im Folgenden finden Sie einige grundlegende Informationen über den Kauf, den Anbau und die Zubereitung von Kräutern für die magische Verwendung. Dies ist keineswegs ein umfassender Leitfaden, aber es gibt hier genug Material, um auch den brandneuen Anfänger auf den Weg der Kräutermagie zu bringen.

Einkauf von Kräutern

Natürlich ist der schnellste Weg, Kräuter für Ihre magische Praxis zu erwerben, sie zu kaufen (es sei denn, Sie können sie von einem Freund oder Nachbarn bekommen).

Wie bereits bei den 13 Kräutern erwähnt, ist eine große Vielfalt an Kräutern in der Gewürzabteilung jedes Lebensmittelgeschäfts leicht zu finden. Sie liegen in getrockneter Form vor und sind je nach Kraut entweder gehackt, pulverisiert oder ganz.

Es kann sogar sein, dass Sie dasselbe Kraut sowohl in pulverisierter als auch in ganzer Form finden. Egal, ob Sie es für einen Zauber oder ein Rezept kaufen, stellen Sie sicher, dass Sie genau wissen, welches Kraut Sie brauchen.

Einige Kräuter sind auch frisch in der Gemüseabteilung zu finden, insbesondere Basilikum, Dill, Minze, Petersilie, Rosmarin, Salbei und Thymian.

Aber was können Sie mit den Kräutern tun, die nicht für kulinarische Zwecke verwendet werden und daher nicht ohne Weiteres erhältlich sind? Je nachdem, wo Sie leben, haben Sie einige Möglichkeiten.

Diejenigen, die in einem Gebiet mit einem Naturkostladen leben, haben Glück, denn sie finden dort eine große Auswahl an Küchen- und Heilkräutern, die in der Abteilung für lose Ware erhältlich sind.

Das gilt vor allem für genossenschaftlich geführte Lebensmittelgeschäfte, die in Nordamerika recht häufig sind. Einige Genossenschaften haben buchstäblich Hunderte von Kräutern zur Auswahl, was für den angehenden Kräutermagier überwältigend sein kann, aber es ist trotzdem ein schöner Anblick.

Der große Vorteil des Großeinkaufs ist, dass man von jedem Kraut so viel oder so wenig kaufen kann, wie man möchte. Das macht es extrem kostengünstig, neue Dinge auszuprobieren - sei es ein Gewürz für ein neues Rezept oder ein Kraut für einen neuen Zauberspruch.

Sie können buchstäblich einen Teelöffel kaufen, wenn Sie nur das wollen. (Das ist auch ein großer Vorteil für Köche, denn abgepackte Gewürze neigen dazu, zu verderben, bevor man sie überhaupt verbrauchen kann, und sind in der Regel auch noch überteuert.)

Und obwohl es in einem Naturkostladen nicht wahrscheinlicher ist als in einem Lebensmittelladen, dass er für die magische Verwendung seiner Produkte wirbt, ist es fast garantiert, dass jedes Kraut, das Sie in einem dieser Läden finden, magische Eigenschaften hat.

Wenn Sie keinen Zugang zu einem Reformhaus haben, schauen Sie sich in Ihrer Umgebung nach anderen möglichen Anbietern von nicht-kulinarischen Kräutern um, z. B. in Geschäften, die sich auf chinesische und andere alternative Medizin spezialisiert haben.

Diese Verkaufsstellen können einzelne Kräuter in loser Schüttung verkaufen oder auch nicht, haben aber möglicherweise Mischungen getrockneter Kräuter oder Tinkturen und Öle, die für magische Zwecke verwendet werden können. Die Mitarbeiter können Ihnen vielleicht auch einen seriösen Online-Händler empfehlen, bei dem Sie einzelne Kräuter bestellen können.

Natürlich können Sie es auch bei Ihrem nächsten Wicca- oder New-Age-Laden versuchen, wenn Sie das Glück haben, in der Nähe eines solchen zu wohnen. Es kann sein, dass sie aufgrund von Zulassungsbestimmungen, nicht in der Lage sind, Kräuter in großen Mengen zu verkaufen, aber sie sind fast sicher in der Lage, Ihnen zu helfen, das zu finden, was Sie suchen.

Wenn Sie keine Möglichkeit haben, vor Ort einzukaufen, gibt es viele Online-Händler, die eine große Auswahl an Küchen-, Heil- und Zauberkräutern in verschiedenen Formen anbieten.

Dazu gehören Geschäfte, die speziell für Hexen und Wicca geführt werden und sogar vorgeladene Kräuter für bestimmte Arten von Zaubern verkaufen können. Es gibt aber auch viele andere Kräuterhändler im Internet, die möglicherweise eine bessere Qualität und/oder niedrigere Preise haben als die magisch orientierten Websites.

Das Problem dabei ist, dass einige ungebildete oder sogar unethische Verkäufer Ihnen das falsche Kraut liefern könnten, und Sie könnten nicht in der Lage sein, den Unterschied zu erkennen. Stellen Sie also sicher, dass Sie einige Nachforschungen anstellen, bevor Sie eine Bestellung aufgeben. Lesen Sie Bewertungen, vergleichen Sie Preise, und hören Sie vor allem auf Ihre Intuition.

Gestalten Sie Ihren eigenen magischen Garten

Wenn Sie dazu in der Lage sind, ist der Anbau Ihrer eigenen Kräuter eine wunderbar befriedigende Möglichkeit, Ihre Beziehung zu ihren magischen Kräften zu vertiefen. Es ist zwar unwahrscheinlich, dass die meisten Menschen in der Lage sind, jedes einzelne Kraut, das sie in ihrer magischen Praxis verwenden, selbst anzubauen, aber selbst ein paar Pflanzen in einem Küchenfenster können einen unglaublichen Unterschied machen.

Natürlich ist es absolut nicht verkehrt, bereits geerntete frische oder getrocknete Kräuter zu kaufen - fast jede Hexe hat das Bedürfnis, dies zu tun. Aber der Prozess des Anbaus und der Ernte, der sich über einen längeren Zeitraum erstreckt, kann die Beziehung zu den spirituellen Energien der Pflanze wirklich vertiefen und dem magischen Wirken, für das die Pflanze verwendet wird, eine zusätzliche Kraft verleihen.

Außerdem verbessern lebende Pflanzen auf natürliche Weise die energetische Qualität eines Raumes, ob drinnen oder draußen, was einer erfolgreichen Magie immer förderlich ist.

Wenn Sie sich noch nie für einen guten Gärtner gehalten haben, sollten Sie sich eines Besseren belehren lassen. Alles, was Sie brauchen, ist ein bisschen Platz, Vertrauen und Geduld.

Sie müssen Ihren Garten nicht umkrempeln und 7 verschiedene Kräutersorten auf einmal anpflanzen. Fangen Sie ruhig klein an - auch mit nur einer einzigen Pflanze -, damit Sie nicht Gefahr laufen, sich überwältigt zu fühlen. Wenn Sie also gestresst und/oder pessimistisch sind, was Ihre Erfolgsaussichten angeht, während Sie versuchen, einen riesigen Garten zu pflegen, wird es den Pflanzen wahrscheinlich sowieso nicht gut gehen.

In der Tat ist es im Allgemeinen eine bessere Idee, mit 1 oder 2 Kräutern im Topf zu beginnen, als direkt mit Pflanzen im Boden zu arbeiten. Je nach dem Klima, in dem Sie leben, kann der Anbau im Freien aufgrund der jahreszeitlichen Schwankungen ziemlich schwierig sein, während Sie in Innenräumen davon ausgehen können, dass Kräuter das ganze Jahr über gedeihen.

Außerdem vergisst man nicht so leicht, die Kräuter zu gießen, wenn man sie den ganzen Tag sieht. Beginnen Sie also damit, einen idealen Platz in Ihrem Zuhause zu finden, um Ihren magischen Garten anzulegen - wie bescheiden er auch zunächst sein mag.

Für viele Hexen, vor allem in städtischen Gebieten, bedeutet dies eine Fensterbank in der Küche, aber es hängt wirklich davon ab, wo in Ihrem Haus Sie das ideale Sonnenlicht für die Kräuter, die wachsen sollen, bekommen.

Wenn Sie nicht viel direktes Sonnenlicht bekommen, dann wählen Sie Kräuter, die nicht viel brauchen, wie Minze oder Pfefferminze. Im Internet können Sie leicht Informationen darüber finden, welche Kräuter für Ihre Lebenssituation am besten geeignet sind.

Für welche Kräuter Sie sich auch entscheiden, beachten Sie unbedingt die Anweisungen für eine optimale Pflege. Einige Pflanzen mögen nicht viel Wasser und können durch Überwässerung leicht beschädigt werden - Rosmarin ist ein Beispiel dafür. Andere, wie z. B. Thymian, benötigen viel Sonnenlicht und können sogar von zusätzlichen "Wachstumslampen" profitieren, um sie so gesund wie möglich zu halten.

Außerdem gedeihen verschiedene Kräuter am besten in verschiedenen Erd-Arten. Berücksichtigen Sie dies also bei Ihren Recherchen, denn mit etwas Glück benötigen Sie mehr Erde zum Umtopfen, wenn Ihre Pflanzen wachsen.

Und Sie müssen Ihre Pflanzen auch nicht unbedingt aus Samen ziehen, vor allem nicht, wenn Sie neu im Garten sind. Sie können in vielen Haus- und Gartengeschäften, auf Bauernmärkten und sogar in Lebensmittelgeschäften während der Anbausaison "Startpflanzen" finden.

Natürlich müssen Sie nicht unbedingt essbare Pflanzen für Ihren magischen Garten auswählen, aber wenn Sie das tun, können Sie mehr Bereiche Ihres Lebens mit Magie durchdringen, denn Sie können Ihre Suppen, Soßen und Backwaren einen kleinen Energieschub geben.

Der Anbau eigener Kräuter hat so viele Vorteile. Wie bereits erwähnt, bringt es positive Energie in Ihre häusliche Umgebung und verbessert Ihre magische Arbeit (ebenso wie Ihr Kochen). Aber genauso wichtig ist, dass es Ihnen hilft, sich auf Ihre eigene persönliche Energie einzustimmen.

Jedes Mal, wenn Sie Ihre Kräuter gießen, achten Sie darauf, dass Sie Positivität und Liebe in die Erde ausstrahlen. Berühren Sie sanft die Blätter und flüstern Sie der Pflanze Ihren Dank für ihre vielen Segnungen in Ihrem Leben zu. Begrüßen Sie Ihre Pflanzen jeden Tag, auch (und vor allem) diejenigen, die nicht täglich gegossen werden müssen.

Wenn Sie Ihren magischen Garten mit positiver Energie versorgen, versorgen Sie sich gleichzeitig auch selbst. Sowohl Sie als auch Ihre Pflanzen werden von dieser synergetischen Beziehung profitieren, und Sie werden sich mit Ihren magischen Vorfahren verbinden, indem Sie diese uralte Praxis fortführen.

Astrologie und die Elemente im Gartenbau

Die Einbeziehung von Elementen der westlichen Mysterien-Tradition, von denen vieles in Wicca und andere Formen der Hexerei integriert ist, kann die Magie Ihres Gartens wirklich verstärken.

Insbesondere die Beziehung zwischen der Astrologie und den 4 klassischen Elementen kann genutzt werden, um eine ausgewogene Harmonie während des Lebenszyklus Ihrer Pflanzen zu schaffen. Eine Möglichkeit, Ihren Garten mit den Elementen in Einklang zu bringen, ist die Beachtung der Wanderung des Mondes durch die einzelnen Tierkreiszeichen.

Wenn der Mond z. B. in einem Erdzeichen steht (Steinbock, Jungfrau oder Stier), ist dies ein idealer Zeitpunkt, um einen Kräutergarten anzulegen.

Der Mond in den Wasserzeichen (Skorpion, Fische und Krebs) ist eine gute Zeit, um 1-jährige Kräuter zu pflanzen.

Mondbesuche in Feuerzeichen (Schütze, Widder und Löwe) sind ideale Zeiten für die Ernte.

Und Luftzeichen (Zwillinge, Waage und Wassermann) eignen sich hervorragend für Kulturarbeiten wie Düngen, Umtopfen und Beschneiden.

Allerdings sollten die Bedürfnisse Ihrer Pflanzen Vorrang vor dem Zeichen des Mondes haben. Warten Sie also nicht damit, eine überlastete Basilikumpflanze zu beschneiden, nur, weil der Mond im Skorpion steht.

Aber da der Mond etwa alle paar Tage in ein neues Zeichen eintritt, kann es ziemlich einfach sein, den Dreh rauszukriegen, wie man mit diesen astrologischen und elementaren Korrespondenzen in seiner Gartenpraxis arbeitet.

Sammeln in der Wildnis

Eine weitere uralte Praxis, die auch heute noch praktiziert wird, wenn auch in den letzten Jahrhunderten in der westlichen Welt viel weniger, ist das Sammeln von Wildkräutern, das sogenannte "Foraging". Auf diese Weise erwarben die ersten Menschen ihr Wissen über das Pflanzenreich.

Heute sind nicht mehr viele Menschen in der Lage, Pflanzen in der freien Natur zu identifizieren, um sie sicher zu ernten, aber es gibt immer noch einige, die dies tun, entweder für den persönlichen Gebrauch oder für den kommerziellen Handel (oder beides).

Einige Wildkräuter werden für kulinarische Zwecke verwendet, aber nicht viele - unsere Geschmacksknospen haben sich im Laufe der Jahrhunderte zu sehr an die süßeren, reichhaltigeren Aromen kultivierter Kräuter gewöhnt. Stattdessen werden die meisten Wildkräuter zu medizinischen Zwecken geerntet, und zwar nur solche, die in der Kultur nicht gut gedeihen.

Ginseng und Salomonsiegel sind 2 Beispiele für sehr begehrte Kräuter in der nördlichen Hemisphäre. Leider werden beide aufgrund ihres kommerziellen Wertes übermäßig geerntet, und der Planet ist in großer Gefahr, diese beiden wunderbaren Exemplare zu verlieren, wenn die menschliche Gier nicht eingedämmt wird.

Was magische Zwecke angeht, so sind Hexen, die wissen, wie man auf Nahrungssuche geht, im Allgemeinen von Natur aus ökologisch eingestellt und wissen, wie man verantwortungsvoll erntet, mit Ehrfurcht vor den magischen Energien der Umwelt und der Absicht, diese nachhaltig zu erhalten.

Wenn Sie in der Nähe eines Waldes, eines Gewässers oder eines anderen Naturgebiets leben, in dem es eine große Vielfalt an Pflanzen gibt, sollten Sie sich erkundigen, ob es in Ihrer Gemeinde Kurse oder Schulungen zur Nahrungssuche gibt.

Es wird nicht empfohlen, ohne jegliche Ausbildung auf Nahrungssuche zu gehen, da es sehr leicht sein kann, eine Pflanze mit einer anderen zu verwechseln - mit potentiell tödlichen Folgen. Drucken Sie also nicht einfach einen Leitfaden für gängige Wildkräuter aus und machen Sie sich auf den Weg in den Wald, um Zutaten für Ihren nächsten magischen Tee zu finden.

Aber wenn Sie von einem erfahrenen Naturforscher lernen können, wie man 1 oder 2 nützliche und reichlich vorhandene Kräuter identifiziert, kann die Erfahrung des Sammelns in der freien Natur einen erstaunlich starken Einfluss auf Ihre magische Praxis haben.

Magische Weinlese

Egal, ob Sie auf Nahrungssuche sind oder selbst angebaute Kräuter verwenden, es lohnt sich, bei der Ernte auf den richtigen Zeitpunkt und die richtige Methode zu achten.

Die beste Zeit für diese Tätigkeit ist der frühe Teil des Tages, nachdem der Morgentau getrocknet ist, aber bevor die Hitze der Sonne einsetzt. So bleiben der optimale Geschmack und die energetische Potenz der Pflanze erhalten.

Nehmen Sie nur so viel, wie Sie für Ihren Zauber oder Ihr Rezept brauchen, es sei denn, Sie beschneiden sie, um ihr Wachstum zu fördern. (Wenn Sie sich mit den einzelnen Kräutern beschäftigen, bekommen Sie ein Gefühl dafür, wie viel Sie auf einmal nehmen sollten und wie oft Sie es tun sollten.)

Die Blätter einiger Pflanzen, wie Basilikum und Patchouli, lassen sich leicht mit den Fingern abzwicken. Andere, wie Rosmarin, haben kräftigere Stängel und benötigen ein Schneidewerkzeug.

Apropos schneiden: Egal, ob Sie Ihre eigenen Kräuter anbauen, in der Natur sammeln oder eine Packung mit frischen Kräutern aus dem Supermarkt öffnen, früher oder später müssen Sie die Pflanzen, mit denen Sie arbeiten, schneiden, um sie zu verwenden.

Das Wissen, dass Pflanzen ein Bewusstsein haben, wie wir im 1. Teil gesehen haben, macht dies für manche Menschen etwas schwieriger als es vielleicht vorher war. Was passiert mit der magischen Energie einer lebenden Pflanze, die mit einem Messer oder einer Schere angegriffen wird? Ist es möglich, dass die Störungen, die die Pflanze erfährt, die magische Arbeit beeinflussen?

Viele Wiccans und andere Hexen würden dies bejahen, aber glücklicherweise gibt es Möglichkeiten, die energetischen Auswirkungen der Verwendung von Kräutern auf diese Weise auszugleichen.

In vielen wiccanischen Traditionen wird für die Ernte von Kräutern zu rituellen Zwecken ein speziell dafür vorgesehenes Messer, eine sogenannte Boline, verwendet. Dieses Messer hat in der Regel (aber nicht immer) einen weißen Griff, und die Klinge kann gerade oder leicht gebogen wie eine Sichel sein.

Die Verwendung einer Boline oder eines anderen Messers ausschließlich für die magische Arbeit (im Gegensatz zum Ernten von Basilikum für die Nudelsoße) ist eine Möglichkeit, die Energie der geernteten Pflanze zu ehren.

Einige Hexen, besonders jene, die sich in der Küche auskennen, sehen jedoch keinen wirklichen Unterschied zwischen ritueller Zauberarbeit und Kochen, da alle ihre Arbeit mit Kräutern von Magie durchdrungen ist und sie daher keine Notwendigkeit sehen, ein separates Messer oder ein anderes Schneidewerkzeug zu führen.

Unabhängig davon, ob Sie sich für eine Boline entscheiden oder nicht, sollten Sie vor allem auf Ihre Energie und Konzentration achten, wenn Sie eine Pflanze anschneiden. Bewahren Sie eine respektvolle und ehrfürchtige Haltung und danken Sie der Pflanze dafür, dass sie ihre Gaben mit Ihnen teilt.

Manche Hexen hinterlassen der Pflanze gerne ein Opfer, z. B. einen kleinen Kristall oder ein paar Tropfen Milch oder Körner.

Je nachdem, wie oft Sie von den Pflanzen ernten, kann dies praktisch sein oder auch nicht, aber es ist eine gute Möglichkeit, sich selbst daran zu erinnern, mit den Pflanzengeistern zu kommunizieren, anstatt einfach nur gedankenlos an ihnen herumzuschneiden. (Eine praktischere Alternative ist, ihnen etwas Wasser, Erde oder organischen Dünger anzubieten.)

Bei frischen Kräutern, die bereits geerntet wurden, können Sie dem Geist der Pflanze, von der Ihr Bündel stammt, noch danken, was Ihre Magie und/oder Ihre Kochkünste verbessern wird.

Trocknen und Lagern von Kräutern

Ein weiterer Vorteil des Anbaus eigener Kräuter ist, dass man sie selbst trocknen kann, was bedeutet, dass man bessere Gewürze für die Küche und stärkere magische Energie für seine Zauberei hat als mit gekauften Kräutern.

Es gibt verschiedene Möglichkeiten, Kräuter zu trocknen. Die einfachste ist, sie in Bündeln kopfüber an einem trockenen, gut belüfteten Ort ohne direkte Sonneneinstrahlung aufzuhängen. Viele Hexen finden, dass diese kopfüber hängenden Bündel die Atmosphäre in ihren Häusern fröhlich aufwerten.

Sie können spezielle Kräutertrockengestelle kaufen oder die Sträuße einfach mit Gummibändern oder Kabelbindern zusammenhalten und mit einer Schnur von der Decke oder auch nur an einem Nagel in der Wand aufhängen. Achten Sie nur darauf, dass sie genug Luft bekommen - vielleicht sollten Sie sie von Zeit zu Zeit umdrehen.

Bei den meisten Kräutern dauert es etwa 3 Wochen, bis sie auf diese Weise getrocknet sind. Sobald die Blätter knacken, wenn man sie einklemmt, sind sie trocken.

Eine andere, schnellere Methode ist es, die Kräuter flach auf ein Backblech zu legen und sie im Ofen auf niedriger Stufe zu trocknen. Das dauert nur ein paar Stunden, aber man muss regelmäßig nach den Kräutern sehen, weil man sie nicht verbrennen will.

Übrigens können Sie beide Methoden auch mit übrig gebliebenen frischen Kräutern anwenden, die Sie für einen Zauber oder ein Rezept gekauft haben. Sie brauchen sich also keine Sorgen mehr zu machen, dass frische Kräuter verschwendet werden.

Die meisten frischen Kräuter lassen sich am besten im Kühlschrank aufbewahren. Basilikum hält sich jedoch länger, wenn man es auf der Theke aufbewahrt, die Stängel in Wasser einlegt und die Blätter locker mit einer Plastiktüte abdeckt. Für getrocknete Kräuter sind Glasgefäße ideal, aber auch Plastikbeutel mit Reißverschluss sind gut geeignet, solange sie luftdicht verschlossen sind.

Welchen Behälter Sie auch immer wählen, bewahren Sie getrocknete Kräuter an einem kühlen, dunklen Ort auf, ohne direkte Sonneneinstrahlung und fern von Wärmequellen, wie z. B. dem Herd.

Und achten Sie darauf, alle Kräuter zu beschriften - vielleicht denken Sie, dass Sie sich an die einzelnen Kräuter erinnern werden, wenn Sie sie zum 1. Mal in die Gläser geben, aber Vorsicht ist besser als Nachsicht.

Aufladen von Kräutern zur magischen Verwendung

Wie wir im 1. Teil gesehen haben, tragen die Pflanzen bereits die magische Energie der Erde in sich. Wie bei jedem anderen magischen Werkzeug ist es jedoch am besten, die Kräuter vor der Verwendung in der Zauberei mit konzentrierter Energie aufzuladen.

Wenn Sie Ihre eigenen Kräuter anbauen, können Sie die Samen (oder Pflänzchen) aufladen, bevor Sie sie einpflanzen, sodass sie bei der Ernte bereits aufgeladen sind. Für getrocknete oder frische Kräuter, die Sie gekauft haben, gibt es verschiedene Methoden. Probieren Sie mehrere aus, um herauszufinden, was für Sie am besten funktioniert.

Mondlicht ist eine wunderbare Quelle für magische Energie. Lassen Sie die Kräuter im Freien oder auf einer Fensterbank für einige Stunden im Mondlicht stehen, vorzugsweise bei zunehmendem Mond - Vollmond ist ideal. Achten Sie darauf, sie zu entfernen, bevor das Sonnenlicht auf sie trifft, da sie sonst "ausbleichen" und ihre Energie schwinden kann.

Wenn Sie einen ausreichend großen Quarzkristall haben, legen Sie Ihre Kräuter einige Stunden lang auf den Kristall, denn Quarz ist ein natürliches Ladegerät.

Visualisierung ist ein weiteres großartiges Mittel zur Aufladung. Halten Sie das Kraut in der Handfläche Ihrer dominanten Hand, und legen Sie die andere Handfläche leicht darüber. Schließen Sie die Augen, atmen Sie tief ein und stellen Sie sich ein weißes Licht vor, das Ihren Körper umgibt und erfüllt.

Sehen Sie nun, wie das Licht in das Kraut in Ihren Händen eintritt. Halten Sie dieses Bild so lange, bis das Kraut vollständig von dem weißen Licht durchdrungen ist. Mit etwas Übung werden Sie spüren, wie die Energie des Krauts zwischen Ihren Handflächen erwacht.

Wenn Sie mit einer großen Menge des Krauts arbeiten, können Sie nur eine kleine Portion zum Aufladen nehmen und sie dann in den Kräuterbehälter zurückgeben, indem Sie sie vorsichtig untermischen, um die Ladung zu "verteilen".

Schließlich kann man mit Worten der Macht Kräuter aufladen. Das ist besonders nützlich, wenn Sie das Kraut für einen bestimmten Zweck programmieren wollen. Sie können etwas wie dieses sagen:

> "Ich lade diese [Name des Krauts] durch die universelle Kraft
>
> um [Name des magischen Zwecks] in mein Leben zu bringen.
>
> So soll es sein."

Hinweis: Im Allgemeinen werden magische Werkzeuge vor dem Aufladen von unerwünschter Energie "gereinigt". Bei Kräutern, die Sie selbst anbauen oder in der Natur gesammelt haben, ist dies nicht unbedingt notwendig. Bei im Laden gekauften Kräutern ist es jedoch ratsam, sie zu reinigen, da sie wahrscheinlich schon von vielen Menschen benutzt wurden, bevor Sie sie erworben haben.

Bei frischen Kräutern reicht es aus, sie mit Wasser abzuspülen - stellen Sie sich einfach vor, dass alle negativen oder unerwünschten Energien unter dem fließenden Wasser wegfließen. Bei getrockneten Kräutern können Sie ein Räucherkraut verwenden, um sie zu reinigen (das wird im 3. Teil erklärt), oder Sie können sie unter eine Glocke oder ein Glockenspiel legen, während Sie sie läuten.

Mondlicht wirkt auch als Reinigungsmittel, wenn Sie also Mondlicht zum Aufladen verwenden, brauchen Sie nicht vorher zu reinigen. Wie bei der Aufladung werden verschiedene Methoden für verschiedene Menschen am besten funktionieren, also experimentieren Sie und hören Sie auf Ihre Intuition, wenn Sie sich mit diesen Prozessen wohler fühlen.

Sind Sie bereit für etwas Magie?

Wenn es darum geht, eigene Kräuter anzubauen, gibt es wirklich eine Menge zu lernen - viel mehr, als dieser Leitfaden abdecken kann. Wenn Sie sich also noch nicht mit Gartenarbeit auskennen, sollten Sie die Pflanzen, die Sie anbauen möchten, unbedingt recherchieren.

Natürlich müssen Sie nichts selbst anbauen, um Kräuter in der Magie zu verwenden, und die Zaubersprüche und anderen Methoden im nächsten Abschnitt funktionieren auch mit gekauften Kräutern.

Aber selbst eine einzige Topfpflanze in Ihrem Haus kann Ihre Verbindung zur Magie der Erde stärken. Überlegen Sie sich also, ob Sie sich selbst ein Geschenk machen wollen, auch wenn Sie noch nie etwas angebaut haben.

Im 3. Teil werden wir uns eine Reihe von Möglichkeiten ansehen, wie Kräuter in der Magie verwendet werden, mit vielen Beispiel-Zaubern und anderen Möglichkeiten, die Sie ausprobieren können.

Machen Sie sich also bereit, Ihr Gewürzregal und/oder Ihren Kräutergarten zu durchstöbern, oder fügen Sie Ihrem nächsten Einkaufszettel ein paar Zutaten hinzu, und genießen Sie den Segen, den die Einbeziehung des Pflanzenreichs in Ihre magische Praxis bedeutet.

KAPITEL 5: Kräuterzauber Schritt-für-Schritt-Anleitung

Zaubersprüche für Geld und Reichtum

Geld-Zieh-Beutel

Dieser Zauber soll Ihnen das Geld über Ihren Arbeitsplatz zuführen. Wenn Sie in einem Büro oder zu Hause am Schreibtisch arbeiten, bewahren Sie den Beutel dort auf, wenn Sie im Freien oder auf dem Bau arbeiten, bewahren Sue den Beutel in einer Tasche auf, und wenn Sie beruflich Auto fahren, bewahren Sie ihn in der Konsole Ihres Fahrzeuges auf. Wo auch immer Sie Ihr Geld am häufigsten verdienen, bringen Sie den Beutel dorthin und nach der Arbeit wieder mit nach Hause, um sicherzustellen, dass Sie so viel Geld wie möglich erhalten. Wenn es um Wohlstandszauber geht, fragen Sie niemals, "wie" sie funktionieren - das Universum kümmert sich um das "Wie". Sie müssen nur angeben, wie viel und wann. Erinnern Sie sich immer daran, dass alles Gute möglich ist.

Sie brauchen: 1 ganze Muskatnuss, 5 Wacholderbeeren, 1 Lorbeerblatt, eine Prise Luzerne, etwas Thymian sowie einen Lodestone (leicht online oder in einem heidnischen Laden zu kaufen), etwas Erfolgsöl (Rezept weiter oben in diesem Kapitel), ein grünes oder gelbes Stoffsäckchen oder einen selbst genähten Stoffbeutel. Im letzteren Fall sollten Sie Nadel und Faden sowie eine Schere zu Ihrem Altarraum hinzufügen.

- Weihen Sie Ihren Arbeitsbereich ein.
- Werfen Sie Ihren Kreis.
- Geben Sie Muskatnuss, Wacholder, Lorbeerblatt, Luzerne, Thymian und den Lodestone in den Beutel oder das Säckchen. Fügen Sie 3 Tropfen Erfolgsöl hinzu und binden Sie den Beutel fest zu. Wenn Sie das Säckchen stattdessen zunähen müssen, tun Sie das jetzt.
- Rufen Sie die Kraft des Sonnengottes und des Jupiters an, um etwas von ihrer Energie in Ihren bescheidenen Kreis zu bringen. Stellen Sie sich vor, wie die Energie in Ihren Kreis strömt, den Raum füllt und Ihren Geldbeutel mit unaufhaltsamer, göttlicher Energie erfüllt.
- Halten Sie den Beutel und sagen Sie diese Worte: "Geld, Geld, komm zu mir, jeden Tag so leicht, ohne Schaden zu nehmen, jeden Tag eine große Summe, durch die Macht des Jupiters und der Sonne."
- Sagen Sie die Casting-Worte.
- Öffnen Sie den Kreis.

Sie können sowohl Jupiter als auch dem Sonnengott ein Opfer darbringen, um sich für ihre Hilfe zu bedanken: ein Glas Rotwein und ein Glas Weißwein reichen aus, oder roter und weißer Traubensaft, wenn Sie dies bevorzugen. Manche Wiccans fühlen sich wohl dabei, den Gott und die Göttin um Hilfe zu bitten, wenn sie gebraucht wird, andere ziehen es vor, ein Zeichen des Dankes zu geben. Tun Sie, was sich für Sie richtig anfühlt.

Geld-Kerze mit Kräutern

Dieser Zauber soll Ihnen Geld für ein bestimmtes Ziel zuführen und seinen Einfluss über die gesamte Lebensdauer der Kerze hinweg ausüben. 7-Tage-Kerzen brennen in der Regel 7 Tage lang - es handelt sich um Paraffinkerzen, die in Glas eingeschlossen sind. Sie müssen diese Kerze in einem gut belüfteten Raum und an einem hitzebeständigen Ort aufstellen. Viele Wiccans brennen diese Kerzen in einem metallenen Spülbecken, in der Badewanne oder sogar in einem halb mit zimmerwarmem Wasser gefüllten Wasserkocher ab, um sicherzustellen, dass das Feuer sicher weiterbrennen kann, ohne das Haus, die Kinder oder die Haustiere zu schädigen.

Diese Kerzen werden regelmäßig in vielen heidnischen Religionen und auch in katholischen Kirchen verwendet, sodass man keine Angst haben muss, sie zu benutzen. Sie finden solche Kerzen in größeren Lebensmittelgeschäften, in Lebensmittelgeschäften an der Ecke in Großstädten, aber auch in großen Handelsketten und in Geschäften für heidnische Produkte. Wenn Sie ein Geschäft für heidnische Produkte in der Nähe haben, empfehle ich Ihnen, dort zu kaufen - nicht nur, dass sie eine Menge Konkurrenz haben, sondern auch, dass ihre Kerzen in der Regel von besserer Qualität sind.

Wenn die Kerze aus irgendeinem Grund vor Ablauf von 7 Tagen aufhört zu brennen, sollte man nicht das Gefühl haben, dass der Zauber gescheitert ist (so sollte man nie denken - man muss Vertrauen in seine Magie haben); das bedeutet nur, dass der Zauber sein Ziel früher als erwartet erreicht hat.

Sie brauchen ein Essstäbchen, einen harten Strohhalm oder einen Bleistift, Nelken, ein Eichenblatt, Basilikum und Piment, etwas Erfolgsöl und etwas Gold- und Silberglitter. Wenn Sie keinen herkömmlichen Glitter verwenden möchten, weil er die Umwelt belastet, gibt es in vielen Geschäften und im Internet biologisch abbaubaren Glitter zu kaufen.

- Weihen Sie Ihren Arbeitsbereich ein.
- Werfen Sie Ihren Kreis.
- Nehmen Sie das Essstäbchen, den Strohhalm oder den Bleistift und drücken Sie vorsichtig 3 tiefe Löcher in das Wachs Ihrer Kerze.
- Lassen Sie vorsichtig Nelken, Basilikum, Stücke des Eichenblatts, Piment und Glitter in jedes Loch fallen. Geben Sie in jedes Loch einen Tropfen des Erfolgsöls.
- Wenn Sie die göttliche Energie in Ihren Kreis ziehen, stellen Sie sich vor, dass sie die Kerze mit ihrer Potenz und unendlichen Kraft erfüllt.
- Stellen Sie die Kerze auf Ihren Altar und zünden Sie sie an. Stellen Sie sich das Ziel vor, für das Sie das Geld benötigen, und stellen Sie sich vor, dass Sie dieses Ziel erfolgreich und mit Leichtigkeit erreichen. Sagen Sie: "Durch das Licht dieser Kerze werde ich mein Ziel erreichen. Was ich brauche, um es zu erreichen, werde ich leicht bekommen."
- Sagen Sie die Casting-Worte.
- Öffnen Sie den Kreis.

Geldschöpfendes Bad

Dieser Zauberspruch soll 2 Dinge bewirken: Er soll Ihre negativen Gedanken über Geld wegspülen und Ihren Geist mit positiver Energie in Bezug auf Geld erfüllen. Viele von uns kämpfen mit Negativität, wenn es um Geld geht: Wir fühlen uns entweder nachtragend oder erschöpft, weil wir scheinbar nie genug haben, oder wir fühlen uns schuldig, wenn wir genug Geld verdienen, weil andere Menschen weniger haben.

Es ist ein langwieriger Prozess, sich von ungesundem Denken zu befreien, aber das bedeutet nicht, dass Sie nicht heute damit beginnen sollten. Der erste Schritt auf dem Weg zu einer positiven Einstellung zu Geld besteht darin, an Ihrer Dankbarkeit zu arbeiten. Wenn Sie sich täglich in Gedanken der Dankbarkeit üben, werden Sie Ihre negativen Gefühle gegenüber Geld schließlich durch positive ersetzen.

Sie brauchen ein Stück Pyrit, Glücksöl, koscheres oder rosafarbenes Salz, Thymian, entweder frische oder getrocknete Luzerne, Kamille und Basilikum, einen Mörser und Stößel, eine grüne Kerze, einen Kerzenhalter, Streichhölzer und einen Stoffbeutel. Dieser Beutel ist für den einmaligen Gebrauch bestimmt, aber der Beutel selbst und der Pyrit können gereinigt und für zukünftige Zauber wiederverwendet werden.

- Lassen Sie Ihr Badewasser laufen.
- Weihen Sie Ihren Arbeitsbereich, der für diesen Zauber Ihr Badezimmer sein wird.
- Werfen Sie Ihren Kreis.
- Thymian, Luzerne, Kamille und Basilikum in den Mörser geben. Zerkleinern oder mischen Sie die Kräuter, bis sie gut vermischt sind, und geben Sie sie dann in den Beutel.
- 3 Tropfen Glücksöl hinzufügen.
- Den Pyrit hinzufügen und den Beutel zubinden.
- Zünden Sie die Kerze an und stellen Sie sie so auf, dass Sie sie von der Badewanne aus gut sehen können.
- Legen Sie den Beutel in das Badewasser und bewegen Sie ihn unter der Wasseroberfläche, um die Essenzen der Zutaten mit dem Badewasser zu vermischen. Steigen Sie in die Badewanne.
- Während Sie sich entspannen und Ihren Geist von Sorgen befreien, beobachten Sie die flackernde Flamme der Kerze. Wenn Sie bereit sind, sagen Sie: "Ich bin dankbar für das Geld, das in mein Leben kommt. Ich bin froh, dass ich das Geld, das ich bekomme, für Dinge ausgeben kann, die ich brauche und will. Ich bin dankbar, dass ich das Geld, das ich bekomme, für die Zukunft sparen kann. Geld kommt immer zu mir, und ich nutze es mit Freude und Glück."
- Entspannen Sie sich mindestens 15 Minuten lang in der Badewanne. Versuchen Sie, Ihren Geist leicht und frei von allen negativen oder schweren Gedanken zu halten. Konzentrieren Sie sich darauf, sich kraftvoll und freudig zu fühlen, weil Sie wissen, dass das Geld auf Sie zukommt und dies auch weiterhin tun wird.
- Öffnen Sie den Kreis.

Zaubersprüche für die Liebe

Healing-Heart-Trank

Dieser Zauber soll Sie darauf vorbereiten, dass eine neue, wahre Liebe in Ihr Leben tritt. Um in Beziehungen erfolgreich zu sein, müssen wir zuerst darauf vorbereitet sein, was es bedeutet, aktiv zu lieben und von jemandem geliebt zu werden. Oft erfordert dies die Heilung von vergangenen Fehlern, Zurückweisungen oder Missverständnissen, damit wir sie nicht wiederholen und auch nicht weiterhin Groll über sie hegen und diese negativen Emotionen versehentlich auf unsere neue Liebe richten.

Sie brauchen ein Stück Amethyst, ein Stück Rosenquarz, Lavendel, Hibiskus, Melisse, Zitronenschale, destilliertes Wasser oder Quellwasser und ein sauberes Glasgefäß oder eine Flasche mit einem Deckel oder Stopfen sowie Ihren Athame oder Zauberstab. Achten Sie darauf, dass das Glas oder die Flasche breit genug ist, damit das Athame oder der Zauberstab hineinpassen.

- Weihen Sie Ihren Arbeitsbereich ein.
- Werfen Sie Ihren Kreis.
- Lavendel, Hibiskus, Melisse und Zitronenschale in das Gefäß geben.
- Legen Sie den Rosenquarz und den Amethyst in das Gefäß. Füllen Sie das Gefäß mit Wasser auf.
- Die Zutaten 3-mal in der Sonne umrühren.
- Rufen Sie eine dieser Göttinnen an, um Ihnen mit der göttlichen Energie zu helfen, die in den Trank gegeben werden soll: Isis, Venus, Freya, Brigid oder Oshun. Bitte Sie sie um heilende, freudige Energie, damit Sie Ihr Herz heilen können. Stellen Sie sich vor, wie die Energie den Trank mit strahlendem, warmem Licht durchdringt.
- Halten Sie das Glas oder die Flasche in der Hand und sagen Sie: "Durch das liebevolle Licht der Göttin heilt mein Herz, Tag und Nacht."
- Sagen Sie die Casting-Worte.
- Öffnen Sie den Kreis.

Kühlen Sie diesen Trank und verwenden Sie ihn, bevor Sie in die Welt hinausgehen, wie folgt: Legen Sie eine Kostprobe davon auf Ihre Zunge, tauchen Sie einen Finger hinein und machen Sie damit einen sonnenähnlichen Kreis über Ihrem Herzen, bevor Sie sich anziehen. Geben Sie Ihrem Herzen Zeit, zu heilen, und mit der Zeit wird es das auch.

Wahre-Liebe-Bad

Dieser Zauber ist zu sprechen, wenn Sie bereit sind, Ihre wahre Liebe zu treffen. Eine neue Liebe in Ihr Leben aufzunehmen, erfordert Geduld, Mut und ein offenes, glückliches Herz.

Sie benötigen Rosenöl, Rosenblüten, Lavendel, Basilikumblätter, Minzblätter, eine rosa Kerze, einen Kerzenhalter und Streichhölzer.

- Weihen Sie Ihren Arbeitsbereich ein, in diesem Fall das Badezimmer.
- Lassen Sie das Bad einlaufen.
- Werfen Sie Ihren Kreis.
- Geben Sie die Rosenblüten, Lavendel, Basilikum- und Minzblätter zusammen mit 7 Tropfen Rosenöl in das Bad.
- Tupfen Sie einen Tropfen Rosenöl auf jede Seite der rosa Kerze und zünden Sie sie dann an.
- Stellen Sie sich vor, dass die Energien der Sonne und des Mondes Ihren Kreis erfüllen; erlauben Sie Ihrem Kreis, mit freudigem Licht zu leuchten.
- Nehmen Sie ein Bad mit der Kräutermischung. Sehen Sie die Kerzenflammen tanzen und stellen Sie sich vor, dass Ihr Herz mit Freude erfüllt ist. Sagen Sie zu sich selbst: "Ich bin bereit, dass die wahre Liebe in mein Leben tritt."
- Schließen Sie die Augen und spüren Sie, wie die Energie des Kreises in Ihrem Körper widerhallt. Bleiben Sie mindestens 15 Minuten lang im Bad.
- Wenn Sie aus dem Bad steigen, tupfen Sie sich trocken, damit die Energie des Badewassers auf Ihrer Haut bleibt.
- Öffnen Sie den Kreis.
- Heben Sie die Kräuter auf und entsorgen Sie sie bei der nächsten Gelegenheit an einer Kreuzung.

Zaubersprüche für Schönheit

Venus-Segensspruch

Dieser Zauber ruft die göttliche Kraft der Göttin Venus an, um uns mit innerem Vertrauen zu erfüllen. Es kann schwierig sein, sich körperlich attraktiv zu fühlen, wenn es so viele negative Botschaften gibt, die offen gesagt antimenschlich sind: Sie müssen die richtige Größe, das richtige Gewicht, die richtige Form, das richtige Alter usw. haben. Die Göttin und der Gott wohnen in jedem von uns, und als ihre Kinder sind wir schön, so wie wir sind. Dieser Zauber wird Ihnen helfen, sich daran zu erinnern und es auf natürliche Weise zum Ausdruck zu bringen.

Sie brauchen Rosmarin, Echinacea, Kamille, Hibiskus (Sie können Hibiskus-Tee kaufen oder die Blüten ernten, die Sie selbst gezogen haben) und Löwenzahn. Unabhängig davon, ob Sie frische Kräuter ernten, sollten diese gründlich getrocknet sein, bevor Sie diesen Zauber sprechen. Sie brauchen eine violette oder blaue Kerze, einen Kerzenhalter und Streichhölzer.

- Weihen Sie Ihren Arbeitsbereich ein.
- Werfen Sie Ihren Kreis.
- Zünden Sie die Kerze an.
- Rufen Sie die Macht der Venus an. Sprechen Sie: "Liebende Göttin, sei mit mir, während ich diesen Zauber spreche, sei meinem Herzen gnädig und erhebe meinen Kopf, erfülle mich mit Strahlen und der natürlichen Schönheit, die ich besitze."
- Nehmen Sie den Rosmarin, werfen Sie ihn in die Flamme der Kerze und sagen Sie: "Ich bin der Liebe würdig."

- Nehmen Sie die Echinacea und werfen Sie sie in die Flamme der Kerze, und sprechen Sie: "Ich bin es wert, begehrt zu werden."
- Nehmen Sie die Kamille und werfen Sie sie in die Flamme der Kerze, und sprechen Sie: "Ich bin ein Kind des Gottes und der Göttin und fähig, mich anzuziehen."
- Nehmen Sie den Hibiskus, werfen Sie ihn in die Flamme der Kerze und sagen Sie: "Ich erfreue mich an mir selbst und an der Schönheit der anderen."
- Nehmen Sie den Löwenzahn, werfen Sie ihn in die Flamme der Kerze und sagen Sie: "Ich bringe die Schönheit der Erde und des Himmels zum Klingen."
- Sagen Sie die Casting-Worte.
- Öffnen Sie den Kreis.

Dies kann ein regelmäßiger Zauber sein, den Sie durchführen, bis Ihr Selbstvertrauen und Ihr Selbstwertgefühl gestärkt sind, oder wenn sie einen Schub brauchen. Dieser Zauber wird am besten bei Neumond, zunehmendem Mond und Vollmond angewendet.

Feuriges Geist-Elixier

Dieser Zauber soll Ihnen helfen, sich mit Ihren attraktivsten Eigenschaften wohlzufühlen und mit dem, was Sie einzigartig macht. Er wird Ihren Geist mit spielerischem Feuer und sanftem Vertrauen erfüllen.

Sie benötigen ein kleines Einmachglas, Jasminblüten, eine ganz kleine Prise Zimt, Basilikum, einige Minzblätter, rote oder fuchsiafarbene Rosenblüten, Zitronenverbene, etwas Bio-Honig und entweder Brandy oder Wodka sowie eine kleine Flasche mit Pipette. Zum Abtropfen des Elixiers benötigen Sie ein Seihtuch.

Beginne diesen Zauberspruch bei Neumond.

- Weihen Sie Ihren Arbeitsbereich ein.
- Werfen Sie Ihren Kreis.
- Die Kräuter in das Glas geben, dann den Honig hinzufügen.
- Fügen Sie den Brandy oder Wodka hinzu und verschließen Sie das Glas fest, wobei Sie es nach dem Verschließen drehen, um die Zutaten zu vermischen.
- Rufen Sie die Macht der Götter und Göttinnen an und bitten Sie sie, sich Ihrem bescheidenen Kreis anzuschließen.
- Halten Sie das Glas in der Hand und sprechen Sie: "Gott und Göttin, höre mein Flehen, tränke dieses Elixier mit meiner inneren Schönheit, damit ich, wenn mein magisches Werk vollbracht ist, im Licht des Mondes und der Sonne strahle."
- Sagen Sie die Casting-Worte.
- Öffnen Sie den Kreis.

Bewahren Sie das Elixier im Kühlschrank auf und stellen Sie es bei Vollmond zum Sonnenbaden ins Mondlicht. Am nächsten Tag füllen Sie das Elixier in eine kleine Flasche mit einer Pipette. Nehmen Sie 3 Tropfen vor dem Schlafengehen ein, um sich am nächsten Tag nach dem Aufwachen mit Selbstwertgefühl und innerem Glanz zu versorgen.

Zaubersprüche für Selbstermächtigung und Gesundheit

Beutel für erholsamen Schlaf

Dieser Zauber soll einen heilenden, erholsamen Schlaf fördern, wenn der tägliche Stress und die Unruhe des Lebens Ihre nächtliche Routine stören. Das Säckchen sollte unter das Kopfkissen oder in den Bezug des Kissens gelegt werden.

Sie benötigen getrocknete Lindenblüten, Lavendel, Kamille und Goldwurzel sowie einen mittelgroßen Stoffbeutel oder ein selbst genähtes Säckchen - falls Sie letzteres verwenden, legen Sie eine Schere, Nadel und Faden in Ihren heiligen Raum.

- Weihen Sie Ihren Arbeitsbereich ein.
- Werfen Sie Ihren Kreis.
- Geben Sie die getrockneten Lindenblüten, den Lavendel, die Kamille und die Goldwurzel in den Beutel oder das Säckchen. Nehmen Sie sich die Zeit, das Säckchen zuzunähen, wenn Sie es verwenden.
- Ziehen Sie die Energie des Mondes herab, um Ihren heiligen Kreis mit göttlicher Energie zu füllen.
- Halten Sie die Tasche und sagen Sie diese Worte: "Die süßesten Träume mögen im Flug vergehen, und ich werde heute Nacht so erholsam schlafen."
- Sagen Sie die Casting-Worte.
- Öffnen Sie den Kreis.

Dieser Zauber kann im Namen einer anderen Person durchgeführt werden, solange Sie deren Erlaubnis haben. Dieser Zauber funktioniert auch gut bei Kindern, die mit Albträumen zu kämpfen haben, die ihren Schlaf stören.

Persönlicher Kraftbeutel

Ein persönlicher Kraftbeutel, auch bekannt als "Mojo"-Beutel, wurde im Laufe der amerikanischen Geschichte als Quelle der Macht, des Glücks und des Erfolgs für diejenigen verwendet, die ihn bei sich tragen. Es war eine Form von Wurzelwerkmagie oder "Hoodoo", die von schwarzen Sklaven verwendet wurde, um ihnen zu helfen, in gefährlichen Zeiten zu überleben. Nach der Abschaffung der Sklaverei wurde der Mojo-Beutel immer noch verwendet, um Geldglück und Erfolg beim Glücksspiel zu bringen und das Gefühl der persönlichen Macht zu erhalten. Er ist auch als Zauberbeutel oder "gris-gris" bekannt. Der Beutel kann auch in Ihrem heiligen Raum, auf Ihrem Altar, aufbewahrt werden, um Ihnen Glück und Selbstvertrauen zu bringen, wo immer Sie sich in der Welt befinden.

Wenn Sie einen Kraftbeutel erstellen, geben Sie im Wesentlichen einen Teil von sich selbst hinein, um sich gegenüber den wohlwollenden Kräften des Universums zu repräsentieren. Sie stellen eine Verbindung zwischen der geistigen und der materiellen Welt her - einen Kanal, durch den das Glück einen schnellen Weg in Ihr Leben findet und Ihnen hilft, Ihre Träume und Ziele zu erreichen.

Führen Sie diesen Zauber bei Neu-, Zuwachs- oder Vollmond durch. Vergewissern Sie sich, dass Sie sich selbst und Ihren Altarraum spirituell reinigen, bevor Sie diesen Zauber sprechen: Sie wollen, dass nur Ihre eigene Energie in den Beutel geht, nicht irgendwelche Restenergie, die Ihnen von Ihren Aktivitäten während des Tages anhaften könnten.

Sie benötigen eine Kristallspitze, Ginseng, Geißblatt, Irisches Moos, 3 Hiobstränen, 3 Wacholderbeeren, einen dunkelroten, dunkelblauen oder dunkelgrünen Stoffbeutel von geringer Größe (oder einen kleinen Lederbeutel mit Kordelzug, wenn Sie das bevorzugen), eine kleine Locke Ihres eigenen Haares und ein Erfolgsöl.

- Weihen Sie Ihren Arbeitsbereich ein.
- Werfen Sie Ihren Kreis.
- Legen Sie die Kristallspitze, den Ginseng, das Geißblatt, das Irische Moos, die Hiobstränen, die Wacholderbeeren und die Haarlocke vorsichtig in den Beutel. Fügen Sie 3 Tropfen Erfolgsöl hinzu.
- Rufen Sie die Kraft Ihrer Vorfahren, des Gottes und der Göttin an, damit sie sich Ihnen in Ihrem bescheidenen Kreis anschließen. Spüren Sie, wie die Energie und die Weisheit sanft Ihren Kreis füllen und in hellem und schönem Licht gipfeln.
- Nehmen Sie sich einige Augenblicke Zeit, um durchzuatmen und Ihre Gedanken zu ordnen.
- Halten Sie den Beutel und sprechen Sie diese Worte: "Bei denen, die vor mir gegangen sind, und bei der unendlichen Macht des Gottes und der Göttin, durchdringe ich diesen Talisman mit meiner eigenen persönlichen Kraft - unendlich und hell, durch Tag und Nacht, halte ich aus, empfange Segen und leuchte."
- Sagen Sie die Casting-Worte.
- Öffnen Sie den Kreis.

In der 1. Woche, nachdem Sie Ihren Mojo-Beutel erstellt haben, sollten Sie versuchen, ihn bei sich zu tragen und mit ihm in Ihrem Kopfkissenbezug zu schlafen, damit Sie eine starke Verbindung zu ihm aufbauen.

Im Laufe der Zeit können Sie Ihren Mojo-Beutel mit ein paar Tropfen Erfolgsöl "auffrischen" oder ihn mit Lavendelwasser besprühen. Stellen Sie ihn bei Vollmond auf, um ihn kräftig aufzuladen. Tragen Sie ihn an besonders wichtigen oder herausfordernden Tagen bei sich.

Mut-Kerze

Führen Sie diesen Zauber bei zunehmendem oder Vollmond durch.

Sie benötigen Kraftöl, afrikanische Veilchenblüten, Efeublätter, eine braune, grüne oder weiße 7-Tage-Kerze in einem Glas, Streichhölzer und ein Stäbchen, einen Bleistift oder einen harten Strohhalm.

- Weihen Sie Ihren Arbeitsbereich ein.
- Werfen Sie Ihren Kreis.
- Stechen Sie 3 Löcher in das Wachs der Kerze, indem Sie das Stäbchen, den Bleistift oder den Strohhalm hineinstecken.
- Geben Sie 1 Tropfen Kraftöl in jedes Loch.
- Stecken Sie die Veilchenblüten und die Efeublätter in die 3 Löcher. Benutzen Sie das Stäbchen, den Bleistift oder den Strohhalm, um sie in das Wachs zu drücken.
- Zünden Sie die Kerze an.
- Sprechen Sie: "So wie die Kerze brennt und der Planet sich dreht, so wächst mein Mut und ich lerne, dass ich bereit bin, stark und beständig zu sein, um mich den Herausforderungen zu stellen, die mich erwarten."
- Sagen Sie die Casting-Worte.
- Öffnen Sie den Kreis.

Lassen Sie die Kerze im Laufe der nächsten 7 Tage abbrennen. Stellen Sie die Kerze und das Papier an einem hitzebeständigen Ort auf, z. B. in der Spüle, auf dem Herd oder in einer Metallwanne.

Zaubersprüche zum Schutz

Hausschutz-Sachet

Dieser Zauber soll Negativität, bösen Willen, Unglück und diejenigen, die Schaden anrichten wollen, davon abhalten, Ihr Haus zu betreten oder sich ihm zu nähern. In der Magie und in der Hexerei wird oft ein Zauber gesprochen, der die Energie umleitet, anstatt sie direkt zu bekämpfen. In der Natur tut ein Lebewesen oder eine Pflanze in der Regel alles, um einen potentiellen Angreifer abzuschrecken. Mit solchen passiven Methoden verbrauchen wir viel weniger Energie, als wenn wir uns jeder Bedrohung, die uns das Leben stellt, frontal stellen.

Das ist eine der vielen Lektionen, die uns Trickster-Götter und -Göttinnen lehren können: Es gibt meist einen besseren Weg, ein Problem zu lösen als mit roher Gewalt, vor allem wenn die Bedrohung größer ist als man selbst. Trickster-Gottheiten haben einen schlechten Ruf, aber genau wie der Fuchs, die Krähe und der Gepard haben sie einfach die Weisheit zu teilen, die sich daraus ergibt, dass sie ein kleines, cleveres Wesen in einer großen, herausfordernden Welt sind.

Obwohl die Worte dieses Zaubers "Haus" erwähnen, kann dieser Zauber für jeden Aufenthaltsort gemacht werden, wie eine Wohnung oder sogar ein Schlafzimmer, wenn Sie Ihr Haus mit Mitbewohnern teilen.

Diesen Zauber kann man entweder bei Dunkelheit oder bei Vollmond wirken.

Sie benötigen eine weiße und eine schwarze Kerze (Votivkerzen oder jede andere Größe, die Sie finden können), Streichhölzer, Olivenöl, 2 Kerzenständer oder 2 kleine Schalen, 1 Zweig Wacholder, Oregano, Rosmarin, eine Knoblauchzehe, koscheres Salz und schwarze Pfefferkörner, 3 Stecknadeln, ein weißes Tuch, das zu einem Kreis geschnitten ist, und Schnur.

- Weihen Sie Ihren Arbeitsbereich ein.

- Werfen Sie Ihren Kreis.
- Stellen Sie die weiße Kerze auf die rechte Seite des Altars und die schwarze Kerze auf die linke Seite. Salben Sie beide Kerzen mit Olivenöl und zünden Sie sie an.
- Ziehen Sie die Kraft des Mondes in Ihren Kreis; fühlen Sie, wie er Ihren Kreis mit heller, kraftvoller Energie erfüllt.
- Legen Sie den Kreis aus Tuch zwischen die Kerzen. Legen Sie den Wacholderzweig in die Mitte des Tuchs und sagen Sie: "Unglück kommt nicht in dieses Haus."
- Legen Sie den Oregano in die Mitte des Tuches und sagen Sie: "Unglück kommt nicht in dieses Haus."
- Legen Sie den Rosmarin in die Mitte des Tuches und sagen Sie: "Meine Magie ist wahr".
- Nehmen Sie die Knoblauchzehe und stechen Sie sie vorsichtig mit den 3 Nadeln durch. Legen Sie den Knoblauch in die Mitte des Tuches und sagen Sie: "Diejenigen, die mir schaden wollen, kommen nicht in dieses Haus, weil sie dieses Haus nicht finden können."
- Nehmen Sie das koschere Salz und streuen Sie es auf die anderen Kräuter in der Mitte des Tuches und sagen Sie: "Dieses Haus ist sicher und heilig."
- Nehmen Sie die schwarzen Pfefferkörner und streuen Sie sie über die anderen Kräuter in der Mitte des Tuches und sagen Sie: "Hier kommt kein Ärger her."
- Nehmen Sie sich die Zeit, den Stoff sorgfältig zusammenzufassen, sodass er wie ein Sack aussieht, und binden Sie die Schnur 6-mal darum, um ihn zu verschließen. Sie können etwas Schnur überstehen lassen, damit Sie den Sack in der Nähe Ihrer Zimmertür oder der Haustür aufhängen können.
- Halten Sie den fertigen Beutel zwischen die Kerzen und sagen Sie: "Durch die Kräfte der Dunkelheit und des Lichts, durch die Macht von Tag und Nacht, gleite ich immer ungesehen zwischen denen hindurch, die mir mit ihrer Bosheit und Macht schaden wollen. Ich sage zu ihnen: Seht dieses Haus nicht, seht mich nicht, und segnet so mein Heim mit Glück und Sicherheit."
- Sagen Sie die Casting-Worte.
- Öffnen Sie den Kreis.

Sie können diese Tasche in der Nähe Ihrer Tür aufhängen oder, um noch diskreter zu sein, in einer Schublade oder Truhe verstecken - stellen Sie nur sicher, dass sie so nah an der Tür ist, wie Sie sie bekommen können. Sie können sie auch mit dem Licht des Vollmonds aufladen, wenn Sie wollen.

Trank für sichere Reisen

Dieser Zauber soll Sie oder jemand anderen vor Unglück oder Unfällen schützen, die auf Reisen passieren können - sei es beim täglichen Pendeln, beim Fliegen zu einem Urlaubsziel, beim Wandern in einem Nationalpark oder einfach beim Gang zum Laden. Im Laufe der Geschichte haben die Menschen Runen geritzt, Amulette hergestellt und Zaubersprüche gesprochen, um sich zu schützen, wenn sie von zu Hause weggehen. Die Welt jenseits der eigenen Haustür ist ein Unbekannter, ein Mysterium - Magie kann uns dabei helfen, uns vor jeglicher negativen Energie zu schützen, die unseren Weg kreuzen könnte.

Sie benötigen Zitronenschalen, Piment, Nelken, Basilikum, Lindenblüten, ein Einmachglas, eine Tasse mit Quell- oder Regenwasser, eine blaue Kerze, einen Kerzenständer und Streichhölzer, ein Seihtuch und eine kleinere Sprühflasche.

- Weihen Sie Ihren Arbeitsbereich ein.
- Werfen Sie Ihren Kreis.
- Zünden Sie die blaue Kerze an.
- Rufen Sie die Energie Gottes an; bitten Sie ihn, Ihre Arbeit zu segnen und Ihren bescheidenen Kreis mit seiner Schutzenergie zu erfüllen. Wenn Sie es vorziehen, die Göttin anzurufen, sind die Schutzgöttinnen Artemis, Isis, Demeter und Hekate besonders geeignet.
- Geben Sie die Zitronenschale, den Piment, die Nelken, das Basilikum und die Lindenblüten in das Einmachglas.

- Gießen Sie das Wasser langsam ein und stellen Sie sich vor, dass die schützende Energie und Aura des Gottes oder der Göttin das Gefäß umgibt und das Wasser mit ihrer Kraft durchtränkt.
- Das Einmachglas mit seinem Deckel verschließen.
- Halten Sie das Glas über die Flamme der blauen Kerze und sprechen Sie: "Fröhliche Wasser der Welt, hellstes Blau unter Wolken von Perlen, wenn der Träger seinen Weg geht, soll ihm kein Leid geschehen, weder bei Nacht noch bei Tag."
- Sagen Sie die Casting-Worte.
- Öffnen Sie den Kreis.
- Lassen Sie das Wasser 2 Wochen lang gekühlt ziehen. Nach dieser Zeit das Wasser vorsichtig durch ein Seihtuch in die Sprühflasche abseihen (ein Trichter hilft, ein Verschütten zu vermeiden).
- Bevor Sie oder jemand anderes eine Reise antreten, sprühen Sie sich mit dem Schutzwasser leicht von Kopf bis Fuß ein. Sie können auch Ihr Fahrzeug, Ihre Koffer und alles andere, was Sie schützen möchten, besprühen.

Vielleicht haben Sie schon von dem astrologischen Phänomen der Rückläufigkeit gehört. Ein Planet, der die Menschen besonders ärgert, wenn er rückläufig wird, ist Merkur. Als Gott der Kommunikation und der Verbindung kann Merkur bei einer Rückläufigkeit zu Verspätungen im Verkehr, verpassten Flügen, verlorenen Bestätigungs-E-Mails und verpassten wichtigen Anrufen führen. Schutzzauber für Reisende sind während der Rückläufigkeit von Merkur besonders nützlich - auch wenn sie nicht alle chaotische, rückläufige Energie in Schach halten können, können sie den Unterschied zwischen dem Erreichen des Fluges und dem Verpassen um ein paar Minuten bedeuten. Wenn Merkur rückläufig ist, zählt jede Sekunde.

Zaubersprüche für Glück

Erde- und Wasserzauber

Dieser Zauber ist ein kleines Portal in Ihrem Haus für Glück und wunderbares Glück zu schaffen. Sieh es als ein kleines, magisches Ökosystem. Es überbrückt die Kluft zwischen der geistigen Welt und der materiellen, sodass glückliche Energie und Glück friedlich Ihr Haus betreten und Ihr Leben mit guten Ereignissen zu infundieren. Führen Sie diesen Zauber bei Vollmond durch.

Sie benötigen niedere Johanniswurzel (in heidnischen Geschäften und online erhältlich), gesammeltes Regenwasser, saubere, gesunde Erde (Blumenerde eignet sich gut), einen Lodestone, ein Stück Pyrit, einige kleine Steine vom Flussufer, weißen Quarz, ein Ahornblatt, Minze, einen Steckling von Goldpothos (Goldpothos sind winterharte Zimmerpflanzen, die im Wasser überleben können und in vielen Lebensmittelgeschäften und großen Handelsketten erhältlich sind), ein kurzes, breites Glas und ein Terrarium, Fischglas oder ein großes Glasgefäß.

- Weihen Sie Ihren Arbeitsbereich ein.
- Werfen Sie Ihren Kreis.
- Stellen Sie das kurze Glas auf den Boden des Terrariums und füllen Sie es zu 2 Dritteln mit Wasser. Fügen Sie die Erde rundherum hinzu.
- Legen Sie die niedere Johanniswurzel in das Glas mit Wasser.
- Ordnen Sie das Ahornblatt, die Minze, den Lodestone, den Pyrit und die Flusssteine nach Belieben auf dem Boden an. Zum Schluss fügen Sie den Pothos-Steckling in das Glas mit Wasser.
- Rufen Sie die Kraft des Sonnengottes und des Jupiters an, damit sie etwas von ihrer Energie in Ihren bescheidenen Kreis einbringen.
- Stellen Sie sich vor, wie die Energie in Ihren Kreis strömt, den Raum füllt und Ihr Geldsäckchen mit unaufhaltsamer, göttlicher Energie durchtränkt.
- Legen Sie Ihre Hände auf beide Seiten des Terrariums. Sagen Sie: "Eine schöne Welt, Magie in Glas, schaffe ich für immer, und bringe diesem Haus Liebe und Licht, Glück und Wohlstand, Tag und Nacht."
- Sagen Sie die Casting-Worte.
- Öffnen Sie den Kreis.

Pothos-Pflanzen kommen mit sehr wenig Licht zurecht und sollten nicht in die direkte Sonne gestellt werden, da sie aus dem Regenwald stammen. Sie fangen an, im Wasser Wurzeln zu bilden, brauchen aber keinen zusätzlichen Dünger. Wenn der Steckling zu groß wird, pflanzen Sie ihn in einen Topf mit Erde, entfernen Sie aber einen Blatttrieb, um ihn wieder ins Wasser zu legen. Im Mondlicht können Sie diesen Zauber weiter aufladen. Wenn die Ahorn- und Minzblätter vertrocknen, können Sie sie durch Blumen, Muscheln, Eicheln oder andere magische Dinge ersetzen, die Sie in der Natur finden.

Glückstrank

Dieser Zauber soll Ihnen Glück bringen und es Ihnen leichter machen, Gelegenheiten und Quellen des Glücks zu sehen und zu erkennen, wenn sie sich Ihnen bieten. Das Konzept des Glücks hat die Menschheit seit Tausenden von Jahren fasziniert und verblüfft. Viele geben sich selbst die Schuld am "Pech", wenn es ihnen widerfährt. In Wahrheit ist Glück einfach das Ergebnis einer Kombination von Ereignissen und Handlungen, die zusammenkommen, um indirekt eine Folge zu erzeugen.

Das Glück nimmt zu, wenn wir uns der Feinheiten des Lebens bewusster werden, wenn unsere Intuition auf eine höhere Schwingung angehoben wird und wenn wir darauf vertrauen, was wir in einer bestimmten Situation fühlen. Glücksmagie hilft uns, unseren 6. Sinn und das Element des Geistes anzuzapfen. Es ist eine natürliche Fähigkeit, mit der Menschen geboren werden, aber sie müssen sie auch entwickeln, um das Beste aus ihr herauszuholen.

Führen Sie diesen Zauber bei zunehmendem oder Vollmond durch.

Sie benötigen Myrrhe, Rosmarin, Nelken, Basilikum, Minze, Bienenbalsam, Fingerkraut, gesammeltes Regenwasser, ein Einmachglas, ein Seihtuch, einen Magnetstein und eine kleinere, verschließbare Flasche.

- Weihen Sie Ihren Arbeitsbereich ein.
- Werfen Sie Ihren Kreis.
- Geben Sie Myrrhe, Rosmarin, Nelken, Basilikum, Minze, Bienenbalsam, Fingerkraut und das gesammelte Regenwasser in das Einmachglas.
- Fügen Sie den Lodestone hinzu und verschließen Sie das Gefäß.
- Rufen Sie die Kraft des Sonnengottes und des Jupiters an, um etwas von ihrer Energie in Ihren bescheidenen Kreis zu bringen. Stellen Sie sich vor, wie die Energie in Ihren Kreis strömt, alles erhellt und das Gefäß mit strahlendem Sonnenlicht und planetarischer, göttlicher Energie durchdringt.
- Halten Sie das Glas und sagen Sie diese Worte: "Meine Augen sehen, mein Herz spürt, welches Glück gut ist und welches gut wirklich ist. Viel Glück, du machst dich auf den Weg zu mir, über Land und über das Meer."
- Sagen Sie die Casting-Worte.
- Öffnen Sie den Kreis.

Lassen Sie das Gefäß und die Kräuter 4 Wochen lang im Kühlschrank stehen und seihen Sie sie dann durch ein Seihtuch ab. Dieser Trank kann in Werkzeuge, Mojo-Beutel oder auf die eigene Person aufgetragen werden. Bewahren Sie die verschlossene Flasche im Kühlschrank auf, um sie frisch zu halten.

Glückskräuterkerze

Dieser Zauberspruch soll Ihnen für einen bestimmten Zweck Glück bringen. Wählen Sie Ihre Worte sorgfältig; seien Sie spezifisch in Ihrer Absicht und schließen Sie Zeit und Ort oder Situation ein. Wenn wir Worte des Wunsches oder der Absicht in einen Zauberspruch schreiben, ist es wichtig, sie in der Gegenwart zu halten, als ob sie bereits geschehen wären oder jetzt geschehen würden. In der Magie gibt es keinen Platz für "ich hoffe es" oder "was wäre wenn" - Magie sollte direkt sein.

Führen Sie diesen Zauber bei zunehmendem oder Vollmond durch.

Sie benötigen Glücksöl, Bienenmelisse, ein Bambusblatt, Kamille, Fingerkraut und Sternanis sowie eine grüne oder orangefarbene 7-Tage-Kerze in einem Glas, Streichhölzer, ein Essstäbchen, einen Bleistift oder einen harten Strohhalm sowie Glitter (biologisch abbaubar, wenn Sie ihn finden können) in Gold, Grün und Silber. Außerdem brauchen Sie ein einfaches, quadratisches Stück Papier (aus einer braunen Papiertüte ausgeschnitten) und einen Bleistift.

- Weihen Sie Ihren Arbeitsbereich ein.
- Werfen Sie Ihren Kreis.
- Stechen Sie 3 Löcher in das Wachs der Kerze, indem Sie das Stäbchen, den Bleistift oder den Strohhalm hineinstecken.
- Gießen Sie einen Tropfen Glücksöl in jedes Loch.
- Stecken Sie Prisen der Bienenmelisse, der Kamille und des Fingerkrauts in die 3 Löcher. Benutzen Sie das Stäbchen, den Bleistift oder den Strohhalm, um sie in das Wachs zu drücken.
- In jedes Loch etwas Glitter geben.
- Reißen Sie das Bambusblatt in 3 Stücke und stecken Sie ein Stück in jedes Loch.
- Ohne den Stift vom Papier zu nehmen, schreiben Sie Ihre Absicht, Ihren Wunsch oder Ihr Verlangen und falten Sie das Papier einmal in der Hälfte zu sich hin.
- Stellen Sie die Kerze auf das gefaltete Papier und zünden Sie die Kerze an.
- Sagen Sie: "Diese Worte, die ich schreibe, sind magisch-wahr, so sage ich es, und so tue ich es, mein Wunsch wird ins Sein gezaubert, lebendig, atmend, wissend, sehend."
- Sagen Sie die Casting-Worte.
- Öffnen Sie den Kreis.

Lassen Sie die Kerze im Laufe der nächsten 7 Tage abbrennen. Stellen Sie die Kerze und das Papier an einem hitzebeständigen Ort auf, z. B. in der Spüle, auf dem Herd oder in einer Metallwanne.

Glücksbringendes Bad

Dieser Zauber soll eine Aura um Sie herum schaffen, die Glück anzieht. Wenn Sie ein rituelles Bad nehmen, gilt die Faustregel, dass Sie sich nach jedem Bad, das positive Ergebnisse bringt, trocken tupfen (oder an der Luft trocknen lassen, wenn Sie die Zeit dazu haben), und dass Sie sich kräftig von Kopf bis Fuß abtrocknen, wenn das Bad dazu gedacht ist, einen von negativer Energie zu befreien.

Führen Sie diesen Zauber bei zunehmendem oder Vollmond durch.

Sie benötigen Beinwell, gelbe Rosenblüten, Glücksöl, Schafgarbe und Erdbeerblätter, 1 gelbe oder hellblaue Kerze, Rosenweihrauch, Streichhölzer und einen Kerzenhalter.

- Weihen Sie Ihren Arbeitsbereich ein (das wird das Badezimmer sein).
- Lassen Sie Ihr Bad ein.
- Werfen Sie Ihren Kreis.
- Salben Sie die Kerze mit dem Glücksöl und zünden Sie sie an.
- Geben Sie 7 Tropfen des Glücksöls in das Badewasser und fügen Sie dann Beinwell, Rosenblüten, Schafgarbe und Erdbeerblätter hinzu.
- Zünden Sie den Weihrauch an und stellen Sie ihn neben die Kerze.
- Nehmen Sie ein Bad und beobachten Sie die Kerze. Schöpfen Sie Kraft aus der Muttergöttin des Ozeans; stellen Sie sich vor, Sie schwimmen an einem farbenfrohen Riff entlang und sehen unzählige Fische, deren silberne Schuppen im Einklang schwimmen. Beobachten Sie einen Rochen, der anmutig durch das strahlend blaue Wasser gleitet. Stellen Sie sich vor, wie Delphine über die schäumenden Wellen springen und ein Wal in der Nähe von Felsenklippen auftaucht. Spüren Sie die Ebbe und Flut; spüren Sie, wie die Wellen Sie sanft wiegen. Sie sind mit dem Glück und dem Reichtum verbunden. Die Sonne scheint auf Ihre Haut, während Sie auf dem Mutter Ozean treiben.
- Bleiben Sie mindestens 15 Minuten lang im Bad.
- Sagen Sie: "Durch das Schaukeln der Gezeiten sind Glück und Reichtum auch mein".

- Sagen Sie die Casting-Worte.
- Tupfen Sie sich trocken und lassen Sie das Bad abtropfen. Entsorgen Sie die Kräuter in Ihrem Garten.
- Öffnen Sie den Kreis.
- Lassen Sie die Kerze und den Weihrauch abbrennen.

Wenn wir unseren Körper und unseren Geist mit der den Pflanzen innewohnenden magischen Kraft synchronisieren - vor allem, wenn wir die Magie der Elementarpflanzen anzapfen, damit sie zu unserem aktuellen Wunsch passt -, können wir so viel mehr erreichen, als es mit bloßem Handeln und Entschlossenheit möglich ist. Magie verschafft uns einen Vorteil gegenüber den täglichen Herausforderungen des Lebens. Wenn sie mit Taten gepaart wird, kann Magie das Leben verändern.

Zaubersprüche zum Verbannen

Bannende Räucherung

Dieser Zauber soll aktive Negativität oder bösartige, möglicherweise negative spirituelle Aktivitäten aus Ihrem Haus vertreiben. Führen Sie diesen Zauber bei abnehmendem oder dunklem Mond und vorzugsweise an einem Samstag durch.

Sie benötigen Engelwurz, Rosmarin und Salbei, Streichhölzer, einen Kessel oder einen Räucherstäbchenhalter aus Eisen und eine Holzkohlescheibe (diese Scheiben werden in Packungen verkauft und sind in heidnischen Geschäften und online erhältlich).

- Weihen Sie Ihren Arbeitsbereich ein.
- Umkreisen Sie Ihr ganzes Haus oder Zimmer, wenn Sie dort wohnen. Während Sie die Ecken (Norden, Osten, Süden und Westen) aufrufen, bitten Sie die Wächter jeder Richtung, sich Ihnen anzuschließen, um Ihr Haus von negativer Energie und Aktivität zu befreien. Sagen Sie ihnen, dass sie Ihren bescheidenen Kreis nur "in vollkommener Liebe und vollkommenem Vertrauen" betreten dürfen.
- Zünden Sie die Holzkohlescheibe an. Zuerst scheint es, als würde sie nicht brennen, aber Sie werden ein Knistern hören und sie wird schnell heiß, also lassen Sie sie in den Räucherstäbchenhalter fallen. Der Räucherstäbchenhalter muss aus Eisen oder einem anderen stabilen Metall sein und einen Griff haben, damit Sie sich nicht die Hände verbrennen.
- Geben Sie einige Prisen Engelwurz, Rosmarin und Salbei oben auf die Holzkohlescheibe. Dadurch wird viel Rauch erzeugt.
- Gehen Sie die Ecken Ihres Zimmers, Ihrer Wohnung oder Ihres Hauses (gegen den Uhrzeigersinn) ab, halten Sie den Räucherstäbchenhalter mit einer Hand und fächern Sie den Rauch mit der anderen in den Raum hinaus.
- Sagen Sie beim Gehen: "Das würde mir schaden, Sie sind weg und kehren nie wieder zurück".
- Wenn Sie den gesamten Wohnbereich abgedeckt haben, sprechen Sie die Gießworte.
- Öffnen Sie den Kreis.

Öffnen Sie Fenster und Türen (sichern Sie zuerst kleine Kinder und Haustiere) und stellen Sie den Räucherstäbchenhalter an einem sicheren Ort im Freien auf, z. B. auf die Erde oder den Beton. Wenn Sie in einer Wohnung leben und nicht nach draußen gehen können, fügen Sie vorsichtig Wassertropfen hinzu, bis das Feuer erloschen ist. Fügen Sie keine große Menge Wasser auf einmal hinzu (selbst eine Tasse wäre zu viel), da es sonst zu einer Dampfexplosion kommen kann und der Kessel oder der Halter möglicherweise beschädigt wird.

Verschwinde-Ärger-Zauber

Dieser Zauber soll Unglück, Missverständnisse, Verzögerungen oder negative Einflüsse abwenden, die auf Sie zukommen. Wenn man negativen Einflüssen direkt begegnet, können sie sich oft verstärken. Der einfachste Weg, Pech und Ärger zu lindern und zu reduzieren, ist, sie umzulenken; das bedeutet nicht unbedingt, dass sie in jemandes Schoß landen. Schließlich wird die Energie bei ausreichender Umlenkung in ihrer Kraft schwächer werden. Das Ziel ist es, ihre Kraft so weit zu verringern, dass sie sich mit der Zeit vollständig auflöst.

Führen Sie diesen Zauber bei abnehmendem oder dunklem Mond und vorzugsweise an einem Samstag durch.

Sie benötigen eine Zwiebelblume oder einen grünen Stängel (falls Sie keine blühende Zwiebelblume finden), ein schwarzes Tuch, Schnur, eine schwarze Kerze, einen Kerzenhalter und Streichhölzer.

- Weihen Sie Ihren Arbeitsbereich ein.
- Werfen Sie Ihren Kreis.
- Ziehen Sie die Energie des Crone-Aspekts der Göttin heran. Sprechen Sie: "Weise Göttin, altes Krönchen, hilf mir jetzt in meinem bescheidenen Kreis. Gewähre mir deine heilende Energie und Weisheit, sodass meine Zauberkunst aufsteigt und singt."
- Nehmen Sie sich Zeit zu atmen und sich zu zentrieren, nachdem Sie die Energie der Crone empfangen haben.
- Zünden Sie die schwarze Kerze an.
- Halten Sie die Zwiebelblume oder den Stängel hoch und sagen Sie: "Das steht für das Unglück, das auf mich zukommt."
- Wickeln Sie die Blume oder den Stängel in das schwarze Tuch ein und sagen Sie, während Sie sie mit der Schnur zusammenbinden: "Ich halte deine Schritte auf, damit du mich nicht erreichst. Ich schließe deinen Einfluss aus, damit er mich nicht berührt."
- Sagen Sie die Casting-Worte.
- Öffnen Sie den Kreis.
- Lassen Sie die Kerze abbrennen. Werfen Sie die eingewickelte Blume oder den Stängel in einen Fluss oder auf ein unfruchtbares Feld.

Warum sagen wir jedes Mal, wenn wir einen Zauberspruch sprechen, die Zauberworte? Um sicherzustellen, dass der Zauber funktioniert? Die Antwort ist nein - wenn wir einen Zauberspruch sprechen, sorgen wir dafür, dass er funktioniert. Aber wenn wir einen Zauber sprechen, senden wir mächtige Energie in das Universum, Energie, die aus unserem Inneren kommt, die aber auch von Gott und Göttin kommt und zu ihnen zurückkehrt, ebenso wie zur Welt der Menschheit. Wir wollen sehr vorsichtig sein, dass das, was wir senden, nicht direkt die Realität oder den Weg einer anderen Person verändert, es sei denn, diese Person hat es ausdrücklich erlaubt. Das Aussprechen der Zauberworte macht unsere Absicht deutlich, dass wir unsere Magie nicht dazu verwenden, uns selbst oder jemand anderem zu schaden.

Zaubersprüche für den Frieden

Friedensöl

Eine der wichtigsten Eigenschaften, die man sich im Leben aneignen kann, ist ein ruhiger Geisteszustand. Viele Menschen bezeichnen sich selbst als "Adrenalinjunkies" oder leben gerne ein schnelles Leben. Sie folgen vielleicht dem Motto "Arbeite hart, spiel härter". Unabhängig davon, ob Sie ein schnelles oder langsames Lebenstempo bevorzugen, ist es für ein langes, glückliches Leben unerlässlich, eine friedliche Mitte sowie einen friedlichen Ort der Ruhe und der Zuflucht zu haben. So können wir so wild sein, wie wir wollen (oder so ruhig, wie wir wollen), und dabei geerdet, glücklich und stark bleiben.

Führen Sie diesen Zauber bei Neu-, zunehmenden oder Vollmond durch.

Sie benötigen einen Amethyst, blauen Spitzenachat oder Celestit, Mutterkraut, weiße Weidenrinde, Mädesüß, Lavendel (alles getrocknet), Lavendelöl und ein Trägeröl wie Hagebutte, Jojoba oder Mandel, ein Seihtuch, ein Einmachglas, eine lavendelfarbene oder hellblaue Kerze, Streichhölzer und einen Kerzenhalter.

- Weihen Sie Ihren Arbeitsbereich ein.
- Werfen Sie Ihren Kreis.
- Füllen Sie ein Einmachglas mit Mutterkraut, weißer Weidenrinde, Mädesüß und Lavendel.
- Ein paar Tropfen Lavendelöl hinzufügen.
- Fügen Sie ein leichtes Trägeröl wie Jojoba-, Mandel- oder Hagebuttenöl hinzu. Wenn Sie das leichte Aroma von Kokosnussöl mögen, können Sie auch dieses verwenden.

- Mit einem langstieligen Löffel die Mischung pürieren und umrühren.
- Fügen Sie den Stein Ihrer Wahl hinzu und mischen Sie ihn erneut vorsichtig.
- Lassen Sie das Gefäß 4 Wochen lang ungestört stehen, schütteln Sie es gelegentlich und drehen Sie es auf den Kopf, um das Öl weiter zu vermischen.
- Nach 4 Wochen gründlich abseihen und in eine Flasche Ihrer Wahl füllen.
- Sagen Sie die Casting-Worte.
- Öffnen Sie den Kreis.

Friedensöl kann, wenn es einem Trägeröl hinzugefügt wird, auf dem Körper getragen werden, um einen friedlichen Geist zu fördern. Verwenden Sie es, um Werkzeuge zu weihen oder um einen Zauberspruch für Gesundheit, Glück oder eine bessere Kommunikation zwischen 2 Parteien zu sprechen. Es kann verwendet werden, um ein aufgeregtes Kind zu beruhigen, indem man ihm eine kleine Menge auf die Stirn tupft. Man kann es auch für Schutzamulette oder -säckchen verwenden.

Friedensbeutel

Dieser Zauber soll einen friedlichen Schlaf, glückliche Träume und friedliche Energie in einen Raum bringen. Wenn Sie von zu Hause arbeiten, wird Ihnen das helfen, sich energiegeladen, ausgeruht und konzentriert zu fühlen. Wenn ein gemeinsamer Raum in Ihrem Haus zu chaotisch wird, wenn die ganze Familie anwesend ist, kann ein Set von Friedensbeuteln dazu beitragen, die Energie zu beruhigen und allen zu helfen, gemeinsam an einem harmonischen Leben zu arbeiten.

Der Schlüssel zur erfolgreichen Bewältigung einer friedlichen Situation liegt darin, zunächst alle aufgewühlten Emotionen zu beruhigen. Friedensfördernde Kräuter werden oft auch als Heilkräuter verwendet, insbesondere entzündungshemmende. Sind die Emotionen erst einmal besänftigt und auf ein ruhiges Niveau gebracht, können Kommunikation, Analyse und Verständnis erfolgen, was in der Regel in einer Lösung gipfelt, die den Bedürfnissen aller Beteiligten bis zu einem gewissen Grad gerecht wird.

Verwenden Sie niemals ein "scharfes" Kraut wie Zimt, Pfeffer oder Minze in einem Friedenszauber. Diese können zwar die Ergebnisse vieler Zauber beschleunigen, wirken aber gegen die Absicht eines Zaubers, der den Frieden fördern soll.

Führe diesen Zauber bei Neu-, Zuwachs- oder Vollmond durch.

Sie benötigen Rosenweihrauch und Streichhölzer, 4 kleine weiße Stoffbeutel, Olivenblätter, Blutweiderich, Kamille, Lavendel und geschnittene, getrocknete Aloe.

- Weihen Sie Ihren Arbeitsbereich ein.
- Werfen Sie Ihren Kreis.
- Legen Sie die Olivenblätter, den Blutweiderich, die Kamille, den Lavendel und die Aloe-Scheiben in jeden der 4 weißen Stoffbeutel. Legen Sie die Säckchen auf den Altar und zünden Sie den Rosenweihrauch an.
- Rufen Sie die griechische Göttin Eirene an, eine Göttin des Friedens. Sagen Sie: "Göttin Eirene, bitte erfülle meinen bescheidenen Kreis mit deiner friedlichen Energie und hilf mir, diese Anhänger zu weihen, um den Frieden in meinem Haus zu fördern."
- Nehmen Sie jeden Beutel in die Hand und sagen Sie: "Friedliche Tage und friedliche Nächte, bei Mond und hellem Sonnenlicht, komm an diesen Ort und verlasse uns nie, ruhe auf deinen Flügeln und beruhige uns immer."
- Sagen Sie die Casting-Worte.
- Öffnen Sie den Kreis.

Legen Sie einen Beutel in jede Ecke des Hauses oder in einen bestimmten Raum. Sie können sie bei Vollmond wieder aufladen.

Zaubersprüche für Weissagung

Zweite-Sicht-Wasser

Dieser Zauber erzeugt einen Trank, der Ihre Wahrsagekräfte auflädt. Verwenden Sie ihn, bevor Sie Tarotkarten oder Runen lesen oder vor dem Schlafengehen, um prophetische Träume zu haben. Sie können ihn auch in einen Kessel oder eine Schüssel mit Wasser geben, um die Wasseroberfläche als Wahrsagespiegel zu verwenden.

Wahrsagen ist etwas, das wir alle auf natürliche Weise tun können; der Trick besteht darin, sich in den richtigen Geisteszustand zu versetzen. Unsere Sinne nehmen viel mehr Informationen auf, als wir uns jemals vorstellen können. Das ist ein Teil dessen, was uns unsere Intuition verleiht: Wenn Menschen mit uns sprechen, wenn wir durch unseren Tag gehen, wenn wir zuhören und die Welt um uns herum beobachten, sind in unserem Geist ungenutzte Informationen gespeichert, zu denen wir durch Wahrsagen in einem ruhigen, erholsamen Zustand tatsächlich Zugang erhalten können.

Regelmäßige Meditation kann Ihrem Geist und Körper sowie Ihrer Intuition und Ihren Wahrsagefähigkeiten helfen.

Sie benötigen Hibiskus-Blätter (Hibiskus-Tee ist gut geeignet), Rosenblüten, Ringelblumen, Mädesüß, Beifuß, Iriswurzel und Orangenschalen.

- Weihen Sie Ihren Arbeitsbereich ein (dies wird Ihre Küche sein).
- Werfen Sie Ihren Kreis.
- Einen Kochtopf mit einer Tasse Wasser auf den Herd stellen.
- Geben Sie etwa 3 Esslöffel von jedem Kraut oder jeder Pflanze in den Topf.
- Erhitzen Sie das Wasser, bis es kocht.
- Sprechen Sie: "Ich braue, ich braue, dieses Wasser wahr, um mir zu helfen, das Unsichtbare klar zu sehen."
- Gießen Sie das kochende Wasser vorsichtig in die Schüssel.
- Decken Sie die Schüssel mit einem Deckel, Teller oder Handtuch ab und lassen Sie die Mischung ziehen, bis das Wasser abgekühlt ist.
- Gießen Sie die Mischung und das Wasser vorsichtig in ein Gefäß mit luftdichtem Deckel und stellen Sie es dann in den Kühlschrank.
- Öffnen Sie den Kreis.
- Eine weitere Woche gekühlt ziehen lassen.
- Verwenden Sie nach 1 Woche ein feines Sieb oder ein Seihtuch und seihen Sie das Wasser vorsichtig in ein Glas, eine Flasche oder einen Dekanter ab.

Sie können sich selbst, Ihre Tarotkarten oder Runen und Ihre Kristalle mit Wahrsagewasser besprühen und Ihren heiligen Raum und Altar vor der Ausübung der Wahrsagemagie einer besonderen Reinigung unterziehen.

Kerzenzauber vor einer Lesung

Dieser Zauber bereitet Ihren Geist auf das Wahrsagen mit Tarotkarten, Runen oder anderen Mitteln der Wahrsagemagie vor.

Sie benötigen getrocknete Ringelblumen, Lavendel und Wiesenraute, eine violette Kerze, einen Kerzenständer, ein Stück Amethyst, Erfolgsöl und Streichhölzer. Außerdem brauchen Sie die Wahrsagegeräte, die Sie verwenden werden (Tarotkarten, Runen usw.), sowie ein Notizbuch und einen Stift, um die Ergebnisse der Lesung festzuhalten.

- Weihen Sie Ihren Arbeitsbereich ein.
- Werfen Sie Ihren Kreis.
- Ziehen Sie die Energie des Mondes heran, um Ihren heiligen Raum mit der Kraft des Mondes zu erfüllen.
- Salben Sie die Kerze mit Erfolgsöl und zünden Sie sie an.

- Nehmen Sie eine Prise der getrockneten Ringelblume, werfen Sie sie in die Flamme der Kerze und sprechen Sie: "Öffne meine Augen, damit ich das Unsichtbare sehen kann."
- Nehmen Sie eine Prise Lavendel, werfen Sie sie in die Flamme der Kerze und sagen Sie: "Öffne mein Herz, damit ich fühle, was noch nicht gefühlt wird."
- Nehmen Sie eine Prise Wiesenraute, werfen Sie sie in die Flamme der Kerze und sagen Sie: "Öffne meinen Geist, damit ich das Unbekannte erkenne."
- Sagen Sie die Casting-Worte.
- Während Sie im Kreis sitzen, machen Sie Ihre Wahrsagerei (lesen Sie Karten oder Runen, schauen Sie in den Spiegel, schauen Sie in einen Kessel oder eine Schüssel mit Wasser usw.)
- Öffnen Sie den Kreis.

Sie können sich selbst, Ihre Tarotkarten oder Runen und Ihre Kristalle mit Wahrsagewasser besprühen und Ihren heiligen Raum und Altar vor der Ausübung der Wahrsagemagie einer besonderen Reinigung unterziehen.

Sommer-Wahrsagung-Kerzenzauber

Bei diesem Zauberspruch werden Kräuter in einer einfachen "Ja"- oder "Nein"-Methode verwendet. Er kann auch verwendet werden, um eine Frage zwischen 2 Möglichkeiten zu stellen. Bei der Wahrsagerei kennen wir die Antwort in der Regel dank der Kraft unserer eigenen Intuition, aber wir müssen sie vor uns sehen, um sie zu glauben. Die Wahrsagemagie kann dabei helfen.

Sie benötigen eine Handvoll Löwenzahnblüten, eine Handvoll Goldruten- oder Hibiskus-Blüten, eine weiße Spitzkerze (nicht tropffrei), einen Kerzenhalter, Streichhölzer und Olivenöl. Führen Sie diesen Zauber bei Vollmond durch.

- Weihen Sie Ihren Arbeitsbereich ein.
- Werfen Sie Ihren Kreis.
- Ziehen Sie die Energie des Mondes heran, um Ihren heiligen Raum mit der Kraft des Mondes zu erfüllen.
- Salben Sie die Kerze mit Olivenöl und zünden Sie sie an.
- Legen Sie den Löwenzahn auf die eine Seite der Kerze und die Goldrute oder den Hibiskus auf die andere Seite.
- Sprechen Sie: "Möge der Löwenzahn für (ja oder eine Option auf Ihre Frage) und die Goldrute (oder der Hibiskus) für (nein oder die andere Option auf Ihre Frage) stehen. Kerze, Kerze, die hell brennt, beantworte heute Nacht meine Frage."
- Sagen Sie die Casting-Worte.
- Öffnen Sie den Kreis.
- Lassen Sie die Kerze herunterbrennen. Je nachdem, welche Blume das Wachs mehr bedeckt hat, ist die Antwort auf Ihre Frage.

KAPITEL 6: Korrespondenztabellen mit den magischen Eigenschaften von häufig verwendeten Kräutern, ätherischen Ölen und Weihrauch

Name	Magische Eigenschaften
Akazie	Psychische Kräfte, Schutz
Eichel	Viel Glück, persönliche Kraft, Schutz, Glück, Weisheit
Usambara-Veilchen	Schutz, Spiritualität, Glück
Gemeiner Odermennig	Stärke, Schutz, Erneuerung, Heilung, Beseitigung von Blockaden
Luzerne	Geld und Wohlstand
Mandel	Wohlstand und Weisheit
Aloe	Reinigung, Entschlackung, Heilung, Glücksbringer
Angelika (Engelwurz)	Schutz, Heilung, Mut, Weissagung

Aster	Liebe, Schutz, Auffinden verlorener Gegenstände, Weihe
Basilikum	Liebe, Schutz, Reichtum, Wohlstand
Bergamotte	Geld, Schutz, erholsamer Schlaf, Liebe, erhöht die Kraft des Rituals
Birke	Schutz vor dem bösen Blick, Läuterung
Schwarzer Pfeffer	Bannen, Schutz
Brombeere	Reichtum, Wohlstand, Überfluss
Durchwachsener Wasserdost	Schützt vor Flüchen
Klette	Entfernt negative Gefühle über sich selbst und andere
Kaktus	Bannen und Schutz, entfernt negative Blockaden
Kümmel	Leidenschaft, Liebe, Schutz, fördert die Konzentration und das Gedächtnis
Kardamom	Lust, Liebe und Treue
Katzenminze	Lädt zum Glücklichsein ein
Zedernholz	Schutz, Läuterung, Reinigung, kann anstelle von Salbei beim Wischen verwendet werden
Kamille	Reinigung, Wohlstand, Glück, Schutz und Vertreibung
Kerbel	Hilft, sich mit dem höheren Selbst zu verbinden
Schnittlauch	Schutz, Verbannen
Zitronengras	Wohlstand und Glück im Geschäft, reinigt die Aura
Gewürznelke	Liebe, Wohlstand, Reichtum und Schutz
Koriander	Liebe und Lust, kann Liebe und Beziehungen verbessern
Schlüsselblume	Segen für Unternehmen und Häuser, fördert Jugendlichkeit und Vitalität
Kreuzkümmel	Schutz, Treue, Exorzismus
Zypresse	Hilft, den Verlust zu überwinden, erleichtert die Trauer
Löwenzahn	Reichtum, Wohlstand, Schutz, Reinigung, hilft bei der Weissagung
Teufelskralle	Schutz und Verbannung
Dill	Reichtum, zieht Geld an, segnet Häuser und hält unerwünschte Energie fern
Drachenblut	Energie, Vitalität, vertreibt Negativität
Echinacea	Verleiht Kräutermischungen mehr Potenz
Eukalyptus	Zieht Heilenergie an, unterstützt die Reinigung
Nachtkerze	Zieht Liebe und positive Energie an
Bockshornklee	Geld und Fruchtbarkeit
Frangipani	Zieht die Liebe an und fördert psychisches Bewusstsein
Weihrauch	Entschlackung, Schutz, induziert übersinnliche Kräfte
Gardenie	Zieht Liebe und Freundschaft an. Schützt vor negativen Einflüssen

Knoblauch	Heilung, Schutz, Abstoßung negativer Energie, Reinigung
Geranie	Harmonie und Gleichgewicht, klärt Verwirrung
Ginseng	Liebe, Reichtum, Vitalität und Lebendigkeit
Ginster	Beziehungen, Romantik, Liebe, Harmonie
Grapefruit	Reinigung und Entschlackung
Weißdorn	Fruchtbarkeit, Wiedergeburt, Erneuerung, Energie
Heather	Bringt Glück und Erfolg
Vanilleblume	Fröhlichkeit, Wohlstand, Überfluss
Hibiskus	Weissagung und prophetische Träume, zieht die Liebe an
Hyazinthe	Liebe, Glück und Reichtum, fördert den erholsamen Schlaf
Ysop	Läuterung und Reinigung bei Ritualen
Iris	Fördert Weisheit, übersinnliche Fähigkeiten, Selbstvertrauen
Efeu	Fruchtbarkeit, Liebe, Schutz, Reichtum
Jasmin	Leidenschaft, Lust, Liebe und Vitalität
Wacholder	Zieht gute Gesundheit und Wohlstand an
Kava Kava	Astralreisen und Schutz auf den Astralebenen, fördert Visionen
Staudenknöterich	Wird bei Bindungszaubern verwendet, kann Flüche brechen
Lorbeer	Glück, Schutz und gesunde Beziehungen
Lavendel	Heilung, Frieden, Liebe, Harmonie, Entspannung
Zitrone	Energie, Vitalität, Reinigung, Entschlackung
Zitronenmelisse	Geistige Heilung und Schutz, hilft bei übersinnlichen Fähigkeiten
Zitronengras	Psychische Heilung und Verbesserung der psychischen Fähigkeiten
Flieder	Hilft dem Gedächtnis und der Heilung, fördert die Weisheit
Lilie	Tod und Wiedergeburt, Fruchtbarkeit, Romantik und Eheschließungen
Limette	Schutz und Entschlackung
Lobelia	Zieht die Liebe an, beruhigt Konflikte
Lotus	Wiedergeburt, ewiges Leben, Fruchtbarkeit, Öffnungen
Magnolie	Loyalität, Frieden, Schönheit und Liebe
Ahorn	Zieht Reichtum und Wohlstand an, heilend und ermächtigend
Ringelblume	Viel Glück in Rechtsangelegenheiten
Majoran	Schützt vor Negativität, zieht Reichtum und Fülle an
Mädesüß	Unterstützt Freundschaften, hilft bei der Suche nach neuen Arbeitsplätzen
Minze	Reinigung, Entschlackung, Energie, Vitalität, Heilung
Mistelzweig	Kreativität und Fruchtbarkeit, schützt gegen die negativen Absichten der anderen
Echter Eisenhut	Macht einen für Feinde unsichtbar, Schutz und Verbannung

Beifuß	Hilft bei Wahrsagerei und Astralreisen
Senfsaat	Stärkt den Mut und den Glauben
Myrrhe	Meditation und spirituelle Erweckung, verbessert die übersinnlichen Fähigkeiten
Myrte	Jugendlichkeit, Fruchtbarkeit, Harmonie und Reichtum
Narzisse	Frieden, Ruhe und Harmonie
Neroli (Bitterorange)	Zuversicht, Überwindung von Blockaden, Fröhlichkeit
Brennnessel	Reinigt und schützt, beseitigt Angst und fördert den Mut
Muskatnuss	Zieht Reichtum und Überfluss an, bringt Glück und Wohlstand
Eiche	Heilige Visionen und Rituale
Olive	Frieden, Harmonie, Gelassenheit
Orange	Energie, Vitalität, Fülle und Wohlstand
Orchidee	Stärkt die Willenskraft, fördert die Konzentration
Oregano	Vitalität, Freude, Wohlstand, Überfluss
Palme	Wahrsagerei, Fruchtbarkeit, Willenskraft und Konzentration
Papaya	Schützt vor Negativität
Paprika	Verstärkt die Potenz des magischen Wirkens, zieht Energie und Vitalität an
Petersilie	Reichtum und Wohlstand, hilft Schutz und Vitalität
Passionsblume	Steigert Lust, Fruchtbarkeit, Liebe, Romantik
Patchouli	Zieht Reichtum, Fülle, Wohlstand, Liebe und Leidenschaft
Pekanuss	Reichtum, Erfolg, Verbesserung der Karriere
Immergrünes Grün	Konzentration, Fokussierung und Schutz, hilft Beziehungen
Kiefer	Wiedergeburt, 3. Auge, Weitergehen nach Verletzungen
Ananas	Glück und Erfolg im Geschäftsleben
Granatapfel	Fruchtbarkeit, Reichtum, Heiligkeit und Rituale
Primel	Ermutigt dazu, die Wahrheit zu sagen, verbannt die Geheimhaltung
Kreuzkraut	Schutz vor Negativität
Rose	Göttliche Liebe, Romantik, Beziehungen, Leidenschaft, Fruchtbarkeit, Freundschaft
Rosemarin	Reinigung, Energie, Entschlackung, schützt vor Albträumen
Vogelbeere	Erhöht die magischen Kräfte, Schutz und Reinigung
Roggen	Selbstbeherrschung, Treue, Engagement
Safran	Reichtum, Leidenschaft, Wohlstand, Heilung
Salbei	Reinigung, Läuterung, Heilung, Schutz, unterstützt die Heilung von Trauer und Verlust
Sandelholz	Hilfsmittel für die psychische Entwicklung, Meditation, Visualisierung, Reinigung und Läuterung

Senna	Leidenschaft, Lust und Liebe
Löwenmaul	Reinigung, Schutz, Entschlackung
Saatdistel	Steigert Kraft und Ausdauer
Johanniskraut	Schützt vor Negativität, hilft Schlaf und Gedächtnis
Sternanis	Erhöht die übersinnlichen Fähigkeiten
Sonnenblume	Schutz, Vitalität, Wachstum
Süßgras	Stärke, Reinigung, Läuterung, Geister sehen
Rainfarn	Gute Gesundheit, Langlebigkeit, Schutz
Estragon	Fördert Mitgefühl und Selbstvertrauen
Teebaum	Reinigen und Entschlacken, fördert die Konzentration und das psychische Bewusstsein
Distel	Fördert die Heilung von Verletzungen, Schutz vor negativer Energie
Thymian	Schutz, Heilung, Loyalität, fördert Stärke und Mut
Tuberose	Gelassenheit, Harmonie und Sinnlichkeit
Baldrian	Hilft bei friedlichen Visionen, reinigt ängstliche Räume, hilft bei Liebe und romantischen Beziehungen
Eisenkraut	Schutz und ruhiger Schlaf, verbessert die Kreativität
Violett	Beruhigend und entspannend, unterstützt erholsamen Schlaf und prophetische Träume
Weide	Hilft bei der Trauerbewältigung, beruhigt und beruhigt die Nerven, erhöht die magischen Fähigkeiten
Zaubernuss	Reinigung und Schutz
Schafgarbenblüte	Wahrsagerei, Liebe, glückliche Beziehungen

KAPITEL 7: Einen magischen Garten anbauen

Der Anbau eines eigenen magischen Gartens ist eine der wirksamsten Methoden, um mehr über die Geheimnisse der Kräuterkunde und Kräutermagie zu erfahren. Wenn Sie Platz im Freien haben, sollten Sie ihn nutzen.

Wenn Sie keinen Zugang zu einem eigenen Garten haben, können Sie mit magischen Kräuterkästen arbeiten, die Sie an einem geeigneten Ort, z. B. in der Küche, auf der Fensterbank aufstellen können.

Wählen Sie zunächst einen Platz, an dem Sie Ihre Kräuter und Pflanzen anbauen wollen. Sie können diesen Platz so klein oder groß machen, wie Sie wollen. Zu Beginn kann es jedoch sinnvoll sein, mit einem kleineren Teil des Gartens zu beginnen und zu lernen, wie man die magischen Kräuter dort pflegt.

Es kann eine lohnende Erfahrung sein, einen Platz freizumachen oder Kästen für den Anbau von Kräutern einzurichten. Sehen Sie sich Ihren Garten an und entscheiden Sie sich für einen Platz, der Ihren Vorstellungen entspricht. Vergewissern Sie sich, dass die Bedingungen für die Kräuter, die Sie anbauen wollen, geeignet sind und dass es tagsüber viel Licht gibt.

Sie können die Fläche pflegen, indem Sie zunächst Unkraut jäten und alte Pflanzen oder Abfälle, die sich angesammelt haben, entfernen. Die Verwendung von hochwertigem Kompost oder nährstoffreicher Anzuchterde aus dem örtlichen Gartencenter kann dazu beitragen, Bereiche zu revitalisieren, die neue Energie benötigen.

Das Einbringen von Kristallen in den Boden ist eine phantastische Möglichkeit, Ihrem Garten zu mehr Kraft und Heilung zu verhelfen und das Wachstum Ihrer Kräuter zu fördern.

Die folgenden Kristalle sind hervorragend für das Pflanzenwachstum geeignet:

Moosachat

Dieser Kristall ist als "Gärtner-Talisman" bekannt. Er ist ein wunderbarer Stein zur Erdung und hilft, eine Verbindung zwischen Ihnen und Ihren Pflanzen herzustellen. Legen Sie Stücke von Moosachat in Ihren Pflanzbereich, um Ihren Garten wirklich zum Gedeihen zu bringen.

Malachit

Für Fruchtbarkeit und Reichtum.

Citrin

Um Ihren Garten zu erwärmen und zu harmonisieren.

Onyx und Obsidian

Sie sollen helfen, Gartenschädlinge fernzuhalten. Sie helfen auch bei der Herstellung einer Erdungsverbindung.

Klarer Quarz

Dies ist ein schöner und preiswerter Kristall, der gereinigt und dann mit Ihrer Absicht programmiert werden kann. Um einen Quarzkristall zu reinigen, waschen Sie ihn einfach in Salzwasser oder bestreuen ihn mit Salbei. Das Aufladen durch direktes Sonnenlicht kann hilfreich sein.

Um Ihre Absicht zu programmieren, halten Sie einfach den Kristall und atmen Sie einige Augenblicke lang tief durch. Wenn Sie die Verbindung zwischen Ihnen und dem Kristall gespürt haben, sagen Sie ihm Ihre Absicht und bitten Sie ihn um Hilfe bei der Umsetzung dieser Absicht.

Manche Menschen verwenden klare Quarzflocken oder -splitter, um sie in ihren Kräutergärten zu platzieren, was nicht nur das Wachstum und die Übermittlung Ihrer Absichten fördert, sondern auch Ihrem Garten zusätzliche Schönheit verleiht.

Wenn Sie sich entschieden haben, wo Sie mit der Anpflanzung beginnen wollen, wählen Sie Ihre Kräuter aus und prüfen Sie, ob sie Ihren Absichten entsprechen. Im nächsten Kapitel finden Sie nähere Informationen über die einzelnen Eigenschaften der häufigsten Kräuter, die für die magische Arbeit der Wiccans verwendet werden.

Wenn Sie die Kräuter ausgewählt haben, die Sie pflanzen möchten, graben Sie den Platz für die Kräuter absichtlich um.

Das bedeutet, dass der Raum, in den sie einziehen werden, sorgfältig gereinigt und gepflegt werden muss:

1. Projizieren Sie bei Ihrer Arbeit liebevolle Energie in die Erde.
2. Heben Sie einige Erdklumpen auf und spüren Sie sie zwischen Ihren Fingern, oder setzen Sie sich neben die Erde und spüren Sie, wie Sie sich mit der Energie verbinden.
3. Dies ist ein guter Zeitpunkt, um einige Kristalle in die Erde zu legen oder ein Reinigungs- und Entschlackungsritual durchzuführen.
4. Wenn Sie das Gefühl haben, dass die Zeit reif ist, nehmen Sie Ihre Samen und setzen sie vorsichtig in die Erde, wobei Sie auf die Tiefe und den Abstand achten, die für jedes Kraut am besten geeignet sind. Bedecken Sie sie liebevoll mit Erde.
5. Wenn Sie es wünschen, können Sie die folgenden Worte sagen: "Die Elemente leuchten und die Elemente brennen. Harmonisches Wachstum und friedliches Verlangen. Mit Liebe und Ehre säe ich diese Samen. Lass Schönheit und Magie unter mir wachsen."

Wie Sie sehen, ist schon die Wahl des Platzes, die Reinigung und die Aussaat der Samen eine magische Entscheidung - eine, die eine wunderbare Beziehung zwischen Ihnen und Ihren Kräutern schaffen kann.

Magische Kräuterkiste

Wenn Sie lieber drinnen einen Kräutergarten anlegen möchten, können Sie in einem hellen Bereich Ihres Hauses einen Platz finden. Ein Wintergarten oder die Fensterbank in der Küche sind dafür ideal.

Nehmen Sie sich die Zeit, den Raum aufzuräumen, indem Sie alte Gegenstände entfernen (wir alle wissen, wie gerne wir Dinge auf unseren Küchenfensterbänken sammeln). Sie können Kristalle in die Ecken der Fensterbank stellen, um den Raum zu nähren und ihm Lebendigkeit und Farbe zu verleihen.

Ein weiterer schöner Aspekt bei der Arbeit mit einem Kräuterkasten ist, dass Sie die Außenseite des Kastens auf eine Weise dekorieren können, die Ihnen gefällt. Das kann ein Anstrich in einer leuchtenden Farbe sein, oder die Verwendung von Lacken oder sogar Schablonen, um Muster hinzuzufügen.

Eine Idee wäre, die Elementarsymbole Erde, Luft, Feuer und Wasser um ein Pentagramm herum zu verwenden. Sie können sogar Anhänger oder Darstellungen der Göttin und Fruchtbarkeitssymbole in der Nähe, neben oder in Ihrer Box platzieren.

Dies kann eine weitere Gelegenheit sein, einen heiligen und rituellen Raum zu schaffen. Die einzige Grenze ist Ihre Vorstellungskraft. Sie können dies als einen lebendigen Altar betrachten, der die Bedeutung und Energie, die Sie in den Garten stecken, noch verstärkt.

Wenn Sie Ihren Platz gewählt und die Box nach Ihren Wünschen dekoriert haben, können Sie die Kräuter auswählen, die Sie mit Ihnen verbinden möchten. Da der Platz begrenzt ist, ist es am besten, mit höchstens 3-4 verschiedenen Kräutern in jeder Box zu arbeiten.

Wenn Sie den Platz und die Lust dazu haben, könnten Sie 4 kleine Kästchen für jedes Element anfertigen und Kräuter auswählen, die zu diesen Elementen passen.

Das Pflanzen von Samen in einem Kräuterkasten erfordert die gleiche Achtsamkeit und Geistesgegenwart wie in einem größeren Raum im Freien. Sie können das Einpflanzen wie ein Ritual behandeln und die Worte aus dem obigen Abschnitt sprechen, wenn Sie möchten.

Denken Sie beim Anbau von Kräutern im Haus daran, regelmäßig die Fenster zu öffnen, damit die frische Luft ihre Energie in den Wachstumsprozess einbringen kann.

Pflege und Wachstum

Wenn Ihr Garten zu gedeihen beginnt, nehmen Sie sich Zeit für die richtige Pflege. Denken Sie daran, Ihre Kräuter sowohl drinnen als auch draußen zu gießen, wenn das Wetter trocken ist. Fügen Sie Ihrem Anbaugebiet reichhaltige, nährstoffreiche Erde zu.

Sie können die Kristalle nach Belieben austauschen, vor allem, wenn sie sich außerhalb des Bodens befinden. Bei Kristallen, die Sie in der Erde platzieren, ist es jedoch am besten, sie dort zu belassen, während Ihre Pflanzen wachsen, um die Energien nicht zu stören. Eine Ausnahme wäre, wenn Sie das Gefühl haben, dass die Kristalle, die Sie ausgewählt haben, nicht richtig mit den Energien der Pflanzen in Resonanz gehen.

Ein weiterer Aspekt, an dem Sie arbeiten können, ist das Senden positiver Energie an Ihren Garten. Mehrere Studien haben gezeigt, dass einige Pflanzen gedeihen, wenn ihnen regelmäßig positive Absichten und heilende Worte gesagt werden.

Indem Sie das Wachstum fördern und Liebe auf die Pflanzen projizieren, können Sie deren Entwicklungsfähigkeit direkt beeinflussen. Das bringt Sie auch näher zu ihnen als lebende Wesen, die ihre eigenen Energien haben, mit denen Sie sich verbinden können. Sie können auch damit beginnen, den Kräutern, die Sie anbauen, Ihre magischen Absichten mitzuteilen.

Wenn die Zeit gekommen ist, die Kräuter zu ernten, schneiden Sie sie vorsichtig ab und danken Sie ihnen für ihre Hilfe. Durch die Verwendung eines magischen Werkzeugs wie einer Doline (oder eines Messers, das Sie eigens für diesen Zweck angefertigt haben) können Sie Ihren Sinn für den Anlass und das Ritual noch verstärken.

Es ist eine wichtige Zeit im Zyklus Ihrer Beziehung zur Pflanze. Bis jetzt haben Sie sich liebevoll um ihr Wachstum gekümmert, und jetzt bitten Sie sie, Ihnen bei Ihrer magischen Arbeit zu helfen. Aus diesem Grund sollte das Schneiden der Kräuter achtsam, mit liebevoller Absicht und Dankbarkeit erfolgen.

Trocknen und Lagern von Kräutern

Frische Kräuter, die zum Kochen oder für rituelle Bäder bestimmt sind, sollten nach dem Schneiden im Kühlschrank aufbewahrt werden.

Um Kräuter zu trocknen, können Sie sie in kleinen Mengen schneiden und mit Bindfaden zusammenbinden, bevor Sie sie kopfüber aufhängen. Wenn Sie keine Balken in Ihrer Küche oder Ihrem rituellen Arbeitsraum haben, können Sie einfache Haken oder ein Trockengestell zum Aufhängen verwenden.

Getrocknete Kräuter halten sich etwa 6-12 Monate, bevor sie ihre Wirkung verlieren. Wenn Ihre Kräuter spröde aussehen oder ihre Farbe und ihren Duft verlieren, haben sie ihr Haltbarkeitsdatum überschritten. Behalten Sie ihren Zustand im Auge, um die Verschwendung wertvoller Pflanzenstoffe zu vermeiden.

Sie sollten Kräuter schneiden, wenn ihre Öle am stärksten sind. Das ist normalerweise kurz vor der Blüte. Wählen Sie für das Schneiden im Freien einen möglichst trockenen und feuchten Tag. Wenn Sie Ihre Küche nicht regelmäßig lüften, ist es ratsam, einen anderen Raum zum Trocknen der Kräuter zu finden, da Dampf oder Kochrückstände den Trocknungsprozess und den Duft beeinträchtigen können.

Es dauert etwa 10-16 Tage, bis Ihre Kräuter getrocknet sind, je nachdem, wie dick die Sträuße sind und wie hoch die Lufttemperatur im Raum ist. Sie können die Kräuter auch für kurze Zeit auf einem Backblech in den Ofen legen, um ihnen die Feuchtigkeit zu entziehen und den Prozess zu beschleunigen.

Halten Sie Ihre Kräuter nach dem Trocknen so weit wie möglich von direktem Sonnenlicht fern, da dies die Wirkung der Kräuter beeinträchtigen kann.

Aufladen von Kräutern für magische Zwecke

Die Art und Weise, wie Sie Ihre Kräuter vor der Verwendung aufladen, hängt stark davon ab, was bei Ihnen in Resonanz geht und woher Sie die Kräuter bezogen haben. Wenn Sie Ihre Kräuter online oder in einem Geschäft gekauft haben, möchten Sie sie vielleicht von allen Energien reinigen, die sie auf dem Transportweg aufgenommen haben.

Sie können Kräuter reinigen, indem Sie sie waschen, wenn sie frisch sind, oder indem Sie sie mit Salbei verwischen, wenn sie getrocknet sind. Sie können sie auch kurz in lockere Erde legen, in die Sie einen Reinigungskristall eingepflanzt haben, z. B. einen schwarzen Turmalin zur Reinigung negativer Energie oder einen der oben genannten "Anzuchtkristalle".

Klarer Quarz kann auch zum Reinigen von Kräutern verwendet werden. Sie können ein Stück klaren Quarzes über Nacht in Ihr Aufbewahrungsgefäß mit den Kräutern legen oder Ihre Kräuter für 1 oder 2 Stunden in einen Kreis aus klarem Quarz setzen.

Wenn Sie mit Kräutern arbeiten, die Sie selbst angebaut haben, wird ein großer Teil Ihrer Absichten bereits durch den Wachstumsprozess und die positiven Gespräche, die Sie geführt haben, auf die Kräuter übertragen worden sein. Wenn Sie jedoch das Gefühl haben, dass Ihre Absicht zu diesem Zeitpunkt nicht ausreichend war, können Sie sie noch mehr ermächtigen.

Ein guter Zeitpunkt dafür ist, wenn Sie sie zum Trocknen aufhängen und wenn Sie sie abnehmen. Es ist hilfreich, sich einfach mit dem Kraut hinzusetzen und sich vorzustellen, wie die Energie der Pflanze in Ihre Absicht einfließt.

In anderen Fällen können Sie Ihre Absicht laut aussprechen. Sie können Kräuter auch aufladen, indem Sie sie draußen im Mondlicht liegen lassen, wenn Sie sie für ein Ritual verwenden, das Mondenergie benötigt.

Sammeln von Kräutern und Pflanzen in der Wildnis

Eine gute Möglichkeit, Kräuter und Pflanzen in Ihre Rituale einzubeziehen und sich wirklich mit der Harmonie der Natur zu verbinden, ist das Sammeln von Kräutern oder Blumen dort, wo sie natürlich wachsen.

Auch hier gilt: Bitte pflücken Sie keine Pflanzen, deren Identität Sie nicht kennen, und verwenden oder verzehren Sie nichts, was Sie nicht kennen. Einige Pflanzen können giftig sein und schwere Schäden verursachen. Sicherheit geht vor.

Wenn Sie draußen sind, gehen Sie am besten zu Pflanzen, die Sie auf irgendeine Weise "ansprechen". Das kann eine Blume mit einer schönen Farbe oder Symbolik sein, wie z. B. Löwenzahn, oder ein Stück wilder Lavendel, das Sie auf einem Feld finden.

Kaufen von Kräutern

Manchmal kann es vorkommen, dass Sie für ein Ritual, das Sie durchführen möchten, Kräuter benötigen, die es in Ihrer Umgebung nicht gibt oder die besonders schwierig zu ziehen sind. In solchen Fällen kann es nützlich sein, diese Kräuter online oder in lokalen Geschäften zu kaufen.

Wenn die Kräuter, die Sie im Internet oder in Geschäften kaufen, in einem Plastikbeutel geliefert werden, nehmen Sie sie aus der Verpackung und bewahren Sie sie stattdessen in einem luftdichten Glasbehälter auf - am besten in einem mit Schraubverschluss.

Denken Sie daran, dass einige Kräuter oder Pflanzen (insbesondere solche, die nicht zum Verzehr bestimmt sind, wie viele Blumen oder Sträucher) mit Pestiziden angebaut worden sein können. Daher ist es nicht ratsam, mit ihnen Räucherwerk herzustellen. Wenn Sie dies tun, können die brennenden Pflanzen unangenehme und potentiell giftige Dämpfe erzeugen.

Wenn Sie Kräuter aus dem Handel beziehen müssen, versuchen Sie, Lieferanten zu finden, die darauf achten, wie sie die einzelnen Kräuter ernten, und kaufen Sie nach Möglichkeit biologisch ein. Sie können die Kräuter auf die gleiche Weise aufladen und ihnen danken, wie Sie es normalerweise tun würden.

Auch wenn bei dieser Methode der Aspekt des eigenen Anbaus von Kräutern zu kurz kommt, sollten Sie dennoch versuchen, sich mit dem Lebenszyklus und der spirituellen Essenz der Pflanzen zu verbinden.

Rituale und magische Gegenstände mit Kräutern

Es gibt verschiedene Möglichkeiten, Kräuter für magische Zwecke zu verwenden. Dazu gehören:

Püppchen

Püppchen sind magische Darstellungen von Menschen oder Wesen, mit denen Sie arbeiten möchten. Sie können aus Stoff, geschmolzenem Kerzenwachs oder sogar aus Modelliermasse hergestellt werden. "Maispuppen" können z. B. den Opfergott zu Lammas darstellen.

Manche Menschen haben negative Assoziationen mit Püppchen, weil sie glauben, dass sie mit Dingen wie Voodoo-Puppen zu tun haben. Doch wie bei jeder Magie ist die Absicht alles. Püppchen können verwendet werden, um sich selbst und anderen Liebe, Glück, Wohlstand und Heilung zu bringen.

Kräuter können im Inneren von Püppchen als einfache Füllung verwendet werden, oder indem man sie mit Materialien wie Kerzenwachs mischt. Man könnte z. B. getrocknetes Basilikum für ein Ritual der Fülle verwenden.

Magische Säckchen

Magische Säckchen werden in der Regel verwendet, um dem Träger Schutz und Glück zu bringen. Sie können Organzabeutel mit Kordelzug kaufen und getrocknete Kräuter zerkleinern und mischen, während Sie mit einer magischen Absicht arbeiten. So entsteht ein schützendes oder heilendes Säckchen, das Sie bei sich tragen können.

Öle und Harze

Öle und Harze können in Windbeutel oder magische Säckchen gefüllt werden. Sie können auch für die Herstellung von Kerzen, Salbungsöl oder rituelle Bäder verwendet werden.

Magischer Weihrauch

Die Herstellung von Räucherwerk aus selbst angebauten Kräutern kann ein wirkungsvolles Mittel sein, um jedem Ritual Kraft zu verleihen.

In späteren Kapiteln werden wir untersuchen, wie verschiedene Kräuter für die Herstellung von Ölen, Räucherwerk und magischen Gegenständen verwendet werden können, mit einigen Ideen und Rezepten, die Sie zu Hause ausprobieren können.

KAPITEL 8: Mischungen, Zaubersprüche und andere Verwendungsmöglichkeiten für pflanzliche Öle

In diesem Abschnitt finden Sie eine ausführliche Anleitung für das Mischen, 11 Rezeptideen, die Ihnen den Einstieg in die Praxis erleichtern, sowie einige Zaubersprüche und andere Ideen für die Verwendung Ihrer neu erstellten Mischungen.

Am Ende des Leitfadens finden Sie eine Tabelle mit den magischen Eigenschaften und Assoziationen, damit Sie bei der Verwendung von Ölen in der Magie leicht nachschlagen können.

Erstellen Ihrer Mischungen

Wie jeder andere Aspekt der Magie erfordert auch die Herstellung perfekter magischer Mischungen Experimentierfreude und Übung. Aber mit Ausdauer, der richtigen Ausrüstung und ein paar Beispielrezepten werden Sie in kurzer Zeit ein erfolgreicher Alchemist für pflanzliche Öle sein.

Auswahl eines Trägeröls

In den meisten Quellen zum Mischen von Ölen werden die folgenden Trägeröle als Optionen für Ihre Mischungen aufgeführt: Distel, Sonnenblume, Kokosnuss, Aprikosenkern, Jojoba, Mandel, Haselnuss, Traubenkern, Süßmandel und Macadamianuss.

Diese Liste repräsentiert eine große Vielfalt an Farbe, Duft und Konsistenz, sodass diese Öle nicht als austauschbar betrachtet werden sollten.

Welches Öl für Sie am besten geeignet ist, hängt von verschiedenen Faktoren ab: vom Verwendungszweck des Öls, von Ihrem magischen Ziel und von Ihren persönlichen Vorlieben.

Wenn Sie bereits mit einigen dieser Öle aus der Küche vertraut sind, ist dies von Vorteil, da Sie ein Gefühl für ihre Farbe, ihr relatives Gewicht und ihren Duft (oder dessen Fehlen) haben.

Wenn Sie ganz neu im Umgang mit Ölen sind, sollten Sie mit Distel- oder Traubenkernen beginnen, da diese relativ leicht sind und keinen auffälligen Duft verströmen, sodass Sie sich auf die Düfte Ihrer ätherischen Öle konzentrieren können.

Jojoba ist ein beliebtes Öl bei Hexen und Aromatherapeuten und hat eine schwerere Konsistenz. Allerdings ist es kein wirkliches Speiseöl. Wenn Sie also auf Ihr Budget achten und praktisch sein wollen, ist ein Speiseöl wahrscheinlich die bessere Wahl.

Am anderen Ende des Spektrums steht Kokosnussöl, das Vor- und Nachteile hat. Wenn man Öl zum Salben von Kerzen herstellt, hält sich Kokosnuss gut im Wachs (ebenso wie Jojoba). Allerdings verfestigt es sich bei kühleren Temperaturen und hat einen starken, aber angenehmen Geruch. Je nachdem, welche ätherischen Öle Sie verwenden, könnte dies eine Fehlanpassung sein, daher sollten Sie Kokosnussöl nicht als Allzweckträger betrachten.

Olivenöl ist ebenfalls eine gute Wahl, wird aber eher wegen seiner positiven Eigenschaften für die Haut als wegen seiner Eignung zum Mischen von Düften geschätzt. Andere Trägerstoffe, die für die Verwendung auf der Haut empfohlen werden, sei es für rituelle Salbung oder magische Düfte, sind Aprikosenkernöl und Distelöl.

Zubehör für die Mischung

Zum Mischen pflanzlicher Öle braucht man wirklich nicht viel Ausrüstung. Sie müssen jedoch die richtige Ausrüstung verwenden, sonst erhalten Sie Mischungen von minderwertiger Qualität. Machen Sie nicht den Fehler zu glauben, dass Plastik ein Ersatz für Glas ist, und vergewissern Sie sich, dass alle Ihre Geräte blitzsauber sind, bevor Sie beginnen.

Zum Sterilisieren Ihrer Einmachgläser waschen Sie sie mit Spülmittel in heißem Wasser und spülen sie gründlich aus. Vergewissern Sie sich, dass weder innen noch außen Spuren von Lebensmitteln oder andere Rückstände vorhanden sind. Waschen Sie auch die Deckel gründlich aus.

Stellen Sie die Gläser in einen tiefen Wassertopf und bedecken Sie sie mit Wasser - das Wasser sollte 1 cm über dem oberen Rand des Glases stehen. Bringen Sie das Wasser zum Kochen und lassen Sie es 10 Minuten lang kochen.

Den Herd ausschalten, den Topf einige Minuten abkühlen lassen und die Gläser mit einer Zange herausnehmen. Gießen Sie das Wasser aus und lassen Sie die Gläser auf Zimmertemperatur abkühlen. Trocknen Sie sie vor der Verwendung gründlich ab - Sie wollen nicht, dass Feuchtigkeit Ihre Öle verdünnt.

Glastropfer, kleine Fläschchen und Trichter sind online und oft auch in Naturkostläden und anderen Einzelhandelsgeschäften erhältlich, in denen ätherische Öle verkauft werden. Dieses Zubehör ist in der Regel sehr preiswert. Achten Sie darauf, dass die kleinen Glasfläschchen mit Schraubverschluss und nicht mit einem Doppeltropfer aus Glas versehen sind, es sei denn, Sie wollen die gesamte Mischung im Laufe einiger Wochen verbrauchen. Einige Hersteller verkaufen diese Flaschen auch mit Reduzierstücken für Einzeltropfen.

Viele Menschen verwenden ihre Flaschen gerne von Mischung zu Mischung wieder, was in Ordnung ist, solange man sie richtig reinigt. Spülen Sie zunächst die Flaschen, Kappen und Tropfer in kaltem Wasser aus und legen Sie sie dann 10-20 Minuten in Essig ein. Spülen Sie sie dann mit heißem Wasser aus und legen Sie sie für weitere 10-20 Minuten in heißes Seifenwasser. Spülen Sie sie aus und lassen Sie sie gründlich trocknen, bevor Sie sie wiederverwenden.

Was die Wiederverwendung von Glastropfern betrifft, so kann dies etwas schwieriger sein. Einige Öle lösen sich im Essig/Seifenwasser-Verfahren auf, andere - insbesondere Patchouli und Vanille - lassen sich nur schwer vollständig aus dem Inneren des Tropfers entfernen (wenn Sie im Inneren des Tropfers noch Spuren von Wasser sehen, nachdem alles andere getrocknet ist, befindet sich höchstwahrscheinlich noch Öl darin).

Eine Möglichkeit besteht darin, die Tropfer nur für die Verwendung mit einem bestimmten Öl zu kennzeichnen, was allerdings bedeutet, dass man sie nicht mit einer Mischung verwenden kann.

Manche Menschen verzichten ganz auf die Glastropfer und verwenden stattdessen Einwegpipetten aus Kunststoff. Das ist ganz Ihnen überlassen.

Hinweis zu den Proportionen

Obwohl die Herstellung von ätherischen Ölen ein hohes Maß an Liebe zum Detail erfordert, ist die Arbeit des Mischens keineswegs eine exakte Wissenschaft.

Verschiedene Quellen geben zum Teil sehr unterschiedliche Empfehlungen, wie viel ätherisches Öl dem Trägeröl in einer Standardmischung zugesetzt werden sollte. Einige sagen, dass 7-10 Tropfen pro 30 ml Trägeröl ideal sind, während andere 15-20 sagen.

Woher wissen Sie also, wie viele Tropfen Sie verwenden sollen? Die richtige Antwort lautet: Experimentieren Sie und lernen Sie dabei Ihre eigenen Vorlieben kennen. Für den Anfang können Sie sich jedoch an ein paar Richtlinien halten:

- **Potenz:** Einige Öle, wie Pfefferminze und Ylang-Ylang, haben einen besonders starken Duft, sodass Sie vielleicht vorsichtig damit umgehen sollten, bis Sie sie in einigen Mischungen ausprobiert haben. Schnuppern Sie einfach an der unverschlossenen Flasche, um ein Gefühl dafür zu bekommen, wie stark das Öl ist, bevor Sie entscheiden, wie viele Tropfen Sie verwenden.
- **Empfindlichkeit:** Jeder Mensch reagiert unterschiedlich auf ätherische Öle. Wenn Ihnen ein bestimmtes Öl besonders stark erscheint, ist es eine gute Idee, es in einer Mischung nur in Maßen zu verwenden, bis Sie wissen, wie viel Sie vertragen können. Und wenn Sie den Duft des Öls überhaupt nicht mögen, dann sollten Sie wahrscheinlich gar nicht damit arbeiten.
- **Verwendungszweck:** Wenn das Öl auf der Haut verwendet werden soll, und sei es nur zum Salben, sollten Sie sich auf eine geringe Menge beschränken.

Detailliertere Informationen über die Proportionen und die Herstellung von Mischungen finden Sie vor allem in Quellen zur Aromatherapie. Sie können aber auch einfach selbst experimentieren und sich in die Rolle des Alchemisten des 21. Jahrhunderts versetzen.

Achten Sie nur darauf, dass Sie Ihre Vorgehensweise festhalten, damit Sie, wenn Sie auf eine Kombination stoßen, die Ihnen wirklich gefällt, diese aufschreiben und in Zukunft wiederholen können.

Grundlegendes Mischverfahren

Suchen Sie sich eine ebene Arbeitsfläche - in der Regel ist ein Küchentisch oder eine Arbeitsplatte am besten geeignet, damit Sie bei verschütteten Flüssigkeiten schnell wieder sauber werden - und stellen Sie alle benötigten Materialien zusammen.

Wenn Sie möchten, stellen Sie eine Kerze in Ihren Arbeitsbereich und zünden Sie sie mit der Absicht an, dass Ihre Kreation kraftvoll und erfolgreich sein wird. Spielen Sie beruhigende oder aufmunternde Musik - etwas, das Sie in einen entspannten und kreativen Geisteszustand versetzt. Wenn Sie sich dazu berufen fühlen, bitten Sie Ihre spirituellen Führer oder Helfer, Ihnen bei Ihrer Arbeit zu helfen.

Obwohl diese Schritte rein optional sind, kann es sehr hilfreich sein, sich in einen magischen Zustand zu versetzen, wenn Sie mit dem Mischen beginnen. Sie werden feststellen, dass der Prozess reibungsloser abläuft und mehr Spaß macht.

Aber egal, wie Sie beginnen, stellen Sie sicher, dass Sie einige Zeit damit verbracht haben, sich Ihr(e) magische(s) Ziel(e) für die Mischung zu überlegen und zu visualisieren. Je klarer Sie sich darüber sind, was Sie erreichen wollen, desto wahrscheinlicher wird Ihr Erfolg sein.

Wenn Sie ein allgemeines Salböl für Rituale herstellen, können Sie sich auf eine Vision von Ihnen selbst in perfekter Harmonie mit Gott und Göttin konzentrieren, während Sie die bald erscheinende Mischung auf Ihre Handgelenke und Ihr 3. Auge auftragen. Wenn es Ihr Ziel ist, Liebe oder Geld anzuziehen, rufen Sie die Gefühle hervor, die Sie empfinden möchten, wenn Sie Erfolg haben. Wenn Sie eine Mischung für einen bestimmten Zauber herstellen, z. B. um einen Job zu bekommen, können Sie Ihre Absicht noch weiter verfeinern, indem Sie sich die Ergebnisse genau vorstellen.

Aber egal, was Ihr Ziel ist, das Wichtigste ist, dass Sie Ihre Energie positiv halten, wenn Sie Ihr magisches Öl herstellen.

Wenn Sie sich konzentriert und bereit fühlen, messen Sie das Trägeröl ab und geben Sie es in das Mischgefäß. Für eine Standardmenge an gemischtem Öl verwenden Sie 1/8 Tasse (oder 2 Esslöffel) Trägeröl.

Schließen Sie die Augen und atmen Sie tief und lange ein. Jetzt können Sie das 1. ätherische Öl des Rezepts hinzufügen.

Zählen Sie mit einer Pipette oder dem Einzeltropfenspender, der in den meisten Flaschen mit ätherischen Ölen enthalten ist, die im Rezept angegebene Menge an Tropfen ab. Achten Sie darauf, dass Sie die Reihenfolge der Zutaten einhalten, da die größeren Mengen zuerst in die Mischung gegeben werden sollten (beachten Sie diese Richtlinie auch, wenn Sie Ihre eigenen Mischungen erfinden).

Schwenken Sie das Glas vorsichtig im Uhrzeigersinn, um das Öl mit dem Trägerstoff zu vermischen. Schnuppern Sie an dem Glas, während Sie die Augen schließen und sich Ihr Ziel noch einmal vergegenwärtigen.

Fügen Sie das nächste Öl hinzu und schwenken Sie das Gefäß erneut im Uhrzeigersinn. Riechen Sie und bemerken Sie den Unterschied, den das 2. Öl zum Duft der Mischung gemacht hat.

Schließen Sie die Augen, während Sie einatmen, und visualisieren Sie Ihr Ziel. Wiederholen Sie diesen Vorgang mit jedem weiteren ätherischen Öl in der Rezeptur. Wirbeln Sie, schnuppern Sie und visualisieren Sie, wie sich die Energien der Pflanzen in Ihrem magischen Gebräu vermischen.

Das Ziel ist es, die Düfte mit der Vision des Ziels in Ihrem Geist zu verbinden, während Sie die Mischung erstellen. Wenn Sie das Öl dann in Ihrer Zauberei verwenden, wird sich die Schwingungsenergie der Pflanzen mit der Energie Ihrer Vision verbinden, um das Ziel auf der physischen Ebene zu manifestieren.

Mit zunehmender Vertrautheit mit den verschiedenen Ölen werden Sie zweifellos Vorlieben für bestimmte Düfte entwickeln, und vielleicht möchten Sie die Anteile in den Rezepten, mit denen Sie arbeiten, anpassen. Scheuen Sie sich nicht, damit zu experimentieren, wenn Sie Ihre Mischungen kreieren - versuchen Sie, 1 oder 2 Tropfen mehr eines bestimmten Öls in einem Rezept hinzuzufügen, um den Gesamtduft nach Ihrem Geschmack zu gestalten.

Wenn Sie das Gefühl haben, dass die Mischung fertig ist, füllen Sie sie mit einem Trichter aus dem Mischgefäß in eine kleine Glasflasche um. Verschließen Sie die Flasche und beschriften Sie sie mit dem Namen der Mischung.

Vergessen Sie nicht den entscheidenden Schritt, Ihr frisch gemischtes magisches Öl aufzuladen. Halten Sie die Flasche in den Händen und schicken Sie Ihre persönliche Energie in das Öl, indem Sie sich noch einmal auf Ihr Ziel konzentrieren. Wenn Sie ein Aufladungsritual haben, wie z. B. die Anrufung der Göttin und des Gottes, führen Sie es jetzt durch.

Lagern Sie das Öl dann an einem kühlen, dunklen Ort, bis Sie es für Ihre Zauberei verwenden wollen.

KAPITEL 9: Ölmischungsrezepte

Öl-orientierte Zauberei

Die folgenden Zaubersprüche machen sich die Macht der gemischten Öle zunutze, indem Sie sie auf verschiedene Weise verwenden.

Zuerst salben Sie Ihren Körper, um die Beschwörung Ihrer persönlichen Kraft zu signalisieren. Dann salben Sie eine Kerze, um Ihre persönliche Kraft mit der des Elements Feuer zu verbinden. Bei der 3. Verwendung des Öls unterscheiden sich die Zaubersprüche deutlich: Bei einem werden Münzen gesalbt, bei einem anderen wird das Öl in einen Zauberbeutel gegeben, und beim 3. wird Dampf verwendet, um die Kraft des Öls im gesamten magischen Raum voll zur Geltung zu bringen.

Münzen und Kerzengeld-Zauber

Münzen sind gute magische Werkzeuge für Wohlstand, nicht nur, weil sie buchstäblich für Reichtum stehen, sondern auch, weil sie die Saat für zukünftigen Reichtum symbolisieren können. Wenn Sie die konzentrierten Energien Ihres eigenen Glücksgeld-Öl hinzufügen, wird der Zauber sogar noch mächtiger.

In jeder Phase des Zaubers ist es wichtig, dass Sie sich so verhalten, als hätten Sie das Geld bereits erhalten. Verbringen Sie ein paar Minuten damit, sich das Gefühl vorzustellen, unerwartet Geld zu erhalten. Vielleicht erinnern Sie sich an ein Ereignis, bei dem Sie einen Euro auf dem Boden gefunden oder einen Überraschungsscheck mit der Post erhalten haben. Wenn Sie sich nicht an ein bestimmtes Ereignis erinnern können, erfinden Sie eines und stellen Sie es sich detailliert vor.

Spüren Sie die Dankbarkeit und die Aufregung, die mit der Entdeckung von unerwartetem Geld einhergehen, und lenken Sie diese Energie in die magische Arbeit.

Sie benötigen:

- Glücksgeld-Öl
- 1 grüne Kerze
- 3 Euromünzen
- Kristallspitze, Athame oder anderes rituelles Schnitzwerkzeug

Anweisungen:

Salben Sie zunächst Ihre Schläfen, das 3. Auge und die Pulspunkte mit dem Öl.

Dann schreiben Sie Ihre Initialen zusammen mit einem Geldsymbol auf die Kerze, z. B. ein Eurozeichen oder eine Rune, die mit Reichtum assoziiert wird.

Halten Sie die Kerze einige Augenblicke in Ihren Händen und stellen Sie sich vor, dass Ihre persönliche Kraft in die Kerze selbst fließt.

Wenn Sie sich bereit fühlen, salben Sie sie mit dem Glücksgeld-Öl und stellen Sie sie in seinen Halter.

Halten Sie dann die Münzen zwischen Ihren Handflächen zusammen.

Rufen Sie noch einmal das Gefühl der freudigen Überraschung hervor, wenn Sie einen unerwarteten Geldsegen erhalten.

Legen Sie die Münzen mit der Vorderseite nach oben in Form eines Dreiecks um die Kerze, wobei die Spitze des Dreiecks zu Ihnen zeigt.

Salben Sie sie mit dem Öl, indem Sie einen Tropfen auf die Mitte jeder Münze geben und dabei 3-mal diese (oder Ihre eigenen) Worte sagen: "Wie Gleiches Gleiches anzieht, so bringt dieses Geld mehr."

Während Sie die Kerze anzünden, sagen Sie: "So soll es sein."

Lassen Sie die Kerze von selbst ausbrennen, bevor Sie die Münzen entfernen.

Stellen Sie eine in Ihre Küche, eine in Ihren Wohnbereich und tragen Sie die 3. in Ihrer Handtasche, Ihrem Portemonnaie oder in der Tasche eines Kleidungsstücks, das Sie täglich tragen, bei sich.

In den Tagen nach der Anwendung dieses Zaubers sollten Sie nicht versuchen, herauszufinden, woher das zusätzliche Geld kommen wird, damit Sie der Magie nicht im Wege stehen. Geld kann von allen möglichen unerwarteten Orten kommen.

Gehen Sie Ihrer gewohnten Routine nach und vertrauen Sie darauf, dass Sie die Ergebnisse des Zaubers sehen werden, wenn die Zeit reif ist.

Wenn Sie möchten, können Sie Ihre Glücksgeld-Ölmischung von Zeit zu Zeit öffnen und ihren Duft einatmen, um die positiven Gefühle, die Sie während der Arbeit an dem Zauberspruch erlebt haben, wieder aufleben zu lassen.

Diebstahlschutz-Charme

Dieser Anhänger eignet sich am besten für Ihr Zuhause - sei es ein Schlafzimmer, ein Schlafsaal oder ein ganzes Haus -, kann aber auch in Ihrem Auto angebracht werden, wenn Sie möchten.

Sie benötigen:

- Herz- und Hausschutz-Öl
- 1 schwarze Bannkerze
- 1 Lorbeerblatt
- Je 1 Prise getrocknetes Basilikum und Muskatnuss
- 1 Amethyst oder klarer Quarzkristall
- 1 Beutel mit Kordelzug-Anhänger

Anweisungen:

Salben Sie Ihre Schläfen, das 3. Auge und die Pulspunkte mit dem Öl.

Salben Sie dann die Kerze, während Sie sich vorstellen, dass Ihre Umgebung von weißem Licht umgeben und durchdrungen ist.

Legen Sie den Kristall in das Säckchen, gefolgt von den Kräutern. Geben Sie 3 Tropfen des Öls in den Beutel und ziehen Sie ihn zu.

Zünden Sie die Kerze an und stellen Sie den Anhänger davor, während Sie die folgenden (oder Ihre eigenen) Worte sagen: "Durch Kräuter, Steine und Öl, Möchtegern-Diebe schreckt dieser Anhänger ab. So soll es sein."

Lassen Sie den Anhänger an seinem Platz, bis die Kerze ausgebrannt ist.

Platzieren Sie es dann an einem Ort in Ihrer Wohnung, an dem es nicht unnötig Aufmerksamkeit erregt, aber trotzdem gesehen wird.

Dampfende Liebe - Anziehungszauber

Dieser Zauber ist sowohl für Singles als auch für Menschen in Beziehungen geeignet, die ihr Liebesleben aufpeppen wollen. Die wichtigste kristallisierende Wirkung des Zaubers besteht darin, dass das Wasser auf die ätherischen Öle gegossen wird.

Verwenden Sie nach Möglichkeit nur die einzelnen Öle, die in der Liebes-Energie-Ölmischung enthalten sind, und nicht die Mischung selbst für den Diffusionsschritt. Andernfalls können Sie die Mischung für den Diffusionsschritt verwenden, aber sie ist aufgrund der Mischung aus Wasser und Trägeröl nicht so aromatisch befriedigend.

Achten Sie darauf, dass das Wasser nicht kocht, wenn Sie es einfüllen, sonst versengen Sie das Öl. Wenn es kocht, bevor Sie es vom Herd nehmen, lassen Sie es 1 Minute lang abkühlen, bevor Sie es abgießen.

Das sollte selbstverständlich sein, aber seien Sie sehr vorsichtig, dass Sie Ihre Energie nicht auf eine bestimmte Person in manipulativer Weise richten. Das kann wirklich nach hinten losgehen, selbst wenn Sie Ihren Partner oder Ehepartner im Auge haben. Es ist nie klug, sich darauf zu konzentrieren, die Gefühle oder Handlungen eines anderen zu kontrollieren, konzentrieren Sie sich stattdessen darauf, wie Sie sich in der Erfahrung, die Sie manifestieren, fühlen wollen.

Sie benötigen:

- 1 rote Bannkerze
- Liebes-Energie-Öl zur Salbung
- Einzelne Fläschchen mit Rose, Patchouli, Ylang-Ylang und Vetiver zum Verteilen (optional)
- 1 Tasse gefiltertes Wasser
- Teekessel oder kleine Pfanne
- Kessel oder eine andere nichtmetallische Schale, die nicht für Lebensmittel verwendet wird
- 1 Prise getrockneter Lavendel, Patchouli und/oder Hibiskus

Anweisungen:

Nehmen Sie sich einen Moment Zeit, um Erinnerungen und Gefühle des Wohlbefindens, der Erregung und der körperlichen Anziehung hervorzurufen. Wie fühlen Sie sich, wenn Sie in der Energie einer leidenschaftlichen Liebesaffäre gefangen sind? Konzentrieren Sie sich auf dieses wunderbare Gefühl, während Sie Ihre Handgelenke, Pulspunkte und das 3. Auge mit dem Öl salben.

Nehmen Sie den Becher mit Wasser in die Hand und laden Sie ihn mit der Energie der Liebe und der Leidenschaft auf.

Gießen Sie dann das Wasser in den Kessel oder die Pfanne und stellen Sie sie auf den Herd, um es zum Kochen zu bringen (benutzen Sie die Mikrowelle nur, wenn Sie unbedingt müssen).

Während das Wasser erhitzt wird, salben Sie die Kerze und streuen Sie die Kräuter kreisförmig um den Kerzenfuß.

Fahren Sie fort, Ihr Ziel zu visualisieren, zünden Sie die Kerze an und sagen Sie diese (oder Ihre eigenen) Worte: "Liebe und Leidenschaft, ich rufe dich zu mir durch die Kraft der Anziehung."

Wenn das Wasser kurz vor dem Sieden ist, nehmen Sie es vom Herd. Geben Sie dann je 1-2 Tropfen der einzelnen ätherischen Öle (oder 6-8 Tropfen der gesamten Liebes-Energie-Mischung) in den Kessel oder die Schüssel.

Stellen Sie ihn auf Ihren Altar oder eine andere hitzebeständige Arbeitsfläche.

Gießen Sie das Wasser vorsichtig über das Öl, während Sie die obigen Worte wiederholen und dann mit "So soll es sein" enden.

Treten Sie nun etwas vom Kessel zurück, da der Geruch der ätherischen Öle anfangs recht stark sein wird.

Stellen Sie sich Ihre persönliche Kraft vor, die vom Dampf getragen wird, während er aufsteigt und die nicht-physischen Ebenen des Universums durchquert.

Warten Sie, bis das Wasser abgekühlt ist und der meiste Duft verdunstet ist, bevor Sie es ausgießen.

Lassen Sie die Kerze von selbst ganz herunterbrennen. Je schneller die Kerze brennt, desto schneller wird Ihre Liebeserfahrung in Ihr Leben treten.

Weitergehender Ansatz

Es gibt so viele weitere Möglichkeiten, ätherische Öle in der Magie zu verwenden. Hier sind nur 3 beliebte Praktiken, die einfach, elegant und anfängerfreundlich sind:

- Verwenden Sie ätherische Öle, um Ihr eigenes rituelles Badesalz herzustellen. Sie können viele der Kombinationen in den obigen Rezepten verwenden (vermeiden Sie einfach Mischungen mit bekannten Hautreizstoffen). Anstelle des Trägeröls können Sie Bittersalz, Backpulver und Kochsalz verwenden.
- Fügen Sie Ihren Ölmischungen Kräuter und/oder Kristallchips hinzu, um noch einzigartigere und magisch wirkungsvolle Mischungen zu erhalten. Verwenden Sie Zutaten, die auf die Absicht des Öls abgestimmt sind; z. B. kann eine Prise getrocknetes Basilikum und 1 oder 2 Chips aus Citrin zu einer geldbezogenen Mischung hinzugefügt werden.
- Anstelle von Weihrauch können Sie Ihren heiligen Raum mit einigen Tropfen ätherischen Öls in einem Teelichtbrenner oder einem Dampfdiffusor bereichern. Auch hier können Sie die obigen Rezepte verwenden, aber lassen Sie das Trägeröl weg und reduzieren Sie die Gesamtmenge der Tropfen auf 3-7 Tropfen pro 100 ml Wasser.

KAPITEL 10:
13 magische Kräuter

Es gibt zwar viele Kräuter, und jedes von ihnen hat irgendeine Art von magischen Eigenschaften, aber es gibt einige, die wichtiger sind als andere, und das sind diejenigen, die wir in diesem Abschnitt besprechen werden. Diese Kräuter gehören in die tägliche Arbeitstasche eines Schamanen, und jede Hexe sollte einen Vorrat in ihrem Lager haben. Diese Kräuter sind ein wichtiger Bestandteil Ihrer Zaubersprüche und Ihres täglichen Wohlbefindens. Sie sollten immer einen Vorrat davon vorrätig haben.

Basilikum

Basilikum ist ein Kraut, dass Sie oft in Ihrem örtlichen Supermarkt finden. Es ist ein sehr starkes, natürlich schmeckendes Kraut, dass fast ein wenig würzig ist. Es ist grün und blattartig. Dieses Kraut bietet Schutz für den Geist. Es wird auch in vielen Hausschutzzaubern verwendet. Es bringt Reichtum und vertreibt Negativität, und es ist eine heilige Pflanze.

Sie sollten diese Pflanze in Ihrem Haus haben. Sie wird Ihnen Seelenfrieden geben, weil Sie wissen, dass ihre mystischen Kräfte über Sie wachen. Versuchen Sie ein Räucherstäbchen in Kombination mit anderen Kräutern wie Salbei herzustellen und Ihr Haus damit zu räuchern, um alles Böse abzuwehren, das auf Sie lauern könnte, und einen Schutzschild über Ihren Haushalt zu legen.

Basilikum ist aufgrund seiner Vielseitigkeit eines der am häufigsten verwendeten Kräuter in der Zauberei. Es ist wichtig, dass Sie einen Vorrat davon sowohl zerkleinert als auch gefüllt in Ihrem Vorratsraum haben, und vielleicht ein wenig davon für den schnellen Zugriff aufbewahren.

Lorbeer

Es ist ein weiteres grünes, blattreiches Kraut wie Basilikum, hat aber einen etwas süßeren Geschmack. Auch dieses Kraut ist sehr wichtig und sollte vorrätig gehalten werden. Alle Kräuter in diesem Abschnitt sollten vorrätig gehalten werden, einige jedoch mehr als andere. Basilikum und Lorbeer sind die wichtigsten, zusammen mit Salbei, der weiter hinten auf der Liste steht.

Wenn Sie jedoch Ihren Geist entspannen, können Sie ganz leicht Visionen bekommen. Sie werden zu Ihnen kommen, also versuchen Sie nicht, sie zu erzwingen. Achten Sie auf die winzigen Details Ihrer Vision, wie z. B. eine Uhr an der Wand und die Uhrzeit, die sie anzeigt. Der Kalender in der Ecke und das Datum, das eingekreist ist. Diese winzigen Details sind fast noch wichtiger als die Hauptszene in der Vision, denn wenn Sie etwas verhindern oder bewirken sollen, müssen Sie wissen, wann es geschehen soll.

Kamille

Kamille ist ein Kraut, das sehr leicht zu finden ist. Sie wird oft als Teeblatt verwendet und ergibt eine sehr leckere Tasse heißen Tee. Er ist sehr süß, mit nur einem Hauch von Bitterkeit auf der Zunge. Diese Kombination aus so gegensätzlichen Geschmacksrichtungen macht ihn für die Menschen so begehrenswert. Aber dieses Kraut ist nicht nur gut für das beliebte Getränk, es hat auch noch andere Funktionen.

Sie eignet sich hervorragend für die Meditation. Sie beruhigt die innere Seele und sorgt für Erdverbundenheit, während Sie meditieren. Sie vertreibt alle inneren Unruheherde und beruhigt Sie geistig und spirituell. So können Sie Ihren Geist ausbalancieren, bevor Sie meditieren. Trinken Sie vor Ihrer nächsten Meditation eine Tasse Kamillentee mit Baldrianwurzel, gesüßt mit ein wenig Honig.

Dieses Kraut zieht auch Geld an und wird oft in Wohlstandszaubern verwendet. Wenn es in den richtigen Zaubersprüchen verwendet wird, kann es eine kleine Menge Reichtum zu dir ziehen, und wenn es mit anderen Reichtumslockstoffen gekoppelt wird, kann es sogar noch mehr Reichtum zu Ihnen ziehen.

Kamille ist ein großartiges Kraut, dass man leicht verwenden kann, wenn man keinen Kreis ziehen und keine Räucherstäbchen herstellen möchte. Machen Sie sich einfach eine Tasse Tee, sprechen Sie Ihren Spruch darüber und trinken Sie ihn.

Zimt

Ich bin mir ziemlich sicher, dass jeder im Universum diese schöne und geschmackvolle Gewürzstange kennt. Für Menschen mit christlicher Religion ist sie ein Muss in der Weihnachtszeit, aber für Wiccans ist sie noch viel mehr.

Es ist ein Aphrodisiakum. Es kann jemanden in Ihre Nähe ziehen und ist mit romantischer Energie aufgeladen. Und nicht nur die Art von Romantik, bei der man am Samstagabend die Hand hält. Die ganze Palette der Romantik. Die Art von Romantik, bei der die Leute um mehr betteln werden.

Aber es ist nicht nur ein Aphrodisiakum, sondern es wird auch verwendet, um Macht und Erfolg zu Ihnen zu ziehen. Verwenden Sie es in einem Zauberspruch über die Weltherrschaft, und Sie könnten sie erreichen, wenn Sie genug davon haben. Ich schlage jedoch nicht die Weltherrschaft vor, denn das ist eine Menge Verantwortung, und es bleibt nie Zeit für ein Nickerchen.

Es ist auch ein gutes Schutzkraut. Was ist damit? Es ist gut für Romantik, Kraft und Schutz? Und es schmeckt auch noch gut? Decken Sie sich am besten mit diesem Kraut ein. Dieses kleine braune Energieröllchen ist genau das, was Sie in Ihrer Speisekammer brauchen, um Ihr Leben so zu gestalten, wie Sie es wollen.

Löwenzahn

Löwenzahn, die winzige gelbe Pflanze, die sich im Laufe ihrer Entwicklung in nichts anderes, als flauschige weiße Samen verwandelt. Die Funktionsweise dieser kleinen Pflanzen ist geheimnisvoll. Am Anfang sind sie so schön, und dann verwandeln sie sich in diese niedlichen weißen Bällchen, die an einen Hasenschwanz erinnern, und wenn man auf dieses Bällchen pustet, verteilt es Hunderte von Samen überall, und man wünscht sich, dass diese Samen fortgetragen werden. Zumindest ist es das, was uns als Kinder beigebracht wird.

In Wirklichkeit erfüllt der Löwenzahn keine Wünsche. Er bringt jedoch inneren Frieden. Das Grün passt auch gut in einen Salat. Wenn Sie auf einen Löwenzahn pusten, werden Sie feststellen, dass sich Ihr Geist beruhigt und Sie sich vielleicht sogar energiegeladen fühlen. Das sind nämlich 2 der Haupteigenschaften dieses Krauts. Wenn Sie auf den Löwenzahn pusten, geben Sie seine Entsprechungen in die Luft ab.

Löwenzahn verstärkt auch Ihre prophetischen Kräfte. Sie tun dies durch Ihre Träume. Stellen Sie eine Vase mit Löwenzahn neben Ihr Bett (am besten während der Blütezeit, sonst gibt es eine Sauerei). Wenn Sie zu Bett gehen, starren Sie die Pusteblumen an, bis Sie eingeschlafen sind. Schreiben Sie am Morgen Ihre Träume auf und suchen Sie nach einem Muster. Vielleicht sind Sie mit einer Prophezeiung gesegnet worden.

Echter Alant

Er ist für seine heilenden Eigenschaften bekannt. Seine Wurzel wird oft zur Beseitigung von Bronchialinfektionen verwendet, aber er hat auch viele andere wunderbare Aspekte des Wohlbefindens.

Er schützt vor Lungenentzündungen und wird zur Stärkung des Immunsystems eingesetzt. Während er nicht für viel außerhalb des Bereichs des Schutzes verwendet wird, ist es sehr wichtig ihn zu haben, wenn Sie einen Heilungszauber tun wollen.

Hibiskus

Der Hibiskus ist eine wunderschöne Blume, die man häufig auf Hawaii findet. Sie ist die Cousine der Lotusblume und einfach wunderschön. Die Blume ist bekannt für ihre Verwendung in Leis und anderen Schmuckstücken, die die Hawaiianer tragen, und sie ist einfach rundum eine schöne Blume.

Die Hibiskusblüte ist dafür bekannt, dass sie Liebe und Lust auf diejenigen anzieht, die sie oder ihren Duft tragen. Wenn Sie nach einem mächtigen Liebeszauber suchen, ist dies der richtige, um Ihre wahre Liebe anzuziehen. Seien Sie jedoch vorsichtig, wenn Sie es nicht richtigmachen, werden Sie nur viele lüsterne Liebhaber anziehen, und wenn das nicht das ist, wonach Sie suchen, kann es schwieriger werden, Ihre wahre Liebe zu finden.

Wenn Sie sich mit Wahrsagerei beschäftigen, wird Ihnen diese Pflanze ebenfalls helfen, denn sie kann Ihnen helfen, Ihr 3. Auge für die Zukunft zu öffnen. Sie müssen ihr nur vertrauen. Wie der Löwenzahn hilft sie auch beim Träumen. Kombinieren Sie sie für kraftvolle Visionen in Ihren Träumen.

Lavendel

Diese violette Blume ist sehr wichtig für den Hexenvorrat. Sie hat mehrere Verwendungszwecke, aber die meisten davon haben mit ihrem beruhigenden Aroma zu tun. Alles, was mit Lavendel zu tun hat, riecht ziemlich gut, vorausgesetzt, es wird reines Lavendelöl verwendet und kein synthetischer Lavendelduft, der Kopfschmerzen verursacht, krankhaft süß ist und ehrlich gesagt riecht, als hätte man ein Gasleck im Haus.

Lavendel ist ein reinigendes Kraut. Das bedeutet, dass es verwendet wird, um alle schlechten Dinge zu vertreiben, die sich in Ihrem Haus, Ihrem Leben oder irgendwo anders befinden. Er ist sozusagen das Reinigungsmittel der Kräuterwelt. Er reinigt Sie von Kopf bis Fuß und hinterlässt ein frisches Gefühl, als hätten Sie gerade geduscht.

Es wird auch verwendet, um süße Träume zu haben. Er gibt Ihnen keine Prophezeiungen, sondern lässt Sie ruhig schlafen und nicht von schlechten Träumen unterbrochen werden, sodass Sie mit einer guten Lebenseinstellung aufwachen und sich ausgeruht fühlen können. Es gibt Badelotionen für Erwachsene und Babys, die genau diesem Zweck dienen. Wenn Sie sie vor dem Schlafengehen direkt nach dem Baden oder Duschen auftragen, werden Sie leicht einschlafen. Es wird Eltern empfohlen, ihre Babys jeden Abend vor dem Schlafengehen darin zu baden, um ihnen zu helfen, ein Schlafmuster zu entwickeln.

Er bringt auch Glück und Liebe. Nicht von anderen, sondern von Ihnen selbst. Lavendel ist eine großartige Ergänzung für einen Trank oder Zauber der Selbstliebe, da er Ihren Geist für spirituelles Wachstum öffnet und Ihnen erlaubt, die Schönheit in Ihnen selbst zu sehen, und Sie werden ein glücklicherer und liebevollerer Mensch.

Lavendel ist ein großartiges Kraut, dass man in einer kleinen Kräutertasche für den Notfall so gut wie immer bei sich haben sollte. Sie können ihn immer verwenden, wenn Sie es brauchen.

Beifuß

Dies ist ein sehr spirituelles Kraut. Es wird verwendet, um die Türen zu Ihrer inneren Seele zu öffnen. Wenn Sie Angst haben, die Tiefe Ihres wahren Selbst zu sehen, sollten Sie nicht zu viel von diesem Kraut nehmen.

Er verstärkt die übersinnlichen, rezeptiven Qualitäten des Mondes und ermöglicht es Ihnen, mehr mit der Welt um Sie herum und mit Ihnen selbst in Einklang zu sein. Sie können dies nutzen, wenn Sie Ihre Augen für die Dinge um Sie herum öffnen und die Dinge so sehen wollen, wie sie wirklich sind.

Muskatnuss

Dies ist nicht nur ein Topping für Ihren heißen Kakao oder Eierlikör. Es ist tatsächlich ein sehr nützliches Kraut in der Wicca-Kultur.

Sie ist ein großartiges Mittel zur Entspannung und kann zum Abbau von Stress eingesetzt werden. Deshalb wird sie oft in solchen beruhigenden, entspannenden Getränken verwendet. Außerdem bringt sie Glück in Ihr Leben. Wenn Sie also stressfrei und glücklich sein wollen, ist dies das richtige Kraut für Sie.

Rosmarin

Es ist ein sehr nützliches Kraut in der Küche und in unserem Leben. Die meisten Menschen sehen Rosmarin nur als ein Kraut, um einen Truthahn zu salzen oder um einen Teller zu verschönern, aber er ist so viel mehr als das.

Dieses Kraut gibt Ihnen Klarheit. Es hilft Ihnen, die Welt so zu sehen, wie sie wirklich ist. Gemischt mit Beifuß kann es eine mächtige Kombination sein. Sie werden die Welt vielleicht zum 1. Mal klarsehen, wenn Sie ihn in einem Klarheitszauber verwenden.

Er gibt Ihnen auch inneren Frieden. Wenn Sie sich also etwas bedrückt fühlen und Sie es einfach nicht loslassen können, dann sollten Sie etwas Rosmarin in einen Tee geben und ihn trinken. Er wird Ihnen helfen, Ihre innere Klarheit zu finden.

Salbei

Salbei hat viele Verwendungsmöglichkeiten, und oft kommt es auf die Art des Salbeis an, die man verwendet. Ich weiß, dass viele Leute denken, Salbei sei Salbei, aber es gibt Salbei, der fast weiß ist, Salbei, der eher violett ist, und es gibt sogar eine wirklich dunkelgrüne Art von Salbei. Salbei gibt es in einer Vielzahl von Farben und hat eine Vielzahl von Verwendungsmöglichkeiten.

Er kann zu innerem Frieden und Weisheit verhelfen. Innerer Frieden ist das, wonach wir alle streben, und wenn er mit Rosmarin gemischt wird, werden Sie sich ruhig und gesammelt fühlen, sodass Sie die Weisheit sammeln können, die Sie brauchen, ohne dass ein innerer Kampf in Ihrem Kopf tobt.

Er kann auch die Fruchtbarkeit und Heilung fördern und Ihnen helfen, ein langes und glückliches Leben zu führen. Wenn dieser Satz nicht ausreicht, um alles in Ihrem Leben mit Salbei zu versehen, dann weiß ich nicht, was es ist. Salbei ist der Meister des Lebens, des Todes und allem, was dazwischenliegt, wie es scheint.

Salbei kann auch zur Reinigung, Entschlackung und zum Schutz verwendet werden. Ich meine, gibt es irgendetwas, was er nicht kann? Abgesehen davon, dass er dafür sorgt, dass sich Ihr Schwarm in Sie verliebt, glaube ich nicht, dass es irgendetwas anderes gibt, was er nicht kann.

Thymian

Aufgrund der Aussprache des Namens sind viele Leute zu Scherzen aufgelegt. Er kann die Langlebigkeit in Ihrem Leben verbessern, Sie stärker machen und Ihnen mehr Energie geben. Mit der Energie, die man braucht, um Dinge zu erledigen, und dem Leben, das einem noch bleibt, um sie zu erledigen, hat man vielleicht ein bisschen mehr Thymian zur Verfügung. Tut mir leid, ich konnte nicht widerstehen.

Es ist ein großartiger Selbstvertrauensverstärker. Es kann Ihnen helfen, den Mut zu finden, den Kerl oder das Mädchen anzusprechen, in das Sie verliebt sind, oder Ihnen den Mut zu geben, die große Beförderung anzustreben. Es ist einfach rundum ein großartiges Kraut, dass man in seinem Vorrat haben sollte.

KAPITEL 11:
Praktische und magische Tipps für die Arbeit mit Kräutern

Wenn Sie mit Kräutern arbeiten oder sie kaufen, sollten Sie an viele Dinge denken. Kräuter wirken nur, wenn sie unter den richtigen Bedingungen wachsen und zur richtigen Zeit gepflückt oder gepflanzt werden.

Kräuter sind großartig für Zaubersprüche, aber sie sind knifflig und funktionieren am besten unter den richtigen Bedingungen.

Einkauf von Kräutern

Wenn Sie Kräuter kaufen, die bereits gepflanzt und gepflückt sind, achten Sie darauf, dass Sie ganze Kräuter kaufen, und zwar in einem Geschäft, das sich auf Hexen und die Wicca-Religion spezialisiert hat (wenn möglich), um sicherzustellen, dass sie zum richtigen Zeitpunkt gepflanzt und gepflückt werden. Sie sollten auch keine vorzerkleinerten Kräuter kaufen, denn manche Zaubersprüche verlangen, dass man sie auf eine bestimmte Weise zerkleinert, und manche Zaubersprüche verlangen, dass das Kraut intakt ist, und wenn das der Fall ist, bedeutet das, dass Sie dann ein intaktes Kraut kaufen müssen, um es Ihrer Sammlung hinzuzufügen. Es ist viel einfacher, sie im Ganzen zu kaufen und sie selbst zu zerkleinern.

Achten Sie beim Kauf von Kräutern auch darauf, dass Sie die meisten von ihnen trocken kaufen, wenn Sie sie nur zur Aufbewahrung verwenden. Wenn Sie in 1 oder 2 Tagen ein Ritual haben, für das Sie frische Kräuter brauchen, und Sie schon im Laden sind, dann kaufen Sie frische, aber für die meisten Rituale brauchen Sie nur getrocknete Kräuter.

Wenn Sie online einkaufen, sollten Sie dies nur über einen vertrauenswürdigen Wicca-Anbieter tun. Andernfalls bekommen Sie vielleicht nicht das, was Sie glauben, dass Sie es bekommen sollten. Sie könnten Kräuter bekommen, die zur falschen Zeit gepflückt oder ein wenig zu spät gepflanzt wurden. Sie wollen Kräuter, die genau richtig sind.

Ihr eigener Kräutergarten

Der beste Weg, um nicht mit Kräutern verwechselt zu werden, die nicht sorgfältig angebaut wurden, ist, einen eigenen magischen Garten anzulegen und ihn mit den Kräutern Ihrer Wahl zu füllen. Seien Sie aber vorsichtig, denn Kräuter können sehr heikel im Anbau sein, und Sie müssen es vielleicht ein paar Mal versuchen, bevor sie überhaupt wachsen, geschweige denn gut genug wachsen, um sie für Ihre Zaubersprüche zu verwenden.

Wenn Sie Ihren Garten anlegen, müssen Sie all die Dinge berücksichtigen, die zum Anbau eines Gartens gehören, und dann die magischen Aspekte des Anbaus Ihres eigenen magischen Kräutergartens. Dinge wie Astrologie, Mondzyklen, Timing und so vieles mehr.

Wenn Sie erst einmal alles begriffen haben, werden Sie feststellen, dass Sie Geld sparen, wenn Sie Ihre eigenen Kräuter anbauen, und es ist schön, immer einen Vorrat zur Hand zu haben, wenn Sie sie brauchen.

Astrologie und die Elemente im Gartenbau

Anders als bei der normalen Gartenarbeit haben die Elemente und die Astrologie bei der Kräutergärtnerei eine Menge zu tun, denn sie verleihen den Kräutern ihre magischen Eigenschaften. So wie Menschen astrologische Zeichen haben, so haben auch Pflanzen astrologische Zeichen. Und manche werden am besten zu verschiedenen Zeiten gepflanzt und zu verschiedenen Zeiten geerntet. Man muss lernen, wann man eine bestimmte Pflanze pflanzt, um die meiste Magie aus ihr herauszuholen.

Einige Pflanzen gedeihen nur dann am besten, also mit der größten Magie, wenn sie während des richtigen Mondzyklus gepflanzt werden. Sie müssen also genau darauf achten, wann das ist. Es ist zwar mit viel Arbeit verbunden, aber Sie können sicher sein, dass Sie die meiste Magie aus Ihren Pflanzen herausholen, wenn Sie sie zu den richtigen Zeiten pflanzen, je nachdem, was sie brauchen.

Sammeln in der Wildnis

Natürlich kann man sie auch in der freien Natur sammeln. So ist sichergestellt, dass sie zur richtigen Zeit gewachsen sind, und wenn man zur richtigen Zeit dort ist, kann man sie im perfekten Moment pflücken, und sie sind auf jeden Fall fertig. Die Natur macht keine Fehler. Der Überschuss an vielen Kräutern in der freien Natur wird jedoch durch die Abholzung der Wälder immer geringer.

Es gibt auch keine Garantie, dass Sie die Kräuter finden, die Sie suchen, wenn Sie nicht in einem Gebiet leben, in dem die Kräuter häufig angebaut werden. Es macht aber immer wieder Spaß, sich auf die Suche nach dem richtigen Löwenzahn oder der richtigen Narzisse zu machen.

Trocknen und Lagern von Kräutern

Es ist wichtig, dass Sie frische Kräuter sofort trocknen, es sei denn, Sie haben sie gerade für ein Ritual gepflückt, für das Sie an diesem Abend frische Kräuter benötigen.

Legen Sie dazu die Kräuter flach auf ein Stück Papier und decken Sie sie mit einem weiteren Stück Papier ab. Lassen Sie sie 10 Tage lang so liegen und wechseln Sie das Papier täglich. Dann sollten Sie sie an einem kühlen, trockenen und dunklen Ort aufbewahren, damit sie nicht mit falscher Energie aufgeladen werden.

Schlussfolgerung

Pflanzen wurden im Laufe der Menschheitsgeschichte als Mittel zur Verbindung mit der Natur, zur Bewusstseinserweiterung und für magische Zwecke verwendet. Von den heiligen Tinkturen aus Weihrauch und Myrrhe in der christlichen Bibel bis hin zur Verehrung des Basilikums im Hinduismus - Pflanzen und Kräuter waren schon immer eine Quelle der Kraft und Faszination für spirituell Suchende.

Pflanzen werden als Medizin und Heilmittel verwendet, solange es schriftliche Aufzeichnungen gibt, und sogar schon davor. Archäologen, die in Schweden menschliche Überreste untersuchten, die etwa 6500 Jahre alt sein sollen, fanden Hinweise auf Birkenrindengummi in einer Zahnhöhle, was darauf hindeutet, dass die heilende Wirkung der Birke den Bewohnern bekannt war.

Der "Ötzi Iceman", eine 5300 Jahre alte Mumie, die in einem Gletscher in den italienischen Alpen gefunden wurde, hat über 61 Tätowierungen auf seinem Körper. Man nimmt an, dass diese Tätowierungen aufgrund ihrer Positionierung auf dem Körper medizinische Zwecke erfüllen, aber auch durch Einreiben von Holzkohle und Kräutern in die Einschnitte der Tätowierung versiegelt wurden.

Noch weiter zurück in den archäologischen Aufzeichnungen wurde eine Knochenschnitzerei aus der Gironde-Region in Frankreich gefunden, die auf 15.000 v. Chr. datiert wird und eine Blüte oder eine andere blühende Pflanze darzustellen scheint. Auch wenn die genaue Art dieser Darstellung nicht sicher ist, so steht doch fest, dass Pflanzen und Kräuter seit Jahrtausenden eine wichtige Rolle in der Psyche der Menschen spielen.

Die ersten schriftlichen Aufzeichnungen belegen, dass Pflanzen in Gesellschaften wie dem alten Ägypten, Mesopotamien und Indien sowie in vielen anderen historischen Kulturen eine rituelle und magische Rolle spielten.

Im alten Ägypten war die Blaue Lotusblume eine der heiligsten Pflanzen und ist auf zahlreichen Gemälden, Statuen und Tempeln abgebildet. Sie wurde auf Schmuckstücken wie Amuletten und Schutztalismanen gefunden und galt als Symbol für Wiedergeburt, Sonne und Schöpfung.

Das Tragen eines Amuletts mit einer Lotusblume darauf sollte den Träger vor dem bösen Blick schützen - einem Fluch, der durch einen hasserfüllten Blick ausgelöst werden sollte. Die Lotusblume war ein wichtiges Symbol in Oberägypten und wurde häufig in ägyptischen Schöpfungsmythen verwendet, in denen der Schöpfer aus dem Lotus geboren wurde.

Da sich die Lotusblume über Nacht schließt und am Morgen wieder aufblüht, wurde sie auch zu einem wichtigen Symbol des Lichts und der Erneuerung. Die alten Ägypter nutzten die Symbolik der Lotusblume auch bei Bestattungsritualen. Im Totenbuch wird sie in Zaubersprüchen erwähnt, die darauf abzielen, "sich in einen Lotus zu verwandeln" - eine Metapher für die Auferstehung und das ewige Leben nach dem Tod.

Im alten Mesopotamien galten Pflanzen als wichtiger Bestandteil bei der Behandlung von Krankheiten, sowohl im Hinblick auf die Linderung körperlicher Symptome als auch geistiger Schmerzen. So wird in einigen Beschreibungen der Verwendung von Pflanzen beschrieben, wie sie zur Herstellung von Lotionen oder Medikamenten verwendet werden, während in anderen davon die Rede ist, dass sie auf verschiedene Weise gepflanzt werden, um psychische Angriffe von negativen Wesenheiten abzuwehren.

Zu den Anweisungen könnte gehören, eine Pflanze vor Sonnenaufgang zu ziehen oder Kräuter im Freien unter dem Sternenlicht zu pflanzen. Dies zeigt, dass die Menschen in der Antike die Notwendigkeit erkannten, das Spirituelle mit dem Physischen zu verbinden, und dass Pflanzen sowohl physische als auch metaphysische Heilkräfte haben.

In Indien haben archäologische Untersuchungen Beweise für den Anbau und das Sammeln von Kräutern vor Tausenden von Jahren erbracht, die noch heute von ayurvedischen Ärzten und Volksheilern verwendet werden. In alten vedischen Texten wird beschrieben, dass Krankheiten sowohl geistige als auch körperliche Ursachen haben, und die Lehren aus diesen Texten leben heute in der Praxis des Ayurveda fort.

Untersuchungen in alten kambodschanischen Tempeln haben gezeigt, dass Pflanzen und Kräuter zur Veranschaulichung mythologischer Geschichten verwendet wurden. Viele Pflanzen wurden verehrt, und für rituelle Zwecke wurden heilige Baumhaine angelegt.

In jüngster Zeit haben mehrere Forscher damit begonnen, die mystischen Eigenschaften von Pflanzen zu untersuchen. Der Anthropologe Jeremy Narby erfuhr während seines Aufenthalts bei den peruanischen Ureinwohnern, dass das Wissen um die biochemischen und mystischen Eigenschaften der Pflanzen der Bevölkerung unter dem Einfluss von so genannten Halluzinogenen vermittelt wurde.

Nach jahrelangen Studien mit den Eingeborenen kam Narby zu dem Schluss, dass ihre Behauptungen tatsächlich zutrafen und dass sie in der Lage waren, mit der Pflanzenwelt zu kommunizieren, was ihnen tiefe Einblicke in die Natur der Pflanzen und der Menschen ermöglichte.

Narby fand heraus, dass mehr als 74 % der modernen pflanzlichen Medikamente weltweit zuerst von den indigenen Gesellschaften in Gebieten wie dem Amazonas entdeckt wurden. Ein Beispiel dafür ist die Substanz "Curare", die als muskellähmende Substanz für die Jagd entwickelt wurde.

Heute wird es in Labors auf der ganzen Welt verwendet und durchläuft einen komplizierten Prozess, bis es als synthetische Verbindung verwendet werden kann. Viele Wissenschaftler sind der Meinung, dass Entdeckungen wie Curare das Ergebnis von Glück und Experimenten der indigenen Bevölkerung waren. Die von der westlichen Medizin verwendete Art erfordert jedoch die Kombination von Pflanzenteilen aus über 70 verschiedenen Pflanzenarten.

Jede Pflanze muss auf eine bestimmte Art und Weise gekocht werden, damit keine giftigen Dämpfe aus der Brühe austreten. Außerdem ist das Endprodukt beim Verzehr unwirksam - es muss unter die Haut gebracht werden, um seine Wirkung zu entfalten. Glück und Zufall scheinen bei einem so komplizierten Verfahren sehr unwahrscheinlich zu sein.

Es ist klar, dass in vielen Regionen der Welt das Wissen um die Kräfte der Pflanzen das kollektive Bewusstsein der Bevölkerung nie verlassen hat. In den modernen westlichen Gesellschaften entdecken die Menschen die uralten und kraftvollen Verbindungen wieder, die mit dem Land und den Pflanzen, die der Erde entspringen, geknüpft werden können.

Als praktizierender Wiccan können Sie mit Pflanzen und Kräutern in Verbindung treten und sie auf viele verschiedene Arten verwenden. Dazu gehören die Herstellung von Heiltinkturen oder Balsamen, die Zubereitung und der Anbau von Kräutern für Räucherwerk und Opfergaben sowie die Verwendung von Ölen oder Harzen für rituelle Zwecke - etwa für Reinigungsbäder oder Salbungsöle.

Beutel mit getrockneten Kräutern können verwendet werden, um der Magie mehr Kraft zu verleihen, und Kräuter wie Salbei und Zedernholz werden seit Tausenden von Jahren zur Reinigung und Entschlackung der Energie verwendet.

Der Geist der Pflanze, oder "Deva", ist das Bewusstsein, das jedes Lebewesen hat. Obwohl sich das Bewusstsein der Pflanzen sehr von unserem eigenen unterscheidet, wird es all Ihre magischen Handlungen verbessern, wenn Sie echte Beziehungen zu den Kräutern entwickeln, die Sie verwenden.

Dazu kann gehören, dass Sie mit Ihren Kräutern sprechen und ihnen Liebe schenken, während Sie Ihren Garten pflegen, dass Sie mit verschiedenen Kräutern meditieren oder einfach nur um Erlaubnis bitten, bestimmte Teile abzuschneiden und zu verwenden, und dann dem Kraut für seine Unterstützung bei Ihrer Arbeit danken.

Printed by Amazon Italia Logistica S.r.l.
Torrazza Piemonte (TO), Italy

34935865R00199